德育英才
法行天下

Virtue Ethics Legal Spirits

北京师范大学法学院
建院10周年志庆

Tenth Anniversary of College for Law School of Beijing Normal University

（2006-2016）

北师大法学院

10 周年院庆系列丛书

主　　编／卢建平
副 主 编／梁迎修
主编助理／袁治杰

北京师范大学法学院

Law School of Beijing Normal University

法学新思

京师法学博士学位论文荟萃

中国法制出版社
CHINA LEGAL PUBLISHING HOUSE

北师大法学院
10周年院庆系列丛书

总 序

北京师范大学的前身是创办于1902年的京师大学堂师范馆。作为享誉海内外的高等学府，北师大在中国近现代高等教育史上占有举足轻重的地位，一大批名师先贤曾在此任教，培养出无数杰出人才。在北师大这所百年学府中，法学学科的历史则相对较短，建校后的近百年内法学近乎缺席，然而从这里也曾走出多位法学名家。因撰写《中国法律发达史》《中国法律思想史》《中国法律在东亚诸国之影响》而享誉学界的法学巨擘杨鸿烈，民国北洋政府时期司法界的风云人物、曾三任司法总长、在著名的"七君子事件"中担任辩护律师之首席、驰骋杏坛掌北大法科多年的张耀曾，担任过新中国教育部部长并执掌最高人民法院达十年之久的杨秀峰，撰写了中国第一本行政法教科书的朝阳大学教授钟赓言……他们都毕业于北京师范大学，其中杨鸿烈与杨秀峰还曾在北师大弘文励教。

接续此种历史基因，法学终在二十一年前开始在北师大落地生根：1995年在哲学系开设法学专业，2002年创建法律系；2005年创立国内首家实体性的刑事法律科学研究院，2006年4月26日正式成立法学院。以刑事法律科学研究院和法学院的建立为标志，北师大法学学科开始步入快速发展的轨道。

十年间，法学院依托北京师范大学这一享誉海内外的百年学府，秉承"学为人师，行为世范"的校训理念和"德育英才，法行天下"的院训精神，与刑事法律科学研究院兄弟般密切合作，坚持高起点、研究型、国际化的发展特色，在师资建设、人才培养、学术研究、国际交流、社会服务等方面取得了重大突破，实现了跨越式发展。

十年间，法学院不断加强师资队伍建设，目前已经拥有一支实力雄厚的优秀师资团队。截至2016年4月，在专任教师中，有长江学者特聘教授1人，全国“十大杰出青年法学家”3人，入选人事部“百千万人才工程”2人，教育部“跨世纪优秀人才培养计划”1人，“新世纪优秀人才支持计划”6人。在教师结构上，教授38人、副教授37人、讲师14人；所有在编教师都拥有博士学位，获得国外博士学位的教师比例超过20%。尤值一提的是，得益于近些年来大力从国外著名大学引进青年才俊，目前法学院已形成了拥有美、英、德、法、日、意、韩等多国法学教育背景的人才梯队。此外，法学院还从国内外知名学者和专家型领导中聘请了数十位特聘教授、客座教授和兼职教授。

十年间，法学院在人才培养方面取得了突出成绩。目前北师大法学院开设有法学本科专业，拥有法学一级学科硕士点和法律硕士专业学位授予点，在刑法学、诉讼法学和民商法学设有法学二级学科博士点，同时拥有刑法学和诉讼法学等方向的博士后招收权限，形成了完整的本硕博三级人才培养体系。北京师范大学2012年首批教育部入选卓越法律人才教育培养计划，并获批应用型复合型法律职业人才教育培养基地和涉外法律人才教育培养基地。以卓越法律人才教育培养基地建设为契机，法学院不断改革和创新人才培养模式，在本科层面创设了卓越实验班和瀚德实验班，分类培养应用型复合型和涉外型卓越法律人才。法学院还建设有国家级精品课程1门，北京市精品课程2门，拥有国家级优秀教学团1个，北京市教学名师1名。自法学院建院迄今，已经培养了657名法学学士，236名法学硕士，987名法律硕士，51名法学博士。从北师大法学院走出的毕业生得到了社会特别是法学界和法律界的高度认可。

十年间，法学院在学术研究方面成果丰硕。法学院的学术团队共计获得国内外各类教学科研项目资助500余项；发表学术论文2800余篇（其中CSSCI论文近1000篇），在国外刊物发表论文150余篇（其中SCI、SSCI等高质量论文20余篇）；出版学术著作近500部，专业教材200余部；学术刊物100余本；共获得奖励和荣誉称号160余项，其中省部级以上奖励和荣誉60余项，其他奖励和荣誉100余项。主办有《刑法论丛》《刑法评论》《国际刑法评论》《京师法律评论》等9种在学术界有影响的学术丛刊。

十年间，法学院始终坚持国际化发展战略，先后与美、德、法、英、意、西、葡、加等国的40多个著名高校、学术机构和实务部门签订了正式学术交流与合作协议。其中与美国宾夕法尼亚州立大学、英国阿伯丁大学、法国巴黎二大、图卢兹大学、意大利路易斯大学、西班牙巴塞罗那大学、葡萄牙科英布拉大学等国外著名大学法学院合作开展有交换生项目，选派教师、学生出国交流和接待国外学者来访超过500人次；承办“当代刑法国际论坛”“两岸四地刑事法论坛”等国际、区际学术会议20余次。法学院开设有中国法硕士项目，并与联合国国际贸易法委员会共同发起了国际电子商务法联合认证项目，招收和培养外国留学生，来自多个国家的留学生为学院营造了多元的文化交流环境。

十年间，法学院在与法律实务部门的联系与合作方面成绩斐然。法学院始终坚持理论联系实际，以促进中国法治建设为己任，积极加强与法律实务部门的学术交流与合作。目前已经与最高人民法院、最高人民检察院、公安部、司法部等中央政法机关的15个厅局级业务部门和研究机构以及北京市高级人民法院、天津市高级人民法院、河南省高级人民法院、广东省高级人民法院、北京市人民检察院、西藏自治区人民检察院、宁夏自治区人民检察院等30多个省级、市级政法机关签订了学术合作交流协议，并派出30余人次挂职最高人民法院、最高人民检察院业务庭（厅）副庭（厅）长以及西藏自治区人民检察院等地方检察院的副检察长、检察长助理、副处长等职务，广泛参与并服务司法实践。此外，法学院还先后向中央和地方政法机关提交100余份研究报告，其中不少得到有关部门的采纳。

北师大法学学科经过二十一年的建设，特别是法学院建立后十年来的跨越式发展，如今的北师大法学院已经逐步跻身全国法学院前列，成为中国高等法学教育的重镇之一。值此十周年院庆之际，法学院隆重推出《北师大法学院10周年院庆系列丛书》以回顾过去并展望未来。丛书既包括本院学者们的专著与文集，也包括学院的优秀博士学位论文与硕士学位论文荟萃，力求全方位反映北师大法学院老中青三代十年奋斗的学术面貌。本丛书由法学院院长赵秉志教授总其责，而组织专门编委会和编辑部助以成其事。

寄簃先生沈家本尝言：“十九世纪以来，科学大明，而研精政法者，复朋兴辈作，乃能有今日之强盛。”今倏忽百年，吾国依法治国方略已定，迎来法治勃兴之历史良机，吾辈当堪当重任，弘扬京师法学，培育法律英才，为民族复兴和国家文明进步而奋斗。

是为序。

北京师范大学法学院
10 周年院庆系列丛书编委会
2016 年 4 月

前言

2016年4月26日，北京师范大学法学院即将迎来十周岁生日。在过去的十年中，北师大法学院依托北京师范大学这一享誉海内外的百年学府，秉持“学为人师、行为世范”的校训理念和“德育英才、法行天下”的院训精神，坚持“高起点、研究型、国际化”的发展战略，在学科建设、人才培养、学术研究、国际交流等多个方面取得了突出成绩，实现了跨越式发展。如今北师大法学院已经跻身于全国高校法学院的前列，成为中国法学教育重镇之一。

北师大法学院成立以来高度重视人才培养工作。目前在本科层次设有培养应用型复合型法律职业人才的卓越实验班和培养涉外法律人才的瀚德实验班；在硕士研究生层次，设有法学一级学科硕士点和法律硕士专业学位授予点；在刑法学、诉讼法学和民商法学等专业设有法学二级学科博士点。目前已经形成了从本科生、硕士研究生到博士研究生在内的三级人才培养体系。法学院通过创新人才培养模式、推动优化课程体系、加强教学团队建设、强化质量管控、拓展国际交流渠道等改革措施，致力于培养具有深厚人文素养和崇高的法律信仰、掌握娴熟的法律技能、富有创新能力和具备国际视野的一流法律实务人才和高端法学研究人才。

经过多年的努力，北师大法学院在人才培养方面取得了显著的成绩。2012年首批入选国家卓越法律人才教育培养计划，并获批应用型复合型法律职业人才教育培养基地和涉外法律人才教育培养基地。十年间，法学院已经为国家和社会培养了657名法学学士，236名法学硕士，987名法律硕士，51名法学博士。从北师大法学院走出的毕业生得到了社会特别是法学界和法律界的高度认可。

为了全面检视法学院建院十年来的人才培养工作，并向社会展示法学院全体学生中学历层次最高的博士生的培养情况，法学院决定编辑出版《法学新思——京师法学博士学位论文荟萃》一书，将之纳入北师大法学院10周年院庆系列丛书。希望借由博士学位论文让关心法学院发展的各界朋友了解我们所培养的博士研究生的学术水平，并对其中的不足之处多提宝贵建议。

本书收录了法学院建院以来的已通过答辩的38篇基础理论法学、宪法学与行政法学、诉讼法学、刑法学、民商法学、国际法学等法学分支学科的博士学位论文，这些博士学位论文在选题和内容上密切联系我国社会主义法治建设的实际，或者对以往理论研究中尚未研究或者研究不够深入的课题展开探索性研究，或者对现有研究课题从新的视角和方法进行研究，得出新的结论，或者对理论和实践中的热点问题，展开进一步地论证、补充和完善，使之更加深化、确切和更有说服力。为便于读者了解论文作者和论文概况，每篇论文中均对论文作者的有关情况进行了简单介绍。

本书由卢建平教授担任主编，梁迎修教授担任副主编，袁治杰副教授担任主编助理，同时吸纳了博士研究生李竹、硕士研究生董旭源、孙璐瑶参与编辑、校对工作。由于时间仓促和能力所限，不足之处在所难免，尚祈广大读者批评指正。本书的及时出版得益于中国法制出版社领导的鼎力支持和潘孝莉编辑的辛勤工作，在此谨致衷心感谢。

编者谨识

2016年4月

目　录

第四编　刑法学

第五编　民商事法学

Contents

第一编
基础理论法学

蒙古族生态习惯法研究 *

苏丽娜

目 次

本文认为蒙古族生态习惯法是蒙古族法文化的重要组成部分，是根植于蒙古族民间，在蒙古族牧民日常生活中逐步生成和发展，并根据草原生态保护的需要而形成的具有一定约束力的规范。蒙古族生态习惯法是有别于国家法秩序的民间社会规范之一，对缓解蒙古族聚居区草原生态问题具有实用价值，可对国家草原生态保护立法机制进行补充，并为蒙古族民间社会秩序的形成保驾护航。笔者试图通过对蒙古族生态习惯法的概念、要素、效力基础、价值以及蒙古族生态习惯法在国家立法视角和社会生活视角的分析，多维度展示蒙古族生态习惯法的整体面貌。从蒙古族生态习惯法的本体分析、价值分析和运行分析角度表明蒙古族生态习惯法是我国习惯法研究领域不可或缺

* 本博士论文作者苏丽娜，2010—2013 年在北京师范大学法学院攻读法理学博士学位，2014 年 1 月博士研究生毕业并通过了博士学位论文答辩；导师柴荣教授。本博士论文尚未出版。

的存在，其自身具有的规范效力和多元价值，可以成为国家法的重要补充，也可为蒙古族聚居区纠纷解决提供路径选择。

本文的研究内容主要有以下几方面：

一、蒙古族生态习惯法内涵分析

近年来，在习惯法研究领域，对于习惯法、习惯、民间法等概念的比较研究是展开其他理论研究的基础，在诸多习惯法研究进路中占据首要地位。站在哪一种研究范式，往往决定文章的立论方向。综合学者对习惯法研究的大致情形，可以认定，国内学者普遍将研究立场划分为“现代化范式”和“本土化范式”两种情况。笔者在研究蒙古族生态习惯法时是基于本土化研究范式上，以法社会学角度，关注那些在蒙古族聚居区已经确定，并被人们公认、被视为具有约束力的规范。不拘泥于现代化范式，不将国家认可作为蒙古族生态习惯法研究的唯一路径，既能扩大习惯法讨论范围，也可更好地包容那些实实在在存在于人民生活中，并且还在发挥作用的习惯法。在本土化研究范式之上确立的习惯法研究新视角，将为蒙古族生态习惯法研究注入新鲜动力，如果将蒙古族生态习惯法依附于国家法之下，就不能清晰地寻找习惯法的独立价值，于研究不利。因此，笔者将借由本土化范式，定位蒙古族生态习惯法的研究基础，挖掘蒙古族生态习惯法的独立价值。其中，对于何为“生态习惯法”或者何为“蒙古族生态习惯法”，并无统一定义。笔者认为，蒙古族生态习惯法应当主要是指蒙古人在长期实践中逐渐自发形成的，体现本民族全体成员意志和利益，以保护草原生态环境为主要对象的，被本民族成员所共同信守，并由他们共同认可的社会力量保障实施的普遍性行为规范的总和。这些习惯法虽然来源于民间事实性习惯，但根据蒙古人经验性的总结，呈现出不同于一般个人习惯的规范性，因而被我们称为习惯法。

理论界一般称蒙古族习惯法为“约孙”，它有道理、规矩、习惯、规则等含义，也称其为“体例”。蒙古民族还没有文字记载之前，那些符合全体成员利益并且让全体成员认可和遵守的习惯行为规范，就叫作“约孙”。从习惯法形成途径来说，“约孙”这个词汇专门指代蒙古族习惯法，那么蒙古族生态习惯法自然也是“约孙”的内容之一。在对“约孙”的探讨中，笔者并没有发现习惯和习惯法有明确严格区别。这对我们理解本土化范式下的蒙古族生态习惯法十分有利。关于蒙古族生态“约孙”，大体有这样一些说法：首先，来源于蒙古族原始宗教——萨满教宗教信仰。其次，来源于蒙古族生产生活禁忌。可以说，蒙古族生态“约孙”就是对蒙古人世代相传的那些保护草原生态良好风俗习惯的一种集合表达，当这些风俗习惯被广泛地遵守，并具有强制力的时候就可以被称为“蒙古族生态习惯法”。

蒙古族生态习惯法植根于本民族的生产生活中，并且以保护当地生态环境为主要目的，深受当地人认可并自觉遵守。通过对习惯法概念的比较分析并结合蒙古民族的特点，可以总结出蒙古族生态习惯法的以下特征：（一）地缘民族性。蒙古族生态习惯法记录着蒙古民族与自然相处的点滴，表达着蒙古民族强烈的思想情感，是蒙古人在一定社会历史发展阶段精神和物质生活的集中体现，因此具有显著的地缘民族性。（二）禁止性规定居多。蒙古族生态习惯法在蒙古人长期生活中自发形成，是全体蒙古人共同意志的表现，是由获得全体蒙古人认可的确信力量保证实施的，它虽然不像国家法有警察、军队、司法官吏那样的国家机器保证其运行，但是，有别于其他简单风俗，习惯法毕竟被认可为具有普遍规范性，就应当具有一定强制力量。对于违反生态习惯者，人们比较普遍利用舆论、道德批判、谴责、罚款、驱逐等方式进行处罚。在早期蒙古族成吉思汗《大札撒》中记载，向灰烬上溺尿要处以死刑。（三）代际传承方式为“口口相传”，区别于其他少数民族的“生态碑”一类的传承方式。同时，蒙古族生态习惯法的类型可以按照调整客体不同分为以下几种：保护草场的生态习惯法、保护水源的生态习惯法、保护山林的生态习惯法、保护野生动物的生态习惯法四种类型。

二、蒙古族生态习惯法的效力基础

按照布朗教授的理论[①]，如果蒙古族生态习惯法具有一定效力就必须具有以下特质：第一，习惯必须是合理的，也就是说，它必须没有与任何司法或法律的基本原则相抵触。第二，习惯必须有一个合理的开始。第三，习惯必须

---

① W. Jethro Brown，*Customary Law in Modern England*，Columbia Law Review，1905，8（5）.

是特定化的。第四，习惯必须是古老的（或有一定年限的）。第五，习惯必须是连续的，被视为有关人士作为有约束力的规则，而不是作为一个个人选择问题。因此，明确蒙古族生态习惯法是一种民间社会规范，具有一定强制力，虽然与国家法的强制力不可比拟，但由于其本身能得到民众的自觉遵守，因此，具有规范效力。有别于国家法，笔者将蒙古族生态习惯法的效力基础按其客观方面和主观方面分为外部效力要素和内部效力要素。

从外部效力要素看，习惯法必然具有特定区域性，蒙古族生态习惯法从字义上已经明确其为蒙古族这个民族所特有的习惯法，而形成统一民族文化和传统习惯需要处于特定的区域，实现自生自发，对此人们并无异议。如果脱离具体存在空间，习惯法将失去被理解、被遵行、被广泛运用的场域，所谓习惯意义也将失去。蒙古族牧民世代生活在蒙古高原之上，在与自然界对话的过程中，逐渐形成适应自然环境的游牧经济，成为蒙古族生态习惯法产生的物质基础。蒙古族生态习惯法也是从蒙古族传统的游牧经济中产生发展的，受到游牧经济的决定性影响。如果不是蒙古人在生产、分配、交换和消费的经济领域中深受自然生态因素的影响，就不会产生生态保护法律。例如，蒙古族有“国禁，草生而掘地者，遗火而热草者，诛其家”①的规定。为何任意掘草根或者放火烧掉草原植被会招致那么严重的后果，以致“诛其家”。这表明游牧经济生活中，草原植被是牧民饲养牲畜的重要物质资料，他们需要保持牧场的再生能力和抗寒能力，只有合理利用草原，保持草原植被的完整和循环再生，才能更好地满足生产、生活的需求，因此，他们在游牧生活中一般不轻易破坏植被。在“逐水草而居”的过程中反复和持续性践行保护生态的行为，并赋予这种行为以约定俗成的影响力，从而切实地实现了人和自然界的和谐一致。

同质的文化是蒙古族生态习惯法存在和不断发展的重要力量。蒙古族的文化传统从蒙古族人民生活的地域文化中，在强大的宗教引导下，形成独具特色的文化结构，而这种文化又为当地的共同生态价值理念的形成和传承发挥重要功能，可以说，习惯是人类自身的生活经验，是人们在生产生活中约定俗成的一种传统，这样的传统往往是在人类社会的演进中不断通过经验而产生，依托蒙古族固有的生态法文化观念，使蒙古族生态习惯法得以传承。

---

①（南宋）彭大雅、徐霆:《黑鞑事略》，王国维笺证本，文殿阁书庄1936年版，第68页。

蒙古族生态法文化是蒙古族最根源的文化表现形式，对于认识蒙古族的民族特性以及保有蒙古族优良的生态观念具有重要的意义，而蒙古族生态习惯法由于本身蕴含这一特质也成为生态法文化的载体。

蒙古族生态习惯法的内部效力要素应该是蒙古族生态习惯法之所以具有效力的一个重要原因，外部要素固然是蒙古族生态习惯法产生和存在的事实性根源，但能够具有约束力，还应该去讨论是否对人的行为有影响力，何以人们要去遵守这种规范。蒙古族生态习惯法源于蒙古人内心的信仰要素。早期的蒙古人普遍信仰萨满教，这是一种原始宗教，主张“万物有灵”，提倡尊重世间的万事万物，借由强大的宗教信仰力量使蒙古人内心对自然界充满敬畏和爱护，这一点为早期蒙古族生态习惯法的形成和发展奠定重要的效力基础。同时，习惯在很大程度上是源于一种实用理性的支配，或者说，大量事实可以演变成习惯，进而形成具有规范性的习惯，是因为这些事实本身带有实践的必要性。人们主观上产生对于某一习惯的认可和遵从，往往因为这些习惯性的行为蕴含着实践需要。例如，笔者在呼伦贝尔草原上就看到一种独特的生活习惯，在每个牧户的住家入口处，都会有粗细相等的铁棍均匀排布在门口，而下面是空的，形成一个类似陷阱的布置。牧民说，这是为了防止牲畜进入某些区域的“栅栏”，铁棍之间的距离正好可以让牲畜蹩住脚而又不至于折断腿，当牲畜有过被蹩脚出不来的经历，就不再进入某些区域了。这些来源于生活实践的习惯，在每一个牧户家都可以看到。显然，一个习惯能够为当地人不断地接受并引导甚至规范其行为，就是因为这些习惯的形成包含一种主体实用理性。而基于人类的理性选择，在游牧经济中，蒙古人逐步寻找适合自身生存的最佳途径，并随着民众行为的反复实践而渐渐形成约束。在蒙古族生态习惯法的形成中，基于人类对秩序的需求，进行一种行为博弈，也成为蒙古人选择一定习惯并遵守这种习惯的心理因素。因此，在外部和内部两种构成要素的共同作用下，蒙古族生态习惯法产生对民众广泛的约束力。笔者深入地分析了蒙古族生态习惯规范所具有的权利义务内核，虽然民间社会规范没有国家制定法那样明确的权利义务内容，但也可以基于习惯权利的事实性本质，也就是说，对一行为反复践行、约定俗成而生成的事实性权利进行分析。同时发掘习惯权利与义务的对应性存在，使蒙古族生态习惯法的规范力更加清楚和明确地展现出来。

三、蒙古族生态习惯法的价值分析

法的价值分析，旨在阐述蒙古族生态习惯法对于主体所具有的精神意义或者目的效用。笔者在探讨蒙古族生态习惯法的同时，希望借鉴生态伦理的科学研究角度，探讨人、社会及自然三者之间的有机系统，分析各个要素的相互依赖性与整体平衡性。在赋予非人类万物以道德权利后，人类在与自然的相处中，承担尊重、保护、敬畏的道德义务，但这种义务又不是独立的，而是伴随在双方之间的互动中，绝非人类单纯尽了尊重爱护的义务后就不需要改变自然，发挥人类的能动性了。因此，在人与自然的相处中，生态伦理学要求的是相互之间的整体性和系统性，在征服自然和利用自然的过程中，更加合理地保护生态，促进生态系统的循环利用，不做枯竭性的开发，既要体现人类的能动性，又要达到对自然的爱护。而生态伦理的观念在蒙古族生态习惯法那里似乎已经存在多时了。在蒙古人观念中，不用强调人与自然的伦理关系，不必谈从传统的人类中心主义如何转向爱护自然，不必说生态伦理的大道理。因为，蒙古人生活中的这一切是自生自发的，生态系统已经成为蒙古人生活体系的一部分，他们在用实际行动告诉世界，人与自然如何相处。在蒙古人的生态伦理观念中，人从来就是自然的一分子，人、草场、牲畜是自然体系的有机组成，谁都不具有绝对凌驾于自然之上的能力，更多地是将自己融入自然中，在草原生态的大环境中，强调彼此不可或缺的作用。这一点从蒙古人顺应自然的游牧经济中就可以得到印证。在游牧的过程中，不论是从哪个营地迁徙，离开的地方都不会找到破坏的痕迹，等到来年再次游牧过来的时候，草原生态早已恢复，这样一次又一次地迁徙，丝毫没有破坏美丽富饶的蒙古草原。并不是说蒙古人喜欢游动，不喜欢定居，而是只有迁徙，才能保证不会将草原糟蹋得不可恢复，所以游牧其实是为了下次再使用同一片草原，这样更符合自然发展的规律。而游牧的过程也将原本自发的生态伦理观念上升为一种自觉并世代相传。可见，不论是古代农业生产还是游牧狩猎，都蕴含丰富的“天人合一”思想，而这亟待我们发觉并为现时所借鉴。

秩序是人类社会不可或缺的必需品，当人类在获取基本生存资料的过程中，秩序起到十分有效的作用，个体在自然界力量面前微不足道，如果要维持自己的生命就需要和他人合作。“自生自发秩序”① 是由一个地区的特定自然环境，相应的宗教信仰，与众不同的文化心理，并且经由时间积淀，一代又一代人不断地遵从而延续下来的。蒙古族生态习惯法可以被认为是这样一种自生自发秩序。蒙古族自古以来生活在生态环境较为恶劣的蒙古高原，顺应自然规律，过着外人看来居无定所、四处游荡的生活，所谓“逐水草而迁徙”的生活本身体现蒙古人对于自然的理解，世世代代的蒙古人都以爱护草原生态作为重要的生活习惯，并不断地约束自己与他人的行为。这种源自蒙古人生产生活的生态习惯，是规范蒙古人行为的重要力量，不啻国家法律对于蒙古人的约束力，因而草原的生态得到良好的保护。显然，草原生态是一个错综复杂的体系，其中每一部分都是必不可少的，而从古至今，在生态系统中扮演重要作用的人类的行为，是草原生态能否可持续发展的关键所在，草原生态系统的秩序是必须要维护的。蒙古族生态习惯法从其自身发展演变的过程中，实现了对草原生态秩序的维持，对此应当是无异议的。如果没有蒙古族生态习惯法存在，草原上的人全部依据自身的喜好，随意地处理草原上的一切资源，在草原上随意挖掘，胡乱砍树，倾倒垃圾，污染湖泊，肆意猎杀野生动物等，草原生态系统将会遭到严重破坏。而如果基于这些破坏行为又导致蒙古族民众之间发生秩序混乱，则危害性进一步加大。而习惯法中有很多对发生纠纷的解决途径或者模式，这对于缓解草原深处的矛盾纠纷具有实际意义。因此，蒙古族生态习惯法本身“内含”并“体现”着秩序价值，秩序价值是蒙古族生态习惯法所追求的“绝对超越指向之一”。②

蒙古族生态习惯法是蒙古族生态文化的组成部分，或者说，蒙古族生态文化可以通过蒙古族生态习惯法这个载体不断实现传承。显然，蒙古族生态习惯法肩负着蒙古族生态文化传承的重要价值。我们理解的蒙古族文化是人与自然、人与世界全部复杂关系及种种表现形式的总和，或者说，我们在理解蒙古族生态习惯法时，也是根植于蒙古族文化大背景中，将文化作为蒙古

① ［英］哈耶克:《法律、立法与自由》(第一卷)，邓正来译，中国大百科全书出版社 2000 年版，第 54 页。

② 韦志明:《习惯权利论》，中国政法大学出版社 2011 年版，第 167 页。

族生态习惯法研究的重要方法，以便于清晰梳理蒙古族生态习惯法与蒙古族社会生活中所有事物的关系，可以说，也是借由一种文化分析的方法来界定蒙古族生态习惯法。蒙古族人民在长期的生产生活中，围绕游牧形成一系列对草原生态进行保护的传统，其中有崇拜自然、珍惜资源和保护生态环境等。当这样的传统不断被人们接受，形成习惯，并在行动中自觉去遵守时，就促成草原上具有约束力的习惯法，而这种习惯法是有别于个人习惯的，是一种具有规范力的习惯。因此，蒙古族生态文化就像一张网，由蒙古族经济、政治、法律、风俗习惯等众多与生态相关的因素织成的网，其中最核心的是人与自然如何和谐相处。在蒙古人的生态观念中从来都不会将人与自然分开，这既来源于蒙古族传统的生产生活方式，也来自蒙古族古老的宗教信仰。分析蒙古族生态观可发现其本身的宏大境界，不拘泥于细微，将所有事物都放在大宇宙的观念中，与蒙古族世代生活的广阔地域和游牧环境相结合，同时这种生态观念是全体蒙古人的一种共同信仰，不分男女老少均纳入这样的生态观中，虽然没有形成严谨的体系，但口口相传，也实现了普及。最后，这种生态观在具体制度设计中被列为重要的环节，当有文字记载后，就从简单的习惯法状态演变为国家制定法的重要内容。

人权是体现人的自然属性和社会本质所享有和应当享有的多元化权利。它本身包括生存权、平等权、财产权等，当然也包括环境权。因此，在蒙古族生态习惯法的研究中，我们可以发掘蒙古族生态习惯权利对人权起源的作用。蒙古族生态习惯法从其存在的事实状态可发现，其中大量规范都是通过协调人与自然和谐相处来实现人的发展，就蒙古族聚居区的人而言，保障他们环境权的主张与蒙古族生态习惯法的内涵是一致的，这就为蒙古族聚居区环境人权保障提供了十分有益的途径，如果能够充分发挥蒙古族生态习惯法的良好价值观，于该地区人权保障也会事半功倍。

四、国家立法视角下的蒙古族生态习惯法

为了克服或者缓解建构主义法治观存在的弊病，越来越多的人希望找到中国法治发展的新路径，将秩序的建构依托于本土资源，从中发掘中国法治发展的更多选择，并通过对自生自发状态下进化理性规范模式的分析，寻求

新方法，这一选择在目前学界已经形成上升趋势。如果将问题细化，在相对偏远的蒙古族聚居区，人们对于秩序的寻求，对于法治发展的实践问题，就会有显著的地方性特点，无论理论如何宏大，都需要切实落实到一个个具体的实例上才有意义。从秩序规范角度来看，国家法和民族习惯法是两种不同的知识体系，有着不同的运作逻辑，二者在产生背景、规范功能和价值指向等方面都有不同的旨趣，这也是多元背景下秩序规范调整机制不同的重要原因，因而，笔者试图在法律多元背景下，分析蒙古族聚居区草原生态保护立法机制和蒙古族生态习惯法存在的区别，以及两者互补的可能性。

对于秩序的需要促进人类社会不断追求更为理想的规范，法律规范无疑是人类社会发展到今天最为理想的选择，然而由于地域文化、历史发展等多种因素，在世界各国都存在法律多元的现实状况。而法律多元理论也通过承认非国家强制力保证的社会规范，希冀展现国家法和其他规范性秩序之间相互交织的复杂关系。在中国进行法治建设的过程中，除了国家理性建构的国家制定法体系，也存在其他规范类型实现对社会的调整，虽然国家制定法从其结构严谨度和强制力保证性等方面都具有许多优势，但也有许多国家法规范不能顾及的地方，特别是在少数民族地区。由于历史文化等多种原因，少数民族地区一直存在相对稳定的地方性知识，蒙古族聚居区也一样。在蒙古族聚居区生态保护领域就存在许多地方知识传统，由于经济发展水平不高，对自然资源过分依赖，国家法规范所能“建构”的程度不能完全达到生态和谐一致的有序社会，因而，秩序规范意义上，就可以用“地方性”知识来补充国家法的不足。

国家法秩序，是与道德、宗教、习惯等非法律因素维护的传统秩序相区别的由国家法律规制的秩序领域。在中国现代化法治建设进程中，国家法具有权威性和普适性，对于建构理想法治秩序具有重要作用。国家社会生活的各个方面，国家法权威地位是明确的。其中，草原生态保护的法律制度体系及其运作也呈现出自身强大的作用力，为国家草原生态的可持续发展提供重要法律保障。草原生态保护立法机制指国家以保护草原生态为目的，通过对草原生态保护进行立法，并结合各个不同效力层级的立法之间的互补，从而达到维护草原生态保护系统的正常运作。这些立法环节的每一个部分都是必要的，都是为了保护草原生态系统而存在。运用立法机制概念时，更强调各部分之间相互作用后对草原生态保护的实质意义，国家立法体系决定着不同效力层级的法律法规实施的具体状态和法律问题的存在、解决，我们无论制定何种法律规范，根本目的都是保护草原生态，这一出发点不能动摇，因此草原生态保护立法机制在本文中是一个以保护生态为目的的不同效力等级的法律规范动态循环的整合性概念。整体上说，从国家效力最高的宪法中确立根本性的指导方针，并通过国家《草原法》等部门法来落实对草原的全方位规制，其中《草原法》为主要规范，也是其他法律法规的重要参考。

讨论草原生态保护的法律体系时，主要从内蒙古自治区的立法现实角度分析国家法在法律内容的设计上如何体现生态保护，详细了解目前国家立法都从哪些方面对草原生态进行保护，哪些措施本身隐含重要生态保护理念，国家法如何实现可持续发展战略在草原领域的作用。也就是说，需要讨论国家草原生态保护立法机制所调整的内容，只有通过法律内容的了解才能切实分析国家法存在的不足，才可以引入补充机制。毫无疑问，正是国家法的存在，才使人类的行为处于相对严格和理性的规范内，不至于过分偏颇而带来不可挽回的后果，这一点是无须否定的。但在秩序视角下国家法与习惯法分别具有不同的规范体系，习惯规范作为社会秩序形成的重要规范之一，也有其存在的独立性。

蒙古族生态习惯法与草原生态保护立法机制之间存在着契合和补充的条件，通过多方面可以印证这一点。例如，习惯规范作为非正式法源从来都是被认可的。习惯法如果作为非正式法源，主要有两种作用：一是成为国家法未来的制定基础；二是成为法官法律发现中的重要选择。回溯蒙古族习惯法的产生过程，我们知道，当成吉思汗和其后世子孙对国家进行立法的时候，都存在一个对过去在蒙古族民间广泛使用的习惯法进行立法确认的过程。所以，成吉思汗《大札撒》本身就是蒙古族习惯法的合编。从历史上蒙古族生态保护的法律中也可以明显地看到蒙古族生态习惯法的痕迹。在蒙古族传统中有爱护动物的良好习惯，这点从历史记载中可以例证。根据史料记载，在蒙古汗国及以后的政权中，法律条文中有很多保护动物的规定，而且更加完善。所以，在法律制度的形成过程中，国家会按照现行的社会秩序的需要对原有习惯规范进行取舍。从国家法渊源角度看，有些习惯虽然不是国家正式的法律渊源，但在立法实践中，也会被作为适用的依据而加以运用。

同时价值层面的一致性也决定习惯法与国家法之间的契合是具有可行性的。在草原生态保护的领域中，国家法和习惯法的价值观念是趋于一致的。前文中，笔者已经说明了蒙古族生态习惯法的生态价值理念——敬畏自然、爱护自然，实现人与自然和谐相处。国家法在历史演变中曾经一度忽略了这样的价值基础，过分强调经济发展，却在生态保护中非常薄弱。2002 年，调整国家草原生态问题的《中华人民共和国草原法》进行修订，也更多地将视线放到了草原生态的保护上，明确了草原对于可持续发展的重要性，规定了国家的草原行政主管部门以及草原监理机构，提出了全面保护和建设草原的许多合理规划，特别强调减少征用占用，防止超牧、实行禁牧轮牧，禁止开垦草原等一系列规范，并严格规定了违反草原法应当承担的法律责任。至此，国家法的价值理念在保护草原生态方面和蒙古族传统的生态习惯法有了更加密切的融合，也可以说，蒙古族生态习惯法中的重要价值理念十分有必要通过国家制定法呈现出来，从而迈向可持续发展的生态文明。

最后，笔者认为两者的互补和契合可以最终落脚在两者的分层治理功能方面。笔者阐述的草原生态保护立法机制，在广泛意义上以畜牧业为主的草原牧区，是十分重要的法律依据。按照效力等级自上而下依次有：宪法；以《草原法》为代表的国家法律；关于草原的行政法规、部门规章；内蒙古自治区根据国家的相关法律法规制定的配套性规定等。从调整对象上讲，草原生态保护立法机制针对的是全国范围内的所有对象，具有普适性的特点，在我们所讨论的蒙古族聚居区域，国家法依然具有权威的法律强制力，这就为两者分层治理埋下伏笔。从蒙古族生态习惯法的调整对象，主要是传统蒙古族聚居区，特别是在蒙古族牧民之间，世代相传的生态习惯法对他们具有很强的影响力，同时这些人本身又是国家法所调整的对象。所以，从国家法和蒙古族生态习惯法的调整对象上看两者至少是一致的，同时两者的关系也具有大、小传统的碰撞关系。在人与人的交往、社会矛盾纠纷解决中，都有一种民间自发形成的，并被当地人所共同信守的规范存在。这种规范在很多学者眼中必然会与国家法律相冲突，但实际上两者也是有一致性的，能够有相容的可能。大、小传统的碰撞，正是两者分层治理效果的体现，因为调整对象一致，也就为习惯法和国家法的相互融合找到契机。针对同一区域，国家法和蒙古族生态习惯法完全可以各司其职，实现调整。特别是国家在制定相应的规范性文件时还可以充分调研民族地方的实际情况，从当地影响甚广的习惯法中寻找规则模式，这样就能让国家立法从制定之初就贴近生活，便于以后得到广大民众的认可，从而在真正意义上实现法律的普及化。在中国建设现代化法治国家的进程中，通过国家立法机关制定的法律法规实现统一性，同时通过地方性的习惯法实现各个特定区域的秩序和谐。如果从环境法角度研究，蒙古族生态习惯法对国家制定法的补充更具可操作性和针对性。法律生态化是环境法研究领域中的新视角，也是为了顺应国家生态文明建设的趋势，而对部门法进行的再整理，在相关部分加入保护生态环境的重要原则和措施，可以达到克服"人类中心主义"的弊端，并实现经济效益、社会效益与生态效益的可持续发展。蒙古族生态习惯法包含大量科学的生态观念，这些观念合理地调整人与自然的关系，并基于蒙古人的理性选择，最终成为国家草原生态保护立法发展，特别是以《草原法》为代表的法律发展中值得借鉴的基础原则，也可为这些法律的生态化提供具体指导。例如，在《宪法》中确立"可持续发展原则"；在《草原法》等保护草原生态的法律中添加关于适用习惯的本土资源或传统等条款；将具有操作性的生态习惯以法律条文方式展示出来；等等。

五、社会生活中蒙古族生态习惯法的动态表达

从社会生活视角观察蒙古族生态习惯法，分析总结蒙古族生态习惯法在实践中的作用是文章最终的动态表达。所有理论都要落实到实处，否则形同空中楼阁。

为此，笔者选择蒙古族聚居区——内蒙古自治区呼伦贝尔草原作为调研地区。这里是蒙古族生息繁衍的重要地区，至今仍保持着良好的畜牧养殖传统。畜牧业为牧民主要经济来源，特别是牧业四旗，更是传统畜牧业为主的地区，而且这里 90% 以上的牧民均为蒙古族，并世代以呼伦贝尔草原作为繁衍生息之地。因此笔者采取问卷调查、深入访谈等方法，寻找蒙古族生态习惯法的生活背影。牧民们通过多种方式的表达纷纷指向一个目的——希望运用法学研究的方式为蒙古族聚居区草原生态法律问题找到良好的解决途径，从根本上缓解矛盾，让牧民过上人与自然和谐共生的富裕生活。根据对调查

结果的分析，指出蒙古族生态习惯法的文本表达——嘎查民约，从其内容中发现文本形式的蒙古族生态习惯法的存在。虽然国家法的渗透对民约的形式内容有所影响，但民约依然是蒙古族生态习惯法的重要表现形式；通过对蒙古族生态习惯法实际状况的总结找到现实生活中蒙古族生态习惯法对蒙古人生态行为的指导、评价及教育作用；而蒙古族聚居区牧民中通过世代相传的蒙古族生态习惯法的影响力可以促进当地人们生态环境保护法律意识的提高；随着时代的变迁，蒙古族生态习惯法的共同体因素也在发生变化，而蒙古族生态习惯法也具有迁移性，可随着外在环境变迁发生潜移默化的改变，因此，蒙古族生态习惯法在现代社会生活中依然存在并发挥自己的独特作用，牧民也依然切实地按照蒙古族生态习惯法来维护草原生态平衡，实现人与自然和谐相处。很多蒙古族牧民无法确切地表述他们的习惯做法，但有一点十分肯定，那就是爱护草原环境的做法是每一个蒙古族牧民都会遵守的，并不需要谁来强制和威胁，他们也会一直这样做下去。

从多元纠纷解决机制的视角，发现蒙古族生态习惯法在实践中具有重要作用。牧民遇到与草场生态保护有关的矛盾纠纷，如果是熟人圈多会依据彼此相熟的做法解决问题，一般不会诉诸法律；如果与外来人员之间的矛盾，一部分会选择自力救济，一部分选择不敢过问，也有一部分会选择向公安机关求助，诉诸公权力。因此，从多元纠纷解决角度，蒙古族生态习惯法可以成为民间调解中重要的规则依据。因为蒙古族生态习惯法具有一定规范力因而易于受到民众认可。在司法实践中，可以考虑运用蒙古族生态习惯法弥补法律漏洞，并通过国家机关加大宣传和普及，使蒙古族生态习惯法成为民众提高生态保护法律意识的新途径。

作者简介：苏丽娜（1980—　），内蒙古鄂尔多斯人，内蒙古工业大学人文学院副教授，硕士生导师。2002 年和 2008 年在内蒙古大学分别获得法学学士学位和法学硕士学位，2014 年 1 月在北京师范大学获得法学博士学位。主要研究领域为法理学和中国法制史。至今发表学术论文十余篇，主持多项内蒙古自治区课题，参与多项国家课题研究。自 2002 年至今一直从事法学教育工作。

清入关前满洲法文化研究 *

王千石

目　次

本文以清入关前“满洲”这一民族的崛起史为背景，深入研究了特定历史时期内满洲法文化的内容与特征。本文从广义的角度解释法文化，认为法文化既应当包含精神层面的内容，也应当包含制度层面的内容，前者称为主观法文化，后者称为客观法文化。本文正是在对法文化进行主客观分类的基础上，对清入关前满洲文化的各个方面作出法的解读，揭示这个古老民族在崛起过程中经历的法文化变迁。

本文具有建设性的研究主要体现在以下五个方面：

* 博士论文作者王千石，2012—2015 年在北京师范大学法学院攻读刑法学博士学位，研究方向为刑法史。2015 年博士研究生毕业并通过了博士学位论文答辩；导师吴海航教授。本博士论文经修改即将由中国政法大学出版社出版，书名为《清入关前的法文化》。

一、满洲法文化的生长环境

（一）满洲先世的传统文化

根据史料对满洲先世的记载，可以总结出满洲先世的狩猎文化传统及婚嫁、丧葬文化传统。

满洲是传统的渔猎民族，满洲文化处处流露出狩猎文化的痕迹。狩猎的工具主要是弓矢，满洲先世在日常生产生活中掌握了精湛的弓矢制造工艺，弓矢也因此成为了这个民族的文化符号。在史料所载的满洲先世的活动中，有相当一部分篇幅是关于他们向中原王朝朝贡的记载，朝贡的贡品便是弓矢、楛矢、石砮等狩猎工具。

根据史料记载可知，满洲人的祖先很早便与中原王朝建立了朝贡关系，根据朝贡的惯例，贡品都是朝贡者当地的优质特产。通过满洲人祖先的贡品可以看出，弓矢是他们最出色也是最具有代表性的器物。随着时间的推移，贡品中的弓矢等工具越来越多地被各色猎物所取代，这也是生产力进步的一种反映。

无论是用狩猎工具还是猎物作为贡品，都清楚地反映了满洲人自古便是狩猎民族的自然属性，这一特征在历代记载满洲祖先的史料中都可以寻到痕迹。

狩猎活动对满洲文化的影响体现在社会生活的方方面面。对满洲民族共同体的形成起到至关重要作用的牛录制度便是由狩猎组织经历重重蜕变演化而来的；而后来对有清一代产生深远影响的八旗制度正是在牛录制度的基础上建立的。在清入关前的满洲法律制度中，随处可见受到狩猎文化影响的痕迹。

婚嫁和丧葬风俗是一个民族生活习惯和价值观念的缩影。满洲人的祖先有着特色鲜明的婚丧嫁娶风俗，这些风俗对满洲文化的形成起着至关重要的作用。从有限的史料记载中，我们可以管窥到满洲人祖先原始而豪放的生活态度。通过史料记载可知，满洲先世的婚嫁风俗相比中原文明来说更为简单质朴，同样，满洲先世的丧葬习俗更是豁达得出奇。数百年间，满洲先世丧葬习俗虽然仪式上有所变化，但面对死亡时较为淡然的态度并未改变，与重视孝道的中原丧葬习俗更是形成鲜明对比。

（二）明朝女真人的社会组织

明朝女真人是满洲人的前身，也是满洲人血缘最近的祖先。明朝女真人的活动对满洲法文化的形成具有直接的影响。明朝女真社会内部有血缘与地缘两重组织。其血缘组织，可划分为哈拉（姓）、穆昆（族，即宗族）、乌克孙（家族）及包（家庭）四个层级；地缘组织，则可分为固伦（部）和噶栅（村寨）两个层级。这些组织将幅员辽阔、人口庞杂的女真社会划分为不同规模的群体，女真人就在这些群体中生活。这种人口划分方式对明朝女真人的社会生活起到了根本性的影响。另外，明朝女真人的两种临时性狩猎组织——牛录和塔坦虽然不是明朝女真人的固定社会组织形式，甚至明朝女真人还没有把它们作为专门的组织名称来使用，但它们在日后的八旗制度建立以及满洲共同体形成过程中起到了至关重要的作用。

（三）明朝女真人的习惯法

明朝女真人的法文化是满洲法文化的直接渊源。明朝女真社会还没有产生具有国家性质的政权组织形式，人们对法律的认识也还处于原始社会阶段，约束人们行为的仍然是氏族时代流传下来的习惯。根据马克思主义法学的观点，法律必须出自国家，并有国家的强制力保障实施。因此，习惯不是法，习惯只有得到国家的承认才能成为法，这就是习惯法。但是根据法社会学家的观点，法必须是在实际生活中起作用的行为规范，倘若一部法律经国家颁行，却未实际生效，那么它也算不上法律。相反，倘若某些规则并没有得到国家的认可（也许当时还没有国家），但却在实际生活中发挥着作用，那么它们也是法。因此，通行于明朝女真社会中的风俗习惯可以看作法，它们是满洲先世经验和智慧的结晶，是每个社会成员都要遵循的规则，主要可分为狩猎习惯、分配习惯、婚姻习惯和继承习惯。当然，明朝女真人的习惯法绝不仅限于此，但这四类习惯与满洲法文化的形成有着直接而密切的关系，其中一些规则经满洲统治者的确认而成为了满洲国家法律制度的一部分，另一些也深刻地影响着满洲民间的法观念、法意识，从而对满洲法文化产生了深远的影响。

二、清入关前满洲的主观法文化

（一）努尔哈赤和皇太极的法律思想

清入关前满洲主要经历了努尔哈赤和皇太极两代君主，二者的法律思想是在治理国家的过程中逐渐形成的。努尔哈赤的法律思想呈现出比较原始和古朴的色彩，保留了较多满洲传统文化的特征；皇太极接受汉文化程度较深，对努尔哈赤的法律思想既有继承，也有大幅度的创新和变革。当然，他们二人的法律思想并不完全是他们个人智慧的产物，满汉文臣在其中也起到了一定的推动作用。

努尔哈赤将自然崇拜信仰与古代帝王“天讨天罚”理论结合在一起，形成了以“天意”为核心，“顺天意者得天佑，逆天者意遭天谴”的法观念，这一观念成为了指导满洲国家政治、军事行动的思想武器。在这一法观念的指引下，努尔哈赤非常重视法治对维持社会秩序、维护自身统治的作用，他将“敬天”与“守法”的理论联系在一起，以此作为保障国运兴隆、国泰民安的不二法则。努尔哈赤不但重视立法，更重视教导国民守法，皇室贵族尤其不能枉法而行。努尔哈赤时常教导诸贝勒，务必存公正之心。将公正之心投入审理案件的工作中，就要求审理案件的贝勒、大臣务必查明案件真相，不能使人含冤受刑。努尔哈赤重视法治、力行法治的思想对满洲社会的安定与发展起到了重要的推动作用。他对立法、司法技术以及如何教导国人守法方面的探索启发了后世。他的法律思想直接影响了皇太极，为清朝最终统一中国作出了贡献，并开启了有清一代法制完备、以法治国的先河。

皇太极即位后，继承了努尔哈赤的“天意”观，确立年号为“天聪”，并进一步发展了这一观念。同努尔哈赤一样，皇太极十分重视法律的作用，当时复杂的战争局势和崭新的统治任务决定了皇太极必须建立完备的法律制度，经过多番探索后，皇太极采纳了汉臣宁完我的建议，走出了一条“参汉酌金”立法路线，后金的许多制度都体现了这一立法路线的要求。如等级制度以满洲制度为基础融合了儒家文化；对殉葬习俗、首告习俗、婚姻习俗的法律规制无不在考虑到满洲习惯法的基础上借鉴了明制，采取折中策略；以“十恶”入律，但未引进“八议”；规定贵族犯罪可以革世职代刑，但职爵越高刑事责任越重；等等。皇太极时期，这样的立法不胜枚举，也正因如此，才形成了满洲法文化独特的价值选择和与众不同的精神风貌。

（二）满洲社会中的法观念、法意识

本文主要从四个方面论述了满洲社会中的法观念、法意识，它们分别是：满洲的婚姻家庭观念、满洲的纠纷解决观念、满洲的契约盟誓观念以及满洲的宗教信仰观念。第一，婚姻家庭观念。满洲妇女的家庭地位相比同时期的中原妇女来说要高一些，据史料记载，满洲妇女掌握家中的财政大权，同时有着一定的话语权，在满洲，妇女的意见往往可以影响丈夫在外边的行动。此外，部分满洲妇女比较悍妒，对于丈夫纳妾的行为无法容忍，表现出虐待婢妾的行为。当然，满洲妇女的地位较高也只是相对的，绝不是说满洲实现了男女平等。相反，满洲社会同中国历代君主制王朝一样，都是男权社会，满洲女子虽然未受儒家纲常礼教的约束，却也遭受了很多残暴的凌虐。此外，满洲民间对于两性关系的观念比较开放，对通奸、狎妓等行为的处罚较轻。第二，纠纷解决观念。满洲社会主要有两条路径：对于不同部落之间的戕害，人们习惯采取同态复仇的方式进行报复；对于部落内部的纷争，人们习惯提交到部落首领处，在首领的主持下进行公议，最终提出解决方案。后来，随着国家的产生和首告制度的建立，满洲人逐渐形成了诉讼观念。努尔哈赤在统一女真的过程中，推行法治，鼓励告奸，首告之风遂在满洲社会盛行起来。第三，契约盟誓观念。明末女真部落间经常通过结盟的方式共同抵抗外敌的入侵，部落间结盟时，需要通过一定的仪式来表示永不背叛的决心，于是，立誓成为满洲人的一种习惯。盟誓行为的哲学基础在于满洲人对“天”具有虔诚的信仰，因此立誓也叫对天发誓，立誓与祭天的仪式往往结合起来进行。立誓行为最开始只在两个部落之间缔结联盟契约的时候发生，目的是表示自己的承诺永不改变。此时的立誓是在两个平等主体之间做出，但随着汗权的加强，满洲统治者要求臣子要对自己立誓，立誓行为的意义开始扩大化。立誓的行为只具有仪式性的意义，并不能真正保证臣子的忠心，但久而久之，仪式也会对人的心理产生约束作用。然而，立誓行为终究只是对人们心理上的制约，打破誓言者亦是大有人在，部落间的结盟终究是以共同的利益为纽带，认识到这一点，具有法律意义的契约盟誓行为便也逐渐被摒弃了。第四，

宗教信仰观念。满洲及其先世，都有信仰萨满教的风俗。明末，努尔哈赤屯兵赫图阿拉，离其住所“五里许，立一堂宇，缭以垣墙，为礼天之所。凡于战斗往来，奴酋及诸将胡必往礼之”。爱新觉罗家族的堂子祭经历了由简入繁的发展，逐渐形成了一系列的祭祀礼仪，并一直延续到清入关后。不仅爱新觉罗家族在堂子供奉神祇，满洲其他部族亦然。满洲民间崇尚萨满，倘若有人生病，首先想到的不是寻医问药，而是请萨满跳神，举行巫术仪式来为人治病。只不过由于萨满通过巫术仪式为人治病实属荒诞，且萨满对满洲人思想领域的影响威胁到了统治者的统治，因此才被指责为“以鬼狐惑人”，被统治者所禁止。

三、清入关前满洲的客观法文化

（一）法律制度的产生与司法机构的建立

通常认为，满洲法律制度的肇建开始于万历十五年（1587 年）努尔哈赤定国政时。满洲国家的法律制度与社会制度是伴随着政权的产生而逐渐发展起来的，经历了一个由简入繁的过程。在努尔哈赤时代，国家法律尚处于草创阶段，统治者既没有系统的法制建设构想，也没有效仿明制的意愿，往往是随着实际情况的变化而颁布谕令，凡事“皆以意创行”。随着统治经验的积累，统治者逐渐形成了系统的法律思想，也开始有意识地借鉴其他民族的立法经验，于是国家法制逐渐完备起来。清入关前满洲的法律制度仍然有着鲜明的民族色彩，法律规则大都建立在本民族原有的历史传统和生活实际的基础上。伴随着立法工作的展开，国家开始产生独立的司法部门，逐渐形成了统一的司法制度。

（二）八旗制度的建立

满洲的法律制度与社会制度有着密不可分的关系。在努尔哈赤起兵初期的一段时间里，归附的大多数部落保留了原来的“族党屯寨”的组织形式，仍由从前的酋长进行管理，努尔哈赤只是通过这些部落首领对归顺的人口实行间接统治。随着统治人口的增多，社会组织形式出现了一个过渡地带——由过去的以血缘和地域相结合的“族党屯寨”形式，向军政合一的八旗制度过渡。约万历二十九年，努尔哈赤开始了整编牛录的工程。从此，临时的狩猎组织牛录终于演变成为了固定的军政合一的社会组织——平时是社会基本行政单位，战时则是战斗单位。万历四十三年（1615 年），金国建立前夕，努尔哈赤已经统一了建州女真，兼并了海西女真中除叶赫部以外的三部，实力空前壮大，人口数量也空前庞大。此时，之前粗略整编的牛录组织已无法满足管理如此庞大人口的需要，于是努尔哈赤对牛录组织进行了进一步改良，创立了“八固山”制度，也即八旗制度。皇太极进一步完善了八旗制度，设置了蒙古八旗与汉军八旗。八旗制度对满洲法文化的影响是巨大的，不仅许多法律规则本身就建立在八旗制度的基础之上，满洲人的心理状态也因八旗制度的构建而发生着根本性的变化。

（三）满洲的民族政策

满洲属于边疆少数民族，在它崛起的过程中，如何处理与其他民族的关系成为不能忽视的问题。清入关前，满洲已经统治了大量的辽东汉民和蒙古人民，如何对他们进行妥善的安置和控制是满洲统治者必须解决的问题。为此，满洲国家针对其统治下的汉民和蒙古人民颁布了一些特别的法律与政策，这些法律与政策是满洲客观法文化的重要组成部分。

夺取辽东后，满洲统治者必须面对八旗军队的供养和大量汉民的安置问题。为此，天命六年（1621 年），努尔哈赤先后两次颁布谕令，合称“计丁授田谕”。“计丁授田谕”颁布后，旗人与汉人混居，汉人境遇十分悲惨，以致到处发起反抗。这样的情形使努尔哈赤非常气愤，他开始下令屠杀庄屯中的汉人。由于满汉混居，冲突不断，努尔哈赤决定“分庄编丁”。但是此前，他先下达了甄别屯内汉人的命令，如有异心者皆正法。皇太极即位时，后金正处于满汉矛盾极为尖锐的时刻，皇太极立刻下令纠正努尔哈赤时代的错误，缓解民族矛盾。他下令宽恕以往逃跑的汉人，很快便使满汉之间紧绷的民族关系松弛下来。为了切实解决汉人生存环境水深火热的问题，皇太极进一步推行了汉人“分屯别居，编为民户”的政策。在解放被奴役汉人的同时，对于新归来的汉人，皇太极要求满蒙大臣不得抢掠、扰害，要将他们“视为我民”。努尔哈赤和皇太极在与明朝征战的过程中，争取到不少明朝的文臣武将，这些明朝官员的归附增强了后金的实力，也为满洲法文化吸收中原文化创造了条件。满洲人在征服辽东的过程中，收服了众多汉族百姓，为了使他们从心理上真正臣服于满洲的统治，从努尔哈赤时起，满洲统治者每征服一地，就下令当地汉民剃发、易服。

在臣服于满洲的蒙古部落中，除了被编入八旗的内藩蒙古之外，还包括广大的外藩蒙古。至清兵入关前夕，东至吉林、黑龙江界，西至贺兰山，南至长城，北至瀚海的漠南蒙古广大地区都已纳入清王朝的版图，为了有效统治漠南蒙古，皇太极制定了一系列的政治、军事、法律措施，这些措施是满洲统治者创造性地治理其他少数民族的优秀范例，不但对于蒙古地区的法文化产生了深远的影响，同时也开创了有清一代民族政策的先河。

四、清入关前满洲法文化的特征

满洲法文化最鲜明的特征表现为它与外来文化的融合性。满洲法文化具有比较开放的品质，正是这一品质使得满洲在对外交往中迅速打开局面，吸收其他民族文化的精华，达到改造本民族文化的目的。满洲法文化最早融合的是蒙古文化，由于二者都是北方民族，历史渊源很深，渔猎文明和游牧文明本身又具有许多相通之处，所以两种文化的异质性表现并不是十分明显，文化融合性并不突出。与蒙古文化相比，汉文化对满洲文化的影响更为巨大和明显。满洲的主客观法文化都明显表现出了与汉文化融合的特征。

在主观法文化上，文化融合性体现在以下四个方面：统治基础神权化、道德标准礼制化、军事战略宽仁化以及宗教信仰多元化。满洲从努尔哈赤统治时期就显示出神权法的影响，努尔哈赤精通历史，也十分善于总结和反思历史，曾多次援引古代帝王的例子来论证自己取明朝而代之的必然性。皇太极延续了努尔哈赤的理论路线，他指出：“皇天无亲，善则培之，否则倾之，乃不易之理也。”[①] 这句话与“皇天无亲，惟德是辅”如出一辙，说明皇太极已经完全接受了神权法思想，并将它作为满洲国家政治、军事行动的理论指导。努尔哈赤和皇太极的儒家理论修养都比较高，组织翻译了大量汉族书籍，并要求贵族子弟学习儒家经典。在接触中原文化时，统治者立刻抓住了“礼制”

---

① （清）《清实录太宗实录·卷四七》，中华书局 1985 年版，第 632 页。

这一历代君主统治臣民的思想武器，开始以儒家的道德标准要求满洲的臣民。满洲贵族习惯了烧杀抢掠的发展方式，长期的战斗生活使得他们面对敌人时的态度是残酷的。终皇太极一朝，戒杀劫掠的建议并未得到采纳。皇太极去世后，其子福临即位，史称顺治皇帝。是时，明朝灭亡，李自成攻陷北京，以摄政王多尔衮为首的新一代的满洲最高统治集团迅速统一了认识，作出决断，毅然改变长时期对关内汉人实行的杀掠策略，打出“仁义之师”的旗号，挥师入关，迅速占领了黄河以北的广大地区。此次战略的实施，是满洲军事战略儒家化的一个表现，当然，法文化并不会轻易改变，宽仁化也只是相对的和暂时的。在努尔哈赤起兵之前，女真各部普遍信奉的是萨满教，努尔哈赤也是如此，在定居费阿拉城时，就建立了祭天神堂。万历三十一年（1603年），努尔哈赤迁居赫图阿拉城。万历四十三年（1615年），努尔哈赤在赫图阿拉建七大庙，分别为堂子、地藏寺、玉皇庙（顺治十五年改称显佑宫）、城隍庙、文庙、关帝庙和昭忠祠。七大庙的修建是赫图阿拉城建设的重要环节，体现了以努尔哈赤为首的满洲统治者宗教观念的变化。

在客观法文化上，文化融合性也体现在四个方面：等级制度的确立、首告制度的演变、收继婚的禁止以及对外来宗教的规制。满洲国家建立之初，已经产生了阶级分化，但此时的满洲社会还不是一个典型的等级社会，物质享受是建立在财富基础而非社会地位基础之上的，表现得最明显的就是“冠服混淆”，人们的穿着全凭经济实力决定，不受社会地位的限制。这一点是满洲内部的汉族儒臣所不能容忍的。在儒臣们的一再倡导之下，皇太极建立了体系完整的服饰制度，改元崇德，建国大清之际，又对诸王、贝勒、贝子的顶子、朝带、车舆、府邸等作了烦琐的规定。同时，对各部院大臣的顶戴、服色也都作了细致的区别。经过长时间的努力，文官儒臣们所期待的区分尊卑等级的“一代制度”的雏形终于具备了。满洲统治者极其重视法制对维护社会稳定的作用，为了推行法制，努尔哈赤鼓励告奸，满洲社会盛行首告之风，奴告主、妻告夫都是受到鼓励的行为，这与儒家传统文化有着一定的冲突与矛盾。天聪五年，皇太极颁布“离主条例”，更改了努尔哈赤时一概“准其离主，听所欲往”的规定，详细区分了什么情况下可以离主，什么情况下不许离主。“离主条例”的产生，从根源上说是满洲统治阶层为自身利益筹谋的结果，但这项条例使得首告制度更趋向于合理化，客观上推动了满洲法制的发展。除了内因的推动作用外，中原法文化的影响也是首告制度变化的一个不可忽视的原因。收继婚风俗在明朝女真中比较普遍，但随着满洲社会文明的进步，一部分满洲人对收继婚产生了不满情绪。随着儒家文化渗入满洲，对收继婚持不满态度的满洲人越来越多。到天聪年间，收继婚这一古老习俗终于被皇太极以汗谕的形式废止了。收继婚以谕令颁布的形式废止，表明满洲统治阶层率先接受了儒家的伦理道德，并以此标准要求自己的臣民。对满洲社会来说，外来宗教的影响是一把双刃剑：一方面，佛教、喇嘛教的传入在一定程度上促进了满汉、满蒙民族文化的融合；另一方面，外来宗教给满洲社会带来了一定的安全隐患，许多人并非真正信仰佛教或喇嘛教，而是为了逃避服役等目的混入宗教队伍，既损害了满洲国家的利益，又玷污了这些宗教的清誉。由于种种原因，这一时期与宗教相关的立法呈现出严厉的面孔，对宗教人士进行严格的控制；与此同时，下边的官民又想方设法地钻法律的空子，出现了交易“僧缺”这种事情。这是一种独特的法文化现象，是满洲在与外来文化碰撞过程中不可避免地产生的，它反映了文化融合不是一帆风顺的，而是一个艰难漫长的过程，统治者的构想往往得到的并不是所预期的反应，人民群众不自觉的行为同样会影响历史的进程。

五、清入关前满洲法文化的历史地位

诚然，汉文化在中国文化集合中占据着至关重要的位置，但这并不意味着汉文化就能够替换中国文化的概念。从民族学的角度来看，“中华文化既指中华各民族（包括历史上的各民族）丰富多彩、各具特色传统的和现代的文化，也指由中华各民族共同创建、普遍认同和共同享用的价值观体系及在其指导下的一切文化现象”。[①] 从民族法学的角度来看，“无论是习惯、习惯法，还是国家制定法和具体的法律制度，都是历史上各民族共同智慧的结晶，共同创造的结果”；“无论是建立过政权的民族，还是没有建立自己政权的民族，无论是建立了局部政权的民族，还是建立了统一的全国性政权的民族，他们的法

---

① 杨建新：“从民族关系视阈论中华文化”，载《西南民族大学学报》（哲学社会科学版）2011年第4期。

文化都是中华法律文明的有机组成部分”。① 因此，中国传统法文化不是单一的法文化，而是多元的法文化；不是某一个民族的法文化，而是囊括了中国历史上各民族法文化内容的文化综合体。

明确了中国传统法文化的内涵，我们就可以进一步考察满洲法文化在中国传统法文化中的地位。满洲是中国历史上出现的少数民族，它与今天的满族有着传承的关系，但二者并不相同。根据前述法制史学者的观点，中国传统法文化不是一个静态的文化，它在不同历史阶段有着不同的内容。因此，在清入关前满洲法文化形成的过程中，中国传统法文化对满洲法文化的形成起到了影响和促进的作用，具体说来，作为中国传统法文化组成部分的汉族法文化和蒙古族法文化都是满洲法文化的渊源。当满洲法文化形成后，它便成为了中国传统法文化的一部分，由于有了满洲法文化的加入，中国传统法文化也发生了新的变化。这正是中国传统法文化动态性的体现。

但需要说明的是，清入关后，统治者对中原法文化的接纳程度极高，法律制度和法律思想基本继承了中原历代君主制王朝，因此，清一代的法文化与中原历代君主制王朝呈现出明显的承接关系，而与满洲法文化的承接关系并不明显。因此，尽管满洲是清王朝的统治民族，但过分夸大满洲法文化的地位与影响也是不符合实际的。

作者简介：王千石（1987—　），女，黑龙江人。2009 年在云南大学获得法学学士学位，2012 年在北京师范大学获得法律硕士（法学）学位，2015 年在北京师范大学获得法学博士学位。曾在《学习与探索》等核心期刊中发表学术论文数篇，现与吴凡文博士合著《清入关前的法文化》即将由中国政法大学出版社出版。现为司法考试培训讲师。

① 马克林：《回族传统法文化研究》，中国社会科学出版社 2006 年版，第 84 页。

第二编
宪法学与行政法学

大不列颠及北爱尔兰联合王国现代宪法制度改革研究（1997—2013年）*

杨二奎

目　次

大不列颠及北爱尔兰联合王国（注：其后简称联合王国）被公认为是世界上最早进入宪法制度时代的国家之一，是世界上民主历史最悠久的国家之一。在历史上，不仅联合王国本国人对自己的宪法十分自豪，而且它还受到了域外人士的青睐。尽管承认本国宪法存在各种各样的缺陷，但19世纪联合王国宪法学家沃特尔·白芝浩（Walter Bagehot）认为它有两个任何其他国家

* 本博士论文作者杨二奎，2010—2013年在北京师范大学法学院攻读宪法学博士学位，2013年博士研究生毕业并通过博士学位论文答辩，师从陈云生教授。本博士论文尚未出版。

宪法无法相比的明显优点，他说："尽管就其对世界上任何一部宪法涉及的一些异常事项的规定而言，其做工是最粗糙的，但它有两个主要优点：它包含一个简单有效的部分，这个部分有时候以及在需要的时候，操作起来能够较迄今为止人们已经尝试过的任何政治工具都更简单、更容易和更有效；它同时包含着历史的、复杂的、庄严的和理论的部分，这部分是它从悠久的历史继承下来的——这部分征服了普通大众——它通过施加一种缓慢但无处不在的影响方式引导着臣民的行动。它的本质因其拥有现代式的简单性所带来的力量而显得孔武有力；它的外观则因其拥有一个更堂皇的时代所显示出来的哥特式的庄严性而显得富丽堂皇。"① 他的自满之情溢于言表。美国的制宪先父汉密尔顿认为联合王国宪法规定了世界上最好的政体模式："联合王国宪法是全世界最好的……把公共力量同个人力量安全地结合起来……他们的贵族院是最尊贵的机构。他们不希望借助某种变动而得到什么，借助自己的财产而得到什么。他们忠实于国家利益。由此形成了永久性的保障，以防止任何有害的改革。不论改革是出于国王还是社会大众。谈到行政权时……他怀疑是否存在一个没有行政权的良好政府……国王的世袭利益同国家的利益合为一体，其个人报酬如此丰厚，以至于他没有可能受到来自国外腐化的危险——同时，他既充分独立又受到充分的制约，能够满足国内制度的目的。" ②19 世纪初，哈勒姆还认为"世界其他地区无法享受联合王国政治制度带来的利益，这种利益广泛散布于我们的全部人口之中"。③

联合王国宪法的光环一直持续存在了几百年，"然而到了 20 世纪六七十年代，情况发生了明显的变化。大约从 20 世纪 60 年代，确切地说是从 20 世纪 80 年代起，对联合王国宪法的批评多了起来，担心它会如何发展。许多不同的问题被提出来了，包括：王室作用的下降甚至对其尊崇的降低；上院的构成及其正当性；选举中投票率的下降；公众对权威特别是对政客的尊重下降；对政治中不道德行为与腐败的恐惧变得流行；担心首相的特权与任命权；大多数英格兰人对苏格兰、威尔士和北爱尔兰的困扰问题漠不关心；在大选中，少数人投

---

① ［英］沃尔特·白芝浩：《联合王国宪法》，夏艳才译，商务印书馆 2005 年版，第 61 页。

② ［美］罗森鲍姆：《宪政的哲学之维》，郑戈等译，三联书店 2001 年版，第 162 页。

③ ［英］马丁·洛克林：《公法与政治理论》，郑戈等译，商务印书馆 2002 年版，第 21 页。

票能够在下院中形成占绝对多数的政府；拥有议会多数的政府有能力促使议会通过某些政策，尽管存在着民众对这些措施的广泛不满”。[①] 更有甚者，海尔斯罕勋爵将联合王国政府的特点简要地归结为“选举的独裁统治”，黑尔（Hail）警告人们注意选举独裁的危险。[②] 内维尔·约翰（Nevil John）叹息联合王国宪法制度思考方式已经退步，政治阶层在实用主义的氛围里挣扎；谈到了联合王国政府体制中的毛病以及宪法制度思想的贫乏。同时，戴维·马昆德（David Marquand）在《无原则的社会》一书中指出联合王国在20世纪的经济衰落可以直接归因于它未能及时调整其政治制度，并建立一个更加适应于20世纪社会和经济现实的发展型国家。联合王国宪法遗产和传统已经成为社会调整的障碍。[③]

与之遥相呼应的是最近十几年来，联合王国正在如火如荼地进行着包括政治、经济、社会等多方面的大规模改革。非常明显的事实就是联合王国正在经历国家机构、政体的变化。

一、联合王国的传统宪法制度

联合王国传统宪制具有形式和实质两方面的特征。从表面上看，它是不成文宪法，这是它与其他民主国家宪法在形式方面的不同；从实质上看，它奉行议会主权，这是它与其他国家在权力结构方面的区别。

（一）不成文宪法

联合王国与以美国为代表的绝大多数成文宪法国家的不同之处就在于它没有将宪法的一般内容规定在一部在某个特定时刻颁布的国家最高法律文件之中，而是将它寄寓“从前代继承下来的且规范当下政府操作行为的法律、习惯和先例”[④] 之中，这是数个世纪以来不断演进和积累的结果。联合王国宪

---

① ［英］哈利·T.狄金森：《现代联合王国宪法：改进或颠覆？》，胡琦、任东来译，载《南京大学学报》2011第4期。

② Simon Hix，Ron Johnston，Iain McLean. *Electoral Reform*：*A Vote for Change?* Political Insight，2010（9）：61–63.

③ ［英］马丁·洛克林：《公法与政治理论》，郑戈等译，商务印书馆2002年版，第40页。

④ ［英］沃尔特·白芝浩：《联合王国宪法》，夏艳才译，商务印书馆2005年版，第1页。

法的绝妙之处也在于它不受成文文件的约束，只受随时间不断变动的法律、政治、道德规范的限制。

不成文宪法的明显特点是它的制定、修改机关、程序都与成文宪法存在明显的区别，它既没有特殊的制定和修改机关，也没有严格的制定和修改程序，最终反映在效力上就是宪法与普通法律具有同等的效力。这种特点的好处就是：一方面，从内容上讲，不成文宪法具有很强的开放性，在包容诸多宪法性法律内容的情况下，不会因内容的过于繁杂、冗长而导致宪法失去本来品格而进一步失去其权威；另一方面，从适应性讲，由于不成文宪法不受成文宪法典所规定的严格制定、修改程序的限制。因此，在政治、经济、社会、文化等条件变化的情况下，它能够更快适应变化，包括政府在内的整个社会能够尽快地将社会发展变化的客观要求反映在宪法所设定的制度框架之内。

不过，不成文宪法存在一个明显的缺陷，那就是它一般没有违宪审查机制的安排。在立宪时代，维护宪法权威，不仅要靠法律文化软实力的支撑，更离不开相关的制度和机制的保障。因此，不成文宪法违宪审查机制的缺乏，不利于宪法制度价值的彰显，不利于宪法权威的树立和社会对宪法的信仰。

另外，不成文宪法容易造成一种矛盾的局面。因为宪法尽管是近现代社会中调整国家与社会关系、规范权力运行的法律规范，是一个民主国家的基本法，既是公法体系的核心，又是整个法律体系的基础，但因其调整的对象具有明显的政治性，使得宪法本身就是一个政治、政策问题。相对来说，它不是人们普遍感兴趣的东西。与此同时，由于不成文宪法缺乏成文宪法中明确规定的规范标准。因此，人们在宪法制度讨论中就没有显性的明显规则予以遵循。在某些情况下，有人会把一些与宪法毫不相干的内容当作宪法问题来看待、来讨论。同时，在某些情况下，有人会把某些本来属于宪法制度规范内的问题，如废止死刑或者高科技下的伦理问题，看作非宪法问题而不予关注和讨论。由此带来的麻烦是，在宪法问题的讨论中，由于缺乏显性的标准，人们无法在统一的平台上来讨论问题，进而达成某种共识。这可能会成为消解民主宪法制度热情的潜在威胁，也可能成为妨害宪法制度改革的不利因素。就联合王国的宪法制度改革来说，对宪法感兴趣的人们可能认为某些或者所有的宪法制度改革是推行具体经济和社会改革的前提。然而，反对宪法制度改革的人们可能认为宪法制度改革不仅是毫不相关的问题，而且还会分散人们对其他具体问题的关注度。从某种程度上看，支持宪法改革的人们可能会认为激进改革是国家转型的催化剂。

（二）议会主权

在联合王国，议会行使着境内最高的权力，联合王国宪政学家戴雪（Dicey）曾在《英宪精义》一书中引用一位18世纪学者的话来说明议会权力究竟何等的强大，即“除了将男人变成女人又将女人变成男人之外，巴力门无一事不能为”[①]。改变性别在当时囿于科技不发达，议会尚不能做到这种事情，如果戴雪生活在今天的话，他可能会看到议会改变人的性别的事情，此时的议会真的是绝对“无一事不能为”。甚至“议会可以为所有人以及所有地域立法，如果议会立法规定，在巴黎街头上吸烟是违法行为，那么它就是违法行为”。[②]

议会主权的哲学基础是霍布斯式的观点，即在每一个政府中，必定存在一个至高无上的终极权力，对人们拥有绝对的统治权。在霍布斯看来，在成立国家之前的自然状态之中，尽管人人自由平等，并且还有自然法约束人的行为，但在自然状态中缺乏一种强制执行自然法的权力。同时，人性贪婪无比。因此，自然法在此状态下无法发挥约束人外在行为的作用。自然状态狼烟满地，人有脱离自然状态的强烈愿望。于是就出现了“一大群人相互订立信约、每个人都对它的行为授权，以便使它能具备按其认为有利于大家的和平与共同防卫的方式运用全体的力量和手段的一个人格”[③]。这个人格就是主权者，实际上就是国家。识别国家间的区别要看主权究竟是掌握在一个人手中还是掌握在许多人手中。霍布斯根据该标准将国家分为君主国、贵族国和平民国三类。

议会主权的本质可以归结为三部分：第一，议会是享有立法权的唯一机关，它有权制定或者通过包括基本法律在内的任何法律，除此之外任何机关、任何人、任何团体都无权制定法律；第二，任何机关、任何团体、任何人，都没有权废除或者中止议会制定或者通过法律的效力，尽管它们可以把它视为

---

① ［英］戴雪:《英宪精义》，雷宾南译，中国法制出版社2001年版，第119页。

② 转自［英］杰弗里·马歇尔:《宪法理论》，法律出版社2006年版，第43页。

③ ［英］霍布斯:《利维坦》，黎思复、李廷弼译，商务印书馆1985年版，第132页。

无效的或者危险的法律；第三，法律与宪法之间并没有一个明确区分，法律之间并没有位阶方面的差异。

议会主权可能会给人们留下这样一种印象：即议会可以随心所欲地立法，只要它愿意，不受任何限制。这种印象使得议会主权理论从被提出来那一天起就遭受了来自四面八方的质疑和批评，包括民主派、辉格党人、政治哲学家等，并将主权不受限制看作问题或者困境，希望能够找到解决问题的办法。然而，作为联合王国宪法制度的基石，我们不能仅凭一种印象来认识它，需要对其进行深入的分析。

事实上，在行使国家主权时，议会受到两个固有并相互联系的限制。首先，尽管议会享有根据其意愿通过任何法律的权力，但通过恶的法将会面临人民不遵守的危险。其次，更重要的是，所有的主权者像人一样都要依据自己的性情行使权力，他们的性情是由所处的政治、法律、道德环境塑造出来的。对联合王国议会来说，其构成是由选民来决定。在戴雪看来，这两个议会主权实际受到的限制相互关联，能起到保障议会不会通过任何恶法，即使从法律上讲，它可以这么做。

因此，从本质上看，议会主权实际所要表达的是一种政治地位，是议会享有的一种至尊地位，是相对于联合王国国内甚至是相对国际上任何国家机关、团体、政党、军队、企业、个人等而言。但议会主权在活动中受到一些限制，并没有否认议会的至尊地位。同时，从根本上讲，议会主权实际上也是一种拟制，是主权人格化的结果。由此可见，从本质上讲议会主权与议会主权受到限制是地位与权力的问题，权力的多少与权力的大小问题，这本是两个不同的问题，或者是一个事物的两个方面的问题，尽管它们之间有诸多联系，但不能混为一谈。

二、联合王国现代宪法制度改革的缘起

宪法制度是伴随着市场经济的发展、民主政治的兴起和权利文化的培育而产生的政治过程，它的产生是以与之相适应的经济、政治、文化条件为前提。同样，宪法制度改革的推行也需要与相应的经济、政治、文化条件相适应。联合王国的宪法改革前所面临的变化包括以下几个方面：

其一，加入欧洲国家联合组织[①]使联合王国面临来自主权和适应新的法律制度的压力。1973年，基于历史的机缘，联合王国加入了欧洲国家联合组织。此举在政治上带来的影响首当其冲就是主权问题。从欧洲国家联合组织签订的一系列条约以及它设置的统一机构、制定的成员国必须要遵守的规范、组建的享有终审权的欧洲法院和人权法院的情况来看，它远比邦联的组织性、纪律性以及宗旨更加明确。随着欧盟统摄欧洲国家联合组织，欧洲诸国联合组织的政治性日益增强，它成为一个介乎于单一制、联邦制和邦联的政治组织。加入该组织，就意味着必须要让渡一部分的主权，因此而受其约束。这是加入欧洲国家联合组织中面临的一个核心问题或者困境。此外，联合王国加入欧洲国家联合组织还存在着适应和接受创始国制定的一些基本原则、相关机构制定的成文法律以及欧洲大陆普遍存在的政治惯例的问题。联合王国与欧洲国家联合组织其他成员原本就是属于不同的法系，前者是英美法系，后者是大陆法系。二者之间在法的产生方式、法的理念、法的渊源形式、法的运行方式、法律的具体制度等方面存在着诸多本质上的差异。联合王国作为成员国在该组织内必定会跟其他成员国发生政治、经济、文化、法律等方面的交流和碰撞，在处理相互之间的关系时，必须要接受异质的东西，必须要适应该组织统一制定的法律以及相关的规则。因此，加入欧洲经济组织不仅使联合王国的议会主权遭受了加入之前从来无法感受的压力，而且还面临着适应该组织法律和制度的压力。

其二，联合王国国内政治也正在经历着巨大的变化。首先，行政权膨胀导致权力重心偏移。行政权膨胀主要表现为两个方面：一是权力涉及范围的扩大。在小政府时期，行政部门的作用仅仅表现在维护社会秩序和国家的安全，然而，随着社会的发展，行政权限范围已经远远突破了这两个领域，全方位扩展至政治、经济等领域。二是权能的扩张，议会授予了内阁准立法权和准司法权。扩张了的内阁行政权的行使超越了普通法的调整范围。同时，基于现代行政行为的专业性、技术性、临时性，制定法时代的联合王国确确实实缺乏针对行政行为的制定法。也就是说，当下规制行政行为的规范缺失，国

---

① 由于欧洲各国的联合组织产生后，经历了发展变化，在此过程中，名称也不尽一样，为了便于叙述，本文统称它为欧洲联合组织。——笔者注

家的权力重心已经转移到了行政部门。其次，联合王国议会中的政党组织多元化。在联合王国，多政党共同竞争议会议席已经成为常态。20 世纪 20 年代，当时每一个议会议席就有 3 到 4 个政党激烈竞争。在 1974 年的议会选举中，选民将 18% 的选票投给了 3 个政党，有 6 个以上的政党在平民院有自己的代表。1997 年平民院中的党派增加到了 11 个，到了 2005 年，有 10 个政党在平民院中至少有一个议席。与此同时，保守党和工党现在也不像往常一样关注各自是否处于政治的中心。最后，传统两大政党独步议会的局面逐渐在改变。随着自民党的强势发展，联合王国的两党制也难以为继，并且随着各政党力量的此消彼长，“无多数议会”可能会成为联合王国议会政治的常态，联合王国的民众可能需要逐渐适应多党联合政府的治理。

其三，民族主义兴起。从 19 世纪，联合王国国内民族主义兴起并成为影响国家统一的不容忽视的因素。由于民族主义坚持的信条是“世界分为许多民族共同体，各民族均应当建立自己的国家”①，因此联合王国这个多民族国家遭受到前所未有的挑战。它有诸多的表现形式：政治民族主义、经济民族主义、文化民族主义、民族分离主义、宗教民族主义和部族主义等类型②。诸多因素助推民族主义的兴起。“截止到 20 世纪 70 年代，北爱尔兰、苏格兰和威尔士都有日益增长的少部分居民支持本地的独立。”③

其四，自由主义回归。“观念具备改变世界的能力。”④如果说，19 世纪末 20 世纪初，联合王国思想界完成了从自由放任主义到国家进行社会调整的观念，从政治激进主义到经济社会主义道路的观念转换或者调整的话，那么几乎整个 20 世纪一直到现在，国家干预主义理念一直处于主导地位。伴随着福利政策的推行，社会福利开支在国民生产总值中的比重也在不断地增加，在税收成为政府开支的主要来源的时代里，这意味着公民要负担更重的税负。

---

① ［英］比尔考·克瑟、林顿·罗宾斯、罗伯特·里奇：《当代联合王国政治》（第四版），孔新峰、蒋鲲译，北京大学出版社 2009 年版，第 81 页。

② 彭萍萍：《民族主义研究综述》，载《当代世界与社会主义》2003 年第 1 期。

③ ［英］比尔考·克瑟、林顿·罗宾斯、罗伯特·里奇：《当代联合王国政治》（第四版），孔新峰、蒋鲲译，北京大学出版社 2009 年版，第 107 页。

④ ［英］比尔考·克瑟、林顿·罗宾斯、罗伯特·里奇：《当代联合王国政治》（第四版），孔新峰、蒋鲲译，北京大学出版社 2009 年版，第 81 页。

与此同时，二十世纪六七十年代以来，联合王国经济经济形势不容乐观，发展速度越来越慢，这不仅会影响政府财政收入的增加，而且还殃及了联合王国在国际上的竞争力。在这种情况下，原来深深植根于大不列颠的自由主义传统，又蓬勃地发展了起来，并且它还获得了新的理论支撑，即女权主义理论。自由主义对自治政府、公民自由的信仰促成了20世纪60年代的公民激烈抗议活动，给像八八宪章之类组织提出宪法制度改革要求提供了能量。

其五，经济困境。从工业革命到第二次世界大战的大部分时间内，联合王国的各个方面都处在世界的前列。第二次世界大战后联合王国经济发展出现了转折。与周边以及美国等国家相比，它已经相对落后了，而且患上了严重的“联合王国病”。

三、联合王国现代宪法制度改革的共识和分歧

基于宪法的根本性和基础性，宪法制度改革在一个国家是一项系统工程，非一人或者少数人的力量所能及，需要全社会的合力才能推进。而全社会的合力则取决于对宪法制度改革的共同意愿和共识。但不可否认的是，基于不同的立场和认识，人们对于宪法制度改革如何推进必定会存在分歧。与此同时，基于政党在现代宪法制度生活中的重要性，本部分的阐述主要围绕着联合王国的三大政党展开。

（一）改革共识

在工党方面，透过二十世纪八九十年代颓废的政治败局，工党认识到宪法制度改革不仅成为扭转经济颓势所必需的上层建筑顶层设计，而且也成为整治政治败象、提高政府运作能力的针对性办法。对此，托尼·布莱尔就认为“改变我们（政府）的管理方式，不仅仅是改变我们的政府，它已经不再是联合王国可以做也可以不做的事情。公众对政治家们以及运行的制度信心如此之低以至于我们在使用它时几乎没有任何权威而言，除非我们重新恢复它的存在，局面才会有所改观”[①]。工党恢复选民对政府和政治制度信心的措

① *The Economist*, *14th September*, *1996.*

施就是要推行宪法制度改革。而改革并不仅仅是破旧立新，而是要改革之后使局面好于没改革之前。为此工党就将自己 1997 年的竞选纲领命名为“工党治下的联合王国会更好”（Britain will be better with new Labour），在宣言的开篇就阐明工党之所以这样命名的原因，“联合王国未来能够并且一定会比现在好”[①]（Britain can and must be better）。他们所要做的是“改造整个联合王国对政府的能力和政治的看法……保守党政府做得对的地方，我们将不予变革。在保守党政府做错的地方做出改变”[②]。这是工党推动宪法制度改革的现实性原因。

在自民党方面，它提醒人们认识以成文宪法为基础的新宪法制度解决办法中的人民主权以及政府各个层面的激进改革计划。该党提出要以权利为基础构建非集权式的现代宪法，并以此作为与联合王国传统宪法决裂的分界线。不过，自由民主党也承认，仅仅通过一部宪法来一劳永逸地解决联合王国的问题，也是非常不现实的做法。但它要给选民提供一个解决联合王国问题的新的路径，并坚信新路径的有效性，以此来培养新联合王国民众的自信，减少到处充斥的对不断衰弱整个国家的不满情绪。该党认为宪法现代化的计划将会有助于人们摆脱不满的和被疏远的感觉。[③] 由此可见，自由民主党改革意愿之强烈。

尽管比较而言，保守党对改革的热情度、支持程度都不能与自由民主党、工党相提并论。但保守党的可贵之处就是它能够顺应民意，能够顺势接受并在必要的时候推动改革，采取的是非常务实和实用主义的态度。因此对保守党对宪法制度改革的态度需要从细节上予以把握。

联合王国三大党都有宪法制度改革的意愿。尽管有的积极有的消极，不一而足。总之，都持肯定态度。这是它们改革态度的共同特点。之所以如此，除了国内外情势发生了变化，跟不上社会时代的发展步伐以及原有制度本身存在弊端外，另外一个重要的原因就是在联合王国宪法制度体制下，各政党之间，是竞争关系，而不是敌对关系，凡是对社会发展有利，符合民意的措

---

① *Labor party Manifesto*：*New Labor because Britain Deserves Better.*

② *Labor party Manifesto*：*New Labor because Britain Deserves Better.*

③ 参见：Liberal Democrats.*Here We Stand*：*Liberal Democrat Policies for Modernising Britain's Democracy.*

施或者事务，任何一个政党都会予以接受，而不会从中作梗，破坏整个事务的推进。

（二）分歧

基于各政党对宪法制度问题的认识、本身的政党利益和对联合王国政治现实的不同解读，三大政党在宪法制度改革意愿、改革的目标、需要改革的内容等方面还是存在很多差异。就改革目标来说泛泛而论，保守党维护目前的宪法制度安排，同时赞成在必要的时候推行一些小修小补的实用性强的改革。自民党则主张全面的改革计划，制定一部成文宪法。但工党目前则赞成一系列个别的改革，但绝不会制定成文宪法。就改革方式来说，自由民主党有一个与往常非常不一样的改革计划和雄心壮志，希望通过颠覆性的宪法制度改革来找到解决联合王国问题的办法。而保守党则是认为目前联合王国的宪法制度整体上没有太大的毛病，但如果出现了毛病，它也会进行一些零碎的改革予以救治。而工党则与上述两党都不一样。它试图在颠覆性的解决方案与零碎改革方案之间寻求中间道路。它认为在设定的改革大体框架里找到一个渐进式的变革计划是可能的事情，宪法制度改革应当一步一步进行，积跬步成千里，逐渐实现终极目标。就具体改革计划来说，三大政党各自有不同的改革计划，涉及议会改革、司法制度改革、人权保护、中央地方关系改革等各个方面具体的改革清单。

工党主要从以下方面改革：

（1）将欧洲人权公约引入联合王国普通法之中，并规定解释其他法律时要与公约保持一致，不得冲突；

（2）制定一部强化的现代化反歧视法以保障每一个公民都得到平等的对待；

（3）调整职员和贸易联合会的权力；

（4）制定信息自由法；

（5）改革公共秘密立法和给予证券业务适当的审查监管，改革皇家特权；

（6）强化数据保护；

（7）重新调整中央政府与地方政府之间的关系，成立苏格兰议会、威尔士国民大会和地区委员会来取代其他管理机构；

（8）改革选举法；

（9）改革议会包括创立经选举产生的第二议会；

（10）改革司法部门特别是创设法官任命的新制度。

自由民主党主要从以下方面改革：

（1）在成文宪法里制定新的受最高法院保护的权利内容。

（2）放开信息自由的管制，而不去维护秘密。

（3）确立苏格兰、威尔士的自治以及英格兰的地区议会。

（4）将贵族院改造成为民主的第二议院，代表大不列颠各个地区和各个民族利益。为了强化联合王国各个民族和各个地区的团结支持民主欧洲共同体内的辅助性原则。

（5）合理给政党分配财政资金。

（6）在各种选举中推行比例代表制。

保守党主要从以下方面改革：

（1）分权；

（2）议会改革；

（3）制定主权法案；

（4）制定联合王国自己的《人权法案》；

（5）改革法官制度。

四、宪法制度改革的内容之一：调整国家权力

联合王国现代宪法制度改革的重要内容之一就是国家权力的调整，解析相对集中的权力格局。在此过程中，联合王国设立了独立的最高法院，调整了中央地方之间的关系并推动了贵族院的改革。

（一）设立独立的最高法院

作为世界上最早进入宪法制度时代的国家之一，自从宪法制度确立以来，联合王国从来没有一个独立的最高司法机关，它一直内嵌在国家的最高主权机构议会的贵族院之中。这既凸显了联合王国宪法制度的独特之处，又说明了联合王国司法制度与世界潮流的巨大反差。但联合王国本土的学者却对独

立最高法院的设立，充满了期待。早在140多年以前，联合王国宪法制度学家白芝浩说“联合王国人民的最高法院应该是一个显赫的法院，它应当能够支配所有的法院，应当没有竞争对手，应当统一我们的法律，而不应该隐藏在立法机关的礼袍之下”①。工党执政期间针对司法制度采取了一项重大的必要改革。2005年《宪法制度改革法案》的通过，意味着贵族院作为最后上诉法院的终结，预示着最高法院寄寓在立法机关之下时代的终结。2009年10月1日，联合王国最高法院经过将近五年的筹备之后正式开始开门办公。140多年之后，白芝浩的期望也终于实现。新设的最高法院，在办公地址、管辖范围、审理方式、工作时间、人员配备、法官递补等方面发生了巨大的变化。

在此，我们需要重点关注的是最高法院诞生带来的影响，即增强了司法独立性。在法治社会里司法部门的独立至关重要，布莱克斯通认为：

“一些由国王任命但不得被随意免职的人组成的特殊团体掌握的独立的、被分离的司法权，构成了公民自由的主要保护剂。除非普通法官的管理在一定程度上得以与立法权和行政权相分离，否则在任何国家中公民自由都不能长久存在。如果司法权与立法权集于一身，那么国民的生命、自由和财产都将处于法官的掌管之中，他们的判决仅仅受到他们自己的意见的规范，而不受任何法律的基本原则的规范，这些原则，尽管立法者可以违反，但法院必须要遵守。”②

司法独立的意义及要求将基于其所处的不同的背景而有所不同。另外，司法独立的意义将会因盛行的司法文化而不同。因为现在并不存在一个统一的理想模式，在一个特定国家的特定时期司法独立的意义要求人们关注它存在的历史和政治环境。在法官拥有司法审查权的国家，司法独立的重要性可能体现在保障政府行为的合宪性。在联合王国，司法独立主要体现在维护法治过程中司法的自治，保证议会的法律得到统一的执行和适用，保证政府依法行政，近年来体现在保护人权以及维护法官的中立性。

在这里，我们从司法独立的价值可以看到：不管是处理什么类型的案件和

---

① ［英］沃尔特·白芝浩：《联合王国宪法》，夏艳才译，商务印书馆2005年版，第159页。

② 转引自［英］T.R.S.艾伦：《法律、自由与正义——联合王国宪政的法律基础》，成协中、江菁译，法律出版社2006年版，第68页。

身处什么样的环境中，司法独立并不是法官的一种特权，而是人民和个人的一项权利，是司法机构和法官的一项职责。

在此，我们不能否认，在联合王国传统的宪法制度中，不乏维护司法独立的措施，既有法律的手段，又有非法律的手段。但从联合王国司法独立的历史过程来看，似乎非法律的手段占据重要的地位。但是，在成文法独步天下、法治昌明、政治局面纷繁复杂、各种社会力量纵横交错的时代里，似乎法律制度规范是最好的选择。同时我们还必须得明确：在联合王国，司法独立缺乏两个在现代社会中明显体现司法独立的因素，即中央司法机构和职能与其他政府机构的明确分工，对于前者来说，我们在前面已经提到过，联合王国的最高司法机关包括上诉委员会和枢密院司法委员会内嵌在贵族院之中，而贵族院则是最高权力机构的一部分。机构的混合必然带来职能的分工不明确。在前文的叙述中，我们也已经发现，尽管法律贵族不参与立法活动已经成为惯例，但这并没有杜绝他们参与贵族院不具有争议的相关活动。最高法院的设立实现了机构的独立，强化了政治保障，提升了组织保障。

（二）改革贵族院

贵族院，并不是一个静态的机构。从 14 世纪与平民院分庭分而治之之后，贵族院的变革从来没有停止过。在历史的征程中，已渐渐老态龙钟。贵族院的变化和演进在 20 世纪表现得最明显，它经历了重大的变革——从《议会法案》到终身贵族，再到第一个女性议员进入贵族院，贵族院的职权、地位、人员构成发生了重大变化。

20 世纪七八十年代，几乎所有政党都提出了自己的改革计划，但没有一个最终付诸实施。直到 1997 年在大选中，工党将贵族院改革作为一个严肃的议题，并承诺推动贵族院的改革。1997 年工党宣言：

“必须要改革贵族院。作为一项起始性的、完整的、独立的深层次改革，法律将会终止世袭贵族在贵族院中就任议员和投票的权力。这是实现贵族院更加民主和具有代表性的第一步。贵族院的立法权将保持不变。封授终身贵族的制度也将修改。我们的目标是保证随着时间的流逝封授各党终身贵族的人数将更加准确地反映大选中投票的比例。我们要致力于保证终身贵族出席贵族院工作。任何政党都不应当寻求占有贵族院的多数席位。政府将授权贵族院和平民院委员会全方位检视进一步改革的可能性，并提出改革计划。”①

1999年，工党政府迈出了贵族院改革的第一步，即彻底废除世袭贵族身份。政府专门成立了由韦翰（Wakeham）领导的贵族院改革皇家调查委员会，由该组织研究并提出贵族院改革的具体计划和建议。改革后的贵族院仅保留92名留守世袭贵族。

一方面，贵族院改革首当其冲需要解决的是贵族院身份问题和合法性问题，它们又最终归结为贵族院成员的产生问题，这是贵族院改革的核心问题，也是争论最激烈的问题。由此可见，贵族院的改革必将继续下去，无论是要将贵族院改造成为一个经选举产生类似于其他国家的参议院性质的议事机构，或者是彻底废除贵族院，还是选举一部分保留一部分，终究贵族院的改革已经箭在弦上，不得不发。政府也非常明白，废除大部分世袭贵族议员身份，保留92名世袭贵族的改革还远远达不到21世纪民众对贵族院的要求和期望。贵族院的合法性和权威依然存在问题。同时，过渡时期的92名终身贵族根本无法承载议事机构诸多职能的重任，这是1999年贵族院改革之后，任何一届政府包括工党政府、保守党政府和诸多政党的联合政府都无法回避、必须直面的问题，并且必须予以回应的问题。

另一方面，贵族院改革是一项未经事业，不可能一蹴而就，需要不断摸索、探索，前面没有任何经验可以借鉴，改革的推进端赖于改革意志的强弱。

一个非常重要的事实是，2005年三大党经过长期的争论，最终各自作出让步，相互妥协，达成共识，承诺他们将进一步推进贵族院改革。在联合王国这样多党轮流执政的宪法制度国家中，推动贵族院改革，在某些核心问题上达成普遍共识，并且共同认识到稳步推进贵族院改革的重要性，是非常必要的事情，并且联合王国20世纪工党和保守党的共识已经充分证明了它的必要性和重要性。除此之外没有其他选择，其他都是死路一条，如果仅仅将贵族院改革看作某一组织、某一政党、某一届政府的独善之事，仅仅将其看作赢得民众支持的策略，那么贵族院的改革也就无以为继。我们应该注意到从21世纪初，改革贵族院的活动没有停止过。但任何一次改革都没有达

① New Labour because Britain Deserves Better，1997.

到预期的效果，无论是1909年改革或者1949年改革，抑或1968年改革，还是2005年之前的2003年改革，都是如此，尽管从某种程度上说明了贵族院改革本身是一件艰巨的任务，但在某种程度上也说明了政党之间共识的重要性。

（三）分权

为了应对统一单一制议会主权面临的来自联合王国各个组成部分的压力，满足各个组成部分的要求，议会决定分权。分权不但是20世纪末21世纪初，联合王国政府推行宏大宪法制度改革计划的一部分，而且还是宪法制度改革计划中最激进的一部分，是变革波及面最广和影响最深刻的改革。

一方面，分权缓和联合王国与各个组成部分之间的关系，缓解了认同危机。2011年，联合王国首相访问了北爱尔兰，这不仅是（几十年来）联合王国首相首次访问该地区，而且还就1972年联合王国政府军枪杀北爱尔兰游行民众的事件道歉，这为改善联合王国和北爱尔兰之间的关系打开了破冰之旅。此外，分权在某种程度上改变了联合王国的宪法制度结构。联合王国通过制定法的形式将联合王国的苏格兰、威尔士、北爱尔兰和大伦敦四部分地方层级政府的权力作出了明确的规定，划定了联合王国与四者之间的权力界线，改变了长期以来，地区层面政府权力无法保障的局面，这在法治昌明的大不列颠及北爱尔兰联合王国，无疑起到了宪法典的作用。

另一方面，在议会主权方面，也做出了一定的调整。在民主日益发达的联合王国，这是顺应形势发展做出的主动调整。事实上，自从内阁日益勃兴，而议会权力相对下降的福利国家时代里，宪法制度体制关系已经发生了微妙的变化，议会已经不再像在戴雪撰写英宪精义时代里既拥有形式上的主权，又拥有实质上的主权。现在的议会即使还享有形式上的主权，但随着政党政治的发达、内阁权力的膨胀，权力重心已经发生了位移。因此权力重心的变化，在当代议会已经无法担当起民众权利保障人的重任，为此除了强化现代的司法权力之前，调整联合王国与各组成部分之间的权力，分解联合王国的权力可能是一种很好的选择。

五、联合王国现代宪法制度改革之二：加强公民权利保障

（一）权力和权利是宪法规范中的核心内容

在1997年大选之前，工党发布了《把权力带回家》的竞选咨询性文件，阐释了移植《欧洲人权法案》的理由，并提出了相关的计划。1997年5月在大选中获胜后，新工党政府就发布了名为《带回家的权利》白皮书，承诺将欧洲人权公约引进联合王国法律体系中，并将如何使《欧洲人权公约》在国内具有执行力的计划公布于众。随后，1997年10月23新工党政府把《权利法案》草案提交给贵族院，贵族院顺利通过了《权利法案》草案。1998年10月21日，平民院投票表决了《人权法案》草案，审议通过贵族院提出的修订案，至此议会完成了法律案的通过程序。1998年11月9日女王批准了议会提交通过的《人权法案》草案，根据规定它的大部分内容将于2000年付诸实施。引进《人权法案》的初衷是营造一个更加人性化的社会，以此来深化和拓展民主。具体而言，政府认为此举能够产生如下几方面的好处[①]：

1. 后代可以根据自己的需要自由地对用抽象术语表述的条款重新作出解释；

2. 它的特殊地位意味着未来的政府和议会将会用它来长期有效地审查压迫性行为；

3. 它将能够保证长期有效的抽象条款规定的国际义务被遵守；

4. 它将有助于提醒人们经常关注基本的价值以及更多公众对此讨论的信息，将会从整体上给法律的制定、适用和解释带来相应的变化。

除此之外，推动此项改革更是基于现实的考虑作出的决定。在政府看来，在诉讼中，自从加入欧洲组织之中以来，法院一直在应对国内民众援引公约保护自己权利而带来的挑战。移植这些规则带来的直接利好是联合王国政府可以避免遭遇斯特拉斯堡令人难堪判决的困扰。

移植《欧洲人权公约》，一方面，使欧洲人权公约的内容转化成了联合王

① Home Office, *Legislation on Human Rights-with Particular Reference to the European Convention, A Discussion Paper*, 1976.

国的国内法，成为联合王国法院司法活动的依据，给法院案件的审理提供了一条全新的权利体系，给联合王国宪法制度注入了新的价值。另一方面，它还给公民的权利保护提供了此前所没有的新的保护机制。这种新的保护机制就是《人权法案》第三部分和第四部分规定的内容。尽管表面上，它只不过是规定了在《人权法案》适用过程中，司法机关、立法机关和公共当局所担负的责任，而从深层上看，它却是一套权利保护机制。

《人权法案》具有特殊的宪法制度地位。作为一部实在法，它将循序渐进地取得一种象征性（甚至是标志性）地位，这种地位使得修改它的行为相对于修改普通立法的行为在政治上更易于引起争议。当一代公民受到权利法案条款的熏陶并且长大成人后，这将成为那些想去限制权利的人的越来越重要的约束力量。作为宪法问题，该法案已经具有了一种不同于并且高于大部分立法的地位。

《权利法案》实现方式十分精巧。在制定权利法案之前，存在两种无法兼容的观点："一种观点对制定人权法案持肯定态度，认为用法律来保护人权能够使社会变得更加美好，它将一个唯物主义时代全新的价值体系呈现在人们面前；另一种观点认为用法律来保护人权将会使社会变得更坏，它将会破坏民主时代的制度安排。"[①] 基于这两种截然不同的立场，有人希望联合王国将《欧洲人权公约》移植过来，并像成文宪法国家一样，赋予它高于一般法律的优势地位。与之相反，有些人则反对将《欧洲人权公约》移植过来，认为如果这样的话会使司法机关取得类似美国司法机关的审查权，这样会侵蚀代议民主，最终会威胁联合王国宪法的基石——议会主权。这两种观点的长期交锋，妨害了《欧洲人权公约》转化为国内法的进程。工党制定人权法案一方面赋予了《欧洲人权公约》部分条款的效力；另一方面采用了与议会主权传统结构相一致的方式移植了公约的相关内容。这样既满足了支持者的愿望，又没有给议会主权造成太多的影响，打消了反对者的顾虑，因此我们在此应当佩服联合王国人精巧的宪法制度发展方式。

《人权法案》为法院和议会提供了对话机制。二者之间对话的前提是在不

① Timothy Macklem, *Entrenching Bills of Rights*, Oxford Journal of Legal Studies, 2006（1）: pp.107–129.

损坏议会主权的情况下，来强化人权的保护。但可以肯定的是，法院除了有权作出对议会立法和政府行为不直接产生司法效力的不一致宣告外，人权法案并没有赋予法院额外的权力。如果还记得在马布里诉麦迪逊一案中确立起来的司法审查制度的话，我们还必须承认这种权力似乎存在成长为一种制约政府其他部门的可能性。美国司法审查权确立初期，曾长期蛰伏，并没有给政府其他权力形成卓有成效的制约，但随着美国政治、经济、社会和文化等条件的变化，司法审查的态势发生了根本的变化，它对美国宪法制度的影响力急剧增强，成为权力结构中的核心组成部分。

（二）选举制度改革

在联合王国，20 世纪以来，选举制度改革一直都是整个社会关注的重要议题。从 1998 年开始，联合王国政府开始了一系列的选举制度改革，在不同的层面引入了不同的选举制度。于是，选举制度呈现出多元化的局面。改革后联合王国共有六种选举制度，它们分别适用于不同层面的选举：联合王国政府大选采用的是单议员简单多数（Single-member Simple Plurality），有些英格兰或者威尔士地方政府的选举采用的是多议员简单多数制（Multi-member Simple Plurality），苏格兰议会、威尔士国民议会和伦敦市议会选举采用联立投票制（Additional Member System），北爱尔兰议会、北爱尔兰的欧洲议会和区委员会选举采用单记让渡投票制度（Single Transferable Vote，STV），北爱尔兰之外其他地区的欧洲议会议员选举采用地方封闭名单制度（Regional Party Lists），英格兰地区伦敦直选市长采用增补性投票制（Supplementary Vote）。

尽管，联合王国选举实践呈现出生机勃勃的局面，各个层面的新选举制度如雨后春笋般的出现。不过还存在一个例外，那就是大选仍旧维持不变。不可否认的事实是简单多数的大选制度从 19 世纪末期以来一直遭受选民的质疑，并且民众对之的不满也成为改革大选制度源源不断的动力。然而，改革大选制度却并没有如期而至。事实上，从 1910 年到 2010 年间的一百年里①，改革全输全赢式的单议员简单多数的大选制度已经尝试过五次之多，不过都无功而返。

---

① 注：分别为 1910 年、1917 年、1930 年、1998 年和 2010 年。

特别是2010年，保守党和自由民主党联合政府上台后，兑现自己的诺言，举行了关于选择性投票制度取代目前大选中采用的选举制度的全民公决。全民公决之前，改革呼声很高。出人意料的是，不仅公决的投票率非常低，而且更重要的是，在这次公决中，联合王国人民再次退却，大选制度改革又是无疾而终。

尽管如此，在过去的几十年来，联合王国民众对选举改革的热情仍旧高涨，改革兴趣日益强烈。诸多选举制度改革组织的存在就是明证。目前，某些政党内部建立了推动选举制度改革的组织，如工党的选举改革运动组织（Campaign for Electoral Reform）和多数选举制度小组（First Past the Post Group），保守党支持的保守派选举改革行动组织（Conservative Action for Electoral Reform），自由民主党的选举改革行动小组（Democrat Action Group for Gaining Electoral Reform）。除各政党的选举改革组织之外，还有公益性的选举改革组织，如选举改革协会（Electoral Reform Society）、八八宪章组织、投票改革小组等[①]。

选举方式在诸多政治层面推行已经积累了或多或少的经验，它必定为联合王国大选选举制度的改革提供很多助益。不过，联合王国全国大选制度是联合王国宪法制度民主制的基础，它的改变或者变革相比现已采用新选举制度的政治领域来说，波及面必定要更广，影响必定会更大，稳重、老成的联合王国人民在2011年关于选择性投票的全民公决投票似乎就表明了这种体认。另外，选举投票作为一项民主社会中的活动，它不可避免地在其中夹杂着主观因素，这又增加了选举改革推动者对改革必要性、改革时机作出准确判断的难度。但不可否认的是，现行的简单多数选举制度存在着诸多的弊端，对它作出改变以便满足联合王国民众不断增加的民主热情，是联合王国民主政府必须要解决的课题。

因此，联合王国大选制度改革不可避免，但改革的必然性又因改革时机的选择、具体社会、经济、政治的变化而在时间上表现出偶然性。

---

① 参见 Oonagh Gay, *Voting Systems: The Jenkins Report*. House of Commons Library, 1998, p.13.

六、联合王国现代宪法制度改革评价：取得成果和存在的问题

1997 开启的宪法制度改革，引起了人们的广泛关注，对此不同的学者基于不同的学术立场和对宪法制度的不同理解作出了不同的评价。有的给予了积极的评价，有的持否定态度，不一而足。具有代表性的有：有的人从立法和国家制度有效性是否发生变化的角度认为："联合王国的宪法制度主义在理论上和实践上正在发生根本转变，联合王国的制度安排不再自动受议会毋庸置疑的权力的预先决定，而是受包括了民族自治政府、个人权利和超国家组织的成员身份等一些因素的决定。"[①] 有的人对宪法制度改革表达了失望之情，认为"工党改革的核心目标就是要重建公众对政治的信任和信心，然而我们不得不得出这样的结论，即他们的努力已经失败。在作出这样的结论时，我们必须向人们充分展示选举委员会、联合王国社会态度调查、经济社会研究委员会的民主和参与项目等机构发布的数据。综合这些机构提供的数据，研究表明：相信政治家的成年人比例不到 20%；公众尽管对政治本身不感兴趣，但他们使用非传统的方式参与社会活动；很少有人知道或理解现在推行的宪法制度改革，尽管大约 5% 的人认为联合王国社会运行良好。总之，证据表明，联合王国工党推行的宪法制度改革并没把管理者和被管理者联系起来。公众不信任、不参与政治的水平依然很高"。[②] 有的人从联合王国宪法制度的基石角度上认为，从直观上看，联合王国的宪法制度正在发生变化，但"改革议程的关键标准并不在于单个制度改革，而在于上层建筑。改革日程建立在且受制于威斯敏斯特模式"。[③] 也就是说，尽管表面上看，某些制度发生了变化，但联合王国最根本、最核心的宪法制度基石并没有发生丝毫的变化。有人认为布莱尔党政期间推行的宪法制度改革表现出五方面的明显特点，"第一，没

---

① Paul Loftus, *British Constitutionalism Redux Redefining Tradition and Shaping New Paradigms*, Griffith Law Review, 2003 (1): pp. 2–42.

② Matthew Flinders, *Constitutional Anomie: Patterns of Democracy and the "Governance of Britain"*, Government and Opposition, 2009 (4): pp. 385–411.

③ Matthew Flinders, *Bagehot Simling: Gordopn Brown's New Constitution and the Revolution that Did not Happen*, Political Quarterly, 2010 (1): pp. 57–73.

能解释改革过程中的原则或者理性基础；第二，缺乏合作；第三，夹杂着胆怯和激进主义成分；第四，倾向于在没有进行正式咨询或者细致准备工作的情况下，发布令人吃惊的公告，让人感觉到政府经常错乱地做事或说话，不好好准备，过于匆忙，有时在宪法制度改革的有关工作中弄虚作假；第五，尽管历史学家可能将联合王国宪法制度变革看作是布莱尔执政期间最重要的遗产，不过，宪法制度混乱成为布莱尔执政的最后年份的特征，因为政府好像根本没有能力解释为什么在某些领域而不在其他领域进行改革的原因，没能力给人们展现他们改革具体要达到的目标，以及让人们看清楚为了完成未经事业应该如何”。[①] 看来，基本上对布莱尔政府推动的宪法制度改革持批评态度。他得出的结论是，“1997 年到 2009 年工党统治的 12 年无疑在联合王国宪法制度史上占有特殊的地位，是一个临界期。保守党执政十八年之后，联合王国民众根据民主变革的承诺选出了新的政府。然而，具有讽刺意味的是联合王国工党秉持的宪法制度国家的内在原则是承诺要继续维持威斯敏斯特模式的集权构成成分”。[②]

学者们对宪法制度改革可谓仁者见仁智者见智，不尽一样。作为一种宪法制度现象，特别是在世界上最早实践宪法制度的国家持续发生的变化，应当引起世界上所有对宪法制度感兴趣的人们的关注，因为宪法制度本身就是一个动态的过程，从来不会定格在某一个阶段，这就赋予了活着的宪法不同的制度品格。

（一）成果

首先，国家权力实现结构性调整。改革后，议会主权在某种程度上实现了分解。其一，在超于国家层面上，欧洲国家联合组织分享了联合王国议会的部分立法权。其二，在权力的纵向分配方面，联合王国各个组成部分的民选机构分享了选民通过投票让渡出去的权力，权力由仅由联合王国的议会独

---

① Mark Elliott, *United Kingdom Bicameralism, Sovereignty, and the Unwritten Constitution*, Oxford Journals, 2007 (2): pp. 370–379.

② Mark Elliott, *United Kingdom Bicameralism, Sovereignty, and the Unwritten Constitution*, Oxford Journals, 2007 (2): pp. 370–379.

享，变成了现在的联合王国议会、爱丁堡议会、苏格兰国民议会等多个主体共享。其三，在权力的横向分配方面，设立的最高法院分享了原来贵族院和枢密院司法委员会的权力，联合王国最高司法机关实现了形制上的独立。总之，在新的宪法制度体制下，议会主权不仅受到选民的制约，而且还受到来自欧洲国家联合组织机构和分权地区权力机构的制约。在目前的宪法制度框架下，议会的权力正在逐渐慢慢解构成不同的权力中心，将不再是被某些学者所称的“选举的独裁”。

其次，宪法监督得到强化。综观全球，世界上绝大多数国家基于本国特殊的历史、政治、经济和社会基础都建立了适应自己的宪法监督制度。大致上讲，有美国创立的司法监督模式，“它不仅在时间上最早作为范例和模式对其他的宪法监督制度和模式具有启发性和先导性的影响；而且其本身的制度、发展和灵活的适应性，在目前仍保持旺盛的活力，毫无疑问它是目前世界上最具有影响力的宪法监督体制和模式之一”。[①] 有欧洲大陆首先创立的宪法法院模式，这种模式“不仅在西欧的一些国家得到了显著的发展，而且东欧的一些国家也在最近十几年都建立了各自的宪法法院”，[②]它也是目前具有旺盛生命力和制度优越性的宪法监督模式之一。还有宪法委员会和宪法制度院的宪法监督模式，法国基于本国特殊的历史背景和对司法机关的极度不信任，别出心裁，创立了强烈政治色彩的监督宪法的宪法委员会（1958 年又将宪法委员会改制为宪法制度院）。联合王国与上述模式不尽相同。联合王国的普通法体系以司法判例和惯例为主体，成文法律在该体系中不占主体地位。在该体系下，议会主权根据多数原则，保证司法决定的合宪性，负责公民权利的保护和国家权力的良好运行。随着 20 世纪宪法制度的转型，联合王国的法律体系发生了深刻的变化。一方面，它像美国的普通法体系一样，“从一个由法院所宣示的普通法主导的法律制度，进入一个由立法者所制定法成为首要法律渊源的法律制度中”。[③] 据 BBC 报道，就在最近的大选年，即 2010 年，联合王

---

① 陈云生:《宪法监督司法化》，北京大学出版社 2004 年版，第 83 页。

② 陈云生:《宪法监督司法化》，北京大学出版社 2004 年版，第 97 页。

③ [美] 盖多·卡拉布雷西:《制定法时代的普通法》，周林刚、翟志勇、张世泰译，北京大学出版社 2006 年版，第 1 页。

国就颁布了3056部法律，比2009年增加了41%。[①]尽管该数据并不能代表联合王国议会立法的常态，但议会制定了大量的法律是不争的事实。如何保障立法与联合王国长期以来信奉的普通法价值保持一致，成为当下联合王国必须要面对的问题。另一方面，在传统宪法制度体制下，议会是公民权利和自由的保障人，随着议会权威的下降，如何保障宪法制度的最终价值追求，保护公民的自由和权利，成为迫切需要予以回应的问题。与此同时，1972年《欧洲共同体法》的通过，1997年《人权法案》的制定，以及苏格兰、威尔士、大伦敦等分权法案的付诸实施，联合王国长期以来隐形的宪法规则逐渐显现出来，类似于其他宪法制度国家的成文宪法的品格日益凸显，如何维护这些具有成文宪法品格的宪法规则同样是联合王国不可回避的事务。基于此，传统的议会监督模式已经无法适应现实需要。为了回应上述问题，顺应时代和民主的要求，联合王国设立最高法院，强化司法机关的独立性，保障司法自治，赋予权利和自由类似根本法的宪法制度地位；授权法院承担起解释公民自由和权利内容、判断人权法案内容是否被很好遵守、立法是否不合理地侵犯公民权利和自由的责任；贯彻人权法案中赋予司法机关宣告与权利公约冲突的法律、法规不一致的权力；要求行政部门组成人员承担做出立法与人权公约相一致承诺的责任；等等。总之，无论是最高法院形制的独立，还是《人权法案》相关规定都起到了强化宪法监督的作用。

再次，成文宪法品格日益凸显。宪法作为人类社会最伟大的发明，是人类社会迄今为止所创造和选择的社会调控和国家治理的工具，是建构清明政治最基本的法律工具，是社会利益的最佳和最有效的调节器，是效率、民主、正义的最佳调整体制。[②]宪法发轫于联合王国资产阶级革命，经过法国大革命的洗礼，到美国独立战争时期逐渐成熟起来，以美国为代表的成文宪法成为世界大多数国家采用的宪法模式。成文宪法典较非成文宪法的明显优势是，它更有利于确立起公民对宪法的信仰，有利于宪法尊严的维护，从而更加有利于维护和发展人类社会不懈追求的公平、正义、人权和自由的价值趋向。联合王国绝不会置身于世界宪法制度文明之外，其必须重视和借鉴世界宪法

---

① 参见 *Record Number of New Laws Made in* 2010，BBC，27 May，2011.

② 参见陈云生:《宪法学学习参考书》，北京师范大学出版集团2010年版，第15-29页。

制度的文明成果，以此增强自身的能力。

“根据传统看法，议会主权原则认为除了通过议会法案之外，没有任何其他途径可以推动法律改革。”[①]1997年之后的宪法制度改革，正是遵循了这样的路径。每一项宪法制度改革的推行，都是以议会法案为依据来进行。而所依据的议会法案，从内容上都具有法律规范的要素，1998年《人权法案》，法律规范的要素尤为明显。它明确规定了公民权利的内容，规定了法院对基本立法和附属立法解释、宣布不一致的权力，规定了贵族院或者平民院负责法案的王室大臣在法律草案二读通过前做出认为法案规定未侵犯公约权利声明，规定了权利的救济等内容。此外，1998年之后建立地方议会的法案，规定了地方议会与中央议会的权力划分、界限，规定了保证各地方议会运行的财政保障，规定了各机构的组成、人员构成、职责、问责制等内容，这相当于成文宪法中的中央和地方国家机构的制度安排内容。而2005年宪法制度改革方案，一方面，规定了最高法院的运行规则，包括办公地址、管辖范围、审理方式、组织和活动原则、工作时间、行政人员配置、审判人员递补等内容，这是最高法院建立的法律依据；另一方面，规定了贵族院改革的基本方向，对贵族院的人员构成、贵族院人员产生方式作出了原则性的阐述，为贵族院下一步改革作出了顶层的制度设计。从内容上看，上述几个文件基本都涉及了权利和权力的相关内容，它们分别对公民的权利、国家政体包括横向权力分配和纵向权力分配作出了相应的规定，几乎涵盖了一部成文宪法所规定的内容。尽管，这些内容只不过是根本法里面的某些方面，但不可否认的是，它们已经包含了法典化的可能性，其中的成文化品格十分明显。不过，我们还必须看到，在普通法体系内，这些法案并没有类似于成文宪法在法律体系中的最高地位，这既是普通法体系的一个基本特点，同时也是议会主权的决定性品质。但我们必须承认，十几年来宪法制度改革后出现日益明显的成文宪法品格是客观存在的事实。

最后，议会主权合法性压力得到缓解。人类社会告别传统文明，迎接近现代文明必须要面对的一个问题是政府合法性变革。近现代的大多数立宪国

---

① Mark, *Elliott Bicameralism Sovereignty and the Unwritten Constitution*, ICON, 2007（2）: pp.370–379.

家都是借助革命的方式，实现国家合法性的变革或者位移，从而达致人民主权。到了 20 世纪，议会主权面临着诸多来自超国家层面的压力，以及来自地方层面的压力。在压力面前，联合王国议会作出了明智的选择，它顺应形势的发展，仅仅将本国早已存在的与《欧洲人权公约》相重合的权利内容，直接移植过来，在形式上实现了本国人权规范的成文化和集约化；设立最高法院，实现境内最高司法机构形制上的独立，事实上，联合王国的最高司法机关，尽管长期以来内嵌在贵族院之中，但从 1873 年议会通过《上诉管辖法》之后，最高司法机关已经实现了相当程度上的独立，并在薪金、任期、职务、组织等方面给予了司法独立相当的保障；通过了建立各个地方议事机构的法案，在各个地方建立了相应的议事机构，满足了地方分权的要求。除此之外，还尝试贵族院改革和选举制度改革。

作为欧洲国家联合组织的成员，联合王国议会的地位并不会因接受欧洲国家联合组织法律而受到影响。制定《人权法案》是《欧洲人权公约》实施了近半个多世纪的产物，更为重要的是它与联合王国长期以来存在的权利文化存在明显的联系；成立最高法院的形式意义远远大于实质意义，独立形态的最高法院早已存在，并不是什么新事物，只不过是作为欧洲成员的联合王国做出的一种姿态，它根本无意将最高法院形塑成像法国宪法制度院或者美国最高法院式的司法机构；分权过程中，议会并没有失去太多的权力。实际上，分权中的很多内容在 1886—1921 年早已经演练过了，分权只不过是将之前的蓝图变成现实而已；贵族院改革，似乎要将世袭贵族驱逐出去，贵族依旧是社会中的一种身份，但大部分的贵族已经很少参加贵族院的活动，大多数贵族议员的身份实际上名不副实，更为重要的是贵族院早已经像平民院一样，成为不同党派角逐的政治舞台。长期以来，保守党在此独步天下。至于选举制度改革进展不大。从中可以看出，联合王国议会在付出最小代价甚至在未付出任何代价的情况下，减轻了外来力量带来的压力，这正好再次体现了联合王国不成文宪法内在的适应性和旺盛的生命力。

（二）存在的问题

和任何事物一样，宪法制度改革既有积极的一面，也存在某些问题，正是基于此，才有人不断提出对它的批评和质疑。

首先，权力未回归社会。根据马克思主义国家理论，国家并非从来就有的，而是经济发展到一定阶段、原始社会解体以后的产物，是从社会中脱离出来，并日益凌驾在社会之上的特殊公共权力，它不是从外部强加给社会的力量。与此同时，国家同任何其他事物一样，不会永恒地存在于社会之中，它不可避免地要走向灭亡。然而，在此过程中，国家的发展将会呈现出与其产生过程相逆的过程，即它逐渐从凌驾在社会之上，向社会回归的方向发展，最终的结局的就是国家消灭。

这种逆向过程从人类社会进入宪法制度时代已经开始。宪法制度中的人民主权原则确立了国家公权权力向社会回归的基本趋势。人民主权原则不仅确立起来了与传统文明决然不同的合法性基础，而且还为国家社会关系的调整确定了方向，那就是国家从社会中攫取的权力，逐渐要通过多种民主的形式还给社会，从而奠定了公民对国家较传统文明更加深厚的认同基础，并最终实现国家权力彻底回归社会，进而实现国家作为阶级统治的工具不复存在的目标。[①] 基于此，宪法制度时代的国家与社会之间的关系将会发生根本的变革，公共权力将会逐步回归社会，逐步被公民所掌握。

我们看到在诸多的压力面前，掌握国家最高权力的议会主动做出调整，解析自己的权力，同欧洲议会、境内各地方议会以及新成立的最高法院来共同分享某些权力，缓解了来自各方面的压力，保全了自己的最高地位。但如果深入观察，我们还会发现，此次参与权力分配的主体有一个共同的特点，那就是，它们都是社会的精英，这样导致的结果是权力的分配基本上是在精英之间展开，基本与普通公民无涉，权力并没有像人们期望的那样，向社会回归，向公民回归。威斯敏斯特中央政府仍旧是政治家们的摇篮，地方政府还是被政治家们操持，宪法制度改革并没有打开政党独掌政治制度的缺口。这些政党已不如从前那样深深地植根在公民之中，已不像从前那样关注社会的公共利益。

其次，主权面临威胁。近现代国家宪法制度对国家与社会之间关系的调整体现在国家权力与公民权利之间的关系方面，其核心内容是确立了国家与社会相分离的原则，确认了公民个人权利在国家宪法制度架构中的优势地位，

---

① 参见潘伟杰:《宪法的理念和制度》，上海人民出版社 2004 年版，第 324–329 页。

并将此作为近现代宪法制度文明区别于传统文明的核心部件。但个人权利的优势地位存在的前提是基于选民共同同意基础之上的国家的存在。因为，个人权利并不否认国家的存在，这是近现代社会中的权利义务互为前提的理论假设和现实基础，也是国家基于人民的同意建立之后的必然结果。因此，现代国家的任何宪法制度改革的推进，都不能抛开国家主权的存在而单独进行。基于此，有人就认为宪法在当前的国际交往中，具有“国家出生”证书的作用和维持国家主权存在的功能[①]，宪法制度改革也必须能够促进而不是妨害这种功能的实现。

然而我们必须看到，自从19世纪联合王国境内的民族主义兴起之后，议会从来没有对国家主权作出任何确认，只不过在实用主义的指导下，按照文化和传统划分各个地区之间的疆域。同时，在应对19世纪末工人阶级和与农民阶级之间的冲突时，政府也选择了按照地域来划分它们之间的界限。不可否认的是，这些措施确实在当时起到了缓和矛盾的作用。但毋庸置疑的是，它们倒是强化本意存在的地区意识、身份意识、文化意识，对兴起的民族主义、地方主义起了推波助澜的消极作用。尽管这是政府始料未及的事情，但它确确实实是存在的事实。随着时间的推移，民族主义、地区身份意识、文化意识在面对全球化、欧洲一体化时，又同市民社会中的个人主义等需求结合起来，将自己伪装成为市民社会的正常需求。于是，民族主义成为联合王国内生的强大异己力量。

联合王国回应民族主义的手段之一，就是推行自治。在世界上，推行自治有很多成功的范例，如加拿大的魁北克分权，西班牙加泰罗尼亚自治。但它们都无一例外地强调了国家主权的存在前提，将之作为分权不容触犯的神圣原则。反观联合王国分权，议会通过立法授予了各个地方议会以权力，尽量详细地规定了各地方议会的权限范围。但一个明显的缺陷是，除了在北爱尔兰的分权法案中对国家主权作出申明外，其他分权法案均未强调该内容。尽管，长期以来，议会主权是联合王国宪法制度的基本原则。但从根本上说，它是一项政治性的原则，并不具有法律上的强制力，存在被政治力量践踏的可能性。事实也证明了这种可能性的存在。就在刚刚过去的2014年，苏格兰

① 参见陈云生:《宪法学学习参考书》，北京师范大学出版社2009年版，第36页。

地区的政府首脑与联合政府就举行关于苏格兰独立的全民公决达成一致。庆幸的是，此方案有惊无险地被否决。

七、结语

从20世纪开始，联合王国宪法制度改革的诉求不断积蓄力量，并在诸如地方分权、人权保护等方面开始一些改革的预演行动。从1997年开始，联合王国的宪法制度改革引擎开始启动。十几年来，在工党政府的主导下，进行了一系列包括调整国家权力和强化人权保护等方面的宪法制度改革。有些改革已经取得了明显的进展，如最高法院的设立、《欧洲人权公约》的移植、贵族院的初步改革以及地方分权等。同时有的方面却止步不前，如大选制度改革，尽管简单多数选举制度存在诸多的弊端，并且各届政府都提出了雄心勃勃的改革计划，但现行选举制度依旧是简单多数制度。之所以会出现这样的局面，虽然原因比较复杂，但从终极意义上讲，它与联合王国独特的宪法制度路径以及议会主权原则等因素密不可分。对此，基于不同的立场、感受和理论基础，不同的人对宪法制度改革提出了自己的看法。不过，需要明确的是，人们评价的复杂性既有宪法制度改革本身的问题，又有主观方面的原因，任何方面都不能被忽视掉。因此，在某种程度上，改革被质疑、被批评应当是一种常态。尽管如此，客观上说，宪法制度改革确确实实给联合王国带来了一些积极的变化，同时也不可否认存在问题。

2010年，联合王国的选民在厌倦了工党长达十几年的执政后，将更多的选票投给了实力不断壮大的自由民主党。由于没有任何一个政党获得过半选票，因此获得投票最多的保守党与自民党组成了联合政府。联合政府成立后立即举行了关于选举改革的全民公决，但公决结果似乎让人失望，原本被自由民主党一直推崇的改革，只能搁置起来。十几年来的改革热情也在这次公决后，似乎降温不少，宪法制度改革进程似乎也暂告一个段落。然而，如果从联合王国渐进式的宪法制度改革传统来看，我们认为此次宪法制度改革的“曲”既未“终”，“人”也不会“散”。关于贵族院、选举制度的改革已经在境内积蓄了强大的能量，尽管已经释放了一些，但最终的能量还有待以后释放。基于此，永不停歇的历史车轮必定还会沿着宪法制度改革的辙印不断前行。

作者简介：杨二奎（1983—　），男，河南漯河人。2000 年 9 月—2004 年 7 月就读于南阳师范学院英语教育专业，获文学学士学位；2007 年 9 月—2010 年 7 月，就读于吉林大学法学专业，获法学硕士学位；2010 年 9 月—2013 年 7 月，在北京师范大学宪法与行政法方向学习，获法学博士学位。现就职于中国教育图书进出口公司。公开发表论文十余篇，合作出版翻译专著一部（《基督教与法律》，中国法制出版社 2014 年版）。

土地流转中农民土地权益保障研究

——基于中国城市化发展的视角*

王小芳

目　次

英国政治经济学学者威廉·配第的名言“劳动是财富之父，土地是财富之母”①形象地说明了土地之于人类的重要意义。诺贝尔经济学奖得主斯蒂格利茨曾断言：中国的城市化将是21世纪影响世界发展的两件大事之一。今天，城市化建设确已成为我国发展的关键词。20世纪末兴起的“土地流转”制度为解放农民、解放土地，推动城市化建设发挥了巨大作用。但是，土地如何流转才能平衡农民土地权益保护与城市化发展依然是改革者亟须解决的理论和实践难题。本文从城市化发展、土地流转和农民土地权益之间的逻辑关系

* 博士论文作者王小芳，2012—2015年在北京师范大学法学院攻读诉讼法学博士学位，2015年博士研究生毕业并通过博士学位论文答辩，师从柴荣教授。本博士论文尚未出版。

① ［德］马克思：《资本论》（第1卷），人民出版社2004年版，第56-57页。

出发，以土地流转中对农民土地权益之保障为研究对象，旨在寻求在发展城市化的前提下，如何实现土地流转的规范运行继而实现农民土地权益保障的有效路径。基本思路如图 1 所示①：

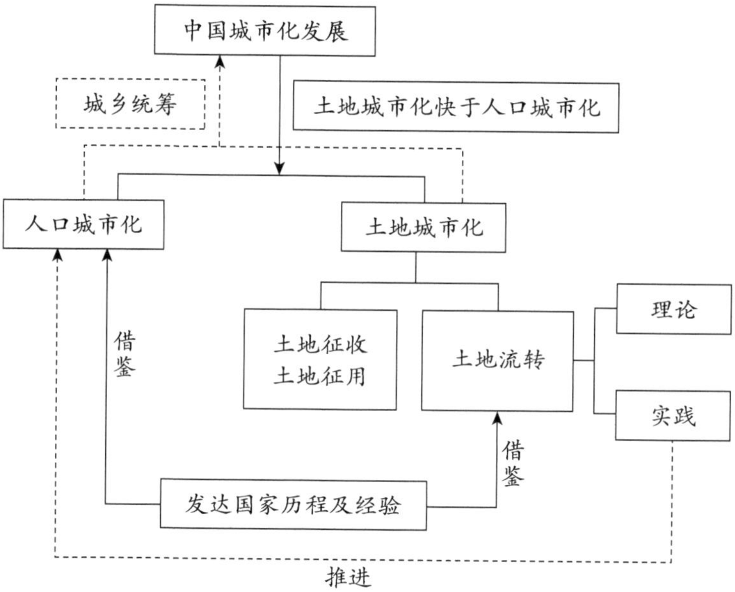

图 1　土地流转中农民土地权益保障研究的基本思路

本文从概念界定、内在逻辑和完善建议几个方面对加强农民土地权益保障进行了比较创新而深入的研究。

一、对“土地流转”的概念界定

在国外并没有如我国一般所称“土地流转”一词，土地上权利主体的转变一般被称为土地交易。尽管我国土地交易现象由来已久，并在明清时期达到顶峰，但土地流转仍是一个具有近代意义的名词，即使今天，我国法律上也尚未有一个明确的定义。著名民法学者江平先生指出，“从理论上讲，土地资产产权中各项权能都可以发生流转，但实际上收益权和处分权一般都附属于所有权和使用权，因此，产权的核心是所有权和使用权的流转”。② 我国学界对于土地所有权和使用

① 注：图中实线为研究的基本框架，虚线为通过研究旨在实现的目标。

② 江平:《中美物权法的现状与发展》，清华大学出版社 2003 年版，第 499 页。

权之所谓“流转”争议越发激烈，实践对于土地流转范围界定的需求也越发迫切。这就使得在研究之初需要对土地流转的内涵和外延予以明确。

正如学者袁震所言：“‘流转’是一个来自生活的术语，它包含了一系列法律性质与法律效果各异的由法律行为所引起的法律关系。”[①] 土地流转之含义在国内研究中大致有三种观点：广义的土地流转、狭义的土地流转和更狭义的土地流转。广义的土地流转既包括土地权利的流转，也包括土地用途的转换。该观点认为所谓土地流转即土地所有权或使用权在不同主体之间的流动和转让。狭义的土地流转仅指农村土地使用权的流动和转移。更狭义的理解，则将土地流转这一概念仅仅局限于农村土地承包经营权的流转。本文认为，界定土地流转之内涵与外延，需要结合我国土地制度的基本框架，从其本质进行分析。

土地问题的本质就在于土地关系的本质，就是土地的归属关系和使用关系。不管何种意义上的土地流转都是发生于不同主体之间权利关系的转变。具体而言，归属关系的转变指向的是土地所有权在不同主体间的变化（在我国体现为国家和农村集体经济组织对土地的所有关系的转变，且这种转变只能是农村向城市的单向转变）；使用关系的转变指向的是在土地所有权不发生转移的情况下土地的使用权在不同主体之间的流动。因此，研究土地流转问题首先要研究土地的所有权和使用权在不同主体之间的转移问题。

分析学界前辈对土地流转定义的理解，可以看出，广义的土地流转包含了土地归属关系的转变和土地使用关系的转变两个方面。根据我国现有法律制度，将国家因公共利益需要使用土地而发生的征地行为确认为“征收或征用”。《宪法》将土地征收和土地征用确认为两个不同的法律概念。根据法律对这两个概念的具体规定，以及法律学者们对这两个概念进行的深入分析，可以得出这两个概念的基本含义：“土地征收是指国家为了公共利益的需要，以补偿为前提，强制取得其他民事主体土地所有权的行为；土地征用是指国家因公共利益的需要，以给予补偿为条件，对他人土地所有权以外的土地其他项权利进行利用，待特定的公共事业目的完成后，仍将土地归还土地所有人的行为。”[②] 可见，土地征收的必然结果在于土地所有权主体的转变，即发生土

① 袁震：“农村土地承包经营权流转形式之法理分析”，载《河北法学》2011 年第 8 期。

② 王兴运：“土地征收补偿制度研究”，载《中国法学》2005 年第 3 期。

地归属关系的变迁；土地征用则是土地使用权在集体经济组织与国家之间的转移，但这种转移是单向的，即只能是集体经济组织的使用转向国家使用。先看土地征用制度，虽然通过土地征用的程序并未改变土地的所有权关系，但是这种土地使用权的转移是单向的，即只能是国家对集体所有土地的使用且为公益之目的，并于使用完毕后予以归还。根据法律规定，在这一转移过程中主体之间的地位并不平等，受国家行政法的规范与约束。再看土地征收制度，根据《宪法》和土地相关法，我国土地所有权归属于国家和农村集体经济组织，土地所有权的转移只有从农村集体所有向国家所有转变的单一路径，而这一部分的内容根据现行法律应由土地征收制度予以规范。据此，土地征收和土地征用过程中发生的土地归属关系和利用关系的转变从法理上有其自己的制度基础，不应再纳入土地流转的范畴予以规范。此外，反观现行《土地管理法》对土地承包经营权流转制度的规定，土地流转是发生在平等主体之间的使用权的转移。近日，国务院办公厅发布的《关于引导农村产权流转交易市场健康发展的意见》指出“现阶段市场流转交易主体主要有农户、农民合作社、农村集体经济组织、涉农企业和其他投资者”，其所涉主体亦为法律地位平等的民事主体。可以说是为立法中土地流转发生在平等主体之间的行为埋下了伏笔。

狭义和更狭义的土地流转概念基于土地使用关系的变化而产生。不过，按照我国法律上土地种类的划分，农村集体的土地又可以划分为农用地、建设用地和未利用地。其中农用地又分为集体发包和未发包给农户承包经营的集体土地；建设用地包括宅基地、经营性集体建设用地和公益性用地。对于农民集体经济组织所有的上述土地，农民虽不能独立享有完全所有权却享有使用权。农民在使用土地的过程中即形成土地使用关系。结合农村土地的分类，农村土地使用关系的转变不仅仅包括对承包地使用关系的转变，更狭义的土地流转概念不足以涵盖农村土地流转的全部内涵。而 2014 年 11 月《关于引导农村土地经营权有序流转发展农业适度规模经营的意见》指出要坚持农村土地集体所有，实现所有权、承包权、经营权三权分置；2015 年 1 月国务院办公厅发布的《关于引导农村产权流转交易市场健康发展的意见》又明确将土地经营权分离出来，指出农村产权交易“不涉及农村集体土地所有权和依法以家庭承包方式承包的集体土地承包权”。因此，农村土地流转的概念应排除所有权和承包权的内容。

基于以上分析，土地流转的内涵与外延呼之欲出。首先，土地流转是基于农村土地使用关系的转变而产生的，即土地使用权关系的转移，因此应将土地征收予以排除；其次，土地流转发生在平等主体之间土地使用权关系的转移，土地征用中国家和集体法律地位不平等；最后，既然国家对土地征用已经有明确的法律概念，我们亦应将其排除于土地流转的研究范畴。鉴于此，土地流转是指农民集体所有土地使用权的流转，这种流转发生在平等主体之间，受民事法律的规范与约束，其内容具体应包括承包土地经营权流转、宅基地使用权流转、经营性集体建设用地流转。承包土地经营权流转，是指土地承包经营权中的经营权与土地承包权相分离，其中经营权可以依法采取转包、出租、互换、转让或者其他方式流转而承包权仍为原农户享有；宅基地使用权流转，是指依法取得的宅基地使用权发生权利的转移，主要有转让、抵押和继承等方式；集体经营性建设用地流转，是指具有生产经营性质的农村建设用地在符合规划和用途管制前提下，允许以出让、租赁、入股等方式，实行与国有土地同等入市、同权同价流转。

二、农民土地权益的内涵

研究农民的土地权益保障，首先需要厘清的是我们要保障哪些农民的什么权益？对此，笔者先对要保护的农民和其土地权益进行了解释。

（一）哪些农民？

农民自古就是国家建设的重要力量，其含义几经变迁，逐渐摆脱了贬义的色彩，终于成为一类国家主人的代名词。然而不可否认的是，在我国农民依然与法律上相对应之“市民”存在法律和现实的不平等。农民这一群体始终与身份保持着紧密的联系并且处于一个劣势的地位。本文从法律的视角研究农民的土地权益，自然按照我国立法以“户口登记在农村并为农业户口的农村人”范围全面审视现有农民的土地权益保护情况。做到不单纯地关注城市近郊农民在城市化带动下发生的土地权益，更关注那些距离大、中城市较远的农民如何在经济发展和城市化要求下的土地权益保障问题；不只对实际占有土地或身在农村的农民的权益进行保护，对于失地农民的土地权益也是保障的重点。这个范围的限定使我们在制度的设计和运行中能够找到重点，实现利益的协调与平衡。

（二）什么是土地权益？

土地权益的分析重点在于“权利”和“权益”之辨析。本文从词源的角度阐释了“权”、“利”、“益”之原意，并对“权利”和“权益”予以辨析，提出：在现代社会，“权”之意义指向政治领域，具有政治属性，国家“权力”之基础在于公民的让渡，“权力”最终依然属于公民所有；“利”多指向“利益、好处”，是人们通过各种社会关系或社会行为所获得的表现为经济上的所得，“利”之意义指向经济领域，具有经济属性；“益”之义项之指向，更多的是一种应然的利益，强调社会效果的最大化，“益”之意义指向社会领域，具有社会属性。本文指出：“权益”不仅从构成上是“权利”和“利益”的合成词，而且“权利”和“利益”既相互区别又相互联系共同构成了“权益”的内涵。权益一词从词面上就直接体现了权利主体可以通过行使权利取得一定利益（包括经济意义上的和社会意义上的利益即物质利益和精神利益）并可获得国家认可和保护这种利益的意义。而权利本身“包括特定利益的享有和必要时以法律为后盾担保其实现”[①]的两重含义，这又为利益的实现提供了依据和保障。而从农民最朴素的认识和需求角度看，法律确认和保障的权利，不外乎是个人利益之实现。农民利益主要体现为经济利益，经济利益表现为经济收入。权利确认了其获取利益的合法性地位和手段，利益实现是其根本目标。而权益一词既确认了农民权利的存在，也为其利益的实现提供了法律意义上的担保。权利和利益相辅相成，共同实现农民权益的最大化。

（三）农民土地权益的内容

农民土地权益是农民在集体所有的土地上享有的权利和由此可获收益之集合，土地权利是土地法律制度的核心内容。本文从农村土地集体所有的角度入手分析，得出农民对我国《宪法》上规定的农民集体所有的土地享有“集

① 熊谞龙：“权利，抑或法益？——一般人格权本质的再讨论”，载《比较法研究》2005年第2期。

体成员权”，该权利表现为共益权和自益权两种，共益权体现为一种为实现利益而参与事务管理的权利，具有非财产权利的性质；而自益权体现为成员为实现个体利益而对集体财产的管理、使用和收益等权利，具有财产权的性质。据此，农民基于集体成员权而享有的具体权益包括：农民集体成员承包土地的权利、农民集体成员分配建设用地的权利、农民集体成员的优先权①、农民集体成员的集体收益分配权②、农民集体成员的民主决策权③、农民集体成员的知情权和监督权④、农民集体成员的选举权和被选举权⑤；前四项属于自益权的内容⑥，后三项为共益权。在所有权之外，我国法律又明确规定了农民对集体所有的土地的使用权亦即用益物权。

此外，当代大陆法系的用益物权与英美法系中的终身地产权（Life Estate）有异曲同工之处，其设置之初是以“解决特定人养老和生活问题为前提的”⑦。因此，土地之使用自然具有了一定的保障功能。尤其是“在目前中国人多地少、经济尚不发达、农村社会保障体系仍不健全的基本国情下，对农民而言，土地不仅仅是基本的生产资料，发挥着生产功能的基础性作用，而且还承载着农民经济收益、社会保障和稳定心理归属感的作用”。⑧ 有鉴于土地之于农民

---

① 注：表现为在土地承包经营权流转以及其他方式承包农村土地的过程中，本集体成员享有的同等条件下优先于本集体成员以外的优先承包土地的权利。

② 注：集体土地经营所生的收益；集体土地变价收益、流转收益等。

③ 注：参见《中华人民共和国物权法》第59条第2款。

④ 注：参见《中华人民共和国物权法》第62条；《中华人民共和国村民委员会组织法》第30~32条。

⑤ 注：此处区别于作为政治权利的选举权和被选举权，侧重于经济民主权利。

⑥ 注：《中华人民共和国民法通则》和《中华人民共和国物权法》都规定了用益物权的内容。我国现行法所规定的与农村土地相关的用益物权主要包括：土地承包经营权、宅基地使用权、建设用地使用权以及地役权。其中，地役权是以他人土地供自己土地便宜之用的权利。《中华人民共和国物权法》第156条规定：“地役权人有权按照合同约定，利用他人的不动产，以提高自己的不动产的效益。”因为地役权对需役地具有一定的附属性，丧失需役地所有权或使用权，则丧失地役权。因此，农村土地流转中地役权之流转附属于需役地之流转，故本文不再讨论地役权与土地流转和农民权益保护之内在联系。

⑦ 高富平：《土地使用权和用益物权——我国不动产物权体系研究》，法律出版社2001年版，第24页。

⑧ 林翊、林卿、谢代祥：“中国经济发展进程中农民土地权益保护的理论逻辑”，载《理论与改革》2008年第4期。

尚未被剥离的保障功能，使得农民的土地权益中必然还应根据实际情况包含社会保障的内容。

综上，再根据权利的性质予以划分，可分为财产性权利和非财产性权利。财产性权利包括集体成员权之自益权和用益物权，非财产性权利即集体成员权之共益权。因此，我国农民土地权益是物质利益与民主权利的总称，同时包含了特殊时期实现农民社会保障的应有之义。

三、城市化、土地流转和农民土地权益保护的内在逻辑

城市化、土地流转和保护农民土地权益作为我国党的十八大以来发展和改革的三个重要维度，其本质和目标本质上是一体的，即让农民能够分享更多的发展成果。而现阶段，土地仍是农民权益最根本的保障，土地权益的实现即为农民权益的实现。

（一）农民土地权益是城市化和土地流转的核心

从最广大人民的根本利益出发、"一切发展都是为了人民"是我国每一个时期发展和变革的根本政治理念。我国城市化发展和农村土地流转制度的每一次变革都体现了对农民权益的特别关注。本文梳理了新中国成立以来尤其是改革开放以后国家法律制度和政策的变迁，可以发现无论是从城市化发展的视角还是农村土地流转的视角，无不以"破除城乡二元结构、统筹城乡发展""强农惠农富农""保护农民的土地权益、增加农民的财产性收入、赋予农民更多的土地财产权利"为宗旨。从国家层面的强调中我们可以确定，农民土地权益之维护是我国城市化发展和农村土地流转制度运行的核心，舍此则无其他。

而且，经济社会的发展终究是人的发展。农民土地权益的维护是城市化和土地流转的出发点也是落脚点。没有农民土地权益的落实，土地流转不过是城市扩张的手段；没有农民土地权益的实现，城市化的发展且不说缺乏一个良好的社会环境，根本就没有任何实际的意义可言。城市化如果以牺牲农民为发展的动力则难以持续，这在其他国家的发展中得到了证实。陈锡文在全国政协十二届一次会议第二场记者会上指出："……据我们了解，世界各国如

果城市化进程中、现代化进程中社会比较平稳，那么这些国家和地区大多是把城镇化过程作为一个富裕农民的过程。而如果城镇化过程变成了剥夺农民、损害农民利益的过程，这个成就就不能持久，社会也很难安定。”[①]因此，从经济社会发展和总体运行的角度来衡量，以城市化发展为理由借土地流转侵犯农民土地权益的行为无异于舍珠取蚌，得不偿失。农民土地权益的实现才是城市化发展和土地流转制度变革的核心。

（二）城市化、土地流转和农民土地权益之间的循环互动

城市化的发展是不可逆转的历史潮流。不管从哪个学科对城市化进行理解，城市化都是“由农业为主的传统乡村社会向以工业和服务业为主的现代城市社会逐渐转变的历史过程”。[②]从世界范围看，城市化的过程主要表现为两个方面，即人口向城市集中和经济活动向城市集中，总结起来就是人口城市化和土地城市化。土地流转作为另一种实现城市化发展的用地需求的发展模式在近年来得到极大的支持和鼓励，是目前我国土地城市化的重要途径。人口城市化即非城镇人口向城镇转化或集中，过上同市民同等生活的过程。只有经过城市化的洗礼，人类社会才能走向更高的文明。从城市化、土地流转和农民土地权益三个维度去挖掘其中的关联，我们可以发现它们之间的循环互动关系。城市化一方面通过经济集中的方式来实现土地的城市化，另一方面通过保护农民的土地权益来实现人口城市化的发展目标。规范、有序的土地流转满足了城市化发展的用地需求；土地流转置换出来的农村剩余劳动力为城市化发展输送了丰富的人力资源；规范的土地流转能够增加土地收益，促进农民土地权益的实现。农民土地权益的实现是整个社会福利水平提升的体现。这些又恰是城市化发展所需要的要素和环境。由此可见，城市化、土地流转和农民土地权益的保护三者之间存在紧密的互动关系。在不断的循环中互相促进，从而达成一个良性的互动机制。在这个封闭的循环系统中，三者缺一不可，互为动力又互为结果。具体内容如图 2 所示：

---

① “中国人口城镇化明显滞后　农民工问题应认真解决”，载 http://www.chinanews.com/gn/2013/03-07/4623014.shtml，最后访问时间 2015 年 1 月 28 日。

② 董志龙：《资本农民——土地流转与农民的保障》，人民出版社 2013 年版，第 76 页。

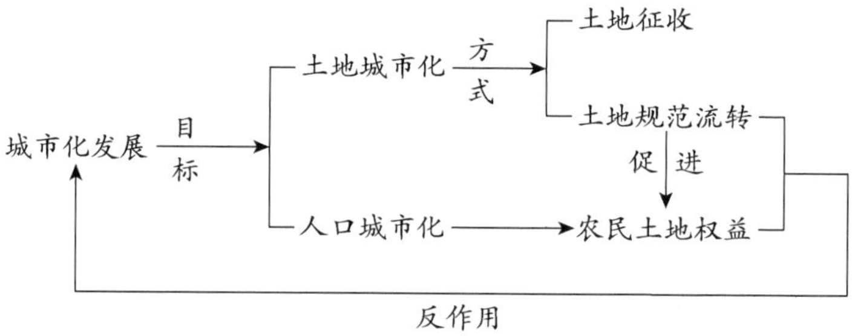

图 2　城市化、土地流转和农民土地权益的逻辑关系

四、农民从身份向职业的转型是人口城市化的核心

早在战国时期中国就有“四民”之分，四民不仅要分居，更要定业，便有了所谓“农之子恒为农”（《国语·齐语》）的说法。即使到了今天，这种区分并没有完全消弭。从立法角度看，如前文所述，我国农民与市民之间的区别是通过户籍制度确立的。从人们现有的认识来看，农民已经演变为简单的“一切农业户口者”；而且根据《中华人民共和国户籍法》的规定，子女随父母户口落户。这样一来，户籍立法就为农民（及至其下一代）打上了“生而为农”的身份烙印。不仅如此，从“农民”一词的学术使用上，也隐藏着深深的身份意义。在英文中可作“农民”解的“peasant”和“farmer”两个词，在中国学术上选择了在古英语中“作动词用意为‘附庸、奴役’、作名词用时还兼有‘坏蛋’之意”的“peasant”，而不是指称职业的“意为‘农场工人’（包括农场主）”的“farmer”一词。[①] 也即在“农民”一词的语义选择时仍摒弃了从“职业”角度的理解而是再次选择了从“身份”角度的理解，这也就再次加重了“农民”一词的身份意义。再从土地对于农民的意义角度入手，我们可以深刻地感受到土地不仅仅是农民最重要的生产资料，一直以来更是农民社会保障的基础。费孝通先生在其《乡土中国》一书中不止一次地强调：“‘土’是他们的命根……乡土社会在地方性的限制下成了生于斯、死于斯的社会。”[②]

① 赵宇霞等：《我国农民发展的若干问题研究——基于马克思主义人学研究视阈》，中国社会科学出版社 2012 年版，第 23 页。

② 费孝通：《乡土中国》，北京出版社 2009 年版，第 4-7 页。

可以说，不管是由于主观还是客观的原因、制度还是非制度的因素，中国农民被世代约束在土地上；即使在今天农民离开农村外出打工，也依然无法摆脱这种身份和土地对其的天然束缚。

1789年法国《人权和公民权利宣言》宣布人类社会进入了契约时代，国家不再按照身份分配社会权利。梅因在其《古代法》一书中关于人的身份的解放之深入阐释更为学界所乐道，他将这种解放称为一个“从身份到契约”[①]的运动。文艺复兴和西方正义理念的传播为农民身份的解放创造了社会条件；资本主义商品经济的发展又为农民解放奠定了经济基础。今天，世界各国“农民”之意义多为职业的指称，从而解除了土地对农民的束缚作用。

在现代法治社会，“维护人的自由存在，（更）是法的终极价值和普遍道德”。[②]那么在土地法律制度中，就必须以人（即农民）的自由为价值依归，体现农民的主体性和自觉性，从而促进农民各种土地权益的实现。就我国目前情况而言，就是要通过农村土地法律制度的完善，首先破除现有法律制度对农民身份的限制，确认农民与市民同等的法律和社会地位，赋予农民迁徙自由、职业自由和土地权利市场交易自由等权利内容；其次是改善农民终其一生对土地的依赖状况，建立健全农村社会保障制度、农业保险制度等让农民走出土地对其的天然约束。真正在农村社会做到“从身份到契约”的转换，使“农民”一词从身份的标志转换为职业的表征，让农民拥有自主的意志而不受土地和制度的约束，是保障农民各种合法土地权益得以充分实现的前提。

五、引入土地流转中农民土地权益保护法律援助制度

法律援助是指由政府设立的法律援助机构，组织法律援助人员和法律援助志愿者，为规定范围内的经济困难公民或刑事指定辩护案件当事人提供无偿的法律帮助，以保障其合法权益得以实现的一项法律保障制度。法律援助制度的存在即是为公民提供基本法律保障、维护司法公正的基础措施。根据我国《法律援助条例》，可获得法律援助包括两种情况：一是因经济困难的，

---

① ［英］梅因：《古代法》，沈景一译，商务印书馆1959年版，第96–97页。

② 林道海：“论法的自由价值”，载《政治与法律》2006年第5期。

主要有六种:（1）依法请求国家赔偿的;（2）请求给予社会保险待遇或者最低生活保障待遇的;（3）请求发给抚恤金、救济金的;（4）请求给付赡养费、抚养费、扶养费的;（5）请求支付劳动报酬的;（6）主张因见义勇为行为产生的民事权益的。甚至没有兜底性条款，仅规定省、自治区、直辖市人民政府可以对前款规定以外的法律援助事项作出补充规定。二是刑事诉讼中几种特殊情形的，公民可以向法律援助机构申请法律援助。农民土地权益保护基本上被排除在法律援助的范畴之外。

从性质角度看，法律援助具有公益的性质，它是一项以扶助贫弱、保障社会弱势群体合法权益为宗旨的社会公益事业，其目标是为了实现“法律面前人人平等”、健全社会主义法治建设、保障基本人权。那么从这个角度出发，在土地流转中引入保护农民土地权益法律援助制度与其性质相符。其一，土地之于农民之重要意义已然明了，在现阶段对于部分农民来说仍是其生存之基础;而土地所承载的对农民的社会保障之功能更是不言而喻的;另外，对于大多数农民来说发展权亦是建立在土地的基础之上的。生存权、发展权、社会保障权都是我国宪法规定的公民的基本权利。农民土地权益受损就是农民一定程度上作为公民的基本权利内容的流失。而法律援助恰以保障基本人权为目标。其二，由于我国历史发展的原因以及城乡二元经济、社会结构的持续存在，农民始终处于社会发展的底层，具有明显的弱势性;持续存在的城乡收入差距也使得一部分农民仍处于贫困状态。向这一部分农民提供援助以保障其土地权益的实现正是法律援助扶助贫弱宗旨的现实体现。其三，如果农民没有能力通过诉讼渠道实现纠纷的解决，必然会采取上访、静坐甚至暴力抗争等方式来维权。在这种情形之下法治何在?法律面前人人平等何在?因此，在土地流转中引入保护农民土地权益的法律援助制度是其性质使然。

从申请或获得法律援助的前提角度看，根据我国《法律援助条例》的规定，申请或获得法律援助的前提是“因经济困难”。此处“经济困难”程度为何法律并没有一个明确的界限。参照刑事诉讼案件“因经济困难没有聘请律师或没有委托诉讼代理人”的情形我们可以进行一定的推断。刑事诉讼涉及案件较为复杂或处罚较为严重，也即意味着与当事人的权益有着非常密切的关系，必须通过聘请律师或委托代理人等专业人士代为行使诉讼权利以维护其合法权益。反观农民土地权益之于农民之重要意义又岂不是农民的切身利益之内容呢？此外，土地流转涉及的案件诉讼费用多数较高，大部分农民实际上很难承受。如此推来，农民在涉及土地权益纠纷的时候也确实处于“经济困难”之窘境。因此，从这个角度讲，在土地流转中引入保护农民土地权益的法律援助制度符合基本法理。

据此，在土地流转中引入保护农民土地权益的法律援助制度具有法律与实践的意义。我们可参照《法律援助条例》之规定，将侵犯农民土地权益的纠纷纳入法律援助的受理范围之内，从而使农民土地权益的保护获得更多一重保障。

作者简介：王小芳（1988—　），女，山西吕梁人，山西大学法学院讲师。2015 年在北京师范大学获得法学博士学位。主要研究领域为法学理论和土地法等。代表性论文有《农村承包地流转障碍的法理分析》《土地承包经营权和用益物权比较研究》《中西文化权比较研究》《中国公民文化权研究》《公民基本文化权益法理解析》等。

第三编
诉讼法学

宪法诉讼研究

——基于程序的考察*

黄凤兰

目　次

一、美国违宪审查模式的选择

（一）法院享有违宪审查权

1803年的“马伯里诉麦迪逊”（Marbury v. Madison）一案标志着美国现代司法审查制度的确立，开创了美国联邦最高法院审查国会法律的先河，司法权也首次形成与立法权、行政权三足鼎立的犄角之势，正式走上国家权力的舞台，成为立法权、行政权的重要掣肘和监督力量。该案建立了三个原则：第一，宪法是国家的最高法律，和普通法律一样具有确定意义，并可在现实

* 博士论文作者黄凤兰，2007—2011年在北京师范大学法学院攻读诉讼法学专业博士学位，2011年博士研究生毕业并通过了博士学位论文答辩；导师刘荣军教授。本博士论文经修改由首都师范大学出版社2013年10月出版，书名为《宪法诉讼研究——基于程序的考察》，全书25.2万字。

中得到解释和实施。第二，将解释与实施这部最高法典的权力赋予司法机构，明确法院有权阐释和运用宪法。第三，法院的解释对政府其他机构产生法律约束力，尽管国会、总统和其他政府机构也可以享有宪法解释权，但法院的司法解释具有最高效力，必须得到政府所有分支的遵守。① 经过先贤们的精彩设计和论述开启的司法权在三权中的异军突起，受到了世人的广泛赞誉，其对于宪法权利的保障与创制更是为后人津津乐道。人们透过美国司法审查史的研究，看到的是法院围绕宪法解释及宪法权利维护所做的执着与不懈努力。

司法权之所以成为立法权、行政权的监督者，在美国开国元勋汉密尔顿看来，在立法、行政、司法三权中，司法比起其他两部门来说最弱，危害性也最小，但凡认真考虑权力分配方案者必可察觉在分权的政府中，司法部门的任务性质决定了该部门对宪法所授予之政治权力危害最寡，因其具备的干扰与危害的能量最小。行政部门不仅具有荣誉、地位的分配权，而且具有执掌社会的武力。立法部门不仅掌握财权，且有权制定公民权利义务的准则。与此相反的是，司法部门既无军权，又无财权，既不能支配社会的力量与财富，也不能采取任何的主动行动。故可以正确断言：司法部门既无强制，又无意志而只有判断；而且为实施其判断亦需借助行政部门的力量。②

（二）违宪审查的案件性

法院的违宪审查是有边界限制的，马歇尔大法官在马伯里诉麦迪逊一案的结论中进一步推导出，他们（司法权）不可对于不属于案件的问题进行裁决。这些问题不需要裁决，因为他们并不呈现出对抗性的格局，对当事人的直接后果也并不以该结论为转移。③ 这对违宪审查的案件性做了清晰的界定。美国宪法第 3 章提出了所谓案件性的“具体争议”（Case and Controversies）标准，第 3 条第 2 款规定，司法权包括本宪法、美国法律和美国现在及将来缔结的条约下发生的法律案件和衡平法的案件……以及美国为一方当事人的、两个或更多的州之间的……以及不同州之间的公民之间的……争端。这里强调的

---

① 张千帆：《西方宪政体系》（上），中国政法大学出版社 2000 年版，第 46 页。

② ［美］汉密尔顿等：《联邦党人文集》，商务印书馆 2009 年版，第 391 页。

③ ［美］亚历山大 · M. 比克尔：《最小危险部门——政治法庭上的最高法院》，姚中秋译，北京大学出版社 2007 年版，第 122 页。

案件性是指在违宪审查中，法院通常并不单独展开对一部法律的司法审查，法院审查的启动一定是附随性的，是在诉讼当事人提起的一个涉及具体权利义务的案件中附带着对立法行为进行审查，没有具体案件的发生，就没有当事人提起诉讼，也就不会启动审判程序，更不会有对该案件涉及的法律本身审查的可能。法官们通过鲁梅利（Rumely）案的判决指出，当深刻的宪法问题作为诉讼事件不可避免地摆在我们面前时我们才有可能对它进行判断，在此之前，我们的义务是不对国会的权限范围进行判断。① 案件性应具备的基本要素包括：第一，必须存在明确的原告和被告；第二，要有实际的损害事实存在；第三，损害事实与损害行为之间要有法律上的因果关系。

（三）司法独立的保障

为了保证司法权独立、公正地行使违宪审查权，美国可谓下足了功夫。第一，法官享有民事诉讼豁免权（Judicial Immunity from Civil Action），即指如果被质疑的审判行为符合某种条件，不论法官的行为处于善意还是恶意，其民事责任都享受豁免。② 这不仅是判决终局性（Finality of Decision）的需要，也是避免对甚至是最笃诚的法官的频繁中伤和受伪证之害和保护司法制度名誉不受损害。第二，法官任期的终身制，保证法官独立性的首要之点就是保持法官身份的恒定性，包括法官的任期、任职、停职、免职、转职以及法官的专职等内容，其中，尤以法官任期的终身制为重点内容。“司法官员职位固定的理由即甚充足，因除此之外，并无任何其他规定更能促使法官得以保持其独立性，而法官的独立实为其执行上述艰巨任务必须具备的条件”；“短期任职的法官，不论如何任命和由谁任命，均将在一些方面使其独立精神受到影响”。③ 第三，法官薪酬的固定，汉密尔顿在《联邦党人文集》中进一步强调，为保持法官精神层面的独立性，“除使法官职务固定外，莫过于使其薪俸固定”，即在法官任职期间，其领受的酬金不得减少，这是连美国总统都无法

---

① 韩大元：“论合宪性推定原则”，载《山西大学学报》（哲学社会科学版）2004年第3期。

② 最高人民法院中国应用法学研究所编：《美国法官制度与法院组织标准》，人民法院出版社2008年版，第116页。

③ ［美］汉米尔顿等：《联邦党人文集》，商务印书馆1982年版，第391–392页。

享受的待遇。第四，法官职位的不可侵性，任何人、任何机构不得违背法官的意志而将其调职，法律明确规定“禁止违反己意的调动”，该“不可调职性”原则与法官职位的“不可侵性”原则交相辉映。[①]第五，法官独立判案，不受任何势力的干预。

（四）来自美国的对违宪审查的质疑

第一，对违宪审查功能的质疑。来自美国的研究认为违宪审查对社会的影响是非常有限的，远不及人们对其期望的那样。美国哈佛法学院的马克·图示内特（Mark Tushnet）教授的质疑最为激烈和有代表性[②]，一些反向剖析美国司法审查制度的观点甚至得出了“应当放弃或者至少是大规模削减违宪审查制度”的结论。……违宪审查制度实际上让许多对它寄予厚望的宪法学者们感到失望。这种反向的看法实际上对许多宪政评论家所描绘的过于完美的法院形象提供了必要的“解毒剂”[③]。芝加哥大学政治学家杰拉德·罗森伯格提出，“法院拥有的影响改变的权力要比许多人相信的要少得多……即便是鼎鼎大名的沃伦法院，对一些人来说，它是宪法无所不能的航标，对其他人来说是‘帝王司法’的标志，但它也没有达到它的某些敬仰者所相信的那种高处不胜寒的境界”。[④]以布朗诉教育局案（Brown v. Board of Education）为例，过去对于最高法院在布朗案中判决的非凡效力的肯定正在发生转变，认为布朗案仅仅是证明了法院在制度地位上的羸弱而已，对于所谓种族隔离政策的消除作用其实很小，法院在该案中的作用，仅仅是否决了某个决定，而非自己去推动社会变迁。布朗案于美国的司法审查是一个成功的例子，但对于基本人权的实施却少有影响。[⑤]

---

① 陈新民:《法治国公法学原理与实践》(上)，中国政法大学出版社2007年版，第208页。

② 参见［美］马克·图示内特:《反对有理——美国最高法院历史上的著名异议》，山东人民出版社，2010年版。Mark Tushnet, SKEPTICISM ABOUT JUDICIAL REVIEW—A PERSPECTIVE FROM THE UNITED STATES, Public Law and Legal Theory Working Paper, No. 240588.

③ ［美］尼尔·K.考默萨:《法律的限度——法治、权利的供给与需求》，申卫星、王琦译，商务印书馆2007年版，第200页。

④ ［美］桑福德·列文森:《美国不民主的宪法》，时飞译，北京大学出版社2010年版，第142页。

⑤ Mark Tushnet, SKEPTICISM ABOUT JUDICIAL REVIEW—A PERSPECTIVE FROM THE UNITED STATES, Public Law and Legal Theory Working Paper, No. 240588.

第二，对司法独立及其保障的质疑。美国学者桑德福·列文森更是直言不讳地提出“最高法院大法官的终身任职是一个已经过时了的观念”,[①] 开国立宪者们对法官终身制的预设条件根本是虚构的，甚至已经被证明是一种谬误，越来越难以得到人们的认同。首先，终身任职并不能改变法官的党派倾向。在最高法院大法官的任命上若想完全剔除党派的干扰几乎是不可能的、徒劳无益的。拥有党派背景的总统提名拥有成熟政治信条的法官进入最高法院，最高法院的法官反过来投桃报李，这也是再好理解不过的事，但却非立宪者们的初衷。霍尔和布雷斯（Hall and Brace）发现，对于一个党派选举出来的法官来说，他更愿意接受而不是推翻死刑判决，他们之所以这样做皆源于选举的压力。[②] 其次，法官也是人，生活于社会关系中，作为一种经验现象，每一个法官都是在各种其所属社会认为可欲或不可欲的，以及介乎其间的影响、限制、诱导，甚至压力之下行使其权力的。美国的法官也是如此，不能超凡脱俗。有哪一个法官敢宣称自己所作判决完全出自正义，而没有受到各方辩护律师巧舌如簧的辩解的影响和不择手段的诱导？又有哪一个法官敢冒判决被上级法院撤销或改判的风险，而坚持自己的观点？为了让自己的审判意见产生决定性影响，而千方百计地游说其他法官；在强大的行政权面前，罗斯福发出的“重新包装最高法院”的威胁，又使多少人轻易改变了对其新政立法所作的司法判决。[③] 最后，不可否认，法官任命制与选举制的交替适用始终使美国司法审查无法完全摆脱法官之外的一切外部因素的干扰和影响，只是不同时期干扰程度有所不同罢了，法治的进步过程就是尽量降低这种干扰程度的博弈过程。

尽管上述质疑尚不足以构成对美国违宪审查的威胁，但它带给我们的是理性思考。完美无缺的制度设计是不存在的，在决定放弃违宪审查制度和选择其他可行的替代制度之前，我们必须正视这个现实：哪怕是最好的选择，也会是不完美的，制度的优缺点往往会随着情境的不同而有所区别。在一些国

---

① ［美］桑德福·列文森：《美国不民主的宪法》，时飞译，北京大学出版社2010年版，第140页。

② F. Andrew Hanssen, *Learing about judicial independence: Institutional change in the state courts*, Department of Agricultural Economics and Economics, Montana State University, Bozeman, MT 59717, pp. 4–5.

③ 苏力：《送法下乡——中国基层司法制度研究》，中国政法大学出版社2000年版，第96页。

家和社会问题中，违宪审查可能会比其他制度更有效。① "司法违宪审查仍然不是一个普遍被肯定的制度，它始终只是一个选择……今天还没有把有没有司法违宪审查作为判断一个国家的自由民主程度的指标。也许我们要从这样一个观念出发，它始终是一个选择"，② 美国的违宪审查模式是美国政治、文化、法律理念等共同作用的结果。

二、德国违宪审查模式的选择

（一）德国的宪法法院违宪审查制

德国是一个有着宪政传统的国家，但现代意义上的宪政制度在德国的发展却是曲折的。第二次世界大战后，面对宪政遭到空前破坏的局面，为避免国家再次沦为个人独裁专制的工具，德国掀起了研究和借鉴美国司法审查制的极大热潮，各界对于美国模式的效仿空前高涨，政治家、作家，甚至报界纷纷"突然一致同意有必要将美国的司法审查制引入我国宪法制度"。德国早在1925年11月4日，从帝国法院的一个判决开始，就已拉开了由普通法院行使对法律的违宪审查权的实践。但由于德国普通法院的权限极为有限，不能与美国普通法院拥有的职权相提并论，特别是不能阻止"议会对宪法的不计其数的事先违反"，使德国人对美国模式的推崇随之降温。于是，德国在此基础上，借鉴奥地利的宪法法院制，建立了自己的宪法法院，希望借助宪法裁判权，监督立法权与行政权的运用，保护公民权利，保障德国。这个开德国宪法法院审查制度先河的先行者就是授权宪政法院进行司法审查的《基本法》。1951年的联邦宪政法院组织法，成立了联邦宪政法院，明确授权公民以提出宪政申诉的法律权利，1969年经法律修正后，将宪政申诉权正式上升为宪法权利。

（二）德国宪法法院审查制与美国违宪审查制的联系与区别

德国的宪法法院审查制与美国的司法审查制虽然分属于大陆法系和普通

---

① ［美］尼尔·K.考默萨：《法律的限度——法治、权利的供给与需求》，申卫星、王琦译，商务印书馆2007年版，第201页。

② "违宪审查制度的社会和经济前提"，载http://www.chinalawedu.com/news/16900/171/2006/5/li81728382971560029766-0.htm，最后访问时间2012年2月14日。

法系，但二者之间却有着割不断的渊源，甚至德国的法院裁决中经常会引用美国的法律判例，判例法与制定法之间的壁垒正在逐渐被淡化，走向融合。美国以法官造法为基础，遵循先例原则，然而今天的美国，绝大多数法院审理的案件，并不是以参照先例来解决，而是根据对法规的解释而结案。早在1947年，弗兰克福特大法官曾写道："1875年之前提交到最高法院的争讼中，有超过40%的案件是以普通法为判决依据，50年后，这个比例降至5%，到了今天，不依据法规就能解决的案件几乎为零。"[①] 在德国，也不再单一固守传统的机械适用制定法的做法，先例的作用以及从"有指导性的案例"引申出新的法律原则开始在德国法中占据重要地位。联邦宪法法院的裁判应由联邦司法部刊登在《联邦法律公报》，并规定，本裁判及其理由对联邦所有宪法机关均具有约束力，经此种方式后，具有相同内容的联邦立法不得再提出审议并由立法机关制定和由联邦总统公布。[②]

然而作为大陆法系的主要代表，德国的违宪审查制有着很多区别于美国的独特之处。

1. 德国的"预防性审查"

与美国不同的是，德国是成文法国家，在宪政审查建立之初，没有任何避讳，无须煞费苦心地创造任何"具体争议"（Case and Controversies）或政治问题等法律理论，来限制其自身的权力。[③] 不像美国，需要马歇尔大法官费尽心机地通过开创性的案例来宣告司法审查制的建立，《基本法》明确授权给宪法法院以司法审查权，1951年的联邦宪政法院组织法也规定，联邦宪政法院的决定约束着联邦和州的宪法机构，以及所有法院与公共权力。

宪法法院对法律的司法审查，不同于美国的司法审查，是在某项法律还没有实施之前，或者虽然已经实施但还没有因此法律引起具体的诉讼案件时，宪法法院就可以按照法定程序，对某项法律进行所谓的"预防性审查"，亦即事前审查，以确定其是否符合宪法，只不过这种形式下的审查启动源于联邦政府、各州政府或者联邦议院中1/3议员的请求，也不要求申请者与具体的法

---

① 宋冰：《读本：美国与德国的司法制度和司法程序》，中国政法大学出版社1998年版，第8页。

② 胡锦光：《违宪审查比较研究》，中国人民大学出版社2006年版，第158页。

③ 张千帆：《西方宪政体系》，（下）中国政法大学出版社2001年版，第179页。

律纠纷有关。与这种预防性审查相并列的还有一种审查形式，也被看作联邦德国独有的审查形式，即任何一个联邦德国公民都有权以基本法所保障的基本权利或其他权利受到侵犯为理由，向宪法法院提起控诉，请求对该项法律实施合宪性审查，这种形式即所谓宪法控诉（Constitutional Complaint）。更值得关注的是，公民的这种诉权也不要求公民本人利益受到实际损害，不需要有一个具体侵害案件发生为前提，只要公民认为某项法律、法令侵犯了基本法所规定的合法权利，就可以适时地向宪法法院提出审查请求。根据《德国基本法》第93条第1款的规定，任何声称其基本权利受到立法、行政管理、司法裁判侵害的公民都有权提出违宪控诉。而一旦宪法法院审查后认为法律或法令真的违宪，便被裁决不具有法律效力。这种制度设计极大鼓舞了公民为自身权益提起违宪控诉的热情，从1951年到1987年，联邦宪政法院共收到7万多件起诉，其中95%以上是宪政申诉，[①] 这一点在整个世界范围内都不多见。只是这种审查对申请人有一个程序上的限制，即公民只有在穷尽了一切手段之后仍不能得到救济的情况下，宪法法院才可以受理此类申请。而且，即使宪法法院受理了公民申请，公民胜诉的可能性也有待提高，在至今近8万件诉讼中，胜诉率却不足3%。[②]

2. 德国的附带审查

即在审理具体案件中，对相关法律、法令附带进行审查，以判定其是否合宪。基本程序是，普通法院在审理一般性案件时，如果认为某一法律、法令违反了基本法或州宪法，就可以将案件移送给联邦宪法法院或州宪法法院，由宪法法院或州宪法法院审理具体案件的同时，附带审查相关法律、法令，一经查实，便可宣布其无效。《联邦德国基本法》第101条规定，法院如认为某一法律违宪，而该法律之效力与其审判有关者，应停止审判程序。如系违反邦宪法，应请有权受理宪法争议之邦法院审判之；如系违反本基本法，应请联邦宪法法院审判之。各邦法律违反本基本法或各邦法律抵触联邦法律时，亦同。需要指出的是，各级法院在向宪法法院移送案件时，移送的仅仅是有待进行违宪审查的法律部分，并不将整体案件向上移送。这样，联邦宪法法

① 张千帆：《西方宪政体系》（下），中国政法大学出版社2001年版，第178页。

② 韩大元：《外国宪法》（第二版），中国人民大学出版社2005年版，第142页。

院也就不会对具体案件进行审理，而只对法律、法令的合宪与否进行审查、判断。“所以联邦宪法法院事实上也只就该法律是否违宪，实施抽象的违宪审查而已”，[①] 待宪法判决作出后，具体案件的审理继续，根据宪法判决的结果做出相应的处理。

3. 德国宪法法院法官独立的保障

由于联邦宪法法院专司审查法律、法令以及国家各类机关行为的合宪性审查，因此，保持其独立性和权威性，不受任何行政干预，不对任何机关负责，就显得至关重要。《联邦宪法法院法》第 1 条规定，联邦宪法法院系与所有其他宪法机关立于对等之独立自主之联邦法院。德国联邦有六套法院系统，宪法法院与其余五套系统都有所不同，居于非常特殊的地位。作为一个自主和独立的联邦法院，它享有最高的法律权威，监督所有国家机构对宪法的执行情况。

宪法法院的法官共 16 人，分别由联邦议院和参议院各自从政府官员、律师、高校法学教授及其他人员中推选 8 人组成，任期 12 年，不可以连任。联邦议院按比例选举的方式从议员中选出 12 名议员，组成选举委员会；选举委员会以 2/3 的多数选举法官，联邦参议院委任的法官亦须获得参议院 2/3 的票数。联邦宪法法院的法官一旦当选，便不得兼任联邦议院议员或联邦参议院议员，不得在联邦政府中任职，也不得在州议会和州政府中任职，这种不得兼任的强行规定，目的只有一个，即努力使法官在行使违宪审查权时保持中立、超脱、独立，排除一切不必要的干扰。

（三）宪法法院违宪审查模式是德国的选择

第一，在德国，尽管宪法法院的设置已经不是人们当初对法院在国家结构中的设想，其权能也早已超出了法官对案件的管辖范围，但对宪法法院宪政审查的功能定位如同美国的普通法院所实施的司法审查一样，仍应归类为一种司法活动，尽管这一点在联邦德国并未取得完全共识。正如贝特尔曼讲到的那样，“不管从哪个角度看，也不管法官的规范审查在联邦德国是以何种形式出现在我们面前，其显然都可以归类为司法审判活动的三种主要功能中

① 李鸿禧:《违宪审查论》，元照出版公司 1990 年版，第 215 页。

的一种：裁决争议、提供法律保护、法律审查”。[①]归根到底，宪法法院进行的宪政审查不应归类为一种立法活动，它本身不是“否定性立法”，联邦宪法法院也不是什么所谓的“第三议会”。之所以强调这一点，目的主要有两个，一是使得联邦宪法法院仍然建立在三权分立这一大的框架基础上，使其进行的宪政审查摆脱逾越立法权之嫌，从而顺利被广泛接纳和认可，尽可能地减免来自立法机关的抵触情绪。二是把它限定在司法活动的范畴里，可使最终产生的违宪判决的法律后果、判决的拘束力等问题得到合理的解释和说明。反之，如果将其定位为某种立法活动，那么，对该立法活动，谁又能担负起对其权力的监督？这样下去，会使我们陷入怪圈的循环中。

第二，联邦德国的违宪审查制得到了欧洲很多宪法学者的赞许，认为它远比美国的司法审查制完备得多，联邦德国既可以抽象地单独对法律本身展开违宪审查，也可以附随一个具体案件，实施对法律违宪审查的模式设计不会像美国那样，因为没有具体诉讼案件的提出而使得对法律的违宪审查不能随之进行，进而使其逍遥于违宪审查之外，这给违宪审查提供了更为宽广的路径，值得称道。

但是应该看到，宪法法院的审查重点不在于具体案件的审理，着重点主要集中于法律的合宪性问题。这种审查基本上可以概括为是一种客观主义模式，而非当事人主义模式，直接后果就是法院的审查与当事人的权利保护关联度差。由于法院的审查目的仅在于保护法律的宪法秩序，与诉案的具体事实相分离，其出发点并不是为诉案当事人的权利保护提供服务，因此，实际上也就不能缜密的保障人民的宪法权利，最终也失去了司法审查应有的职能和意义。“宪法法院对宪法上人权之保障，是有其欠失之处。”[②]

第三，德国对美国违宪审查的扬弃也证实了德国违宪审查只是一种德国体制下的选择。美国立宪主义假设法律和政治是分离的，而且法院有能力和责任去保持这种区别。这种假设被拒绝是因为外国政体研究了美国的宪法经验，20世纪接受司法审查的政体明白践行司法审查的法院是一种强大的政治。

---

① ［德］克劳斯·施莱希、斯科特·科里奥特：《德国联邦宪法法院——地位、程序与裁判》，法律出版社2007年版，第119页。

② 李鸿禧：《违宪审查论》，元照出版公司1990年版，第258页。

德国沿着这条他们受影响的宪法民主政治之路，拒绝了美国宪法关于法律与政治分离的假设，德国人寻找精致的构建能足够强大的独立于议会的宪法法院，这是司法审查政治法院的模式。这种模式提供了一个更强有力的机制，通过它公民可以比美国模式更能控制法院使其负起责任。①

三、法国违宪审查模式的选择

法国依据1958年宪法，即法兰西第五共和国宪法第七章建立的宪法委员会（Conseil Constitutionnel），专司维护宪法尊严、保障宪法实施的使命，相对于其他国家的宪法法院而言，法国的宪法委员会在职权权限、组织机构、审查程序等方面独具特色，自成一体，成为违宪审查的一种不可忽视的模式之一。

（一）宪法委员会的事前审查制

与美国和德国不同的是，法国的违宪审查是一种事前审查，法国现行宪法第61条规定，各项组织法在颁布以前，议会两院的内部规章在执行以前，均应提交宪法委员会审查，以裁决其是否符合宪法。为了同样的目的，各项法律在颁布以前应由共和国总统、内阁总理或两院中任何一院的议长提交宪法委员会审查。在前两款规定的情况下，宪法委员会应在一个月的期限内作出裁决。但在紧急情况下，经政府要求，期限减为8天。在此情况下，宪法委员会的受理应中止公布的期限。这就意味着，凡是未被提交审查的法律均被推定为具有合宪性，宪法委员会一般不会再实施事后审查。

（二）宪法委员会实行抽象审查

法国的违宪审查是一种抽象审查，与美国的违宪审查需要“案件性”的条件不同，法国的违宪审查不需要以案件性为审查前提，理由是待审查的法律还没有具体施行，与个案没有关系，对公民基本权利没有实质影响。因此，

---

① Miguel Schor, Judicial Review and American Exceptionalism, Legal Studies Research Paper Series Research Paper 08-02, January 7, 2008, pp. 2-3.

他不介入具体争议的是非审查中，只是对实施前的法律进行合宪性的抽象审查。这样做有两个目的，一是对提交审查的法律做合宪性判断，二是通过审查报告，为宪法条文和精神作权威性的解释，统一法律认识，为今后统一适用法律提供基础和便利。这正是法国宪法虽未经过频繁修改和变动，但却与社会现实保持同步，有长久生命力的重要原因所在。

（三）强制性与非强制性审查相结合

按照法国宪法第 61 条的规定，对具有宪法性质的组织法和议事规则的审查是强制的，要求在组织法颁布前，在议会议事规则执行前，均应由宪法委员会进行合宪性审查，这是必须履行的程序。而对于一般法律和国际条约的合宪性审查则是在其通过后、公布前，有权利的人提出审查申请后才由宪法委员会进行合宪性审查。宪法委员会对法律的非强制性审查使得一些法律在未经宪法审查的情况下被推定为合宪，法国当代法学家路易 · 法沃勒曾说，“在 1987 年，95% 的议会立法未经宪法委员会审查而通过”，[①] 在法国，经过合宪性审查的法律与议会制定的法律总数相比，仅仅是冰山一角，实在是微不足道。值得一提的是，2008 年法国宪法委员会通过了一项宪法修正案，其中第 28 条规定，“宪法第 11 条提及的法律议案在提交公民复审前”需提交宪法委员会审查，该审查是强制性的。据此，法国宪法委员会的法律合宪性审查范围进一步实现了扩张。

（四）宪法委员会违宪审查模式是法国的选择

1. 法国违宪审查的特点

法国宪法的事前审查、抽象审查独具特色，等于是将司法审查的触角回溯至法律颁布出台以前，力图将法律中违反宪法的部分提前进行修正，相比美国的事后审查来说，优势明显。第一，把审查时间前移，起到了防患于未然的作用，既维护了宪法的权威，也维护了法律的权威，在没有面世前被更改总比面世后被指出违宪更顾及立法者的形象。第二，维护了法律的稳定性，一旦新法律面世，即意味着其进入了实施阶段，法律效力开始显现。事后对

---

① 方建中:《超越主权理论的宪法审查》，法律出版社 2010 年版，第 179 页。

法律的违宪审查进而宣布其无效而撤销，会使法律本身的效力处于不稳定的状态，对法律所调整社会关系的稳定也极为不利。

2. 法国违宪审查的弊端

第一，事前审查仅停留于法律本身，抽象审查又不与具体案件相结合，而法律是用来适用的，实践性很强，也就是说法律存在的所有问题都只有在适用中才能充分显现，事前审查往往不能全面评估法律的所有隐性缺陷，缺乏实质性审查的抽象审查也只是停留于表面，一旦与实践接触，问题依然存在。

第二，法国的宪法委员会一般不接受对法律的事后审查申请，不受理对已公布法律的违宪性抗辩。因此，在事前审查中没有发现的问题，在事后的社会和经济生活中暴露出来，有瑕疵的法律很难再获得有效的司法监督，于社会发展、公民权利的维护都非常不利，于维护宪法至上功能的发挥极其有限。

第三，违宪审查的提请权不在普通公民手中，而享有提请权的主体在对法律提出违宪审查的要求时，往往政治性倾向又过于浓厚，其目的更多的不是出于公民权利维护的需要。因此，这样的设计对公民权利的保障来说，意义大打折扣。

第四，宪法委员会违宪判决虽然具有普遍约束力，但当这种效力受到最高法院、最高行政法院质疑而拒绝接受时，事实上，他们之间并不具有隶属关系，也没有相应的制裁措施跟上，这就造成了宪法委员会决定效力的虚置，使法律解释功能的发挥受到影响。

同其他国家宪法审查制度的发展一样，围绕法国宪法委员会变革的争论从来就没有间断过，主要的争议点集中于是否允许公民个人直接向宪法委员会提起违宪审查之诉。宪法学者米歇尔·盖奈尔就曾经十分强烈地反对授权公民个人向宪法委员会提起法律的合宪性审查，理由是公民个人对法律合宪审查诉求的泛滥将导致宪法委员会对政府乃至政治的介入过宽，捆绑了政府的手脚，打压了立法者的积极性和创造性，能动性受到极大限制，政治的一切陷于不确定和危险之中。支持公民可以向宪法委员会提起违宪审查请求的观点认为，应尽快建立该制度，否则，法国的国家形象将受到严重损害。原因是公民客观上有审查国内法违宪的诉求，但通过宪法委员会的审查机制却无法实现该诉求，而通过《欧洲人权公约》，绕过宪法委员会，直接向欧洲人权法院提出诉求已经成为法国人曲线实现自身愿望的可选路径，这对法国来说，恐怕难以接受。对法国而言，给本国公民提供有效的司法救济，是一个必须尽快做出抉择的问题，但显然这个争议还在持续。

综上所述，不管是美国式的普通法院违宪审查制，还是欧洲大陆型的宪法法院、宪法委员会违宪审查制，都很难说哪种模式就绝对好，哪种模式就绝对不好，每一种模式都是该国在自己的政治、经济、文化、法律传统等方面选择、权衡的结果，各自有着自身的优势，也各自存在相应的不足，对其中任何一种模式都不可以妄自菲薄。科学的态度是研究不同模式与其社会背景之间的逻辑关系，对其中可采之长加以甄别，对本国的适用性、可借鉴性进行深入探讨。随着国际间交流的不断增强，各个国家对自身制度存在的问题基本都能有一个清醒的认识，在这种国际背景下，一种新的违宪审查趋势开始出现，即差异渐小，融合、趋同渐增，取长补短，“过去司法审查之类别区分意义，已逐渐式微崩坏”。集中型还是分散型、一般效力还是个别效力、英美式还是大陆式、有溯及力还是无溯及力等之间的界限，似乎已经不那么重要，要是再过分拘泥于这种区别，恐有落伍之嫌。如今，这两个世界正在逐渐融合为一。[①] 尤其在维护宪政秩序和保护公民基本权利这两大目的的侧重上变化趋势明显，不再强调某一方面的重要性，而是同时兼顾二者，实现两种目的的平衡，甚至天平更倾向于人权保障，使之成为违宪审查不同模式的共同价值追求。共同的历史教训导致的共同法律理念如宪法必须受到尊重、政府权力必须受到制约、公民权利必须得到保护已经在各国形成了共识，如以色列最高法院院长巴拉克所言，“第二次世界大战和大屠杀的一项教训是对多数的权利施加正式的限制至关重要，‘不能做’的概念需要一个正式的表达‘禁止做’”。[②] 从这个角度讲，不同国度中违宪审查的趋同化也是现代法治国家发展的必然选择。

---

① 李鸿禧:《违宪审查论》，元照出版公司 1990 年版，第 272 页。

② 任东来等:《在宪政舞台上——美国最高法院的历史轨迹》，中国法制出版社 2007 年版，第 471 页。

四、我国违宪审查模式的选择

（一）全国人民代表大会及其常务委员会行使违宪审查权

违宪审查制在中国的未来发展将采取何种模式，该如何完善对我国法律的违宪审查和公民宪法权利的有效保障已经成为摆在我们面前的紧要任务，也是近年理论界极富兴趣的论题。在一份对179个国家的专项研究中，有152个国家已经建立了典型的违宪审查制度，还没有拥有该制度的国家仅剩5个，我国被列入“以其他方式进行违宪审查”（Other Institutional forms）的22个国家之一。[①] 多年来由于特殊的历史发展进程，我国在违宪审查的道路上，作出了一种不同于他国、具有中国特色的制度选择，即由全国人民代表大会及其常务委员会行使违宪审查权。

1982年宪法第62条赋予了全国人民代表大会行使修改宪法、监督宪法实施的职权；并有权改变或者撤销全国人民代表大会常务委员会不适当的决定。第67条还规定：全国人大常委会有权“撤销国务院制定的同宪法、法律相抵触的行政法规、决定和命令”，“撤销省、自治区、直辖市国家机关制定的同宪法、法律和行政法规相抵触的地方性法规和决议”。宪法第100条、第116条规定的备案制，在某种程度上明显具有“审查被备案的法规是否存在违宪的问题的含义”。[②] 同时，《全国人民代表大会组织法》第37条还授权给各专门委员会针对全国人大常委会交付的被认为与宪法、法律相抵触的行政法规、决定、命令，国务院各部委的命令、指示和规章，省、自治区、直辖市人民代表大会及其常委会制定的地方性法规和协议，以及省、自治区、直辖市人民政府的决定、命令和规章进行审议。

（二）我国违宪审查模式选择的社会基础

任何制度的借鉴都须在已有基础上进行，断崖式的革命性变革都不可取，尤其是涉及政治制度的变革更是如此。世界各国违宪审查之路虽各有不同，

---

① 林来梵：“中国的‘违宪审查’：特色及生成时态”，载《浙江社会科学》2010年第5期。

② 莫纪宏：《违宪审查的理论与实践》，法律出版社2006年版，第398页。

但无一不是其特殊社会背景下的产物，美国式司法审查在法、德、日、俄等国的变形适用就是很好的例证。任何颠覆现存制度，重新搭建一个新模式的尝试，都将带来社会的动荡。处于改革关键期的我国现阶段，对违宪审查模式的选择更要慎之又慎，我们不仅仅需要一个稳定期，为保证经济快速发展争取时间，更要为有着十几亿人口大国的安定考虑，政治平稳过渡是经济腾飞的基础和保障。无论如何，在现有基础上的渐进式改革于决策者、管理者、公民的接受度而言都更具有可能性和现实性，可操作性也会随之大幅提高。改革成本是任何一项变革都不能不正视的重要环节，以最小代价获得最大改革利益，应是我国选择违宪审查模式的最佳指导思想。

由全国人民代表大会及其常委会行使违宪审查权是理性选择的结果。第一，这样做是对现行制度的肯定，是现行制度的延续，可以使我国的相关制度建设能够平稳过渡。第二，只要监督机制设计合理，内部也好，外部也罢，都能达到理想目标。第三，为适应全国人大科学行使违宪审查权，人大内部的改革势在必行。如考虑在全国人大下面设立从事违宪审查的专门机构，使其权责明确，权限分明；扩大违宪审查的范围，保障国家整个法律体系的完整、统一；建立、完善违宪审查程序，为审查活动的公开、公正、公平保驾护航。其中，学界对专门从事违宪审查的机构设置议论颇多，认为在全国人大下面，设立一个常设机构，具体是叫“宪法审查委员会”还是叫“宪法争议审判庭”①并不重要，重要的是它受全国人大及其常委会的委托，并对其负责。由最高国家权力机关行使宪法解释权和监督权，在坚持司法机关充当这一重要角色的美国也并非完全没有支持的声音，“关于宪法解释，笔者认为不应由任何一种机关单独负责……有人认为宪法解释应由司法机关负责才比较合适和安全，那么，由人数众多、智力充沛的国会来负责，岂不更合适，更安全吗？”②可见，由权力机关承担违宪审查之职，在尊崇“议会至上”的国度里，仍具有相当重要的存在价值。

（三）我国违宪审查模式选择的理论基础

权力制约的力量不一定来自外部。从西方三权分立的角度讲，先有分权，

---

① 胡锦光：《违宪审查比较研究》，中国人民大学出版社2006年版，第380页。

② 朱瑞祥：《美国联邦最高法院判例史程》，黎明文化事业公司1984年版，第667页。

后有权力的彼此监督。从权力的外部寻找权力的监督力量，是一种外部监督的思路设计。法国人却别出心裁地从三权分立原则中得出完全不一样的控权理念，通过权力的内部监督也可以实现权力的有效监控，进而实现法国行政法院对行政权的监控。通过内部合理的机构设置和利益协调，同样可以达到遏制权力的目的。特别是当行政法院的法官被要求必须具有丰富的行政工作经验或出自行政机构时，对行政法官专业性的强调胜过对其中立性的强调，行政法院在很多国家的良好运行也为这种内部监督机制的合理性做了很好的注脚。同样是孟德斯鸠分权理论的产物，行政法院的这一制度设计与美国式普通法院监督行政权的制度设计方向正好相反，但得到的结果却异曲同工。不论是内部监督还是外部监督，只要能够真正实现监督的目的，就应当给予积极的肯定。

习近平对在我国继续由全国人大及其常委会行使违宪审查权提出了明确要求，“全国人大及其常委会和国家有关监督机关要担负起宪法和法律监督职责，加强对宪法和法律实施情况的监督检查，健全监督机制和程序，坚决纠正违宪违法行为。地方各级人大及其常委会要依法行使职权，保证宪法和法律在本行政区域内得到遵守和执行”。[①] 在我国现阶段，全国人大及其常委会担负违宪审查之职不仅具有法理上的支撑，也是国家决策层理性“选择”的结果。

事实上，对哪一种模式违宪审查的选择都各有利弊，也都存在一些无法克服的障碍。但既然选择了，然后对自己的“选择”进行修改和完善，这个“选择”就是可以接受的，就可以帮助我们实现理想目标，各国宪政史上存在的违宪审查模式，无一不是处在不断改革和完善中，没有哪一种做法是完美无缺的。离开中国社会的历史和现实，简单地移植某项司法制度实不可取。正确看待自己，理性认识他国，在注重吸收外国先进理念和制度因素的基础上，不断完善、改造自身已有制度，建设具有中国特色的违宪审查模式才是最明智的选择。

---

① 习近平:《在首都各界纪念现行宪法公布施行30周年大会上的讲话》。

作者简介：黄凤兰（1963—　），北京人，北京师范大学法学院副教授，法学博士，硕士生导师，主要研究领域为宪法学、行政法学与行政诉讼法学。主持教育部课题并参与多项省部级课题研究，主编《行政法与行政诉讼法案例教程》等教材多部，合著、参编著作多部，在《行政法学研究》《中国行政管理》等发表论文、文章约三十篇。

司法机关内部考评体制实证研究 *

巫国平

目　次

对司法内部考评的系统研究能显著地拓展我国司法理论研究的学术版图。因为据笔者了解，诸如案件质量评查、执法质量考核评议及公检法的目标管理与绩效考评等这样的司法考评并不是各国的普遍现象，尤其是大面积、多机关、多种类的指标考评与计件考评更是中国所特有。因此，本文对中国司法考评问题的整体、全面、细致的研究，希望能带来学界对此问题的集中关注，吸引更多的青年才俊和学者投入这一对中国司法实践和司法运行产生了重大影响的司法现象的研究，调查其现状，总结其规律，发现其问题，寻找改进之良策，最终使得中国的司法管理水平和司法案件质量提高到更高的水平。

* 巫国平，2008—2011 年在北京师范大学法学院攻读诉讼法方向博士学位，2011 年博士研究生毕业并通过了博士学位论文答辩；导师刘荣军教授。

一、司法内部考评的基础考察

（一）司法内部考评的定位

司法内部考评是一种司法测评与司法管理活动，是指司法机关的领导层和管理层对司法机关及其司法人员的考核与评估，包括司法绩效考评、[①]案件质量评查以及司法满意调查。[②]司法绩效考评在全国各地的司法机关中都有身影；案件质量评查是全国法院的普遍做法；[③]至于司法满意调查，就笔者的司法实践经历和学术观察而言，以华中A省高院、华北B省高院开展的司法满意调查最为典型。尤其是A省高院历时三个月的司法满意调查，与专业调查公司一起调查了大量的普通主体，对全省的128个基层法院从十大司法服务指标进行了"满意率"与"满意度"的评价，其结论和方法值得重视和研究。

（二）司法内部考评的目的、功能与类型

第一，司法内部考评的目的，包括外在目的和内在目的。外在目的是提高司法公信、提升司法形象，赢得司法政绩、取得发展空间；内在目的是提高司法人员的素质和能力，提高司法机关的能力。

第二，司法内部考评的基本功能，包括积极功能和消极功能。积极功能是提高司法管理层的能力，司法人员的能力和素质，司法形象和司法公信；消极功能是侵犯裁量权，加剧司法行政化趋势，使得公检法三家关系以及一审法官与二审法官的关系更加密切。

第三，司法内部考评的类型。从考评主体看，有人大机构"块的评价"和上级司法机关"条的评价"。从过程分类看，有终结型司法考评和形成型司法考评。

---

① 在不少司法机关也将其称为"绩效考核"，不少检察机关则将其称为"业务考评"，也有"绩效评估"、"业务评估"等称谓。

② 在我国司法机关主要是指检察机关和人民法院，并不包括公安机关。本博士论文是对司法机关内部考评活动的研究，因此，主要针对人民法院和检察机关的内部考评活动的运行及其影响进行研究。而实践中，司法内部考评不仅影响了纵向的司法关系，也影响了横向的公检法的关系。同时，司法内部考评对刑事程序的影响，也涉及对公安机关刑事侦查行为的影响。因此，笔者在论述司法内部考评对司法横向关系及刑事程序法落实的影响时，也会涉及公安机关。

③ 近年来，也开始有检察机关开始借鉴法院系统的做法开展质量评查工作。

（三）司法内部考评的方法和内容

司法内部考评的方法是什么，其核心方法和具体步骤是怎么样的，是司法考评研究不能回避的问题。

1. 司法内部考评的方法

（1）司法满意评价

笔者根据自己的观察和体会，将司法满意调查的方式、方法及途径总结如下：

主要是采用问卷调查与分析的方法，让被调查者直接回答若干与司法业务和司法主体相关的问题，询问其对这些司法业务和司法主体关于满意程度的评价；被调查者可以选择“满意”“比较满意”“基本满意”“不满意”“不太满意”和“不清楚”等选项；然后，调查者根据回答情况，再对数据进行各个侧面、角度的比较、分析及总结，并得出若干结论，提出相应的建议。

（2）案件质量评查

根据笔者在法院系统的经历和观察，案件质量评查的方法是：由专门成立的“案件质量评查小组”到下级法院抽查一定数量的卷宗，通过对卷宗的阅读和分析，检查下级法院的办案质量，并作出总体评价和提出纠正意见。因为案件质量评查的工作量较大，会耗费较多的人、财、物，所以其一般一年进行一次，时间往往也是年底。这样也就能与各单位的绩效考评结合起来。评查持续时间为三四周。案件质量评查小组成员由富有审判经验的法官组成，采用抽查的方法抽取卷宗。

（3）司法绩效考评

绩效考评是建立在对下级单位和下属人员进行考核、测评基础上的评价，也是最重要的内部管理上的评价。这一评价的组织性、制度性、强制性、严厉性要比同是内部评价的案件质量评查明显很多。由公检法上级单位的管理部门及本单位的管理部门确定考核指标或考核规则；对下级单位及本单位的下属人员，采用以年底检查、统计、排序及奖惩为主，以随时性的成绩公布、月度性考评、季度性考评、年中考评及专项考评等为辅的方式，进行考核与评价。考评时间的确定方法。各地方的考评可能是月考、季考或年中考，但无论如何，最重要的是年底的年考。考评主体与被考评主体的确定方法。

2. 司法内部考评的内容

（1）司法满意评价的内容

由司法机关委托专业机构采用问卷调查与分析的方法，让被调查者直接回答若干与司法业务和司法主体相关的问题，询问其对这些司法业务和司法主体关于满意程度的评价；被调查者则根据自己的感知选择——“满意”“比较满意”“基本满意”“不满意”“不太满意”“不清楚”等评价选项；然后调查者根据回答情况获得关于整体司法及各项司法指标“满意率”及“满意度”的数据；再对数据进行各个侧面、各个角度的比较、分析及总结；最后则得出被调查者对司法机关各个方面是否满意的若干结论，并且还要根据这些司法满意评价的结论，提出若干建议，进而转达给下属的各个司法机关及其司法人员，以督促他们进行相应的改革和完善。

（2）案件质量评查的内容

根据笔者在法院系统的经历和观察，案件质量评查主要是由专门成立的“案件质量评查小组”到下级法院抽查一定数量的卷宗，通过对卷宗的阅读和分析，检查下级法院的办案质量，并作出总体评价、提出纠正意见。因为案件质量评查的工作量较大，会耗费较多的人、财、物，所以一般一年进行一次，时间往往也是年底，这样也就能与各单位的绩效考评结合起来。评查持续时间为三四周，但一般情况下，一个“案件质量评查小组”会负责若干个法院的案件质量评查，因此在每个被评查法院的阅卷时间为 2~3 天，讨论和总结时间为半天或 1 天。之后，与下级法院的座谈及提出纠正意见、建议，则会再用去 1~2 天。

案件质量评查小组的成员往往由富有审判经验的法官组成。例如，笔者所在省法院 2011 年的“案件质量评查小组”，就由省法院审委会办公室在全院范围内抽调了 15 名审判骨干（每个审判业务部门最少出一名副庭长或者审判长）与审委办 5 名工作人员，分别组成 5 个“案件质量评查小组”。这样，每个小组由 3 名审判骨干、1 名审委办工作人员组成，并由审委会专职委员担任各小组组长。每个小组则负责 4~5 个中院的质量评查。

（3）司法绩效考评的内容

由司法机关上级单位的管理部门及本单位的管理部门确定考核指标或考核规则；对下级单位及本单位的下属人员，采用以年底检查、统计、排序及奖惩为主，以随时性的成绩公布、月度性考评、季度性考评、年中考评及专项考评等为辅的方式，进行考核与评价。各地方的考评可能是月考、季考或年中考，但无论如何，最重要的是年底的年考。但笔者也了解到一个例外情形：华北某省的检察系统就在其检察长的指挥下开展了所谓的“全方位目标考评与目标推进活动”，其实就是对全省检察系统的全方位考核与评比。但这次“全方位考评”并不是每年都有的年底考评，而是在9月进行。各地公检法机关的考评内容各不相同。据笔者的观察和了解，对各被考评机关及人员影响最大，与业务相关的考评内容主要有：立案数、发案数、破案率、结案数、追逃数、逮捕数、大案数、不批捕数、不起诉数、退回补充侦查数、定罪数（判实刑数）、建议外量刑数、无罪数及率、检察建议数、抗诉数、结案率、开庭率、服判息诉率、发改率、信访投诉率、撤诉率、调解率、执行到位数、执行到位率、业务文章及科研文章发表数等。

二、司法满意评价的数据分析

（一）A省法院满意评价

1. A省法院满意评价的概况

A省法院工作人民群众满意度调查是由其委托“A省情调查研究中心”于2012年8月下旬至9月展开的。这一调查是从第三方角度，全面了解民众对其各项工作的满意程度，以获得对自身的准确定位，并找出自身在审判、执行、服务等方面存在的突出问题。显然这是一次有着鲜明特点的司法评价活动。[①] 综合阅读和仔细分析该调查报告，将其主要方面总结如下：①调查范围。该调查在全省21个地级市的123个县（区、市）以及GD、SZ市5个调查区域（GD、SZ市中院分别以各个基层法院的管辖范围作为一个调查区域）共计128个区域展开。②调查对象。调查对象分为三类：第一类为普通群众，占34.6%；第二类为与审判、执行密切相关的案件当事人、利害关系人及其近亲属，占33.3%；第三类为与法院工作联系较为密切的基层组织人员、法律工

① A省省情调查研究中心编：2012A省法院工作人民群众满意度调查报告（本报告是作者利用工作机会与单位合作得来，具有保密性质并没有公开发表）。

作者、新闻工作者、企业负责人、人大代表、政协委员等相关从业人员，占32.1%。其中人大代表、政协委员占2%。③调查的内容。该调查针对25个具体的关于基层法院各方面的问题，主要围绕着立案与便民、审判与执行、司法作风与形象、廉政建设与监督、总体评价五方面。④调查方法为分层多级随机抽样法，具体调查采用了调查员问卷入户调查、随机拦截填写问卷和电话调查三种方法。本次调查共发放问卷25000份，共回收有效问卷23040份，有效回收率为92.16%，各县（区、市）的有效样本量为180个，调查样本涵盖不同性别、年龄、教育程度以及不同身份的人群。从教育程度来看，大专、本科及以上占43.2%。①

调查发现的问题是：法院的群众满意度需进一步提升，司法为民的措施需进一步加强，司法便民、作风和效率应重点加强，服务大局意识需进一步提高，司法廉洁措施需进一步加强等问题。调查提出的针对性建议是：畅通民意诉求渠道，创新便民利民举措，加大司法工作宣传，加强审判管理工作，推进主动执行改革，加强法院队伍建设，改进工作作风，积极化解社会矛盾，增强司法服务大局能力等。

2. 指标设定上的问题

指标设定主要存在以下问题：第一，将“主动执行”列为十大一级指标不恰当。主动执行只是司法工作的一个环节，能否有资格与“司法公正”“司法公开”“司法效率”及“司法便民”等并列为指标之一值得怀疑。第二，将“服务大局”列为十大一级指标不恰当，说明指标的“指标”还是比较宽松的，那么，一些更重要的指标就不应当被遗漏。第三，十大指标遗漏了“程序公正”“司法权威”与“司法公信”指标。第四，指标重复。“审判结果”指标与“司法公正”指标重复，“司法形象”与“司法廉洁”和“工作作风”指标重复。第五，指标矛盾。“司法效率”与“司法公正”之间可能存在一定的抵牾。第六，试卷问题设定不当。存在具体问题与所属一级指标不对应或者种属关系颠倒的问题。第七，调查手段和调查范围存在问题。笔者对电话调查方式的准确性有疑问，该调查方式忽略了对21个中院本身的调查和

① 受教育程度和身份状况，会显著影响司法满意的调查结论，但性别和年龄情况对司法满意的影响可能并不大。标注出来的意义并不如前述两者那么大。

评价、工作“满意度”与“顶级回答率”数据的分析和21个中级法院“满意度”的比较和排序。

（二）案件质量评查的概况

笔者所在省法院2011年的“案件质量评查小组”，就由省法院审委会办公室在全院范围内抽调了15名审判骨干（每个审判业务部门最少出一名副庭长或者审判长）与审委办5名工作人员，分别组成了5个“案件质量评查小组”。每个小组由3名审判骨干、1名审委办工作人员组成，并由审委会专职委员担任各小组组长。每个小组负责4~5个中院的质量评查。主要采取抽查的方法。2011年笔者所在省高院的质量评查用的就是抽查但保障案件类型的方法：首先，确定评查范围是各中院2010年归档的各类案件。其次，采用随机抽查的方式选定100宗案件进行调卷审查（部分专门法院因为案件少，不到100宗），刑事案件不少于20宗，民商事案件不少于40宗，其他各类案件的评查数量，由各小组视具体情况确定。

因为案件质量评查的工作量较大，会耗费较多的人力、财力、物力，所以一般一年进行一次，时间往往也是年底，这样也就能与各单位的绩效考评结合起来。评查持续时间为三四周。一般情况下，一个“案件质量评查小组”会负责若干个法院的案件质量评查，因此在每个被评查法院的阅卷时间为2~3天，讨论和总结时间为半天或1天。之后，与下级法院的座谈及提出纠正意见、建议则会再用去1~2天。

（三）评查存在的问题

在案件质量评查中，据笔者自己的体会和观察，主要从对案卷的检查来评判案件的质量，因此，其质量的标准分别集中于实体结果准确程度、程序规范程度、裁判文书规范与说理程度、案件装订规范程度、案件信息化管理程度等方面。但到什么程度为好，到什么程度为次，却缺乏更细致的分级与刻度。这种标准上的模糊会带来一些问题，会影响案件评查的说服力和效果。具体而言，可能导致各个“案件质量评查小组”均在自己负责的各个法院选择相同数量的案卷，但最后评选出的“优秀”“合格”及“有问题”案件的数量严重不一致，尤其是“优秀”案件的数量悬殊。笔者发现，在一次案件质量评查中，有的小组在自己负责的下级法院每个法院评选出了2~3个“优秀”案件，但有的小组却能在自己负责的下级法院每个法院均选出10~20个“优秀”案件。因此，案件质量评查中的标准模糊问题，亟待解决。在案件质量检查与评价过程中不可避免地因为评查小组多样[①]、标准模糊、指标多样等原因而带来的结果不确定、不客观等问题，而且往往会因为评查者与被评查者是上下级关系，关系熟稔，导致评价结果的客观性也受到一定程度的损害。

（四）司法绩效考评的综合考察

1. 司法系统绩效考评的内容

公安系统的绩效考评主要考评破案数、打击数、追逃数，衡量其发案率、逮捕率，惩罚案件移交后出现“捕后未诉”及无罪判决的刑警。其中，完成指标与否又基本以检察院是否逮捕或法院是否判刑为标准。检察系统的绩效考评，针对不同部门，分别考评大案数、逮捕数、起诉数、追捕数、追诉数、抗诉数、退查数、立案监督数，监测其定罪率乃至判决率（判决实体刑罚的比率，缓刑不算），控制不起诉、不批捕、捕后不诉、出现缓刑结果的比率，惩罚出现无罪案件及程序错误的检察官。对涉案金额、案件大小、挽回损失数，也有要求。法院系统绩效考评的内容。在法院系统，主要考评其办案数、上诉率、上访率、发回重审率以及改判率等，检查其调解率。这些考评也影响着检察院的考评评价。因为检察院的定罪率、判决率、无罪判决率都是以法院的判决结果为依据的。具体而言，法院系统绩效考评的主要内容也覆盖到了法院职权业务范围的方方面面。

2. 绩效考评规则设定的问题

我们能发现实践中存在不少考评规则制定上的问题。第一，存在目标设定过高、过低、不合理等问题。表现在：对公安机关发案率的要求，发案率不是人为能完全控制的；某些公安机关和检察机关对命案侦破率、大案率的要求

---

① 在笔者熟悉的几个省法院的案件质量评查中，往往就是一个高院派出几个“评查小组”，每个“评查小组”再负责4~5个中院的案件质量评查。而这些“评查小组”选出的“优秀”、“合格”与“有问题”案件的数量，往往就有很大的差异。如此一来，碰到“宽厚”小组的中院就比较“幸运”，遇到“严苛”小组的中院就比较“倒霉”。更严重的是，这就导致最终全省选出来的优秀案件，不具有可比性。

会使执法者片面追求大案率，忽略小案；检察机关对判决率的要求，对无罪判决的控制归法院，不是检察院能左右的；检察机关对不批捕和不起诉的人为控制，干涉了职权行使；不少地方对调解率、上诉率、抗诉率、上访率、无罪判决率的要求可能也是不合理的；现在的考评普遍重视硬性数字考评，但缺乏群众满意度等软性考评，也带来问题。最近的动向是，不少检察官向笔者坦言，现在对宽宥和调解率强调过多，调解案件权重过高，什么案件都敢刑事和解，可能会出问题。第二，存在考评事项赋值不科学的问题。不同性质的案件，不同难度的案件，赋值应当有所区别。如前所示，渎职案件线索难找、办理难度也大，因此完成指标的难度也大。同样，在公案机关，抢劫、杀人案工作量要比盗窃案大的多，但在考评时都是一个案件，分值一样。第三，公检法间的考评规则设定也有冲突。如上文所言，公检法之间的考评要求有冲突之处，导致他们之间或矛盾激化或更加依赖，不可避免地违反程序法规定。第四，绩效考评规则执行的问题。考评频繁，考评成本被忽略，考评时间不当。正如，XH 检察院 L 检察官和 J 局长所言：去年是所谓“抽考”，今年又是“目标推进”，让人得不到休息，办案时间大大减少。

三、司法内部考评机制的去向及展望

在本章中，笔者将主要展望我国司法内部考评制度的走向，并希望能因此而提出一些切中时弊、具有一定的远见性的改革建议。

（一）司法内部考评机制对司法的影响

1. 对司法机关的影响

司法内部考评机制对司法机关的影响主要包括：第一，对上下级司法机关的影响。司法内部考评内容和指标的体系化和科学化的确能提高司法管理层的控制力和管理能力。但这无疑也强化司法行政化，影响下级司法机关和下级司法人员的独立性。例如，目标管理和绩效考评的具体内容和指标是由领导层和管理层确定，其中的大量指标又与案件的处理过程和处理结果相关。这直接侵犯办案人员和办案机关的独立办案权和裁量权。第二，对关联司法机关的影响。这表现为司法内部考评机制会促进这些法律机关在立案上的协作，会促进这些法律机关在批捕与起诉上的协作。第三，对司法人员的影响。如果标准和权重不科学，就不可避免地造成他们“挑肥拣瘦”“合理规避”，尽量办理容易取得绩效的案件，躲避那些较为困难的案件，忽视基础工程和标的很小但关乎民众权利的案件。这还可能造成互相竞争的下级单位和下级司法人员为了获得短期利益、短期的表彰和奖励，不择手段地相互拆台，影响协作办案。

2. 对司法程序的影响

司法内部考评机制对司法程序的影响主要包括：第一，对民事程序法落实的影响。在民事审判中，调解率、发改率、服判息诉率、大案率的强行要求，一年一度的案卷质量评查以及不间断进行的各类司法满意评价调查与“以事实为依据、以法律为准绳”、证据裁判主义、“实体公正与程序公正相统一”、“实事求是、有错必纠”等法律要求之间有了很大的差距。这可能导致民事审判人员违背民事程序法的要求，侵犯公民的诉讼权利，甚至是实体权利，影响民事审判的公正性和公信力。第二，对实体结果的影响。司法内部考评对程序法和实体法的贯彻都会形成影响。对实体法的影响表现在，过多考评使得检察院、法院无暇细致办案，进而影响到检察官、法官对案件的定性和量刑。

3. 对司法资源的耗费

考评本身依然要花成本，如果考评设定不当、实施不妥，依然会带来巨大耗费，占用有限的公检法经费，导致考评和办案的“双重不规范”。编制目标、分解目标、进行考评、进行案卷质量检查、进行司法满意评价调查是要花费成本的，再考虑到笔者在调研中体会到的司法经费、财力与人力的紧张现状，更应避免过度考评。考虑到频繁的考核、检查、评查、调查对司法机关办案的干扰，更形成了对有限司法资源的极大浪费。

4. 司法内部考评的功利化倾向严重

司法机关下属的各部门及各下级司法机关成为竞争的主体，相互之间的评比着大案数、立案数、结案率、调解率、陪审率、判决率、定罪率、发回审判率、改判率、文章发表数等，以追求自己在各个环节取胜、争先，或者最少不成为落后者。这些案卷评比、庭审评查、业务考评等司法内部考评机制更使得不少下级司法人员，成为舍弃职业道德和法治精神的“逐利主体”。因此，发端于司法管理层的司法内部考评机制对司法规律的违背更加严重，也更难得到纠正。所谓“执法者、司法者违背法律”已不足以描述这一问题的严重性。

(二)司法内部考评的局限性及其边界

从根本上说，目标管理、绩效考评、质量检查、顾客满意度调查等考评手段也有其内在局限性和适用边界。

在企业管理领域，已有研究成果指出，采用计件考评虽然监管成本低，但会导致质量下降。还有研究指出，在复杂劳动中，如教育、科研中，因为考评标准难以确定、工作的数量和质量难以量化，本就不适合计件考评。第一，经济学的研究指出考评手段可能存在较大的结果误差。第二，经济学和管理学的研究指出目标管理、绩效考评、质量评查等手段会损害上下级间的信任。看到了上述经济学界、管理学界及社会学界对目标管理、绩效考核、质量检查等考评手段在企业管理领域的适用边界和内在局限性。我们就不得不得出一个结论：内部考评手段在司法领域内也是有内在局限性和适用边界的。

(三)展望：走向公平、规范的司法内部考评

1. 司法内部考评的根本出路

对司法内部考评的改革可以说是回归到尊重司法人员独立权和自由裁量权的正常轨道。至于少数司法人员出现了裁量权行使之外的错误，如贪污、贿赂以及其他违背司法人员行为准则的行为，那我们则可以用司法惩戒制度予以处罚，以保障司法人员的行为规范性。只要司法人员不触犯这些司法行为准则，那么其司法裁断的作出和结论不受任何评价、检查，更不受任何压力机制的干扰。这样就可以将司法内部管理对司法运行的影响降到最低的程度。学界的共识是“管的最少的政府就是最好的政府”，同样，笔者提出，“管的最少的司法管理就是最好的司法管理”。只有这样，我们的司法激励机制才是健康、合理的司法机制，实现了对司法人员的人性化管理；只有这样，才能保障下级司法机关的独立性和自主性，使其成为一个心平气和、不再唯利是图的办案单位；也只有这样，才能保障司法人员是有尊严、有荣誉感的司法主体，进而去尊重法律、遵守司法原则和司法程序，追求司法的公正、公平和公开。

2. 司法内部考评的规则调整

（1）司法内部考评规则制定上的调整

根据笔者的长期司法实务经历和对司法内部考评规则制定和执行的长期观察，我们在考评规则制定方面亟须做的调整和改革是：第一，案件质量评查中的“两评查”——案卷评查和庭审评查，需要更侧重庭审评查；第二，案件质量评查的主体需要吸纳更多的业务人员；第三，合理使用案件质量评查的结论，不要诉诸过于严苛的罚则；第四，司法目标管理上需要注意司法目标确定和合理性、均衡性；第五，司法目标管理和司法绩效考评上，也要注意指标权重、考核计算单位、考核比率、考核标准及其考核起算点与完成点；第六，司法目标管理和司法绩效考评上，也要注意吸纳更多的司法办案人员、法学专家以及管理学、统计学的专家；第七，考评时间、时段的确定也要注意避开办案黄金期，不宜因为内部考评，影响公安司法人员的办案；第八，对考评结果使用设定，也不宜规定过于严苛的责任追究，避免过于高强度的奖励措施；第九，考评规则的设定，也要避免设定过于复杂的规则和机制，过于耗费司法资源的规则和机制。

（2）司法内部考评规则执行上的调整

在考评规则执行方面亟须做的调整和改革是：第一，减少领导层对考评执行及考评结果的干扰；第二，避免选择性的考评规则执行，而应注意考评规则执行的一以贯之；第三，合理执行考评的时段、时限，不要因为考评影响司法人员的办案；第四，各种内部考评的执行之间也要注意相互协调，考评周期上不要衔接过密，不要进行过于频繁的评查、检查、考核、评价和比武；第五，内部考评机制的执行也需注意不要耗费过多的司法资源；第六，积极反馈执行中的问题，为考评规则的及时修正和考评机制的及时调整，奠定良好的基础；第七，考评规则与法律原则和司法要求出现冲突时，合理选择执行方向，尊重法律、遵守司法规律；第八，公检法三家的考评规则出现冲突时，及时反馈和修正，以时消除矛盾，以切实减少三家的冲突，或者避免其走向司法一体化。

四、结论

司法内部考评需要走向法治化、规范化、人性化，走向未来。在司法考评中涉及了法治与人治、法治与非理性治理、法治与政策治理冲突时，我们应当倾向于使最后确立的考评的制定及执行，具有法治性。这样一来，对有利于实现和促进程序公正、司法理性、司法公开、司法公信、司法独立与司法权威的标准及考评规则，应当予以优先考虑，我们的取舍应当符合未来社会和未来司法的要求。“依法治国”“保障人权”已经确立为我国法治建设和司法建设的目标。这些就是未来的指向。因此，凡是司法评价标准上轻视“人权保障”、忽略“规则之治”，要求固守模糊的政策要求与过时的道德要求时，应当予以否定。这样才能使我们的司法内部评价机制或者司法内部管理机制具有时代性，与现代司法理念契合。

作者简介：巫国平（1966— ），广东高州人，法学博士，西南政法大学本科毕业，先后在广州市天河区人民法院和广东省高级人民法院工作。已在国内重要法学期刊如《民商法论丛》《人大复印资料》等发表学术论文数篇。

行政执法与刑事司法衔接机制研究 *

申飞飞

目 次

本文从实证研究的角度出发，结合《行政执法机关移送涉嫌犯罪案件的规定》（国务院令第 310 号）（以下简称《国务院规定》）、《人民检察院办理行政执法机关移送涉嫌犯罪案件的规定》（高检发释字〔2001〕4 号）（以下简称《高检规定》）、《关于加强行政执法机关与公安机关、人民检察院工作联系的意见》（高检会〔2004〕1 号）（以下简称《联系意见》）、《关于在行政执法中及时移送涉嫌犯罪案件的意见》（高检会〔2006〕2 号）（以下简称《及时意见》）以及部分地方颁布的规范性文件，对实践中一直难以有效解决的"有案不移""以罚代刑""有案不立""有罪不究"等问题进行了详细分析，并提出了相应的解决对策。

* 博士论文作者申飞飞，2009—2012 年在北京师范大学法学院攻读刑事诉讼法专业博士学位，2012 年博士研究生毕业并通过了博士学位论文答辩；导师宋英辉、甄贞教授。

一、行刑衔接不畅表现的基本类型

行刑衔接不畅的现象可谓“多彩多姿”，但鲜有人对它们进行过比较全面的概括和总结。虽然概念本身对事物的描述具有高度的概括性，但概念也需要通过类型化研究来弥补自身表现的不足。因此，为了有效解决行刑衔接不畅的问题，我们有必要辨明各种行刑衔接不畅之间的内在差异，通过类型化研究的方法，对不同类型的行刑衔接不畅进行全面、系统、深入地分析，从而揭示行刑衔接不畅的本质。考夫曼曾讲道：“事物的本质的思考是一种类型学的思考。”[①] 行刑衔接不畅的类型化研究属于比较开放的思维模型，通过阐释行刑衔接不畅各种类型，深刻了解行刑衔接不畅类型的基本规律与特点，可以尽可能地管窥行刑衔接不畅的全貌，从而为行刑衔接机制的完善提供一种切实可行的思路。类型化研究中最为关键的问题之一就是确定一个分类标准。行刑衔接不畅类型的划分是以不同行刑衔接机制主体之间的配合与制约关系为标准进行分类的。笔者经过实践调研与研读相关文献认为，行刑衔接不畅主要可以归纳为以下几种类型：

（一）行政执法机关之间配合不足

不少人对行刑衔接机制有一种错误的认识，即认为行刑衔接机制只涉及行政执法机关与公安、司法机关之间的协作配合与制约，而与各个行政执法机关自身之间的协作配合关系不大或者没有关系。人们之所以能形成这种认识，是因为他们没有认识到行刑衔接机制不仅要在行政执法机关与公安、司法机关之间形成打击违法犯罪的合力，而且也要在行政执法机关之间形成打击违法犯罪的合力。对违法犯罪行为的查处，往往并不是一个行政执法部门就可以完成的。比如，就食品安全问题而言，从国务院食品安全委员会的组成部门来看，仅目前对外正式公布的就有 13 个，具体包括国家发改委、科技部、工业和信息化部、公安部、财政部、环保部、农业部、商务部、卫生部、国家工商总局、国家质检总局、国家粮食局、国家食品药品监管局。在这些

① ［德］卡尔·拉伦茨著：《法学方法论》，陈爱娥译，商务印书馆 2003 年版，第 347 页。

组成部门当中，农业部、商务部、工商总局、质检总局、食品药品监管局5个部门就是直接具有行政执法管理职责的部门。实践中，由于职责分工的不同，造成了工商、技术监督两个部门在各自分工的领域发现制售假冒伪劣商品的案件时，遇到不属于自己管辖范围的事实，它们往往无法把查处深入下去，进而导致案件证据无法完善，致使本应追究刑事责任的案件也难以追诉。为了挽回各自为政的局面，从中央到地方，层层成立了所谓的“领导小组”、联合执法办公室等，但行政执法机关之间的体制性矛盾仍然难以根本扭转。

（二）行政执法机关与公安机关之间配合不足

目前，行政执法机关与公安机关之间就涉嫌非职务犯罪案件的移送已成为人们关注的焦点，但实践中行政执法机关与公安机关之间却存在配合严重不足的问题。主要表现在以下方面：其一，各地、各个部门，甚至同一部门管辖的同类案件都采取了不同的移送模式。比如，2004年至2010年9月，某省工商行政管理系统向公安、司法机关移送案件70件，其中，实施行政处罚前移送的有47件，占总数的67%，处罚后移送的有23件，占总数的33%。2008年至2010年9月，某直辖市各级工商行政机关向公安机关移送涉嫌犯罪案件101件，其中，处罚后移送的案件数为18件，占移送案件总数的18%。[①]其二，行政执法机关与公安机关就涉嫌犯罪案件的移送、接收对口机构不明确。比如，各地已经联合会签出台的《某市行政执法与刑事司法衔接工作办法》等普遍没有具体规定行政执法机关与刑事司法机关之间的对口移送、接收案件机构。而实践中行政执法机关的稽查部门、法制部门、派出机构等都可以移送案件；公安机关的文保分局、治安部门、经侦部门、法制部门、派出所等都可以接收案件。这些没有固定的移送、接收机构的状况，最终出现了哪个部门都可以不移送，哪个部门都可以不接收案件或互相推诿的混乱局面，从而影响了涉嫌犯罪案件的顺利交接。其三，移送与接收案件期限普遍得不到遵守。由于案件的复杂性，公安机关普遍难以在较短的时间内审查立案。于是，最高人民检察院和全国整规办、公安部、监察部联合会签的《及时意见》对

① 此数据来源于笔者2010年参与的全国政协社法委关于行刑衔接机制的调研课题资料。下文没有作出说明的数据均来源于该课题资料。

《国务院规定》的相关内容进行了“修正”。但联合会签文件对行政法规“修正”的合法性让人产生质疑。另外，即使修正后的审查立案期限具备合法性，实践中不少机关仍是根据自己的主观需要随意裁量，造成规定的期限很难得到执行。其四，行政执法机关与公安机关就违法犯罪嫌疑人主观方面的认定缺乏沟通或者达不成一致。其五，行政执法机关与公安机关就公安机关是否可以提前介入行政执法问题上很难达成一致。实际上，行政机关邀请公安机关提前介入时，公安机关是否会提前介入案件，往往取决于两家部门的关系，关系好就可能提前介入，关系一般就不介入或者迟延介入。有的公安机关认为，有的行政执法机关存在不愿意让公安机关介入的观念；而且有的行政执法机关往往会有选择性的邀请公安机关介入行政执法，即只有遇到行政处罚阻力大、存在暴力抗法倾向的案件时，才邀请公安机关介入。有的行政执法机关认为公安机关介入会影响行政执法工作的效率。其六，反馈机制不畅通。《国务院规定》第 9 条明确规定，行政执法机关接到公安机关不予立案的通知书后，认为依法应当由公安机关决定立案的，可以自接到不予立案通知书之日起 3 日内，提请作出不予立案决定的公安机关复议。但在实践中，不少公安机关对于已经接收的案件，是否决定立案，则不通知行政执法机关。有的行政执法机关即使接到了不予立案决定的通知，也很少提请公安机关进行复议。他们主要认为，既然公安机关以种种理由不予立案，即使提请复议，也只是内部复议程序，没有实质意义；同时，申请复议也会给自己的工作带来不必要的麻烦。因此，他们抱着多一事不如少一事的态度放弃了提请复议。

（三）行政执法机关与检察机关之间配合、制约有限

行政执法机关与检察机关之间的配合与制约问题，主要表现在：其一，行政执法机关向公安机关移送的涉嫌犯罪案件，多数行政执法机关不向检察机关进行移送备案，或者向检察机关移送备案数量极少。《联系意见》第 3 条与《及时意见》第 1 条都规定，行政执法机关应把移送公安机关的案件，及时备案（抄送）检察机关，但实践中几乎很难落实。比如，2008 年至 2010 年 9 月，某直辖市国土资源局作出行政处罚案件 1522 件，其中向公安机关移送 21 件，行政处罚后向公安机关移送同时向检察机关备案的案件有 10 件，移送备案率

约为48%；2008年至2010年9月，某直辖市工商行政管理局向公安机关移送涉嫌犯罪案件101件，处罚后移送并向检察机关备案18件，至于处罚前进行的案件移送，则普遍没有向检察机关备案，移送备案率约为18%；2010年上半年，厦门市检察机关受理相关行政执法机关备案的案件数也仅为10件。[①] 其二，检察院接受备案来源单位比较单一。比如，北京市海淀区检察院2009年接受备案25件，其中80%的案件来自烟草专卖局；2010年接受备案20件，其中基本都是烟草专卖局和工商局的案件。其三，行政执法机关就案件移送问题向检察机关咨询较少，而且对公安机关不立案问题，提请监督较少。《及时意见》第10条规定，行政执法机关对于案情复杂、疑难，性质难以认定的案件，可以向公安机关、检察机关咨询。《国务院规定》第9条规定，对于公安机关的不立案行为，行政执法机关可以建议人民检察院依法进行立案监督。但实践中，上述规定基本都被搁置了。

（四）行政执法机关与监察机关之间配合与制约不足

《国务院规定》第14条规定，行政执法机关移送涉嫌犯罪案件，应当接受监察机关依法实施的监督。《及时意见》第13条规定，监察机关依法对行政执法机关查处违法案件和移送涉嫌犯罪案件工作进行监督，发现违纪、违法问题的，依照有关规定处理。但实践中，多数行政执法机关很少主动向监察机关提供有关涉嫌犯罪案件。因此，监察机关仅仅通过行政执法机关主动移送案件来获取监督的渠道是很难发挥有效的监督作用。而且在监察机关普遍没有把行政执法机关移送涉嫌犯罪案件的执行情况作为行政执法检查工作考核内容的情况下，监察监督更是难上加难。不少地方联合制定了《行政执法与刑事司法衔接工作办法》，但有的工作办法中没有规定监察机关对行政执法机关移送涉嫌犯罪案件进行监督的程序；有的工作办法中即使作出了规定，也是原则性的，不具有可操作性。这些都严重制约了监察机关对行政执法机关移送案件情况的有效监督。

① 参见“厦门市2010年上半年整顿和规范市场经济秩序工作总结”，载http://www.xm.gov.cn/zwgk/bmxx/jjfzj/gzdt/201009/t20100909_370944.htm.

二、行刑衔接机制的基本原则

变动不居的社会生活永远处在历史前沿，更多的经验表达早已说明了法律规则滞后的宿命。法律规则需要法律原则的“辅佐”，以“克服法律局限性工具意义上的用法”。[①] 行刑衔接机制的基本原则是以行刑衔接机制目的为指引，在行刑衔接机制的立法、法律适用过程中所要遵循的基本准则。

（一）分权原则

分权原则就是指在行刑衔接机制中应当秉承行政处罚权、行政监督权、刑事侦查权、检察监督权、审判权分别由行政执法机关、行政监察机关、刑事侦查机关、检察机关、人民法院行使的一种权力分工体系。[②] 该原则是行刑衔接机制的首要原则。它是法治原则在行刑衔接机制中的具体体现。

每个行刑衔接机制主体都必须在自己法定职权范围内行使权力，否则将构成越权，且越权行为不具有法律效力。行刑衔接机制主体不仅具有部门种类多样性，而且具有多层次性，每个主体只有依法履行自己在行刑衔接机制中的职权，才能确保行刑衔接机制有条不紊地运行。如果各个主体没有按照自己的法定职权行使权力，则必然会造成权力之间不必要的冲突，也会造成权力资源的不必要浪费，影响权力运行效率。

行政执法机关是享有行政处罚权的法定机关，如果它超越自己的法定职权，对行政犯罪案件进行“以罚代刑”的降格处理，则是违背分权原则的，也是一种不法行为。目前尚无法律对行政执法机关越权处理的行政处罚行为给予行政法意义上的规范评价。[③] 实践中，不少行政执法机关之所以越权对行政犯罪案件进行降格处理，这与行政法对行政执法机关越权对犯罪行为进行

① 徐国栋：《民法基本原则解释——成文法局限性之克服》，中国政法大学出版社 1992 年版，“自序”第 12 页。

② 法院作为刑事审判机关行使的法定职权在刑事诉讼法等相关法律中的规定已经比较明确，笔者在下文就不予赘述了。

③ 虽然《刑法》第 402 条规定了徇私舞弊不移交刑事案件罪，但该法条是对行政执法人员“以罚代刑”的刑事评价。

行政处罚没有给予明确的否定性评价有一定关系。因此，在行刑衔接机制中，通过对该行为给予行政法上的制裁，在一定程度上是可以缓解或治理降格处理现象的。这是因为，通过法律规定，如果行政犯罪中出现“以罚代刑”的行政处罚行为被宣布无效、被撤销，并由有关机关作出由行政执法机关返还已没收的财物、罚款的裁决，那么这在一定程度上是可以起到抑制行政执法机关以获取不法利益为企图而进行“以罚代刑”现象的发生。

（二）程序法定原则

程序法定原则就是指行刑衔接机制主体必须按照法定的步骤、方式进行案件移送、备案、立案侦查、行政监督、刑事监督等，否则它们要承担相应的法律不利后果。行刑衔接机制主体应当遵循程序法定原则，这是彰显程序法治理念的必然要求，是行刑衔接机制程序走向法治化的必然要求。目前，我国法律尚未对行刑衔接机制主体在行刑衔接机制中应当遵循的法定程序作出明确规定，这是十分不利于行刑衔接机制的有效推进的。因此，我们必须加快行刑衔接机制程序法治化建设的步伐。

就行刑衔接机制程序而言，法律应对行政执法机关与公安、检察机关之间就涉嫌犯罪案件移送的程序，行政执法机关与监察机关、检察机关就重大行政处罚案件的备案与监督程序作出明确规定。笔者建议作出如下规定：

行政执法机关与公安、检察机关之间就涉嫌犯罪案件移送的程序可设置如下：其一，明确规定行政执法机关内涉嫌犯罪案件的移送机构，一般应由该机关的法制机构负责。其二，明确规定公安、检察机关内接收案件的机构，一般分别应由公安机关的治安部门、经侦机构与检察机关的侦查监督机构，或者也可以专门设立一个行刑衔接机构负责接收案件。其三，时间方面的规定则因移送模式不同而有一定差异。[①] 如果采取刑事优先模式，则行政执法机

① 有的地方规定了统一的立案决定时间，而没有根据不同模式的差别进行分别规定，这是不科学的。比如，2003 年 8 月，湖南省人民检察院、省公安厅、省农业厅等联合颁布的《关于加强工作联系建立行政执法与刑事执法相衔接工作机制的意见》第 4 条规定：公安机关受理行政执法机关移送的涉嫌犯罪案件，应于受案之日起 3 日内作出立案或者不予立案的决定，并书面通知移送案件的行政执法机关；依法不予立案的，应同时说明理由、退回案卷材料。行政执法机关对公安机关决定不予立案的案件，应当依法作出处理。

关只要发现可能涉嫌犯罪的，就必须在3日内移送相应公安、检察机关；公安、检察机关必须在24小时内接收案件，同时必须在7日内作出是否立案的决定。[①] 如果采取行政优先模式，则行政执法机关要在作出行政处罚决定之后，3日内移送相应的公安机关或检察机关；公安、检察机关接到移送后，必须在3日内作出是否立案的决定。[②] 如果采取行刑并行模式，则行政执法机关只要发现可能涉嫌犯罪的，必须在24小时之内移送相应公安或检察机关；公安、检察机关在接到移送后，必须在7日内作出是否立案的决定。

行政执法机关与监察机关、检察机关就重大行政处罚案件的备案与监督程序可设置如下：其一，明确规定行政执法机关内的移送机构，一般应由该机关的法制机构负责。其二，明确规定接收备案与监督案件的机构，监察机关由行政执法监察机构负责，检察机关由侦查监督机构或专设的行刑衔接机构负责。其三，明确规定行政处罚作出后，3日内移送相应部门备案；相应机关必须在24小时内接收备案。

（三）协作原则

由于行刑衔接案件的复杂性和行政权与刑事司法权行使主体的多样性，行刑衔接机制主体之间的配合或协助已经成为顺利实现行刑衔接机制目的与提高行刑衔接机制效率之必需。协作原则就是指行刑衔接机制主体基于行刑衔接机制目的与效率的需要，各个主体不仅应当依法行使自己的本职职权，而且也要在法律与政策的范围之内加强彼此之间的协调配合，从而为其他权力主体职权的行使提供尽可能的帮助和便利。

目前，我国相关立法与行刑衔接机制实践中对协作原则已有一定体现，

① 笔者在此处没有规定例外的立案决定时间，这是因为：在我国司法实践中多数部门往往将例外规定作为普通规定来适用，这样无疑背离了例外规定的初衷；同时，公安机关寻找种种理由拖延或拒绝立案也是行刑衔接中亟待解决的一个重要问题，而通过规定统一的立案时间，则有利于解决此问题。虽然立案有可能侵犯当事人的权利，但对此我们可以通过严格刑事强制措施的适用条件等措施来实现尽可能保护当事人合法权益的目的。

② 这里之所以规定行政优先模式中公安、检察机关的立案决定时间短于刑事优先模式中公安、检察机关决定立案时间，主要是因为经过行政处罚的案件，证据收集全面程度和合法性要高于未经过行政处罚的案件。

但总体来说，行刑衔接机制主体之间的协作只是基于不同主体积极性的一种自我尝试，仅是一种工作机制，尚未形成法律制度。具体可作如下规定：其一，将行刑衔接机制主体协助义务法定化。其二，明确规定协助理由、协助程序、协助费用等。

（四）监督原则

监督原则就是指在行刑衔接机制中把涉嫌犯罪案件的移送、备案、立案侦查监督的任务依法赋予监察机关与检察机关，并由它们按照自己的职责权限依法进行监督。在现代社会，有效监督已经成为确保国家权力正常运行的不可或缺条件。监督机制是否完善，直接影响和制约着行政法治的进程。[①]它同样直接影响和制约着行刑衔接机制法治的进程。在行刑衔接机制中，确立权威监督主体依法对其他行刑衔接机制主体移送案件工作进行监督已成为学界与实务界的共识。在行刑衔接机制中，我们要通过法律明确规定监察机关与检察机关的监督权力、监督程序、监督手段。

（五）及时原则

及时原则就是指在行刑衔接机制中行刑衔接机制主体必须在法律规定的期限内，将自己依法应当移送、备案、立案侦查、立案监督的案件等尽快办理。该原则其实是行刑衔接机制要求行刑衔接机制主体提高办案效率的体现。它一方面反对拖延，要求行刑衔接机制主体积极推进行刑衔接中案件的移送及查处等工作，要求在必要且合理的时间内完成自己的本职工作，不得无故拖延；另一方面也反对草率移送及查处案件等。

三、行刑衔接机制的立法完善

在行刑衔接机制法制化建设尚不完善的前提下，我们来谈行刑衔接机制观念的根本转变是奢侈的。因为，行政执法人员与公安、司法人员是具有利己性的，他们在行动中总是趋利避害，尽可能地维护自我利益。邓小平同志

---

① 姜明安：《行政执法研究》，北京大学出版社2004年版，第227页。

提出:“克服特权现象,要解决思想问题,也要解决制度问题。”[①] 如果没有刚性的法律机制约束,他们总是容易被自己的欲望所牵引。因此,我们只有加速行刑衔接机制法制化构建与完善的步伐,才能促使行刑衔接机制主体树立起正确的行刑衔接机制观念。笔者认为,我们首先应当通过法律明确行刑衔接机制的法律依据。

(一)明确检察机关监督行政处罚的法律依据

虽然宪法明确规定了检察机关是我国的法律监督机关,但法律没有对检察机关是否可以对行政执法机关作出的行政处罚进行监督作出明确规定。实践中,为防止某些行政执法机关滥用行政执法权,国务院不得不采取制定行政法规的形式对检察机关监督行政执法活动予以规定。比如,国务院《关于劳动教养的补充规定》(国发〔1979〕289号)第5条规定:“人民检察院对劳动教养机关的活动实行监督。”(这个补充规定是经全国人大常委会批准的)。《国务院规定》第14条也规定检察机关有权对行政执法机关移送涉嫌犯罪案件进行监督。这虽然弥补了法律的不足,但也存在是否合宪的问题,即在一府两院体制下,行政权能对与之平行的司法权进行随意配置吗?作为司法权组成部分的检察权和审判权,只能由最高立法机关通过法律授权的方式予以规定。《立法法》第8条规定,某些事项只能制定法律,其中就包括人民法院、人民检察院的职权和诉讼制度。《立法法》第9条规定,第8条规定的事项尚未制定法律的,全国人大及其常务委员会可作出决定,授权国务院可以根据实际需要先行制定行政法规,但司法制度等除外。由此可看出,通过行政法规规定作为司法制度内容有机组成部分的检察机关职权问题、涉嫌犯罪案件的处理等问题都是不合法的。实践中不少地方的检察机关已经开始探索对行政处罚案件进行监督移送的制度,而且取得了比较好的效果。法律没有把行政处罚案件纳入检察机关的检察监督范围,这其实是对检察机关法律监督思想与制度的一种矮化。当然检察机关对行政处罚案件的监督与介入也应是有限制的,反之,则可能会造成司法权对行政权的无端干预。为此,我们必须对检察机关监督行政处罚案件的范围进行一定限制。行政处罚案件的监督范

① 《邓小平文选》(第2卷),人民出版社1994年版,第332页。

围，对检察机关来说，它意味着检察监督的外围边界；对行政执法机关来说，它意味着行政执法机关接受检察监督的法定义务范围。因此，笔者建议将重大行政处罚案件作为检察监督的案件范围。这既是基于行政执法资源与刑事司法资源的有限性考虑，也是基于对重大行政处罚案件监督的必要性考量。①至于什么样的案件属于重大行政处罚案件，将在下文阐述。另外，行政监察法已经赋予了监察机关对行政执法的监督职责，所以我们在这里就不探讨它的法律依据问题了。但这并不意味着行政监察法不需要对行政执法中行政处罚案件监督的进一步细化。

（二）明确行政执法机关移送涉嫌犯罪案件义务

各国刑事诉讼法都比较重视公务员的报案义务。法国《刑事诉讼法》第40条规定："任何依法设置的权力机关，任何公务助理人员或公务员，在履行职责中知悉重罪或轻罪的，均应当立即报告共和国检察官并向其转送与此有关的一切材料、笔录与文书。"②日本《刑事诉讼法》也规定了公务员有告发义务，指在"通过履行职务而认为有犯罪时"，即限于执行职务时发现有犯罪的场合。公务员违反告发义务，可导致国家公务员法上的处罚。③有学者建议在《刑事诉讼法》第84条中增加："行政执法机关在依法查处违法行为的过程中，发现有犯罪嫌疑的，应当于3日内将犯罪嫌疑线索、材料移送同级公安机关或人民检察院。人民法院在审理民事、行政案件过程中，发现有犯罪嫌疑的，应当于3日内将有关线索、材料移送公安机关或者人民检察院。"④这不仅有利于强化行政执法机关对行政管理秩序的维护，而且增强了侦查机关发现犯罪的机会。各国对公务员报案义务的规定，在本质上与公务员负有移送涉嫌犯罪案件的义务是相类似的。因此，笔者建议应在刑事诉讼法中明确规定行政执法机关具有移送涉嫌犯罪案件的义务。

---

① 重大行政处罚案件往往是"以罚代刑"等现象的多发地带。

② [法]卡斯东·斯特法尼、乔治·勒瓦索、贝尔纳·布洛克著：《法国刑事诉讼法精义》(上册)，罗结珍译，第328–329页。

③ 宋英辉、孙长永、刘新魁等著《外国刑事诉讼法》，法律出版社2006年版，第589页。

④ 陈光中主编：《中华人民共和国刑事诉讼法再修改专家建议稿与论证》，中国法制出版社2006年版，第415页。

四、行刑衔接机制基本制度的构建与完善

（一）信息平台制度的完善

完备的信息共享平台制度是行刑衔接机制有效推进的必备制度之一。对此，我们需要完善以下几项制度，从而确保信息共享平台在行刑衔接机制中真正起到润滑剂的作用。

其一，信息平台参与规范化。这主要包括参与成员单位规范化与信息平台联网规范化。就参与成员单位规范化而言，信息平台参与单位是否齐全不仅是信息平台可否建立与运行的基本组织保证，也是信息可否完整传递的必要前提。因为，没有相关成员单位的加入就会遗漏必要的信息传递者，就会造成信息传递的断裂，而信息传递的断裂就会造成信息传递的不完整，信息的不完整就会导致移送与追诉的不顺畅和惩罚犯罪目的的难以实现。因此，我们必须采取有效制度确保所有与行刑衔接机制有关的单位都要加入信息平台建设。各级政府作为行刑衔接机制的有力协调组织者，必须严格要求所有行政执法机关与公安、司法机关都要加入信息平台。没有条件加入信息平台的部门，政府与各个单位要创造条件加入，而不能把是否参与信息平台的自由决定权完全赋予各个部门行使。就信息平台联网规范化而言，它不仅是一个地区各个部门之间以及上下级各个部门之间的信息网络规范化建设，而且也包括跨地区的各个部门之间信息网络的规范化链接。[①] 因为，只有全国信息平台整体的形成，才能建立起更加高效与公正的涉嫌犯罪打击机制。

其二，案件录入规范化。这主要包括案件录入标准的规范化、案件回馈信息规范化与案件信息录入时间的规范化。在确定信息平台参与者之后，案件录入标准的科学性与录入者是否按规定标准录入信息就成为了信息平台能否有效运行的关键。因为，如果仅有信息平台参与者，而没有科学的录入标

---

① 据新华网记者方列 2011 年 10 月 8 日报道：2011 年 10 月 1 日起，贵州、四川、吉林、黑龙江、江苏、浙江、江西、广东、青海、新疆 10 个省（区）将开始跨省（区）转递交通监控设备采集的违法记录，异地交通违法将一样受到处罚。这一做法说明行刑衔接的信息平台进行跨地区联网是可能的。当然，要实现行刑衔接信息平台的全国联网，仍然需要有一个逐步推进的过程，但这个时间是不会很长的。

准和参与者不按规定标准录入案件信息，信息平台的建设也是没有实质意义的。目前，实践中多数部门坚持把案件录入标准规定为是否涉嫌犯罪，即只要行政执法机关认为涉嫌犯罪，就录入信息平台，反之，则可以不录入。但实际上，这种案件录入标准根本不能治愈“以罚代刑”“有案不移”等顽疾。这是因为该案件录入标准把本来由公安、司法机关行使的涉嫌犯罪判断权交予了行政执法机关行使。这也就等于说，行政执法机关认为涉嫌犯罪就可录入，反之，则可不录入。因此，这种标准是不合理的。为此，我们只有把所有行政处罚案件（适用简易行政处罚的案件除外）放在公安、司法机关的视野之下，才能避免行政执法机关僭越行使涉嫌犯罪判断权的窘境与不法状态。但如果我们把所有行政处罚案件都放入信息平台，也会产生以下问题：第一，行政处罚案件输入量过大，行政执法机关没有足够人力与时间来完成此项工作；第二，公安、司法机关也没有足够的资源来一一审查所有的行政处罚案件是否涉嫌犯罪。因此，笔者建议把重大行政处罚案件全部录入信息平台。通过对录入标准的适当客观化，可以在较大程度上避免行政执法机关滥用自由裁量权行为的发生。

案件回馈信息规范化主要是指行刑衔接机制主体之间在案件备案、案件接收、案件立案、案件起诉、案件监督、案件审判等方面按照行刑衔接机制信息平台规范的要求，在信息平台上向其他行刑衔接机制主体提供案件初步与最终处理结果信息。案件回馈信息规范化虽然不决定案件的程序处理与实体处理结果，但它是确保行刑衔接机制主体享有案件运行知情权的一种重要手段，也是相应机关在不同阶段对案件及时作出处理的重要保证。

案件信息录入时间的规范化是行刑衔接机制主体在获取案件有用信息之后，应该在尽可能短的时间内将案件信息录入平台。行刑衔接机制主体是否及时录入相关信息是相关行刑衔接机制主体能否及时采取相应措施的重要保证。如果相关机关已经获取了案件信息，但是没有及时录入信息，则很可能会使相关行刑衔接机制主体贻误采取相应措施的有利时机，最终会给违法犯罪分子逃避惩罚提供喘息之机，甚至使他们逃避应有的惩罚。

其三，信息平台考核机制的构建。信息平台的建设不仅需要有刚性的运行规范，也需要有必要的考核机制。对行刑衔接机制主体而言，信息平台考核机制既是一种激励机制，也是一种约束机制。实践中不少行刑衔接机制主体之所以不积极录入案件相关信息，这与各地没有建立起有效的案件考核机制是有一定联系的。因此，笔者建议把行政执法机关输入的案件数量、输入信息完备程度等作为信息平台的重要考核内容，具体由监察机关负责；把公安、司法机关是否录入案件回馈信息与案件回馈信息的多少等作为考核内容，具体由检察机关负责。监察机关应当把考核业绩作为对行政执法机关及相关责任人进行奖惩的重要指标。检察机关则应通过检察建议的形式向公安、司法机关的主管机关提出奖惩建议，但检察机关对自身的考核应当通过上一级检察机关来进行。

（二）案件备案制度的构建

行刑衔接机制中的案件备案制度包括行政处罚案件备案制度与移送案件备案制度。行政处罚案件备案制度主要是指行政执法机关把输入信息平台的重大行政处罚案件（也可以是在信息平台尚未建立或不完善的情况下，使用案件移送模式移送重大行政处罚案件）向监察机关与检察机关进行备案。移送案件备案制度是指行政执法机关把向公安、检察机关移送的涉嫌犯罪案件，同时向监察机关与检察机关进行备案。这两种备案制度是不同的。前一种备案制度的目的是预防与监督行政执法机关“以罚代刑”“有案不移”的发生；后一种备案制度的目的是监督公安、检察机关“有案不立”与督促行政执法机关有效配合公安、检察机关对移送案件进行立案。上述两种备案制度不仅是信息平台制度的重要内容，也是信息平台以外的案件移送模式的重要组成部分，但目前基本未建立起来。行政执法机关对重大行政处罚案件的备案与移送案件的备案是监督机关对案件进行监督的重要信息来源。如果没有完善的备案制度，所谓的监督制度也只是徒具形式。因此，我们必须要加强案件备案制度建设力度的步伐。比如，行政处罚案件的备案与移送案件的备案都应要求行政执法机关提供行政处罚决定书[①]与附有主要案件事实与主要证据材料。备案行为必须在输入案件信息之日或者发现案件属于重大行政处罚案件之日起 3 日内向相应机关进行备案，否则要承担相应的行政处分责任等。

① 在已经作出行政处罚的情况下，则要求行政执法机关提供行政处罚决定书副本。

（三）案件移送模式的完善

案件移送模式是与信息平台制度并行不悖的一种案件移送制度。通过上文对案件移送模式存在问题的分析，笔者认为对于案件移送模式还需要完善以下几项主要制度。

其一，确定案件移送标准。合理客观的案件移送标准既是行政执法机关移送案件的标尺，也是公安、检察机关有效立案侦查的重要前提。如果没有合理客观的移送标准，不仅行政执法机关与公安、检察机关对案件移送可能产生滥用自由裁量权之危险，而且也会造成不必要的成本消耗。① 行政执法机关向公安、检察机关移送案件的标准必然低于刑事立案标准，这是由发现与查处违法犯罪行为的规律决定的。因为行政执法人员对违法犯罪案件的认识与证据的收集也是一个逐步深入的过程。因此，笔者认为行政执法机关移送案件的标准可确定为：涉嫌违法货值或销售金额达到刑事立案标准 80% 以上的案件；行政执法机关认为可能涉嫌犯罪的案件②；行政违法案件在本地区影响较大或情节严重的案件。

其二，确定移送文书与资料。案件移送文书与资料的规范化不仅是确保移送案件质量的重要保证，而且也是移送工作顺利开展的必要方式。笔者建议移送文书与资料应包括下列内容：涉嫌犯罪案件移送书（移送书应写明基本的违法犯罪事实和主要违法犯罪证据）；涉案主要证据材料；其他有关涉嫌犯罪的材料。《国务院规定》第 6 条规定中还要求附有涉嫌犯罪案件情况的调查报告；涉案物品清单；有关检验报告或者鉴定结论。对此，笔者认为值得商榷。原因如下：第一，要求附有涉嫌犯罪案件情况的调查报告，这与涉嫌犯罪案件移送书内容有重复的嫌疑，即使不重复，也没有必要单独列该项内容，因为在涉嫌犯罪案件移送书中足以表明案件情况；同时专门提供调查报告也不利于节约行政成本。第二，涉案主要证据材料足以囊括涉案物品清单与有关检验

① 比如，行政执法机关把违法行为难以构成犯罪的案件移送给公安、检察机关，而公安、检察机关在审查案件可否立案时，必然要投入一定的时间、人力、财力成本，这显然是对司法资源的不必要耗费。

② 可能涉嫌犯罪的案件也不是仅凭行政执法机关主观上随意认定的。对于此类案件，行政执法机关在移送案件时应当附有犯罪事实可能存在的证据，至于有关犯罪嫌疑人的情况则可以不提供。

报告或者鉴定结论，而且并不是所有的移送案件都有物品清单的；另外，也并不是所有的移送案件都可以在移送之时及时提交检验报告或者鉴定结论；如果坚持要求提交检验报告或者鉴定结论，这不仅会贻误对案件的及时移送，更重要的是可能贻误侦查机关及时介入案件，从而给违法犯罪分子以喘息或逃避处罚之机。

其三，确定移送机构与接收机构。移送案件机构与接收机构的确定是确保案件顺利交接的基本组织保障。如果没有明确的交接机构，就会产生移送与接收无人负责的状态，也会在不同部门之间产生互相推卸责任的情况。以往的实践已经证明，没有明确的交接机构，案件移送是很难顺利进行的。经多次实践调研总结，笔者认为，行政执法机关内部的移送机构应当是法制机构；公安机关内部的接收案件机构应当是经侦部门与治安部门；检察机关内部接收案件机构应当是行刑衔接办公机构或者是侦查监督机构，也可以是检察室。据报道，截止到2011年10月，全国共有28个省、市、自治区检察机关已设置派驻基层检察室1895个，配备工作人员5291名。[①]基层检察室的普遍设置不仅有利于检察机关法律监督视野的延伸与拓展，也有利于检察机关接收案件。至于公安机关内部规定两个不同的接收部门，这是由不同部门处理不同涉嫌犯罪案件的内部分工决定的。

其四，确定合理的移送与接收期限。合理移送与接收期限的确定是行刑衔接机制中及时原则的具体要求与体现。笔者建议，对移送与接收期限作出如下规定：如果行政执法机关是在行政处罚前移送案件，则应当在发现可能涉嫌犯罪案件之日起3日内移送案件；如果行政执法机关是在行政处罚后移送案件，则应在作出决定之日起3日内移送案件；而公安、检察机关则应当在行政执法机关移送案件之时起，24小时内接收移送案件。

其五，确定合理的立案期限。行政执法机关移送的案件能否被公安、检察机关立案是衡量移送是否成功的重要标准。公安、检察机关能否及时作出立案决定不仅是行政执法机关及时作出行政处罚的重要前提[②]，也是公安、检

① 参见徐日丹、李轩甫："全国已设派驻基层检察室1895个"，载《检察日报》2011年10月14日。

② 因为对于某些案件而言，如果公安、检察机关不予立案，则行政执法机关就可以依法予以行政处罚。

察机关可否及时采取相应侦查措施的重要前提。有关立案决定期限的规定，笔者已在程序法定原则中进行了阐述，在此不予赘述。

（四）协助组织机制的构建

马克思曾讲道："一切规模较大的直接社会劳动或共同劳动，都或多或少地需要指挥，以协调个人的活动。""一个单独的提琴手是自己指挥自己，一个乐队就需要一个乐队指挥。"[①]行刑衔接机制从正式提出以来就一直存在一个组织协调不得力的问题，这已经严重制约了行刑衔接机制的有序推进，尤其表现在信息共享平台的建设等方面。由于行刑衔接机制涉及行政部门，而且也涉及公安、司法部门，所以必须有一个权威的部门来协调这些部门之间的关系，否则很难有效整合这些部门的力量。行刑衔接机制主体作为行刑衔接机制成员部门，它们彼此之间都是平等的协调配合关系。因此，行刑衔接机制主体是不具备协调组织行刑衔接机制主体推进行刑衔接整体工作与重大工作的能力。

排除行刑衔接机制主体可以作为协调机制的权威组织部门外，我们只能从人大及其常委会、党委、政府、政法委这几个权威组织部门中选一个或两个作为行刑衔接机制的组织协调者。虽然一府两院由人大产生，并接受人大及其常委会的监督，但由于人大及其常委会的监督方式比较单一，且不具有灵活性，也难以设立专门的监督组织机构。因此，由人大及其常委会负责组织协调可行性较差。政法委是同级党委加强政法工作和社会治安综合治理工作的得力助手，但政法委对行刑衔接机制工作的开展，也离不开同级党委与政府的支持，而且也会有党委干政的嫌疑。因此，与其让政法委去协调组织还不如让同级党委与政府负责推进行刑衔接机制。在我国目前的体制之下，党委与政府是很难分割开的，彼此也需要互相协助与支持。但党委毕竟是党的组织，不具有行使行政权与司法权的合法性资格。于是，只能由政府负责推进行刑衔接机制，负责协调组织行刑衔接机制工作。这不仅是由政府在行政执法机关与司法机关中的一贯权威决定的，同样也是由政府的科层管理体

① 马克思：《资本论》（第1卷），人民出版社1975年版，第367–368页。

制与司法机关对政府具有较大依存程度决定的。[①]

当前行刑衔接机制尚未步入法制化轨道，这更需要政府去推动、去统筹各个部门之间关于行刑衔接机制的工作。历史的经验证明，法律、法规的实施与政府的支持是不可分割的。因此，即使行刑衔接已经实现了法制化，也同样需要政府的支持。当下，最为迫切的事情就是由其中一位政府副职负责人来牵头协调组织行刑衔接机制，才有可能使行刑衔接机制步入正轨，并有序推进。这是被有关地方行刑衔接机制的实践所证明的。[②]

作者简介：申飞飞，（1977—　），陕西榆林人，陕西省西安市雁塔区人民检察院检察员。2005 年和 2008 年在西北政法大学分别获得法学学士学位和法学硕士学位，2012 年在北京师范大学获得法学博士学位。主要研究领域为刑事诉讼法和司法制度。在《环球法律评论》《法学杂志》《人民检察》等发表论文十余篇，近年来致力于刑事一体化及检察制度的研究。

---

① 虽然人们普遍倡导司法独立，但司法独立也是相对的，它与政治的关系是不可分割的。

② 某直辖市行刑衔接机制起初之所以可以有序展开，这与市政府副市长的协调组织具有密切关系。后来市政府更换副市长之后，由于行刑衔接机制没有人继续主管负责，这在很大程度上造成了该市行刑衔接机制走向名存实亡。

环境诉讼因果关系证明研究*

黄晓丰

目　次

环境诉讼在社会生活中孕育，被社会矛盾催生，有其深刻的社会背景。人与自然关系的正确认识与定位，人类环境意识提高是环境诉讼兴起的主观因素；环境保护与权利救济则是社会对法律的客观要求，环境诉讼是法律应对环境问题的重要体现，环境诉讼的特殊性也对我国司法提出了新的挑战，为了在经济发展和环境保护之间获取恰当的平衡，从长远来看，在因果关系的证明上应有新的理论和规则。

一、环境诉讼的特征

首先，环境诉讼具有公共性。环境诉讼的公共性主要体现在利益性质和

* 本博士论文作者黄晓丰，2009 年至 2012 年在北京师范大学法学院攻读诉讼法博士学位，2012 年博士研究生毕业并通过博士论文答辩，师从刘荣军教授。

影响范围上。环境诉讼对环境权的保护是环境诉讼公共性的根本表现。环境诉讼是对环境侵权行为的诉讼，也是对侵犯人类环境权的救济。在环境诉讼中，审判的过程涉及事实认定和规范判断两个方面。侵权法被认为是现代社会利益的角斗场，而诉讼的目的是要公平的调整社会冲突中各方的利益。进入21世纪，人们逐渐意识到，在个人提起的诉讼中，还隐含着重要的社会整理利益。在单一的民事诉讼中经常涉及公共政策这一概念早已不是一个新的现象。环境诉讼涉及不断发展的环境权这一公共价值的基本争议，这甚至是基本的政治问题。在民主社会，解决这类问题不是某些人的专属，专家或者富人在环境保护上并不比普通人存在更多的发言权。

其次，环境诉讼的复杂性。环境公共利益的多样性及其享有主体的广泛性，决定了环境诉讼涉及利益的复杂性，环境诉讼中存在广泛的利益冲突。这种利益的冲突不仅表现为同种利益的不同主体之间的冲突，而且表现为同一主体的不同利益之间的冲突。环境诉讼利益复杂性表现在两个方面，一方面是在受害人、侵害人和地方政府利益在环境案件中的交合；另一方面是私人利益和公共利益结合在一起。环境诉讼因为环境权这一社会性权利发生冲突而引发，社会性权利的表现形式既有“公”的方面，又有“私”的方面，权利的内容以及行使的结果均涉及社会公共利益和个人利益，因此，必须对这项权利进行双重审查。环境诉讼的目的因为环境权的社会属性而具有了双重性，在保护个人利益不受侵犯的同时还必须考虑环境作为社会公共产品的公共利益问题。因此，在环境诉讼中，解决公民个人之间的民事纠纷的并非单一目的，它还必须实现有效维护社会公共利益的目标。所以，在环境诉讼中，不能简单地依据民事诉讼的一般规则（如平等、自愿、所有权神圣等）来进行裁量，必须充分考虑社会公共利益，运用实质公正、社会公正等价值标准进行利益衡量。

再次，环境诉讼的专业性。环境诉讼的专业性，主要表现在造成环境侵害的原因复杂多样，而且涉及不同学科的专业知识。在环境诉讼中，专业的科学知识将会是环境诉讼中的重要内容。环境诉讼的专业性，在环境诉讼事实认定过程中得到充分的体现。侵权行为的鉴定，损害结果的认定以及更为复杂的侵权行为和损害结果之间的因果关系的证明，任何一项内容都无法缺少科学知识的辅助。科学知识对法庭的支持将在环境诉讼中会得到更为充分的体现，科学研究的成果将在环境诉讼的证明问题上发挥主要作用，这就涉及法庭对科学知识采证的问题。

复次，环境诉讼的预防性。环境诉讼不仅是对已经造成的损害进行裁决认定并决定赔偿责任。环境诉讼的目的更在于保护环境公益。人们也期待通过环境诉讼来对破坏环境的行为进行预防性救济，因为一旦环境遭到破坏，那么很难在短期内恢复到侵害前状态，所以对环境诉讼的提出不应以损害的实质性发生为起诉要件，只要存在发生损害的潜在危险就可以提起诉讼。故预防性救济可以成为提起环境诉讼的重要原因之一。不应忘记损害赔偿包含抑制功能。① 诉讼产生的抑制功能，可以说是预防性救济实现的重要方式。抑制功能的实现，与环境诉讼中损害结果的认定有密切关系。承认“机会丧失”和“风险升高”作为损害的内容对环境诉讼预防性救济目的的实现非常重要。

最后，环境诉讼中当事人力量不对等。环境诉讼中的侵权行为与传统侵权行为主体不一样，不具备平等性和互换性。在环境侵权中，加害人多为具有特殊经济实力和地位的企业或商业集团，而受害人则是在认知、防御及诉讼方面都处于弱势地位的普通民众。二者在地位上存在明显差距，具有事实上的不平等，且不能够互换。② 美国很多研究表明，低收入人群，少数人居住的社区承担了不成比例的污染负担。环境保护部门也承认排污企业和有害物质转储的地方绝大部分是在穷人和少数人居住的社区里或者在他们的社区附近。原告多是弱势群体，他们往往缺乏一定的经济实力去聘请专门的律师，加剧了原告和被告之间地位的不平等，增大了原告胜诉的难度。③ 如何平衡这种当事人力量不对等而可能导致的诉讼结果不公平是环境诉讼必须面临的重要问题。

二、因果关系与环境诉讼

（一）哲学范畴的因果关系与法学范畴的因果关系

我国在环境侵权领域内将无过错原则作为环境侵权的规则原则，解脱了

① 小岛武司：“现代型诉讼的意义、性质和特点”，载《西南政法大学学报》1999 年第 1 期。

② 张梓太：《环境法律责任研究》，商务印书馆 2004 年版，第 62 页。

③ 吕忠梅等著：《理想与现实——中国环境侵权纠纷现状及救济机制构建》，法律出版社 2011 年版，第 22 页。

环境侵权中受害人对“过错”的举证责任负担。但是为了避免企业承担过多的环境责任，又在因果关系上开了一个小口，允许侵权人通过证明受害人损害和加害人的行为之间不存在因果关系而免除责任。这使得这个在哲学和法学研究中活跃了几个世纪的晦涩概念在环境诉讼中又扮演了重要角色。因果概念存在与人类社会生活的各个方面，人类借由因果概念来探索未知并克服不确定性，始得以决定行动、安排生活、避免危害，甚至追究过错。法律规范为了实现制裁、填补与预防三种机能，也高度依赖因果关系概念。因果关系问题在法学理论中既令人烦恼、困惑，也让人痴迷、兴奋。大陆法系和普通法系的每一学说都在一定程度上和一定角度上为我们揭示了法律中因果关系问题的真相。侵权法领域内因果关系学说的演变对诉讼中因果关系的判断方法也产生了相应的影响。法律上的因果关系与哲学上的因果关系都反映了社会现象之间的联系，但是二者存在以下几个方面的区别。

首先，考察的目的不同。哲学上的因果关系旨在探求事物之间内在本质的关联性，从而把握事物的动态发展规律。哲学上探讨因果关系联系是为了努力认识事物发展的真相，了解原因和结果的客观联系性，只有通过对因果关系的考察才能把握事物的客观规律性。而法律上的因果关系是作为责任构成要件之一而存在的，其主要目的是为了“归责”，即确定责任的归属及其范围，最终有利于解决已经存在的各类纠纷，并通过法律上因果关系和责任的可预见性预防纠纷的产生，它更多体现的是人类解决错综复杂社会矛盾时的妥协性与意志性，目的的不同决定了法律上的因果关系在判断方法等方面都与哲学上的因果关系不同。

其次，因果链条的确定与选择不同。哲学上的因果关系旨在寻求无限联系的事物内在本质规律性。客观世界中，所有的事物、现象和过程都必然地由某种原因所产生，世界上没有无缘无故产生的事物，也没有不发生任何影响的事物，各种事物必然会造成一定的结果，世界上只有原因尚待确定或结果尚要考察的事物，而无欠缺原因或结果的事物。因此，在考察哲学上的因果关系时需要尽可能全面、深入地掌握各种彼此间具有联系的事物。而考察法律上的因果关系的主要目的是为了正确归责并控制责任范围。因此，不可能使因果关系的链条无限延伸、漫无边际，而必须具体截取一个或几个链条，从而使某些特定的当事人承担责任。

再次，对真实性的要求不同。哲学上的因果关系强调的是一种客观的真实，即事物客观的状态与联系。一般来说，原因在先，结果在后，但不是任何表现先后相继的现象都是因果关系。[①] 因果关系是客观存在的，它不以人们的意志为转移，也不能基于人的意志而改变。哲学上探讨因果关系的目的就在于了解事物的客观真相。所以，在哲学上，因果关系越真实就越接近客观规律，符合人们认识世界的要求。法律上的因果关系虽然需要尽可能探讨客观真实，但在不能了解客观真实的时候，并非就不能确定因果关系，因为法律上的因果关系要求的是一种法律上的真实，这与哲学上因果关系所要求的客观真实性是不同的。

最后，是否涉及价值判断的不同。哲学上研究因果关系的目的是为了探讨事物内在的本质属性，要求尽可能排除一切主观的因素，力求科学地、客观地去认识事物的联系，因此它属于一个事实判断问题。但是，法律上对因果关系的判断绝非纯粹的事实判断，它既是一个事实判断问题，更是一个法律的价值判断问题。

研究因果关系的哲学家奋斗几个世纪，对理解自然科学中的因果关系作出了伟大的贡献，但是哲学家对于法律领域内所研究的因果关系问题的进一步理解却几乎没有建树。法律人发现了这一点并十分明确地指出，哲学家的研究不能说明他们所遇到的因果关系的特殊方面。因此，他们拒绝哲学家的理论，而一直坚持认为法律人的因果问题并非“科学调查”，而需要“根据常识原则”来确定。休谟和穆勒是法律人在阐明因果关系的时候永远要提到的为数不多的哲学家。他们将困扰法律人的因果关系概念进行了哲学上的解释，在他们看来，因果关系概念的中心内容是自然界事件间的恒常顺序以及由此而产生的推论：即断定一个事件是另一个事件的原因，也就是间接地断定若干个同类事件永远会伴随着发生若干个另一类事件。因此，如果特定因果关系陈述遭到质疑，那就必须通过证明肯定这种恒常顺序的相关法则来加以支持。

（二）因果关系理论的变迁

哲学上因果关系理论的研究与其他学科的结合丰富了因果关系理论并对

---

① 吴倬：《马克思主义哲学导论》，当代中国出版社 2002 年版，第 137 页。

法律也产生了积极的影响。自然科学的发展对因果关系理论产生了重要的影响。决定论在十八、十九世纪基本上统治了科学界。它认为一切都是有“因果关系”联系起来的，一切世界的运动都是由确定的规律决定的。18 世纪的科学家认为，世界是由毫无例外的自然法则所支配和控制。[①] 经典理性主义者出于对科学理性的无限信赖，坚定地认为理性本身就是对自然界的客观规律性和因果必然性的反映，理性以因果决定论形式所把握到的东西正是客观事物必然性本身的面目，因果决定论作为一种科学理性的必然性也即是自然界客观存在的必然性。[②] 决定论因果观不仅长期统治了哲学因果观，而且严重束缚了法律因果关系的研究。然而哲学因果观不是决定论因果观的一统天下，法律因果关系更不是决定论因果观的适当舞台。以经验法则为基础，相当因果关系理论成功地突破了决定论因果观的封锁，准确地反映了法律因果关系的概率性特性，从而获得了判断法律因果关系的正统地位。[③]

量子力学在科学界被提出后，加速了决定论的科学观转型为概率的、比例的科学观，[④] 也可称为“非决定论（Indeterminism）”。量子力学的发展，使得学者开始从因果与概率、凯恩斯的归纳与概率理论、卡尔纳普的归纳逻辑、概率的归纳支持等方面论述了因果性、概率与归纳的关系。陈克艰教授的著作《上帝怎样掷骰子——因果性、概率与归纳》这本书整体贯穿着这样一种思想：上帝是掷骰子的，即因果必然性并不是万能的，至少在量子力学领域中它无法占据统治地位，反倒是概率观点成了整理和解释观测事实的唯一可能的观点，成了与因果观点不相容的第一性的基本范畴。归纳逻辑在人类的思维及认知进程中是不可或缺的推理形式，但是要与概率相结合，在概率的框架内解决归纳问题。作者将因果、概率与归纳结合起来进行论证，把因果问题寓于概率与归纳问题之中，从量子力学的哲学问题出发，一步步地达到了对归纳逻辑进行分析的目的。同时，对凯恩斯、卡尔纳普以及科恩的概率归

---

① Eduardo M. Penalver, Acts of God or Toxic Torts? Allpying Tort principles to The Problem of Climate Change, 38 Nat. Resources J. 563, Fall, 1998, p. 582.

② 张志林:《因果观念与休谟问题》，湖南教育出版社 1998 年版，第 15–18 页。

③ 刘锐:“相当因果关系理论的价值定位”，载《学术交流》2006 年第 4 期。

④ Eduardo M. Penalver, Acts of God or Toxic Torts? Applying Tort principles to The Problem of Climate Change, 38 Nat. Resources J. 563, Fall, 1998, pp. 582–583.

纳逻辑思想进行了深入的讨论。[①] 与探讨因果关系是否具有必然性这类问题不同，肯定因果性的决然性、必然性、偶然性的发展趋势，同时运用概率和归纳的理论去解决实践中法律因果关系判断问题是现代型诉讼的内在要求。现代医疗诉讼、环境诉讼中减少机会和上升危险的案件类型大量出现，传统上因果关系的证明理论在这些类型案件中显得有力无心。

在环境诉讼的证明问题上，重视非决定论的因果关系证明理论，即将概率统计学为基础的流行病学、风险升高和机会丧失等概念运用于因果关系证明当中，只是在根据传统决定论的因果关系概念下无法厘清环境诉讼的因果关系和损害范围时，才将非决定论的概念和理论作为辅助判断工具。重视这些理论并不等于笔者建议在法律中创造一个以风险为基础的赔偿体系。因此，在环境诉讼中引入非决定论因果关系理论，不会与现有的民事赔偿责任体系发生冲突。在普通民事诉讼领域内，“损害发生”仍为民事赔偿责任产生的基本前提。

三、域外环境诉讼因果关系证明比较

（一）欧盟

关于因果关系的证明问题，欧洲各国事实上存在一个共同点，即原则上都由原告承担证明责任。从法律形态的角度看，我们可以发现在大多数国家这一原则是由立法明确规定的，而有些国家则通过判例法和司法解释确立。在某些情况下，许多国家准备减轻原告的证明责任，而各国采取的策略却复杂多样。欧盟各国另外一个共同点是规定采取自由心证衡量证据。关于确定性程度的要求，大陆法系国家与普通法系国家有明确的界限。大陆法系国家为了建立因果关系，要求非常高的可能性，而普通法系国家的要求则低了很多，只要求一方的可能性占优势即可。法官自由裁量权在证明责任和因果关系的认定上扮演着重要角色。通过要求环境污染者更加的注意义务，已经逐渐缓解了原告在证明被告存在过错的负担。但是有些国家，在人身损害和部分财产损害上，对过错的证明仍然很重要。因果关系的证明责任每个国家之

① 何向东、王磊：“中西哲学因果关系研究的回顾及其启示”，载《哲学研究》2010年第2期。

间存在较大的不同，有些基于表现证据而作出可反驳的推定，减轻原告在因果关系上的证明责任。就因果关系本身而言，不同国家在间接性等问题上长期存在着技术性差异，关于多元因果关系和被告采取适当预防措施责任等问题也在判例法中被多次讨论。在有些国家，因果关系的证明可能是完全不必要的，或者至少不需要详细证明。另外，我们必须认识到即使证明的负担已经减轻，也不会自动适用因果关系推定。表面的证据还是必需的，科学证据往往也不是万能的。因此，欧洲各国都为原因的不可知和难以理解留了一定的制度空间，通过司法自由裁量权来处理在某些情况下证明责任的减轻产生的结果异常不公平的问题。

（二）日本

为了帮助受害人提起环境诉讼并引导他们获得胜诉，如何去构筑救济受害人的法理无疑成为日本法学界决定性的重要课题。在律师和学者的共同努力下，日本在环境诉讼的因果关系问题上取得了突破并达成了共识。第一，在环境诉讼审判中所要求的对因果关系的举证并不需要对原因与结果之间存在的自然因果关系整个链条全部予以证明，而是对是否应该将发生危害的责任归咎于企业作出判断的时候作必要的举证，即日本现今侵权行为法领域内所确立的法律因果关系理论。所以，当事人要能够证明法律上的因果关系即可。第二，根据深入受害居民实际生活中所掌握的具体事实，灵活运用特定构成环境侵害的环境因素的流行病学调查方法，证明其因果关系的举证理论和方法，即流行病学性的因果关系理论。不同领域的学者们不仅构筑了这一理论，还在司法诉讼实践中得到了法院的认可。

与欧盟国家不同，日本在利用流行病学证据证明因果关系理论上显然走得比欧盟国家要远。如前所述，欧盟国家认为仅仅依靠流行病学证据尚不足以确认因果关系的存在。日本的判例表明，在没有其他方法的情况下，依靠流行病学的因果关系理论，可以推定确认环境诉讼中侵害行为与损害结果的因果关系成立。利用流行病学的因果关系研究手法是日本环境诉讼因果关系推定的方法之一。如果能够明确排放物在足够的浓度下会导致人的健康状况出现问题，那么就可以推定排放物和健康危害之间存在因果关系，其他可能对健康产生危害的因素不能作为责任方免于承担责任的理由，而责任法排污的合法性也不能作为免于责任承担的抗辩理由。在损害结果的证明上，日本也不要求损害结果的实际发生只要有证据证明人的疾病暴发率出现了升高的趋势就可以认定损害的发生。

（三）美国

美国的法庭较其他国家司法系统在环境案件中更加广泛地使用了科学证据。在一份研究科学证据在美国法院影响范围的报告中，兰德公司发现美国法院在86%的审判中使用了专家作证。而就平均水平来看，每件案件的审判使用3.3名专家。[①] 环境保护工作面临的挑战之一就是科学与法律之间的关系的不一致性和不稳定性。为了使环境保护政策卓有成效，需要立足于科学之上。但是，即使有了很好的科学支持，法律也很难把科学研究很好的吸收进来，而有时科学也无法很好的回答法庭感兴趣的问题。法庭有时很难把握科学的不确定性和伪科学之间的不同。法庭对待科学的态度和对科学研究的采信规则在环境诉讼中就显得非常重要。环境诉讼纠纷中所出现的环境污染或环境破坏是客观存在的事实，而对事实的衡量，不能仅仅依靠当事人的主观感受来确认，环境污染与损失结果之间的因果关系，也无法通过简单的人证来确认，而是需要有相关数据证明案件事实时，科学证据的应用无疑更具有科学性、客观性和说服力。科学证据的采纳标准决定科学证据能否在法庭中发挥证据的功能，证明案件事实。在美国联邦法院和各州法院，专家证人、流行学研究方法、病理学以及自然科学领域内的实证研究均在环境诉讼中被大量应用。联邦法院和各州法院经过判例和证据规则不断完善了环境诉讼的证明规则，解决环境诉讼中的因果关系证明的困难。

四、环境诉讼因果关系证明的新规则

（一）增加新的证据类型——统计证据

20世纪末，对证据的研究开始从关注规则描述和教义转向关注证明的

---

① Edward J. Imwinkelried：“专家证言可采性的变迁：从Frye案的普遍接受标准到Daubert案的经验有效性标准”，王进喜、甄秦峰译，载 http://www.lvshiwenzhai.com/show_article.aspx?id=391，最后访问时间2012年3月9日。

过程。尤其是法律外的学科，像哲学、心理学和数学开始涌入法学，并历尽所能地为法律提供指导。与此同时，其他概率、统计和符号学领域的专家开始对法律证明产生浓厚兴趣，他们致力于分析包括与证据有关的推理在内的证明过程，尤其是在法律语境中，出现了一系列关于概率推理本质的争论。Lempert把这一现象称作“证据学的第三次浪潮”，并将之命名为“新证据学”。[①] 概率推论和概率推理是证据证明科学的重要内容，法律中的概率问题的争论是新证据学出现的表现之一。统计作为一门方法和应用性很强的学科，必须与其他学科密切结合方能显示其价值和作用。事实上，统计学早已深深地渗透在社会、经济、自然、科学实验等各个领域和各个学科之中。科学研究通过统计学的理论和评价方法来解释数据。当然这种数据的来源可能是基于实验，也可能基于观察。统计学是向研究者提供客观的方法使科学数据以证据的形式表现出来，同时评测证据的实质。同其他的研究方法一样，统计学在科学中的应用是为了提高在实验设计与决策中的效率和客观性。

证据是法官形成确信的基础。但确信本身就是一个主观的概念。我们常说的不证自明的确信恰恰源自于经验的传播。法律相信有宣誓的证言，更应该相信科学的统计。统计证据是不同于其他用于作出决定的方法，被视为有着更为具有确定性、可依赖性的类型。科学的思考是获取认知的一种途径。这种认知强调知识体系的系统性和客观性。科学的解释力量满足了人们理解、描述事实和全面归纳规律的需要。统计证据就是利用科学的统计学概率原理来进行法庭证明的证据种类，这一定义体现在法律可能性当中，要求一个仅观察随机变量的概率模型并包含有效的、明确的和客观的衡量证据强度的方法以及提供明确客观的手段控制误导性和削弱证据的概率。

自古以来，法律就与证据、证明、实事发现和裁判这些概念紧密相连。虽然法律中的真实发现与科学的验证过程有着共同之处，但是法律更多的是科学而不是逻辑。虽然统计学的基本原则与法律的基本原则还是存在一定的距离，但是在证据的判定、假设的评测和在未确定因素影响下的决策过程中它们有着最为基本的共同利益。统计学的这些基础原则以及统计证据的具体使用正是在诠释这样的一种理念，即统计学理论以及统计证据存在最大的价

① 张南宁：“从新证据学到证据科学”，载《中南大学学报》2009年第4期。

值就是在归纳事物与事物之间的联系。这种联系即表现为一种因果关系，也即某一行为的产生是由什么样的因素所引起或者说什么样的要素引起了某一行为。

统计证据在诉讼中的应用主要有两种表现形式。一种是直接用数据统计的概率结果证明案件事实问题。另一种是将统计证据的理论模型应用于其他理论当中，成为其他理论的重要研究手段，以达成为诉讼服务的目的。

统计方法只是表明某一特定测量目标是否是随机发生的。因果关系在环境诉讼案件中是个关键问题，在进行证据调查的时候，按照统计得到的数据估计是否可靠很值得关注。统计学无法证明是什么引起了某一特定结果，但是通过统计的方法，可能排除一些其他可能性解释，并能够通过统计的方法指出与特定替代因果理论相关事实的对应性。随机发生的概率性证据对环境诉讼中因果关系的证明有重大意义，因为环境其害的风险其实具有各种不同的“不确定”形式，包括已经标定特定后果，也知道该后果发生概率的风险。对于环境诉讼中损害结果原因的复杂性和不确定性，适用以统计为基础的流行病学因果关系理论和根据结果发生的概率比例认定因果关系，或许可以暂时破解环境诉讼中客观性因果关系证明的困境。

环境侵害给侵权法和民事司法制度带来了很大的挑战，环境侵权诉讼中因果关系的证明就是民事司法面临的一个重大挑战。损害可能会潜伏很多年，会与多种不同的风险因素有关，并且是在没有明显征兆的背景下慢慢发生，证明损害的起因是环境诉讼原告面临的主要问题。虽然学术界建议在司法实践中作出原则性的改变，如用举证责任的分配，来缓解这一问题，但是效果并不明显，不妨允许诉讼当事人利用统计推论的证明方法来解决环境诉讼中的因果关系问题。

环境诉讼的复杂性和内在科学性使得法官在处理环境侵权案件的时候需要处理大量以科学知识为基础的证据。特别是在因果关系问题上，证据是变化多样的，也会涉及复杂的统计模型。统计学上证明因果关系一般分为两个步骤：第一阶段，假设表面上有证据证明所谓的原因和结果之间有统计上的联系。不同的因果关系假设会有不同的统计关联，然而这种关系本身不能证明因果关系，所以需要第二阶段。第二阶段，我们要在众多关联中排除其他可能性解释，在每一个阶段，都涉及统计模型。比如，我们要确认污染物是否引起了损害结果，我们可以通过观察接触污染物质的人与没有接触的人之间的不同反映统计结果。统计概率理论与法庭证明最为直接的结合就是统计证据在认定因果关系中的运用，这种统计归纳的手法也是流行病学因果关系理论的重要判断手法。

统计学牵涉实证数据的收集和总结，统计推论一种解释数据的科学，它有助于提高我们理解世界上事件的能力，反过来对以证据为基础的公共决策有贡献。比如，来自于气象科学的统计推论有助于我们理解气候变化并形成处理气候变化的成果策略。统计证据逐渐运用到环境诉讼中来是实际需要的结果。因为环境污染毒害物质和疾病之间的统计关联可以用概率表示，这种关联虽然是一种统计上的概率，但是却反映了环境侵权行为与损害结果之间的因果关系。环境侵害中，无法像普通侵权案件那样提供人证、物证等普通证据来证明个案的案件事实。如果只是直接观察单个原告的损害情况很难获得或者压根无法获得个案的因果关系，但是通过观察某一群体的损害状况，则可以发现在整体上的内在规律性。

（二）证明因果关系成立的新要素——机会丧失

机会是具有价值的。在日常生活中，人类交易的客体虽然以有形体的物质为多，但没有形体的物体仍可能具有金钱价值，而且人类也愿意用钱去交换它，因为可作为交易客体。机会本身具有价值，这个概念想要阐述的是，在某些情况下，即使只是某种取得更好的结果，或者避免伤害的可能性，人们还是会认为它有金钱价值，而愿意用金钱去交换它。[①] 剥夺或者降低他人获得更好的结果或防止损害的机会，即造成他人的损害而构成侵权行为。这种剥夺或者降低并不需要完全使原告丧失获得更好的机会，即使只是降低原告一部分的机会。在一个良好的，没有污染的环境下生活，人们健康生活的机会和享受美好环境的机会也比在被污染的环境中机会大很多。甚至很多疾病都是在不需要直接接触有害物质，而是在环境逐渐恶化的情况下被诱发的，环境的恶化和污染大大升高了人们环境的风险，减少了健康生活的机会。这

---

① David A. Fischer, Tort recovery for loss of a chance, 36 Wake Forest L. Rev. 605, Wake Forest Law Review Fall, 2001, pp. 617–618.

种风险的升高和机会的丧失无法在居民个体中判断，但是却可以在通过对区域内的居民进行统计，进而得出这一结论。一言以蔽之，因为机会本身具有价值，所以机会丧失应该构成一种损害。

在美国，机会丧失理论在医疗过失的诉讼案件中被广泛适用。在重复错误的案件中，适用机会丧失规则能适当地达成侵权行为法损害赔偿和威慑预防的目的。所谓重复错误，是指单一的被告使得复数的原告于相同的危险之中，或增加这些原告既存的风险。[①] 多数环境诉讼案件，恰恰是属于重复错误类案件。因为如果发生环境污染、环境侵权的事件，一般情况下都是因为同样的侵权行为导致污染环境内不特定多数居民受到侵害。

在环境诉讼中提出“机会丧失”，是指人们原来的正常健康的生存机会减去因环境污染、环境侵权后剩下的健康生存机会，二者相差的比例数值。有人错误地认为，只要当事人最初的生存机会超过 50%，经过环境污染之后，丧失了超过 50% 的生存机会。因而，可以满足优势证据原则下的因果关系举证要求。这种想法并不正确，受害人最后死亡不代表他死亡前生存概率是零，即使受害人死亡前有 20%、30% 甚至 50% 以上的生存概率，只要不是 100%，他还是可能会死亡。因此，我们应该心系的是受害人接触污染物质后，其健康生活或者生存概率下降了多少，而不是把焦点放在受害人最初有多少生存概率上。

在传统的民事诉讼优势证据原则支配下，受害人或其家属若能证明由于环境污染、环境侵权使得受害人身体或者财产丧失 50% 以上的完好机会，那么就等于已经证明因果关系的存在。依据传统的损害赔偿原则，他自然应该获得全额的赔偿。但是，如果全面的适用机会丧失原则，则不论丧失的机会是否超过 50%，侵害人似乎都应该按比例赔偿。如此在效果上将造成以机会、概率取代因果关系，成为新的损害赔偿要件，也可将之称为比例的因果关系。

适用机会丧失或者风险升高，在效果上等于是比例认定因果关系或赔偿数额，因此如何决定比例，如何让决定比例的过程不会流于恣意或武断，是一个很重要的问题。在环境诉讼中适用机会丧失理论需大量参考统计数据，

---

① David A. Fischer, Tort recovery for loss of a chance, 36 Wake Forest L. Rev. 605, Wake Forest Law Review Fall, 2001, p. 632.

因而统计数据可能产生的错误及缺陷，也就成为机会丧失理论必须面对的问题。在适用过程中，应避免抽样错误、测量错误以及模型错误。抽样错误是指，由抽出的样本所观察的特质或依据样本作出的结论，并不能代表母群的特质。模式错误就是对于变数的数量、种类以及不同变数间关系产生错误的认知或设定。模式错误最主要的根源是在模式假设中，没有将重要的变数纳入考量。①

机会丧失的计算基础，有"归因比率"和"绝对的丧失机会"两种方式。美国的多数学者主张采用"绝对的丧失机会"作为计算赔偿数额的基础，其优点是简单易行，缺点是未将受害人的个别状况纳入考量。在受害人遭受的侵害程度且遭受侵害前处于相同健康状态下的情况，适用"绝对的丧失机会"确实更为便捷。若在遭受侵害前，受害人原本的风险各不相同，则可以考虑适用另一种较为公平的计算方式，即使用归因比率的方式计算丧失的机会，在未来期待利益部分将原本的风险纳入考量。采用归因比例的方式计算赔偿数额，必须先确定是由丧失机会的角度，抑或是由升高风险的角度做计算。因为机会与风险是一体二面的概念，在计算绝对的比例差距时，丧失的机会就等于升高的风险。然而在计算归因比例时，由不同的角度出发，分母可能不同，结果当然也不会相同。换言之，如在计算角度上未予统一，实难以避免对于相同纠纷却产生不同救济结果的争议。

五、结论与建议

因果关系的概念是人类面对外在世界的知识建构，即使法学上的"事实上因果关系"也必然要面对这种知识构建内涵多元性的问题。事实上，正是两种截然不同理解外在世界的因果关系观点，引发了当前我们所面临的困境。实用主义者将因果关系的这种实用性作为工具，协助环境诉讼中因果关系的证明。对于决定论因果关系主义者而言，从统计关联命题得出因果关联命题是一种严重的逻辑错误；然而对于实用主义观点的因果关系而言，由统计关联取代因果关系正是现代科学得以发展的重要论述策略。

① Vern R. Walker, Restoring the Individual plaintiff to Tort Law by Rejecting "Junk Logic" About Specific Causation, 56 Ala L. Rev. 381, Alabama Law Review Winter, 2004, p. 396.

因果关系概念不一定是僵化的，非决定论的或概率的因果关系并不与决定论的必然因果关系相冲突，当根据决定论的因果概念或者传统因果关系理论无法厘清因果关系争议，而因为环境纠纷的专业性使不利结果归于原告或则被告都不公平的时候，可以在法学中引入“概率”这一概念，比例认定赔偿数额。在具体解释方法上可以利用统计概率方法归纳得到概率性因果关系，或根据流行病学手法确定相对风险和归因比率来确定环境污染与损害结果的因果关系程度，这一方法在环境污染导致的人身伤害纠纷中尤其实用。更为重要的是，通过引入机会丧失和风险升高的概念，可将因果关系举证的困难问题转化为丧失机会和风险升高的损害评价问题，按比例认定因果关系，进而确定损害赔偿数额。同理，统计数据和流行病学研究仍然是比例因果关系理论的重要的参考依据。实际上任何科学领域内的理论和研究方法都可以在环境诉讼中发挥积极的作用，法律需要做的是为科学知识在法庭的适用寻找合适的守门人，防止垃圾科学进入法庭事实调查，也避免法律事实的纷争陷入无休止的科学纷争的泥沼之中。

本文探讨的中心是如何证明环境诉讼中的因果关系，也即解决环境诉讼的因果关系证明的困难性，故本文关注较多的是侵权行为法和诉讼法上的问题。然而不得不承认诉讼只能解决环境问题的一小部分，进入诉讼的环境纠纷只是冰山一角。一方面我们应探讨在环境诉讼中应该如何维护当事人的正当利益，取得环境污染受害人与侵权人之间的平衡；另一方面更应该思考如何从根源上减少的环境污染与环境破坏行为，或许这才是给予受害者保障并建立人与环境和谐关系的根本之道。

作者简介：黄晓丰（1982—　），男，江西上饶人，北京师范大学文化创新与传播研究院讲师。已在国内重要法学期刊上发表学术论文十余篇，主持省部级课题两个，参与国家重大社科项目、省部级项目十余个。

美国民事判决执行制度研究 *

张晓冰

目　次

对于美国民事判决执行制度，国内目前没有学者进行过整体性和系统性的研究。“在美国，强制执行被认为是法律实施的结晶，是法律实施的最高形态。也就是说在观念上，强制执行是作为法律适用的最后一个阶段，而且是按照重要的阶段来看待的。”[①] 本文最大的创新之处就在于这是我国民事诉讼法学界首次

---

* 本博士论文作者张晓冰，2009—2012 年在北京师范大学法学院攻读诉讼法学专业博士学位，导师刘荣军教授，2012 年博士研究生毕业并通过学位论文答辩。

① 刘荣军：“美国的强制执行制度”，载《政治与法律》1998 年第 5 期。

对美国判决执行制度进行较为系统化的梳理与思考，并利用多种研究分析的方法对该制度进行总结和归纳、剖析和论证，并在此基础上与我国民事执行立法和司法实践的现状进行了对比，为我国民事执行制度的完善与发展提出一些合理化的建议和路径。因此，该选题有着较高的学术价值和很强的现实借鉴意义。

一、美国民事判决执行中有关判决的制度

判决是民事诉讼中最重要的一项成果，同时也是判决执行程序的起点和前提条件。判决的基本问题主要有判决的登记（enter）、记录（record）与注册（register）、判决的本金（principal）与利息（interest）、判决的有效期、判决执行程序的中止、判决的更新（renewal）和恢复（revival）以及判决的救济等，这些问题都直接影响着判决的执行程序。

判决在一定期限内是可以申请强制执行的，各州对此都有相应的规定。如果判决的有效期将要届满，判决债权人（judgment creditor）就要在开始申请执行之前，更新该判决。更新判决时，判决债权人可以将其从判决登记之日起所应获得的利息和执行所发生的相关费用纳入判决的本金当中。除个别法定例外的情况，判决债权人一旦逾期未办理判决更新或恢复的手续，其判决将不能再申请执行。此外，在某些特定的情况下，判决败诉的一方可以通过向原审法院提出申请，要求重新审理（reopen）、更正（correct）或取消（vacate）原判决。在法律明文规定的条件下或基于公正的需要，也可以中止判决的执行程序。

二、美国民事判决执行中的判决后发现程序（post-judgment discovery）

发现程序（discovery）[①] 是指依据一方当事人的主张，强制披露有关诉讼

① 目前，对于“discovery”主要有两种译法：一种为本文采用的“发现程序”，见白绿铉、卞建林译:《美国联邦民事诉讼规则 · 美国联邦证据规则》，中国法制出版社 1999 年版，第 170 页。另一种，为“证据开示”，见［美］斯蒂文 · N. 苏本等:《民事诉讼法——原理、实务与运作环境》，傅郁林等译，中国政法大学出版社 2004 年版，第 910 页。本文中之所以采用前一种译法，主要原因在于判决执行中，重要的是财产线索的发现，而并非证据的开示，故用“发现程序”更为贴切。

的信息的法定程序，其主要使用的手段包括书面质询（interrogatories）、书面证词（depositions）、请求承认（requests for admissions）以及请求提交（requests for production）等。[①] 通常情况下，发现程序进展顺利，诉讼双方当事人会及时获得有用的信息，而无须依靠法院的命令；但有时，一方当事人拖延、干扰或阻碍另一方或拒绝提供相关信息，此时法院有权命令其改正，并对其予以处罚。[②] 根据该程序发生的时间点的不同，可将其分为判决前发现程序（pre-judgment discovery）和判决后发现程序。后者所涉及的信息范围要比前者的广泛，具体而言，判决前发现程序中，不允许原告就被告财务状况的有关信息进行质询或要求披露[③]；而在判决后发现程序中，判决债权人不仅能够质询或者要求披露判决债务人（judgment debtor）的财务状况，还可对其财产的所在位置、处置情况，甚至可能属于隐匿或欺诈性转让的财产进行发现。[④]

三、美国民事判决执行中的补充程序（supplementary proceedings）

美国民事判决执行中的补充程序是指"为了帮助判决债权人发现判决债务人的财产，各州所设立的可以用来满足判决的程序"。[⑤] 其与判决后发现程序不同，判决后的发现程序仅指对判决债务人财产信息的发现，尽管"在许多州的相关法律规定中，补充程序与判决后发现程序往往出现在相同的位置上，但是补充程序要比判决后发现程序作用更大，原因就在于补充程序中法庭可以要求判决债务人或者第三方到庭参加听证以及要求他们服从一个或更多的法庭命令，从而更加有利于判决的执行"。[⑥]

① *Black's Law Dictionary*（*8th ed. 2004*），p. 1403.

② Geoffrey C. Hazard，Jr.，Colin C. Tait，William A. Fletcher and Stephen McG. Bundy，*Pleading and Procedure*：*State and Federal Cases and Materials*（*Tenth Edition*），Foundation Press，2009，p. 883.

③ Ranney-Brown Distribs. v. E.T. Barwick Indus.，Inc.，75 F.R.D. 3，5（S.D. Ohio 1977）；Sanderson v. Winner，507 F.2d 477（10th Cir. 1974），cert. denied，421 U.S. 914（1975）.

④ Caisson Corp. v. County W. Bldg. Corp.，62 F.R.D. 331，334（E.D. Pa. 1974）.

⑤ Hon. James J. Brown，*Judgment Enforcement*（*3rd Edition*），Wolters Kluwer Law & Business，2010，pp. 4–5.

⑥ 同前注。

补充程序大体上可分为两大部分，债务人审查听证和法院对于查到的财产做出的相关命令。通过债务人审查听证，判决债权人可以询问判决债务人的财产情况和财产所在位置，同时也可以询问第三方有关判决债务人的财产情况。原则上，所有通过补充程序查找出来的判决债务人的财产，无论是在自己手中，还是在第三人的控制下，法院都有权命令将该财产用来清偿判决债务。

四、美国民事判决执行中的执行令程序（execution）

执行令程序是美国民事判决执行中最为重要的一个法定程序，是指通过出具执行令给可供执行的财产所在地的司法执行官[①]，由其根据该命令依法追讨判决项下的债务，或对判决债务人的相关财产进行必要的扣押（levy）和出售，来执行金钱判决债务的法定程序。该程序通常是以执行令为核心[②]，司法执行官对具体判决执行的权力来源于执行令，执行完成后要将执行令的执行情况以执行回呈（return of execution）的方式汇报给出具执行令的法院。

（一）对财产的扣押

关于何种财产适用于执行令下的扣押，以何方式进行扣押，因各州的规定而异。但总体说来有以下两个基本原则：一是财产所在州的法律决定适用于执行令下所能扣押的财产的种类及扣押程序；二是所有依法不属于豁免范围内的，债务人可以自由转让、出售、抵押或者过户的财产或财产中的利益，均可适用于执行令中的扣押。[③]

对于不动产而言，只要不属于依法豁免执行的范围内，基本上均适用于执行令程序中的扣押。但应注意：

---

① 本文中，为论述方便，统一用“司法执行官”的称谓代指按照法院命令进行各种执行行为的官员，通常包括联邦法警（marshal）和县治安官（sheriff）等。

② 只有伊利诺伊州除外，该州出具给司法执行官的是经过证明的判决书副本（Certified Copies of Judgments）。

③ Hon. James J. Brown, *Judgment Enforcement*（*3rd Edition*）, Wolters Kluwer Law & Business, 2010, pp. 5-31.

1. 执行不动产有无前提条件。虽然对于大多数州来说，执行不动产可与执行其他财产同时进行，但有些州仍对于执行不动产设定了前提条件。

2. 在特定条件下，判决债务人是否有选择权。

3. 对于不动产的判决优先权（judgment lien）和执行令优先权（execution lien）。二者存在明显区别，前者是依据法律规定，判决债权人在取得判决后经过特定的法律行为即可取得的法定优先权，而无须经过司法执行官；后者通常是司法执行官送达执行令或者依据执行令采取扣押财产的行为时成立的法定优先权。在美国，关于不动产的执行，一个非常重要的内容，就是判决优先权，因为除了个别几个州外，美国大部分州均立法明确规定了判决债权人通过记录判决等方式，即可取得对于判决债务人不动产的判决优先权。

对于动产而言，有一个基本的原则就是，凡是判决债务人能够自主转让的动产均适用于执行令的执行，除非该财产属于法律豁免执行的范围。如果说对于不动产重要的是判决优先权，那么对于动产来说则是以执行令优先权为重，因为有关动产的判决优先权的规定在美国各州并不普遍存在。

对于无形资产而言，其在执行令程序中是否能适用于扣押，是美国民事判决执行中的一个难点，且各州差别较大。其中，知识产权至今仍不适用于执行令项下的扣押，故判决债权人不能通过执行令程序对判决债务人的知识产权进行执行，而只能是在补充程序中，由法院指定接管人对判决债务人的知识产权进行接管，然后通过司法拍卖的方式予以出售变现，再以所得价款清偿判决债务。

（二）对扣押财产的拍卖

执行拍卖（execution sale）是指实施执行令的政府官员强制对判决债务人的财产进行的拍卖；而司法拍卖（judicial sale）是指根据判决的授权或者法庭命令的授权，依法进行的拍卖。[①] 二者的区别在于：1. 拍卖的依据不同。前者依据的是法院书记官出具的执行令；后者则依据的是法院出具的拍卖令。2. 依据的来源不同。前者的来源是一份终局判决；而后者可以来源于终局判决，也可以不是。3. 拍卖的财产不同。前者通常为判决债务人的财产，且财产并没

---

① *Black's Law Dictionary*（*8th ed. 2004*），p. 4167.

有特定化，扣押什么财产，就拍卖什么财产；而后者通常在命令中已明确了要拍卖的财产，换句话说，此时拍卖的财产是特定化的。4. 拍卖的性质不同。前者除了需要法院出具执行令外，无须法院再出具任何命令。司法执行官依法进行拍卖，其行为并不在法院的管理之下①，故其性质属于行政性的；而后者的整个过程都处在法院的监督管理之下，从拍卖的开始到结束，司法执行官都要按照法院的命令进行，并及时向法院进行报告，故其性质属于司法性的。5. 拍卖完成的必要条件不同。前者无须法院的确认即可完成；而后者必须要通过法院的确认来赋予拍卖法律效力，否则拍卖无效。这也是执行拍卖与司法拍卖最根本的不同。②

五、美国民事判决执行中的债权扣押程序（garnishment）

美国民事判决执行中的债权扣押程序，是执行过程中一个经常会被使用到的法定程序，凭借该程序，判决债权人（在该扣押程序中又被称为债权扣押权利人，即 garnishor）可以请求法院命令对判决债务人负有债务或者是判决债务人的财产托管人（又被统称为第三债务人，即 garnishee）直接将在其手中的属于判决债务人的任何财产交出来，用以清偿判决债务。

根据扣押时间的不同，可将其分为判决前的债权扣押（pre-judgment garnishment）和判决后的债权扣押（post-judgment garnishment）。

根据扣押标的的不同，可将其分为工资的债权扣押程序（wage garnishment）和非工资的债权扣押程序（non-wage garnishment）。

根据扣押方式的不同，可将其分为定期债权扣押（periodic garnishment）和不定期债权扣押（non-periodic garnishment）。

六、美国民事判决执行中的接管制度（receivership）

执行程序中的接管制度，又被称为辅助执行的接管（receivership in aid of

① 除非有关各方向法院提出控告。

② Hon. James J. Brown, *Judgment Enforcement* (*Third Edition*), Wolters Kluwer Law & Business, Aspen Publishers, 2010, pp. 9-4 to pp. 9-5.

execution），是指“执行程序中的一项补充手段，执行过程中发生生效判决的债务人拒不以其财产清偿债务、需要收取债务人的未来收入等情况时，设定财产管理人以掌管债务人的财产”。[①] 在美国，接管制度作为一种补充性的救济手段，相对于其他手段而言，是较少采用的。

接管制度是源于衡平法上的一项救济制度，其势必遵守着一些衡平法上的原则。其中最重要的一个基本原则就是衡平法院在维护诉讼当事人利益之前，其本人先要穷尽现有法律上所有的救济手段。因此，如有证据表明判决债务人具有依照现有法律可以处理的财产，关于指定接管人的请求将不会获得支持[②]，换句话说只有当其他救济方式都不能充分保护诉讼当事人利益的时候，才能适用接管制度[③]。

接管人是法院任命的官员，受任命法院的控制，其权力也来自法院的授权。他与那些对接管财产存在利益的人是一种受托关系，必须像在信托部门中的受托人一样，承担同样的注意义务。并非所有的人都能够成为接管人，只有那些具备很好名声的人才有资格。同时，接管人往往会被要求提供一定数额的保证，该保证也意味着接管人在职责范围内行使职权时所要承担责任的最大数额；如果其越权行使职权，其要承担所有可以认定的损失。此外，接管人还应是一个中立于判决双方，与案件没有利害关系的人，对待双方要一视同仁。[④]

接管人通常可拥有的权力如下：1. 对于接管财产的控制和支配的权力；2. 以维护接管财产价值为目的，提起诉讼的权力，如针对虚假转移，错误征收等；3. 订立合同，支付合理支出的权力；4. 获得贷款的权力；5. 处置和出售接管财产的权力。

判决债务人拒不配合执行，最大的心理优势就在于其抱着判决债权人和

---

① 薛波主编：《元照英美法词典》，法律出版社 2003 年 5 月，第 1154 页。

② William A. Alderson, *A Practical Treatise on The Law of Receivers, With Extended Consideration of Receivers of Corporations*, New York: Baker, Voorhis and Company, 1897, p. 658.

③ Cowin v. Bresler, 741 F.2d 410, 417–18 (D.C. Cir. 1984); Democratic Cent. Comm. V. D.C. Transit Sys., Inc., 459 F.2d 1178 (D.C. Cir. 1972); Maxwell v. Enterprise Wallpaper Mfg. co., 131 F.2d 400 (3d Cir. 1942); Culter v. 65 Sec. Plan, 831 F. Supp. 1008 (E.D.N.Y. 1993).

④ Jack H. Friedenthal, Mary Kay Kane, Arthur R. Miller, *Civil Procedure*, West Publishing Co., 1993: pp. 706–707.

司法执行官不可能找到其财产线索的侥幸心理。而接管制度一个最大的好处，就在于使得接管人在即便没有查到判决债务人财产下落的时候，也能让判决债务人丧失其对财产的控制权，从而斩断了判决债务人的心理优势，造成了其对自己财产丧失控制和对相关费用可能日益增加的恐惧。同时，接管制度也通过增加了法官的控制范围，更加促进了对判决债权人合法权益的保护。也正因如此，有些美国学者认为，在诸多保护判决债权人利益的法律手段中，接管制度是最为重要、最为有力的一个手段。①

七、美国民事判决执行中的特别程序

在美国民事判决执行中，判决债权人还可以通过法律规定的某些特别的程序，使判决得到执行。其中，最重要的一个途径，就是向相关部门申请暂停（suspend）判决债务人的有关执照（license）。根据判决债务人的类型不同，执照也会有所不同。对于判决债务人为个人的情况来说，可以申请暂停其驾驶执照或职业资格证照；对于判决债务人为公司的情况，在某些情况下，可以申请暂停其营业执照。但需要特别说明以下几点：1. 关于通过申请暂停执照来执行民事判决的做法，并非适用于所有的州；2. 对于适用该做法的州，可以暂停的执照并非包括上述全部三种执照，有的州仅适用于驾驶执照；3. 对于适用暂停执照的条件，有关各州也不尽相同；4. 凡有关这种程序的法律规定，大多不在有关民事执行的内容中，而是分布在车辆管理、商业和公司的相关法律中；5. 即便都有暂停驾驶执照和营业执照的规定，但并非都是用来执行判决，即便可以用来执行，也并非可以针对所有案件的执行。所以，最主要的还是要根据各州的具体规定而定。

八、美国民事判决执行中判决债权人救济之诉

只要涉及执行问题，说明判决债务人并没有自动履行判决义务，而判决

① Robert Wyness Millar, *Civil Procedure of The Trial Court in Historical Perspective*, The Lawbook Exchange, LTD., 2005, p. 509.

债务人不履行判决时，可能还会采取欺诈性转让财产或其他的违法行为，以逃避判决义务的履行。此时的判决债权人可以采取的措施之一，就是提起一个新的诉讼，从某种意义上说，这就是判决债权人的救济之诉。其主要包括，欺诈性转让（fraudulent transfer）之诉、推定信托基金（constructive trust fund）之诉、刺穿公司面纱（piercing the corporate veil）之诉、继受公司责任（successor liability）之诉以及大宗货物转让（bulk transfer）之诉等。

需要说明的是，上述诉讼并非是以执行所依据的判决取得为前提，在取得该判决之前，债权人若发现债务人有虚假转让或其他隐匿财产的行为时，仍可以另行提起诉讼，要求撤销该行为。

债权人救济之诉，充分说明了法官在美国民事判决执行中不可或缺的重要地位。法官用其自身的智慧和信念，让那些费尽心思、逃避、阻碍判决执行的债务人，原形毕露，白费心机，从而为判决债权人提供了更为有效的保护。

九、美国民事判决执行中的财产豁免制度

财产豁免制度是指“由法律基于人道的和宽宏的目的所赋予债务人的能保留一部分免于被债权人主张司法扣押和出售的财产的特权或权利”① 的一项法律制度。该制度是对债权人可以采取严厉的执行救济方式的回应，目的是为了保护州政府和作为个人的判决债务人及其家人，并不是要去限制债权人的权利，而只是以为了保证一个债务人的独立和自由以及有能力维持自己和家人正常生活的需要为限。②

宅地的豁免是美国财产豁免制度中最为重要的内容。宅地立法显著的目的就是促进住宅的安全，使得其不会因为住宅所有权人的经济灾难而受到牵连。③

对于其他财产的豁免，通常可分为绝对豁免和相对豁免。前者是指没有价

---

① 31 AM. JUR. 2d Exemptions § 1 (2000)，转引于 Hon. James J. Brown, *Judgment Enforcement (Third Edition)*, Wolters Kluwer Law & Business, Aspen Publishers, 2010, pp. 10-9.

② Stanley Folz., *Exemption Laws and Public Policy*, 44 The American Law Register 721, 1905.

③ 67 Cal. App. 3d at 584, 136 Cal. Rptr. At 738, Quoting Schoenfeld v. Norberg, 267 Cal. App. 2d 496, 498, 72 Cal. Rptr. 924, 926 (1968)，转引于 Charles W. Adams, *Homestead Legislation in California*, 9 Pac. L. J. 723, 1978.

值的限制，只要符合条件就予以豁免的财产。后者除了要符合条件，还有一定的价值或金额上的限制。至于两者具体涵盖的范围，每个州各有不同。

债务人通常可以在财产查封后的合理时间内提出财产豁免的主张，无论查封时其是否在场。豁免的权利一般被视为个人的基本权利，但经债务人同意或者不主张，则被视为放弃豁免的权利。① 豁免并不能自动成立，也不是让判决债务人免于扣押、查封，提出豁免的主张是债务人的责任。② 判决债务人一般有权在法律规定的豁免财产的清单中进行选择。而判决债权人有权在法律规定的相应期限内，对判决债务人的豁免主张提出异议，在此情况下，法院就要召开听证会，并据此对判决债务人的豁免主张是否成立作出判定。

美国豁免制度，范围广泛，可操作性强，充分体现出了美国执行中的人道主义精神。

十、结论

（一）美国民事判决制度的总体评价

就美国民事判决执行制度的总体而言，从其运行上看，至少存在判决债权人的负担较重、财产豁免制度存在漏洞和就某些问题的应对还比较僵化等三个问题。从其效果上看，美国也存在“老赖”，而且由来已久，其执行效率也是不尽如人意。之所以不存在“执行难”这一普遍的社会问题，主要是因为其存在几层缓冲机制，即发达的替代性纠纷解决机制、健全的社会信用体系、完备的判决相关制度、成熟的私人收债制度以及当事人主义的传统。美国民事判决执行制度具有以下特性：法律上的二元保障、执行权的二元结构、工作上的三元结构、运行中的内外动力和过程中的强力后盾。

（二）美国民事判决执行制度对我国的启示

1.对美国民事判决执行制度的研究，我们理应予以重视。理由有三：第一，美国民事判决执行制度，发展至今已有两百多年的历史，其中汇集了许许多

---

① Childers v. Brown, 81 or. 1(1916).

② Layton v. Chase, 82 S.D. 270(1966).

多美国精英法官们和立法者们的智慧；第二，美国也曾遇到过与我们相似的情形，其如何应对，如何解决，都为我们提供了很多值得借鉴的地方；第三，美国二元的司法和法律体系，使得美国有关判决执行制度的法律规定浩如烟海，越到具体的程序规定，越是多种多样，相信没有哪一个国家可以为执行程序提供这么多的参考范本。

2. 美国民事判决执行制度中有很多值得我们学习和借鉴的地方，但有三点最为重要，也最为迫切。

首先，是建立民事执行程序运转的内外动力机制。我国现有的民事执行程序中缺乏动力机制，无论是内动力，还是外动力。从内部来看，我国法院系统目前虽然相继建立了执行局，并在执行局内部，进行了相应的权力划分，基本做到了执行裁决权和执行实施权的分离，然而这种分离因为：（1）同属于一个执行局，存在“血缘关系”；（2）两个庭室之间缺乏互动和联系，往往处于各干各的状态，不能形成有效的和常态化的监督机制，所以内动力很难形成。从外部来看，申请执行人与被执行人[①]缺乏有效的互动，没有法院的介入，对于那些拒不执行法院判决的被执行人来说，申请执行人基本上无计可施，只能盼望法院尽快查明财产线索和采取相应执行措施。[②]此外，我国目前民事执行中的参与分配制度，难免会导致“搭便车”的情况发生，不利于保护勤奋的债权人的利益，因而更会让外动力难以形成。还有，申请执行人参与度较低，使得法院有大量的执行辅助工作需要处理，无形之中又为本来就“案多人少”[③]的法院增加了负累，使得执行程序进一步放缓。由此可见，我国的执行程序是单线的，完全靠法院执行部门来推动整个执行工作的进展，这也就难免会出现动力匮乏的问题。从这个角度来看，也可以解释为什么常态下的执行效果总是不甚理想，总是需要“运动式”的集中执行或清理积案的

① 在中国法的语境下，申请执行人等于美国的判决债权人，被执行人相当于美国的判决债务人。为论述方便，故在不同的语境下使用了不同的用语。

② 笔者以为，这也是有关执行案件的上访情况比较多的根本原因之一。从民事执行的制度上看，对于那些迫切需要执行判决的申请执行人来说，除了向法院施加压力外，别无他途。

③ “从1993年到2004年，北京全市法院年判案从7万件上升到超过30万件，但这11年中，全市的法官数量却只增加了不到100人。”姚国健：“当今中国法官工作状况调查”，载《法制日报》2006年7月12日。

活动来解决问题①。这种方式，每次都会取得一定的效果，原因就在于每次集中执行或清理积案的活动都会为执行工作注入新的动力，而且发起方的规格越高，动力越强，执行效果也会越发显著。但遗憾的是，此种动力并不能长久维持。

其次，是建立民事执行中的问题缓冲机制。影响我国民事判决执行效果的因素很多，出现这样或那样的问题，在所难免。尽量去解决问题的同时，我们还应考虑如何建立起有效的问题缓冲机制。如进一步推进替代性纠纷解决方式，建立健全社会信用体制，发展和规范业已存在的私人收债制度，延长判决的有效期，加大判决利息和相关费用的执行力度以及让债权人承担起更多的执行辅助工作等。

最后，是关于构建我国的“集约型”执行线索查找和“快速反应”的机制。以目前的现状看，我国在查找执行财产线索环节还比较薄弱。而执行难，其中一个最重要的环节，就是查找被执行人的财产难。那么我们为什么不能在被执行人和相关第三人身上多下点功夫呢?

此外，美国民事判决执行制度对于我国其他一些制度的完善，也有一定的借鉴意义，如有关债权的执行、申请执行人的救济之诉、财产豁免以及对妨害民事执行的处罚等方面。

作者简介：张晓冰（1977—　），天津人，中央财经大学讲师。2000 年于中国政法大学获法学学士学位，2008 年于北京大学获法学硕士学位，2012 年于北京师范大学获法学博士学位，2010—2011 年赴加州大学伯克利分校访问学者。主要研究领域为民事诉讼法、强制执行法、司法制度以及法学实践教学等，至今在《求是学刊》等杂志上公开发表论文数篇。

① 就从全国规模的运动上来看，1992—1993 年，最高人民法院要求全国各地法院集中力量狠抓一下执行工作，此后全国各地法院纷纷响应，展开了一场全国范围内的以集中清理执行积案为主要内容的执行大会战；1998 年，最高人民法院统一部署了为期 4 个月的以集中清理未结执行案件为内容的大会战；1999 年，最高人民法院在全国各级法院中开展“执行年”活动；2003 年，最高人民法院中再次在全国法院系统中部署展开了集中清理积案的活动；2004 年，最高人民法院在全国法院开展了集中清理执行未结案件、集中清理执行款物、集中清理执行案件卷宗的“三清理”活动；2005 年，为了贯彻中央政法委的文件精神，最高人民法院再次在全国范围内部署开展了为期 6 个月的集中清理执行积案的活动。以上内容详见霍力民、侯希民:《执行难问题探究与对策》，中国法制出版社 2008 年版，第 94–115 页。

检察机关撤回起诉问题研究*

申文宽

目　次

本文以我国撤回起诉制度遭遇的理论分歧与实践质疑为出发点，厘清了术语运用方面的偏差，力求统一认识营造对话空间，深入反思了撤回起诉的法理基础，以明确其正当性地位，系统分析了撤回起诉的功能类型，奠定制度运用的指导思路，整合出撤回起诉的三种立法模式作为经验借鉴，较为完整地梳理了我国撤回起诉制度存在的主要问题，并提出重塑司法官理念、修正制度运行要素、巩固公诉证据体系和制定科学考评机制的改革举措。

本文的研究内容主要表现在以下几个方面：

---

* 博士论文作者申文宽，2010—2013年在北京师范大学法学院攻读刑事诉讼法学博士学位，2013年博士研究生毕业并通过博士学位论文答辩，导师甄贞教授。

一、撤回起诉与相关术语解析

理论界在研究撤回起诉问题时往往以概念作为论题的切入点，但在术语表达上并不统一，不同学者就曾使用“撤回公诉”、“公诉撤回”、“撤销公诉”等来代替撤回起诉，[①]可能引发理论对话时的混乱局面。公诉包括检察机关起诉和抗诉两种情形，抗诉还包括裁定、判决生效前的抗诉与生效后的抗诉，以此来判断的话，撤回公诉实际上也涵盖了撤回起诉和撤回抗诉。因此，撤回公诉的理论边界要大于撤回起诉，以撤回公诉来代替撤回起诉，不加专门的限制性条件，容易引起理论研究上对专有术语的曲解。公诉撤回的术语运用违背汉语逻辑结构。由于制度以行为来表现，行为须特定主体来实施，公诉撤回若默认为检察机关实施，则全称为“检察机关公诉撤回制度”，有违语言结构的逻辑要求。反观以公诉撤回为主题进行的研究，都整齐划一的省略了公诉撤回的行为主体，也从侧面证明了公诉撤回在语言逻辑上存在的障碍。撤销公诉强调检察机关取消公诉的目的，诉讼程序中一旦发生撤销公诉的情形，诉讼程序即直接宣告终结。撤回起诉强调检察机关要收回已经提起的诉讼，诉讼程序中发生撤回起诉的情形，案件可能还须等待有权机关进一步的处理，而并非直接发生诉讼终结的后果。

二、撤回起诉的法理基础

法理是法律的基本精神和学理，在相当长的时期内具有稳定性和可信赖性，是部门法或法律制度具备正当性的重要依据。撤回起诉作为一项具体法律制度，其正当性最直接的力量之源也理应是法理，而且应当是那些超越国界与法系，已经在世界范围内基本达成共识的法理。

---

① 参见宋英辉：《刑事诉讼法学研究述评》，北京师范大学出版社2009年版；张小玲：“试论公诉撤回制度”，载《中国人民公安大学学报》2006年第2期；张建伟：“撤回起诉后再作不起诉决定之误区”，载《检察日报》2011年10月17日。

（一）检察官客观义务

检察官客观义务使检察官集犯罪追诉者与法律守护者的角色于一身，追诉犯罪的同时应当捍卫法律的尊严。由于已经提起公诉的案件存在不应起诉或不必起诉的可能性，为了及时纠正错误诉讼，避免明显无益的法庭审判，撤回起诉就成为检察官履行客观义务时不可或缺的制度选择。如果检察官明知诉讼本不应提出或不必继续进行指控时，选择消极懈怠，仍然放任诉讼向前推进，继续交由法院审理裁决，显然是置检察官客观义务于不顾的怠责行为。纵然检察官的控诉职能有扩张之势，实践中也不可能完全摒弃个人利益考量，确实对客观义务的履行构成一定挑战。但控诉职能膨胀与检察官个人利益诉求总是保持在必要的限度内，而且客观义务也并非纯粹的道德责任，而是通过诉讼制度实现了一种技术性表达，技术责任具有更为直观、具体、明确的预见性后果。

（二）公诉裁量权

检察机关决定撤回起诉往往是依据法律规定与刑事政策，通过权衡各种利益关系，认为已经起诉的案件可以通过庭前程序快速处理，没有必要进入审判程序，或者提起公诉将损害更大的利益，不应当起诉。“多数国家在规定检察官可以权衡利弊而为不起诉处分的同时，规定起诉后检察官仍可以权衡具体情形而为撤回起诉，以使刑事追诉的目的性和合理性保持连贯和一致。”[①]因此，撤回起诉以公诉裁量权的存在为前提，是裁量权自审查起诉向审判阶段的理论延伸，缺少公诉裁量权，撤回起诉将丧失以检察官斟酌具体情形而适用的前提。公诉裁量权的理论资源满足了撤回起诉在诉讼原理上的需求，构成撤回起诉的理论依据，法院司法审查及撤回起诉其他限制条件的介入则有效地填补了公诉裁量权单独作为撤回起诉法理基础的缺陷。

（三）犯罪控制

犯罪控制具体包括三个方面的内容：第一，预防再犯或特殊预防；第二，

① 陈岚：“论检察官的自由裁量权”，载《中国法学》2000年第1期。

控制初犯或一般预防；第三，运用非犯罪化处理措施，减少刑罚适用。检察机关对案件撤回起诉，避免了法院对被告人定罪判刑，阻断了国家刑罚权的启用，是一种非犯罪化、非刑罚化的处理措施。案件的非犯罪化处理，排除了被告人被贴上犯罪标签的可能，降低了犯罪数量。撤回起诉使已经起诉的案件退出庭审，确保被告人得以及早地脱离羁押措施的束缚，远离看守所的其他犯罪嫌疑人、被告人以及被判短期自由刑的服刑人员，复归社会，降低交叉感染的风险。撤回起诉在处理案件的同时，划分出定罪判刑与非犯罪化、非刑罚化之间相对清晰的界线，以便劝导其他社会个体在行为过程中保持克制，不应越界，否则就将面临刑事处罚。而且，撤回起诉程序中的被告人虽可免受刑事处罚，却在许多情况下要承担民事责任，民事责任的约束同样具有一般预防的效果。

（四）诉讼效益

“不正确决定的成本被称作错误成本，而作出决定的成本被称作直接成本。程序设计的目标应当是最小化错误成本和直接成本的总和。”① 检察机关撤回起诉的宗旨是在程序的早期阶段发现公诉出现错误后，及时予以纠正，控制错误成本支出，这符合诉讼效益的法经济学原理。因为“在检察机关提起有错漏的公诉以后，整个诉讼程序便在这一错误的或有缺陷的基础上进行，其结果在很大程度上可能是‘劳而无功’，使得司法资源白白浪费。”② 至于检察机关撤回起诉的直接成本，即作出决定的成本则与撤回起诉本身的程序设计有密切关系，如作出决定的审核环节、当事人意见的表达与听取等都构成直接成本投入。撤回起诉决定是对先期公诉错误的弥补，该决定本身一旦不正确，将会在原有错误成本的基础上产生新的错误成本，而决定本身正确与否又与直接成本投入密不可分。强化撤回起诉的审核、听取当事人意见等环节增加撤回起诉决定的直接成本投入，却具有防控撤回起诉本身产生错误成本的效果。

---

① ［美］迈克尔·贝勒斯:《程序正义》，邓海平译，高等教育出版社 2005 年版，第 143 页。

② 张小玲：“关于我国检察机关变更公诉权的法律思考”，载《中央政治管理干部学院学报》1999 年第 4 期。

三、撤回起诉的功能

功能是制度得以生存的前提，撤回起诉存在于世界多个国家和地区的诉讼制度之中也源自其所具有的功能。在社会学中，制度功能分为正功能、反功能和非功能，正功能指向积极效果，反功能指向消极效果，非功能则决定了制度的具体状态。撤回起诉在实践中被反复适用排除了非功能问题，而其正功能与反功能之间的博弈则反映出撤回起诉在司法实践中的正当适用与肆意滥用。

（一）正功能

撤回起诉的正功能主要表现在维护公共利益、保障被告人权利、节约司法资源、优化公诉质量。检察机关撤回起诉普遍要求进行公共利益衡量，即撤回起诉相比继续审判更有利于维护公共利益，如继续审判可能泄露国家秘密，威胁国家安全，或者资源投入与审判的比例严重失衡等，否则一般不允许撤回起诉。保障被告人权利的最低限度保证体现在被告知指控、有相当时间和便利准备辩护、受审时间无不合理迟延、出庭自我辩护和由其选择的辩护人进行辩护、传唤和询问证人、必要时免费获得译员帮助和不被强迫自我归罪的权利。检察机关撤回起诉时听取被告人意见，尊重被告人的程序选择权，是被告人程序主体地位的体现；撤回起诉时一并变更或解除对被告人的羁押性强制措施，恢复被告人的人身自由，解除查封、扣押、冻结的财物，是对被告人人身权和财产权的尊重；撤回起诉时快速终结诉讼程序，及时稳定被告人的权利义务关系，恢复被告人作为普通公民的生活秩序，是诉讼及时原则的应有之义，与“受审时间无不合理迟延”具有相同的价值追求。从撤回起诉与法庭审判在案件上投入的程序主体（人力资源）、结案期限（时间资源）、工作量（物力和财力资源）来看，对于刚刚开启庭审环节的案件来说，以撤回起诉方式终结诉讼程序的，检察机关撤回起诉在程序参与主体、办案期限、工作量三个方面都将优于法庭审判，撤回起诉也就将比继续法庭审判节省司法资源。而当法庭将要宣布无罪判决时，检察机关要求撤回起诉并生效的，庭前准备、开庭、法庭调查、法庭辩论、被告人最后陈述等都要归于无效，显然是不利于节约司法资源的。检察机关以撤回起诉的方式使不适宜公诉的案件退出庭审程序，纠正已提起公诉的错误或缺陷，及时阻止不当公诉消极影响的蔓延，以改善个案公诉质量的方式改善案件的总体公诉质量，而对撤回起诉的案件进行定期总结，查找问题所在，提高证据判断和法律适用能力，有助于提高检察机关的公诉水平。

（二）反功能

撤回起诉的反功能主要表现为规避无罪判决、回避特定法官、防止审限超期、掩盖公诉错误和增加被告人讼累。检察机关以撤回起诉为名行规避无罪判决之实，体现出司法官主观上的非善良目的，客观上受制于实践中唯无罪判决论的不合理考评机制与追求有罪判决的公诉期待。不同法官在特定案件法律见解上的差异，如倾向于排除非法证据等，可能导致检察官面临不利的诉讼后果，而检察官通过撤回起诉后的重新起诉来回避特定法官对案件的审判，却可能获得有利的诉讼结果。禁止审限超期是法院系统的重要考核指标，而审判压力的不断增大却加剧着审限超期的危险，在审限即将超期而案件又无法审理终结时，以检察机关撤回起诉的方式启动重新侦查程序，可以合法顺利的解决审限超期问题，且可为法院重新赢得一次完整审限。在某些案件中，检察机关提起公诉时已明知定罪事实不清，证据不足，却仍然抱着侥幸心理执意提起公诉，待庭审中确实无法实现定罪目的时，才被迫以“事实、证据发生变化”为名，通过撤回起诉的方式来掩盖己方的公诉错误。撤回起诉的适用以及之后的再行起诉，涉及对被告人的多次追诉问题，运用不当将构成对被告人的恶意骚扰，增加被告人讼累。世界上多个国家和地区的法律普遍以新事实或新证据作为再行起诉的条件，也是为防止检察机关以撤回起诉为手段恶意增加被告人讼累。然而，实践中仍有个别检察机关为达到报复被告人的目的，随意曲解新事实或新证据的含义。反功能的产生是对撤回起诉法律规定预期目标的背离，扰乱了诉讼秩序，同时也体现出专门机关过分追求部门或个人利益，忽视对遭受破坏的权利义务关系与社会秩序的修复。

四、撤回起诉的立法模式

检察机关申请撤回起诉运用了公诉权的裁量属性，是公诉裁量权的外在形式。案件被起诉后系属于法院，催生法院的动态管辖权，法院在诉审同一等原则的指引下，对案件进行审理，而撤回起诉将使案件脱离法院审判管辖权的控制。因此，撤回起诉是公诉裁量权与法院管辖权之间的力量博弈，撤回起诉模式的选择体现出各个国家和地区对公诉裁量权与法院管辖权程序主导作用的基本态度。

（一）禁止撤回模式

禁止撤回模式，是指检察机关一旦提起公诉，法律绝对禁止以任何理由撤回起诉，即已经提起的公诉只能由法院进行审理和判决，检察机关只能出庭继续支持公诉，而不能单方面或向法院要求撤回起诉。诉讼认识规律决定了检察机关已经提起公诉的某些案件可能不适宜或不应当继续审判，撤回起诉是解决上述问题的一种有效途径，也是符合诉讼原理的制度设计，各个国家和地区在诉讼制度方面的差异无法掩盖诉讼认识规律的统一性。因此，刑事诉讼中完全禁止撤回起诉的国家和地区在当今世界上占较小的比例，其中具有代表性的就是大陆法系的发源地法国。法国绝对禁止检察机关撤回起诉，不仅源自于大陆法系传统对起诉法定主义的过分推崇，以及法国对起诉便宜主义的特定限制，也与法国刑事诉讼强调审判管辖权的独立性密切相关。

（二）限制撤回模式

限制撤回模式是指检察机关提起公诉后，有权撤回起诉，但法律对撤回起诉的时间、事由、法律效力等方面施加了较为明确的限制，限制于特定事由或阶段。当前世界各个国家和地区中采用限制撤回模式的占较大比例，如德国、我国大陆以及台湾地区等，均认可了限制撤回模式。撤回起诉制度由主体、时间、事由、法律后果等诸多因素构成，任何一项因素的变通适用都可能影响撤回起诉制度的整体面貌。限制撤回模式的核心在于对上述因素中的几项进行限制，控制撤回起诉的启动频率，确保撤回起诉的合理适用，防止撤回起诉过度侵蚀审判程序。在限制撤回起诉模式下，撤回起诉的事由较为明确，一般采用列举的方式，主要为不应当起诉或以不起诉为适当的案件，且检察机关行使该项权力须接受司法的实质审查，再行起诉也受到严格限制。

（三）自由撤回模式

自由撤回模式，是指检察机关在提起公诉后，撤回起诉的事由和时间都相对宽松，是否撤回起诉的裁量权较大，主要以日本、美国为代表。但严格来讲，绝对自由的撤回起诉模式并不存在，因为一旦放任检察官随意撤回起诉，检察官将成为整个刑事诉讼流程的主宰者，不仅将吞噬法官对案件的管辖权，使当事人利益时时面临被侵害的危险，而且诉讼秩序还可能陷入动荡不安的混乱局面。因此，自由撤回模式并非意味着检察官的撤回起诉权完全不受限制，而是在尽可能赋予检察官广泛的撤回起诉权的同时，确保撤回起诉不会被滥用。在自由撤回起诉模式下，撤回起诉的事由较为模糊，通常采用概括的方式，主要提供事由方面的指导性原则，如不得违反公共利益等，或者干脆完全不予规定，交由专门机关在实践中根据个案情况自行掌控，司法审查一般限于形式要件。

从撤回起诉的模式类型以及分布范围来看，撤回起诉制度的基本面貌已经超越法系束缚，既在法系之间达成共识，也在法系内部呈现差异。检察机关提起公诉前后的裁量权具有本质上的差别，相比不起诉的单方决定性质，撤回起诉已不再是单方行为。检察机关选择撤回起诉并实施后，审判继续进行的条件丧失，法院的动态管辖权归于消灭，已经进行的审判程序宣告无效。如果放任撤回起诉制度的随意适用，法院的审判活动会变得不可预期，审判权面临成为公诉裁量权依附品的危险，法院的审判职能甚至可能被控诉职能彻底侵蚀掉。因此，总体来看，检察机关的撤回起诉权是有限度的。

五、我国撤回起诉的问题剖析

在宏观层面，由于我国撤回起诉制度的法律依据来自“两高”的司法解释和指导意见，而非《刑事诉讼法》，导致理论界许多学者认为撤回起诉违背了程序法定原则，不具有正当性，应禁止适用。撤回起诉在微观制度层面存在的问题表现为立法缺陷与实践变异，主要涉及撤回起诉的时间、事由、司法审查、当事人参与和法律后果等构成要素。

（一）撤回起诉时间不当扩张

撤回起诉的时间为提起公诉后、判决宣告前，表面看来似乎并无不当，却因定期宣判的普遍性、发回重审的随意性和再审启动的便宜性，导致检察机关的撤回起诉衍生出三种形态，即初审判决作出后撤回起诉、发回重审过程中撤回起诉和再审过程中撤回起诉，实现了撤回起诉时间的不当扩张。初审判决作出后撤回起诉阻断判断宣告、扰乱诉讼进程、浪费司法资源；发回重审过程中撤回起诉除产生前述弊端，还造成检察机关撤回起诉权失而复得的程序悖论；再审过程中撤回起诉损害裁判权威、阻碍再审程序进行，并产生裁判形式上的难题。

（二）撤回起诉事由招致滥用

检察机关在案件符合撤回起诉法定事由的情况下，可决定是否行使裁量权撤回起诉，所谓“可以撤回而不撤回”是一种正当选择，“不应撤回而撤回”则是对撤回起诉事由的滥用。实践中滥用撤回起诉事由的情形主要表现为：因刑事和解撤回起诉、因中止审理撤回起诉、因错误理解证据发生变化撤回起诉、因检法分歧撤回起诉。检察机关因刑事和解、中止审理与错误理解证据发生变化撤回起诉，放弃了所肩负的追诉职责，是对犯罪的放纵；因检法分歧撤回起诉模糊了检察机关自身的独立性品格，有沦为法院附庸的风险，不利于检法之间在证据采信与法律适用方面达成更多共识。

（三）撤回起诉的司法审查形同虚设

法院对撤回起诉的司法审查本为发挥监督作用而设，却在实践中演变成法院照顾检法关系、追求结案率的工具。法院主动建议撤回起诉僭越了检察机关的专属权力，损害法院中立者形象。法院应检察机关申请审查撤回起诉的正当性，因检察机关与法院之间长期形成的熟人关系以及检察机关享有的职务犯罪侦查权与审判监督权，也几乎完全沦为形式，甚至法院的裁定书连撤回起诉的理由都予以省略，更妄谈对法定理由的解释，外部也就根本无法获知法院对撤回起诉审查的心证过程。考虑到法院系统对结案率的追求及裁定准予撤回起诉对提高结案率的正能量，实践中，法院也往往乐于以准许撤回起诉的方式减轻自身的工作负担，降低诉讼风险。

（四）撤回起诉的当事人参与缺位

检察机关提交撤回起诉的申请与法院作出撤回起诉的裁定均为单方面决定，体现出权力绝对主导型的特征，被告人和被害人无权对程序结果的形成施加任何影响，违背了程序参与原则的要求。由于被告人对撤回起诉程序的意愿被掩盖，检察机关以撤回起诉规避无罪判决是否满足了被告人的心理期待也无从获悉，还可能误导辩护方的诉讼防御工作，导致理论界为被告人主观代言，质疑检察机关撤回起诉决定的正当性，检察机关也因缺少被告人意见这一合法性屏障而无力予以还击。法院在裁定撤回起诉时，不必听取被告人意见，可能形成偏听偏信的后果，且由于裁定书不予表达撤回起诉的事由，被告人的知情权也被剥夺。检察机关申请撤回起诉时，排斥被害人参与，剥夺了被害人对撤回起诉的事前知情权，对被害人的诉讼期待形成突袭，也不利于以公民监督的方式监督检察机关依法行使撤回起诉权，可能因被害人事后不满撤回起诉决定行使救济权而引起诉讼程序反复。法院在裁定撤回起诉时，无视被害人的存在，裁定宣告后，被害人又无上诉权与申诉权，只能在检察机关作出不起诉决定后，启动申诉程序或公诉转自诉程序，救济效果十分有限。

（五）撤回起诉的法律后果模糊不清

由于司法解释对撤回起诉后的不起诉、撤销案件与重新侦查的适用未能划定清晰的适用界限，导致实践中检察机关通过撤回起诉恶意启动重新侦查程序，甚至长期“挂案”的现象屡见不鲜，消磨了撤回起诉的正当性基础，放大了撤回起诉消极功能的影响力。而且，检察机关在作出不起诉、建议撤销案件或重新侦查的决定后，施加于被告人的人身强制措施与财产强制性措施应当如何处理，也不够明确，一些被告人在案件被撤回起诉后，仍然长期面临监视居住或取保候审等强制措施，财产的查封、扣押与冻结也无法及时解除，根本无法恢复正常的工作与生活秩序。2012 年《刑事诉讼法》与 2012 年《人民检察院刑事诉讼规则》进一步明确了撤回起诉后的案件处理方式，强化了专门机关对人身强制措施与财产强制性措施及时解除的责任。上述规定未来的实践效果如何，撤回起诉后的挂案现象是否能够得到遏制，还有待实践检验。

六、撤回起诉的改革设想

撤回起诉作为诉讼制度的组成部分，也遵循“徒法不足以自行”的历史规律，脱离了实施主体，撤回起诉制度就只是一纸空文。因此，撤回起诉如同其他法律制度一样，在具体适用的过程中也难免不掺杂实施主体（检察官和法官）的情感因素。检察官和法官适用撤回起诉时主观上的好与恶，也就决定了撤回起诉制度在实践中所展示出的品性。完善撤回起诉制度的当务之急或首要任务应当是强化司法官的职业道德建设，增加善良目的原则在司法官心目中的分量。另外，坚持“立法的归立法、实践的归实践”，是制度改革具备针对性与可行性的前提和基础，可确保改革措施做到有的放矢。

（一）科学设定撤回起诉的时间

合议庭开始评议，表明案件的辩论程序已经终结。依据我国台湾地区学者的观点，“法庭辩论终结”表明“审理业已成熟，适宜判决，故不得撤回起诉”。在我国大陆地区的刑事诉讼程序中，被告人最后陈述后，审判长宣布休庭，合议庭进行评议，意味着法庭已经在控辩双方及其他诉讼参与人的协助下完成了对案件的审理任务，实质审理已经结束，只待内部评议和判决。因此，撤回起诉的时间限于第一审合议庭评议之前是恰当的。同时，应当秉持撤回起诉权在初审程序结束后已经彻底消亡的理念，禁止检察机关在发回重审过程中撤回起诉，如此可以充分彰显裁判的终局性效力与司法权威，避免诉讼程序的过度反复，防止检察机关利用撤回起诉制度持续骚扰被告人。

（二）规范撤回起诉的法定事由

由于撤回起诉的法定事由与不起诉的适用条件之间并未实现无缝对接，两者之间发生的分离导致撤回起诉后作出不起诉决定时可能面临实践难题，因此，应当将撤回起诉的法定事由与不起诉的适用条件进行融合，统一标准。

实践中因刑事和解、中止审理、错误理解证据发生变化、检法认识分歧而撤回起诉均违背了撤回起诉的法定事由。为防止撤回起诉法定事由的滥用，应当强化办案人员对证据规定的学习与体悟，以及检察机关内部的审查与监督，充分明确证据发生变化、不符合起诉条件的准确含义；建立法律文书说理制度，要求检察机关详细解释撤回起诉的理由和依据；强化检察权独立行使理念，增强检法制约，以事实与法律为依据增进检法共识。

（三）强化撤回起诉的司法审查

为督促法院履行司法审查职责，应当禁止法院建议撤回起诉。同时，法院的裁定必须建立在对检察机关撤回起诉申请进行认真审查的基础之上，形式与内容皆是审查的对象。法院不仅要审查检察机关撤回起诉的形式是否适格，如是否以书面方式提交申请，是否附带理由，理由是否在法定范围之内等，而且在必要时，还应当要求检察机关就撤回起诉的相关问题进行解释。撤回起诉书附带理由，不仅可以防止检察机关行使撤回起诉权的任意性，而且有助于被告人理解撤回起诉的真实理由，增强撤回起诉的说服力与可接受性。

（四）建构撤回起诉的当事人参与机制

当事人参与撤回起诉程序，对检察机关的撤回起诉申请与法院就撤回起诉所作裁定实施监督，有利于督促检察机关依法决定撤回起诉，强化法院司法审查的动力，保障撤回起诉制度的正当适用，加强对当事人诉讼权益的保护。有观点认为，为避免损害当事人的权益，检察院申请撤诉时，法院在审查撤诉理由时，应当广泛听取各方对撤回起诉的意见，保障各方的知情权。①然而，设置广泛的意见表达主体，并作为一种强制性的实施机制，不仅造成司法资源的过度耗费，还将面临诸多程序障碍。因此，参与撤回起诉程序的主体应当限于当事人，主要是指被告人与被害人。实际上，除表达意见这一体现程序参与特征的基本权利外，当事人及时获得通知，了解诉讼进程，知情权行使得到保障，也应当视为程序参与机制的重要组成部分。

---

① 朱凤翔、许冬生：“刑事公诉案件撤回起诉的实证分析与制度完善”，载《人民检察》2009年第7期。

（五）明确撤回起诉的法律后果

检察机关对于撤回起诉的所有案件都必须先作出不起诉决定，终止诉讼程序，需要重新侦查的，也应当在作出不起诉决定后再退回公安机关，建议补充侦查。撤回起诉后的重新侦查应当主要适用于犯罪事实并非被告人所为，证据不足或证据发生变化，不符合起诉条件的情形，重新侦查过程中对人身强制措施和财产强制性的适用，应当以初次侦查中是否对被追诉人使用过为依据，已经适用的一般禁止再次适用，而且根据诉权消耗理论，重新侦查后再行起诉的案件不得再次撤回起诉。限制撤回起诉的次数，可使检察机关以更加谨慎的态度发动公诉和运用撤回起诉制度，防止诉讼久拖不决，乃至陷入不断的反复过程，提高诉讼程序的可预期性，及时稳定权利义务关系。

另外，应当通过巩固公诉证据体系、制定科学的业绩考评办法等配套保障机制，进一步确保撤回起诉制度适用的正当性、合理性、必要性。检察机关监督侦查机关依法取证，提升自身的证据审查与补强能力，巩固公诉证据体系，可以最大限度地避免将应当或可以撤回起诉的案件提起公诉，在审前直接对案件进行分流，减少司法资源浪费。顺应诉讼认识规律，以主客观相统一原则认定错案标准，制定科学的绩效考核办法，修复唯“无罪判决”论的片面考核指标，有助于检察机关与法院深化对撤回起诉制度的认识与理解，祛除利益化、庸俗化的错误导向，真正使撤回起诉制度的适用成为彰显司法公正的重要力量。

作者简介：申文宽（1986— ），河南洛阳人，北京市东城区人民检察院助理检察员。2007 年和 2010 年分别在郑州大学获得法学学士学位和法学硕士学位；2013 年在北京师范大学获得法学博士学位，在《法学杂志》、《人民检察》等刊物发表论文十余篇，主要研究领域为刑事诉讼法、证据制度。

民事诉讼证明标准制度研究 *

张　伟

目　次

证明标准，是一项可以形成或调整实体法上的公共政策和司法政策的工具，它是法院认定案件事实、形成心证所要求达到的证明程度，是法院形成心证、所要求证明主体的盖然性应达到的具体程度。证明标准具有两层含义：一是法院根据证据调查，就待证事实所达到的证明程度（即证明点），二是法院就该事实的真伪状态，形成心证所必需的证明程度（心证程度）。只有当待证事实的证明程度达到法院形成心证所要求的程度时，法院才能作出事实认定。本文以问题为导向、以价值和功能为内涵，由外国法技术规范解构其制度功能和价值目标，结合中国语境重组中国程序技术规范，在中国语境下确定民事诉讼证明标准制度的价值选择和功能预设。

---

* 本博士论文作者张伟，2010—2013 年在北京师范大学法学院攻读诉讼法学博士学位，2013 年博士研究生毕业并通过博士学位论文答辩，师从熊跃敏教授。

文章以民事诉讼中的证明标准为研究对象，试图从规范与实践两个层面探讨民事诉讼证明标准的相关问题，力图在廓清证明标准的基本理论问题的前提下，尝试解决证明标准的可操作性。本文力争聚焦学术前沿，紧密结合相关立法的修改，以中国的问题为起点，以本土化的制度建构为归宿，以研究回答民事司法实践中的现实问题为主攻方向，强调问题意识，主要采用法解释学、法社会学等研究方法。

一、民事诉讼证明标准制度的理论界定

（一）规范意义上的民事诉讼证明标准

证明标准作为一种制度设计，法律应当将其所要求的盖然性确定在一个能够达到其制度目的的程度。证明标准是证据评价过程中对事实进行认定的基准或者指针。证明标准可以解决事实认定中的困惑，由法律规定证明标准可以提供事实认定的基本方向和衡量尺度。对社会公众和诉讼当事人而言，他们可以根据法律条文来判断法官适用证明标准是否正确。对法官而言，证明标准对于证据评价和查明事实具有指导意义。证明标准是法院认定事实的标准，同一国的民事诉讼目的相关，属于自由心证证据制度的核心问题之一。

作为法官进行事实认定时形成心证所要达到的最低证明尺度，证明标准具有它所固有的特质：

1. 证明标准是法律规范体系中的一种标准而非规则。之所以说它是标准，在于证明标准在具体适用中，可能会遇到种种不可预测的情形发生，立法者是无法一一预见的。证明标准主要发挥指引的作用，为法官的事实认定提供一个规范性指南，有了这个指南，法官衡量事实真实与否的心证尺度就被控制在法治国家所能接受的范围内——尽管完全的整齐划一是不可能的。[①]

2. 证明标准是一种程序性的法律规范，具有程序法上的独立价值；证明标准体现了现代司法环境中事实认定活动的基本特色。在民事诉讼中，应当以诉讼法原则和诉讼政策为基础对证明标准进行统一设定。证明标准的统一设定有助于社会公众知晓法官进行事实认定的过程，促进事实认定过程的透明

① 吴泽勇："中国法上的民事诉讼证明标准"，载《清华法学》2013年第1期。

化。证明标准的设定应当以诉讼法为基础，除考虑证明标准与自由心证制度密切联系因素外，而且证明标准设定的高低将会直接影响当事人的证明活动所需成本的多少，基于“费用相当性”原理，为实现追求案件系争的实体利益与当事人实施诉讼行为所需要耗费的程序利益之间的平衡，证明标准的设定不能仅仅取决于实体法上的价值，而应当具备诉讼法上的独特价值考虑。

3. 证明标准是事实认定的重要标尺。日本学者认为，“法官要作出裁判，就必须对被认定为判断基础的事项形成确信，这是一个原则，达到这种确信状态时，视为该事实已被证明，这种诉讼证明所必要的确信程度，不同于毫无疑义的自然科学证明，而是只要人们在日常生活中不怀疑且达到符合其行为基础的程度就行。”① 法庭上的事实认定，相当程度上还是依靠人们社会生活中的经验知识，这正是英美法系国家让法律外行的陪审团成员来认定案件事实的原因所在。因此，证明所要解决的就是事实认定问题，作为一个经验推理过程，准确、客观是其最基本的要求。

作为事实裁判者关于认定某项待证事实存在的可能性大于不存在可能性的标尺，民事诉讼证明标准根据从低到高的不同程度的要求，分为优势盖然性、高度盖然性和内心确信三种。证明标准具有两个层面的要求：主观的确信和客观的盖然性。不仅如此，由于证明标准的模糊性和原则性，决定了证明标准的运用必将赋予法官相当程度的自由裁量，抑或证明标准的运用本身就是法官一定程度上自由裁量的结果。证明标准的设置受民事诉讼目的的影响。因为不同的民事诉讼目的，代表了不同的程序价值取向，从而对证明标准的高低也会产生影响。证明标准的科学设定具有相当重要的地位。

（二）民事诉讼证明标准与相关制度的关系

要清晰界定证明标准，还应厘清其与相关制度的关系。就证明标准与证据评价而言，证据评价主要涉及事实问题，即在个案中某项事实达到什么样的盖然性，法官可以进行自由心证；而证明标准主要涉及法的评价问题，即该事实应当被要求证明的盖然性程度，必须由法律明确规定。证明标准是证据评价过程中对事实进行认定的基准或者指针，证明标准的设置越科学，法官的

---

① ［日］兼子一、竹下守夫：《民事诉讼法》，法律出版社 1995 年版，第 101 页。

证据评价活动就会越顺利。所以，证明标准好比是证据评价活动的指向标，指引证据评价活动的顺利进行。证明标准和证据评价活动实际上经常会受法官主观因素的影响，结果是如果当事人无法预测和判断法官所采用的证明标准，无法真正参与法官的证据评价活动，那么将无法预测案件事实认定的结果。①

就证明标准与自由心证而言，德国汉斯·普维庭教授曾形象地说明了两者之间的关系，他认为，"如果说证明评价仅仅限于检测证明是否成功，那么证明尺度则是一把尺子，衡量何时才能认为证明成功；同时，证明尺度也决定着法官对某个具体事实的心证内容，它决定着法官必须凭什么才算得到心证。"② 证明标准在相当程度上是一个理论性的命题，研究的目的在于将其转化为一种对法官自由心证进行检验的可操作机制。证明标准为法官的心证形成设置了边界并规范了其内容，而内心确信则是法官内心在自由心证时所达到的一种心理状态。

就证明标准与证明责任而言，证明标准是法院作出事实认定判决和证明责任判决的分水岭，当待证事实的证明没有达到证明标准时，证明责任始发挥作用。因此，证明标准设定的高低与证明责任判决数量的多少呈正相关性。如果降低证明标准的设定，当事人证明成功的可能性则将提高，此时法官容易形成心证，同时法官根据证明责任作判决的可能性会降低；反之，如果提高证明标准的设定，当事人即便疲于举证仍然很难使法官形成确信的心证，致待证事实一直陷于真伪不明的状态，负有审判义务的法官为了处理待证事实陷入真伪不明的窘境，势必需要运用证明责任作判决。

在民事司法中，证明标准设定过高，案件事实将会很难得到证明，无形中会增加负证明责任一方当事人的证明负担，影响诉讼中的实质性公正，同时也难以实现民事诉讼的目的；而证明标准设定过低，既有可能产生滥诉，又会破坏诉讼结果的客观性。在司法实践中，如何对法官就证明标准运用上的

---

① 即便在美国的民事诉讼中，相同的证据资料面前，陪审团会得出完全不同的结论。但是大陆法系国家有着理性的传统，法官对事实分析的技术精确性不亚于对法律的分析，而事实分析技术的规范化不能完全排除法官的主观性。参见［美］杰弗里·C·哈泽德、米歇尔·塔鲁伊：《美国民事诉讼导论》，中国政法大学出版社 1998 年版，第 82-83 页。

② ［德］汉斯·普维庭：《现代证明责任问题》，法律出版社 2000 年版，第 90-91 页。

自由裁量设定必要的限度，使证明标准从抽象意义上的原则性规范过渡到具有可操作性、易于识别和适用的衡量证明活动是否达到法定证明要求的具体尺度，便成为民事证据法学研究领域中的核心命题。

二、比较法视野中的民事诉讼证明标准制度

（一）两大法系证明标准的具体形态

对证明标准进行比较法考察。两大法系对民事诉讼证明标准的设定存在差异：英美法系国家证明标准主要有优势盖然性和证据明确，实行层次化的证明标准；而大陆法系国家证明标准则为高度盖然性和内心确信。整体而言，大陆法系国家的民事诉讼证明标准要高于英美法系国家。两大法系国家民事诉讼采用不同的证明标准，是因应于各自不同的诉讼目标的。大陆法系国家仅依靠发现真实，而不是盖然性，来作出判决的；而英美法系国家则是通过其他途径和方法，来实现个案真实的盖然性程度。

真实的发现与诉讼的促进是民事诉讼追求的两大目标，由于两者处于二律背反的紧张关系，因此如何决定其优劣顺位，成为制定和运作民事诉讼制度的基本课题。[①] 虽然理论上大陆法系国家的诉讼制度设计为发现真实，但事实上并非如此，正如一个法官学者所言："首先，负责发现真实的人必须由完全的权限调查待认定的问题；其次，如果他认为自己调查的结果不太满意，他必须有权限拒绝下任何判定或仅仅作暂时的判定。非常明显地，我们必须拒绝赋予民事法官此二种权限。"根据审判者必须以当事人所提出的有限的证据下一个中立判断的要求下，证明标准对于诉讼的结果将会产生关键性的影响。

（二）两大法系证明标准存在差异的深层原因

两大法系证明标准存在差异的深层原因主要可以归结为六个方面：

1. 民事证据法的认识论原因。证明标准中"客观事实"与"法律事实"之争，"可知论"与"不可知论"之辩，与民事证据法的认识论发展密切相关。

---

① 参见邱联恭：《程序机能论》，台北三民书局 1996 年版，第 5 页。

对案件事实的获取显然不是现场表演，而是对既往事实的恢复和再现，在这个过程中无疑存在认识论的问题。[①]

2. 民事证据法的价值论原因。证明标准在实践中的把握不可避免地受到民事证据法的价值论考量，价值分析由一些理想观念或者基本原则组成，是一种“可能对立法目的、政策制定和司法裁判等行为产生影响的超法律因素”，它对人们的判断产生重要影响。正义、发现真相和效益是民事证据法的价值追求，此外，民事证据法还应当包含其他价值追求，如当事人的主体性地位似乎并未得到足够的重视，这固然与诉讼程序的设置目的、有关制度的设计和操作技术有密切的联系。[②] 但是，当这些价值发生冲突时，必然会有价值权衡取舍的问题。

3. 事实认定主体的不同。司法事实认定如同演奏音乐一样：其不但取决于乐谱，而且取决于乐器和演奏家。英美国家诉讼程序中，实行平民陪审团与法官平行存在的二元结构，前者负责事实认定，后者负责处理法律问题。而在大陆国家诉讼程序中，职业法官不仅负责事实的认定同时也处理法律问题。

4. 法院结构和诉讼结构的不同。英美法诉讼程序是一个连续的、集中审理的程序，而大陆法诉讼程序是由一系列断裂的、不连续的审理程序组成。英美法由诉讼当事人主导程序进行，而大陆法诉讼程序的进行主要由法官掌控。

5. 民事证据收集制度的差异。英美法国家创设 Discovery 制度，赋予当事人收集证据的权限，防止一方当事人垄断或者隐匿其所独占的证据资料。大陆法系国家的民事证据收集制度主要有，通过当事人向法院提出申请，由法院发布文书提出命令等方式来完成。近年来大陆法系各国日趋重视证据收集的作用，学理与判例创制了证明妨害、协作查明事实义务及真实与完全陈述义务等支配证据收集制度的法理，扩大了文书提出义务的范围，赋予证据保全以证据开示的功能，并通过宽泛的秘密特权的规定限制法官在证据收集中

---

① 汪建成：“刑事证据理论的哲学基础”，载《法学研究》2004 年第 6 期。

② 江伟、刘荣军：“民事诉讼程序保障的制度基础”，载《中国法学》1997 年第 2 期。

的自由裁量。[①]

6. 文化传统和社会发展状况产生的深远影响。因为事实认定活动与特定的文化信念、特定的社会发展状况密切相关。法律根植于文化中，它在一定的文化范围内，对特定社会在特定时期和地点，所出现的特定需求作出回应。从根本上说，法律是人们认识、阐述和解决某些社会问题的一定的历史方法。[②]

（三）我国民事诉讼证明标准的立法和司法状况

我国《民事证据规定》第 7 条、第 64 条、第 73 条、第 153 条第 3 款、第 179 条第 3 款、第 185 条，都有关于民事诉讼举证责任和证明标准的具体规定。我国司法实践中，法官对于证明标准的理解不一而足，甚至他们该如何描述自己心证过程的时候，自己并没有意识到究竟是在运用哪个词语来描述。证明标准在判决文书中的模糊性表述，在法官心目中的边缘性的位置，正是本人探寻其意义和价值的动机所在。为了全面认识和理解证明标准在我国民事诉讼中的具体适用，本文通过对“北大法宝—中国法院裁判文书库”的生效裁判文书进行搜索，以“证明标准”为关键词检索了部分裁判文书，检索时间为 2012 年 12 月 30 日，通过对检索结果进行分类和整理，可以概览我国民事诉讼证明标准的适用情况。主要有三种表述方式：一是“优势盖然性”的证明标准，二是“（内心）确信”的证明标准，三是“高度盖然性”的证明标准。

结合我国民事诉讼证明标准的立法状况和司法状况进行分析，我国应当确立高度盖然性基础上的内心确信证明标准。对此，我们需明确三点：第一，这里所说的“主观确信”主要是建立在法庭证据调查结果基础上的主观判断。“确信”虽然具有主观判断的外观，实质上是以诉讼中客观存在的、外在的证据为基础而形成的。这种以民事诉讼中的证据为基础的主观确信，一定程度上限制了裁判者的主观恣意，同时也为上诉审程序可以通过审查改变原审事实认定的内容提供了一个外在的判断标准。第二，“主观确信”的形成过程是

---

① 详见熊跃敏：“大陆法系民事诉讼中的证据收集制度论析——以德国民事诉讼为中心”，载何家弘主编：《证据学论坛》（第 8 卷），中国检察出版社 2004 年版。

② ［美］约翰·亨利·梅利曼：《大陆法系》，法律出版社 2004 年版。

诉讼活动中法院与当事人交互作用的结果。它蕴含了不同诉讼主体的主观认识和关于证据与事实的多种可能性解释。第三，“主观确信”尽管以法官内心形成“自己认为正确”的确信，但是这并不等于实质上必然正确，正如其他人类认识活动一样，法官的认识也存在出错的可能。所以，这种“确信”并不是法官凭借事实认定权而理所当然地形成主观确信，而是必须建立在高度盖然性的基础上。

三、民事诉讼证明标准的客观化控制

自由心证原则尽管赋予了法官享有足够大的自由裁量权，但在事实认定方面，逻辑法则和经验法则也发挥着同样的作用，有一定的客观性质，所以事实认定的过程也具有客观性。自由心证并非自由裁量。安德瑞·马默认为，“与法律有关的客观性主要涉及两方面：一是，适用于当下个案的法律规范本身是否是客观正确的；二是，法律理论能否摆脱主观和偏见，获致方法论意义上的客观性。”[①] 本文所要探讨的属于第二种意义上的客观性，即方法论意义上的客观性，如何从方法论意义上实现法官内心确信的客观化。

（一）证明标准是法官心证客观化的外在尺度

证明标准是与事实认定中的法官心证问题紧密相连的，作为衡量法官的心证程度是否客观化的一个外在尺度，证明标准的客观化是自由心证客观化的内在要求，而证明标准的客观化主要还是通过自由心证的客观化控制来实现。证明标准的客观性具有两层含义：一是证明标准具有客观的存在形式（即间主观性，intersubjectivity），因为证明标准是一种“理性的共识”，是一种“群体的知”，具有超越个人的思考并获得该共同体普遍认可的意义。二是证明标准是法律家们在共同经验基础上抽象归纳的结果，并不是一个具象的实在，因此难以进行阐释或者量化，而只能用比喻的修辞手法来描述。[②] 本文主张构建一种盖然性基础上的确信理论，通过法官心证形成过程的客观化控制来实

---

① Andrei Marmor, Positive Law and Objective Values, Oxford: Clarendon Press, 2001, p. 12.

② 张卫平:《民事证据制度研究》，清华大学出版社 2004 年版，第 220 页。

现证明标准的客观化，并且设立心证标准的检验机制和推理模式。

证明标准并非强化事实认定合理性与客观性的特效药，证明标准的设定仅能部分地控制法官必须以客观标准为基础形成心证，至于法官的心证程度是否达到法律事先设定的证明标准，换言之，在具体个案中出现的种种证据资料，法院究竟如何进行法律评价，仍由承审法官根据自由心证来确定，而不同的法官可能会得出不同的判断结果。日本仓田卓次法官认为，证明标准是在事实认定中，法官形成心证的最下限，对任何法官在运用自由心证认定事实时，为了确实提高法官认定活动的客观性与当事人对审判结果的预测性，有必要丰富法官的审判实务经验，并在诉讼中引入采证学、统计学等科学辅助技术，使得事实认定的结果更趋客观化、合理化。“法律本身是否具有客观性，以及法律阐释有没有客观性，这是法治命题能否在理论上成立的前提。”①

（二）证明标准客观化的保障措施

为了实现法律适用的安定性，使得诉讼当事人能够充分预测法院的心证程度，防止发生当事人遭受认定事实的突袭，必须规定相关的制度保障，如阐明制度、法律观点开示制度等确保当事人与法院共同促进诉讼的进行。具体有三种措施来保障证明标准的客观化。

1. 证明手段的客观化。事实认定的客观化可以通过证明手段的客观化，即证据方法的客观化。例如，统计学知识的运用、鉴定手段的运用等方面。美国法学家波斯纳指出，“在逻辑之后，扩展我们知识的最严格、客观的方法就是运用能够得到统计证实的受控试验或‘自然’试验方法，进行系统的经验研究”。②此观点体现了波斯纳实用主义的观念指导，强调自然科学方法在研究中的运用，建立实用性的、跨学科的法律科学体系。这种研究进路对美国的法学研究产生了重大影响，法律家们开始对法律事件进行数学性推理，运用数学方法对法律问题进行定性研究和定量分析。在证明标准问题上亦是如此。英美法系国家被来就抵触“法官造法”，主张确立规则来约束法官不逾

① 吕荣海:《法律的客观性与科学性》，台北龙田出版社 1987 年版，第 110 页。

② ［美］理查德·A·波斯纳:《法理学问题》，中国政法大学出版社 2002 年版，第 78 页。

越自由裁量的界限。两大法系国家学者们都有对证明标准进行量化分析的努力。

2. 证据评价过程的客观化。主要分为四个方面：（1）在已取得进展但进入诉讼程序的手续上有客观化的要求。例如，当事人和法院判所认定的事实的认识手续过程上也达成了共享的要求。①（2）诉讼代理人的要求。诉讼代理人提出重要的主张和证明活动，法院和当事人协调、对话，为了确保律师伦理的实效性，要求当事人履行真实义务和责任。②（3）法官的实际要求。例如，假设设定和假说的验证分别运用归纳法和演绎法，根据事实认定的“双·检查”，③各法官根据判例进行阅读和前辈法官的经验等进行形式性的尝试，④图表或检查单的有效的利用、证明责任分配原则等也被推荐。⑤（4）诉讼制度的客观化的要求。例如，概率统计学决策过程中理论的适用，证据的事后评价和验证的尝试，重新考虑要证事实的证明机制和证明制度的背景。

3. 裁判文书理由说明制度。法官被要求给出裁判理由，这即使不是司法程序中普遍的附带性要求，但被认为是一个司法常识。此时，便为证明标准规范的展开与发展提供了一个很好的发展契机。主要基于以下几个因素：第一，虽然胜诉方通常情况下不会关心裁判作出的理由，但是败诉方应当有权利得知且能够理解法官为什么得出不利于他的裁判结论，司法不能将败诉方置于不明不白的境地。第二，社会公众通过裁判理由的公开和阅读，增强对司法判决和司法体系的信赖度。尤其是，败诉方在知晓败诉理由后，即使不喜欢裁判结果但仍然接受时，会强化裁判的可接受性，树立良好的司法权威。第三，法官在进行裁判时，认真思考并详细陈述判决理由，对法官而言是一种有价值的约束。这样不仅会凸显程序价值，而且能抵消个案可能的不真实

---

① ［日］垣内正：“事实认定的进程问题”，载《民法学的轨迹和展望》，日本评论社 2002 年版，第 564 页。

② ［日］加藤新太郎：《律师角色论》，弘文堂 2000 年版，第 271 页。

③ ［日］吉川愼一：《认定的结构和诉讼运营》，载由和正义 1999 年版，第 55 页。

④ ［日］田尾桃二、加藤新太郎：“事实认定的客观化和合理化”，载《事实认定》判例时报 1999 年版，第 14 页。

⑤ ［日］垣内正：“事实认定的进程问题”，载《民法学的轨迹和展望》，东京：日本评论社 2002 年版，第 573 页。

所带来的消极后果，吸收当事人的不满情绪。[①]第四，普通法的运行和发展主要有赖于裁判理由的准确表达，为判例法系国家今后的裁判作出提供有意义的指导。第五，当事人行使上诉权，需要上诉法院审查一审裁判在事实认定方面是否存在错误。“不能给出充足理由的裁判文书”本身就是一个上诉理由，上诉法院基于该理由自然会支持当事人上诉并作出裁决或支持再审。

（三）证明标准客观化的可审查性

证明标准的运用是否具有可审查性，该问题主要围绕上诉审法院对于事实审的证明标准是否有权进行审查。这个问题虽然与自由心证原则发生冲突，但是不可回避。关于证明标准的适用状况上级法院可以进行审查，主要从以下两个方面来审查：

一是对于事实审证明标准的审查，审查法院是否存在任意提高或者降低适用证明标准的情形。对于证明标准的采用，如果没有正当理由，背离原则性的证明标准而任意提高或者降低证明标准的，均应当被认为违法，可以作为上诉审的理由；上诉审法官对于事实审法官心证形成过程中，“是否正确使用证明标准，是否存在证明标准免予高估或者低估的情形”，在民事诉讼中应当具有较大的审查可能性。

二是对待证事实存在与否的盖然性评估进行审查。为了实现证明标准的客观化及可检验性，应当借由盖然性评估，作为确信形成的工具。而且在不同类型的民事诉讼中，承认适用不同内涵的盖然性概念，如在血缘关系鉴定案件中，可借由科学的盖然率数据来认定事实；而在大多数的事件类型中，则应当借由经验法则、论理法则及自然法则等，甚至生活经验，用以作为盖然性评估的基础。在具体个案中，现存的盖然性是否符合原则性的证明标准，并且达到形成确信的程度，主要看采用哪一种证明标准理论。

四、民事诉讼证明标准的动态化把握

证明标准的提高或者降低，是相对于原则性的证明标准而言的，基于实

---

① 季卫东：“程序的意义”，载《中国社会科学》1993年第1期。

体法上的价值要求或者诉讼法理的要求，针对遇有证明困难或者有特定司法政策要求的情形，某些案件通过证明标准的提高或者降低，实现证明标准的动态化把握。证明标准的动态化是解决证明困难的民事案件，或者满足特定司法政策的现实要求，主要体现为证明标准的提高或降低两种方式。证明标准的动态化也体现了证明标准的多元化特征。

（一）民事诉讼证明标准的提高

基于证明标准的法定性，证明标准的提高必须有明确的法律依据，符合法定的情形。因为证明标准的提高对于权利主张者的权利实现，将会产生重大影响，因此在适用该制度时要非常谨慎，除非有着实体法或者诉讼法上的重大价值需求，法官不能想当然地提高证明标准。

根据两大法系的先进经验，我国的民事诉讼中，在下列情况下应当提高证明标准，高于“高度盖然性”的证明标准：（1）当事人争讼的纠纷事实涉及国家利益和社会公共利益。（2）涉及当事人重大的人身权益（包括人身权益和财产权益），如婚姻、继承等案件，因为这类事实涉及人类情感的最基本的价值。（3）民事欺诈案件，这涉及法官心证技术上的难度。（4）某些实体法中对证明标准有明确的要求。例如，我国《合同法》第68条规定“应当先履行债务的当事人，有确切证据证明对方有下列情形之一的，可以中止履行：……”。这是关于不安抗辩权事实的证明，该事实的认定将会使得，按合同约定有义务先履行合同的一方有权中止履行，从而产生“合同必须信守和履行”这一原则的例外。因此对于不安抗辩权事实，应当适用比一般的要件事实更高的证明标准，需要对事实的存在提供确切的证据进行证明。

此外，为了实现身份关系的安定性，以及基于判决的对世效力，某些涉及身份关系的案件也应采取更高程度的证明标准。例如，对婚生子女推定的否定或者强制认领诉讼，需要进行血缘鉴定时证明要求非常高，基于科学实验的精准性，通常要求证明二人有父子血缘时，鉴定结果为99.9%以上。

（二）民事诉讼证明标准的降低

证明标准的降低是减轻负证明责任当事人的举证负担的一种方法或手段，同举证责任的转换、表见证明、事案解明义务等一样，都属于举证责任减轻的方式。证明标准的降低，必须符合必要性、相当性和补充性三原则，这三个要件将证明标准的降低予以落实并具体化。通说以高度盖然性为原则，例外情形下可以降低对证明标准的要求，从整体而言有助于诉讼制度的稳定运行。对于证明困难的案件，如表见证明的案件、特殊侵权责任中因果关系、过失及损害额的认定等可以作为例外情形下，降低某些事实的证明标准，但必须要有法律的明文规定。证明标准降低的主要方式有：

1. 间接反证。以请求生父认领诉讼为例，被告虽然不否认原告主张自己在受胎期间，被告与其生母同居的事实，但是另外提出在他们同居期间，其生母还有其他多位男友。并且有多数关系人提出“抗辩”,[①] 主张即使自己曾与其生母同居，也不能据此认定原、被告之间存在亲子关系。那么，多数关系人提出的“抗辩”间接否定了原告主张的事实，即为本文所探讨的“间接反证”。该说意义在于，原告根据部分间接证据推定因果关系的存在，从而判决被告承担赔偿责任，缓解了原告的举证困难。

2. 大致推定。日本东京地判昭和 42 年 6 月 7 日下民集 18 卷五・六号 616 页，关于注射颈动脉造影剂导致患者死亡的案件，法院判决如下：“……本院认为，在如同医学一般、具有高度专门性的领域上，关于手术过失的有无成为判断对象时，如果原告可以就手术实施中的疏忽及其后症状的恶化加以证明，可以据此大致推定被告存在过失。持有关此次手术的医学专门知识与资料的被告，如果不能提出反证说明自己的疏忽或过失是在医术的界限内，或者证明自己的过失与症状的恶化之间并无因果关系的存在，即应当认定被告的责任。”显然，虽然对于被告过失的有无，被告只需提出反证足以动摇法官的心证即可，而就因果关系的不存在，却应当由被告负证明责任。因此，对原告而言，证明过失事实的存在证明标准较低。

3. 表见证明。表见证明被认为有助于证据的评估，陈荣宗列举了一个生动的事例来解释表见证明，比如一位卡车司机将卡车开到人行道而致行人伤残，对于卡车行驶在人行道这一事实，就一般生活经验而言，除非有特殊情况，可以推断卡车司机有故意或过失的事实。表见证明制度本质上是法官的自由心证，属于证据评价的一部分，而非举证责任范围。它既不改变证明责任，

① 这里的“抗辩”，本质上是对亲子关系存在的积极否认。

也不改变证明尺度，更不是实体法上的制度。法院以抽象认定的方式，判断加害人主观上有故意过失或者客观上有因果关系的存在，而加害人需就无过失或者因果关系不存在负担证据提出责任（即间接反证）。“定型化事项经过”有助于使证据评价客观化，使得法官心证形成的过程更加客观化、合理化，同时有助于承审法院之外的第三人事后对该认定结果进行审查。错误适用或者不适用表见证明，将违反自由心证原则，成为上诉审的理由。

（三）民事诉讼证明标准的动态化在我国的实践

在我国，证明标准的降低有很大的适用空间，降低原则性的证明标准是制度发展的必然趋势，原因如下：第一，相对于促进诉讼而言，中国的民事诉讼制度更倾向于发现真实。第二，符合中国现代的纠纷解决观念。第三，证明标准在司法实践中的认识和把握有赖于法官群体的司法素养和职业操守。

五、民事诉讼证明标准的特殊化处理

法官应当适用原则性的证明标准进行事实认定，如果适用的结果将会导致明显的司法不公或者违反实体法的目的，而且又缺乏明确的法律依据对证明标准进行提高或者降低，此时法院应该如何处理呢？法院当然无权任意变动法定的证明标准，但是，可以通过对于案件事实本身进行分析，经过证据评价，最终得到一个相对公平的裁判结果，实质上避免了机械性地适用证明标准。围绕证明标准特殊化处理的范围和特殊案件中证明标准的特殊处理进行研究。法官在司法过程中无时无刻不在进行着利益衡量。司法的过程是建立在一个理性基础上的超越理性的感性实践过程，是法官运用自己的智慧对互相冲突的各种利益、价值进行评价取舍的过程。[①] 因此，必要的情形下可以允许法官自由心证的扩张适用，而自由心证扩张适用的依据及边界是利益平衡原则。

（一）民事诉讼证明标准特殊化处理的范围

证明标准的特殊化处理主要出现在证明困难时，如果法官依据法定的证

---

① 蒋安杰：“利益平衡：司法裁判的黄金方法”，载《法制资讯》2009 年第 6 期。

明标准进行判定可能导致明显的不公，法官可以通过改变事实认定的方法，最终得当一个相对公平的结果。证明标准的特殊化处理本质上是自由心证原则的扩张适用，其依据是利益衡量原则。证明标准特殊化处理的范围主要包括因果关系、损害赔偿范围及损害赔偿诉讼中赔偿数额的认定三方面。其中因果关系的认定可以借助相当因果关系的认定方法、比例因果关系的认定方法及统计证据的运用等来缓解因果关系认定的困境。而损害赔偿数额的酌定可依据相关资料，根据法官心证度的比例来判定损害赔偿数额的比例数额。

为了维持法的安定性和裁判的可预测性，法院酌定损害数额制度的要件及效果，包括难以证明具体数额、降低证明标准到何种程度、裁量评价所应当斟酌的因素及损害项目的金钱评价等予以类型化、表格化和定额化。在具体案件的审理过程中，法院应当就证据的评价、损害数额的心证程度及证明标准等所持的见解，适时合理地进行公开、表明，并与当事人进行法律上和事实上的讨论，保障当事人的程序权，从而开展适当、完全的辩论或增加、减少、补充声明，防止发生突袭性裁判。法院最后作出判决时，应当将据以酌定的具体事实以及形成终局心证、判决理由记载于裁判文书，从而确保事实认定的合理性，而且便于上级法院进行再审查。

（二）特殊类型案件中民事诉讼证明标准的处理

人类社会发展的过程中出现了社会生活中前所未见的不确定性和许多未知的新危害。法律系统面临新科技风险所引发的各类“公害诉讼”案件的挑战，果断地放弃因果关系二分法的逻辑，通过统计学的归纳，针对公害案件及流行病学中的不确定性，积极地作出回应。关于公害诉讼的理论难题主要有：证据资格、举证责任与证明标准、因果关系三方面。证明标准的特殊化处理还体现在诸如公害诉讼、专利侵权诉讼、医疗诉讼及电子商务诉讼等特殊类型案件中。当上述类型的案件仅仅依靠证明标准不能认定待证事实存在与否时，应当从事实领域着手，以解决待证事实的认定问题。

可以考虑多元化的证明标准：针对小额诉讼案件、独任制审理的案件，实行优势证据原则；对于其他的民事案件，采取高度盖然性的原则。对于个别规范要件的不同证明标准要求，承认其具有不同程度的可能性，对于系争事实的责任规范适用范围，具有扩大或者抑制的效果。根据证明对象性质的不同，实体性事实和程序性事实分别适用证明标准和疏明标准；针对不同的实体法事实，也会有多元化的证明标准，这就涉及证明标准的提高或者降低，以及为了避免法官作出证明责任判决，民事证据法中确立了多种方式来实现对案件事实的认定，如对于损害赔偿数额的酌定制度、表见证明制度、证明妨碍制度、释明制度，以及针对一些特殊侵权案件（如公害案件、产品责任案件等）为了实现民事证据法的目的，适当降低某些要件事实（如因果关系的认定）的证明标准。

作为法院认定案件事实，形成心证所要求达到的证明程度，证明标准在民事证据法中具有重要的地位。而如何在千姿百态的司法实践中依法准确、合理地运用证明标准对案件事实进行判定，是法院裁判能否获得当事人与社会的理解与认同的重要指标。证明标准的运用固然有赖于法律规定的不断完善，但更需借助于司法实践的经验累积。在此背景下，致力于证明标准的可操作性研究将是民事诉讼证据制度研究的永恒主题。

作者简介：张伟（1980—　），女，河南新乡人，法学博士，艺术学博士后，现为北京师范大学中国基础教育质量监测协同创新中心助理研究员。2013 年在北京师范大学获得法学博士学位，进入北京师范大学艺术与传媒学院博士后流动站，2015 年博士后出站留校工作。曾于 2004 年至 2013 年任郑州大学法学院专职教师。主要研究方向：青少年法治教育，民事诉讼法学，证据法学，法律文化。曾在《东南学术》、《法治研究》等期刊发表文章十余篇，参加省部级项目十余项。

未成年人刑事案件暂缓判决制度研究 *

管元梓

目　次

在我国，未成年人刑事司法制度一直备受关注。2012年，《刑事诉讼法》进行了重大修改，将未成年人刑事案件诉讼程序作为特别程序的一章予以规定，但其中并不涉及未成年人刑事案件暂缓判决制度一节。事实上，早在1992年，我国部分地区就已经开始了对暂缓判决的实践探索。十几年的时间，各地法院已逐渐形成关于未成年人刑事案件暂缓判决的适用规则。故，此轮

* 本博士论文作者管元梓，2011—2014年在北京师范大学法学院攻读刑事诉讼法学博士学位，2014年博士研究生毕业并通过博士学位论文答辩；导师甄贞教授。本博士论文获台湾政治大学第四届思源人文社会科学博士论文奖（优等），后经修改由法律出版社于2015年5月出版，书名《未成年人刑事案件暂缓判决制度研究》，全书约21万字。

《刑事诉讼法》修改对暂缓判决制度的“遗漏”再次成为专家学者、司法实务部门讨论的焦点。本文从未成年人刑事案件暂缓判决制度的基本概念和司法实践入手，在考察域外暂缓判决制度和探讨该制度之概念、称谓、性质、沿革、意义的基础上，深入考察暂缓判决制度的理论争议，并对其进行分析与回应，以较全面地展现该制度的基本运行机制、构建理论框架；并在考察各地法院的实践尝试、总结司法实践的基本模式与问题的基础上，探讨在我国建立未成年人刑事案件暂缓判决制度的必要性和可行性，并提出具体构建该制度的建议，全文约 14 万字。

本文比较深入和独到的研究内容主要有以下几个方面：

一、我国未成年人刑事案件暂缓判决制度的概念、性质及特点

作者认为，在我国，暂缓判决可归纳为对符合一定条件并确定有罪的未成年被告人，暂缓罪或刑的宣告，并设置一定的考察期，待考察期结束后，再根据实际情况决定是否判处刑罚及判处何种刑罚的制度。暂缓判决，亦有学者称其为暂缓宣判[①]、（暂）缓宣告[②]、宣告犹豫[③]，其本质是罪刑的暂缓宣告，即宣告犹豫制度，属于广义的缓刑（见图 1）。其具有以下几个特点：第一，“暂缓判决”一词在我国一般仅适用于未成年人犯罪。第二，在暂缓判决程序中定罪与量刑程序相分离。第三，暂缓判决需对未成年被告人设置一定的考察期，未成年被告人可以复归到社会上，继续就学或者就业。第四，在暂缓判决程序的最后，法官会根据未成年人的犯罪事实和在考察期的表现来决定其应受的刑罚。但对于判处刑罚的具体内容，这些定义没有予以明确。一般认为，对表现良好的，可以减轻处罚，适用缓刑或免刑；对极少数表现不好的，按其原犯罪事实和情节予以判刑。但不能因未成年被告人在考验期内的不良或违法行为而加重原罪的刑罚。[④]

---

① 暂缓宣判指法院经审理认为行为人构成犯罪，但是附条件地不予宣告犯罪的制度。李春雷、张鸿巍主编：《外国刑法学概论》，北京大学出版社 2011 年版，第 237 页。

② 马克昌主编：《外国刑法学总论（大陆法系）》，中国人民大学出版社 2009 年版，第 459 页。

③ 张明楷编著：《外国刑法纲要》（第 2 版），清华大学出版社 2007 年版，第 417 页。

④ 张建军：“我国暂缓判决制度的完善”，载《甘肃政法学院学报》2011 年第 1 期。

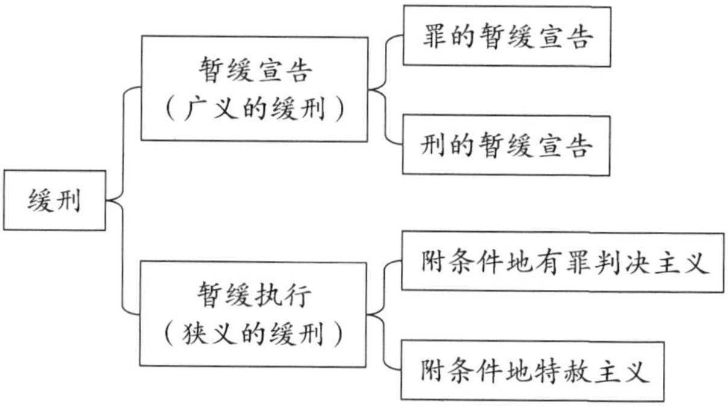

图1　缓刑分类图示

二、暂缓判决制度的域外考察

作者认为，大陆法系国家并未就暂缓判决的具体设计形成较一致的规定，对此制度各国亦处于探索及改革阶段；英美法系国家的暂缓判决制度具有暂缓判决的适用程序完善、灵活性强、人员专业、层次分明等特点，对我国有较大的借鉴意义。而联合国有关暂缓判决的宣言、公约、协定等体现了该制度的国际发展趋势，诸如减少监禁刑的适用、非拘禁措施类型多样、社会参与刑事司法工作等原则，均值得我国思考与借鉴。

暂缓判决为缓宣告缓刑，基于对英国、美国、法国、德国的暂缓判决制度的分析，可将其立法例归纳为罪责的暂缓宣告和刑罚的暂缓宣告两大类。

罪责的暂缓宣告是指有权机关根据案件实际情况和犯罪人的人身危险性，对可能或者应当被认定有罪的犯罪人暂缓作出有罪判决，并将其交付考验，如果犯罪人表现良好则不再进行有罪宣告。该类型的缓宣告又可细分为两种。第一种可称为定罪程序暂停的缓宣告，即对于符合特定条件的犯罪人，在其做有罪答辩或者不辩护也不认罪的基础上，法庭可以暂停诉讼程序，要求其承诺遵守特定要求，如果犯罪人顺利通过考验，则可避免正式的定罪或者可以撤销案件。[①] 例如，美国的马里兰州适用该类型的缓宣告。第二种可称为定

① See Wikipedia.Deferred Adjudication，载 http://en.wikipedia.org/wiki/Deferred_adjudication，最后访问时间 2013 年 7 月 1 日。

罪程序终结的缓宣告，现行加拿大刑法典就规定了这种缓刑制度。这种缓刑类型，是将可能被宣告有罪的被告人交付考验，而免除最后的宣判程序或整个审判程序，保留不认定被告人有罪的可能性。很显然，这种缓刑类型是对追诉程序或有罪宣告的缓期进行。[①]

刑罚的暂缓宣告是指在对犯罪人宣告有罪的基础上，暂缓宣告其刑罚，将其交付考验，如果犯罪人表现良好，则不再宣告其应判处之刑罚。该类型的缓宣告亦可细分为两种。第一种可称为已量刑的缓宣告，即对于已判决有罪的犯罪人，先对其量刑，但保留对该刑罚的宣告，直接将其交付考验，如果其表现良好，则不再宣告刑罚，德国法上的“带有保留刑罚的警告”即属此种类型。第二种可称为未量刑的缓宣告，即对已判决有罪的犯罪人，暂缓进行量刑，直接交付考验，待考验期结束后，结合案件情况及考验期的表现综合确定应判处之刑罚。当前大部分国家适用的暂缓判决均属于此种类型，如英国、美国和法国。

三、我国未成年人刑事案件暂缓判决的司法实践及其与域外暂缓判决制度的对比分析

（一）司法实践

我国司法部门早从1992年就开始了对未成年人刑事案件暂缓判决制度的有益探索。[②]短短十几年间，上海市、北京市、重庆市、江苏省、安徽省、广东省、安徽省、江西省等地的人民法院都针对未成年人刑事案件适用了暂缓判决程序，并探索出了自己的一套审判方法。法院将该项制度作为一种创新举措，在全国范围内进行宣传，同时也引来许多质疑的声音。“暂缓判决逾越了法律雷池”[③]，得不偿失的“关怀”[④]，违反了《立法法》、《刑法》、《刑事诉讼法》的相关规定，违反了无罪推定和公平原则等批评不绝于耳，终于最高人民法

① 参见吴声：《缓刑制度研究：以立法完善为重点》，中国人民公安大学出版社2007年版，第61–62页。

② 参见吴宗宪主编:《中国刑罚改革论》，北京师范大学出版社2011年版，第780页。

③ 刘金林:“暂缓判决：逾越了法律雷池”，载《检察日报》2003年6月18日。

④ 王琳:“暂缓判决得不偿失的‘关怀’”，载《西部时报》2004年12月29日。

院对有关未成年被告人“暂缓判决”的改革尝试，责令叫停。[①] 其实，各地试行的暂缓判决制度在适用对象、考察期、刑罚适用上有基本共识，但在具体的程序设计上却是不甚相同，主要的区别在于适用对象、提请程序、考察期和刑罚适用四个方面。具体不同如下（见表 1）。

表 1 各地法院有关暂缓判决制度的区别

	江苏省南京市鼓楼区人民法院	上海市长宁区人民法院	重庆市高级人民法院	北京市丰台区人民法院	江苏省泰兴市人民法院
适用对象	1. 共犯中系从犯、胁从犯，受教唆犯罪的未成年人可以适用暂缓判决	1. 共同犯罪案件的被告人不能适用暂缓判决	1. 共同犯罪中，未成年被告人是从犯或被教唆犯的，可以适用暂缓判决	1. 没有关于共同犯罪的规定	1. 共同犯罪中，其他被告人不符合暂缓判决条件，公诉机关未另行起诉的，不适用暂缓判决
	2. 可以判处 3 年以下有期徒刑、拘役、管制并有可能宣告缓刑的未成年被告人可以适用暂缓判决	2. 根据已查明的事实和法律的规定，可直接免予刑事处分或宣告缓刑的被告人不适用暂缓判决	2. 可以判处 3 年以下有期徒刑或拘役的未成年被告人可以适用暂缓判决	2. 犯最高刑在 3年（含3年）以下有期徒刑、拘役、管制之罪的未成年被告人可以适用暂缓判决	2. 可能被判处三年以下有期徒刑、拘役的未成年被告人可以适用暂缓判决
	3. 不要求被害方能够谅解	3. 不要求被害方能够谅解	3. 要求被害方能够谅解	3. 不要求被害方能够谅解	3. 不要求被害方能够谅解
	4. 要求未成年被告人被采取取保候审或监视居住等强制措施，且尚未羁押	4. 不要求未成年被告人未被羁押	4. 不要求未成年被告人未被羁押	4. 不要求未成年被告人未被羁押	4. 不要求未成年被告人未被羁押

① 张立勇主编:《中国特色少年司法制度改革与完善研究》，法律出版社 2012 年版，第 547 页。

续表

	江苏省南京市鼓楼区人民法院	上海市长宁区人民法院	重庆市高级人民法院	北京市丰台区人民法院	江苏省泰兴市人民法院
提请程序	独任法官或者合议庭提请，法院审判委员会决定	独任法官或者合议庭提请，法院审判委员会决定	独任法官或者合议庭提请，法院审判委员会决定	独任法官或者合议庭提请，法院审判委员会决定	由审判长或独任审判员向被告人及其法定代理人讲明“暂缓判决”的含义，并征求他们的意见，如果同意，则由他们向法庭出具“暂缓判决”申请书。合议庭或独任审判员提交分管院长审核，并提请审判委员会讨论决定
考察期	如果受观护未成年人表现突出，确有悔改，可相应缩短观护期	3~10 个月	3~6 个月	3~12 个月	3~6 个月
考察程序	对未成年被告人帮教观护的网络真实、稳定，有具体的帮教考察人员和切实可行的管束措施，且亲属愿积极配合，受观护未成年人亦自愿接受矫治措施，主动承担观护义务的	在考察工作中，建立三级网络，即第一级考察人员由少年法庭的审判员担任、第二级考察人员由特邀陪审员担任、第三级考察人员由暂缓对象工作劳动、学校或社区干部、公安派出所的有关人员组成	法院将指派专人考察评估其改造情况	不离开监护人的监管，依靠社会力量进行帮教矫治	将未成年犯罪人交帮教组织观护帮教

续表

	江苏省南京市鼓楼区人民法院	上海市长宁区人民法院	重庆市高级人民法院	北京市丰台区人民法院	江苏省泰兴市人民法院
刑罚适用	对考察期表现突出的被告人，应从宽考虑，尽可能地对其从轻或者减轻处罚	1. 对考察期表现突出的被告人，处以法定刑以下的刑罚 2. 对经考察，确认不致再危害社会的被告人，适用缓刑 3. 对犯罪情节较轻、暂缓判决考察期表现良好的未成年被告人，谨慎地适用免刑	1. 对考察期表现良好的被告人，法院将给予减轻处罚 2. 认罪态度好，人身危险性降低的，法院将适用缓刑； 3. 犯罪情节轻微，考察期间表现良好的，法院将作有罪判决，但免予刑事处罚 4. 犯罪情节轻微，考察期间表现良好，人身危险性和主观恶性均消除的，在征得被害人谅解的情况下，法院将作无罪判决或动员检察机关撤诉	对考察期表现良好的被告人，没有违法行为或有立功表现等，对被告人的犯罪行为便免予刑事处罚或判处较低刑罚	1. 对考察期表现良好的被告人，法院将给予减轻或较大幅度的从轻处罚 2. 对经考察后确认不致再危害社会的被告人，可适用缓刑 3. 对犯罪情节较轻，考察期间表现突出的被告人，可适用免予刑事处罚

（二）我国司法实践与域外暂缓判决制度的对比分析

其一，适用对象存在差异。域外暂缓判决制度的适用对象一般是所犯罪行较轻的犯罪人，这既包括成年人也包括未成年人，是否为未成年人并不是适用该制度的唯一标准。相反，在我国司法实践中，暂缓判决只适用于罪行较轻的未成年人，成年人完全被排除在外。

其二，程序设计存在差异。首先，在提请程序上，在我国一般由法官决定，并层报审判委员会批准；在域外，一般由法官决定，并经犯罪人同意。其次，在决定如何作出上，我国一般由法院向当事人送达“暂缓判决决定书”；在域外，一般由法院签发相应令状，如英美法系的缓刑令。最后，在刑罚适用上，在我国，考验期结束后，表现良好的当事人一般可以获得从轻、减轻处罚，在部分法院，还可以获得无罪判决，有的法官可能动员检察院撤诉；在域外，如果当事人表现良好则可免除刑罚的宣告，在部分国家，还可消除相应犯罪记录。

其三，考察人员存在差异。在域外，考察犯罪人的主体一般是专业人员，如法国由执行法官进行考察、英美由缓刑官进行、德国由专职缓刑帮助者进行；此外，社工和志愿者亦是考察工作中必不可少的，他们辅助专职人员，一起对犯罪人进行矫治和帮助。同时，各国都对考察人员的任职资格都有严格的要求，即这些人员需具备专业的知识。而在我国司法实践中，考察人员一般是实际承办刑事案件的法官，即由他们亲自考察未成年犯罪人的表现，部分地区的法院还借助人民陪审员、学校老师等力量。

其四，考察内容存在差异。在域外，对犯罪人的考察内容形式多样，考察的同时还会附加多种义务，如禁止进入某些特定场所（酒吧等）、社区服务、义工、戒毒等。犯罪人在考验期中的行为、履行附加义务的情况，都可能影响最终考察结果。而在我国司法实践中，法官对于犯罪人的考察内容一般仅指是否再次犯罪，虽然部分法院尝试组织犯罪人到医院或者敬老院做义工，但是没有形成系统性、制度性的考察内容。

四、我国建立未成年人刑事案件暂缓判决的必要性及可行性

作者认为，在我国有必要建立未成年人刑事案件暂缓判决制度，且该制度的运行具有可行性。

（一）对我国建立未成年人刑事案件暂缓判决理论争议的回应

1. 关于合法性问题

第一，关于刑罚。我国《立法法》要求，关于刑罚的规定必须由法律进

行规定。当前，《刑法》和《刑事诉讼法》均没有对暂缓判决进行规定，所以，相关实践探索的确缺乏法律支持。然而，这一问题可以通过直接立法进行解决。

第二，关于罪责刑相适应。暂缓判决制度本身并不违反罪责刑相适应原则。这是因为暂缓判决的适用对象是犯罪情节较轻的未成年犯罪人。也就是说，未成年犯罪人本身即具有从轻或者减轻处罚的法律基础。在适用暂缓判决的情况下，法院需给未成年犯罪人设定一个考验期，考验期内未成年人需履行一系列的积极义务，从这个层面来说，考察期间未成年人亦是在接受惩罚；从另一个角度来说，未成年犯罪人犯罪情节一般较为轻微，并有认罪悔罪表现，在最终确定刑罚时，法官根据其在考验期的具体表现，综合其犯罪事实、性质、情节及社会危害性，所确定之刑罚应与其所犯之罪相匹配，二者之间无明显失衡亦是暂缓判决之应有要求。故该项质疑是对暂缓判决的误解。

第三，关于定罪量刑。对于犯罪人在暂缓判决考验期中的表现是否可以作为量刑情节予以考虑的问题，作者认为，犯罪人在考验期的行为，尤其是赔偿被害人等情况，可以表明其人身危害性，并从侧面显示其所犯之罪对社会的危害程度，所以，暂缓判决从本质上说对于定罪量刑情节的规定是不相违背的。但是由于法律没有实际规定，使得实践中相关做法有缺乏法律依据之嫌，故在构建该制度时应充分考虑该情况。

第四，关于无罪推定。根据域外的相关立法例，暂缓判决是对已经定罪的犯罪人设置一定的考验期，对其进行考察以确定最终的刑罚。从这个角度讲，暂缓判决并未违反无罪推定原则，因为犯罪人在此时已经被定罪。具体到我国的司法实践中，有学者认为“暂缓判决决定”可能会被视为是对犯罪人的一种定罪，因此该制度有违无罪推定原则，但是这可以通过制度设计来予以解决，并不能以此作为反对建立暂缓判决制度的理由。

第五，关于审限。我国《刑事诉讼法》对于案件的审理期限有着明确的规定，实践中的暂缓判决一般会对犯罪人设置 3 个月以上的考验期，这段考验期如果计算到审理期限中，显然是对审理期限的违反。但是这种情况，可以在制度设计时通过扣除审限等方式予以解决，这也是构建具体制度时应当考虑的问题。

2. 关于合理性问题

关于公正性和法益保护功能问题，首先应当从暂缓判决的制度价值角度进行探讨。部分学者质疑暂缓判决是对被害人利益的伤害，但是一个制度公正与否不能以犯罪人是否被判处监禁刑来判断，对被害人利益的保护不能简单地与犯罪人被判刑画等号。事实上，域外一些国家对于暂缓判决的要求是在综合考虑人权保障、公平正义和改造罪犯的基础上适用。而且，各国对被害人权益的保障也采取了相应措施，如在适用暂缓判决时，可以对犯罪人附加一定的义务，其中包括对被害人进行赔偿等，这些措施旨在恢复被犯罪行为损伤的社会关系，而不是单纯地使犯罪人得到报应。所以，以被害人的利益受到伤害为由反对建立暂缓判决制度的观点未免有些狭隘。

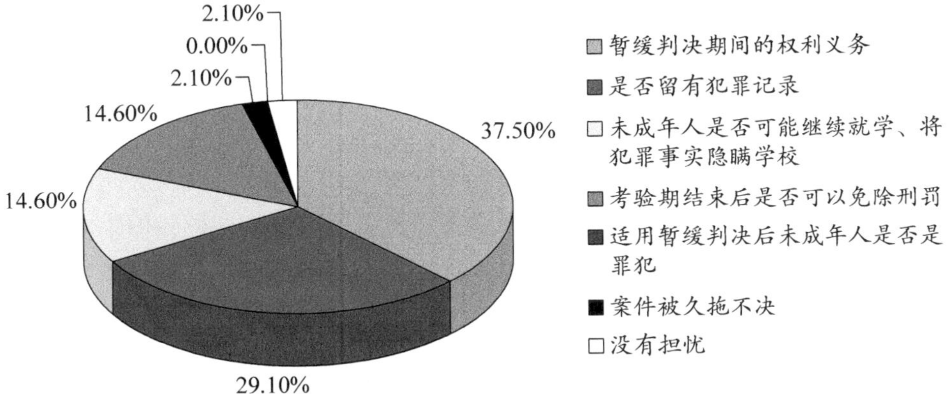

图 2　未成年犯罪人、法定代理人的担忧

此外，关于案件久拖不决有可能侵害未成年犯罪人利益的观点，作者于2013 年 5 月至 8 月间通过某市某司法所的协助，专门就此问题随机访问了27 名已被判刑的未成年犯罪人和 21 名已被判刑的未成年犯罪人的法定代理人，询问“若对您或者您的子女适用暂缓判决，您最大的顾虑或担忧可能是什么？”选项有“A 暂缓判决期间的权利义务 B 案件被久拖不决 C 是否留有犯罪记录 D 没有担忧 F 其他（请注明）”。结果显示，选择“案件被久拖不决”的 0 人。从受访者担忧的具体事项可以看出，首先，有学者认为“案件被久拖不决可能损害未成年人利益”的情况并不是未成年犯罪人及法定代理人担心的事项。对于“暂缓判决期间的权利义务”、“是否留有犯罪记录”、“考验期结束后是否可以免除刑罚”才是他们关心的问题。（具体比例见图 2）所以，正如有些学者所说的那样，因为未成年犯罪人只要在考验期内表现良好，则可能受到免刑或者大幅度从轻的处罚，所以，从实际效果上看，暂缓判决制度是以保护未成年人权益为出发点的。

关于公平性问题，由于当前司法实践中适用暂缓判决的案件都是精挑细选的，而不是所有情况类似的案件都有机会适用该制度，所以，就容易发生案件、犯罪人情况均类似的情况下，在不同法院甚至相同法院形成的判决结果存在较大差异的问题。但是这种不公平的产生是在探索创新初期、未形成立法的情况下不可避免会发生的，待我国构建起暂缓判决法律制度后，这种不公平情况应当能够得到解决。

关于司法资源问题，在适用暂缓判决的案件中，如果未成年犯罪人违反相关规定或重新犯罪，则可能发生重新开庭审理等情况，从而使得司法资源发生一定的浪费。但是，公正与效率不可能永远是双赢的，以损失一定的效率来获得更好的公正，往往是各国立法的选择。例如，我国《刑事诉讼法》修改后在未成年人专章中加入了附条件不起诉制度，在该制度还没有被法律规定之时，亦有学者认为该制度存在浪费司法资源等诸多问题，但事实证明，效率的些许损失有时是制度设计时需必然承受的。

（二）暂缓判决制度的必要性分析

1. 从功能角度暂缓判决是已有规定的完善和补充

未成年人违法犯罪案件的一般处理流程包括侦查、起诉、审判和执行，在我国，起诉和执行阶段的暂缓已经由法律加以规定，侦查和审判阶段的暂缓仍停留在实践探索阶段。[①]事实上，侦查、起诉、审判和执行是未成年人刑事案件流程中的四个重要阶段，每一个程序的暂缓均有助于教育、感化、挽救未成年违法犯罪人（见表2）。从暂缓制度的功能上讲，每个阶段的暂缓都

① 侦查阶段的暂缓处理，又称为缓处考察，是指未成年人做出违法行为后，公安机关不立即作出处理决定，而是规定在一定期限内，通过帮教挽救，促使他们改过自新，并对其原有的违法材料也不转入个人档案。该制度已在我部分地区的公安分局进行试点，如上海市南汇区公安分局。附条件不起诉处于在起诉阶段，其是《刑事诉讼法》未成年人专章新规定的一项内容，即指对符合条件的未成年人，虽符合起诉条件，但有悔罪表现的，检察机关可以作出附条件不起诉的决定。在我国，缓刑仅指刑罚的暂缓执行，即对于符合法律规定的犯罪人，法院宣告其罪责和刑罚，并对该刑罚暂缓执行，如果缓刑期间无违反规定之事由，已宣告之刑罚则不再执行。

是独立的，亦具有其独立的存在价值，这与我国的已有规定不仅是不矛盾的，还是其重要的完善和补充。就未成年人刑事案件暂缓判决本身而言，在审判阶段，法院通过暂缓罪责和刑罚宣告的方式，对犯罪人进行威慑，在达到特别预防目的的同时，给予他们重新做人的机会。其在功能价值、适用对象、最终效果和对犯罪人的影响力等方面与附条件不起诉、缓刑均存在差别，故这几个制度之间是不能相互替代的。

表 2　未成年人违法犯罪案件的一般处理流程

侦查	起诉	审判	执行
暂缓处理	附条件不起诉	暂缓判决	缓刑（暂缓执行）

2. 从内容角度暂缓判决比已有规定更加灵活

在英美法系，暂缓判决制度的内容十分多样，尤其在未成年人犯罪的案件中，缓刑官通过附加多种义务，从各个方面对未成年人进行矫治。此外，暂缓判决的时间、附加义务均是可变的，这些内容可依据犯罪人在考验期的表现而定，最终施加的刑罚也可能受其表现影响。所以，与刑罚的暂缓执行相比，暂缓判决在英美法系国家运用的更多，适用范围更广。在我国，宣告缓刑的案件，可以根据具体情况禁止犯罪人从事特定活动、进入特定场所等，但这并未涉及对犯罪人附加积极义务的内容。关于附条件不起诉的规定亦是如此。因此，从内容上讲，暂缓判决制度比我国现行的附条件不起诉、缓刑等规定具有更大的灵活性。

3. 从效果角度暂缓判决与已有规定并不重合

作者认为，暂缓判决与定罪免刑、缓刑、管制、单处罚金的适用对象是不同的。第一，对于定罪免刑和单处罚金来说，暂缓判决与二者在适用对象上并不存在重叠。因为定罪免刑仅针对犯罪情节轻微不需要判处刑罚的犯罪人；单处罚金仅针对《刑法》规定的可以单处罚金的罪行；即这两项非拘禁刑罚的适用前提是犯罪人所犯之罪行不应被判处监禁刑。如果未成年犯罪人所犯之罪符合定罪免刑或者单处罚金的规定，那么应该直接加以适用，而不是适用暂缓判决，所以“可以定罪免刑、单处罚金替代暂缓判决”的说法是站不住脚的。第二，暂缓判决具有其自身的作用和适用对象，其与缓刑、管制的适用范围亦不存在替代关系。因为上述三者性质不同，所对应之罪行轻重亦不相同，所以，制度功能也不尽一致。诚然，各国国情不同，所设置之法律制度亦有所差别，但对于未成年人刑事案件，各国均倾向于制定完备的制度，共同促使未成年犯罪人得到有效的矫治。所以，认为暂缓判决可以通过其他制度替代的说法总体来说是站不住脚的。

表 3　不同刑罚、措施效果对比图

	是否有监督或考验期	考验期表现是否影响本罪判决结果	心理威慑
暂缓判决	√	√	较强
定罪免刑	×	—	弱
缓刑	√	×	中－强
管制	√	×	弱－中
单处罚金	×	—	弱

为了更清晰地了解各非监禁刑罚、措施的效果，可将暂缓判决、定罪免刑、缓刑、管制、单处罚金放在一起进行对比分析。从表 3 可以看出，相关决定、判决作出后，定罪免刑和单处罚金均不存在后续监督的问题，所以其对犯罪人的心理威慑相对来说是最小的。被判处管制的犯罪人在社区接受矫正和监督，但由于管制本身即是一种刑罚，如果犯罪人违反法律规定的禁止令，应由公安机关依照《中华人民共和国治安管理处罚法》的规定处罚，而不涉及对本罪的影响，所以其对犯罪人的心理威慑是弱到中之间。缓刑是刑罚的暂缓执行，执行缓刑时犯罪人已知晓自己被判处之刑罚，如果犯罪人不遵守规定，可能被收监执行原刑罚，再犯新罪的可数罪并罚，但是从心理感受讲，犯罪人对自己应被执行之刑罚已有所预期，所以对其心理威慑应为中到强之间。暂缓判决是法院根据犯罪人在考验期的表现，结合其案件情况等综合刑罚，对于犯罪人来说，刑罚是不确定的，如果违反规定，可能被判处更严厉的刑罚，而如果遵守规定，很可能被免予刑罚并且消除犯罪记录，所以该方式对犯罪人的心理威慑应属较强。综上，从适用效果上讲，暂缓判决与已有规定并不重合，该制度具有建立的必要性。

（三）我国建立未成年人刑事案件暂缓判决的可行性

首先，在我国建立暂缓判决制度具有广阔的理念基础。尊重未成年人身心特殊性的理念、刑罚个别化与社会化理念、恢复性司法理念、"教育、感化、挽救"方针和"教育为主、惩罚为辅"原则深入人心。而减少短期自由刑的适用，亦是多年来国际司法准则所倡导的，而对于未成年人，联合国等国际组织更是主张要尽量少地运用监禁刑，

其次，在我国建立暂缓判决制度具有现实条件。第一，调查问卷的结果显示，对于社区居民来说，大部分人对于未成年人刑事案件暂缓判决制度的建立是支持的，同时，其也接纳该未成年人在自己所在的社区接受矫治。第二，该制度具有司法实践基础。我国司法实务界早在 1992 年就开始了对未成年人刑事案件暂缓判决的实践探索，并取得了一定成效。例如，自 1993 年 12 月上海长宁区人民法院少年法庭对第一例未成年被告人宣布暂缓判决以来截至 2002 年近 10 年间，已有 21 件未成年人案件计 29 人被暂缓判决，而且据参与该地审判的法官介绍，效果还算良好，除一人正常死亡外，在这 29 人中重新就业或就学的有 25 人，只有 3 人由于不同原因未找到职业。[①] 除上海外，北京、江苏等地法院试行的暂缓判决制度亦教育、感化、挽救了一批未成年犯罪人，绝大部分被暂缓判决人正常就学或者就业，没有成为闲散人员，也没有重新犯罪的情况发生。

五、我国构建未成年人刑事案件暂缓判决的基本路径

作者认为，构建暂缓判决制度之基本路径主要分为两步，第一步应是试点论证阶段。第二步是立法阶段，在试点工作成熟后，我国可根据试点经验开始进行未成年人刑事案件暂缓判决制度的立法工作。在立法过程中，应注意以下两个方面的立法理念问题。第一，尊重未成年人特殊性，在制度设计时体现对未成年犯罪人的教育、感化和挽救。第二，转变刑罚理念，摒除单纯的报应刑观念。

就立法模式而言，暂缓判决宜在《刑法》和《刑事诉讼法》相关章节分别规定，且因《刑事诉讼法》已就未成年人刑事案件诉讼程序形成专章规定，故有关暂缓判决之规定宜放到该专章中。从长远来看，建议我国出台有关未

① 赵国玲主编:《未成年人司法制度改革研究》，北京大学出版社 2011 年版，第 262-263 页。

成年人刑事诉讼的专门立法，并将暂缓判决作为其中一个部分予以规定。

在司法实践中，对于暂缓判决应适用于何种对象的问题，有的法院直接规定了暂缓判决的适用条件，有的既规定了适用条件又规定了排除条件，有的则只规定了适用暂缓判决的排除条件。作者认为，为减少暂缓判决适用的随意性，宜同时规定这两种条件。其中，排除条件为累犯和犯罪集团首要分子，适用条件应同时满足未成年犯罪人、经审判确认有罪、所犯罪行较轻、有悔罪表现和适用暂缓判决不致危害社会。

六、我国未成年人刑事案件暂缓判决的审判程序

作出暂缓判决前的庭审及相关程序包括社会调查和庭审程序。对于作出暂缓判决的程序可以分为两大类，其中包含四小类模式。具体而言，暂缓判决可以分为罪责的暂缓宣告和刑罚的暂缓宣告。罪责的暂缓宣告可以分为定罪程序终结的缓宣告和定罪程序暂停的缓宣告；刑罚的暂缓宣告可以分为已量刑的缓宣告和未量刑的缓宣告。这四种模式各有利弊，经作者所做之问卷调查和数据分析，可知，罪责的暂缓宣告比刑罚的暂缓宣告更有利于防止定罪程序给未成年人带来的“犯罪标签”，同时，暂缓有罪宣告有利于未成年人复归社会，在我国国情下，对于尚在就学的学生来说具有至关重要的意义。而就定罪程序终结的缓宣告和定罪程序暂停的缓宣告而言，定罪程序暂停的缓宣告在程序上更加严谨，可避免公众对直接终结刑事诉讼程序所产生的不公平感。综上，我国宜建立定罪程序暂停的缓宣告。

对于暂缓判决的形式，学界主张存在三种观点，其一是以决定的形式作出；其二是以裁定的形式作出；其三是以判决的形式作出。作者认为，暂缓判决倾向于一种重大的程序性决定，作出暂缓判决，刑事诉讼程序相当于暂停的状态；同时，其也涉及一些实体问题，其会对未成年人设定一定的考察期限，并附加一定的义务，这些内容都涉及未成年人的切身利益。所以，暂缓判决的作出宜以裁定的方式作出，这样更能体现暂缓判决的严肃性。

暂缓判决裁定与其他判决、裁定一样，均需按照刑事诉讼文书格式书写。一般而言，暂缓判决裁定主要由首部、事实、理由、裁定结果、尾部五个部分组成。裁定结果是暂缓判决裁定的核心，主要应阐述暂缓对未成年被告人

作出判决，交付考验的期间（包括开始日和终止日）、承担的义务（具体义务根据个案的具体情况确定）。第一，关于考验期的长短，对于可能判处有期徒刑的被告人，暂缓判决的考验期应为 1 年以上，一般不超过 3 年；对于可能判处拘役的被告人，考验期应为 3 个月以上，一般不超过 1 年；对于可能判处管制的被告人，考验期应为 3 个月以上，一般不超过 1 年；对于可能判处罚金的被告人，考验期应为 3 个月以上，一般不超过 6 个月。第二，关于附加义务，根据案件的不同情况和各地帮教设施及条件，法院可以在裁定书中明确未成年被告人在考验期应承担的义务，包括社区服务、心理健康治疗、戒毒、戒酒、履行民事赔偿的判决、裁定或者协议、赔礼道歉、禁止从事特定活动、进入特定区域、场所或接触特定的人、居住中途之家等。法院可在裁定书中确定一项或者几项义务，要求未成年人在考验期内完成，其中社区服务应是必须附加的义务，社区服务的具体时间根据考验期的长短和被告人的实际情况综合确定。

对于已经作出暂缓判决裁定的案件，未成年被告人交由考察机关进行监管，但是并不是说在这段期间，法院不用承担监管职责，为保证暂缓判决的顺利进行和达成较好的矫正效果，法院应该建立备案和定期检查制度，从而全面了解未成年人在考验期的情况。此外，在考验期内，如果检察机关或者被害人，发现未成年被告人有违反规定或者重新犯罪等情况，可以向作出暂缓判决裁定的法院举报此事，如果经查属实，法院可以作出撤销暂缓判决、终止考察的裁定。

如果未成年人被告人在暂缓判决裁定所确定的考验期内表现良好，未发生违反规定或者不履行附加义务的情况，考验期届满，法院依据考察机关提交的报告，对其进行宣判。宣判程序与普通案件的宣判程序相同。至于宣判的内容，学界有不同的认识，作者认为，将最后的判决结果表述为“不追究刑事责任”较为适宜。这是因为如果未成年犯罪人能够顺利通过暂缓判决设置的考验期，那么刑罚的目的就已经达到，与非要在名义上定一个罪名相比，“不追究刑事责任”更能发挥挽救未成年人的作用；同时，其又比宣告“无罪”更能得到被害人和公众的谅解。综上，考验期届满后，具体程序是：考察机关出具载明未成年被告人在考验期内具体表现的报告提交给法院，独任法官形成心证或者合议庭对此进行合议，如果认为未成年人的表现符合规定而作出最终的判决，判决应载明案件的事实和证据、对未成年人适用暂缓判决及其接受矫正的情况，最后宣告“不追究刑事责任”。

未顺利度过考验期分为两种情况，一种是未成年犯罪人在考验期表现不好，即其虽然没有再次犯罪，但是考验期的行为不符合规定，或者未按规定履行附加义务；另一种是未成年犯罪人在考验期间再次犯罪，或者发现有漏罪。

违反规定后的具体程序是：如果暂缓判决裁定作出时，独任法官或者合议庭已对未成年被告人应判处的刑罚形成基本结果，那么结合考验期的具体表现，形成最终的量刑结果。如果未成年人的行为恶劣，显示出较强的主观恶性，那么可在应判处的刑罚上稍重处罚，即可在量刑幅度中选择一个相对较高的刑期。如果未成年人只是单纯的违反规定、不履行附加义务，没有其他恶劣情节，则可以直接宣告已经作出的刑罚。如果暂缓判决的适用是因为独任法官或者合议庭没有对被告人应判处的刑罚形成内心确认，那么可依据正常的程序，在全盘考虑被告人犯罪的各种情节及考验期表现的基础上，作出最终的判决。

再次犯罪或发现漏罪后的具体程序是：如果暂缓判决裁定作出时，独任法官或者合议庭已对未成年被告人应判处的刑罚形成基本结果，那么将该罪应判处的刑罚与新罪或漏罪一起数罪并罚。如果暂缓判决的适用是因为独任法官或者合议庭没有对被告人应判处的刑罚形成内心确认，那么先根据本案情况对本罪进行量刑，然后与新罪、漏罪一起数罪并罚。

七、我国未成年人刑事案件暂缓判决的考察程序

暂缓判决裁定作出后，未成年人将交由考察机关进行管理，这就涉及考察主体、考察程序、内容、结束及考察报告等问题。关于考察主体，作者认为，应建立专门的未成年人社区矫正工作站（如图 3）。关于考察流程，应包括接收与报道、成立考察小组、第一次见面、进度会议和报告、中期心理评估和辅导、最后一次见面；关于考察方案，应为涉及社区服务、赔偿、管护项目、学校型项目等多元化的矫正方案。如若被适用暂缓判决的未成年人违反规定，可以给予警告，行政处罚，如情节严重，可建议撤销暂缓判决、终止考察或建议延长考验期。

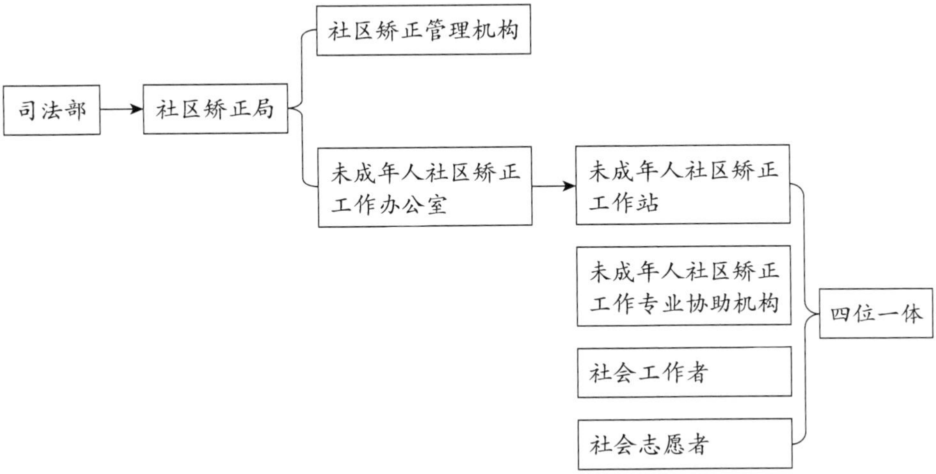

图 3 机构设置图

作者简介：管元梓（1985— ），女，回族，北京人，北京市第二中级人民法院未成年人案件综合审判庭法官。2007 年和 2009 年在外交学院分别获得法学学士学位和法学硕士学位，2014 年在北京师范大学获得法学博士学位。主要研究领域为刑事诉讼法学和少年司法制度，主要著作为《未成年人刑事案件暂缓判决制度研究》，在《中国审判案例要览》、《中国少年司法》、《人民政协报》、《人民法院报》、《河南社会科学》、《预防青少年犯罪研究》、《庆星法学》（韩国）等中外报刊杂志发表学术论文、案例分析二十余篇；多篇学术论文在全国少年审判论坛、全国未成年人保护与司法制度改革研讨会、全国法律英语大赛、台湾思源人文社会科学博士论文奖等征文获奖。

民事误判实证研究

——以408件再审案件为分析样本*

刘 澍

目 次

我国司法上的不确定性问题一直被描述为令各级法院头疼不已的“老大难”。是否如此？抱着此种好奇心，笔者阅读了大量的民事再审判决书。其中，如下几件重复再审民事案件着实让笔者惊诧莫名：（1）新疆高院提审后判决的“梅忠与肖劲松等房屋买卖合同纠纷再审案”。该案曾经三次发回重审，迄今再审至少4次。①（2）“李树新等与栗留锋等合同纠纷再审案”。该案经历了两次本院依职权再审，两次发回重审和一次高级法院指令再审，一共5次再审。②（3）“广东省深圳市翔盈股份有限公司与南宫市乐凯感光材料供应站买卖合同

* 本博士论文作者刘澍，2011—2014年在北京师范大学法学院攻读民事诉讼法学博士学位。2014年博士研究生毕业并通过博士学位论文答辩，师从刘荣军教授。

① 新疆维吾尔自治区高级人民法院民事判决书（2011）新审一民提字第139号。

② 河南省平顶山市中级人民法院民事判决书（2013）平民再终字第12号。

纠纷再审案”则更为出格，一共经历6次再审，并且其中两次是最高法院指令再审。[①]（4）“巩义市工业石化厂与中国银行股份有限公司巩义支行票据纠纷再审案”也很出格，初审后被河南高院指令郑州中院再审（移审），后又经过两轮再审，最后郑州中院依然维持了一审判决。[②]（5）“广州迪卡彩印有限公司与张涛合同纠纷再审案”则是一件再审4次，时间跨度达20年的案件。更令人惊讶的是，再审终审判决竟然是维持第二次再审终审判决！[③]这些来回再审的案件使得笔者情不自禁地心生追问：第一，在众多主体合力纠错的环境下，案件为什么会一错再错？第二，司法机关间到底有何分歧，以至于重复再审？第三，如果民事误判无法避免，那么又应当如何应对？

一、民事误判：我国司法支付的过高成本——对408件再审案件的统计分析

“有理无数慎谈学术。”“据哈佛大学多伊奇等人对1900—1965年世界社会科学重大进展的研究，定量的问题或发现（或者兼有）占全部重大进展的2/3……定量研究问题虽然仅属于研究方法的问题，但它实际上已经成为中国社会科学与国外现代社会科学的最主要差距之一。”[④]正是基于此种考虑，笔者以民事再审判决书为分析样本，借用SPSS分析软件建立数据库，进行社会统计学分析，[⑤]以观察从一审到再审终审中民事误判的衍生过程。

（一）不服当事人再审申请热情高涨

一审结论与再审申请者之间的关系表明，我国法院判决不服当事人再审申请热情高涨（参见图表1）。

---

① 河北省高级人民法院民事判决书（2012）冀民再终字第136号。

② 河南省郑州市中级人民法院民事判决书（2012）郑民再终字第177号。

③ 河南省郑州市中级人民法院民事判决书（2012）郑民再终字第42号。

④ 白建军：《法律实证研究方法》，北京大学出版社2008年版，第5、12页。

⑤ 本文分析样本来源均选自2012年8月民诉法修改以来的再审判决；覆盖了除西藏、青海、甘肃以外其他所有省级地区，其中安徽、广东、上海、浙江、河南、湖南、江苏、北京、山东等地相对较多。在分析指标的设计上，一级指标严格按照司法体制和民事诉讼法来进行设计，共10个；二级指标原则立法规定来设计，但是随着分析样本的实际情况进行调整，共计61个。

图表 1 一审结论 * 再审申请者 交叉制表

		再审申请者						合计
		一审原告	一审被告	一审原被告均申请再审	案外第三人	无人申请再审	一审第三人	
一审结论	原告胜诉	100	180	1	5	0	6	292
	被告胜诉	84	27	0	0	0	0	111
	调解结案	0	1	0	3	1	0	5
合计		184	208	1	8	1	6	408

从上表来看，408 件再审原一审案件中，原告胜诉共计 292 件，原告在胜诉后又成功申请再审的为 184 件，占总数的 63%，说明多数胜诉判决并没有满足其诉求。而在被告胜诉的 111 件案件中，也有 27 件由被告成功申请再审，且原告成功申请再审的为 84 件。也就是说，原告一旦败诉，几乎全部成功申请再审，表现出了比被告更高的再审申请热情。

接下来，我们继续分析二审结论与再审申请者的关系（参见图表 2）

图表 2 二审结论 * 再审申请者 交叉制表

		再审申请者					合计
		一审原告	一审被告	一审原被告均申请再审	案外第三人	一审第三人	
二审结论	维持原判	91	90	0	1	4	186
	改判	65	61	1	0	1	128
	撤销原判发回重审	2	5	0	1	0	8
	上诉人撤回上诉	0	1	0	0	0	1
合计		158	157	1	2	5	323

从上表来看，首先，原、被告二审终审后成功申请再审的为 323 件，也就是有 85 件（有 84 件没有上诉，1 件上诉后又撤诉）[①] 没有经过二审而直接

① 值得说明的是，在表 2 中，数据库还展示了 8 件发回重审的案件。由于这些案件没有产生实体上的生效判决，而且其再审程序启动的原因主要是上级法院依职权发动再审，从而并不列入再审申请者统计之列。表 2 之所以在此予以展示，是因为数据库统计指标时自动生成的。

申请再审。这说明不少原被告不期望二审改判，而是静待再审。其次，从二审终审的 323 件案件来看，有 186 件是二审作出维持判决后原告（91 件）或被告（90 件）申请再审的；有 128 件案件是二审法院改判后一审原告（65 件）或一审被告（61 件）申请再审的。由此可见，无论二审法院的裁决结果如何，诉讼当事人追求再审的欲望还是非常高。

（二）法院级别引发再审分歧

二审法院、再审申请者与再审启动方式之间的关系（参见图表 3）表明，不同层级的法院在再审问题上分歧很大。

图表 3　再审启动方式 * 再审申请者 * 二审法院　交叉制表

二审法院			再审申请者					合计
			一审原告	一审被告	一审原被告均申请再审	案外第三人	一审第三人	
中级法院	再审启动方式	本院依职权再审	21	12	0	1	0	34
		上级法院指令再审	55	64	1	0	2	122
		上级法院提审	26	30	0	0	2	58
		检察机关抗诉	37	25	0	1	0	63
	合计		139	131	1	2	4	277
高级法院	再审启动方式	本院依职权再审	2	5			1	8
		上级法院指令再审	6	4			0	10
		上级法院提审	8	10			0	18
		检察机关抗诉	2	7			0	9
	合计		18	26			1	45
最高法院	再审启动方式	本院依职权再审	1					1
	合计		1					1
合计	再审启动方式	本院依职权再审	24	17	0	1	1	43
		上级法院指令再审	61	68	1	0	2	132
		上级法院提审	34	40	0	0	2	76
		检察机关抗诉	39	32	0	1	0	72
	合计		158	157	1	2	5	323

对于上表，我们可以从两个角度来观察：（1）从审判法院角度来看，323 件经过二审的再审案件中，中级法院生效判决引发再审的为 277 件，占总数的 86%；高级法院有 45 件，占总数的 13.7%；最高法院有 1 件，占总数的 0.3%。这说明二审终审后，案件再审数随着法院层级的提高而呈几何级递减趋势。法院级别越低，其判决遭受质疑的可能性越大，反之越小。（2）从再审启动方式角度来看，本院依职权再审的意愿度最低（34 件），上级法院指令再审的欲望强烈（132 件），而上级法院提审和检察机关抗诉的意愿强度相当，均为 70 余件。这说明，当事人不服判决的根源在于司法过程本身。（3）也同时说明，法院系统内部在再审问题上存在巨大分歧，生效判决法院不愿依职权再审，而上级法院更愿意将审判风险下移（指令再审远多于提审）。

（三）再审内部关系复杂效果不佳

从再审结果与再审启动方式的关系（图表 4）来看，我国再审效果不佳，各审判组织之间存在重重利益博弈现象。

图表 4　再审二审结果 * 再审启动方式　交叉制表

		再审启动方式				合计
		本院依职权再审	上级法院指令再审	上级法院提审	检察机关抗诉	
再审二审结果	维持原判	29	96	40	59	224
	改判（撤销原判，申诉人胜诉）	15	17	36	23	91
	改判（依自由裁量权变更原判内容）	0	2	0	5	7
	改判（依法变更原判内容）	10	24	32	16	82
	发回重审	1	0	0	2	3
合计		55	139	108	105	407

图表 4 显示，（1）案件进入再审后，新的审判组织倾向于挑战原审生效判决，维持判决仅为 224 件，改判或发回重审的为 183 件，占比高达 44.96%。

这哪怕在本院依职权再审中也是如此。（2）从再审启动方式的标准差①来看，“本院依职权再审”（1.04350）>“上级法院指令再审”（0.84880）>“上级法院提审”（0.78052）>“检察机关抗诉”（0.59949）。法院系统对民事再审整体消极，尤其是原生效裁判法院抵触情绪最大，而检察机关积极性较高。（3）从抗诉后改判的比率（43.8%）来看，抗诉效果不佳，且法院有轻微抵触情绪。

（四）立法规范无法有效束缚再审

图表5表明，理论与立法上约束再审和细化再审事由的努力付诸东流。②

图表5　再审事由 * 再审启动方式　交叉制表

		再审启动方式				合计
		本院依职权再审	上级法院指令再审	上级法院提审	检察机关抗诉	
再审事由	1. 有新的证据，足以推翻原判决、裁定的	9	8	14	2	33
	2. 原判决、裁定认定的基本事实缺乏证据证明的	2	12	12	31	57
	3. 原判决、裁定认定事实的主要证据是伪造的	0	5	3	0	8
	4. 原判决、裁定认定事实的主要证据未经质证的	0	1	0	1	2
	5. 主要证据当事人不能自行收集，申请法院调查收集未果的	0	0	1	0	1
	6. 原判决、裁定适用法律确有错误的	14	31	21	43	109

① 标准差表示的就是样本数据的离散程度。简单来说，标准差是一组数据平均值分散程度的一种度量。一个较大的标准差，代表大部分数值和其平均值之间差异较大；一个较小的标准差，代表这些数值较接近平均值。标准差越大，意味着其变动的程度越大，稳定性越小。在本数据库中，标准差越大意味着其实现再审的难度越大。

② 张卫平：“再审事由构成再探讨”，《法学家》2006年第6期；李浩：“再审的补充性原则与民事再审事由”，载《法学家》2007年第6期；陈桂明：“再审事由应当如何确定——兼评2007年民事诉讼法修改之得失”，载《法学家》2007年第6期。

续表

		再审启动方式				合计
		本院依职权再审	上级法院指令再审	上级法院提审	检察机关抗诉	
	7. 违反法律规定，剥夺当事人辩论权利的	0	0	0	1	1
	8. 未经传票传唤，缺席判决的	0	1	2	0	3
	9. 原判决、裁定遗漏或者超出诉讼请求的	0	2	0	0	2
	10. 据以作出原判决、裁定的法律文书被撤销或者变更的	0	1	3	1	5
	11. 认定事实错误或不清	26	75	51	22	174
	12. 原裁判侵犯第三人利益	1	0	0	0	1
	13. 原审遗漏诉讼当事人	1	1	0	3	5
	14. 上诉费问题	1	0	0	0	1
	15. 原判决无法执行	0	1	0	1	2
	16. 请求同案同判	0	1	0	0	1
	17. 代理律师未经其特别授权	0	0	0	1	1
	18. 法官单独会见对方当事人，会商确定案件结论	0	0	1	0	1
	19. 判决标的不明确	1	0	0	0	1
合计		55	139	108	106	408

从上表来看：（1）再审事由突破了立法规范，从13个立法事由扩充到了19个实务事由（真正扩充的事由为9个，即11到19）。[①] 这说明现行立法上的再审事由并不能应付实务需要。约束与细化再审事由的努力没有获得成功。

① 值得注意的是，图表5中列明的再审事由中并不包括民诉法上的所有再审事由。下面三个再审事由“审判组织的组成不合法或者依法应当回避的审判人员没有回避的”、“原判决、裁定遗漏或者超出诉讼请求的”、“审判人员审理该案件时有贪污受贿，徇私舞弊，枉法裁判行为的”没有在分析样本中出现过一例。事实上，在分析样本中有当事人曾以原判决、裁定遗漏或者超出诉讼请求进行抗辩，但是没有获得再审法院的认可。

（2）扩充再审事由的主体为法院，尤其是上级法院。以扩充的再审事由启动再审的统计表明，本院依职权再审的为 30 件；上级法院指令再审的为 78 件；上级法院提审的为 52 件；检察机关抗诉的为 27 件。可见，我国再审压力主要不是来自法院系统之外，而恰恰是法院本身，尤其是上级法院。（3）再审事由的适用频次表明，法院生效判决的主要问题在于事实认定和法律适用。统计表明，“认定事实错误或不清”（174 件）；“原判决、裁定适用法律确有错误的”（109 件）；“原判决、裁定认定的基本事实缺乏证据证明的”（57 件）；“有新的证据，足以推翻原判决、裁定的”（33 件）。

（五）再审判决理由与再审事由对应性很低

理论上来说，案件之所以进入再审是因为其满足了某个或某些再审事由，以至于“确有错误”。再审也就应当重点针对事由部分重点审理。然而，笔者从数据库中导出“再审事由与再审终审判决理由交叉制表”（由于表格太大，有 21 列 22 行从而无法在此处列明）发现，两者并不成正比关系。这体现在：（1）再审事由为“有新的证据，足以推翻原判决、裁定的”的 33 件案件中，判决法院却以“事实认定清楚，法律适用正确”作出了 15 件维持判决，而对应性的改判为 4 件，仅占比为 26.7%。（2）再审事由为“原判决、裁定认定的基本事实缺乏证据证明的”57 件案件中，法院判决“案件事实认定清楚”的高达 39 件，对应性改判的为 18 件，占比为 31.6%。（3）再审事由为“原判决、裁定适用法律确有错误的”109 件案件中，法院终审判决认可该事由的为 58 件（其中 5 件没有改判，而是维持原判），占比为 53.2%；（4）在再审事由为“认定事实不清或错误”的 174 件案件中，法院判决认可该事由的为 56 件，占比为 32.2%。综合计算，法院终审判决认可再审事由的平均率为 35.9%。可见，实务中的再审已经失去了“准头”。

（六）本文观点：我国法院为民事误判支付了过高成本

从前文的统计结果分析不难看出，我国民事误判率高企，司法机关为此付出巨大成本：

一是因为败诉的原被告诉求根本无法有效满足，这就奠定了当事人申请再审的动力源泉。

二是再审司法实践常常会冲破立法规定之束缚，导致法律的规范性效力减弱。再审事由的扩充是非常典型的反面例证。在现行民诉法上，再审事由只有 13 个，但实务至少将其扩充到 21 个。类似的是，判决标准也进行扩充。其中维持原判的理由有 6 个，分别为：事实认定清楚，适用法律正确（维持）；原判事实认定清楚，法律适用错误，但实体处理得当（维持）；事实认定虽有不当，但处理结果正确（维持）；事实认定错误，当事人一二审未提出异议（维持）；事实认定错误，法律适用错误，但实体处理得当（维持）；笔误，更正后予以（维持）。而改判标准则更为复杂，多达 14 个。

三是再审加剧了司法机关之间的博弈，牺牲了司法判决的确定性。以再审启动方式为例，上级法院为避免自身风险，有意无意地动用指令再审、发回重审转移办案压力。与此类似的是，检察机关也在质疑法院司法方面表现出了极大的兴趣，频频以各种法院并不认可的事由提出抗诉，引发再审。

综上，前述统计表明，司法过程中的风险因素太多：各主体之间的分歧过大，主客观因素、偶然因素等挫败法院司法的原因也难以消除；民事误判虽然无法完全避免，但已经成为我国司法系统担负的过高成本；再审率过高、再审改判率过高等在一定程度上“诱发”再审申请，涉诉信访量不断上涨，甚至群体性维权事件也与此脱不了干系。

二、结构性扭曲：民事误判高企根源于司法体制本身

对于我国严重的民事误判问题，各级法院依然高度重视。错案责任追究制度的出现可谓正是对此“矫枉过正”的典型体现。已而，即便司法责任制度犹如“达摩之剑”高悬头顶，但民事误判依然层出不穷。在本文看来，其根源不在他处，正是扭曲的司法体制必然导致的结果。

（一）上级法院被赋予过大的司法权力

在再审程序的构建中，上级法院拥有指令再审、提审和发回重审的权力。图表 6 能说明其中的某些问题：

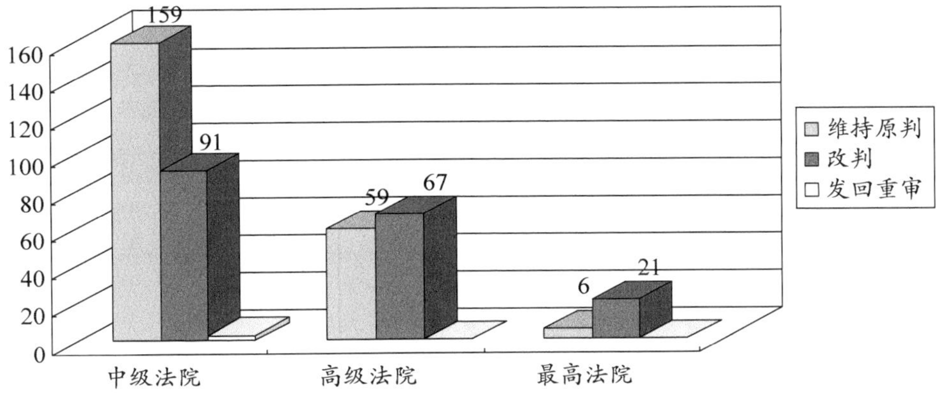

图表 6

从上图表中我们不难看出，在民事再审案件中，中级法院倾向于作出维持判决（159 件，远高于 91 件改判），而高级法院则略微倾向于改判；而最高法院则明显地倾向于改判。可见，改判可能性随着法院级别的上升而上升，并且中级法院和最高法院形成了背反状态。

如果结合图表 3 来分析，则不难发现，在中、高、最高三级法院中，高级法院和最高法院指令再审 132 件，提审的仅为 76 件，这不仅说明上级法院倾向于利用裁量自由权维护自身的利益（减少审判压力，避免风险），而且也说明上级法院握有对下级法院的压迫性力量，并且此种压迫已经超越了审级独立的束缚。实际上，指令再审改判的效果并不好。本文统计数据显示，在 139 件指令再审案件中，再审法院的改判率仅为 32.4%；而在上级法院提审后的 108 件再审案件中再审改判率为 63%，两者相差将近一倍。由此，指令再审成为上级法院过大的权力。

（二）两审终审制度弊端明显

1. 两审终审“暗示”不服当事人：只要获得上级法院的认可，那么案件就有翻盘的希望。于是，我们就在图表 1 和图表 2 中看到了大量的胜诉原被告也积极申请再审的情形。

2. 两审终审导致了中、高、最高法院在再审上的明显分歧。原因在于，中级法院既是上诉法院，又是最重要的再审二审法院（承担 408 件再审案件中的 277 件的审理任务）。大量改判势必导致再审案件增多，本院和基层法院的不满。而高级法院审判工作量远小于中级法院，而且也不是再审的受害者，因此，它更倾向于平衡再审中高再审率的不良后果和司法权力的收益，从而稍微倾向于改判。不过，到了最高法院处，情况则迥然不同，因为至高的审判权是其最主要的收益来源，从而其改判积极性高涨，出现了与中级法院完全相反的情形。可见，审计利益过短的两审终审制，一方面“引诱”不服当事人挑战终审判决的既判力；另一方面，它又加剧了各级法院之间的利益博弈，又反过来内在地破坏了两审终审制。

（三）民事诉讼检察监督干扰了法院司法

笔者在数据库中导出“再审二审结果、再审二审法院和再审启动方式交叉制表”后发现，中级法院总共判决了 54 件检察机关抗诉的案件，改判率为 29.6%，对检察抗诉的抵触情绪非常明显。而从法院对抗诉理由的认可率来看，也低得可怜。以“事实认定错误或不清”（总共 174 件）为例，检察机关抗诉 22 件，法院作出维持判决 15 件，以该理由改判的仅 1 件，认可率低得简直不敢想象。在以“原判决、裁定适用法律确有错误”（共计 109 件）为例，检察机关抗诉 43 件，法院以针对性的理由改判的才 11 件，认可率也仅为 25.6%。由此可见，检察机关抗诉的法律效果是微不足道的。相反，由于检察机关抗诉外在地破坏了司法系统的自主性和终局性，从而打乱了法院司法的预期性、稳定性和系统性。

三、顺应司法规律：结构调整视域下控制民事误判的思考

众所周知，任何客观事物都存在内在的规律性。前述统计学分析表明，我国民事误判主要因司法结构不畅所引发，从而控制方式也应当同调整司法结构以顺应司法规律入手。

（一）结构紧张：不等边四边形诉讼结构破坏了司法规律

理论上来说，理想的民事司法结构是两造对抗法院居中裁决的等腰三角形结构。[①] 已而，我国民事诉讼则演变为原被告对抗法院居中裁决检察机关

---

① 卞建林：《现代司法理念研究》，中国人民公安大学出版社 2012 年版，第 416 页。

一旁监督的不等边四边形结构。在这个结构中，法院与原被告之间的距离不等距。比如，公务组织、国企、纳税大户等主体作原被告时，法院很难拒绝其诉求。而一旁监督的检察机关则更是可以以公益诉讼原告、监督者（抗诉、检察建议）插手诉讼，更无法与法院、原告、被告之间等距。如果结合审级结构来观察，则组成了一个由四级不等边四边形结构组成的外表不规则的金字塔。

在这种诉讼体制构造内，两审终审制起到了阻碍司法统一性的反面作用。比如，最高法院的司法意志只能传达到高级法院，而高级法院的意志也只能贯彻到中级法院。如此一来，无法实现司法统一性。而在民事再审中，由于本院依职权再审、指令再审、提审、抗诉等多重再审启动方式的存在，两审终审制根本无法生产出真实有效的最终判决。如此一来，无论何级法院作出的判决，都无法起到最终裁决纠纷的功能，司法过程总是浸透着某种神秘莫测的非确定性。

此外，这种司法结构很不利于法院的裁判理念、裁判依据和裁判标准的传导和确定。甚至在审判过程中，各级审判组织可以自行创造立法之外的裁判标准。因此，我们就会不无奇怪地看到，408 件再审案件中，竟然有 9 件"原判决认定事实清楚，法律适用错误"的维持判决；也会看到 1 件"事实认定错，法律适用错误，对方当事人无异议"的维持判决；还会看到 4 件"事实认定虽有不当，但实体处理结果正确"的维持判决，甚至还会看到 2 件"事实认定错误，法律适用错误，但实体处理得当"维持判决。换言之，在此种并不符合司法规律的诉讼结构中，我国法院在何时，以何种理由，依据何种标准作出生效判决是很难预测的。

可见，我国民事误判之所以高企，不服当事人之所以再审申请热情高涨，最为根本的原因还在于司法内在构造出现了结构性紧张现象。而要解决这一问题，也就必须从"调结构"入手。

（二）秩序再造：重构符合司法规律的诉讼结构

宏观方面，我国应当放弃不等边四边形诉讼结构，转而采用三角形诉讼结构，即强化司法体制上的独立性。这就要求在司法体制上作如下改革：一是提高司法改革力度，将法院系统从行政序列中独立出来，打造一个独立的法院司法系统。二是将检察机关的法律监督权定位为“违法监督”，取消其民事抗诉权。诚如已逝江伟教授所言：“我国现行的审判监督模式正在形成一种‘审判监督压制司法独立并最终破坏司法公正’的状况。”① 在笔者看来，“法院系统之所以无法应对纠纷解决，最为重要的原因是它没有‘终审权’。”② 检察机关的民事抗诉权显然就是破坏司法终局性的一种外在权力。诚然，考虑到法院司法也需要外在监督的客观现实，将检察监督定位为违法监督是比较合适的。三是明确司法独立并非为“审级独立”而是“法官独立”。司法独立只有落实到个人头上，才能实现权责匹配，才能最终回归理性。四是变两审终审制为三审终审制。如此一来，最高法院的司法理念可直接贯彻到中级法院，深刻影响基层法院；高级法院相关理念则可直通基层法院，司法的可预期性和稳定性必将大大提高。

微观方面，我国在诉讼程序机制上还可以进行更大程度的改革：一是各级法院应当明确诉讼上的判决标准，强化判决书说理。而这一方面的工作可通过当下正在施行的案例指导制度逐步推进。二是强化当事人自我责任。“当事人的自我责任是构建现代民事诉讼制度的重要的程序法原理。”③ 我国民事误判之所以多发，一个重要的原因就是诉讼构造内的失权制度未能得到有效完善，使得诉讼当事人往往抓住各种司法过程中的“小辫子”缠诉、闹诉。当然，诉讼失权制度必须以完善的审前程序构造作为前提。笔者主张通过强化诉答程序、争点整理和审前会议来推动当事人积极行使诉权，同时推动纠纷的合意处理。美英两国的立法表明，完善的审前程序构造在化解纠纷方面的作用非常明显，大约只有1%的案件能够进入判决程序，④ 而且由于争点已经确定法院审判压力大减，极大地降低了民事误判的可能性。三是严厉约束再审，废除本院依职权再审和上级法院指令再审等几种破坏生效判决既判力的再审启动方式，避免非错变错，或者错上加错。

---

① 江伟：《民事诉讼法专论》，中国人民大学出版社2005年版，第414页。

② 刘澍：“司法生态：我国民事诉讼检察监督制度架构的逻辑取向”，载《民事程序法研究》2013年第9辑，第25页。

③ 李浩：“民事诉讼当事人的自我责任”，载《法学研究》2010年第3期，第120页。

④ The Federal Supreme Court of United States: “2013 Year-End Report on the Federal Judiciary”, http://www.supremecourt.gov/publicinfo/year-end/2013year-endreport.pdf. 最后搜索日期2014年7月27日。

结语

“历史有渐无顿，无骤变之迹，更无骤变之理。在时间的连续中悄悄然无声小变、渐变，是历史的定力和常规。看似翻江倒海的事变，颇迷人眼球，潜在的规则却会在事后偷偷复活；人为设计的突变，历史的力量会把它拖回应处的位置。”① 目前，我国正在深化司法改革的征途之中，省级以下法院人财物直管，法院管辖制度、法官员额制度改革等将在一定程度上推进司法独立，理顺司法结构。② 诚然，从司法规律对我国司法体制构造的应然性来看，还有相当大的距离。不过，党的十八大和十八届三中全会报告锐意推进改革，已经奠定了未来司法改革的理论、制度、路径和信心基础，破解民事误判司法成本高企的路径已然显现。

作者简介：刘澍，1977 年生，湖南隆回人，2011 年到 2014 年在北京师范大学法学院攻读民事诉讼法学博士学位，淮北师范大学政法学院副教授，安徽嘉闻律师事务所律师。2001 年毕业于湖南科技大学历史系，获历史学学士学位；2004 年毕业于海南大学法学院诉讼法学专业，获法学硕士学位，并进入淮北师范大学工作；2014 年毕业于北京师范大学法学院诉讼法学专业。主要研究方向为诉讼法和司法制度。在《安徽大学学报》、《新疆大学学报》、《海南大学学报》、《政治与法律》等期刊上发表论文近 30 篇，出版《民事误判实证研究》等著作 4 部，主持部级课题 3 项，省级课题 1 项；2012 年获得中国法学会青年法学论坛一等奖、三等奖各 1 次，省人文社会科学优秀成果三等奖 1 次；其他教学、科研奖励多次，多次在西南政法大学、淮北市法院系统、检察系统、行政系统作学术报告。

① 陈江：《明代中后期的江南社会与社会生活》，上海社会科学院出版社 2006 年版，第 9 页。

② 孟建柱："深化司法体制改革"，载《人民日报》2013 年 11 月 25 日，第 1 版。

论刑事主观事实的证明*

姚　磊

目　次

刑事主观事实关乎内心世界，较外在于物质或行为表现的客观事实而言，具有更大的隐秘性、不确定性和复杂性，也就有着更大的证明难度，尤其是"明知"和"目的"的证明历来是司法实践中的难点。为解决证明的困难，法律和司法解释规定了一定数量的推定或推论指导规则，但对于浩如烟海的犯罪情节以及隐秘难测的主观世界而言，这并无法完全解决问题。可以说主观事实的证明困难，是司法实践中现实存在的难题。而主观事实是否得到有效

* 本博士论文作者姚磊，2012—2015年在北京师范大学法学院攻读刑事诉讼法学博士学位，2015年博士研究生毕业并通过博士学位论文答辩，师从甄贞教授。

证明，直接关系到案件事实能否得以认定，而无论是实体法还是程序法的设置与实施，都以案件事实的认定为核心，如果主观事实的证明出现较为普遍性的证明困难，那么必然会对实体法和程序法的运行产生不利影响。为解决主观事实的证明困难，减轻乃至消除主观事实证明困难带来的不利影响，本文将从犯罪构成（证明对象）、证明方法、证明责任、证明标准、程序保障等方面，以刑事一体化的视角，对主观事实的证明问题进行跨学科的综合性研究。

一、刑事主观事实概述

（一）刑事主观事实的含义

准确界定刑事主观事实的含义，是研究主观事实证明问题的基础。主观事实的含义不同于主观要件、主观方面、责任、犯罪形态等内容，其与主观方面的含义最为接近，但范围大于主观方面。人身危险性和责任能力不应属于主观事实的内容；案外表现行为主体内部心理状态的事实也属于主观事实，但案外主观事实与案件内主观事实不同的是，其一般不存在证明困难的问题，因此可将其列入广义的主观事实之中。本文以解决主观事实证明困难为目的，研究的范围也就限定在案件内的主观事实中，即狭义的主观事实。因此本文中主观事实的含义为：案件内需要运用证据加以证明的表现行为主体内部心理状态，决定定罪或影响量刑的事实，具体包括故意（其中包括特定明知）、过失、目的、倾向、表现、事实认识错误、违法性认识可能性、防卫意识和避险意识等主观正当化事由、被害人内心状态等主观定罪事实及动机、情绪、心态等主观量刑事实。

（二）作为证明对象的几类刑事主观事实

故意、特定明知、过失、目的是刑事主观事实证明中最为主要的内容，故意中的证明内容有认识因素和意志因素，认识因素为对构成要件中客观事实的认识，包括对犯罪客体和客观方面的认识，意志要素分为希望意志和放任意志。特定明知中对行为对象的认识，证明难度较大，是司法实践中证明的难点。明知有“知道”、“应当知道”、“可能知道”三种情形，“知道”是指实知、明确知道，在证明层面，“知道”是能够通过证据直接证明的“明知”。“应当知道”

也为实知，在证明层面，“应当知道”是通过推定或者推论的方式而得出的“明知”。“可能知道”为“知道可能”或“怀疑”，是行为人对行为对象等内容的盖然性或不确定认识，是一种既不确定也不能排除为某事物的心态。过失分为疏忽大意的过失和过于自信的过失。疏忽大意的过失主要包含预见义务、预见可能和由于疏忽大意而没有预见三项内容。在预见可能的判断中，最终的判断根据仍然是行为人本身的预见能力，只是判断行为人本身的预见能力，社会的一般标准应当作为重要的判断因素。过于自信的过失中，行为人对自己的行为可能导致危害结果发生是有认识的，但认识是一种较为模糊和不具有现实可能性的认识，在意志因素方面，行为人轻信其所预见的危害结果不会发生，对结果的发生持反对和排斥态度。目的犯中的目的有直接目的和间接目的两种，一般情况下间接目的的证明要难于直接目的的证明。

（三）刑事主观事实的分类

以对案件定罪、量刑影响的不同，可将刑事主观事实分为主观定罪事实和主观量刑事实，主观量刑事实可分为加重处罚的主观量刑事实和降低处罚的主观量刑事实。这一分类，能够起到针对不同种类的主观事实设置不同证据制度的作用。由于主观事实证明困难主要表现为对主观定罪事实的证明，因此本文主要研究主观定罪事实的证明问题。

以对犯罪成立的作用不同，主观定罪事实可分为主观积极事实和主观阻却事实，主观积极事实是指从正面表明犯罪成立的主观事实，主观阻却事实是指从反面表明犯罪不成立的主观事实。主观阻却事实有两方面内容：一是只对积极事实本身进行否定的阻却事实，该类事实的存在用于证明积极事实本身的不成立；二是当积极事实成立时，第一类主观阻却事实之外的能够阻却犯罪成立或者刑事责任成立的事实。将阻却事实分为两种类型，可分别对应证据责任制度中的消极抗辩事由和积极抗辩事由。

二、刑事主观事实证明困难的状况及成因

（一）刑事主观事实证明困难的状况

刑事主观事实证明困难的状况，可通过对主观事实证明困难的现实存在

性、案件类型、表现形式、案件特征四方面内容的分析予以说明。关于现实存在性，通过对司法实践中无罪、不起诉案件，以及相关司法解释规定的分析，可以较为明显地表现出，在司法实践中现实存在着主观事实的证明困难。关于案件类型，“明知”和“目的”的证明，以及间接故意和过于自信过失的区分，是证明困难表现最为突出的案件类型，如果动机属于犯罪构成要件要素，那么渎职类犯罪中的徇私舞弊动机、寻衅滋事罪中的流氓动机等主观心态的证明也较为困难。关于表现形式，案件事实的证明困难一般有两种表现形式，一是由于案件的隐蔽性，无法获取到相关证据；二是由于案件事实的特殊性，在取得一定证据的情况下，对案件事实的推论较为复杂和困难。客观事实的证明困难主要表现为第一种情形，而主观事实的证明困难两种情形均有所表现。关于案件特征，主观事实证明困难的案件往往具有缺少被告人有效供述，证据来源少或间接证据推论困难，证据之间可能存在矛盾、需综合判断的特征。

（二）刑事主观事实证明困难的成因

刑事主观事实证明困难的成因主要有五个方面：一是主观事实自身内在性和个体差异性的特性，使得主观事实的证明具有天然的难证性。二是主观事实较客观事实，证明的手段较少，科技手段对主观事实证明所能起到的支撑作用较为有限。三是我国刑法具有一定的主观倾向，对于一些犯罪的规定和解释，有着较多的主观要素，增加了证明的对象。四是证明责任、证明标准的设置，以及印证证明模式的适用，对主观事实的证明作出了较高的要求，另外，理论和实践对证明责任和证明标准如何适用也有着较大的争论，这都使得通过证明责任的适当分配和证明标准的合理要求，在一定程度上降低证明难度的作用没有得到充分发挥。五是裁判文书说理不充分，诉讼制度中被告人取证能力较弱，法官、检察官诉讼关照义务没有得到有效落实等原因，使得主观事实的证明在诉讼制度有效保障方面还有待进一步加强。

三、刑事主观事实证明的宏观考察

本文研究刑事主观事实的证明问题，沿着从宏观问题到具体制度的路径进行。主观事实证明中有两个重要的宏观问题。一是犯罪构成可证明性；二是证明原则。

（一）犯罪构成可证明性

犯罪构成可证明性是本文的核心命题，是主观事实证明中，刑法、证据制度、诉讼制度建构所应遵循的总体思路。犯罪构成可证明性是指犯罪构成要件应当具有可证明性，而要件事实是否可证，由刑法、证据制度和诉讼制度共同决定，刑法对要件事实的设置和解释，需要考虑该要件事实本身的证明难度及证据制度和诉讼制度所能提供支持；在某一要件事实被确立后，证据制度和诉讼制度的具体设计，也应基于证明的现实需要，在适度的范围内为要件事实的证明提供支持和保障。

具体而言，犯罪构成可证明性包含两个层面的内容：第一层面是刑法的设置和解释。刑法对某一要件事实的设置和解释首先要考虑的是刑法自身的价值，即运用刑法进行否定评价的正当性问题，这是设置和解释某一要件事实的根本，是决定性因素。另外，刑法的设置和解释也不能仅仅为了追求理论上的逻辑自洽而忽视证明的现实需要，还必须要考虑证明该要件事实的难易程度，即证明的难易程度应作为重要的参考因素。因为我们必须现实的接受，刑法得以实现的前提是案件事实的证明，一项证明难度极大的犯罪构成要件的确立，必然会增加诉讼的成本和侦查违法的危险。另外，要件事实能否证明还会受到证据制度、诉讼制度对要件事实证明的支持和保障程度的影响，制度支持越有力，要件事实的证明问题也越易解决。由此可见，刑法对某一要件事实的设置和解释，虽然作用不同，但必然要受到以上三方面因素的影响和制约。如表 1 所示，设置一项要件事实的最佳情形应该是，刑法自身价值高，而要件事实证明难度低，同时又能得到较好的制度支持。

表 1

刑法自身价值	要件事实证明难度	制度支持程度
高	低	高

进一步分析，制度支持程度在一定时期，一定法域内一般处于相对确定的状态，即使是制度支持中相对灵活的推定和推论指导制度，也往往具有一

定的滞后性。因此，在分析刑法的设置和解释时，可以把制度支持程度作为定量，根据其基本状况，为刑法自身价值、要件事实证明难度与是否设置要件事实之间的关系确立一个基本的参照系数，如制度支持程度较低，则要件事实证明难度在要件事实设置中的影响作用越大；反之，则作用越小。因此要件事实的设置与刑法自身价值、要件事实证明难度之间的关系，一般可用表 2 概括：

表 2

刑法自身价值	要件事实证明难度	是否设置要件事实
高（无争议）	任何	是
低（争议较大）	高	综合判断
低（争议较大）	非常高	否
任何	低	证明难度无影响

具体而言，犯罪构成可证明性在刑法设置与解释方面，有以下四方面表现：一是设置和解释某一要件事实时，如果刑法自身价值高，或者本身不存在争议，那么由于刑法自身价值是决定性因素，无论要件事实证明难度如何，均应当设置或者解释该要件事实成立。此时只能寻求实体法或者证据制度中其他方式来缓解证明的困难。二是如果设置和解释某一要件事实时，刑法自身价值低，或刑法本身对于某一要件事实的设置与否存在较大争议，具有较大正当性疑问时，那么此时要件事实证明难度大的情况，应当作为重要的参考因素，此时，需要综合刑法方面的价值和证明的难度作出判断。三是当刑法自身价值低或争议较大，而主观事实证明难度极大时，即对于一些基本不具有证明可能性的要件事实，则一般不应设置或解释该要件存在。四是当要件事实证明难度低时，其对要件事实的设置失去影响作用，在设置或解释该要件时，不必考虑证明情况。

第二层面是证据和诉讼制度的支持。犯罪构成可证明性要求，在证据制度和诉讼制度的建构中，也需要考虑要件事实的证明难度，应当将解决要件事实的证明问题，作为目标之一，证据制度和诉讼制度应当在适当的限度内，为要件事实的证明提供支持。诉讼制度和证据制度的设置并不是任意的，以对被告人权利有无不利影响作为依据，可将具体制度分成两个方面，证据制度中的推定设置和主观事实控方证明标准的降低，与被告人权利保障矛盾，这两项制度的设置必须极为慎重。诉讼制度中对被告人取证能力的加强、诉讼权利的保障，以及推论指导等制度的构建和完善，不会侵犯到被告人的诉讼权利，因此这些制度应当尽可能地予以设置和落实。

（二）刑事主观事实的证明原则

刑事主观事实证明是案件事实证明中的一部分，因此同样适用证明的一般原则。由于主观事实证明的特殊性，其中需要重点强调无罪推定原则，该原则应当作为主观事实证明中必须坚守的底线，对主观事实的有无和具体性质有疑问时，必须作出对被告人有利的决定。主观事实证明中还有一项特殊原则，从客观到主观证明原则。该原则要求，在证明案件事实时应首先证明客观构成要件事实，再证明主观事实；在证明主观事实时，应先证明能够推论主观事实存在的相关客观事实，再结合被告人的供述和辩解进行综合判断。之所以采取该原则，一是因为在案件事实的认定中，由主观到客观的认定方式容易导致主观归罪；二是因为在主观事实的认定中，由客观到主观的证明顺序更易准确地认定行为人主观心态的有无及性质。

四、解决主观事实证明困难的实体法路径

解决刑事主观事实证明困难，首先需要考虑的是主观事实证明中的实体法问题，即能否通过适当的实体法设置，降低主观事实的证明难度。因此本部分选取其中最为重要的三方面内容，结合犯罪构成可证明性的内容进行分析。

（一）关于犯罪论体系与主观事实的证明

犯罪论体系推定机能不会转移故意、过失的证明责任，故意、过失的证明责任始终由控方承担。犯罪论体系推定机能也并不必然转移证明责任，在德国，由于诉讼模式为职权主义，对于阻却事由，辩方仅承担主张责任；而在日本，由于诉讼模式为混合制，对于阻却事由，辩方需要承担争点形成责任。在美国，犯罪论体系为双层次模式，对于责任的充足要件，辩方需要承担提

供证据责任，有时甚至承担说服责任。对犯罪论体系的比较考察，可以为我国刑事司法中确定被告人承担主观事实证明责任的性质和范围，提供较为明确的参考，但具体应当如何设置，仍需要结合我国刑法犯罪论体系以及诉讼制度的具体情况而定。

（二）关于刑法的适度客观化

我国刑法仍然具有一定的主观倾向，这是主观事实证明困难的成因之一，因此对刑法的适度客观化解释和改变，是解决主观事实证明困难的一条较为有效的路径。本部分根据犯罪构成可证明性的要求，通过对具体犯罪中，刑法自身价值及要件事实证明难度的综合分析，提出对渎职类犯罪中的徇私、徇情动机，应当进行客观化的解释，将其解释为只要不是因为业务、能力水平等因素而导致的过失情形，便可以认定为具有徇私动机；对于寻衅滋事罪中流氓动机，不应将其解释为构成要件；对于倾向犯和表现犯，我国刑法应当继续坚持对其不予承认。另外，应当区分不可罚的不能犯与可罚的未遂犯，对不能犯不应予以处罚；还应当将对犯罪预备原则性处罚的规定改为例外处罚，将犯罪预备的处罚限定在少数严重犯罪的范围之内。

（三）关于刑法罪名的设置

刑法可适度扩展主从模式的罪刑体系，在行受贿犯罪中，可考虑设置取消“为谋取不正当利益”和“为他人谋取利益”要件的从属罪名；在金融诈骗类犯罪中的保险诈骗、信用卡诈骗犯罪也可以考虑设置取消“非法占有为目的”的从属罪名。但具体能否设置以及如何设置，还需要结合我国刑法的具体情况而定。严格责任分为实体性严格责任和程序性严格责任。我国刑法不应引入实体性严格责任犯罪，因为在我国刑法和司法制度中并无实体性严格责任制度适用的空间和必要。程序性严格责任制度并不否定罪过的存在，实际是由辩方承担其无过错的证明责任，这与我国刑事司法的规定并不矛盾，我国刑事司法中也规定了推定制度。因此，程序严格责任实际并不存在引进与否的问题，而是我们可以适当借鉴程序性严格责任制度的合理内核，进一步完善我国的推定制度和证明程序。

五、刑事主观事实的司法证明方法

刑事主观事实的司法证明方法有运用直接证据证明和运用间接证据证明，直接证据证明也称为直接证明，在间接证据对主观事实的证明中，由于“目的”、“明知”也可能通过间接证据直接予以证明，因此，间接证据对“目的”和“明知”的证明，也可能为直接证明，此时的证明与运用直接证据证明相同，但大部分情况下运用间接证据对主观事实的证明仍为推论。

在直接证据证明主观事实中，最为关键的是被告人供述的补强问题，对于该问题的研究，首先需要确认的是被告人供述能否证明主观事实，如果被告人供述不能证明主观事实，则不存在口供补强规则适用的前提。对于部分主观事实，被告人供述并不能确定的表明其情况或存在。对于直接故意和疏忽大意的过失，被告人供述能够较为确定的表明其情况和存在；对于“明知”和“目的”，被告人供述也能够明确地表明其情况或存在，但不同的是，被告人供述一般不能得到构成要件行为的直接表征，因此其真实性不如前述两种心态的证明确定；被告人供述对于部分间接故意和过于自信过失的证明，尤其是在难以区分的案件中，并不具有确定性，即被告人供述不能证明主观事实。

因此，可得出如下结论：对于直接故意和疏忽大意过失的证明，被告人供述不需补强；对于部分间接故意和过于自信过失，由于被告人供述不能证明主观事实，因此不存在对口供的补强问题，此时需要将被告人供述与其他证据结合，共同证明主观事实；对于“目的”、“明知”，以及被告人供述能够予以证明的部分间接故意和过于自信的过失的证明，被告人供述是否需要补强需要分情况而定。对于庭审中供述，无须补强；对于侦查阶段供述，原则上需要补强，考虑到诉讼效率，也可在轻罪案件（法定最高刑为三年以下有期徒刑的案件）不要求补强，但在重罪案件（法定最高刑为三年以上有期徒刑的案件）则要求必须予以补强。

推理与推论的区分，间接证据推论过程，推论所采取演绎推理的具体方式及推论应遵循的规则等内容，是间接证据推论主观事实的基本理论。在罪过的推论问题中，本部分结合刑法关于故意本质的学说，以证明的视角，对如何推论罪过进行了具体的分析。对于罪过的证明，应以容认说作为最终检验依据，采用综合说作为判断标准，即需要综合认识程度的大小和意志因素的强弱，以及回避结果意志的情况等内容进行综合判断，运用所有能够体现认识程度和意志因素的证据进行推论。

六、刑事主观事实的推定

推定是解决刑事主观事实证明困难最为有效的司法认定方法，但推定的适用会增加被告人被定罪的风险和证明的负担，因此推定的适用必须慎重。推定是指基于基础事实与推定事实之间具有的常态联系和共生关系，由法律予以规定的，通过对基础事实的证明而直接推导出推定事实，并允许对方当事人提出反证的事实认定方法。推定与推论的本质区别在于，前者的推理过程有中断与跳跃，而后者具有连贯性。此外，推定具有转移证明责任，降低证明标准的效力，而推论并不具备这样的效力；推定具有强制适用性，而推论不具有强制适用性。在刑事司法中，事实推定不属于推定，本质上属于推论，因为在事实推定中，法官对“推定事实”的认定不是基于抽象规定，而是需要综合考察具体案件中的全部证据情况，从而形成内心的确定心证，所得出的结论具有确定性。推定最主要的功能是解决特定案件事实的证明困难和实现特定的刑事政策要求。

对我国司法解释中与“明知”和“目的”认定相关的规则进行梳理，以规定的效力是强制性还是任意性，以及推理过程有无中断和跳跃为标准，可以明确相关规则是属于推定还是推论指导规则。

我国刑事司法中的推定，无论在理论上还是在实践中都有扩大化的倾向，而推定的设置应当具有限制性，应当控制在较小的范围内。推定的设置只能针对具体罪名的具体要件，一般不能针对某一类要件事实或某一类犯罪；另外，推定也只能适用于少数犯罪之中。通过对推定和推论指导规则的明确区分，可以较为有效地明确和缩小推定的适用范围。除此之外，根据政策需求和证明难度，可考虑对毒品类犯罪中行为人对毒品等特定物品的明知，以及贪污、受贿犯罪中行为人对其采取非法手段已经取得或收受的财物具有非法占有目的两项内容设置推定。

关于推定的完善，一是应当明确相关规则中“可以”规定和“应当”规定的区别，前者为推论指导规则，后者可能为推定规则。二是推定规则中应对“除外情形”作出确切的规定。三是建立以案例指导为主，规则指导为辅的推论指导制度。

七、刑事主观事实的证明责任与证明标准

（一）证明责任

我国诉讼制度应当适用什么样的证明责任制度与证明标准是研究刑事主观事实证明责任和证明标准的基础和前提，也是解决主观事实证明问题的关键。证明责任的核心为当事人对其提出的主张提出证据予以证明，无法证明时则应当承担主张不被采纳的风险。我国的证明责任制度，应当采取客观证明责任和主观证明责任的双层模式，同时需要赋予主观证明责任以结果意义的内涵。证明责任的分配应当按照如下方式进行：根据无罪推定原则的要求，控方原则上应当承担对犯罪构成要件事实的证明责任，并且应当证明到证据确实、充分的程度。被告人应当对防卫意识、避险意识、部分被害人承诺和同意及违法性认识可能性等主观积极抗辩事由及推定事由，提供证据进行证明。被告人需要对上述事项证明到产生合理怀疑的程度。被告人的证明方式包括解释、说明，提供线索，提供证据进行证明。控方有进一步排除合理怀疑的责任。

（二）证明标准

证明标准是指承担证明责任的一方提供证据证明其主张的案件事实所应当达到的程度。我国刑事诉讼中的证明标准是“事实清楚，证据确实、充分”，《刑事诉讼法》第 53 条第 2 款对这一证明标准作出了进一步的解释，用“排除合理怀疑”的规定明确了“证据确实、充分”的含义，从主观角度对“证据确实、充分”进行了解读，更易于司法人员的理解和把握。“合理怀疑”并非任意的怀疑，而应是符合常理的，有一定根据的怀疑。因此，“排除合理怀疑”是指在案件事实的认定中，已经没有符合常理、有一定根据的怀疑，对犯罪事实的认定达到了确信的程度。在主观事实证明标准的设置方面有两个

问题需要重点明确：一是主观事实的证明标准与客观事实的证明标准并无不同，都为“证据确实、充分”。这是由“证据确实、充分”标准的客观属性及无罪推定原则和疑罪从无原则的要求所定。二是解决主观事实证明困难的方式，应当是证明模式的调整，即弱化印证模式在主观事实证明中的适用，转而加强法官的自由判断、内心确信的形成。这样的模式选择，更加符合主观事实证明的内在特征，也能在一定程度上降低主观事实的证明难度。

八、刑事主观事实证明的诉讼制度保障

（一）理想模式

在刑事主观事实证明的诉讼制度保障中，最为重要的是以下三方面内容：一是判决书说理和上诉审查制度的完善；二是被告人取证能力的加强；三是法官、检察官诉讼关照义务的落实。

判决书说理对准确认定主观事实和保障被告人的诉讼权利有着重要作用。判决书说理应当重点围绕以下情况进行：被告人供述的补强情况；推论依据的证据情况、推理过程、对合理怀疑的排除情况；明确推定的适用情况及推定的法律依据、基础事实的证明情况、被告人的反向推理情况、控方的反驳情况；明确积极抗辩的适用情况及被告人的初步证明情况、控方的反驳情况。上诉制度能够起到对法官心证的约束作用，被告人可针对法官推理中存在的问题，或推定、积极抗辩适用的错误以及权利受到限制等问题提出上诉。上诉法院对于被告人提出的上诉理由应当认真审查，认为理由成立的，如果属于事实问题，应当发回重审或直接依法改判；属于法律问题，应当直接依法改判；对于一审违反法定诉讼程序，严重影响司法公正的情形，严重侵犯被告人诉讼权利，应发回重审，提供程序救济。被告人取证能力的不足，在一定程度上限制了对主观事实的证明，针对加强被告人取证能力的问题，学界提出了较多的完善建议，这些建议如能落实，将较大程度地提高被告人的取证能力，笔者也赞同这些完善建议。但刑事诉讼制度的改革关涉多方利益和价值权衡，以及诉讼资源的投入和调配，上述任何一项主张的落实，都非易事，因此上述建议的现实可能性是问题的关键。法官、检察官的诉讼关照对维护被告人诉讼权利，弥补其取证能力不足具有重要作用。法官、检察官诉讼关照主要

包括告知、释明，和法官、检察官依申请调查取证制度。刑事诉讼法对告知、释明制度的规定还应当进一步丰富和完善，尤其是应当增加对推定和积极抗辩适用的告知和释明。法官、检察官依申请调查取证制度并未得到较好的落实，应当从明确适用条件和完善救济制度两方面保障该项制度的落实。

（二）现实路径

从现实可行性分析，虽然对法官、检察官依职权调查取证制度的完善也要面临一定的障碍，但却有着较大的必要性，而且对配套制度的完善并非无法完成，因此应当按照前文理想模式所述，从明确适用条件和完善救济制度两方面对该项程序进行完善，并将该程序全面、彻底的推行。告知、释明程序，判决书说理及上诉审查制度能够形成一套程序保障体系。告知、释明程序的落实面临的阻碍较小，可按照理想模式的要求进行构建。判决书说理的全面落实仍有一定难度，但也应当进行最低限度的完善，即判决书中必须对推定和积极抗辩的适用作出明确说明，并列举法律依据；对于推论，判决书应当说明推论所依据的证据和简要的心证过程；在需要补强的直接证据证明中，判决书应当列明补强的证据。关于上诉审查，在制度层面仍应按照理想模式所述进行构建，而对于实践中存在的问题，则需要通过审判机制和司法体制的改革逐步加以完善。

对主观事实证明困难的解决，就像求极限值，只能尽可能的接近，却又无法彻底完成，这也注定了对主观事实证明问题的研究需要持续、深入的进行。在主观事实证明中，除了在实体法、证据制度、诉讼制度方面的设置和构建之外，同样重要的是在具体的证明中，通过对个案经验的总结和提炼，形成针对个罪的推论指导规则，由于这需要对司法实践长期形成的经验的梳理和总结，本文未能对此展开具体的分析，这也是下一步在主观事实证明中需要重点研究的问题。另外，在罪过的推论中，当认识程度和意志因素都较为模糊时，如何作出准确的判断，也是需要深入研究的问题，这需要通过对案例的梳理和分析，提炼出具有指引性的理论，或形成指导性案例，从而加强对罪过推论的指引。

作者简介：姚磊（1983—　），男，辽宁沈阳人，辽宁省人民检察院助理检察员，2007 年和 2011 年在中国政法大学获得法学学士学位和法学硕士学位，2015 年在北京师范大学获得法学博士学位。研究方向为刑事诉讼法学、证据法学。在《人民检察》、《河南社会科学》、《辽宁大学学报》等期刊发表论文十余篇。曾获评全国检察机关侦查监督业务标兵、辽宁省检察业务专家、辽宁省直属机关青年五四奖章，入选全国检察机关侦查监督人才库、辽宁省检察机关侦查监督人才库、检察理论研究人才库。

未成年人刑事检察制度实证研究

——以河南省检察机关司法实践为蓝本*

蒋剑华

目　次

未成年人是国家的未来和民族的希望。未成年人司法制度的建设状况是一国法治化程度和人权保障状况的重要标志，被誉为现代法律制度的“王冠”。近年来，我国未成年人刑事案件办理机制有了较大发展，尤其是2012年新刑诉法修改时，设立专章规定了未成年人刑事案件特别程序制度，但由于法律规定的原则性、概况性及对法律原本精神理解上的差异等原因，未成年人刑事检察制度存在一些缺陷与不足。本文以河南省检察机关的司法实践为例，对未成年人刑事检察制度进行详细分析，以期对未成年人刑事案件办理工作有所裨益。

* 本博士论文作者蒋剑华。2011—2015年在北京师范大学法学院攻读宪法学博士学位，2015年博士研究生毕业并通过了博士学位论文答辩，师从陈云生教授。

一、河南省未成年人检察工作开展情况

（一）未成年人检察机构建设情况

1. 审查逮捕阶段

一是提前介入未成年人案件的侦查。检察机关在侦查阶段就可了解未成年人的个人情况、犯罪动机、社会危害性和人身危险性等情况，对是否采取刑事拘留的强制措施提出建议。同时，可引导公安机关调查取证，大大缩短办案时间和未成年人被羁押时间，并对侦查活动进行监督，保护未成年犯罪嫌疑人的合法权益。二是建立社会调查制度。河南省检察机关针对未成年犯罪嫌疑人的成长经历、涉罪前后表现及监管条件等情况，精心设计了社会调查表，在公安机关刑事拘留期间完成对犯罪嫌疑人基本情况的初步调查，在提请批准逮捕、移送审查起诉之前就将调查材料移送给未检部门，未检部门收到后迅速提供给司法局，着重调查涉罪未成年人的一贯表现、犯罪原因及是否具备监护条件和社会帮教条件，形成全面的社会调查报告。三是推行非羁押诉讼机制。2010 年 10 月，河南省检察院与省法院、省公安厅联合制定《在办理未成年人刑事案件中规范强制措施适用的暂行办法》，2011 年 6 月，又会签了《关于在办理刑事案件中实行非羁押诉讼若干问题的规定（试行）》，规定应对犯罪情节较轻的未成年犯罪嫌疑人适用非羁押诉讼。还建立了“逮捕必要性说明制度”，对未成年人或在校生犯罪提请逮捕的，须提供确有逮捕必要的证明。四是落实合适成年人参与和法律援助制度。2012 年年初，河南省检察院与省司法厅、省公安厅达成共识，规定合适成年人参与制度，并对没有经济能力委托辩护人的未成年犯给予法律援助。2011 年 12 月，又会签了《关于加强刑事法律援助工作（试点）的意见》，将指定辩护由审判阶段提前扩大到侦查、审查起诉阶段。近期，又制定了具体的实施办法，明确了公、检、法、司四机关在各诉讼阶段的职责分工，对法律援助制度予以细化。

2. 审查起诉与出庭支持公诉阶段

一是健全分案处理、快速办理机制。河南省检察机关在侦查阶段就将未成年人与成年人进行分案移送，进而进行分案起诉和分案审判，并在全省范围内推行办理未成年人刑事案件的“绿色通道”，在侦查、起诉、审判各环节

全面建立快速办理机制。二是探索附条件不起诉制度。新刑事诉讼法颁布前，河南省检察机关就进行了附条件不起诉工作的探索，在新刑事诉讼法正式实施后，又根据新要求积极推进此项工作。针对现有法律规定的不具体和工作中的实际问题，制定了操作规程和实施细则，进一步规范了附条件不起诉的启动、办理、帮教和终结程序。三是推行圆桌审判机制。将指控式庭审转变为说理式公诉，有利于消除未成年被告人的恐惧、抵触心理，营造轻松、和谐的庭审氛围，促使其认罪服法，取得了很好的效果。四是打造教育型出庭公诉机制。召开由检察人员、法官和法定代理人等参加的审前会议，对庭审教育的内容、程序、主体及圆桌审理等人性化审理方式进行沟通，并形成公诉人、法官、律师、法定代理人、合适成年人相结合的多元教育模式。

3. 教育帮教阶段

一是严格执行未成年人犯罪记录封存规定。对轻罪未成年人犯罪案件，经司法机关审查认定其已得到有效矫正的，将其相关的犯罪记录予以封存，严格对外查询、借阅，未经批准不得对外公开。二是注重跟踪回访，健全案后帮扶机制。在结案后，与法院、监管场所、司法行政等机关联合对涉罪未成年人开展帮扶教育。对被不起诉、判处非监禁刑的未成年人，检察机关协调司法行政机关，认真组织他们参与社区矫正活动，并坚持定期回访。三是建立司法、社区、家庭、学校“四位一体”的帮教体系。以司法帮教为主轴，以社区帮教为重心，以家庭帮教为基础，以学校帮教为辅助，为涉罪未成年人创造良好的监管条件。四是延伸工作职能，构建多元化预防保护体系。2011 年以来，河南省检察院开展了“检校共建”活动，2014 年又开展了“送法进校园”系列活动，在全省中小学校中进行法制宣传教育。同时，积极与公安、法院、法工委、共青团、妇联等部门沟通协调，充分调动各部门和社会力量，加强构建预防帮教网络。

二、未成年人刑事检察制度存在的主要问题

（一）立法方面存在的问题

1. 法律规定缺乏明确性和规范化，可操作性不强

目前，我国未成年人刑事检察相关法律规定不明确，甚至存在空白，给司法实践操作造成了困难。例如，合适成年人参与制度中法律规定的合适成

年人的选任标准不明确，而合适成年人的选任是此项制度的关键，法律规定的空白势必削弱了此项制度的可操作性和实际效果。又如，新刑事诉讼法没有规定犯罪记录封存的具体范围，对涉及未成年人犯罪案件侦查阶段、审查起诉及其他阶段的记录是否封存界定不清，也没有对泄漏未成年人犯罪记录的行为规定硬性的处罚措施，使得媒体、网络、个人大量泄漏或恶意泄漏涉罪未成年人的信息而不受处罚的情况时有发生。总体看来，新刑事诉讼法对未成年人刑事案件办理机制是一种比较原则性的构建，更多地起到的是宣示作用，因此，需要对相关制度进行规范和细化，增强其可操作性。

2. 法律规定缺乏系统性，存在矛盾和冲突

我国未成年人刑事检察制度是从 1985 年上海市长宁区检察院在起诉科内部成立第一个未成年人犯罪案件办案组开始形成的，迄今只有不到 30 年的历史，关于未成年人刑事案件办理机制的法律法规还没有形成体系，甚至还存在相互冲突的情况。以犯罪记录封存制度为例，实行未成年人犯罪记录封存的意义就在于犯罪记录一经封存，未成年人在升学、就业、参军时，过去的犯罪情况将被视为未曾发生，为其顺利回归社会扫清了障碍。但是，未成年人犯罪记录封存制度的这一立法原意与我国现有的部分法律法规存在着冲突，如我国《教师法》第 14 条规定："受过剥夺政治权利或者故意犯罪受到有期徒刑以上刑事处罚的，不得取得教师资格"。《法官法》、《检察官法》、《医师法》、《公司法》等也有相似的规定，这就意味着未成年人犯罪记录虽然被封存了，但是，他们回归社会后仍然不能从事相关的职业，这样就给涉罪未成年人回归社会设置了"门槛"。

（二）执法理念存在偏差

随着未成年人刑事检察制度的发展，检察干警逐步建立了保护未成年人权利的理念。但是，由于司法实践中长期以来形成的一些错误认识和不当做法，在未成年人刑事执法理念上存在着一些偏差。主要表现为：一是"重打击犯罪、轻人权保障"。我国刑事司法传统上，一直强调发挥刑事追诉、惩罚犯罪的功能，在处理未成年人刑事案件时，就较多地强调惩治未成年犯，而忽视了法律的教育功能。虽然社会的发展和人权观念逐渐深入人心，刑事执法观念有所改变，但一部分干警仍然认为未成年人刑事检察工作主要是打击未成年人犯罪，如果太多地注重保障人权，就会放纵犯罪，起不到震慑的作用。

二是“重实体、轻程序”。有些检察民警在办理未成年人刑事案件时，只注重实体处理结果的公正，而认为程序仅仅是履行手续，可以有所忽略。三是“构罪即立、构罪即捕、构罪即诉、构罪即判”。未成年人刑事诉讼程序比较复杂，如果严格按照未成年人刑事检察程序开展工作，会增加很多的工作量，所以在实际操作中，部分检察人员没有严格按照未成年人刑事案件办理机制来开展工作，而是简单地对涉罪未成年人构罪即捕、构罪即诉，没有在检察环节对未成年人刑事案件给予更多的人性化处理。

（三）组织机构和人员队伍不健全

总的来说，目前我国办理未成年人刑事案件的组织机构专门化程度较低，人员队伍专业化水平不高。一方面，专门的未成年人刑事检察机构设置不健全，其突出表现是具有独立编制的未成年人检察部门比较少。以河南省检察机关未成年人刑事检察机构设立情况为例，河南省检察机关成立有独立编制的未成年人检察机构的检察院仅占 42.08%，[①] 比例仍然较低，与省检察院要求的“省级、地市级检察院和未成年人刑事案件较多的基层院，原则上都应争取设立独立的未成年人刑事检察机构”的差距还比较大。

另一方面，检察机关未成年人检察队伍专业化水平不高，从事未成年人刑事检察工作的人员素质参差不齐。按照办理未成年人刑事案件的需要，承办人员不仅要具备法学专业知识，还要有相关学科知识的支撑，如心理学、社会学、教育学等背景知识，能够从未成年人的心理和思想角度与其进行良好的沟通，同时，更为重要的是，承办人员还要有爱心，能从孩子的角度，理解和帮助涉罪未成年人，而司法实践中，具备这么高素质的专业未成年检察人员数量并不多。此外，目前从事未成年人刑事案件办理工作的检察人员，普遍缺乏必要的专业培训，办案专业化水平不高，有关经验主要是依靠检察干警在工作中不断摸索总结得来的。

（四）工作机制不完善

工作机制主要存在以下三个方面的问题：一是对检察机关的监督机制不完

---

① 数据来源于河南省检察院统计科 2014 年 12 月底的统计资料。

备。现有的未成年人刑事案件办理机制中缺乏有效的权力制约和权利救济机制，对检察机关内部案件办理程序的监督力度不够。以附条件不起诉制度为例，新刑事诉讼法没有规定检察机关作出附条件不起诉的具体程序，对附条件不起诉自由裁量权缺乏规范化，自然也就缺少有力的监督。

二是司法机关配合衔接不畅。办理未成年人刑事案件需要公、检、法、司多个部门的协同配合，但司法实践中，存在着相关部门之间不同程度的衔接不畅。以未成年人刑事分案起诉制度为例，各地由于受到未成年人组织机构完善程度的制约，分案办理制度存在多种方式：在公、检、法、司各机关未成年人组织体系相对完备的地方，基本上可以实现由侦查机关分案移送、检察机关分案起诉、审判机关分案审理、分别矫正的“四分开”，如广东省采用之；有的地方只能实现侦查机关分案移送、检察机关分案起诉、审判机关分案审理的“三分开”，如上海、北京等地；有的地方由于法院没有独立的少年法庭或少年审判组，只能实现侦查机关分案移送、检察机关分案起诉的“两分开”，也有的地方直接就以适用简易程序的案件作为适用分案起诉的标准执行。由于现实中存在的这些复杂情形，客观上造成了公、检、法三机关在未成年人刑事案件分案起诉制度上的程序衔接配合不协调。

三是横向联系、沟通不够。教育、感化、挽救和保护涉罪未成年人是一项宏大的社会系统工程，需要全社会的共同努力和参与。然而，目前有些地方的检察机关受制于人力、物力、财力等，在处理未成年人刑事案件时仅仅停留于自身办案，较少主动与学校、社区、涉罪未成年人家庭联系、沟通，没有充分发挥检察机关在整体预防和惩治未成年人犯罪工作中的作用；一些地方政法机关之间在执行社会调查、逮捕必要性证据收集与移送、分案起诉、亲情会见等制度衔接问题上，缺乏主动协调和有效配合，导致许多未成年人特别保护制度得不到很好的运用和落实。

三、未成年人刑事检察制度的完善

（一）更新执法理念

理念是行动的先导，是实践的指南。随着社会的新发展和未成年人犯罪的新变化，检察机关必须不断更新执法理念，从而更好地指导实践，提升工作效果。

1. 树立“非犯罪化、非刑罚化、非监禁化”理念

未成年人易受到环境的影响，容易被“交叉感染”，所以，对他们较多的适用非刑的方式，可以避免监禁等带来的不良影响。司法实践中，针对不同案件具体问题具体分析，可对未成年人犯罪人采用灵活的执法理念。具体来说，对于犯罪情节显著轻微危害不大的，依法做非犯罪化处理；对于不需要判处刑罚或免除刑罚的，依法适用不起诉或附条件不起诉；对于必须追究刑事责任的，尽量采取非羁押措施并建议适用非监禁刑，以减少未成年人“交叉感染”的可能，给予其改过自新的机会。

2. 树立“寓教于审、重在教育”理念

对未成年人刑事案件的处理重在教育和感化，帮助未成年人实现再社会化。因此，检察机关在办理未成年人刑事案件的过程中，要把教育融入每个办案环节，实行全程化教育。讯问未成年犯罪嫌疑人时，对其动之以情、晓之以理、明之以法，将法、理、情融于讯问全过程，把讯问变为对未成年犯罪嫌疑人实施感化教育的“大课堂”。对所有提起公诉的未成年人犯罪案件，在开庭审理时，检察机关可会同法院采用“圆桌式庭审”方式，公诉人除向法庭介绍被告人的犯罪原因、案发后的认罪态度，提出从宽处理的量刑意见外，还可在庭审中，以案讲法，讲未来、讲前途、讲人生，适时开展对未成年人的感化和教育工作。

3. 树立“惩教结合、重在预防”理念

成功办理未成年人犯罪案件不仅要实现特殊预防，还要达到一般预防的良好效果。在司法实践中，要结合涉罪未成年人身心特点和案件情况，综合运用刑罚或非刑罚处置措施，将教育挽救工作贯穿于诉讼的全过程，实现个性化矫治，强化特殊预防效果。检察机关可通过上法制课、指导模拟法庭、举办检察开放日等形式，针对未成年人开展教育活动，提升一般预防成效。针对未成年人犯罪多发的领域制发检察建议，促使有关职能部门整改，将未成年人犯罪预防工作做扎实，从而有效减少未成年人犯罪。通过运用检察建议，积极参与社会管理创新，推动社会治安防控体系建设，提升综合预防水平。

（二）完善相关法律法规

1. 制定专门的《未成年人刑事诉讼程序法》

新刑事诉讼法虽然在第五编的“特别程序”中对未成年人刑事案件诉讼程

序作了规定，但该规定过于简单。另外，新刑事诉讼法第266条仅规定了未成年人刑事案件由熟悉未成年人身心特点的审判人员、检察人员、侦查人员承办，没有明确未成年人犯罪相关司法部门内部的建制问题，落后于司法实践探索中取得的成果。因此，等到时机成熟、条件具备时，国家应适时把一些司法实践中的成果及时吸收到现行的法律体系中来，从而制定相对完善的、专门针对未成年犯罪的诉讼程序法，对未成年人刑事案件办理机制进行规范。

2. 弥补立法漏洞，填补法律空白

新刑事诉讼法对未成年人刑事案件办理机制的有关规定存在漏洞，甚至存在一些空白之处，导致实践操作中缺少明确的法律依据。因此，一方面，有必要从立法层面弥补漏洞，解决法律条文之间的冲突，使得法律系统化，保证法律体系的协调统一。另一方面，填补法律空白，使得法律完整化，使得未成年人刑事检察工作每一步都有法可依。

3. 加强法律规范化，增强可操作性

目前，针对未成年人法律法规多是原则性规定，普遍存在可操作性不强的问题。而且，近年来，随着社会的发展，未成年人犯罪出现了很多新情况、新特点，原有的法律法规不能很好地适应新需求，未成年人刑事检察工作面临着新的问题与挑战。因此，有必要进一步对相关法律进行规范和细化、增强法律的强制性和可操作性，使办理未成年人刑事案件的每一步都真正有法可依，从而促进对未成年人犯罪的预防和未成年人权利的保护。

（三）加强组织机构和人员队伍建设

"组织系统是未成年人司法制度构造体系的核心"。[①] 未成年人刑事检察工作要想取得良好的效果，必须建立起一套专门高效的组织机构，拥有专业的高素质的检察人员队伍。

1. 机构设置专门化

未成年人刑事检察机构的专门化有利于与公安机关和法院顺畅衔接、协调配合，是顺利办理未成年人刑事案件和开展未成年人司法保护工作的组织保障。新刑事诉讼法从法律层面确立了未成年人刑事案件由专门办案组织办

---

① 姚建龙:《长大成人：少年司法制度的建构》，中国人民公安大学出版社2003年版，第83页。

理。为落实法律规定，保证办案和预防工作的连续性、针对性和有效性，尽量使涉罪未成年人免受诉讼带来的消极影响，建立独立的专门未成年人检察机构已成为必然选择，即由专门的办案组织履行未成年人刑事案件侦、捕、监、防一体化职能，把原来分散在检察机关各部门的未成年人检察工作集中到一个部门，可切实承担起未成年人刑事检察审查批捕、审查起诉、监所检察和综合治理四大职责。同时，考虑到未成年人刑事检察机构所承担的批捕、起诉、监所检察三大任务之间既相互区别，又相互联系，若由未成年人检察机构集中承担这三大任务，很可能会弱化这三大任务之间的相互制约和相互监督关系，因此，有必要在建立独立的未成年人检察机构的同时，确立专人负责制度，即分别设置专门检察人员负责批捕、起诉和监所检察工作，使他们各负其责，各司其职，互相监督、互相制约。职能的专门化使得司法人员能以更加专业的工作水准、更加精细的工作计划、更加审慎的工作态度投入未成年人刑事检察工作中，在办案过程中有时间和精力，倾入更多感情和交流，对案件的处理也更加理性，从而有利于对涉罪未成年人的教育和保护，将未成年人犯罪带来的负面影响降低到最低程度。

2. 人员配备专业化

在未成年人刑事检察工作中，检察官不仅具有“国家监护人”的身份，更兼具未成年人的保护者和教育者的双重角色。在司法实践中，犯罪未成年人往往不是被刑事司法制度所震慑，而是被具体办案的检察官所感化。因此，办理未成年人刑事案件的检察人员需要有更高的素质。一是要有较高的政治素质。未成年犯罪嫌疑人的特殊性使得承办检察官负有更多的责任，不仅要办好案件，还要付出很多精力来承担未成年人的教育、矫治工作。因此，从事未成年人刑事检察工作的检察官要有较高的思想政治素质，无私奉献、高度敬业。二是具有较强的检察业务能力。未成年人刑事检察工作包括多个诉讼环节，需要多方面知识和能力，相较而言，对从事此项工作的检察人员提出了更高要求。三是要善于做思想工作。未成年人处于成长的特殊时期，心理还不成熟、不稳定，他们往往是被办案人员折服的，所以从事未成年人检察工作的人员要擅长与其进行思想沟通，令他们真心诚服，真诚悔改。

此外，为确保办案队伍的专业化能力和水平，还要加强未成年人检察队伍建设。一是对从事未成年人刑事检察工作的检察官进行经常性的业务培训，专门增设办理未成年人刑事案件的培训课程，讲授未成年人办案机制的运用等内容，通过专题讲座、理论研讨、经验交流等多种形式，提升检察官的素质；二是开展专业化岗位练兵，积极开展未成年人案件庭审示范、观摩与研讨，促进检察人员专业化水平的提高；三是制定专门化办案规则，针对未成年人犯罪案件特点和办案要求，制定办理未成年人刑事案件实施细则、未成年人犯罪案件出庭公诉指导意见等办案操作指南，进一步规范未成年人刑事案件办理工作，增强检察人员队伍的专业化能力。

（四）健全工作机制

1. 落实特别程序制度

新刑事诉讼法在特别程序中，针对未成年人犯罪专章规定了法定辩护、社会调查、分案起诉、慎捕分管分押、合适成年人参与、附条件不起诉、不公开审理、犯罪记录封存等一系列制度，为涉罪未成年人权利的保护提供了法律依据。在未成年人刑事案件的办理的过程中，围绕审查批准逮捕、审查起诉和出庭支持公诉及案后帮教等各个诉讼环节，认真落实好未成年人刑事案件诉讼特别程序，严格按照程序规范适用社会调查、分管分押、合适成年人参与、分案起诉、附条件不起诉和案件封存等制度，切实保障涉案未成年人的诉讼权利。

2. 健全监督机制

没有制约的权力必然产生腐败。没有良好的监督机制，未成年人刑事案件办理机制也不可能良性运作。因此，应不断加强未成年人刑事检察监督机制的建设。

一方面，要强化检察机关内部监督制约。一是严格案件审批制度。通过层层把关的办案模式，强化内部的实质性监督制约，防止错误办案，更防止检察人员以权谋私、滥用职权。二是强化检察委员会的指导作用。如果对于侦查机关提请逮捕、移送审查起诉的未成年人刑事案件存在分歧，不能达成一致意见的，由检察委员会集体研究决定，切实防止滥用权利，保证案件质量。三是加强对案件管理部门的监督。案件管理部门要对诉讼过程进行动态监控，“严格案件的流程管理和质量管理，开展案件评查、备案审查等业务活动”[①]，

---

① 朱孝清：“关于未成年人刑事检察工作的几个问题”，载《预防青少年犯罪研究》2012年第6期。

确保未成年人犯罪案件的依法办理。四是加强上级检察机关对下级检察机关的监督。上级检察机关通过复议、复核的方式，对下级检察机关及承办检察官进行监督。另一方面，要加强外部监督制约。一是加强与公安机关的沟通和联系。将不捕意见与侦查人员进行沟通，并认真听取其意见，同时及时审核侦查机关提出的复议、复核意见。二是充分发挥当事人、代理人的监督作用。如通过法律赋予犯罪嫌疑人、被告人及其法定代理人、近亲属或辩护人变更强制措施申请权，赋予被害人申诉权和要求听证的权利。三是充分发挥群众及人民监督员的个案监督作用。在未成年人刑事检察工作中引入人民监督员制度，防止未成年人刑事案件办理过程中可能产生的权力滥用甚至司法腐败。

3. 加强配套工作体系建设

未成年人犯罪的预防和矫治需要司法机关、人力资源和社会保障部门、教育机构、民政部门等相关单位的共同配合，形成预防和减少未成年人犯罪的合力。因此，各地检察机关要以执法办案为依托，主动加强与其他政法机关和有关社会力量的联系配合，推动建立以政府主导，司法保障，家庭、学校、社会参与的全方位未成年人保护机制，形成预防和减少未成年人犯罪的联动机制，构筑预防和矫治未成年人犯罪的综合体系，为保护未成年人权利创造良好条件。

具体来讲，可以从以下三方面建立良好的配套工作机制。

一是建立未成年人刑事案件公检法司等机关相互配套的工作机制。在各个司法机关中建立相应的专司未成年人案件的部门，专人负责未成年人刑事案件工作。充分发挥各政法机关的职能作用，从不同方面加强对未成年人教育和改造，发挥政法机关的整体工作优势，必要时可以建立联席会议制度，以取得良好的矫治效果。各级检察机关根据司法实践的实际需要，可与其他司法机关联合会签办理未成年人刑事案件的相关制度，出台办案实施细则和工作制度等配套文件，使得未成年人刑事案件的办理工作在各个司法机关中有效衔接，协调顺畅。二是建立未成年人刑事检察制度与社区矫正、社会帮教制度的有效衔接。在未成年人刑事案件办理过程中，对未成年犯进行处罚和惩治并不是最终目的，让涉罪未成年人回归社会才是其意义所在。因此，应将未成年人刑事检察制度、社区矫正、社会帮教制度纳入预防未成年人犯罪的统一体系，相互配合，相互协调，发挥最大的制度合力。以各地司法行政机关的社区矫正部门为纽带，整合家庭、学校、社区、心理机构等部门的力量，加强涉罪未成年人的矫正和教育工作。三是建立犯罪未成年人教育制度与心理矫正制度的衔接机制。经过司法实践证明，心理辅导对涉罪未成年人的教育矫治效果比较好。在一定时期内，由专业人员深入了解涉罪未成年人的思想动态、困惑和心结，通过对其进行持续不间断的跟踪访谈，疏导和解决其心理问题，能够比较好地帮助涉罪未成年人从不良影响中解脱出来，走向新生活。因此，公检法机关在办理未成年人刑事案件过程中，有必要对其开展系统性的心理辅导。

4. 构建帮教预防体系

检察机关办理未成年人刑事案件，最终目的就在于帮助涉罪未成年人顺利回归社会、恢复正常的社会秩序。因此，在整个诉讼过程中的每一个具体环节中，承办案件的检察人员应积极主动地与涉罪未成年人及其所在的学校、社区、家庭加强联系，开展有针对性的帮教工作，如通过亲情会见、家长约谈、心理帮助、法庭教育、经济资助、定期不定期回访等各项帮教手段，促使未成年人化消极为积极，力争使每一个涉罪的未成年人通过诉讼接受教育、受到感化，真诚悔过，最终顺利回归社会。同时，未成年人检察机构要与其他政法机关和社会管理相关职能部门密切衔接，搞好未成年人社会调查、逮捕必要性证据收集与移送、亲情会见等方面的协调配合工作，共同构筑未成年人犯罪综合防控、教育挽救体系。

（五）构筑捕诉监防一体化办案模式

纵观当今世界，检察一体化已成为各国检察制度发展的趋势和各国构建检察制度的一项基本原则。① 只有实现未成年检察权的内部整合、整体统筹、上下一体，才能实现对未成年人权利的整体化、系统化保护，因此，未成年人检察一体化是未成年人检察工作规律和特性的必然要求。在办理未成年人刑事犯罪案件时，从审查批捕、审查起诉、诉讼监督到预防犯罪的一系列工作，均由一名检察官独立承担，在一体化办案模式下，检察官具有对案件的批捕权、起诉权、自行补充侦查、延长办案期限等权利，在案件定性、事实认定、

---

① 朱道华、罗祥远："刑事二审公诉制度的困境与出路"，载《人民检察》2013 年第 1 期。

罪名确定上可自行决定，直接对分管检察长负责。这一模式可加快办案速度，减少刑事诉讼给涉罪未成年人造成的不利影响，使他们尽快回归社会。

具体而言，可从以下三方面构建捕诉监防一体化办案模式：一是建立专人专办运行机制。在未成年人检察一体化办案模式下，办案人员除开展审查批捕、审查起诉工作，还需要全面、连续掌握未成年人的思想动态、犯罪根源、家庭社会背景等情况，保证办案和预防工作的连续性、针对性和有效性。因此，应由专门的办案组织和专门人员履行一体化职能，专门从事未成年人刑事检察工作。如果未成年人刑事案件承办人还同时兼办其他案件，必然会分散其开展未成年人刑事检察工作的时间和精力，就难免会出现忽视运用特别保护程序的情况，损害了未成年人的合法权利。二是建立捕诉衔接机制。一方面，对未成年人刑事案件的审查批捕，要严格依据批捕标准和未成年人刑事司法准则，坚持审慎原则，依法作出批准逮捕或不批准逮捕，同时开展好羁押必要性审查工作，尤其是要设置严格的程序对继续羁押必要性予以审查。另一方面，要加强对公安机关侦查的引导，使侦查沿着有利于提起公诉的方向进行。三是建立办案与预防衔接机制。检察机关办理未成年人刑事犯罪案件时，要在“教育挽救最大化”的基础上，依法准确把握宽严相济刑事政策，认真落实好未成年人刑事案件诉讼特别程序，依法规范办理未成年人刑事案件。同时，要以未成年人检察一体化为依托，在整个诉讼过程的每一个具体环节中，开展必要而又有针对性的帮教工作，如通过亲情会见、家长约谈、心理辅导、法庭教育、经济资助、跟踪回访等帮教手段，加强对涉罪未成年人的教育，促使其正确认识自己的罪行，真诚悔过，化消极为积极，树立正确的人生观和价值观，顺利回归社会。

作者简介：蒋剑华（1978—　），女，湖南道县人，湖南省人民检察院检察官。2011—2015 年在北京师范大学法学院攻读宪法专业博士学位，2015 年博士研究生毕业并通过了博士学位论文答辩。现已在国内重要核心期刊发表学术论文数篇，2012 年主持北京市法学会重点课题，2014 年主持最高人民检察院重点课题。在工作中荣获河南省检察机关优秀调研成果一等奖。

当事人诉讼行为论

——以法院与当事人权限分配为视角 *

杨会新

目　次

由于民事诉讼法解决私权纠纷的特殊性，诉讼应由当事人而非法院来主导，当事人的程序主导性正是通过当事人诉讼行为来实现和体现的。在民事诉讼中，与当事人主导权相对应的便是法院职权，法院与当事人之间明确的权限划分对于防止法院滥用职权、维护当事人的主体性及主导性意义重大。因此，讨论当事人诉讼行为及当事人主导性，实有必要在法院与当事人权限分配视角下进行。

本文研究内容的主要有以下几方面：

---

* 本博士论文作者杨会新，2012—2015 年在北京师范大学法学院攻读刑事诉讼法学博士学位，2015 年博士研究生毕业并通过博士学位论文答辩；导师熊跃敏教授。

一、当事人诉讼行为理论的发展趋势

当事人诉讼行为理论是在民事诉讼法脱离私法的过程中产生和发展起来的。诉讼行为理论的早期研究集中于诉讼行为的概念，即诉讼行为与法律行为的区分上。居于通说地位的主要效果说认为，区分诉讼行为与法律行为，应视行为的主要效果视发生在诉讼法领域还是实体法领域而定，主要效果发生在诉讼法领域的，即为诉讼行为。除概念外，诉讼行为在分类、方式、效力、条件与期限等方面也被认为与法律行为存在显著差异。值得注意的是，为构建民事诉讼法独立的理论体系，诉讼行为与法律行为之间的差异被不当夸大了，学者们着重强调诉讼法的公法性、程序的安定性、公共利益，并竭力摒除其中所包含的私法因素，这在客观上阻碍着诉讼行为理论的发展，也限制了当事人在诉讼程序上的自治与选择。

至 1970 年前后，诉讼行为论的研究出现了新动向。学者们不再纠缠于诉讼行为的概念，转而集中于当事人在诉讼中的自由与法官的权限问题。之所以有如此转向，被认为与当时的诉讼迟延问题直接相关，强化法官的权限成为提高诉讼效率的重要选择，由此便引发了法官权限与当事人自由之间的关系紧张。就此学界有两方面意见：一种观点主张强化法官的权限，认为法官不仅应在诉讼指挥方面积极行动并保存其强力地位，更主要的是要依具体的衡平原则，如同仲裁人那样不被实体法所约束，并形成和出现新的实体法上的权利关系，该观点的代表人是 Berges。另外一种观点则主张应该在广泛的领域保持当事人的自由。认为私的自治的原则应广泛移入诉讼法中，这一观点被称为新自由主义，代表人物是修罗萨。修罗萨在其著作《民事诉讼中基于合意的当事人行为》中指出，当事人依据其合意，无论《德国民事诉讼法》第 318 条如何规定，都应该将法官从自己的审判约束中解放出来。也就是说，法院的审判致双方当事人无法中意的情况下，当事人在同一审级，可向法院提出重新审判。这些问题不仅是实务问题，也是当事人诉讼行为领域的问题。

当事人诉讼行为原本只受处分权主义和辩论主义的支配，基于民事诉讼解决私权纠纷的特殊性，处分权主义与辩论主义在于通过当事人的诉讼行为限制法院的审判权，在总体上表现为对当事人的“赋权”。受诉讼促进政策的影响，在加强法院诉讼指挥权的同时，当事人也被课以更多的诉讼义务，当事人诉讼行为也因此具有了不同的面向。与此同时，也有不同观点认为扩大法院权限并缩小当事人自由未必就能达成促进诉讼之目的，如认可当事人达成的争点整理协议或者证据契约的效力，将会节省司法裁判成本而促进诉讼。正因为存在不同的可能，法院与当事人权限之分配更具研究意义，而这也成为当事人诉讼行为研究的新的增长点。

二、处分权主义下的当事人诉讼行为

处分权主义旨在尊重当事人在决定诉讼对象的范围、诉讼的开始与结束等方面的自治权，是一项赋予当事人在“请求”方面特定审判对象权能的原则。处分权主义下的诉讼行为大致包括两类：一类是当事人向法院指示审判对象的行为，即请求行为，包括诉之提出、诉之变更、反诉、上诉等，其中最具基础性与典型性的当属诉之提出。另一类是决定诉讼程序的开始、发展与终结的诉讼行为，包括诉之提出、诉之撤回、诉讼和解等。处分权主义尽管赋予当事人在上述方面的程序主导权，但主导权的实现尚需要通过法官释明予以协助与保障。同时，当事人主导权亦有其边界。比如，是否起诉虽由当事人自主决定，但起诉并不必然形成诉讼系属，尚需法院依据一定条件进行审查，条件设定的不同也便有了立案审查制与立案登记制的区别。

（一）当事人在确定审判对象上的主导权

1. 当事人在确定诉讼请求上的主导权。在提示纠纷主题，限定法院裁判对象上，当事人具有决定性权利，这表现为以下几个方面：第一，当事人可以通过起诉或上诉确定诉讼请求。法院应当在当事人诉讼请求的范围内进行审判，不得超出当事人诉讼请求的范围，亦不得遗漏当事人诉讼请求。第二，原告有权选择诉讼的种类，原告在诉状中决定自己提起的究竟是给付之诉、确认之诉或形成之诉，法院应受其拘束。第三，原告有权决定诉讼请求的审理顺序，并拘束法院。如在预备性请求中，法院只有在审理主位请求并认为应予驳回的情况下，才能对备位请求予以审理。第四，原告在诉讼中可以放弃诉讼请求、变更诉讼请求，被告可以承认原告的诉讼请求。因而可以说，诉讼请求原则上受当事人自由处分。

2. 是否选择诉讼的方式解决纠纷或是否提起诉讼，由当事人选择决定。但原告起诉即可启动诉讼程序，还是由法院对原告之诉予以审查决定，则因当事人进行主义与职权进行主义而不同。在法国，法官并不参与“诉讼开始”的过程，仅凭原告的起诉行为就可以启动诉讼。即案件一经在庭期表上登记即告受理并且创设了“诉讼法律关系”，诉讼系属于法院。起诉程序的瑕疵或诉不合法之情形并不妨碍诉讼成立，亦即诉的成立要件与合法要件概由法院在受理后一并判断。法国的这一程序架构反映了其当事人进行主义的立法态度。德日采取职权进行主义，原告起诉后，能否启动诉讼程序需要由法院决定。在德日，起诉程序由当事人提交诉状与法院审查并送达诉状两部分组成。首先，原告向法院递交起诉状，并附上送达所需的副本。若原告口头起诉，则由书记官制成记录。其次，审判长审查诉状，并将诉状副本送达被告。审判长审查认为不存在拒绝送达事由的，即由法院依职权向被告送达起诉状副本。诉状送达被告后，起诉方告完成。因此，诉权与法院职权的交互作用构成了德日起诉模型的结构性特征，单凭当事人的起诉行为尚不足以启动诉讼。另外，从起诉行为的性质来看亦应如此，起诉乃取效性诉讼行为，单凭原告之力不能产生诉讼系属的效力，而须借法院裁判始生效力。我国在对立案登记制的讨论中，即有观点将立案登记比作医院的挂号，认为无须经过法院的审查，当事人的起诉行为便可启动诉讼程序。我国改立案审查制为立案登记制，目的在于保障当事人诉权，但并不能因此而取消法院的审查职能，而是应当妥当设定立案的条件，防止因条件过高而损害当事人的诉权。另外，对于符合立案条件的，法院不得无故不予立案，此为法院职权对当事人诉权的保障。

3. 是否终结程序及如何终结程序由当事人处分。当事人可以通过以下手段结束诉讼：原告放弃诉讼请求、被告认诺诉讼请求、撤回起诉或上诉、双方当事人达成和解协议、达成撤诉或撤回上诉的诉讼契约等。一方当事人终结诉讼的自由有时会损及对方当事人的利益及公共利益，此时则须加以必要的限制，如征得对方当事人同意时方可终结诉讼，或者许可当事人终结诉讼的同时对于其再次起诉的权利予以限制等，这种平衡各方利益的态度在撤诉中有着充分的体现。当案件已经达到判决的成熟程度时，法院便负有及时判决的义务，而不得久拖不决。使当事人及时获得判决，此亦为对当事人通过判决终结诉讼的保障。

（二）法官释明对当事人处分权之保障

处分权主义将确定诉讼请求的权限赋予当事人，但同时也是当事人的一项责任，如果其不能提出妥当的诉讼请求，则可能承受败诉的不利。实践中当事人囿于法律知识或诉讼能力之欠缺，可能在诉讼中提出不明确、不特定或不利于纠纷解决的诉讼请求，如果形式地适用处分权主义及当事人自我责任，将使实体法上应享有权利的当事人变成无权利人，造成不公平现象。为补救处分权主义在此方面的不足，保障当事人权利，有必要承认法院于此等情形下的释明义务。法院的释明在于协助当事人以正确的诉讼形式达到诉讼目的。在德国，法院对诉讼请求的释明应当致力于让当事人提出“有利的申请”（《德国民事诉讼法》第 139 条第 1 款）。日本关于法院释明的范围，判例的态度随着时代的发展逐步变化。由于受英美当事人主义思潮之影响，最高裁判所近乎采取一种完全否定释明义务之态度。但随着对应进行适正、公平裁判这种法院作用的再认识，最高裁判所不仅强调消极释明义务，而且对违反积极释明义务的，也以不行使释明权为由撤销原判决。《最高人民法院关于民事证据的若干规定》首次明确了法院在变更诉讼请求方面的释明义务，其第 35 条规定：当事人主张的法律关系的性质或者民事行为的效力与人民法院根据案件事实作出的认定不一致的，人民法院应当告知当事人可以变更诉讼请求。

法院对诉讼请求的释明包括以下情形：（1）诉讼请求不明确的，促使当事人明晰诉讼请求。如双方当事人存在多起债务纠纷的情形，原告仅就给付金额提出请求，而没有明确是基于哪起债务纠纷的，法院应通过释明要求其予以明确。（2）诉讼请求相互矛盾，通知当事人变更诉讼请求。如原告一方面请求对方当事人承担违约责任，另一方面请求法院确认合同无效的，法院应指出诉讼请求的矛盾之处，要求当事人更正。（3）诉讼请求不妥当，要求当事人修正诉讼请求。如在买卖关系中，特定标的物在卖方交付买方之前已经灭失，买方却仍然要求卖方交付，此时法院应通过释明要求当事人修正诉讼请求。（4）诉讼请求不完足，提示当事人追加新的诉讼请求。如在人身损害赔偿案件中，原告因法律知识欠缺或因疏忽大意只提出物质损害赔偿，而未要求精神损害赔偿。此时为了更好地保护当事人的合法权益，法院可以在探求当事人真意的基础上，启发当事人补充新的诉讼请求。

在具体案件中，如何明确划分法院对诉讼标的释明的界限，尚存在争议。但就一般原则而言，德国主流观点认为，当法官建议当事人追加诉或者提出全新的、当事人迄今为止所作的陈述没有为其提供任何依据的申请时，就超越了释明的界限。我国学者也持相同主张，认为法院对诉讼标的释明的范围应受当事人事实主张的限制，不能在当事人的事实主张之外提示变更、修正或补充诉讼请求。可以明确的是，法院对诉讼请求的释明在于协助当事人作出明确、妥当且符合当事人真意的决定，而不是替代当事人作出决定。因而经释明当事人对其诉讼请求未作出改变的，法院亦应尊重这一决定。法院对诉讼标的的释明应限定在一定范围内，否则将可能模糊当事人与法院在这一领域的权限分配。

三、辩论主义下的当事人诉讼行为

诉讼审理所需要之主要事实及证据资料，均由当事人负责主张及收集提出之主义，称为辩论主义。辩论主义包含三个方面的内容，也被称为三项命题：主要事实未被当事人在口头辩论中陈述的，不能作为判决的基础；当事人自认的事实，法院不能做出与之相反的认定；当事人未提出申请的，法院不得进行证据调查。辩论主义的三项命题分别对应于主张、自认、举证这三种诉讼行为。由此，当事人在收集提出用于判断请求妥当与否的事实及证据方面的主导权，正是通过主张、自认、举证行为予以实现与体现的。

（一）辩论主义下的当事人诉讼行为

1. 主张。在法官判断资料的收集过程中，当事人作为诉讼主体参与主张举证程序最为必要。在诉讼审理中，必须对等保障当事人有机会提出法院认定判决基础事实所必要的判断资料。为此，在口头辩论程序与证据调查程序中也需要确立程序保障的理念，具体表现为保障法院与当事人之间以及当事人相互之间对等提出判断资料的机会。

2. 自认。自认，系指当事人对于他造主张不利于己之事实，于诉讼中承认其为真实的陈述。辩论主义的第二命题认为，对于当事人自认的事实，法院应受其约束，不能做出与之相反的认定。据此，当事人不仅被赋予在事实方面限定审判范围的权能，而且还认可其决定审判内容的权能。自认之所以有此效力，在于自认是当事人对自我利益的放弃，法律自无干涉的理由。若当事人撤回自认的，则可能损及对方当事人的信赖利益，甚至造成司法资源的浪费，需要视撤回的原因、对方当事人的态度及撤回的时机而综合考量。自认制度在基本面上反映了当事人对审判权的限定，同时也包含审判权对当事人的规制及双方当事人之间的利益衡量。

3. 举证。辩论主义将收集与提出证据的权限赋予当事人，法院原则上不得自行收集并审查证据，以此区别于职权探知主义。从权利角度看，此系将证据资料的提出权限赋予当事人，当事人未提出申请的，法院不得进行证据调查，自然也就不能将此作为认定事实的根据。但从另一方面看，此亦成为当事人的沉重负担，当事人不能收集并提出证据申请的，或者未能达到证明标准的，将因此承受不利后果。释明有助于当事人在诉讼上为正确及有效的法律及事实上“主张”，亦可起到敦促当事人举证的作用，但却无助于解决当事人证据收集手段的不足。因而，证明责任分配给当事人承担，基于当事人的利己心有利于查明案件事实，但这一机制的发挥应以当事人被赋予充分的证据收集权为前提，否则证明责任的承担便难具正当性。也正是在这个意义上，法院依职权调查证据成为德日等国的一致选择，以此弥补当事人证据收集权的不足，也补充证明责任的正当性。

（二）对当事人事实主导权之保障

辩论主义赋予当事人的仅仅是形式上的事实主导权，主导权实现的可能性与程度受制于当事人的诉讼能力。而实际上，当事人诉讼能力欠缺及不对等乃经常之事。正如有学者指出的，辩论主义建立在两个虚假前提之上：双方当事人有相同的能力在诉讼上为适当的事实上及法律上主张；其亦有相同的能力搜集必要的诉讼资料。因此，只有改变或减缓这两个假设，当事人才能获得实质意义上的事实主导权。法院释明及依职权调查证据便是大陆法系国家用以弥补当事人诉讼能力之不足，保障其事实主导权的主要方式。法院通过释明，敦促当事人修正不妥当的事实主张或者重新提出原来被忽视的事实主张，避免由于未作适当的主张而败诉，有效减缓了辩论主义的第一个假设。对于当事人举证能力的差别及不足，则通过法院释明及依职权调查证据加以弥补。当事人由于疏忽未提出证明其主张的证据的，法院通过释明促使其提出；对于当事人无法获取证据的，则需要通过法院依职权调查证据加以解决。

应当如何认识法官释明义务及依职权调查证据，它们能否被安置在辩论主义之下呢？本文认为，通过主张、自认和举证，辩论主义赋予当事人从“事实”层面提示并限定裁判范围的权限，同时亦派生出当事人的主张责任与举证责任。当事人应对基于自我选择而做出的行为承担责任，其正当性在于该行为是基于当事人的自由意志做出的。但事实上，由于受诉讼能力、诉讼手段的制约，当事人只有在被提供了充分资讯的前提下，才真正具有选择与决定的自由，由其承担责任也才具有正当性。因而，在赋予当事人事实层面主导权的同时，亦需要通过法官释明及依职权调查证据予以保障，以实现当事人主张责任、证明责任的正当性，并促进辩论主义的合目的性展开。

四、诉讼促进政策下的当事人诉讼行为

受诉讼促进政策的影响，处于不同诉讼阶段的诉讼行为，包括请求、主张、举证等，都有了不同于处分权主义、辩论主义下的新发展。就请求而言，在处分权主义下，诉讼请求只需特定诉讼标的，提示裁判的对象即可。而为达成诉讼促进之目的，则倾向于请求的具体化，如在诉状中记载诉讼请求的同时，还要提出支持该请求的事实及证据。如此，双方当事人通过诉答文件的交换即可大致明确诉讼主张和答辩主张，在诉答程序中即可形成争点的大致轮廓。但考虑到因此可能给原告诉权行使带来障碍，德日均将请求理由事实规定为任意性记载事项，希望对理由事实的记载成为民事诉讼的惯行，但不具有强制性。考虑到我国当前起诉难的现实状况，诉讼请求的具体化亦应缓和适用。就主张及举证而言，不仅在时间上要求当事人适时提出，而且课以当事人真实完全及具体化义务，不知陈述受到限制，一定情形下，不负证明责任的当事人亦负有协力解明案件的义务。

尽管如此，诉讼促进义务并没有改变当事人与法院纵向上的权限分配，即当事人在事证提出方面的主导权并没有变化，当事人没有提出的主要事实，

法院仍然不得将其作为裁判的根据。诉讼促进义务乃主要通过主张责任及主观证明责任的重新分配，在横向上改变了当事人之间的义务承担，而当事人之间行为责任的重新分配并不会影响到当事人的主体性或主导性。

但仍应注意的是，为促使当事人切实履行诉讼义务，法院之诉讼指挥更为凸显。如在攻击防御方法的适时提出上，法院须为当事人指定事实与证据的提出时间，判断事证的提出是否逾期，决定是否给予失权的制裁等。在当事人陈述义务的承担上，法院需要判断当事人之陈述是否达到具体化的要求，并将其认识向当事人释明，判断不知陈述之当事人是否具有探知可能性，并指示其进一步探知等。而当事人的事案解明义务，则主要是通过一方当事人申请法院调查收集证据，由法院向一方当事人发出提出文书、协助鉴定勘验的命令而实现的。由此可见，在诉讼促进下，法院有着更为主动的角色承担，发挥着更为积极的作用，此一方面为促进诉讼所必须，但另一方面，如果法院过于强烈地推动当事人的事实陈述与证据提出，则容易导致法院掌握了诉讼的主动权，而有消减当事人诉讼主体地位之虞。因而，为当事人提供充分的程序保障，以保障其主体性至关重要。

五、当事人诉讼行为的瑕疵及其救济

在诉讼程序中，各当事人诉讼行为构成一个“锁链”，前一诉讼行为的效力将对后一诉讼行为产生影响。如果前诉讼行为的效力因瑕疵而被否定，势必影响后续诉讼行为的效力。为程序安定考虑，民事诉讼法发展出发达的补正制度，人们对此并无异议。但在是否考虑诉讼行为的意思表示瑕疵问题上，存在截然相反的学说：意思表示瑕疵考虑说与意思表示瑕疵不予考虑说。肯定说强调诉讼行为的意思要素，进而追求判决的妥当性；居于通说地位的否定说则强调诉讼行为的连续性，进而追求诉讼程序的迅速性与安定性。因而，对该问题的处理集中反映了行为人的意思自治、对方当事人的信赖利益与诉讼的迅速性不同利益之间的协调与平衡，亦属于当事人诉讼权限的一部分。

作为重要参照，法律行为通过意思表示瑕疵的类型化，具体考量表意人与相对人利益保护的优先性，而分别采取意思主义与表示主义，并通过赔偿义务进一步均衡双方利益。《中华人民共和国民法通则》（以下简称《民法通则》）与《中华人民共和国合同法》（以下简称《合同法》）即沿袭了意思表示瑕疵的类型化传统，将意思表示瑕疵分为五类：受欺诈、受胁迫、受乘人之危、重大误解以及恶意串通。《民法通则》将一方以欺诈、胁迫的手段或者乘人之危，使对方在违背真实意思的情况下所为的法律行为，规定为无效，而将行为人对行为内容有重大误解的，规定为可撤销的法律行为。《合同法》进行了修正，缩小了无效的范围，扩大了可撤销合同的范围，将更多的选择权赋予行为人，表现为：因重大误解订立的合同，以及一方以欺诈、胁迫的手段或者乘人之危，使对方在违背真实意思的情况下订立的合同，受损害方有权请求人民法院或者仲裁机构变更或者撤销。而只有在一方以欺诈、胁迫的手段订立合同，损害国家利益的方为无效。考查德国、日本及我国台湾地区的相关规定可以发现，尽管不同国家和地区在意思表示瑕疵的类型设置和处理结果上存在一定差异，但均致力于均衡保护表意人的意思自治与相对人的信赖利益，可以说在这一点上是一致的。以上分析充分说明，民法在处理意思表示瑕疵时，并没有像诉讼法学界所认为的那样采取单纯的意思主义，而是通过意思表示瑕疵的类型化，具体考量表意人与相对人利益保护的优先性，而分别采取意思主义与表示主义，并通过赔偿义务进一步均衡双方利益。因此可以说，民法通过对意思表示瑕疵的处理，消解了意思主义与表示主义的对立，这一点无疑值得诉讼法学予以重视。

这一既倡导意思自治又顾及相对人信赖利益的努力，可为重新考虑诉讼行为中的意思表示瑕疵问题提供有力借鉴。通过对诉讼行为及意思表示瑕疵的类型化，行为人意思、对方当事人利益及程序安定性有望获得妥善安排。

作者简介：杨会新（1978— ），女，山东菏泽人，国家检察官学院副教授。1999年和2003年在西北政法大学分别获得法学学士学位和法学硕士学位，2015年在北京师范大学获得法学博士学位。主要研究领域为民事诉讼法和民事检察制度。在《法律科学》、《现代法学》等发表论文十余篇。

民事诉讼失权理论研究 *

田海鑫

目　次

民事诉讼失权是对民事诉讼法律关系主体的行为进行规制而导致其诉讼权利（资格）丧失或失效的一种程序性制约机制。民事诉讼失权对程序公正性的保障、诉讼正常推进和纠纷迅速解决起着重要的作用。我国现行《民事诉讼法》和相关司法解释没有对民事诉讼失权予以明确界定，但是不可否认，民事诉讼权利的存在与行使都是有条件的、特定的，如果民事诉讼法律关系主体不当行使诉讼行为，一定情形下失权的后果会不可避免地发生。本文从民事诉讼失权基本概念和构成出发，分析与民事诉讼失权有关的基础理论，从而建构民事诉讼失权体系，为我国民事诉讼失权制度的建立和完善提供参考。

本文的主要内容涉及以下几个方面：

* 本博士论文作者田海鑫，2012—2015 年在北京师范大学法学院攻读民事诉讼法学专业博士学位，2015 年通过了博士学位论文答辩，取得法学博士学位，导师徐胜萍教授。本博士论文共计 22 万字。

一、民事诉讼失权的含义

民事诉讼失权是对民事诉讼法律关系主体的行为进行规制而导致其诉讼权利（资格）丧失或失效的一种程序性制约机制。当然，法谚有云：法律中的所有定义都是危险的。（All definition in law are hazardous.）哈特亦认为定义是利用一个独立的词给出语言上的界说，它主要是一个表明界限或使一种事物与其他事物区分开来的问题。把简单的定义形式用于法律，会遇到难以跨越的障碍。[①] 这是因为往往实际的情况是，在不同的研究体系、学术语境和时代背景之下，人们对同一法律概念的解释和理解也存在差异，没有定论。定义的作用也不仅仅在定义本身，而在于定义所服务的目的，在本文的具体语境中，对民事诉讼失权进行如下定位。

第一，民事诉讼失权的性质是一种程序性制约机制。民事诉讼的程序性一方面体现为民事诉讼失权一般发生于诉讼程序进行过程中，如果诉讼程序还未开始或已经终结，则不产生失权；另一方面，程序性还体现为失权与裁判结果没有直接关系，失权与实体权利能否获得支持也没有直接关联，失权仅是一种程序性约束机制。

第二，民事诉讼失权是对特定主体的程序性规制。失权的主体必然是享有诉讼权利或资格的主体，如果某个主体不享有诉讼上的权利或资格，则不会对其进行失权规制，但是，并不是所有的诉讼权利主体都是失权的主体，基于法律规定或其主体性质，对某些诉讼权利主体不能采取失权的规制措施，如一般情况下对民事诉讼中的证人不予以失权。

第三，民事诉讼失权是滥用民事诉讼权利所导致的后果。失权是对于滥用民事诉讼权利的主体的否定性评价，只有在民事诉讼权利主体滥用权利时才可能对其进行失权规制，如果民事诉讼权利主体不当行使权利或存在瑕疵并不是出于“滥用”，则不能对其失权。

第四，民事诉讼失权的后果是诉讼权利的丧失或失效。民事诉讼权利主

---

① ［英］哈特：《法律的概念》，张文显、郑成良、杜景义、宋金娜译，中国大百科全书出版社 1996 年版，第 14–16 页。

体一旦受到失权的规制，则其相应的权利不得再次行使，产生权利丧失或失效的后果，但是，由于丧失或失效的对象是特定诉讼权利，其实体权利和其他诉讼权利并不受到直接影响，仍可以继续主张或行使。

二、民事诉讼失权的正当性

公正和效益、实体与程序，是可以被永恒探讨的关于民事诉讼价值论的议题，就民事诉讼失权而言，其本身也体现了不同诉讼价值的冲突与平衡。学术界认为失权具有正当性的观点，总体认为失权能够体现民事诉讼对于效益的追求以及程序正义理念的贯彻；对失权的正当性持怀疑态度的学者认为失权会导致实体上的不公正，妨碍真实的发现。笔者认为，民事诉讼失权具有其存在的正当性理论基础，是在理论和实践中被证明切实可行的制度，当然，不可否认，任何制度都不是完美无缺的，民事诉讼失权也是如此，如果适用不当，也起不到其应有的制度作用，因此，民事诉讼失权还存在着缺陷和需要完善之处，但这并不意味着民事诉讼失权本身存在的不合理。

（一）民事诉讼失权与诉讼价值

民事诉讼失权的价值基础集中体现在其与诉讼效益价值的关系中，尤其是对诉讼成本的影响。在个案审理当中，各诉讼主体可能会因为其行为的不当而导致额外诉讼成本的支出。尤其是参与诉讼的主体恶意利用程序来对时间、人力、财力等诉讼成本进行耗费，从中获取不当利益。失权行为的出现，就是导致诉讼成本增加的直接因素，就会使诉讼程序非理性化，是对本已十分有限的司法资源进行挑战。如果失权行为增多，就会更加不利于诉讼资源的合理配置，降低国家解决纠纷的能力。失权制度的建立就是在诉讼效益价值理念的指导下，对失权行为所导致的诉讼成本提高，尤其是诉讼迟延现象的应对与处理。失权行为，一方面可能会导致法院的审判行为失效，从而浪费司法资源，降低审判效率，另一方面也会影响其他诉讼参与主体的正常的诉讼行为节奏，损害其合法的实体和程序利益。因此，为了维持诉讼的效益价值，对实施失权行为的主体进行负面评价，采取失权的后果，对及时纠正被破坏的诉讼秩序，使各方主体能够在诉讼环境中进行理性交易，具有重要意义，同时，这也是民事诉讼失权制度设立的根据之一。

（二）民事诉讼失权与诚实信用原则

诚实信用原则作为民事诉讼法的基本原则，对民事诉讼的各项制度、参与民事诉讼的各个主体都有着统领作用，违反诚实信用原则实施诉讼行为将会受到程序上的制裁或处罚，民事诉讼失权就是这样一种规制措施或手段。具体而言，民事诉讼失权与诚实信用原则具有一致性，体现为以下几个方面：

首先，失权行为与违反诚实信用原则的诉讼行为具有一致性。从根本上来讲，法官或当事人实施的失权行为都可以认定为违反诚实信用原则的诉讼行为，因为违反诚实信用原则的诉讼行为具有一定的抽象性和较大的涵摄范围，失权行为作为影响民事诉讼程序正常进行的不当行为，在某种程度上都会对诚实信用原则构成侵犯。

其次，失权对象与诚实信用原则的适用对象具有一致性。失权的内容和对象无疑是民事诉讼权利，而诚实信用原则也是针对“权利滥用”适用的。王泽鉴教授认为，诚实信用原则发展出了禁止权利滥用的理论，依据诚实信用原则，创设滥用的权利行使的类型，要求当事人行使权利不能以损害他人为主要目的。① 失权即是在民事诉讼当中对滥用审判权、举证权、上诉权、申请再审权、鉴定权等诉讼权利的规制后果，同样，滥用上述权利的行为也是诚实信用原则所统摄的范畴。

再次，失权责任与诚实信用原则对主观的规范具有一致性。在失权的成立当中，行为主体在故意、重大过失的主观责任方面具有关键作用，而诚实信用原则其本身就是来源于道德原则，尽管各国法律普遍都将诚实信用原则写入法律，使其成为客观的法律规范，但仍然不能否认其对行为主体主观方面的影响，诚实信用原则不但能够适用于各种违反其要求的行为，而且也是对行为主体主观的一种提示和倡导，鼓励行为主体诚实、不欺，如果行为主体因故意或重大过失实施了不当的诉讼行为，既可能构成失权行为，同时也是在主观方面违背了诚实信用原则的要求。

最后，失权形态与诚实信用原则的适用范围具有一致性。在诸多的失权

---

① 王泽鉴：“诚实信用与权利滥用”，载《北方法学》2013 年第 6 期。

形态与诚实信用原则的适用情形当中，二者不乏交叉的现象，诚实信用原则要求当事人负有诉讼促进义务、禁止滥用诉讼权利、禁止怠于实施诉讼行为等，都可能构成失权的具体形态。例如，当事人逾期提交证据，可能因为违反诉讼促进义务而不符合诚实信用原则的要求，同时，该逾期举证行为也可能构成失权，造成提出证据权失权的后果。

（三）民事诉讼失权与宪法权利

作为当事人的基本程序权利，适时审判权具有国际化和宪法化的特征。民事诉讼失权与适时审判权的关系体现为民事诉讼失权是保障适时审判权实现的一种手段。很多国家，不论其是否承认适时审判具有宪法上的重要性，都至少在诉讼法上规定了要确保防止因为当事人或者法院的过错而使程序拖延，如通过下列措施：让迟延的当事人陈述失权、集中言词辩论、强调言词原则和当事人亲自出庭、规定自提起诉讼到对案件进行辩论之间的期限、确定上诉期间以及撤销判决的期间等。[①] 由此可以看出，当事人或其他诉讼参与人如果实施了失权行为，造成了诉讼拖延，则可能会导致失权的后果。

（四）民事诉讼失权与时间

时间在民事诉讼法的规定中十分常见，最为典型的就是期间制度，期间是法院、当事人和其他诉讼参与人单独或者会合实施或者完成诉讼活动所应遵守的时间。期间制度的设立是为了保证法院、当事人和其他诉讼参与人有充足的时间进行诉讼，同时，又为了防止诉讼拖延，对实施行为的时间予以限定，从而提高诉讼效率。

时间作为一项程序资源，需要通过失权的方式来进行配置。民事司法的改革是通过多项制度的实施来产生更为有效的司法，是司法制度主体解决司法资源短缺，从而扩大司法制度供给以获得潜在收益的行为。司法制度是一种生产性资源，具有稀缺性，而这种稀缺性的资源主要是由立法机关提供的。[②]

---

① ［德］卡尔·海因茨·施瓦布、彼得·戈特瓦尔特："宪法与民事诉讼"，载米夏埃尔·施蒂尔纳编：《德国民事诉讼法学文萃》，赵秀举译，中国政法大学出版社 2005 年版，第 177 页。

② 钱弘道：《经济分析法学》，法律出版社 2003 年版，第 488 页。

时间是一种具有普遍意义的制度资源，在诉讼环境下也是如此，时间的节约对诉讼参与的各方主体都具有吸引力，但是由于时间的不可逆和不可再生，在同等时间下权利主体如果没有利用好时间甚至故意拖延时间，也只能承担这种因时间经过而造成的程序性失权后果。

三、民事诉讼失权的构成体系

民事诉讼失权的构成（下文简称“失权构成”）解决的是在什么条件下“失权成立”的问题。原则上来讲，凡是符合失权构成的行为就成立失权；凡是不符合失权构成的行为，就不成立失权。失权构成是认定失权的法律标准和唯一根据，在失权构成之外也不能再附加其他任何条件。

失权构成的体系建构，应当符合逻辑性和实用性的原则。逻辑性是指失权构成要件本身的科学性和这些要件之间的位阶性；实用性是指失权构成在司法认定中的可操作性和便利性。构成要件的观念，起源于中世纪意大利纠问程序中的“corpus delicti”，表示应当确证的犯罪事实，18 世纪末期，德国人克莱因（E.F.Klein）将“corpus delicti”翻译成“Tatbestand”，日本学者又将“Tatbestand”译为“构成要件”，值得一提的是，构成要件最初是在诉讼法上具有使用意义，真正在刑法学领域使用，要追溯至 1801 年费尔巴哈出版的《现行德国普通刑法教科书》。

失权构成体系可以划分为构成要件和责任要件两个层次。构成要件是失权成立的基本构成，由客观要素决定，也可称为客观构成要件，其中讨论构成阻却事由；责任要件表明行为具有可归责性，由主观要素决定，也可称为主观构成要件，其中讨论责任阻却事由。具体而言，失权构成体系呈现出一种递进的位阶关系，即没有前者就没有后者，后者的存在以前者为前提，前后顺序不可变动。其中，构成要件是基本前提，基本前提满足的情况下看是否存在构成阻却事由，如果没有构成阻却事由，则对责任要件进行判断，最后还要满足没有责任阻却事由，才能够最终认定诉讼失权。因此可以说，没有构成要件就没有责任要件，责任要件以构成要件为前提，但有构成要件未必就有责任要件。

构成要件和责任要件由具体的构成要素组成，换言之，构成要素是构成要件和责任要件的内容。对失权构成体系的理解，有赖于对各个构成要素和要素之间的关系充分认识和理解，正确认识构成要素，是掌握失权构成体系的根基。根据构成要件的客观性和责任要件的主观性，我们将构成要素分为客观要素和主观要素，客观要素包括主体、行为、结果等表明外部的、客观方面的内容；主观要素包括故意、过失、目的等表示内在的、主观方面的内容。

四、民事诉讼失权的样态

民事诉讼失权的样态理论主要阐明失权在民事诉讼中所可能表现出的具体形态。一方面，通过对失权具体形态的分析，能够进一步深化对民事诉讼失权构成理论的理解，另一方面，也能够具体了解失权在民事诉讼中的作用。民事诉讼失权的样态可以从理论分类和具体种类两个层次进行展开，限于本文的主题和笔者的研究旨趣，文中民事诉讼失权如无特别注明仅限于在通常的审判程序中产生的情况，不包括执行程序和特别程序，同时，也不涉及大陆法系国家和地区民事诉讼中的家事或人事诉讼程序。

（一）民事诉讼失权的理论分类

民事诉讼失权可以根据一定的标准进行理论分类，从而对失权进行类型化的分析，从而更加清晰、全面地把握制度的内容。

根据民事诉讼权利主体的不同，相对应的失权的主体也不同，于是可以将失权划分为当事人的失权、诉讼代理人的失权、第三人的失权和其他诉讼参与人的失权等。因为民事诉讼的参与主体享有的权利不同，以主体为划分标准的意义在于能够直接根据不同的主体来确定其适用的失权情形，较为直观。

根据失权的影响或效果是否直接涉及民事实体权益，可以把诉讼失权划分为程序性失权和实体性失权。所谓程序性失权，是指民事诉讼法律关系主体在被施以失权之后，其失权的客体为程序性权利，即会对其程序性权利产生影响，但不会直接触及其实体权益。民事诉讼失权由于是程序规制的一种手段，故大多属于程序性失权，如法官丧失本案审判资格，诉讼代理人丧失代理权。所谓实体性失权，是指民事诉讼法律关系主体在被施以失权之后，其失权的客体不仅包括程序性权利，还包含实体性权利，即也会直接影响其民事实体权益的实现。例如，在英美法系主要国家的民事诉讼中，倘若被告在法定期间内不予答辩，则法院可依原告申请不经实质审理而直接判决被告败诉，此时失权的客体不仅包含程序性的答辩权，还直接会影响到其民事实体权益。

根据诉讼参与人的行为根据是取效行为还是与效行为，可以相对应地将失权分为取效权利失权和与效权利失权。所谓取效权利失权，是指某项权利需要经过法院的审查和裁判才能发生效力，而在符合失权构成要件的情况下该权利的失权。因为取效权利的行使本身只能引起法院的活动，本身并不能自动发生效力，如果对取效权利进行失权，相当于封闭了行为主体向法院诉求的通道，如当事人提出某项申请，如果法院对该项申请权予以失权，则当事人就无法再次提出该项请求。所谓与效权利失权，是指某项权利无须法院进行实质审查就能够发生效力，而在符合失权构成要件的情况下该权利的失权。因为与效权利的行使能够自动发生效力，法院一般不进行过多的干预，如果必须要进行干预，甚至是采取失权的规制措施，则应当更加慎重处理。例如，当事人不服一审的判决提出上诉，如果法院对当事人的上诉权予以失权，则必须符合十分严格的条件才能够适用。

（二）民事诉讼失权的具体表现

从理论上来讲，凡是民事诉讼法律关系的主体，在行使其权利时，如果符合失权构成要件，就有可能受到失权的规制。在规范层面，民事诉讼中各主体享有的权利多样，失权的现象和规定也是种类繁多，笔者认为对诉讼进程和结果影响较为显著的失权种类包括：答辩权失权、申请回避权失权、管辖异议权失权、反诉权失权、撤诉权失权、变更、追加诉讼请求权失权、提出证据权失权、上诉权失权、申请再审权失权、诉讼代理权的失权以及鉴定人员、勘验人员、翻译人员等其他诉讼参与人诉讼权利的失权等。

五、我国民事诉讼失权的完善

在我国现行民事诉讼法领域当中，关于失权的规定散见于法律和有关司法解释的条文当中，条文之间没有体系化的联系，民事诉讼法中缺少总括性、原则性、一般性的条款；司法实践当中失权的适用也存在着没有法律依据、适用标准不统一等诸多困境，有限的条文只能够在个案处理时“头痛医头、脚痛医脚”。这一情况不利于民事诉讼的公正、高效运行，产生了许多与之相关的问题。可以说，我国民事诉讼失权仍处于不成熟的阶段，需要进行理论和制度层面的构建与完善。

（一）民事诉讼权利的滥用及原因

就当事人的诉讼权利方面，以申请再审权的行使为例，当事人滥用申请再审权主要体现为随意申请、反复申请、“不打上诉打再审”等现象，使民事裁判的既判力摇摆不定，同时浪费了司法资源，损害了司法公信力。第一，法律没有规定当事人必须经过上诉才能够申请再审，这导致当事人“舍近求远”故意放弃上诉权，等法院的判决、裁定生效后再申请再审或申请检察机关抗诉，甚至一些当事人故意保留有力证据，放弃上诉等到再审时提出，造成诉讼突袭，扰乱正常的诉讼秩序；第二，申请再审程序设置不合理，使得当事人可以同时向法院、检察院提出申请，导致同一案件在法院、检察院重复立案，浪费司法资源，加剧司法矛盾；第三，司法机关缺乏应对措施，针对当事人盲目申请、反复申请，即便是以裁定形式予以驳回，部分当事人仍会在变更理由后就同一事项再次提出申请，更有甚者在申请再审不成后，反复向各级党委、政府、人大、政协等部门申诉、上访，甚至个别当事人借助报刊、网络等舆论工具，故意散布不当言论，故意给法院审判制造压力。

就诉讼代理人的代理权而言，代理权滥用的原因在于：首先，利益的驱动，诉讼代理人为了自身利益的实现，违背了代理义务，损害当事人的利益和司法权威；其次，职业素养不高，整体而言，我国诉讼代理人群体的职业素养，尤其是法律职业道德素养仍然处于较低层次，自我规范意识较差；最后，法治环境的因素，由于我国社会法治意识不高，存在着办事就要“托人，找关系”的观念，为诉讼代理人实施不当行为提供了土壤，同时，相关规范性文件执行力度不强，一些违反规定实施不当行为的诉讼代理人没有受到应有的制裁。

就鉴定人员、勘验人员、翻译人员等其他诉讼参与人的权利行使而言，问题产生的原因一方面是由于鉴定人员、勘验人员和翻译人员等其他诉讼参与人所在的单位或机构管理制度上存在缺陷，机构管理缺乏科学规范、严格的准入制度和资质认证标准体系，同时缺乏监督机制；另一方面是因为其他诉讼参与人业务素质良莠不齐，甚至一些人员在利益驱动之下不惜牺牲职业道德，接受贿赂，违法行使职权，提供虚假鉴定意见、专家意见等。

（二）我国民事诉讼失权的完善

完善我国民事诉讼失权应当从三个层次入手：第一，从宏观上确立失权正当性的思想理念，确立失权的总体原则；第二，从微观上对现有民事诉讼失权制度予以补充改进，细化制度规定；第三，从配套制度上逐步跟进完善，保障民事诉讼失权的实施能够产生实际的效果。

1. 宏观理念的确立

在一定意义上，程序规则的确立是理念的“实在化”，要想民事失权制度这一程序规则能够在司法实践当中运行，其背后的支撑理念必须率先树立，笔者认为民事诉讼伦理和程序安定理念是社会能够接受民事诉讼失权的前提。

之所以提倡民事诉讼伦理，是基于以下两个方面的考虑：一方面，民事诉讼伦理从根本上来讲，是法律与道德的关系在民事诉讼领域的具体体现，是客观性与主观性的结合。既强调民事诉讼应当遵循客观有序的规律，更突出对参与主体主观方面的美好要求，民事诉讼是体现着人性价值的活动，民事诉讼伦理也自然会在其中发挥着作用。对民事诉讼失权而言，其构成要件中对于行为主体客观和主观的包含，也与民事诉讼伦理的理念不谋而合。另一方面，民事失权行为事实上是违反了民事诉讼伦理秩序，只有认同了民事诉讼伦理的价值，才能够接受民事诉讼失权的现实规制与制裁。

从程序安定的视角而言，“时间顺序的安排”、“自我约束、自我负责”等体现着诉讼程序应当依照某种理性秩序地进行，实现程序的安定、稳妥。根据这一理念，程序安定的保障也就体现为程序自身的约束和优化，在这一过程中减少程序的动荡不安。民事诉讼失权即这样一种程序自我完善的机制，通过失权的规制，减少程序当中的不安定因素，使民事诉讼的运行更为顺畅。

2. 微观制度的改进

规制“失权行为”的措施并不只有“失权”。总体而言，对于诉讼当中的不当行为，其规制措施在制度设计中应当体现为一定的阶梯性，即对不同恶劣程度的行为苛以不同严厉程度的制裁。以我国现行《民事诉讼法》关于举证时限的规定为例，逾期提出证据的后果包括“训诫”、“罚款”和“不予采纳”等多元化的制裁方式，究竟采用哪一种方式，要结合个案的情况来具体分析判断。但是，从严厉程度上而言，失权应当是制裁手段当中的“最高级”，换言之，诉讼中的不当行为可能会采用其他的方式予以制裁，即使失权是“备而不用”的，也需要体现其震慑作用。

3. 配套制度的完善

民事诉讼制度是一个有机的整体，制度与制度之间存在着千丝万缕的关系，只有制度间协调一致，才能够使民事诉讼在实践中真正高效地发挥作用。某一项制度的改进，需要其相关制度的配套完善，否则“冒进”的制度也会显得“孤立无援”。就民事诉讼失权而言，其确立和完善同样需要配套制度的跟进与改革，从而才能使失权产生其应有的法律效果。具体来说，民事失权制度的运行需要“内部保障”和“外部监督”两个方面的支撑，“内部保障”主要体现为法官的自由裁量权和阐明，通过正确行使自由裁量权、细化阐明制度，使当事人、诉讼代理人和其他诉讼代理人既能够受到恰当的行为规制，又能够确保在受到失权制裁时能够获得权利保障；“外部监督”主要体现为民事检察监督的多元化，通过检察机关对民事诉讼全程的监督，及时处理诉讼过程当中的不当行为，规范诉讼程序。

作者简介：田海鑫（1988—　），男，汉族，河北沧州人，现任华北电力大学人文与社会科学学院法学教研室讲师。师从徐胜萍教授，2015 年在北京师范大学法学院获得法学博士学位，主要研究领域为民事诉讼法学、强制执行法学、司法制度。近年来，在 CSSCI 期刊和其他学术期刊发表 20 余篇学术论文，参与 2 项省部级课题研究。

中国民事诉讼事实观的基本考察*

张一博

目　次

事实是人类生存与发展过程中所不得不面对的问题。虽然受到科学技术、经济发展等客观因素的制约，但是司法裁判者认定事实仍然是具有主观性的活动。在民事司法活动中，裁判者的诉讼事实观不可否认地被视为处于中心的位置，假如裁判者的民事诉讼事实观出现偏差，那就有可能使得各式各样的任性、武断、私利、偏见和愚昧的民事诉讼事实观在司法领域大行其道，并凝结成非正义的司法结果。这最终导致司法成为游离于民事诉讼事实观实质内涵之外的非理性的运作过程，民事司法裁判变成掩饰司法不公、装点当权者门面的“化妆品”。故而，研究民事诉讼事实观就有了特别重要的意义。

---

* 本博士论文作者张一博，中央财经大学法学院民商法方向博士后，2012—2015 年在北京师范大学法学院攻读诉讼法专业民事诉讼法方向博士学位，2015 年博士研究生毕业并通过了博士学位论文答辩。师从熊跃敏教授。

一、民事诉讼事实观与事实认定的界定

（一）民事诉讼事实观

从逻辑学的角度看，民事诉讼事实观是一种对裁判事实认定的思维模式。民事诉讼事实观是认识裁判事实本质的思维形式。概念是一种思维模式，需要一定的载体将其表现出来。“民事诉讼事实观”作为载体，它的价值或者功能是要表达人们如何认识客观事物的思维模式。“民事诉讼事实观”是由“民事”、“诉讼”和“事实观”三个语词组成的偏正词组，而不是一个词。然而，“民事诉讼事实观”是一个短语的界定并不否认其作为语词表达概念的价值。这主要是因为词组的基本功能是充当句子成分，在句中的作用相当于一个词。[①]词组作为词法的一部分，同样具有独立的表达语义的功能。因此，“民事诉讼事实观”并不是“民事”、“诉讼”和“事实观”三个词的简单的组合，而是有着自身的意义。

通过对“民事诉讼事实观”的逻辑学、语言学以及对其组成“字”、“词”含义的分析。民事诉讼事实观有如下的特点：第一，民事诉讼事实观是认识裁判事实本质的思维形式，其并没有特定的含义，只是特定词语的组合；第二，“民事诉讼事实观”是一个短语。在句子中，短词也可以作为词加以使用，属于偏正型的短语结构，中心词为“事实观”，修饰词为“民事诉讼”。此外，本短语的定义是依赖于这些“字”的含义与其被使用的特殊的语境；第三，“民事诉讼”是法院对自然人、法人或者其他组织之间的事故（纠纷）或关系或责任做出权威性判断的诉讼活动。“事实”表示过去发生事情的真实情况。“事实观”是人们对已经发生过的事情的真实情况的认识。基于以上的分析，民事诉讼事实观是指法院在审理民事纠纷案件时对什么是达到查明案件事实的真实情况的标准、应当依据何种程序或规则来认定案件事实的真实情况所持有的观点和看法。

（二）事实认定

民事诉讼事实观通过事实认定制度得以实现。为了行文方便，在本文中

---

① 王远新：《语言学教程》，中央民族大学出版社 2009 版，第 245 页。

"民事事实认定制度"一般被简称为"事实认定"。

对事实认定的认识应当做出如下理解：第一，事实认定是裁判主体在确认案件事实的民事诉讼程序中的一系列诉讼行为；第二，事实认定具有完整的民事诉讼程序构架，包括案件事实认定的主体思维机制、程序保障机制和案件事实误认的预防救济机制[①]；第三，事实认定是尽可能地还原民事纠纷案件中当事人所争议的事实；第四，事实认定不仅仅受到程序法的制约，而且还受到了民事实体法的制约；第五，事实认定的功能为裁判者认定案件事实提供程序上的指引和约束裁判者的行为；第六，事实认定活动本质上是一种为解决纠纷而展开的查明事实真相的认识活动。[②]

事实认定属于裁判者依据证据认定事实的思维过程，具有结构性的特点，因此，可以将其称为模型。不管是以神示作为事实认定的基本方式，还是以法定证据作为事实认定的基本方式，或是以自由心证作为事实认定的基本方式，以上的这些事实认定模式都是对传统事实认定结构的一种描述。事实认定的结构为本文的研究提供了分析的基本框架。作为事实认定的结构至少要包括：事实认定的主体、事实认定的思维机制、事实认定的程序保障和事实认定的救济机制。

二、民事诉讼事实观与事实认定的关系分析

（一）基于历史的角度

1. 神示事实认定

神判亦称神明裁判，指通过神的意志来决定嫌疑人有罪或无罪，当事人权利主张是否成立的一种司法程序。早在《汉穆拉比法典》中就出现了有关神判的规定。从古代至近代，神判"为世界上许多不同地区的民族所使用"，并且成为一种重要的司法程序。在此基础上，民事诉讼事实观也受到这种"有神论"认识的影响。具体的事实认定方法分为单向神判和双向神判：前者通常由被指控的当事人接收来自神的裁判，如沸水神判等；后者要求当事人双方共

① 张海燕：《民事诉讼案件事实认定机制研究》，中国政法大学出版社 2012 年版，第 34 页。

② 吴宏耀：《诉讼认识论纲——以司法裁判中的事实认定为中心》，北京大学出版社 2008 年版，第 2 页。

同接收来自神的裁判，主要指司法决斗。

2. 法定事实认定

神明裁判方法大约在12世纪时渐趋衰落。在1251年，欧洲天主教会拉特兰大教会明令禁止在审判中使用“神明裁判”。对此，在欧洲各国神明裁判相继被废除。从追求真实的诉讼目标看，法定证据制度进入了理性证明的历史时期，它不再将案件事实真相的发现寄托于虚无缥缈的神灵，也不再相信人们对神明信仰的作用，而将这一目标建立在人的认知能力之上。[①] 从认识论的角度看，机械唯物主义是法定证据认定时代的哲学基础。因此，民事诉讼事实观认为民事纠纷案件事实的发现只是由单个证据组成的组合。每个证据都有固定的证明力。案件事实的最终确定靠的是证据的相加得出的证明力是否达到证明的标准。

3. 自由心证事实认定

1808年的《法兰西刑事诉讼法典》第342条首次对自由心证制度作了详细的规定。1877年的《德国刑事诉讼法》第260条也规定了自由心证的内容。不久，这一制度波及亚洲，日本于明治九年开始施行。从认识论的角度看，自由心证制度有两种不同的类型：一种是以经验主义认识论为指导的英美法系的自由心证制度，另一种则是以理性主义认识论作为指导的大陆法系的自由心证制度。因此，大陆法系的自由心证的事实认定强调的是法官在认定案件事实时，有权力依据内心的经验法则自由的认定案件事实。英美法系民事诉讼事实观也认为案件事实是可以认识的。然而，案件事实的认定是陪审团成员依据生活经验所做出的判断。

（二）基于比较法的角度

英美法系的国家中选取美国作为代表，大陆法系则选取德国作为代表。

1. 美国

正如前文所述，美国民事诉讼事实的认识论根源为经验主义。在经验主义认识论的指引下，美国有着发达的判例法传统，同样也影响着对案件事实的认识。这表现在：①事件和事态存在于人的观察之外；②对过去事件的认识

---

① 廖永安：《民事证据法学的认识论和价值论基础》，中国社会科学出版社2009年版，第40页。

在原则上是有可能的；③对过去的认识只能基于不完全证据。④对过去事实主张的真实性的盖然性判断必须依据“库存”知识来进行。“库存”知识依次包括盖然性、为科学界所确立和接受的一般定理、专家意见以及基于社会成员经验而形成的“普通意识”定论。[①] 正是基于以上民事诉讼事实观，陪审团作为认定案件事实的主体充当了“库存”知识的角色。基于陪审团的成员不可能参与整个案件的事实审理，在程序的设计上就要求集中性的一次性审理，开庭审理前的准备就成为重要的问题。法官必须确定案件的争议焦点以及需要提交给陪审团的证据范围。美国的民事诉讼程序中并没有因为事实认定错误而设置的救济程序。当事人只能以证据规则适用错误的理由来间接实现对因事实认定错误而启动救济程序的目的。

2. 德国民事诉讼事实观对事实认定的影响

德国的民事诉讼事实观是基于理性主义而得以产生，认为民事纠纷事实是可以被认识的，而认识的方式主要是靠法官通过推理的方式对经验法则加以适用。传统观点认为，经验法则主要是大陆法司法实践的产物。经验法则的知识表现出一种概括性和普遍性的趋势，但通常情况下，其尚未达到逻辑全称命题或蕴涵命题的概括和确定性程度。证据对具体证明对象以及证据对最终证明对象之间的证明关系都是一种事实推论关系。因此，德国民事诉讼中案件事实由法官依据经验法则对案件做出事实的判断。虽然陪审员也是案件事实认定的主体，但是法律对陪审员的资格提出了更高的要求。德国民事诉讼的事实认定程序并没有表现出集中审理的特性，而是强调当事人与法官在事实认定中的配合。这种配合以法官的释明和当事人的真实义务加以实现。在救济程序中，救济程序的设置除了保证当事人享有正当诉讼程序外，保证经验法则的正确适用也成为救济程序存在的价值之一。

三、中国民事诉讼事实观影响下的事实认定的历史嬗变

基于对民事诉讼事实观及其与事实认定关系的分析，考察中国民事诉讼

---

① ［美］约翰·W. 斯特龙、肯尼斯·S. 布荣·麦考密克主编:《论证据》(第5版)，汤维建等译，中国政法大学出版社2004年版，第5–6页。

事实观以及与事实认定之间的关系就有着十分重要的现实意义。由于通过对不同历史时期的中国民事诉讼事实观的描述也能够达到解释事实观的目的，因此，不对中国民事诉讼事实观在各个历史阶段的具体表现形式做定义分析。

（一）朴素事实观（新中国成立至1991年）

朴素事实观追求绝对的客观真实。这主要表现在1982年《中华人民共和国民事诉讼法（试行）》（以下简称1982《民事诉讼法（试行）》）第5条规定“以事实为依据”。就当时的立法背景看，制定者就特别强调“面向实际、面向群众、充分考虑工人、农民的需要，十亿人民的需要，从便利人民群众进行诉讼，便利人民法院办案的基本思想出发，总结民事审判工作中的历史经验，把一些行之有效的经验，系统化、条文化，写入民事诉讼法的条文”。[①]“行之有效的经验”指的是马锡五的审判方式，有以下的核心要点：实践第一，从实际出发，深入群众，调查研究，审慎分析，抓主要矛盾和实事求是。

在朴素事实观的影响下，事实认定的主体主要由非法律专业化的人员组成，表现为对人民陪审员的倚重，正如有学者指出：“新中国成立初期的50年代是我国陪审制度发展最为辉煌的时期。”[②]截至1979年，我国法院系统的总人数（包括法官和辅助人员，以及行政人员）仅为5.8万人。为此，在1979年6月第五届全国人民代表大会第二次会议上，中共中央副主席、人大委员长叶剑英说：“我国必须调集足够数量的优秀干部充实司法部门。”[③]此外，在新中国成立后，相当长的一段时间内，民事案件的审判程序并没有庭审前的程序和庭审后程序的划分，法官依据职权调查证据。上诉制度的基本特点是：上诉法院可以审查案件的全部内容，包括重新调查证据。

（二）规范事实观（1991年至2001年）

规范事实观追求合法性的客观真实。在1991年以后，我国法院系统开启了民事审判改革。民事审判改革对上一历史时期的绝对客观真实造成了较大的

---

① 柴发邦：《民事诉讼法教程》，法律出版社1983年版，第51页。

② 李昌道、董茂云：“陪审制度比较研究”，载《比较法研究》2003年第1期。

③ 叶剑英：“健全社会主义法制（1979年7月1日）”，载《叶剑英选集》，人民出版社1996年版，第512页。

冲击。这就是由绝对的客观真实转为合法的客观真实，如 1995 年 3 月 6 日，最高人民法院在《关于未经对方当事人同意私自录制其谈话取得的资料不能作为证据使用的批复》中指出，证据的取得必须合法，未经对方当事人同意私自录制其谈话，系不合法行为，以这种手段取得的录音资料，不能作为证据使用。[①]

在规范事实观对事实认定的影响下，具备法律专业素质的人员成为事实认定的主体，而人民陪审员遭到背弃。与之相对应，法官人数大量增加，其素质也得到不断的提高。1990 年，法官人数为 131460 人。经过近 10 年的发展，到了 2001 年法官人数为 24000 人。[②] 法官的入职条件发生了实质性的变化。1995 年《中华人民共和国法官法》(以下简称 1995《法官法》)颁布。此外，责任分化的事实认定的程序，强化当事人的举证责任，弱化法院在证据收集中的作用。事实认定主要在庭审中进行规范化的事实认定救济程序上诉依据。1991 年后我国上诉制度向以尊重当事人的诉讼权利的转向。

（三）漂移的民事诉讼事实观（2001 年至 2012 年）

漂移民事诉讼事实观的样态。因此，这一阶段中国民事诉讼事实观发生了向法律真实的漂移，导致司法实践中客观真实与法律真实的矛盾。漂移诉讼事实观对事实认定主体的表现为：存在法律职业化内在冲突的事实认定主体，即陪审员的复兴与法律职业化要求的不断提高。[③]《最高人民法院关于人民陪审员决定执行和人民陪审员工作情况的报告》中指出，《人民陪审员决定》实施 8 年来，全国人民陪审员参加审理案件总数共计 628.9 万件，其中民事案件 429.8 万件。2015 年上半年全国法院审理的一审普通程序案件陪审率已达 71.7%，比 2006 年提高 52%。[④] 与之相对应，我国法官检察官整体素质不断提

① 最高人民法院："关于未经对方当事人同意私自录制其谈话取得的资料不能作为证据使用的批复"，载《中华人民共和国最高人民法院公报》1995 年第 2 期。

② 朱景文：《中国法律发展报告：数据库和指标体系》，中国人民大学出版社 2007 年版，第 194 页。

③ 肖扬："最高人民法院工作报告——2006 年 3 月 11 日在第十届全国人民代表大会第四次会议上"，载《中华人民共和国全国人民代表大会常务委员会公报》2006 年第 4 期。

④ 周强："最高人民法院关于人民陪审员决定执行和人民陪审员工作情况的报告——2013 年 10 月 22 日在第十二届全国人民代表大会常务委员会第五次会议上"，载《中华人民共和国全国人民代表大会常务委员会公报》2013 年第 6 期。

高。法官法、检察官法实施10年来，全国法官中具有大学本科以上学历的，从1万余人增至9万余人，占法官总数的比例从6.9%提高到51.6%。[①] 缺乏对当事人充分保障的事实认定程序第一，严格的举证时限。

四、中国民事诉讼事实观及事实认定不同样态的成因分析

正如前文分析，新中国成立以来，中国民事诉讼事实观在不同的历史阶段有着不同的表现并对事实认定产生着直接的、重要的影响。至此，是什么因素导致了以上情况的发生，就成为需要进一步研究的问题。

（一）司法独裁下的自由裁量

“独裁”一词更多用于“政治学”的语境中。“司法[②]独裁”则是借用这样的语义来表明司法裁判者在民事审判中不受约束的利己主义倾向。这表现为：第一，民事审判改革中的司法独裁。典型表现之一是为当事人的证据提供设置严苛的时限制度。典型表现之二是把民事诉讼事实观的客观真实转变为法律真实。典型表现之三是单方限制调查取证的范围，减少自身职责。第二，事实认定中的司法独裁。自由裁量权的存在使诉讼证明不仅仅是一个探知的过程，更成为一个解读和评价的过程。在此过程中，事实被剪裁、塑造，司法证明也因此而区别于科学证明。[③]

（二）事实认定的主体在法律职业化方面的内在冲突

在新中国成立初期至改革开放这一时期，法官与人民陪审员在法律的基本素质上没有本质上的区别。这种状况一直到了改革开放之后才有所改观。在此后的近20年内，一方面是法官人数的大量增加以应对激增的经济纠纷案件，另一方面是法院通过法律业大来逐步提高法官的法律专业素质，并提高新进入法院工作人员的法律专业要求。现在的问题在于，法律制度的发达和

---

① 肖扬：“在纪念法官法、检察官法实施十周年座谈会上的讲话”，载《人民法院报》2005年第7期。

② 我国通常把法院和检察院统称为司法机关，在本文中的司法主要是指法院。

③ 陈桂明、纪格非：“证据制度中法官自由裁量权的类型化分析”，载《法学研究》2008年第3期。

民事司法制度的完善对事实认定主体提出了更高的法律专业化要求。因此，如何定位陪审员制度，就成为立法者和司法者所面临的现实问题。对陪审员过于倚重，这就意味着事实观的样态中不能够呈现出具备法律专业特性的规范、程序等内容。

（三）偏离的事实认定规则

1. 偏离事实认定的思维机制

自由心证在新中国成立之初并不为人们所接受。虽然有学者指出，我国现行的证据法律制度基本上属于自由证明的范畴，司法人员在运用证据认定案件事实时享有很大的自由裁量权。[①] 然而，这并不表示自由心证是新中国成立之初就采取的证据制度。[②]1982《民事诉讼法（试行）》和1991《民事诉讼法》中都规定了法官应当全面、客观地调查和收集证据。2002《证据若干规定》第64条是对1991《民事诉讼法》第64条的补充和解释，虽然有学者将2002《证据若干规定》第64条解释为其确立了“自由心证原则”[③]，但是民事审判机关在作出该司法解释之时却将其确立为“法官依法独立审查判断证据原则”。不可否认，法官在认定证据的时候享有自由裁量权，然而，如果将此定位为自由心证，那么这就与自由心证制度的固有定位和应有价值产生了偏离。

2. 偏离证据的来源

在新中国成立后，法官承担有调查民事纠纷案件的职责。改革开放后，大量的经济案件对民事审判方式产生了很大的冲击，民事案件中证据的来源产生了漂移，主要表现在以下几个方面：第一，当事人承担过重的提供证据的义务；第二，证据来源方面一直贯穿着“法院思维”，缺乏保障当事人证据权利的意识；第三，立法与司法解释中存在矛盾与对立。

---

① 何家弘：《新编证据法学》，法律出版社2006年版，第75页。

② 在改革开放前，民事案件审理中事实的认定并不全部由法官加以认定，很多情况下是由法院领导、审判委员会，甚至是党委来决定。在这种情况下，也就无自由心证之说。同样的观点：“也有不论大陆学者如何解说，其判断证据方法实事求是，讳言自由心证主义。”参见杨建华：《大陆民事诉讼法比较与评析》，三民书局1994年版，第63-64页。

③ 胡建萍：“中国民事诉讼证据制度的新发展”，载毕玉谦：《司法审判动态与研究（证据法专辑）》（第2卷第1辑），法律出版社2004年版，第206页。

3. 偏离规则要求的程序运行

第一，从历史的角度看，事实认定的思维机制和程序保障一直未得到应有的重视。新中国成立后，民事事实认定中一直存在忽视事实认定程序制定的倾向，而是将整个事实认定的重点放到了事实认定的纠错程序上；第二，从事实认定程序的立法修订情况看。民事证据制度部分修改尚缺乏一个框架性的思考。修正案主要关注了证据种类中几类证据的运用问题，而忽视了证明规制和证据规制的其他内容，以至于连证据裁判原则这样基本的证据原则都没有规定。[①]

五、科学规范事实观：中国民事诉讼事实观的未来取向

在对中国民事诉讼事实观及其影响下的事实认定做出历史的考察后，朴素的事实观及其影响下的事实认定，规范的事实观及其影响下的事实认定和漂移的事实观及其影响下的事实认定都存在着相应的程序性缺陷，不能有效地指引事实认定主体去查明案件真实，也不利于保障当事人的诉讼权利。在此前提下，对中国民事诉讼事实观做应然性的分析，以期为中国民事诉讼事实观的实现提供理论上的一种样态。

（一）科学规范事实观的表现样态：理性客观真实

在新中国成立至20世纪末这一段相当长的时间段内，客观真实通常被这样认识，司法工作者的任务是将案件真相揭露出来。[②] 然而，随着民事诉讼法学理论研究的深入，学术界对这一观点展开了激烈的批评。随着2002《证据若干规定》在司法实践中运行，其也逐渐暴露一定程度的缺陷。这又引起了学界对客观真实的关注和反思，为此江伟教授在《证据法若干基本问题的法哲学分析》一文中指出："我们批判的'客观真实说'，是建立在对辩证唯物主义认识论的片面理解基础上的。"[③] 正是基于以上客观真实与法律真实之争的分析，法律真实的观点反对的是绝对的客观真实的观点，而非客观真实。绝对

---

① 张卫平："民事诉讼法修改与民事证据制度的完善"，载《苏州大学学报》（哲学社会科学版）2012年第3期。

② 常怡：《民事诉讼法教程》，重庆出版社1982年版，第33页。

③ 江伟、吴泽勇："证据法若干基本问题的法哲学分析"，载《中国法学》2002年第1期。

客观真实不具备辩证唯物主义的特点，而有着机械唯物论的倾向。因此，理性客观真实主张案件事实是可以被发现的客观存在，要求法官发挥主观能动性在法律规定的权限范围内尽可能地去发现案件真实，包括以下要以发现案件的客观真实为追求的首要目标，以公正作为价值选择的第一取向，以效率作为价值选择的第二取向。

（二）科学规范事实观的理论基础

1. 逻辑论基础

逻辑研究的是人的思维形式，或者说方法。正如有学者批出："关于思维的科学即逻辑学同其他以客观现实为对象的科学之间的区别，就在于逻辑学是以思维的形式为自己的对象。"[①] 民事诉讼事实观的实现从本质而言是一种逻辑推理方式，前提为经验法则。具体而言，主要体现为以下：第一，以演绎作为逻辑推理的方法；第二，重视经验法则在逻辑推理中的作用。

2. 价值中立主义

价值是人类在认识世界、改造世界和适应世界中的选择。事实认定是主体认识客体的过程。神示的事实认定和法定证据的事实认定都是在不同价值取向下的事实认定的制度，并产生着截然不同的事实认定的结果。价值中立主义本质在于研究者根据主观意愿对所要研究的问题做出选择后，其应当基于客观的视角描述与问题有关的全部资料，并得出相应的结论。价值中立对中国民事诉讼事实观的实现具有极为特殊的意义，主要体现为以下：第一，价值中立追求客观真实。事实认定就是为了查明案件的真实，这与价值中立在本质要求上相符合；第二，价值中立不仅仅是裁判者事实认定时的方法论，也是事实认定规则制定者的方法论。

（三）科学规范事实观实现的基本原则

1. 证据裁判原则

自事实认定或证明的人类活动开始，就有证据需要对此加以证明。然而，这不能被称之为证据裁判原则。现代意义的证据裁判原则主要体现了证据裁判

---

① ［匈］贝拉·弗格拉希腊：《逻辑学》，刘丕坤译，生活·读书·新知三联书店1979年版，第18页。

在历史上发展的三种转变。证据裁判原则是经历了证据非裁判必须到没有证据不得进行裁判的转变，经历了依据非理性证据进行裁判到以理性证据为依据的证据裁判，经历了片面强调证据的真实性到真实性和合法性并重的证据裁判。①证据裁判原则本质表明其存在的价值之一就是为了保证法官发现案件真实，对中国民事诉讼事实观的实现必须以下列的途径作进一步的完善：第一，必须为当事人证据的提供设置充分的程序保障；第二，法院调查证据是实现证据裁判原则的最终手段；第三，进一步明确当事人的真实义务和法官的释明义务。

2. 自由心证原则

自由心证对中国民事诉讼事实观的实现依据是逻辑推理和经验法则。在这种逻辑推理中，经验法则是事实认定中的大前提，它们被誉为将证据碎片凝聚为案件事实的“黏合剂”，帮助我们理解证明力的强弱，是连接证据与案件事实的桥梁与纽带。②法院在适用经验法则来认定案件事实时就要面对这一系列复杂的案件情况。故此，作为事实认定的主体——法官要具备丰富的审判经验。法官的审判经验来源于其长期审理案件的经验积累，完善的法官职业培训体系，判例制度的发展和判例的积累，专家辅助人在具有专业化事实认定领域的介入，专门法院的建立。

（四）科学规范事实观影响下的事实认定

1. 知识结构：对事实认定主体职业化冲突的解决

事实认定是主客观相互转化的过程，是主观认识与客观的相统一。在这个过程中，作为主客观转换的载体起到了重要的作用。这个载体，可以将其称之为知识。从信息论的角度来看，知识乃是“同种信息的积聚”，是“为有助于实现某种特定目的而抽象化和一般化了的信息”。③知识是具有一定结构的。法律的知识结构经过我国法学学科的长足发展，其已经内化为法官个体知识结构的重要一部分。经验法则的知识结构目前是法官最为需要强化的部分。因此，应当进一步完善法官职业化。与法官的知识结构不同，在陪审员的知识结构的构成部分中，经验法则的知识结构无疑在其中占有重要的地位，

---

① 吴宏耀、魏晓娜：《诉讼证明原则》，法律出版社 2002 年版，第 95-96 页。

② Alex Stein.Foundations of Evidence.Oxford University Press，2006：66-67.

③ 王通讯：《论知识结构》，北京出版社 1986 年版，第 1 页。

修正法官在个体的事实认定知识结构中经验法则知识结构的偏移，应当进一步优化陪审员在诉讼中的功能。

2. 审理结构：事实认定的程序保障

审理结构是指审理结构中事实认定这部分。审理结构通常被划分为审前准备程序和庭审程序，其标准则是依据证据的准备情况而定。新中国成立后相当长的一段时间内，中国的审理结构并没有严格意义上的审前准备程序和庭审程序的划分。20 世纪 90 年代，民事审判改革的展开对我国这种原有的审理结构产生了较大的冲击，甚至在一些地方法院采取了“一步到庭”的审理结构。2002《证据若干规定》中一系列规则的制定为我国审理结构的完善打下了基础。然而，由于证据司法解释对法律真实民事诉讼事实观的适用，这与民事诉讼立法中的民事诉讼事实观产生了内在的冲突。因此，必须依据中国民事诉讼事实观进一步理顺审理结构，这包括答辩失权、争点和证据整理。

3. 裁判方向的程序控制：以事实认定结果的稳定性为导向

单从“程序控制”这个词来看，其意义表明的是法官对程序运行方式和速度的掌控。一审法院对案件的审理有着程序的完整、直接言词、当事人充分的辩论、法官充分的调查和充足的审理期间等二审程序和再审程序所不具备的优势。因此，作为裁判方向程序控制构造的第一个方面就是将我国侧重于事后救济的事实认定程序构造作出转变。这种转变主要表现在通过现有一审程序的完善，科学、合理地设计一审程序和配置司法资源，将事实认定的重心放在一审程序。二审中的全案审查也转变为对当事人诉讼请求范围的审查。为了重新理顺一审二审之间的关系，必须通过完善的程序设置以保证二审对事实的有限审理。从理顺一审、二审和再审的裁判方向控制而言，应当缩小再审的适用范围。

作者简介：张一博（1987— ），宁夏银川人，中央财经大学法学院民商法方向博士后。2008 年 6 月，在中南财经政法大学获得法学学士学位。2012 年 6 月，在广西大学法学院获得诉讼法学硕士学位。2015 年 6 月，在北京师范大学法学院获得诉讼法学博士学位。主要研究领域为民事诉讼法和民事司法制度，发表学术论文 10 余篇，参与省部级课题共 3 项。

美国民事诉讼案件管理制度研究 *

闫春德

目 次

一、案件管理的界定

（一）案件管理的理念渊源

必须看到，案件管理直接回应的诉讼弊端在于对抗制诉讼机制可能产生的对每一诉讼获得“公平、快速与经济”的解决方案的负面冲击。因此，案件管理的理念渊源在于纠正对抗制机制的过激之处。与此同时，更应当看到，案件管理思潮并不是针对对抗制机制的全盘清洗，毋宁说是对这一传统诉讼

* 本博士论文作者闫春德。2007—2010年在北京师范大学法学院攻读诉讼法学博士学位，2015年博士研究生毕业并通过了博士学位论文答辩，导师刘荣军教授。

机制的一种现代化和更新，是对对抗制诉讼过于自由以至于有所放纵的情形进行的理性规范，其核心思想在于追求一种“自由而不放任”的诉讼境界①。按照托宾的话来说便是“为了合理地分权，我们必须集权”②。如此一来击中的恰是美国的治国与建国逻辑关节，即分权与制衡。

（二）案件管理的司法进程

美国法院系统对于案件管理的推重并不是一步到位的，期间经历了从司法改革到法院行政的中介与过渡，是司法改革的宏伟蓝图和整体运动在案件审理过程中的具体落实。因此，提及美国法院民事诉讼的案件管理必然牵涉其司法改革的发轫与发展，它是司法改革的具体结果；而司法改革和法院行政之最终成果转化和效果评价也就主要是由案件管理的实践效果来体现的。本文不局限于美国司法改革和法院行政的实践进程，而主要是立足于其思想演进的层面来揭示案件管理的思想史。

（三）本文关于案件管理的界定

从上述案件管理的一般方法来看，它具有如下几个方面的特征：首先，案件管理首要的特征是一种统筹管理。统筹管理强调对被管理事项及因素进行综合考虑，并通过一揽子规划来进行系统协调，以结合主观和客观要素组成最有效的实现设定目标的系统方法。其次，案件管理也是一种全程管理。毫无疑问，案件管理具有将处理重心向诉讼早期阶段前置的倾向，因此，案件管理谈得最多的就是审前管理，但同时必须矫正的一个理解误区便是认为审中或审后无管理。需要指出的是，案件管理事实上具有全程管理的特征，它以审前管理为龙头，以审中管理为衔接，并具有向审后总结与反馈延展的趋

---

① Subrin 和 Woo 一语中的地表达了这样一种理念即：美国“可能希望一个对新型的和多样的诉讼请求开放的民事司法制度，但同时，又希望一个既不被轻率诉讼所束缚又不阻碍商业贸易的制度。考虑到这些相互冲突的价值，美国的联邦法院之所以在具有自由的诉讼程序规则的同时，又相伴有不甚自由的要求合理的审前事实和法律调查的规则，并规定了规则被违背时的潜在惩罚，或许就变得不足为奇了。有关律师在提交文件前的义务在过去十年间朝着相反的方向被两次修正，也就同样变得不足为奇了。”参见苏本等：《美国民事诉讼的真谛》，蔡彦敏、徐卉译，法律出版社 2002 年版，第 121 页。

② Robert W. Tobin, Creating the Judicial Branch: The Unfinished Reform, 54 (1999).

势。再次，案件管理同时也是一种全情管理。全身心地付出以在若干种案件管理方案中创建出最优秀的方案，这是“cases management”对法官所提出的真正责任。联邦和各地区的诉讼规则并没有穷尽一切关于案件管理的智慧，它们都只是抽象地对法官提出了全情投入的要求，激励法官无休止地穷尽手段发展出更精湛的案件管理方法。没有规则的规则乃是案件管理的最高尺度，但没有规则并不只是简单地卸除了法官肩承的重荷，释放给法官的只是无尽的自由和放纵，相反，没有规则的规则反倒是为法官施加了最沉重的力量，它意味着，关于案件管理的方案没有最好，只有更好。这种全情投入的立法要求还意味着，即便联邦法院的法官们严格地遵循了《联邦民事诉讼规则》的基本规定，这也并不就是值得赞赏的事情。与传统的“无过即是功”的哲学不同，“cases management”要求的是一种更投入、更具立意和更高要求的“无功即是过”。最后，案件管理的最后一个特征可以归结为全面管理特征。案件管理在很大意义上还要求法官对于有利于案件公平、快速和经济地裁决的一切事项，事无巨细地予以干预、介入并纳入管理范畴。这是案件全面管理的含义。法官的管理责任不仅涉及拟定日程框架，对案件进行跟踪管理，而且还要关注相关各类法律文书是否送达、如何送达、送达有无异常情形及其理由，是否存在拖延浪费时间的现象；除了督促代理律师及其当事人拟定并提交各自的案件管理陈述书之外，还要主导双方当事人的“会商”（meet and conference）[①]，并尽力从中发展出一个合并的案件管理陈述书；不仅要反复斟酌案件争点的有效性、可合并性以及可和解性，而且更要仔细甄别案件性质及其类型，以决定是否需要以及可能的情况下如何进行案件“分轨”管理[②]，通过替代性争议解决程序实现案件的分流，等等。只有当法官对案件的所有方面进行了详尽无遗的考虑，对所有进程和环节做到了胸有成竹，案件的处理方案方能真正达到公平、快速和经济地裁决的最佳效果。

---

① Committee on Court Administration and Case Management of the Judicial Conference of the United States, Civil Litigation Management Manual, 2001, p.8.

② 如在联邦上诉法院之中，一个重要的甄别程序便是决定案件是否需要展开口头辩论，也就是说是否需要进行书面审还是口头审的问题。Judith A. McKenna, Laural L. Hooper, Mary Clark, Case Management Procedures in the Federal Courts of Appeals, Federal Judicial Center, 2000, p.6.

（四）案件管理的主题构成

案件管理是一揽子规划，是一个司法过程[①]。就其主题而言，存在着一个总分结构，即以案件管理会议为总纲的展开过程。案件管理会议是一个总体规划，这个案件管理总体规划可以合理地界定为以案件管理的日程安排令（Scheduling order）为核心，日程安排令几乎设定了有关案件处理的所有流程。该日程安排令一旦设定，就必须由法官、当事人及其代理律师，在法院的机构和人力资源的辅助之下予以强行推进，除非它被后续发布的命令所修改[②]。日程安排令本身是通过案件管理会议由法官和当事人及其代理律师会商后形成的，并最终由法官以正式令状的形式签发的。因此，案件管理会议通常是形成日程安排令的手段，而日程安排令的签发则是案件管理会议的目的。为确保日程安排令能反映和尊重当事人及其代理律师各方的意志，法官会先行签发一份案件管理会议令，指令相关人士在特定的时间地点召开案件管理会议。与此同时，日程安排令自身又可以根据案件情况敲定是否需要举行以及何时举行、如何举行其他审前会议；除此之外，日程安排令还将广泛涉及证据开示管理、区分案件管理、案件动议管理、案件庭审管理等环节。

二、案件审前会议管理

（一）案件管理会议之准备

纠纷当事人起诉至法院并不会即刻导致案件管理会议的召开和日程安排令的签发，二者之间总是有一个而且应当有一个时间差，以供法官最基本地了解案件情况，归纳案件管理会议会商主题，据此方可保证管理会议的有效召开及日程安排令的科学签发。起诉与案件管理会议之间的时间阶段必须得到有效的利用，或者说，在控制诉讼成本和迟延上对审前程序建立初期控制是至关重要的。[③] 初期控制包括有效地使用联邦或者地方规则、诉讼程序之规

① Niranjan J. Bhatt, Case Management-A Modern Concept.

② See Rule 16（e）of F.R. of C.P.

③ RAND CJRA Report, pp.1, 11–16.

定及其授予的自由裁量权，它们能综合地赋予法官推进解决案件的功效。法官应当根据每个案件的个性自由裁量调整这些案件管理手段并确保它们的协调使用，这是案件管理的重要指标。

1. 敦促初期会商

成功的案件管理还是一种“全员参与”的活动，更是一种“多边互动”的良性合作。因此，除了法官应当及早介入案件进行接受管理之外，当事人，尤其是代理律师必须被充分地调动起来。依照《规则》的相关规定，法官和代理律师共同参与下的案件初期会议将构成后续正式的案件管理会议和最后审前会议的“序曲”，好的开始等于成功了一半，在如此意义上，也就不难明白，成功的初期会谈准备将为案件管理会议及其他审前会议的顺利召开奠定良好的基础并埋下积极的“伏笔”。

初期会商相对于案件管理会议上的会商来说是非正式的、预备性的磋商。并非所有案件都必须进行初期会商，这得根据案件的不同情况予以斟酌，不过一般而论，绝大多数类型的案件需要当事人应至少在初期会议举行或者日程安排令到期之前的至少 21 天内进行会商（meet and confer）。[①] 这次会议的目标旨在讨论他们的诉讼请求和答辩的性质与根据，提出建议的证据开示规划，讨论和解的可能性，准备一份联合案件管理报告并提交给法院，交换有助于案件管理会议召开的特定信息或者在会商会议后的十四日内安排交换。[②]《规则》第 26（f）条会议为代理律师提供了一个早期机会去分析案件并规划它的后续发展，同样重要的是，通过该次初期会商能够有效地发展出代理律师之间和代理律师与法官之间可能的良好合作关系，这在很大程度上取决于法官怎样表达他对于这次会议的期待信息和技巧。这些关系的倾向将对律师之间，同时对法官和他们之间的后续互动产生深刻影响。

2. 其他准备事项

为更有效地促进案件管理会议的功效，有必要强化法官对于双方当事人

---

① See Rule 26（f）of F.R. of C.P.

② 《规则》26 不适用于第 26 条（a）（1）（E）规定的被限制的诉讼。该规则要求每一方当事人披露姓名、地址，可能有可供开示的证据以支持其诉讼请求或者答辩的人的电话号码；确认文件资料，数据和支持其诉讼请求或答辩的时间；提供所主张的损害的计算，连同赖以作为计算根据的文件资料和其他资料；将可能满足所有或部分判决的保险协议提出以供检查和复制。

及其代理律师事前行为的范导，对于法官管理的一般实践而言，通常需要注意如下数点：（1）提交书面和解建议方案，即要求原告在《规则》第16条所规定的案件管理会议之前不低于十天向被告提交一份于该会议上交流或者讨论的书面和解建议方案；[①]（2）提交有利于实现和解的ADR程序之见解，即要求当事人提交利用任何可资利用的ADR手段促进早期和解预期的见解；（3）要求提交一份提请动议的建议性日程；（4）为提交和送达根据联邦民事诉讼规则第12条或第56条所规定的争议之裁决建立时间框架[②]；（5）确定预期的庭审日期，以证据开示规划为基础，并确定预期的庭审日限；（6）为《规则》第16条所规定的案件管理会议建立一份建议性的议事日程；以及（7）要求在《规则》第16条所规定的案件管理会议之前不低于十四日的时间内向法院提交联合案件管理规划，必要时连同提交存在分歧观点的附录。

（二）案件管理会议的举行

审前会议可能不止一次，“在民事诉讼的全部生命周期中，会有若干次审前会议，这取决于案件的复杂程度”[③]。但是所有审前会议中最具有提纲挈领性质的审前会议乃是案件管理会议，因为“民事案件管理的基础是案件日程安排，它将为律师和导向案件裁决的司法行为设定截止日期”[④]。每一个民事案件将被安置在一份日程安排中，案件是否是一件行政性诸如社会保障复议的事项，或者是否是一个复杂的多方当事人参与的诉讼等，都将在管理会议上得到妥善的处理。

为巩固案件管理会议的结果，《联邦民事诉讼规则》第16（b）条规定，每一个案件除非经地方规则的豁免，应在其初期会议之后签发一份日程安排令，该日程安排令应控制诉讼进程，除非被后续命令（《规则》第16（c）条）

① See e.g., D.Mass.CJRA Plan, p.21.

② See e.g., U.S. District Court for the Eastern District of Pennsylvania, Civil Justice Reform Act Plan, Development of a Joint Plan(5), Ch. VII, section 701(1991).

③ 苏本等:《美国民事诉讼的真谛》，蔡彦敏、徐卉译，法律出版社2002年版，第125页。

④ Committee on Court Administration and Case Management of the Judicial Conference of the United States, Civil Litigation Management Manual, 2001, p.11.

所改变。[①] 即便在地方规则豁免了《规则》第16(c)条所规定的义务的案件中，也应设定一份最低限度但刚性的日程安排。与之相对的是这样一些极端的案件，即某些集团诉讼（class action）和集体侵权案件（mass tort case），它们要求更大强度地强化对案件的管理，要求有大量的裁决，以及在案件展开过程中对日程安排进行定期调整等。[②]

（三）最后审前会议

1. 最后审前会议的功能

审前会议通常不止一次，当然，这在不同法院系统、不同法院、不同法官和不同个案之中会有极大的差异。不论如何，审前会议已经成为法官管理案件最重要的措施，而且越来越普遍的趋势是，审前会议有多次化的姿态。一般地说，“在任何审前会议中，都存在两个焦点——和解和准备审判”[③]，最后审前会议因此就具有了促进最后和解和向庭审过渡的准备两种重要功能。

2. 最后审前会议的规划

既然从功能上讲，最后审前会议将会预期地“通过更彻底的准备可改善庭审质量”[④]并“促进案件和解”[⑤]，那么就必须为达到这些目的对其作最好的准备，以最大程度地提高其功效。为此，《规则》专门作了如下部署[⑥]：(1) 最后审前会议应在根据情况显示合理的并靠近庭审的时间举行；(2) 参与者应为庭审形成一个方案，包括为促进证据采信的程序项目；(3) 会议应至少有能代表每一方当事人进行庭审的代理律师之一参与。总的说来，最后审前会议不应当与其他审前会议相脱钩，前此审前会议特别是案件管理会议为最后审前会议提供了一个参考的总体框架，最后审前会议则是对这个总体框架的参考范

---

① Charles R.Richey, Rule 16 Revisited: Reflection for the Benefit of Bench and Bar, 139 F.R.D. 525 (1992).

② 解决这些案件特别需要有专业性、实务性的指南，可参见《复杂诉讼手册》第三版。Manual for Complex Litigation, Third (Federal Judicial Center 1995)（下文简称为MCL, Third）。需要指出的是，第四版正在进行中。

③ 苏本等：《美国民事诉讼的真谛》，蔡彦敏、徐卉译，法律出版社2002年版，第125页。

④ See Rule 16 (a)(4) of F.R. of C.P.

⑤ See Rule 16 (a)(5) of F.R. of C.P.

⑥ See Rule 16 (d) of F.R. of C.P.

本的明朗和精细化。因此，最后审前会议的范围将取决于前此审前会议所讨论的问题的性质、数量和复杂性；证人的数量和文件证据的数量；以及代理律师的经验与能力。简言之，取决于根据情势为确保公平和有效的庭审而所需要的内容。

3. 最后审前会议的主题

根据《规则》之要求，参加最后审前会议的人应“形成一个庭审方案，包括为促进证据采信的一个项目”[①]。此外，法官或者代理律师可以提出其他的建议性主题。为简化最后审前会议，需要在最后审前会议之前先行由法官解决一些问题，通过这种方式过滤掉不必要的主题事项，为最后审前会议整理出一份简洁的主题清单。

4. 最后审前会议的结论

与案件管理会议一样，为确保会议成果能够得到遵守，必须通过法律的转化赋予其权威，上升到正式的法律令状的形式，为此，最后审前会议的结论也必须转化为最后审前命令。《规则》第 16（e）条即要求签发一个命令，列举在最后审前会议上进行的所有行动。该命令“将控制诉讼的后续过程”并只有在为“预防明显不公”（“to prevent manifest injustice”）的情况下方可进行调整。

该命令的目的在于固定会议成果，并对会议上的所有行为和裁定进行记录备忘，以供后续行为遵守的守则，并作为裁断分歧或者可能的争论的标准。因此，最后审前会议的命令应确保内容清楚、用语准确，且记载全面，涵盖所有重要事项。

三、案件区分管理

（一）案件区分管理的技术系统

在美国联邦司法系统中，案件区分管理（Differentiated Case Management，DCM）是一个发展较为完善的管理系统，它的基本工作就是使不同的案件适

---

① See Rule 16（d）of Fed. R. of Civ. P.

用不同的案件管理模式（track）[①]。总的说来，案件区分管理系统的功能旨在确保将案件管理进行个体化改造以适合个案需要。案件区分管理系统成功与否关键取决于法院是否对案件做出正确的评价判断，在此基础之上再分配给适用于它的程序模式。这里涉及两个关键的环节：一是对案件性质与特征的识别与判断，二是对多元化纠纷解决机制的理解与选择。法官不仅要对案件性质与特征作出正确的评价，而且即便是相同类型的案件，由于纠纷当事人自身的原因也可能导致对同一种程序机制的不适用。很多地区法院针对特定案件类型，可以自动分配到应适用的程序模式。[②] 如果遇到更复杂的案件，还有那些不能通过案件类型就可以自动轻易分配的案件，通常需要法院更多地介入。当然，不管这些程序模式最初设置的时候是什么样的，所有的案件区分系统都给法官保留了自主决定权，依个案的需要修改最初设置。

（二）司法和解及其管理

追求纠纷的和平解决，这是所有解决机制中境界最高者。孙子兵法中曾经载明：不战而屈人之兵，乃上兵。[③] 同样地，不战而屈人之策，乃上策，乃善之善者也！当然，现代化的和平解决观念追求的不是克敌制胜之道，而是共赢效果。这些观念对于法律纠纷的解决也具有极高的借鉴意义。以法官为主的和解会议是一个长期以来便被使用来帮助当事人解决他们之间的案件的常设方法。几乎所有的法官至少都曾经偶尔使用过此种程序机制，并且，某些法官即便不是常规性地也至少是频繁地使用它。法官也可能在他们自己的案件中作为和解促进者，或者他们也可能代表其他法官如此行动。在某些地区，不是审理案件的地区法官而是他们所指定的治安法官作为法院的初级和解中立人。在和解讨论中，法官涉入的程度将取决于许多因素，包括但不限于：法官是否拥有足够的时间进行和解；是否有其他可供利用的替代性措施；法官是否觉得其介入将有助于当事人解决争议；以及，如果法官是一个治安法官，

---

① 关于“模式（track）”的定义，附件C举出了联邦地区法院使用的定义作为范例同时还附上了法院适用的表格。

② 以行政案件或上诉案件中的社保案件还有破产上诉案件为例，通过递交的诉辩状即可识别他们，并自动分配到行政/上诉模式（track）。

③ 《孙子兵法》。

那么他必须考虑法院或者法官个人是否将此类问题提交给他进行处理，也就是说，治安法官是否具有主持司法和解的权限。[①] 而针对这些事项的处理方式也就是法官对司法和解的管理方案。

（三）替代性程序（ADR）的管理

诉讼不是唯一的更不是唯一最佳的解纷方式，因此，使用多种方法而不拘泥于传统的诉讼判决来解决案件是案件管理的一个重要方面。美国国会于1998年通过了《替代性争议解决法》，该法指出替代性争议解决程序“能够提供很多的好处，包括更高的当事人满意度，创造性的纠纷解决方法和在实现和解上的高效率”[②]。这些方法有时候总括地被称为替代性争议解决（Alternative Dispute Resolution，ADR）[③]，但是没有任何单一的称谓足够合理地描述此类替代性方法的全部范围。自从20世纪90年代期间，很多联邦地区法院建立了法院附设ADR程序，通过这些机制他们提供了一种或者更多[④]的程序，诸如调解，仲裁，早期中立评估（Early Neutral Evaluation，ENE），或者简易陪审

---

① 下表反映了美国各巡回区法院负责进行案件区分管理的责任者，该表主要是涉及联邦上诉法院在负责甄别案件是进行书面审还是口头审的一次统计，对案件区分管理的责任可作为一个理解的佐证。

	D.C.	1st	2d	3d	4th	5th	6th	7th	8th	9th	10th	11th
法官			–	×		×					×	
中心机构	×	×	–			×	×			×		×
书记官办公室			–		×				×			
书记官助理			–					×				

See Judith A. McKenna, Laural L. Hooper, Mary Clark, Case Management Procedures in the Federal Courts of Appeals, Federal Judicial Center, 2000, p.10.

② See Alternative Dispute Resolution Act of 1998.

③ 需要指出的是，“替代性（alternative）”一词已经暗示了它针对着一个被替代的东西，在本文语境之中这个被替代的机制就是法院诉讼机制，替代性机制在美国学者笔下多指“并非由法官主持裁判而是由一个中立的第三人参与协助解决发生争执的纠纷的任何步骤或者程序”。See Terry L Trantina, An Attoney's Guide to Alternative Dispute Resolution（ADR）, Practicing Law Institute Business and Corporation Publication, 1999, p.1102.

④ 例如，在1996年的统计调查中就发现，每个地区法院均已经建立或者批准了某种形式的ADR，大多数法院提供至少两种ADR程序，至少六个法院提供了全方位的选项。See Elizabeth Plapinger and Dona Stienstra, ADR and Settlement in the Federal District Courts: A Sourcebook for Judges and Lawyers, Washington D.C.: Federal Judicial Center, 1996.

团审理。[①] 在考虑是否以及如何利用这些 ADR 时，法官采取的第一步应是对当地的法院规则在这类问题上的有关规定进行了解。这些规则可以界定适合 ADR 程序的案件类型，并建立一个将案件提交给 ADR 予以解决的程序，以及说明中立方应如何被任命；它们甚至可能要求特定类型的案件应常规性地提交给 ADR 程序解决。

四、证据开示管理

（一）证据开示管理的意义与依据

美国联邦民事诉讼规则确认并扩大了证据开示规则，并通过实践的发展砥砺出一整套成熟的证据开示管理技巧。这些证据开示管理技巧严格地说包括两个方面的内涵：一是鼓励进行证据开示并支持法官在证据开示方面进行制度创新，二是强化对证据开示滥用的管理。伴随证据开示制度化的日益成熟和通行，法院的证据开示管理的重心也逐渐转移至对滥用证据开示行为的控制。由于证据开示影响诉讼的长度和成本，[②] 对证据开示予以限制直至适合所审案件的程度，这将能极大地提升效率和经济性，使法官能通过预估问题而避免争端，加速不可避免的争议的解决。案件审前会议和司法实践中的大量技巧可用以实施以提升证据开示的管理效率。建立有效的和早期的案件管理将减少证据开示所导致的问题，为此，美国司法会议的法院行政与案件管理委员会还建立了示范性的“案件管理备忘录”（Case Management Conference Memorandum）[③]，以帮助各审案法官针对个案建立适宜的案件管理策略。

---

① 第一套联邦地区法院的 ADR 程序项目可追溯到 20 世纪 70 年代，适时，联邦司法会议建立了数个仲裁观察点。该项目通过正式立法在 1988 年扩展到二十个地区法院。地区法院最重大的 ADR 程序发展是由美国司法改革法推动的。See Elizabeth Plapinger & Donna Stienstra, ADR and Settlement in the Federal District Courts: A Sourcebook for Judges & Lawyers, Federal Judicial Center and CPR Institute for Dispute Resolution, 1996.

② See RAND CJRA Report, p.67.

③ 示范性的程序，参见《复杂诉讼手册》。See MCL. Section 21.4.

（二）证据开示管理的通则

如果要对证据开示管理的通则进行最精炼的概括的话，在一份法院的“案件管理备忘录”中法官的概括最为精确：“证据开示程序常常涉及当事人和法院进行的成本或受益分析，成本的承担或者分担应以解决开示问题最适宜的方式进行。法官应在启动案件管理会议时考虑此类问题，并在单个开示主题和全部开示的案件语境中持续考虑这些问题。更详细的附录应有利于加速重要问题的讨论，不要产生新的问题或者消耗不必要的时间。”①

这一段话言简意赅地点明了证据开示管理的通则。它主要涉及三个方面：一是法官应在启动案件管理会议时考虑此类问题，即法官应建立起良好的“管理平台”；二是法官应在管理过程中通盘考虑证据开示的管理问题，并充分进行成本—效益的经济分析，这是法官案件管理的具体内容及相应的规则问题；三是法官应当通过建立必要的附录的形式，对证据开示过程中可能发生的问题进行预估，避免产生新的问题、耗费不必要的时间，这就涉及法官案件管理的预警问题。

（三）证据开示管理的限制

1. 限制证据开示管理的一般考虑

美国联邦司法中心建议，法官在进行证据开示管理时应当考虑如下限制性规则，避免证据开示的“膨胀”或者“爆炸”。这种限制性规则的核心是要求代理律师建议一种证据开示的方案或者规划，法官再据案件具体情况予以调整。法官在要求代理律师提出证据开示方案时可把握三个要点：一是要求代理律师为他们所预期实施的证据开示整理案件；二是要求提交一份正式的、描述所建议的证据开示方案的性质、范围、持续过程和费用的大纲；三是构思阶段性证据开示，说明趋向核心的、潜在地可裁决的争议的连续步骤，要求代理律师对证据开示进程进行反馈汇报，因此，允许法官根据所导致的中期证据开示结论对庭审和和解前景予以评估。

---

① See Richard E. Best, Case Management Conference Memorandum, 2007, 载 California Discovery. findlaw.com.

2. 限制证据开示的具体考虑

（1）证据请求

在所有滥用证据开示的方法中，不必要的、过于宽泛或者过于繁重的证据请求属于在证据开示阶段所使用的最可怕、最昂贵、最浪费时间的手段之列。[①]学者为此犀利地批判道："在证据开示中无意义和过分的证据开示实际上存在着战术动机，即试图以这种方式来阻碍或者限制对手的证据开示，不披露相关的信息，但披露大量无关的文件、数据和其他信息使得对手无力招架。"[②]然而，睿智的法官必须有能力通过特定的手段来识别证据开示请求的合理性和必要性，并经常地要求对所建议的证据交换直接询问以及提出建议，据此使法官能够更好地集中问题焦点并最小化它的影响。美国联邦司法中心推荐的做法乃是考虑下列方法：第一，开门见山，直切主题。法官可以在例如规则 16 会议上询问原告："没有传统的证据开示我们能获得什么内容？你试图从被告那里得到什么？请列示出来。"法官通过这种方法常常使被告无进一步争论地交出原告所请求的内容。第二，在原告作出回应后，法官可以直接询问被告："你试图从原告那里得到什么？"第三，案件管理官或者其他在场的书记官能快速地将达成的协议草草记下，随后将其写入最后的案件管理令状中："原告业已同意提交 ××。被告业已统一提交 ××。"[③]

（2）宣誓作证

法官控制证人的宣誓作证问题主要有两个要点：一是哪些人将参与宣誓作证；二是有多少人将参与宣誓作证。尽管宣誓作证不是证据开示的最频繁形式，但是它们迄今为止仍然构成了证据开示中的最大部分。[④]法官应在建议的行动方案中宣布，是否将规划阶段性宣誓作证以抵达案件的判决环节[⑤]，同时避免不必要的中间会议或争议。这个规划对于法官持续努力地将案件提纯为

---

① 一份晚近的研究发现，证据提交不仅是证据开示最经常的形式，而且也是最高频率地产生所报告的证据开示问题的形式。FCJ Discovery Study，pp.530，532.

② 苏本等：《美国民事诉讼的真谛》，蔡彦敏、徐卉译，法律出版社 2002 年版，第 132 页。

③ See Committee on Court Administration and Case Management of the Judicial Conference of the United States，Civil Litigation Management Manual，2001，p.33.

④ FCJ Discovery Study，p.540.

⑤ See Rule 16（c）（4）of F. R. of C. P.

一个可庭审或者可和解的事项是一个重要的部分。当然，此类建议方案[1]必须根据个案予以修正。一个替代性的方案是，考虑要求原告代理律师在完成首次宣誓作证程序后召集法官和对方律师召开一次会议。

（四）证据开示管理的救济

证据开示管理的目的在于尽快地发现案件事实，这决定了证据开示管理本身只是一种手段，但我们业已在上文提出过，这种手段本身有成为问题的可能，这就是法官在管理证据开示过程中所发生的争议。例如，哪些证据开示请求是合理的？证据开示的方法是否平等地对待了双方当事人？证据开示的请求范围限度在哪里？……等等诸如此类的问题。为此，法官就有必要对证据开示管理的失灵有一个清醒的认识，并且未雨绸缪地设计救济方案。救济证据开示管理的核心乃是控制证据开示动议的非理性化，其要旨有二：一是量化控制，即控制代理律师的证据开示动议数量；二是质化考虑，即优化当事人及其代理律师的证据开示动议，鼓励并引导当事人尽可能地提出最优的动议申请。

五、案件动议管理

（一）动议申请及听审管理

《美国联邦民事诉讼规则》第16条规定的审前案件管理会议为动议管理设定了基调和限制，它要求各法院和审案法官根据联邦的和地方的相关规则、CJRA规划以及法官个人的偏好选择对所有实质性动议和与证据开示相关的动议进行管理，各地区法院的地方习惯与实践对动议及其管理也有所规定。法官的期望和与法官所在地区的现实相协调的利益将在如下意义上得到满足，即它们能与有效的案件管理之需要相符合。这意味着，需要创造出满足法官

---

① 例如，下列对原告代理律师的司法指南可能是在比如歧视案件中是合适的。法官可考虑下列指示："你可以要求被告，被告的监护人，被告的同事以及下述证人××宣誓作证。然后停止进程。当你完成这些宣誓作证程序，并且如果你认为自己需要另外的证据，则写出一封不超过两页的信——其副本一份将送达被告——通知我你的进程——你觉得你在案件中所处的阶段，以及在这个阶段的和解可能。"

特别需要的形式和程序以作为对全国性规则的补充，并与各地区规则与实践为获得最大效果的需要相符合。就有关所有争议解决的方面而言，法官应当向当事人及其代理律师建议在他们之间进行合作，对动议进程予以控制并把握其方向，这对案件管理是极其重要的。某些常规性事项[①]不需要法官干预，它们也不会从正式的动议进程中获得好处。这就要求法官必须集中其全部注意力去关注真正的动议，并施加良好的管理。

（二）动议管理的环节

动议管理的环节主要有四个方面：一是对动议管理的管理，它是一个管理动议的先决问题，其核心功能旨在判断哪些动议需要管理，并将不需要的动议排除开来。只有经过这一环节过滤之后的动议方可进入后面的管理措施之中。二是动议会议管理，动议会议是管理动议最集中的举措，如同管理案件时最系统、最综合管理举措乃是审前会议一样。三是动议时限管理，即为提升动议效率，避免拖延而进行的管理措施。四是动议辩论管理，即管理当事人为支持或者反对动议而进行的口头辩论，其关键在于限制并引导当事人的口头辩论能够做到针锋相对，真理越辩越明，从而达到动议管理之目的或者产生即决判决因此完结案件，或者澄清争点缓解难度因而为后续管理奠定基础。

（三）动议类型的各别管理

1. 即决判决动议（motions for summary judgment）的管理

在所有类型的动议当中，即决判决动议无疑是最引人瞩目的，因为它的“使命在于洞察诉辩状并对当事人的证明进行评估，以便了解是否存在对于审判的真正需求”[②]。此话点明了即决判决的重大意义，它甚至关系到庭审问题的生死攸关的问题。因为如果法官同意了即决判决的动议，也就终结了一切程

① 例如，对技术性诉答瑕疵的攻击；联合请求不会影响整个案件管理规划或者日程安排的延期；请求以录像的宣誓作证方式展开程序等。

② See Federal Rules of Civil Procedure Advisory Committee, Advisory Committee Notes to Rule 56 in Federal Rules of Civil Procedure, New York Foundation Press, 2000.

序。因此，对于即决判决的动议之申请及其管理都是法官非常注重的，有学者总结道："要求法官更严格地审查动议方提交的文件，但是对反对方提交的文件则要宽容得多。"[①]不轻易地做出即决判决，这已经成为联邦法院不成文的潜规则，它反映的是美国司法对人权保护的慎重姿态。从管理的角度来看，即决判决动议的基本管理规则是谨守如下立场，除非该动议提出了一个可由即决方式合理解决的争点，否则不作即决判决。判断某个或者某些争点是否适合由即决方式进行合理解决的标准问题，从时间管理的角度来看就应当是把握好动议提出的时刻问题，其次则是为该动议设定一个良好的管理程序。时间管理与程序管理构成即决判决动议的两个管理要素。

2. 发回重审动议（motions for remand）的管理

（1）动议的案件管理

发回重审动议与即决判决动议等类型不同，它有自己独特的应用范围。按照其字面意义即可见得明白，发回重审的动议必然是两级法院之间的案件移送关系，但是必须明确指出的是，美国法律语境中的"发回重审"不等于中国法律语境中的"发回重审"。中国法律语境中的发回重审概念乃是针对下级法院的判决存在瑕疵而视情况将案件发回给原审级法院进行重新审判。美国语境中的"发回重审动议"则是指在两类法院系统之间的管辖权之别，即州法院系统与联邦法院系统之间的管辖权之别。严格地说，发回重审动议乃是指如下一种情形：当一个案件从州法院被移送到联邦法院时，一方当事人向法院提出的要求将案件从联邦法院返回给州法院管辖的请求，其法定理据通常是由于联邦法院缺乏管辖权或者因为管辖移送程序未能依法运作。[②]

（2）动议的实务管理

两个最通常的要求发回重审的动议中，一类是主张案件缺乏联邦法院的适格管辖权的动议，此类动议常常声言由于案件缺乏宪法或者联邦立法所支

---

① 而在新奥尔良地区法院，该学者还特别提及：甚至有一个招牌非常清楚地标明"不随地吐痰，不作即决判决"。See Charles A Wright，Arthur Miller & Mary K. Kane，Federal Practice and Procedure，2nd ed. St. West Publishing Co.，p.484.

② See "motion for remand"，Bryan A. Garner，Black's Law Dictionary，West Publishing Co.，Ninth Edition，2009，p.1110.

持的实质性联邦问题，因而不属于联邦法院管辖的范围[①]；另一类则是主张在附带有一个超过 75000 美元额度的诉讼请求的当事人之间缺乏公民资格多样性（absence of diversity of citizenship）[②]的动议。这些条件必须表现出“得到确凿论证”的形象方能免受发回重审动议的挑战。在此类发回重审动议中产生出来的频繁争论常常涉及对联邦法院差异性管辖（包括声称通过欺骗性地合并当事人来创造差异性）根据的质疑或者攻击认为金钱诉讼请求被高估而达到联邦司法管辖权的起点即超过 75000 美元。法官也需要注意的是，尽管这些问题将会在其移送管辖时便已存在而被载入诉答状之中，但是案件事实及其当事人很可能发生合法的中途变更，从而可能会消除或者建立管辖权差异性。当然，除了此类案件之外，从逻辑上讲，凡是属于联邦法院管辖范围内的案件都可能被当事人及其代理律师进行规避，从而在联邦法院与州法院的管辖之间创造出管辖权紊乱的现象。为此，法官在决定是否满足当事人的发回重审动议的时候必须审慎斟酌。

3. 制裁动议（motions for sanctions）管理

（1）动议的应用管理

争讼案件所衍生的制裁动议及派生诉讼构成了被提交给法院的大量和挑剔的动议实践之组成部分。制裁不构成有效案件管理的一个基础或者一个替代措施；相反，对制裁的需要通常发生在案件管理未受到足够的关注，未有效地管理或者管理措施有崩溃趋势的情况下。然而，同样真实的是，良好的案件管理并不能预见代理律师或者当事人的所有有问题的行为，或者当其发生时总是能对其加以控制。制裁因此是必要的，但是法官应对为避免派生争议而发展出来的衍生处理程序和为避免在诉讼过程中职业标准的堕落而发展出来的处理程序保持控制。过多的制裁通常不是有效管理的表现，相反，“刑乱

① 按照《美国司法与法院程序》的规定，联邦法院管辖的案件主要有以下几类：1. 涉及外国政府的案件；2. 关于宪法的案件；3. 关于民权与选举权的案件；4. 标的额在 75000 美元以上的案件当事人来自不同州的案件；5. 海事案件；6. 破产案件；7. 关于水陆运输委员会的命令的案件；8. 关于著作权等知识产权的案件；9. 集团诉讼案件等。

② 按照美国联邦法院系统的管辖案件来看，有一类案件是涉及当事人跨州的案件。联邦法院在适格地管辖此类案件时必须满足两个条件：一是案件标的超过 75000 美元，二是当事人具有不同州的公民资格。第二个条件即所谓的“公民资格多样性”的要件。

国用重典”的法谚倒是提示出过多的制裁往往是当事人过于奸诈或者法官的案件管理水平有待提高的标志。没有制裁也是不行的，当事人作为利益最大化者容易将自身的成本转嫁到外部去，由对方当事人予以承担。因此，科学合理的制裁动议之管理不是在于多用还是少用或者不用制裁，而是对制裁动议的适度接受，既要维持法庭之威严，又要确保案件的顺畅进行。显然，过多地接受制裁动议，过多地实施制裁将会导致程序的繁冗滋生。

（2）动议的实务管理

法官对制裁动议的总体管理规则包括四条建议：一是在法官所拥有的最早时机为可接受的行为设定行动规范，为此，法院可提供给当事人及其代理律师以有关此类行动规范的打印资料，也可以在法院网站上进行登载或链接，确保当事人的知情权和信息获取权。二是快速并坚定地处理违规者，其具体实施则可以视情况推迟到庭审结束后。通过裁定与执行的分离，可以提高动议管理的效率。三是法官要谨慎地进行表态，切忌不要进行空泛的制裁威胁，否则当事人及其代理律师将会把法官视为“纸老虎”，并且还会导致对法官的其他行为的不在意。这将从根本上瓦解法官驾驭整个案件管理的能力。为此，法官在是否施加制裁以及如何实施制裁等方面务必要做到言出必践，雷厉风行。四是应当采取有效措施来避免一方当事人进行技术性、策略性的违法辩论。这些动议管理的实践经验，一旦发展成熟，将会为法官带来不可估量的职业成就，包括但不限于公平的声誉、诉讼当事人及其代理律师的积极回应、规则实施和动议管理中的确定不移之能力。

六、案件庭审管理

（一）庭审技术管理

1. 法庭自动化技术和法庭科技

联邦地区法院系统现在都进行了电子自动化技术的装备，并且表现出越来越强化的技术管理趋势。如何才能让庭审管理受益于法院内配置的先进设备，有以下几点管理经验可供参考：第一，如果法庭内配有电脑操控台，那么就可以便利地利用电脑内存储的文档进行庭审活动的管理。第二，用电脑进行庭审记录，方便了记录前的准备工作和以后的文件调取。在传统纸质审判的情况下，书记官的一个繁重工作就是手写记录，手写记录不仅容易出错，而且特别耗时费力，它的记录速度无疑会影响法官的审案进度。法庭内如配有电脑，就可以便利地进行记录，并且所有的庭审参与人都能立马获取庭审笔录。第三，为简化证据提交与展示，法庭内配备的光学扫描仪器能将大量的证据直接扫描拷贝到电脑硬盘上进行审查和展示。第四，如果案件中的书面材料数量巨大，律师可以将装有认证证词和物证的硬盘提交给法官方便阅读、储存和调取。在打官司即是打证据的思维下，律师总是倾向于提交巨量的证据资料，这些资料以纸质形式提交、阅读和存储显然相对于电子化的技术来说是难以接受的，将它们全部转化为电子数据并进行现代化的保存，这将极大地便利诉讼进程。

2. 审判庭的技术装备及其管理

法庭技术设备的配备有助于减少审理期限和诉讼费用，便利案件管理，准确认定事实，加强陪审团的理解能力，方便群众到庭旁听诉讼。美国联邦司法会议下设有一个自动化与技术委员会（The Judicial Conference's Committee on Automation and Technology），其主要职责在于帮助法院系统的技术现代化。它在调查中发现法庭技术设备极大地提升了法庭认定事实任务的完成质量。为了达到这个目的，全美司法会议建议，在满足首要需求以后，并在法院资金允许的情况下，支持法庭内科学技术的使用。该司法会议还进一步提出两条建议：第一，包括但不限于视频展示证据、远程视频会议，以及电子庭审记录等在内的庭审技术是当下正在进行的法院建设和修复工作不可或缺的一部分；第二，在现有法院中引进前述设备是适宜的。[①]联邦司法中心还于2001年专门出版了一本书向法官传授案件管理和法庭审理中的技术管理经验。[②]

（二）常规案件庭审管理通则

1. 美国民事庭审中的分工

美国的民事诉讼制度中被认为是“独一无二”的特征的便是其陪审团制，

---

① See Report of the Proceedings of the Judicial Conference of the United States, March 16, 1999, p.8 See also Report to Congress on the Optimal Utilization of Judicial Resources 7, Administration Office of the U.S. Courts, 2000.

② See Effective Use of Courtroom Technology: A Judge's Guide to Pretrial and Trial, Federal Judicial Center and National Institute for Trial Advocacy, 2001.

苏本等人如是写道："首先对美国审判的主要特征予以解释是非常重要的，因为其中的某些特征使得美国的审判明显区别于世界上其他国家的审判。美国约有半数的民事审判是在由法官主持的外行人组成的陪审团面前进行的，这是独一无二的制度。"[①] 这个独一无二的制度将美国民事审判一分为二：一是法官在民事庭审中的地位及其职责；二是陪审团在民事庭审中的地位及其职责。当然，由于此种分工自然也就涉及法官与陪审团之间因为分工而必须要进行的合作，这就是二者之间的关系问题。在这三个分环勾连的问题之前还存在一个陪审制的争论问题，争论的核心乃是在民事审判中要不要以及如何要陪审制。

2. 陪审团庭审审理

（1）庭审管理的技巧

法官有宽泛和天赋的自由裁量权去管理分配给他们的案件的庭审，因而，虽然在民事诉讼中推动审判的动力源自当事人，特别是其代理律师，但是有大量的工作需要法官去做以改善庭审质量，并减少庭审长度和成本。这些有效的管理方法包括但不限于如下内容：其一，法官应管理好陪审员的预审程序[②]，使之在整体框架上流畅易行。[③] 其二，法官应建立预先审核的实施程序，并行使强制回避的程序，同时应当对强制回避者提供给相应的救济机会。其三，法官的预先审核通常是以问题问答的形式进行的，对于预先审核所涉的问题，法官最好是尊重代理律师的意见，要求代理律师提交所建议的审核问题[④]。其四，贯彻会议管理的形式，法官应优先考虑与律师一起实施一个简短

① 参见苏本等：《美国民事诉讼的真谛》，蔡彦敏、徐卉译，法律出版社 2002 年版，第 232 页。

② 预审程序（voir dire）不是对案件事实或者证据问题预审，而是专门指法官对拟任的陪审团成员进行资格把关。从法律规定上看，居住在法院地的所有适格人选均被列入陪审服务名单，审理特定案件的法官再从这一名单中选取一定数目的人士作为该案件的陪审团。此种再选取就需要通过法官以 voir dire 的方式进行。

③ "streamlining voir dire procedures generally". See Sec. 22.41 of Manual for Complex Litigation, Third, Federal Judicial Center, 1995.

④ 此类问题一般主要包括：（1）候选人与该案件有无关系，是否认识与案件有关的人员；（2）候选人的职业、学历及家庭情况；（3）候选人的职业、学历及其家庭情况有无存在对案件的潜在的偏见；（4）是否受新闻媒体等影响而对案件有先入为主的观点等。See Rule 47 of F. R. of C. P. 另可参阅白绿铉：《美国民事诉讼法》，经济日报出版社 1998 年版，第 124 页。

的日常会议，以确定将来的证据及其提交程序、预期可能出现的问题。其五，在总体评估庭审进程的前提下，对预期过于繁冗且不必要的证据数量进行量化控制。其六，法官还应当致力于最小化乃至避免法庭外（outside the Court）的会议、辩论，以及其他干扰庭审日的程序。

（2）对陪审团的帮助

法官对陪审团庭审的帮助是一种主要的管理表现，其实质乃是在实施庭审过程中法官应确保陪审员们能作为庭审中的重要参与者而受到对待，并在他们实现其功能过程中给予他们以帮助。[①]法官的帮助方案尤其需要考虑陪审团的特征，就如下这些具有共性的内容实施指导：第一，对庭审程序和将被裁决的问题对陪审团进行指导。[②]第二，鉴于陪审员对案情的综合理解能力存在程度上的差异，并且在千头万绪的证据资料中为了避免理解路线的迷失，法官应允许并鼓励陪审员做必要的笔记。第三，法官还应当支持陪审员在合适时提问，并使其处于适宜的保护状态。[③]第四，法官应当鼓励使用提升陪审团理解的辅助技术[④]。

3. 法庭审理管理

（1）庭审管理

考虑到法官庭审不同于陪审团审理的独特维度，法官在组织自己的审理管理方案时可斟酌取舍下列方法：第一，对当事人及其代理律师的行为发出相应指示，特别是对在当事人控制下所提出的证人证词和以陈述书形式先行交换的证人证言发出指示，说明法官的预期和应予避免的行动。[⑤]第二，通过各种方式对证据展示过程进行控制，限制过量证据及其展示，避免产生一个过度冗长的、将会导致案件更难以裁决的记录。第三，采取合理的庭审程序以确保法官能在其提交时即可理解证据而不是尚需留待案件提交之后再行审查。

---

① See William W Schwarzer, Reforming Jury Trials, 132 F.R.D. 575, 1991. See also Called to Serve, Federal Judicial Center, 1995.

② See Sec. 2.431 of Manual for Complex Litigation, Third, Federal Judicial Center, 1995.

③ See Sec. 22.42 of Manual for Complex Litigation, Third, Federal Judicial Center, 1995.

④ See Sec. 22.3 of Manual for Complex Litigation, Third, Federal Judicial Center, 1995.

⑤ See Rule 43 of F. R. of C. P.

（2）裁决管理

为提升裁决作出的速度，法官可考虑采取这样一些方法：第一，压力分担与转化，即要求代理律师在庭审开始之前提交所建议的事实认定和法律推理。第二，以审后讨论取代审后总结，即要求代理律师在证据提交完毕之后即刻讨论案件以替代使用审后总结。第三，无论何时只要可能，法官就应在法庭辩论结束之后立即裁决案件，其方式是在法庭记录中口述事实认定和法律推理。第四，对于案件的裁决，法官应当表现出一定的强势形象，采用法官自己的案件裁决时间标准。①

（三）特殊案件的庭审管理

特殊案件因其界定标准不同而常有不同的类型。此处所谓的特殊案件是指那些受到社会公共关注并将接受媒体开放报道的焦点案件（high-profile cases）。联邦大多数地区法院很少能碰到可以引发社会广泛关注的案件，但是如果法官有幸或者不幸地摊上了这么一个案子，他就要面临平时不会遇到的案件管理问题。这种特殊的案件要求法官贯彻更具前瞻性的预测及表现出更高的应变能力，他应当先思考和预测在庭审过程中可能会出现什么问题，在这些问题依照其可能程度作出排列，并对这些问题的重要性进行排序，然后再拟订详尽的应对计划，这对案件管理来说十分关键。②要而论之，关于此类特殊案件的管理主要抓四个方面：一是设定总体管理框架；二是媒体出庭管理；三是对参与庭审的陪审员进行保护；四是对庭审的媒体报道进行管理。

七、余论：案件管理的辩证法及对中国民事诉讼制度的启示

（一）案件管理的辩证法

总的说来，美国民事诉讼案件管理运动的兴起，是美国为矫正对抗制的

① 如在证据展示阶段完成后的120日内。See U.S. District Court for the Western District of New York, Civil Justice Expense and Delay Reduction Plan, 1993.

② See Timothy R. Murphy, Paula L. Hannaford, etc., Managing Notorious Trials, National Center for State Courts, 1998.

弊端而进行的应变，它的目标不在于背离对抗制的精神，而在于在否定之否定的层面上重新捍卫对抗制的合理向度。它是美国所奉献的协同型诉讼的一种地方经验。此种地方经验具有提升诉讼向快速、公平与经济等目标挺进的可能。作为一种以集权为灵魂的管理模式，案件管理运动也在相对的意义上威胁到了美国诉讼中的民主与自治。可以合理地预见，案件管理首先作为缓解对抗制的危机而生成的产物，它本身的进一步发展将会使自身成为新的问题。未来美国民事诉讼的一大命题便是在案件管理的合理限度与其过度干预之间的抉择，这一命题必然会影响美国民事诉讼的走势，但无论走势如何，一个必然的命运是，对抗制的基本理念、精神、风格及其技巧构成这一走势挥之不去的“地平线”。这就是美国民事诉讼案件管理的辩证法。

（二）对中国民事诉讼制度的启示

中国民事诉讼制度的变革是世界性司法改革运动不可分割的组成部分，面对美国风云激荡的案件管理运动不可能不受到触动。面对美国民事诉讼的案件管理走势，中国民事诉讼制度的变革该当作何回应，是遵循抑或拒绝？答案很简单，那便是在充分理解美国民事诉讼案件管理制度的兴起、发展、发达和渐生弊端的完成历程之后，揭示其内在的、推动其发展变化的因果力量，并以此因果力量来重构我国民事诉讼制度的前进方向和具体规则。

中国民事诉讼制度的整体进路可以概括为是从传统职权主义诉讼模式向辩论主义诉讼模式转换的路径。如果在传统职权主义诉讼模式中可以提取出原始的案件管理精神，并且在辩论主义诉讼模式中可以体验到对抗制的理念，那么中国民事诉讼制度的进取之路也就可以大致等同为从管理到对抗的转变。美国民事诉讼案件管理运动的兴起正好就是对对抗制弊端的拨乱反正，以此一脉相承之机理来看，中国民事诉讼制度之当代发展不应是对案件管理运动的抵制或否定，而应是对美国诉讼管理经验的资鉴。在此基础之上，先行预防已在美国民事诉讼案件管理过程中崭露端倪的偏颇之处。由此看来，美国民事诉讼案件管理运动的中国启示便是如下两点：一是在辩论式诉讼模式下辩证综合职权式诉讼模式所具有的“管理”技巧；二是在“案件管理”之中保持对案件当事人主体地位的尊重，发挥其程序主体的良性能动力。对中国民事诉讼制度的具体重构，限于篇幅和主题，此处不再具体展开，而仅就上述两点宏观立场略作说明。

关于强化中国民事诉讼制度的“管理”色彩问题，这是与中国民事诉讼制度向辩论式诉讼模式推进过程中显得有违“时事”之处，但二者在本质上并不是矛盾的。中国民事诉讼制度从传统的职权主义诉讼向辩论式诉讼的过渡，有其历史合理性，这就是职权主义诉讼模式过度突出法官的主体地位，而泯灭了当事人的程序主体地位，辩论式诉讼模式正好就是要颠倒本末倒置的法官与当事人的关系，让当事人真正成为自己争议之解决的主人，主导争议解决的过程。但职权主义诉讼模式下法官的“武断”和“专横”可以在否定之否定的基础之上转变为案件的“管理”和“效率”，因为辩论式诉讼模式所对应的“民主”与“宽容”也完全可能在否定之否定的基础之上转变成为“散漫”与“放纵”。因此，强调对中国民事诉讼制度融入“管理”的精神，并不总是与辩论式诉讼模式下的“民主”与“宽容”格格不入。相反，适度的案件管理将是真正实现辩论式诉讼模式所追求和践行的“民主”与“宽容”的保障，避免纠纷当事人滥用程序民主和程序宽容的权利。

对照而言，要求对中国民事诉讼制度的变革进行管理力量的提升，必须先行对此种管理力量的可能异化保持足够清醒的警觉。美国民事诉讼案件管理在当代所表现出来的弊端表明，它的不当施行将使案件的科学管理再次蜕变恶化为法官的专断与独裁。同样地，中国法院的行政化倾向具有源远流长的历史传统，在积习难改的背景之下诉讼模式能够从职权主义脱离出来向辩论式诉讼转化，这算得上是一次巨大的历史进步，如果重提诉讼的案件“管理”是否将使中国民事诉讼重归行政化的恶劣境地，[①] 这不可不谓是一个正当的忧虑。鉴于美国民事诉讼案件管理当代发展的弊端，同时考虑到中国行政化色彩过浓的国情特色，中国民事诉讼制度的重构应当以辩论式诉讼为基调，在此基础之上引入案件管理的考虑。这种模式安排乃是与美国的安排模式异曲同工：美国诉讼理念是立足于对抗制，案件管理是作为矫正和救济措施出现

① 如贺卫方便认为，审判委员会、法官等级和上下级法院关系的行政化使得中国法院司法管理官僚化倾向严重。贺卫方：“中国司法管理制度上的两个问题”，载《中国社会科学》1997 年第 6 期，第 117–120 页。谭世贵等人在研究了科层制司法管理的问题后，提出司法机构“去行政化”的建议措施。谭世贵、翁岭峰：“科层制司法管理的问题与出路”，载《云南大学学报》2005 年第 4 期，第 1–5 页。

的，因此，其诉讼制度应当以管理为基调，有效抑制对抗制诉讼的弊端；而中国的诉讼理念是行政主导，诉讼中的辩论主义是作为矫正和救济措施出现的，因此，其诉讼制度应当以辩论式诉讼为基调，以案件管理为补充，有效抑制案件管理的行政异化。当然，此两种诉讼模式的安排具有相同的目的，即都在于提高诉讼效率，实现“公平、快速和经济”的解纷效果，影响其作出不同的诉讼模式之抉择的因素在于中美之间诉讼理念于起始处走了两条正相反对的路子。

美国民事诉讼的案件管理凝聚了全美法院系统的审案智慧，对于其中所包含的优势经验，中国民事诉讼制度的重构不应、也不能视而不见。关键的问题是，我们既不能买“椟”还“珠”，也不能因“噎”废“食”，而应在深刻理解中美诉讼理念的根本差异的基础之上扬弃美国案件管理的域外经验，实现域外优势经验的内化。“扬弃”是一句老话，但它所包含的精神却正是案件管理的精神，也正是中国民事诉讼制度重构应走之路。

作者简介：闫春德（1975—　），男，河南省潢川县人。现任北京市集佳律师事务所资深顾问。曾先后在人民法院从事审判工作，并在多家知名国际律师事务所从事与知识产权相关的顾问、咨询、诉讼等工作。在专业期刊、杂志发表专业论文十余篇。

第四编
刑法学

惩治有组织犯罪比较研究 *

赵　赤

目　次

一、研究背景

近年来我国学界在有组织犯罪的域外研究及中外比较研究方面取得了一系列积极成果。这些积极进展和显著成果可归纳为如下几个主要方面：一是较为全面地介绍了域外有组织犯罪的产生和发展情况，尤其是针对美国、意大利、俄罗斯、日本等国的有组织犯罪进行了较为详细的介绍；二是较为细致地介绍和评价了域外惩治有组织犯罪的立法发展及制度特点，其中主要是美国、意大利、德国、俄罗斯、日本等国的反有组织犯罪立法；三是简要介绍了域外一些关于有组织犯罪的代表性解释理论以及有关某些问题的具体观点，如关于有组织犯罪的概念、犯罪形成或原因理论等。实事求是地说，这些研究成果有助于我们较为充分地了解国外有组织犯罪的滋生、发展及其危害性质，同时，也为我国深入展开有组织犯罪的理论研究以及完善我国的反有组织犯

* 本博士论文作者赵赤，2009—2012 年北京师范大学法学院攻读刑法学博士学位，2012 年博士研究生毕业并通过博士学位论文答辩，师从张远煌教授。

罪观念政策、立法执法提供了可资参考借鉴的难得素材。

另外应当指出，着眼于理论研究的深入细致以及参考借鉴的准确科学，我国学界迄今关于有组织犯罪的域外研究以及比较研究尚还存在一些较为明显的不足：一是研究方法上注重乃至过于依赖规范研究方法而较为忽视犯罪学这一事实性研究方法，主要体现为以域外惩治有组织犯罪的立法制度为介绍评价的中心内容。这种研究方法的缺点是：由于考察研究视角单一，因而难以针对域外惩治有组织犯罪立法发展的事实基础以及观念先导进行较为深入的考证分析。实际上，由于各国有组织犯罪在事实特征上的演变特点以及反有组织犯罪观念政策的与时俱进，因而使得超越规范的犯罪学研究方法显得格外必要。笔者认为，为了全面深入研究域外惩治有组织犯罪的法治发展，这就需要针对有组织犯罪的事实观念、政策立法、执法司法等进行系统性、关联性的考察研究，以全面深入揭示各国惩治有组织犯罪的规律认识及经验教训。二是研究视野及研究内容比较单一，表现为注重静态研究和单个要素研究，明显缺少以纵向研究为旨趣的历时性研究以及旨在以发现法治规律为目的的法治机制研究和系统性研究。这种研究倾向的明显不足就是，难以针对各国有组织犯罪的事实演变、观念提升、政策立法完善等法治要素的历史发展进行考察，从而难以深刻把握各国惩治有组织犯罪的历史轨迹、要素关联及经验教训。研究视角的宽广以及研究内容的全面，有助于提高研究的层次和质量。考虑到有组织犯罪是一种比其他刑事式犯罪更为复杂多变的犯罪类型，因而这种宽视野考察和动态性研究就显得尤为重要。三是研究价值受到明显局限。这是由于：单纯比较不同国家的立法制度因而忽视各国立法制度背后的事实依据以及观念基础等背景性要素，一方面难以正确把握各国反有组织犯罪立法的内在依据以及深刻认识各国反有组织犯罪法治发展的机制和规律，另一方面也很大程度上束缚了比较研究的深刻性质和研究价值。正如法国比较法学者惠特曼所指出的：法律在本质上是规范的事业，它应该是各种激烈争论的主题，比较法学家能够为此活动真正带来的宝贵产品就是一种对其他规范观念的充分和有见地的认识[①]。也就是说，比较法研究的深刻品质内在地要求，有必要在超越规范的基

① [法]皮埃尔·勒格朗等著：《比较法研究：传统与转型》，李晓辉译，北京大学出版社2011年版，第16页。

础上进行包括背景、观念以及机制在内的全方位、深刻性研究。总之，注重运用以视野开阔、触角深入、内容全面为特点的比较研究方法，是提升我国有组织犯罪域外研究及中外比较研究的有效路径及重要方向。

二、论文的主要研究特点及意义

本文以“惩治有组织犯罪比较研究”为题，旨在以宽视野、深触角、多层面的系统性、深入性和动态性的研究模式对域外惩治有组织犯罪的法治建设进行比较研究。总的来看，本文研究的意义价值主要是：一是提供了关于国外惩治有组织犯罪法治发展的最新资料，不但能够为本文研究的较高质量奠定基础，同时还可以为此后其他学者的相关研究提供较为新颖、准确和全面的资料素材；二是尝试运用以事实观念研究和政策立法相结合为内涵，以动态研究为路径的研究方法考察比较中外惩治有组织犯罪的法治发展，从而尝试性地开辟了关于有组织犯罪国外研究以及中外比较研究的新方法和新路径；三是在理论上拓宽了关于有组织犯罪国外研究以及中外比较研究的内容范围，从而有助于我国惩治有组织犯罪的学术研究向纵深拓展；四是能够为我国惩治有组织犯罪的法治完善提供有深度和质量的思路、观点和对策，从而有助于完善我国惩治有组织犯罪的法治实践。以下稍作进一步阐述：

第一，本文研究中占有和运用了大量关于国外惩治有组织犯罪法治发展的外文第一手资料。前面已述，阻碍我国比较刑法研究之水平提高的一个重要因素就是，研究所依据的资料来源以间接渠道居多，且很不系统。本文研究主要基于大量和较为全面的外文第一手资料。这主要表现在：一是从国别上看，本文研究以美国及欧盟国家为关注和考察重点，尤其是美国。正如本文综述所表明的，我国学者在国外有组织犯罪研究中侧重关注日本、俄罗斯的有组织犯罪，对美国、欧洲国家的有组织犯罪关注度不够。此外，世界各国中，日本、俄罗斯两国惩治有组织犯罪的法治建设较为保守、发展不快，而美欧国家惩治有组织犯罪的法治建设发展较快，且基本上引领着国际社会的发展潮流[①]。以

① 比如，联合国关于惩治有组织犯罪的历次讨论以及2000年制定的《巴诺莫公约》，均很大程度上反映了美欧国家的立场和观点。此外，日本、俄罗斯等国近二十年来惩治有组织犯罪的学术研究和法治发展也相当程度上参考和借鉴了美欧国家的有益经验。

上说明，应当加强关于美欧国家惩治有组织犯罪法治发展的关注和研究。二是从内容上看，本文研究范围不但包括有组织犯罪的立法制度等规范方面，而且包括有组织犯罪的事实特征、理论研究、概念界定、基础观念等理论和观念方面，甚至还涉及惩治有组织犯罪的决策机制方面。三是从新颖性上看，本文运用了诸多21世纪以来的最新资料。比如，美国21世纪以来关于强化惩治洗钱和腐败的立法修订，英国21世纪以来关于惩治有组织犯罪的重大发展[①]，日本于2004年、2008年对《暴力团对策法》的两次修订等。以上可见，本文研究占有和运用了诸多新颖性、系统性的外文第一手资料，不但能够为本文研究的较高质量奠定基础，同时还可以为此后其他学者的相关研究提供较为新颖、准确和全面的资料素材。

第二，本文研究尝试运用以事实观念研究和政策立法相结合为内涵，以动态研究为路径的研究方法考察比较中外惩治有组织犯罪的法治发展，从而在研究方法及视野上具有明显特色和优势。首先，就我国刑事法学界而言，大力提倡事实性研究和规范性相结合的研究方法十分必要。正如学者所言“无论在看待犯罪问题的观念层面还是应对的实践层面，长期以来我们都有一种茫然或武断的简单化倾向：一言及犯罪，往往想到的就是刑法中的犯罪概念；一言及犯罪问题，就习惯于停留在规范领域进行思考和寻求答案。理论和实践中这种总体上缺乏对犯罪事实层面关注的思维定式，所导致的恶害必然是学术研究视野的局限于社会中刑法依赖心理的无限膨胀”[②]。因此，我国刑事法研究领域亟待加强关于犯罪的事实性和观念性问题的研究。本文研究的一个重要内容就是关于国外有组织犯罪的事实危害和基础观念的考察研究。比如，本文研究证明，美国早期关于有组织犯罪的狭义概念与集中体现为“异族阴谋理论”的决策阶层主流认识中的种族偏见观念密切相关。此外，美国后期惩治有组织犯罪的法治发展同样与关于有组织犯罪危害性质以及演变规律的认识到位密切关联。也就是说，考察分析美国有组织犯罪的事实危害和基础

---

① 主要有2002年7月生效的《2002年犯罪收益法》、2004年3月发布的《打击有组织犯罪21世纪战略》（One Step Ahead: A 21st Century Strategy to Defeat Organized Crime）以及《2005年严重有组织犯罪及警察法》（the Serious Organized Crime and Police Act 2005）。

② 张远煌：《犯罪研究的新视野：从事实、观念再到规范》，法律出版社2010年版，前言部分。

观念，不但有助于深刻揭示该国惩治有组织犯罪的历史教训，而且有利于我们在当下树立关于有组织犯罪的正确观念，从而推进惩治有组织犯罪的法治进程。其次，本文注重考察国外惩治有组织犯罪法治建设的动态发展。比如，本文研究发现：从 20 世纪 30 年代至今，美国有组织犯罪的概念界定呈现出从狭义概念演变为广义概念的明显轨迹。再如，本文的动态研究揭示：美国早期（20 世纪 80 年代以前）关于有组织犯罪的特殊制度局限于立法领域（刑事实体法和程序法），执法领域的特殊制度尚未出台；到后期（20 世纪 80 年代之后），执法层面的特殊制度和实践相继出台或实施（如强力和持续地打击有组织犯罪专项执法行动、情报战略的实施以及执法策略的完善等）。以上动态研究说明：立法层面的特殊制度设计往往只要观念到位后便能制定，而执法层面则不仅配置有力和高效的执法资源，更为重要的是需要展开持续性和策略性的打击有组织犯罪执法。可见，动态研究具有独特的研究价值。总之，在规范研究和静态研究较为流行的研究背景下，本文采用的超越规范以及注重动态的研究方法具有一丝新意。

第三，本文在理论上拓宽了关于有组织犯罪域外研究以及中外比较研究的广度和深度。首先，在广度方面，本文将联合国、美国、欧盟国家以及我国有组织犯罪的法治建设加以考察比较，以揭示彼此的不同特点以及合理之处。其次，在深度方面，本文研究触角不但涉及惩治有组织犯罪的规范层面，还涉及规范背后的其他法治要素（如基础观念、决策机制、概念界定、学术研究等）。显然，由于研究广度和深度上的拓展，将能够保证本文研究的水平和质量。比如，本文研究认为，联合国以及美欧等多数国家的有组织犯罪概念界定均呈现出从狭义概念发展为广义概念的基本趋势。这种趋势绝不是偶然的，而是国际社会日益注重严谨的调查研究、深刻反思传统观念以及全面认识犯罪规律的必然结果。正是基于这样的基础，国际社会才逐渐认识到有组织犯罪广义概念的重大意义。再如，本文还研究惩治有组织犯罪的决策机制，认为当今各国（尤其是有组织犯罪较为严重的国家）应当建立应对有组织犯罪的旨在专门从事调查研究工作的高层咨询或决策机构，以推动惩治有组织犯罪的法治发展。总之，本文在理论上拓展了研究有组织犯罪的广度及深度，对深化中外惩治有组织犯罪比较研究有所裨益。

第四，本文研究为我国惩治有组织犯罪的法治完善提出了论证较为有力且有新意的思路、观点和对策，从而有助于我国惩治有组织犯罪的法治发展。首先，本文悉心考察了联合国、美国、欧盟国家以及亚洲主要国家及地区惩治有组织犯罪的经验教训，尤其是总结出其中的三个核心启示：一是准确把握有组织犯罪的事实危害及发展规律是有效惩治有组织犯罪的事实前提；二是确立有组织犯罪的广义概念是有效惩治有组织犯罪的观念基础；三是构建有针对性的实体法及程序法制度是有效惩治有组织犯罪的制度保障。这些经验教训以及核心启示值得我国认真吸取。其次，本文就事实危害、学术研究、观念政策、立法制度、执法司法等几个方面对中外惩治有组织犯罪的法治发展进行要素比较，以揭示其共同特点以及主要差距。可以说，在完善我国惩治有组织犯罪的法治建设时，应当对这些差距之处加以特别关注。再次，本文从犯罪的事实危害、预防和惩治有组织犯罪的实际效果、关于有组织犯罪之复杂性质的理论分析、国际社会强化惩治有组织犯罪的做法经验等方面论证了我国加强有组织犯罪法治建设的主要依据。最后，本文还从决策机制、观念政策、立法执法等方面提出了完善我国惩治有组织犯罪法治建设的基本思路、主要路径以及具体对策。

综上可见，在资料素材的支撑、研究方法的创新、研究内容的拓展以及法治实践的推进等方面，本文研究均具有较为明显的意义价值。

三、本文研究的核心观点

本文研究的核心观点，可归纳为如下六个方面：

第一，国际社会惩治有组织犯罪的正反经验说明，推进惩治有组织犯罪法治的较快发展，需要在切实做好调查研究的基础上树立关于有组织犯罪的良好基础观念。首先，应当充分重视和切实加强针对有组织犯罪的调查研究。比如，在国际层面，“国际犯罪被害人调查”（ICVS）在进行扎实的被害人调查研究的基础上，不但列出了关于各国有组织犯罪事实危害的具体排名，更为重要的是揭示了：与多发性犯罪相比，有组织犯罪有着滋生发展的独特规律。在国家层面，美国正是采用了关于有组织犯罪的高端、综合性调查研究模式，才得以显著推动了美国的惩治有组织犯罪法治。其次，树立正确的有组织犯罪基础观念也是有效惩治有组织犯罪的又一要素。在国际层面，20 世纪50年代至今，联合国关于有组织犯罪的基础观念日益提升：一是日益深刻地认识到有组织犯罪的严重危害性质；二是日益深刻地认识到有组织犯罪的变迁性、多样性特征以及各国有组织犯罪的不同特点；三是日益深刻地认识到应对有组织犯罪问题的复杂性以及惩治有组织犯罪政策制度的特殊性。此外，作为“标本性”国家，半个世纪以来美国的有组织犯罪基础观念也不断深化：一是在注重实证研究的基础上不断反思和超越以“种族阴谋理论”为代表的肤浅认识和偏见思想；二是日益深刻地认识了有组织犯罪滋生发展的基本规律；三是日益深刻地认识了有组织犯罪的特别危害性质。

第二，当今国际社会关于有组织犯罪的概念界定日趋广义。联合国在起草《巴诺莫公约》的过程当中，如何界定有组织犯罪一直就是其中的核心问题之一。《巴诺莫公约》第2条所规定的“有组织犯罪集团”并不要求确定成员职责，也不要求成员的连续性或完善的组织结构，因而具有较为明显的广义特点。美国打击有组织犯罪的主要经验教训之一就涉及有组织犯罪的概念界定。20世纪20年代末至80年代初，由于事实依据缺乏、种族偏见思想以及实证研究游离于体制之外等主要原因，美国社会流行的是以“异族阴谋理论”为代表的关于有组织犯罪的偏见思想和狭义概念。20世纪80年代以来至今，随着实证研究的展开、实践经验的积累以及对狭义有组织犯罪概念的清算，美国社会主流最终树立了广义的有组织犯罪概念。考虑到美国的有组织犯罪狭义观念不但曾经长期主导着美国社会，而且还一定程度上影响了联合国以及许多国家对于有组织犯罪的观念认识，因而尤其应当深刻反思和彻底清算美国有组织犯罪狭义观念的“历史误会”极其深刻危害。欧盟直到20世纪末才开始关注有组织犯罪并采取共同措施予以应对。2001年，欧盟委员会和欧洲警察组织（EUROPOL）发布了一个关于有组织犯罪的操作性定义。该定义共规定了11个构成特征，其中4个特征为必须具备的特征，另外7个特征只要任意具备2个特征。欧盟关于有组织犯罪的概念界定不但体现了较为明显的广义特征，而且反映了较为先进的立法技术。意大利、德国以及英国等欧盟主要国家的有组织犯罪概念同样属于广义概念。俄罗斯立法上并没有专门规定“有组织犯罪”这一术语，而是与我国类似，也即规定了共同犯罪的若干不同形态并处以严厉程度不等的刑罚处罚。1997年的《俄罗斯联邦刑法典》规定了共同犯罪的四种形式：犯罪团伙、有预谋的犯罪团伙、有组织的犯罪集团和黑社会组织。然而，俄罗斯学界比较一致地认为，这种立法模式当中“有组织犯罪”这一专门术语的缺失以及相关规定的界定模糊，不利于打击俄罗斯日益严重的有组织犯罪。日本于1991年通过的《暴力团对策法》对有组织犯罪持传统的狭义概念，也即要求存在严密的等级结构。此外，即使是1999年通过的《打击有组织犯罪及控制犯罪所得法》所规定的“犯罪组织”是指由一定数量成员构成的、拥有共同目标的、全部或部分程度上具有等级结构的永久性组织，仍然属于较为明显的狭义概念。日本立法上采用狭义的有组织犯罪概念，这与包括美欧国家在内的世界上绝大多数国家大异其趣。然而，日本打击有组织犯罪的效果不佳，学界普遍主张进一步强化立法和执法。此外，当今韩国以及我国台湾地区的有组织犯罪概念也具有明显的广义特征。

第三，多年以来，国际社会的惩治有组织犯罪政策立法也存在一些重要的共同特点及趋势。首先，联合国惩治有组织犯罪政策立法的孕育发展表现为一个循序渐进、不断深化的过程。20世纪70年代中期至80年代，联合国开始直面有组织犯罪问题并明确规定惩治有组织犯罪的目标任务；20世纪90年代，联合国日益深刻地认识到有组织犯罪的严重危害并全面制定惩治有组织犯罪的指导思想、基本原则和制度要点。尤其是，2000年11月通过的《联合国打击跨国有组织犯罪公约》(又称《巴诺莫公约》)，成为联合国惩治有组织犯罪的重大事件和主要成果。学界一致认为，《巴诺莫公约》鲜明地体现了联合国刑事政策的基本精神：也即实现保障人权和预防犯罪之间的平衡。其次，美欧主要国家的惩治有组织犯罪政策立法发展也富有特点和启示。美国惩治有组织犯罪的刑事法律孕育成型于20世纪50年代至70年代，其后日益发展和成熟。美国惩治有组织犯罪的专门刑事政策可归纳表述为“基于特别制度设计的严厉政策”。欧盟组织在《1990年申根适用公约》出台之后才开始直面有组织犯罪问题。欧盟惩治有组织犯罪的政策立法在短短的10多年里取得重大成就。2006年4月，欧盟委员会制订《关于打击有组织犯罪的决议框架》。欧盟惩治有组织犯罪的刑事政策正在由原来的注重人权保障和打击犯罪之间的平衡，转向对预防与安全的倾斜。在欧盟内部，不同国家的惩治有组织犯罪政策又各具特色：意大利的惩治有组织犯罪政策注重直接政策和间接政策并重；德国学者善于揭示有组织犯罪立法的政策价值：传统的侦查控诉本质上是被动反应式的（re-active），而有组织犯罪的侦查控诉正日益表现出积极主动式（pro-active）的特点，有组织犯罪法律（organized crime law）似乎越来越朝着特别的诉讼制度发展；英国的惩治有组织犯罪政策立法在21世纪以后得到了迅速发展，其具有代表性的就是2004年3月出台的《前进一步：一个战胜有组织犯罪的21世纪战略》以及《2005年严重有组织犯罪及警察法》。这些文件立法的核心观念是：为了应对有组织犯罪给社会带来的严重挑战，需要制定一个全新的战略并采取更为广泛的打击有组织犯罪的方法。

第四，当今国际社会日益强化了关于有组织犯罪的执法实践。在国际层面，20世纪80年代，联合国关于有组织犯罪执法司法的原则要求主要集中在战略原则和制度硬件方面。20世纪90年代，联合国关于有组织犯罪执法司法的原则要求主要集中在细致要求和策略软件方面。比如，1990年在哈瓦那召开的第8届联合国预防犯罪和罪犯待遇大会通过的决议附件《预防和控制有组织犯罪的准则》就着重制定了预防和控制有组织犯罪的指导方针：如鼓励研究有组织犯罪的结构和评价现有对策的有效性；提高执法司法的效能以及更加有效和公正的审判，加强对人权的保障；重点注意刑事侦查新方法以及“追踪金融线索”等巧妙方法，等等。尤其是，2000年11月通过的《巴诺莫公约》更是体现了联合国关于有组织犯罪执法司法的系统化和法制化的更高标准：一是体现了预防和打击有组织犯罪的科学的社会防卫政策思想；二是蕴含了控制犯罪与保障人权相统一的刑事司法理念；三是提出了加强有组织犯罪执法的一系列原则标准和明确要求。在国家层面，美国惩治有组织犯罪执法司法的主要特色体现在侦查制度、情报战略以及执法策略等方面。比如，美国查处有组织犯罪的侦查手段日趋完善，主要和常见的侦查手段有金融分析、电子监控、告密者以及卧底侦察等。再如，美国已于2005年10月发布了《美国国家情报战略》。该国家情报战略旨在构建一个统一、创新的全国性情报组织，同时也将对打击有组织犯罪的执法司法提供有力的战略性和基础性支撑。还有，美国在长期的惩治有组织犯罪执法实践中积累了日益丰富的执法策略经验。尤其是，有组织犯罪的侦查模式有别于传统犯罪的侦查：传统犯罪侦查工作的特点是被动反应式（reactive）的；而有组织犯罪的侦查工作必须强调积极主动（proactive）；与街头犯罪（street crimes）相比，有组织犯罪的侦查工作通常还需要更多训练有素的工作人员以及坚持不懈的工作态度。

第五，全面、深入比较中外惩治有组织犯罪的法治建设，无疑将有助于我国惩治有组织犯罪法治的更好发展。其一，通盘考虑当下我国有组织犯罪高端形态和低端形态的现实状况以及联合比较研究报告和国际犯罪被害调查（ICVS）结果的相关数据，笔者认为，当前我国有组织犯罪的危害程度较之过去明显提升，已经处于世界各国中的较高水平。其二，在有组织犯罪基础观念方面，我国官方文件较为关注犯罪团伙等低端犯罪组织向高端犯罪组织发展演变的国内外背景性因素以及发展势头，然而关于有组织犯罪的危害性认识还停留于社会稳定这一惯常层面，未能充分认识到有组织犯罪的特别或者特殊的危害性质。其三，我国关于有组织犯罪的概念界定虽不是典型的狭义概念，但比日本以外的其他许多国家或地区的门槛都高。其四，与美欧主要国家相比，我国惩治有组织犯罪的执法司法的主要不同和不足之处主要有：一是执法措施尤其是新型侦查措施仍嫌不够，如缺乏关于“金融分析”、“纳税追踪”和“对私有住宅进行声音监控”等新型侦查措施的明确规定；二是缺乏级别高端、职能综合、机制特别的惩治有组织犯罪专门机构；三是我国惩治有组织犯罪的执法实践缺乏情报战略的系统支持。其五，与美欧主要国家比较，中国惩治有组织犯罪刑事政策的不同特点有：一是中国惩治有组织犯罪的刑事政策注重的是执法上的“严”，而美欧主要国家注重的则是制度设计上的“特”；二是从政策内涵的丰富性上看，我国惩治有组织犯罪的刑事政策较为侧重“重”的一面，而在“宽”和“济”的方面似乎还有不足；三是从政策的理论基础上看，晚近以来美欧国家日益注重从价值理念层面解读有组织犯罪刑事政策的应有品格，相比之下，我国（尤其是官方文件）则较为缺乏这方面的解读认识。

第六，国际社会以及各代表性国家在惩治有组织犯罪上都积累了诸多内涵趋同但细节不同的经验教训。其中的核心启示主要有：一是准确把握有组织犯罪的事实危害是有效惩治有组织犯罪的事实前提；二是自觉确立有组织犯罪的广义概念是有效惩治有组织犯罪的观念基础；三是构建有针对性的刑事法制度是有效惩治有组织犯罪的法律保障。强化我国惩治有组织犯罪的法治建设，是明晰强化惩治有组织犯罪法治的主要依据。从事实特征上看，我国有组织犯罪经历了 20 世纪 70 年代末至 80 年代的孕育产生阶段、20 世纪 90 年代的快速发展阶段以及 21 世纪以来的蔓延升级阶段。这种有组织犯罪不断升级和蔓延的严重事态也启示着：我国有必要对现行惩治有组织犯罪的法治状况进行深层反思。从执法实践上看，我国自 20 世纪 80 年代至今就一直在开展以打击有组织犯罪为主要任务的“严打”或者“打黑除恶”专项斗争。然而，这种专项斗争既没有从根本上遏制我国有组织犯罪日益滋生蔓延的严峻势头，此外也与法治背景下的常态法治模式存在不相契合之处。从有组织犯罪的危害性程度上看，前面已述，当前我国有组织犯罪的危害程度较之过去明显提升，已经处于世界各国中的较高水平。从国际趋势上说，不断强化惩治有组织犯罪的法治建设是联合国有关文件公约的明确要求，也是世界上许多国家惩治有组织犯罪的共同趋势和主要经验。就完善我国惩治有组织犯罪的法治建设而言，应当从基础观念、法治机制、刑事政策、立法制度以及执法司法等方面加以全面反思和系统完善。从基础观念上看，我国有组织犯罪的最新立法虽然已经正式肯定了“特别制度惩治有组织犯罪”的观念认识，但刑事执法上仍然在传统的治安层次上对待打击有组织犯罪，观念仍然较为滞后。应当在建立专门的有组织犯罪调研机制以及深化有组织犯罪学术研究的基础上提升我国关于有组织犯罪的基础观念。从惩治有组织犯罪刑事政策上看，我国的经验教训也十分丰富。从 1983 年到 2005 年的 30 余年的时间里，我国在“严打”基本刑事政策指导下的惩治有组织犯罪具体刑事政策深刻地烙下了特定的时代痕迹和明显不足。比如，这么长的时间里我国不断强调严厉惩治有组织犯罪，然而在基本刑事法制度方面（尤其是侦查和刑事诉讼制度）却长时间欠缺针对有组织犯罪的特别制度设计。2005 年我国确立“宽严相济”的基本刑事政策之后，我国惩治有组织犯罪的政策法治呈现新的调整契机和重大发展空间。尤其是，2011 年和 2012 年两次修法蕴含着惩治有组织犯罪的新的政策观念，也即“特别制度打击有组织犯罪”这一国际社会广泛采用的政策观念。从有组织犯罪具体刑事政策的完善看，要正确认识和把握我国惩治有组织犯罪刑事政策的中国特色，要完善我国惩治有组织犯罪的政策体系，要强化我国惩治有组织犯罪专门刑事政策的认识、规定和落实。立法方面，我国应当采用“有组织犯罪”这一专门概念术语，要适当扩大我国有组织犯罪的犯罪化范围，应当适当降低我国有组织犯罪的入罪门槛，要同步加强洗钱等高关联性犯罪的规制力度，要继续改进我国关于有组织犯罪的诉讼制度。从执法层面说，我国需要建立惩治有组织犯罪的专门机构，完善我国惩治有组织犯罪的执法策略，提供我国打击有组织犯罪的情报支撑，加强我国关于有组织犯罪的犯罪预防。

作者简介：赵赤（1967— ），男，湖南邵阳人，中共党员，大学毕业后在大型国有企业先后从事技术和外贸业务工作，研究生毕业后到高校从事法学教育工作。2003年6月至2012年7月为浙江农林大学法政学院教师，为副教授（2005年获得）、硕士生导师（2007年始），现为桂林电子科技大学法学院教授。2003年6月毕业于中南财经政法大学刑法学专业，获法学硕士学位，2012年12月毕业于北京师范大学法学院，获刑法学博士学位。读博期间（2010年11月—2011年11月），经北京师范大学选派援藏挂职任西藏自治区检察院林芝分院副检察长。科研方面，作者从事刑法学和犯罪学的理论和实践问题研究。科研成果方面，已出版著作一部，译著一部，译著《犯罪预防：理论、观点与实践》（约23万字，中国政法大学出版社，2012年版）广受关注，反响较好；近年来发表论文近20篇，其中核心10余篇，法学核心多篇，如《法商研究》、《法学评论》、《法学杂志》等。课题方面，近年来主持国家社科课题一项，主持并完成省部级课题两项。

污染转移刑事对策研究 *

徐　苗

目　次

21世纪注定是一个全球建设生态文明的世纪，生态化、绿色化成为刑法的重要使命。当前，污染转移已经演化成为一类相当普遍、典型且危害极为严重的环境犯罪行为或犯罪现象。污染转移导致污染不必要、不可持续的大范围时空位移，这种动态位移极大加剧了我国整体的环境风险，是我国环境危机、环境犯罪日益严重的罪魁祸首。因此，污染转移对我国的环境刑事立法、司法提出了严峻挑战，本文以这一微观、具体，极富本土特色的环境犯罪现象作为研究对象，深刻检讨和反思我国现行的环境刑事立法、司法之不足，以期探寻系统、完善的刑事立法、司法应对策略。

本文比较深入和独到的研究内容主要有以下几方面：

* 本博士论文作者徐苗，2011—2014年在北京师范大学法学院攻读刑法学博士学位。2014年博士研究生毕业并通过博士学位论文答辩，导师张远煌教授。

一、污染转移的事实特征与规律揭示

环境危机并非均衡作用于世界各个角落，不同地区、国家乃至同一国家内部不同区域的人们都可能面临截然不同的环境风险。作为一个发展中国家，我国在环境风险的全球“配置”中居于不利地位，集中表现为我国是污染转移的重灾区，经济社会的可持续发展遭遇严峻挑战，生态文明建设异常艰难。污染转移已经演化成为我国最严重的环境问题之一，是加深整体性环境危机，导致环境犯罪频发的重要推手。

（一）科学界定了污染转移的概念

污染转移，顾名思义是指将污染移转到“异地他乡”，因此污染转移必然产生环境问题，其是产生环境问题的原因行为。在环境科学等学科中，污染转移是指污染发生时空位移的客观现象与事实。污染转移既是一种行为也可能是一种事实现状，包括自然因素污染转移和人为因素污染转移。法律界研究的污染转移仅指人为转移，而不包括自然转移，借助自然力推动而迁移或扩散的污染转移行为并非人力所能够控制，缺乏行为的主体。只有人的主动、有意识的和故意的污染行为才具有法律评价的意义。人为污染转移是人有意识实施的，意图以牺牲或损害他人的环境权益为代价换取自身的经济利益，因而是法律所规范、调整和控制的行为。[①] 另外，法律界既关注跨越国境的污染转移，也关注国内区域污染转移的法律规制。笔者在比较学界关于污染转移诸多概念的基础上，提出和限定了本文研究的污染转移概念，即指一个国家、地区的企业或个人为逃避环境治理责任，有意识地将环境污染物或污染所产生的损失、危害转移到其他较低环境成本地处理的行为。污染转移是一个行为类型的综合体，主要包括污染物的越境走私、国内区域间倾倒、处置的行为以及通过投资或贸易的形式将污染技术、设备、工艺、产业转移的行为以及跨国公司、外资企业推行不同于母国的双重环境标准行为。

① 包晴：《中国经济发展中环境污染转移问题法律透视》，法律出版社 2010 年版，第 14 页。

（二）污染转移的本质剖析

污染转移行为是政治、经济、社会等多方面因素共同作用的产物，跨国污染转移自20世纪70年代起就已经非常普遍，当前已经成为困扰全球的十大环境问题之一。我国政府和学界也相对较早认识到发达国家公害输入的危害性，但是对于国内区域污染转移，由于其“国内性”缺少主权国家之间环境掠夺的色彩，因而对其认识与重视程度都极其不足。对于污染转移的本质，学界有论者从生态学、环境科学、经济学、国际关系、法学五个角度进行了详细的论述。[①]比如，从生态学角度看，污染转移行为实质是一个主体掠夺另一个主体的环境容量；从经济学的角度看，污染转移行为实质是环境成本外部化，资本对利润天然追求的必然结果；从法学角度看，污染转移行为侵害了被转嫁地的环境平等权，这些论述无疑有利于深化对污染转移行为的认识。笔者认为，污染转移行为的本质具有一体两面性，一方面，其是一种客观存在的社会现象，在特定发展阶段，污染转移是不得不付出的代价。作为一种环境问题，污染转移首先是一种符合市场规律的经济现象。另一方面，污染转移具有“恶”的本质。污染转移的社会非难性、法律的可制裁性却受制于人们的主观意志的变化。污染转移的本质经历了一个历史的文化变革过程，从经济发展水平低的初期为人们所接受、所容许，到经济发展到一定程度后为人们所谴责甚至构成犯罪。在一定的发展阶段上，污染转移的“恶”集中表现为：一是污染转移是一种客观上严重危害环境的行为，污染转移使污染发生了时空位移，污染没有得到最基本的治理，对环境造成的伤害相比一般的污染行为更大；二是污染转移通过规避国家环境治理制度，有意识逃避环境治理责任，使环境的全球保护以及一国内部制定的环境政策、法律、环境管理制度表现出明显的地区差异性。环境治理政策在经济发达的地区可以适用，在经济落后地区则难以适用，破坏了环境治理对策体系的整体适用性，并形成一种制度上的反效应，即经济发达国家或地区严格的环境保护会将污染逼赶到经济落后的国家或地区，严重违反了环境公平、正义、秩序价值，是一种

① 钟筱红、彭丁带：《维护环境安全——控制外国污染转移法律问题及其对策研究》，法律出版社2009年版，第11–12页。

非必要的“恶”和人为的掠夺、压榨行径。

（三）污染转移的表现形式与特征

污染转移在我国呈现出四种运动轨迹，即发达国家对我国的公害输入、污染西移、污染下乡、污染由局部地区向周边扩散。污染时空位移的行为方式与途径多种多样，但概括来看，其转移的途径主要表现为两种：一是废物的直接转移，这是一种最为普遍、直接且简单的转移形式；二是间接转移，表现为在产业转移的名义或掩护下，将污染行业、企业、设备或工艺技术转移到环境成本更低的地区，从而实现污染后果与治污责任的转移，又称之为落后生产方式的转移。污染转移对被转入地而言，要么是直接承接了污染物，要么是承接了产生污染的企业、技术、设备、工艺，因此污染转移时空位移完成后必然会产生环境污染与破坏的后果。污染转移的特征表现为四个方面：一是污染转移的主要推动者是企业，个人扮演的戏份相对较小；二是污染转移背后有强大的利益链条；三是污染转移具有普遍性、整体性、关联性；四是污染转移伴随性、渗透性、隐蔽性、滞后性特征突出；五是污染转移具有非持续性、重复性、低效性、破坏性。

二、刑法介入污染转移的必要性与限度探析

（一）刑法介入污染转移的必要性

污染转移是一种特殊的环境问题，运用刑罚制裁污染转移行为是一种当然的制度设计与选择。同时，污染转移又是一种极为特殊的环境问题，刑法规制污染转移具有独特的原因和必要性。从污染转移的概念与本质来看，首先，污染转移是一种严重危害环境的行为，无论是污染物的直接转移还是落后生产方式的转移，其对环境造成的客观危害超过了一般的没有发生人为时空位移的污染行为，具有更为严重的社会危害性。其次，污染转移行为是一种严重违反行政管理秩序，侵害公平、正义、秩序等一般法价值的行为，刑法作为保障法是一切法律的后盾，对于行政管理秩序以及重大法律价值的严重违反当然有动用刑罚的必要。再次，民法、行政法等非刑事法律手段对环境违法行为的调整都存在固有的缺陷，侧重点各不一样，表现出明显的各自

为政的特点，刑法作为最为严厉的制裁手段在遏制污染转移上具有不可或缺的价值与功能。刑法手段的运用可以显著提升社会整体对环境价值与保护的重视，统一严格的环境刑事立法、司法可以倒逼各项环境治理对策的变革，推动环境法律保护制度的一体化发展。最后，环境问题本身是一种风险，环境风险严重威胁到人类文明的存续，在风险社会的大社会背景下，安全价值得以重视，环境刑法相比传统刑法在不断地扩张，介入环境的时间提前、范围扩大，总体上刑法介入环境的限度在扩大，加强环境风险管理与控制成为环境刑法的重要使命。污染转移作为一种重大的环境风险，在整体上加剧了环境风险，刑法出于风险控制的需要，当然具有介入的正当性与合理性。

（二）刑法介入污染转移的限度

刑法介入环境问题的一般限度要把握以下原则：一是持续强化刑法介入的总体刑事政策；二是现实性与超前性相统一；三是坚持人本主义，统筹环境法益与传统法益；四是强化前置非刑手段执行力；五是由结果本位主义转向行为本位主义；六是坚持统筹协调，保持谦抑与适度。刑法介入污染转移有三大维度：一是加强污染转移行为控制，增设危险犯、行为犯，从结果本位主义转向行为本位主义，构建全程一体化犯罪防控机制；二是将转移处置国产废物行为犯罪化，打击区域污染转移；三是强化政府环境监管问责，遏制间接污染转移。污染转移是一类极为特殊的环境问题，其与一个国家的经济发展、产业结构、社会政策密切相关，刑罚手段的运用应极其谨慎，刑罚的介入应当遵循适当性或合比例原则。坚持刑法介入污染转移的适度性原则，理性运用刑罚手段，实现刑法调整与行政法等其他非刑事法律手段的联动和协调，从而推动污染转移法律控制体系的一体化进程，这亦是探究刑法介入污染转移限度所应坚持的核心指导思想。

三、污染转移的刑事立法对策

（一）刑事立法的目标

从刑法介入污染转移的限度来看，污染转移构成的犯罪多属环境犯罪，对污染转移相关犯罪的防治主要依赖于环境刑事立法与环境刑事司法的变革与创新。我国现行的环境刑事立法并没有关于污染转移的专门性规定，污染转移只能作为一项一般的环境问题得到刑法的规制，现行环境犯罪惩治模式非常不利于对污染转移的防治。因此，面对污染转移这一具体的、重大的环境问题，环境刑法应当转变自己的目标和价值理念，在环境刑法的整体框架内对污染转移犯罪予以考虑，调整现有的刑事立法对策，制定新的更具针对性、科学性、可操作性的环境刑事法律。

西方发达国家通过高水准环境刑事立法供给，致力清除区域“污染避风港”，从而成功将污染逼赶出境，主导了全球范围内污染由发达国家向不发达国家转移的基本格局。污染转移并不是一般的危害环境行为，而是有意识地将污染进行时空转移而危害环境的行为。防治污染转移的关键在于遏制污染寻求“避风港”的天然逐利动机。因此，从国际层面看，一国的环境刑事立法应当尽可能地阻止外国的污染入侵；从国内层面看，环境刑法应防止污染的跨区域转移、扩散，刑法规制污染转移的目标就是要防止污染在不同环境标准、环境成本地区以逐利为目的的非法转移。

（二）我国现行环境刑法之缺陷

相比西方发国家高水平的环境刑事立法，我国环境刑法在整体制度设计与具体立法规定上都难以有效规制污染转移，主要表现为三方面：一是整体立法落后，尚未形成全程一体化的犯罪防控机制，未能从整体上提供高水平的法律保护；二是我国废物犯罪立法存在诸多缺陷，比如罪名设置不合理，罪名之间冲突、衔接不畅，无力防治废物直接污染转移犯罪；三是对于间接污染转移，刑法上存在立法空白。

（三）环境刑事立法之应对与完善

我国环境刑法对污染转移犯罪有一些规定，但刑法规制的重点是结果本文主义下的末端控制，对污染转移的行为过程无法有效规制，一般只能等到污染转移终结并造成一定危害后果，刑法才介入调整，这与污染转移犯罪的规律相违背。污染转移犯罪，因为其“转移”的时空性、过程性，要求对行为的控制重于对结果的打击，要求刑法在预防原则下，提前干预，坚持事前预防与事后追责相结合的控制机制。因此，面对污染转移的挑战，环境刑法应偏重行为本位主义，强调对危害环境行为的控制，不断完善现有的废物犯罪立法，推动环境刑法的整体进步，依靠系统、完善、严密的整体环境刑事立法遏制污染转移的发生。

1. 构建全程一体化犯罪防控机制

污染转移的直观表现形式是污染“背井离乡”，污染输出地坐享发展的成果，而污染接受地则承担了绝大部分高昂的环境成本。污染转移是一个系统的过程，与产业转移和资本的运行相伴随，尤其是间接污染转移很难察觉，其对环境的伤害并非立即显现，通常都是经过一段时间，当经济发展到一定程度后，污染转移造成的环境危害才会集中爆发。如果污染转移完成，那么只能是污染转移行为已经造成严重危害环境的后果，刑法才将其评价为犯罪，这与一般的环境犯罪并无区别。污染转移作为一类特殊的环境犯罪，其自身的特征与规律决定了刑法必须将预防作为第一原则，提前介入，重视对危害环境行为的控制，而不能将打击的重点集中在危害环境的结果上。如果仍旧坚持传统刑法以危害环境的结果作为评价的重心，那么环境刑法必将无力应对污染转移。

由此可见，为了有效应对污染转移，环境刑法应该借鉴域外发达国家的先进立法经验，从观念与制度上对传统刑法进行一定突破，其中最核心的是从结果本位主义转向行为本位主义，增设环境危险犯、行为犯，加强对污染转移行为的控制，构建全程一体化犯罪防控机制。申言之，环境刑法不仅进一步强调对危害环境结果的末端控制，而且更为偏重对污染转移行为的打击，实现对污染转移犯罪的全程控制。

2. 完善废物犯罪立法

洋废物的非法进境以及进境后在国内的非法处置是污染转移重要的表现形式之一，我国刑法设立的走私废物罪、非法处置进口的固体废物罪、擅自进口固体废物罪 3 个罪名，打击的正是洋废物的跨国污染转移。刑法对废物跨国转移的规制相对完善，存在的主要问题是罪名之间不协调，罪名的设置不科学，刑事法网不严密，尚需进一步完善，才能有效控制洋垃圾的进境。现行刑法对国产废物区别对待，非法转移处置国产废物的行为只有污染环境罪作为末端控制，对行为的控制明显不利。我国废物犯罪防治体系呈现明显的漏洞，亟须进一步完善，才能真正遏制污染转移。

（1）统一犯罪对象。跨国污染转移的犯罪对象是废物，包括固体废物、液态废物和气态废物，刑法应当一视同仁，刑法对固体废物没有单独保护的必要，不应该在立法上区分废物的形态而提供不同的保护。尽管《中华人民共和国固体废物污染环境防治法》对固体废物的界定包括了固态、半固态和置于容器中的气态的物品、物质，但对于置于容器中的纯液态严格按照罪刑法定主义就不能按照非法处置进口的固体废物罪处罚，从而存在处罚漏洞，立法基于周延和严谨的考虑应当将废物犯罪 3 个罪名的犯罪对象统一为废物。

（2）将非法处置进口的固体废物罪改为“非法处置境外废物罪”。走私废物罪规制的是非法将所有废物运送进境的行为，依据刑法对走私行为的解释，走私行为包括将废物直接运输进境的行为，还包括直接向走私人买卖废物或者在内海运输废物的行为。走私废物罪并不能规制已经成功进境的洋废物，对于洋废物的排放、堆放、处置行为只能由非法处置进口的固体废物罪予以规制。“进口”是一种合法行为，与“走私”在法律上是截然不同的两个术语，学界一般也认为非法处置进口的固体废物罪的对象是限制进口的废物，而不包括禁止进口的废物。非法处置进口的固体废物罪将犯罪对象限定为“进口的固体废物”可能存在立法缺陷，会导致不当缩小处罚范围。例如，非法处置通过走私进境的禁止进口的废物，将其排放、倾倒、堆放、处置的，就很难解释成为这里的“处置进口的废物”，就会出现刑法将非法处置限制进口的废物规定为犯罪，而非法处置禁止进口的废物不构成犯罪的不合理现象。事实上，只要是非法处置来自境外的废物，刑法都应该规定为犯罪，而不应该区分废物的来源是合法进口的，还是非法走私的。因此，将非法处置进口的固体废物罪改为“非法处置境外废物罪”就可以很好地实现与走私废物罪的衔接，将刑法对洋废物的控制扩展到进境以及进境后的买卖、运输、排放、倾倒、堆放、处置行为全过程。

（3）废除擅自进口固体废物罪。擅自进口固体废物罪立法的原意是处罚擅自进口境外用作原材料的固体废物，造成重大环境污染事故的行为。[①] 本罪之所以相比非法处置进口的固体废物罪的门槛要高，主要的原因就在于擅自进口的是可作原料的固体废物，行为人的目的是提取原料，刑法因而只处罚

① 孙国祥:《刑法学》，科学出版社 2008 年版，第 606 页。

造成重大环境污染事故的行为，如果没有造成重大环境污染事故，这种未经国务院有关主管部门许可，擅自进口可作原料的废物行为不构成犯罪。由于我国并未一律禁止废物进口，刑法将未经许可擅自进口废物作原料而又未逃避海关监管的行为不规定为犯罪具有合理性。但是，刑法对于实施此种行为造成重大环境污染事故的，在《刑法修正案（八）》规定污染环境罪以后，完全没有存在的必要。该罪将刑法对环境的介入大大推迟，与污染环境罪确立的环境犯罪构成相冲突。在笔者看来，未经许可，擅自进口固体废物用作原材料，如果逃避海关监管则构成走私废物罪；如果没有逃避海关监管，顺利进境，后续必然存在生产、利用的环节，在利用萃取可作原材料废物的过程，可以按照非法处置进境的废物罪处罚，严重污染环境的构成污染环境罪，完全不必等到造成重大环境污染事故以后，刑法才介入。因此，本罪没有单独设立的必要，将其废除具有科学性。

（4）禁止废物进口，将废物进境的行为一律犯罪化。当前，我国面临着十分严峻的环境危机，废物贸易的合法性为发达国家向我国的公害输入提供了可乘之机，几乎所有的废物犯罪都是借助废物贸易的载体进行的。更为重要的是，废物贸易所获取的效益相比废物处理产业对环境造成的伤害完全为负效应，必然会对环境造成巨大伤害，这是一种追求短期利益，需要子孙后代去偿还环境债的不可持续的发展方式，不符合生态文明建设的要求。我国应当从国家生态安全的角度出发，全面禁止废物进口，废物回收及循环利用的相关产业仅限于本国产生的废物，不再为发达国家的公害输出提供制度上的缺口。刑法应将进口洋废物的行为犯罪化，只要是违反国家规定，进口洋废物的行为一律构成犯罪。刑法将所有进口废物的行为犯罪化以我国政府全面禁止废物进口为前提，这是我国废物犯罪的立法趋势，也是治理跨国污染转移的釜底抽薪之策。只有全面禁止废物进口，才能真正构建起严密的废物犯罪防治体系，从制度上堵截许多以各种名义、形式将境外废物运输进境的行为，不给废物的跨国转移提供机会。

3. 强化对间接污染转移犯罪的规制

通过污染产业、技术、设备、工艺途径进行的间接转移本质上属于落后生产方式的转移，这种落后生产方式的转移由于具有很大的正价值，且多以合法的直接投资和贸易形式进行，往往被视为一个纯粹的产业转移调整问题。

例如，在跨国污染转移中，以落后淘汰的技术、设备、工艺的形式进行的投资都是一种资本化活动，出于正当的目的与动机，不直接涉及污染转移的问题，具有极强的迷惑性。污染产业等落后生产方式的转移是造成结构性污染的根本性原因，是污染西移、污染下乡、污染向周边扩散的主要形式，其对环境造成的污染相比废物的直接转移处置危害更大。尽管落后生产方式的转移带来了巨大的环境伤害，是环境犯罪频发的罪魁祸首，但并不能像对废物的直接转移那样轻易动用刑法。由此，刑法介入间接污染转移更需要把握尺度，不能过于理想化而阻碍经济的发展。刑法对间接污染转移的规制可以从以下三个方面做文章：一是在污染环境罪中增加对污染产业等落后生产方式转移造成环境污染的直接规定；二是改变环境监管失职罪的犯罪构成，加强对政府监管失职的问责，规范政府的行政行为；三是有针对性地将直接违反环境保护管制的行为犯罪化，运用刑罚的力量保障前置非刑手段的执行力，强化行政执法的力度和权威。通过这三个方面的改变，环境刑法无论是整体保护水平还是具体的罪名设计都明显有利于对污染产业等落后生产方式转移的规制。

四、污染转移的刑事司法对策

污染转移在我国这样一个发展中大国表现得尤为明显，国内的区域污染转移甚至在某种程度上说是独一无二的现象，西方发达国家过去、现在都没有像我国这样演变成为最主要的环境问题，因而也未引起环境刑事法律制度上的专门关注。面对污染转移，我们必须在制度设计上予以科学回应。污染转移是我国特殊国情下的产物，规制污染转移的环境刑事法律难以执行与前述环境刑事司法的一般性障碍有关，但更多应从其自身的特殊性出发进行专门的制度设计。为了应对污染转移，环境刑事司法不仅要进行一般性的变革，加强机制体制建设，提高环境刑事司法或执法的整体水平，还要针对污染转移的特性进行一些有针对性的变革，只有两相结合，才能真正推动污染转移刑事法律的执行。

（一）环境刑事司法的整体变革对策

我国环境刑事司法在立案、侦查、起诉、审判、执行整个阶段应以“预防—

惩罚—恢复”三位一体的价值整合作为变革的指导思想。预防原则是环境刑法的第一原则，环境刑事司法亦应以风险预防的要求来进行具体的制度设计，提高环境危险犯、行为犯的刑事追究率，切实推动刑法提早及时介入污染转移，着力强化行政执法权威，为行政法的实施提供强有力的后盾，行政法的有效实施有助于预防目的的实现。

1. 环境刑事司法应侧重强化环境行政执法的权威

刑法介入环境的力度加大并非一定要求纸面上的高立案率、高起诉率、高审判率，刑法不是为了惩罚而惩罚，大一统式的推进环境刑事司法在我国国情下既不科学也不现实。对于解决环境问题而言，刑罚原本就是一件极为愚笨的工具，刑罚由于其本身的补救性和惩罚性，使其对环境保护的作用非常有限，即使在立法中确立了严格的刑事责任，其效果也不显著。① 更何况是在环境刑事司法的观念和物质基础尚不成熟的农村或西部地区加强环境刑事司法，不当使用刑事执法和严厉的刑罚必然难以取得良好的效果。因此，在落后地区推行与发达地区严格一致的执法标准，本身就不科学，可以预料最终的结果只能是环境刑事执法机关执法的热情无法持续，阻力重重，甚至不被民众所认可，环境刑法的执行流于形式。

面对这种困境，需要正确评估刑事司法的功能和目的，如果将环境刑事司法的目的定位于维护行政法的权威，则可以很好地解决这一难题。维护环境行政法的权威，使环境行政法得到切实的遵守和执行就比环境刑法的直接适用要有效得多。相比刑事法律的执行，环境行政法要更为灵活，介入的范围更广阔，成本也更低，而行政管制可以更灵活地调整不同的污染情况，更有利于进行预防性的环境保护。如果环境行政法得到有效的执行，就可以很好地预防环境犯罪的发生，就可以尽量少动用刑罚或者根本不用动用刑罚。行政制裁最大的缺陷就是没有足够的威慑力，如果环境刑事司法的主要目的在于保障行政执法权威，刑事司法在保持相当的克制与谦抑的同时，环境行政管制就有广阔的空间和较强的执行力。环境行政法的普遍适用相对较为容易的兼顾其适用的观念和物质基础差异而做到统一执行。

---

① 卢永鸿：《中国内地与香港环境犯罪的比较研究》，中国人民公安大学出版社2005年版，第24页。

2. 尽量弱化行政从属性产生的负效应

环境刑法的行政从属性表现出典型的二律背反特性：一方面，环境刑法的行政从属性有其必要性与合理性；另一方面，过分依赖环境刑法的执行效能又极大束缚了环境刑法独立发挥作用的空间。环境刑法的行政从属性特征为地方保护主义干涉环境刑事司法提供了制度上的方便，容易形成污染的“避风港”，污染转移刑事法律的执行必须尽量弱化行政从属性产生的负效应。因此，当前环境刑法只能在遵循环境刑法从属性的基础上，合理利用环境行政法对惩治环境犯罪所起的作用，同时尽可能弱化行政从属性的负效应，寻求行政从属性的限制与突破，以充分发挥环境刑法独立的制裁与控制作用。

弱化环境行政从属性产生的负效应主要在环境刑事司法过程中完成。畅通刑事司法程序有以下几个主要途径：一是严格执行具有定量因素的条款。二是加强刑行衔接，确立刑事先理。三是加强相关保障机制建设，弱化行政机关的“把关人”角色。

3. 发挥刑罚的“倒逼”效应，催生刑罚替代措施

尽管我国当前面临严峻的环境危机，加强环境刑事司法的呼声极高，但是在我国非刑事法律制度和执法都极不健全的情况下，不宜贸然大力推进环境刑事司法，环境刑事司法不能成为环境保护的第一选择，不能过分夸大刑罚的效用。相反，在环境刑事司法的观念和物质基础不太成熟的时期，刑罚手段应当在倒逼其他非刑事法律制度、手段的建立、完善以及适用方面做文章，通过环境刑事司法催生一系列的刑罚的替代措施，如民事公益诉讼、惩罚性赔偿，增强环境影响评价，“三同时”等制度的执行力与法律效力，加强行政监管，广泛运用经济或财务手段，寻求多样化的解决路径。环境刑事司法就像普罗米修斯的脸，一方面保持严厉高压的态势，宣告国家对环境犯罪严厉打击的政策导向；另一方面又表现出相当的弹性和主观能动性，刑罚并非一定要适用，刑罚替代措施的兴起亦是环境刑事司法“倒逼”效应的重要表现。这在环境刑事司法普遍乏力的当下是一种更为务实的选择。同时，非刑事法律手段的充分发挥作用比刑罚手段的直接运用更加有利于消除环境法律保护制度上的“避风港”，为推进全国范围内统一的环境刑事司法奠定基础。

（二）污染转移防治的具体刑事司法对策

污染转移构成的环境犯罪与一般的环境犯罪相比具有特殊性，这一类型的环境犯罪对我国环境刑事司法提出了新的要求。污染转移犯罪最显著的特征在于其“转移”的时空性、过程性、动态性，要求对行为的控制重于对结果的打击，要求刑法重视预防原则，提前干预，如果等到污染转移的行为实施完毕，刑法才介入评价污染转移的后果则难以取得最佳的效果。因此，污染转移自身的特征要求环境刑法提前介入，将一些转移污染的环境违法行为犯罪化，行为犯、危险犯是污染转移犯罪的主要形态。危险犯、行为犯的惩治模式表明污染转移犯罪刑事立法重在行为控制，这给环境刑事司法程序的启动增添了许多困难。因而在提高整体环境刑事司法水平的基础上，还必须提出一些有针对性的对策，才能真正遏制污染转移犯罪的发生。应对污染转移的具体刑事对策分为四方面：一是建立污染转移情报信息平台，加强情报信息保障；二是组建专门的环境刑事司法机构，加强组织机构保障；三是明确环境刑事司法的重点在于对单位犯罪的打击；四是加强环境刑事司法解释的指导作用。

作者简介：徐苗（1986—　），男，湖北建始人，2011—2014 年在北京师范大学法学院师从张远煌教授学习犯罪学、刑法学，攻读博士期间在《中南大学学报》（社会科学版）、《刑法论丛》等刊物发表论文 10 余篇，现就职于武汉市黄陂区武湖街道办事处党政办主任科员。

民营企业家腐败犯罪形成机理及刑事对策研究*

操宏均

目　次

19世纪70年代末以来，进行“行政改革”在全世界迅速展开，传统的行政模式被打破，“后层级制行政模式”应运而生。[①]正是在这样的一种大背景下，基于对政府该当角色的理性思考，注重政府与社会关系改良的公共选择理论和强调将市场机制引入政治领域的新公共管理理论应运而生，而这两个理论又直接催生了率先在西方发达国家掀起的民营化运动，即引进市场激励机制以取代对经济主体的随意的政治干预，从而改进一个国家的国民经济。[②]于是在民营化运动的影响下，西方国家私营领域得到了空前发展，与此同时，私营部门的腐败犯罪问题也逐渐浮出水面，进而引起人们的广泛关注，进行私

* 本博士论文作者操宏均，2012—2015年北京师范大学法学院攻读刑法学博士学位，2015年博士研究生毕业并通过博士学位论文答辩，师从张远煌教授。

① 周其仁主编：《当代国外行政改革比较研究》，国家行政学院出版社1999年版，第4页。

② [美]E.S.萨瓦斯（E.S.Savas）著：《民营化与公私部门的伙伴关系》，周其仁等译，中国人民大学出版社2002年版，中文版前言，第12页。

营部门腐败犯罪刑事规制也就应运而生。而我国民营化起步较晚，可以追溯到 1978 年改革开放率先在农业生产领域进行的经济体制改革，然而，受计划经济体制影响，我国民营经济长期以来被边缘化，在市场经济体制并不完善、中国民营企业尚未普遍建立现代企业制度的残酷现实下，大量的中国民营企业家因为实施腐败犯罪而陨落，由于人们思想观念以及对腐败犯罪认识上的偏差，导致现实生活中大量存在的民营企业家腐败犯罪并没有进入人们的视野之中，进而长期以来游离于我国反腐败实践之外。这与新形势下“建立健全预防和惩治腐败体系”反腐败总体要求极不适应，同时也与全球范围日益高涨的反私营部门腐败犯罪大潮流不相适应。因此，正是基于这样的一种国际国内背景，本文选取了“民营企业家腐败犯罪”为主题进行研究，以期促进中国民营经济健康持续快速发展和反腐败体系科学化。

本文基于“刑事一体化”思想，① 遵从“认识犯罪真实—形成政策观念—指导规范调整”的研究进路，在全面梳理国内外关于民营企业家腐败犯罪研究文献的基础上，主要依据全国首家专业性学术研究机构——北京师范大学中国企业家犯罪预防研究中心（下称“中心”）2012—2014 连续 3 年来持续发布的《中国企业家犯罪报告》（下称“报告”）的实证素材，对民营企业家腐败犯罪问题进行专门研究。

具体而言，本文比较深入和独到的研究内容主要有以下几方面：

---

① 中国著名刑法学家储槐植先生在 20 世纪 90 年代初期提出了“刑事一体化”思想，其主张“刑事一体化”思想有两层含义，即作为研究方法的刑事一体化和作为刑法运作的刑事一体化。就作为研究方法的刑事一体化而言，“刑事”是指治理犯罪的相关事项，涵盖犯罪、刑法（实体和程序）、刑罚制度与执行等。“一体化”是指相关事项的深度融通。参见储槐植著：《刑事一体化论要》，北京大学出版社 2007 年版。此外，还有德国刑法学家李斯特的“整体刑法学”理念，即它主张应该将刑法学研究从狭隘的法律概念中解放出来，以科学主义的实证方法来研究作为一种自然和社会现象（而不仅仅是作为法律现象）的犯罪，并提出了建立包括刑事政策学、犯罪学、刑罚学和行刑学等在内的“整体刑法学”理念。参见［德］李斯特著：《德国刑法教科书》，徐久生译，法律出版社 2006 年版；中国著名刑法学家甘雨沛先生提出的“全体刑法学”，即主张成立一个具有立法论、适用解释论、行刑论、刑事政策论和保安处分法的全面规制的“全体刑法学”。参见甘雨沛、何鹏著：《外国刑法学》，北京大学出版社 1984 年版。我国犯罪学家张远煌教授提出的“从事实、观念再到规范”的刑事法学研究方法，即在探讨犯罪问题时，必须自觉确立由从事实特征的把握到立法观念的确立再到刑法规范的检讨这一整体性的认识模式和研究路径，进而避免学科偏见，提升研究的学术水准与实践价值。参见张远煌著：《犯罪研究的新视野：从事实、观念再到规范》，法律出版社 2010 年版。

一、民营企业家腐败犯罪的内涵与外延

民营企业家腐败犯罪系民营企业家犯罪和腐败犯罪二者的交叉产物。因此，首先必须厘清“民营企业家犯罪”和“腐败犯罪”这两个上位概念之间的关系，由于二者都不是法定的犯罪类型，更多是从事实层面进行的犯罪类型划分，基于“刑事一体化”对犯罪的整合贯穿功能，以及犯罪学就是一门事实性或陈述性的综合学科，所以笔者主张采用犯罪学上犯罪的概念来界定二者，但与此同时，着眼于刑事法学研究中刑事一体化的大趋势以及犯罪学与刑法学二者间的密切关系，进而提出了在内涵上注重事实层面的考察，在外延上注重规范层面考察的界定模式，即民营企业家腐败犯罪就是以董事长、经理、董事、监事、总会计师、财务总监等为身份表征的民营企业高管人群，在企业经营管理活动中，利用职务上的便利实施的不法谋利行为。同时，为了合理限定研究的范围，参照现行刑法的规定，将其对应于如下罪名：非国家工作人员受贿罪，对非国家工作人员行贿罪，对外国公职人员、国际公共组织官员行贿罪，职务侵占罪，挪用资金罪，行贿罪，介绍贿赂罪，单位行贿罪以及对单位行贿罪等。

二、民营企业家腐败犯罪实证分析

主要依据“中心”建立的 2012 年、2013 年、2014 年中国企业家犯罪案例数据库，从中挑选出民营企业家腐败犯罪案例，建立民营企业家腐败犯罪案例数据库，并设计包括发案行业领域、涉案罪名等在内的 29 项统计指标，运用描述统计方法和多变量交叉分析方法对民营企业家腐败犯罪进行全方位的事实层面的解读，主要包括民营企业家腐败犯罪总体情况、民营企业家腐败犯罪行为特征、民营企业家腐败犯罪行为人特征、民营企业家腐败犯罪刑法适用特征四大方面。

在解读民营企业家腐败犯罪总体情况时，运用描述统计方法和历史回溯方法，梳理了 1993 年至今民营企业家腐败犯罪的总体情况，包括各年度民营企业家腐败犯罪总人数基本情况、总案件数基本情况、其占民营企业家犯罪

百分比基本情况、其占企业家犯罪百分比基本情况、腐败犯罪类型基本情况等，并运用推论统计方法分析，发现当前中国民营企业家腐败犯罪形势严峻，呈现出“爆发”发展态势。并且基于利益交换的贿赂犯罪处于民营企业家腐败犯罪各类犯罪之首，几乎占据“半壁江山”，有些年份甚至占到总数的4/5以上。最近几年统计数据还显示，发生在民营企业家与非国家工作人员之间的贿赂犯罪也正在急剧增长，完全打破以往民营企业家贿赂犯罪一般仅仅发生在民营企业家与政府官员、国有企业管理人员等公职人员之间的局面。申言之，新形势下民营企业家贿赂犯罪无论是在表现形式上，还是在行为方式上都呈现出更为复杂的情形，已经完全打破“公与私”之间的单一贿赂犯罪样态，出现了“公与私”之间、“私与私”之间等多元的贿赂犯罪样态，进一步凸显在我国市场经济转型期，随着市场的不断开放，一些抢占先机的民营企业家往往也会成为市场资源出租的重要主体。统计数据进一步显示，民营企业家腐败犯罪对我国经济、社会、文化等方面也造成了不可估量的损失，对此必须高度重视。

在解读民营企业家腐败犯罪行为特征时，主要通过7项统计指标，即发案行业领域、发案环节、案发原因、案发地域分布、案发城市的发达程度、涉案企业上市情况、犯罪潜伏期来进行分析。统计结果显示，民营企业家腐败犯罪已经广泛存在于各行业领域，与公职人员腐败犯罪呈现出“齐头并进”的趋势，并且在房产建筑、能源矿产等资金需求量较大的行业领域贿赂犯罪较为突出，而在餐饮服务、零售百货等交易频繁行业领域贪占型、挪用型腐败犯罪相对较为突出。发案环节中，财务管理环节为民营企业家腐败犯罪发案最高的环节，其次为贸易环节，处于第三位的为工程承揽环节。案发原因的统计结果显示，大量的民营企业家腐败犯罪案件是通过非官方途径被揭发的，利益相关方、消费者、知情人以及被害人等非官方力量是揭发民营企业家腐败犯罪的一股重要力量。就发案地域来看，民营企业家腐败犯罪主要集中于我国东部地区，尤其是东部沿海地区。而西部地区则以四川省的民营企业家腐败犯罪发案最为突出，民营企业家腐败犯罪发案情况随着城市的发达状况层级的降低而逐渐下降，一线、二线城市民营企业家腐败犯罪发案情况最为突出，约占总数的2/3。同时，处于同一发展程度的城市间民营企业家腐败犯罪的发案情况也并不完全一致，进一步说明城市发展无须靠民营企业家腐败来铺路，也从一个侧面说明我国民营经济运行还存在区域上的差异，即有的区域在市场经济运行机制、制度保障等方面可能更为规范、科学，直接瓦解了民营经济腐败滋生的土壤。就民营企业家腐败犯罪涉案企业的上市情况统计结果来看，基本呈现出“上市企业腐败较少，而未上市企业腐败较多”的状况，即涉案企业以未上市企业为主。通过对第一次实施腐败犯罪的时间和案发时间进行统计发现，民营企业家腐败犯罪的潜伏期大体上集中在1~4年。尤其是潜伏期为1年的情形约占总数的1/4。与公职人员腐败犯罪的潜伏期相比，民营企业家腐败犯罪潜伏期总体上要短一些。

在解读民营企业家腐败犯罪行为人特征时，主要通过8项统计指标，即性别、年龄、受教育程度、企业职务、社会身份、涉案人数、主从犯、共犯人际关系来进行分析。统计结果显示，在民营企业家腐败犯罪人中，男性犯罪人占绝大部分，女性犯罪人相对较少，男性与女性之间的比例大致为6：1。但是，与一般犯罪中女性犯罪所占比例相比，中国民营企业家腐败犯罪中女性犯罪比率相对较高。就行为人的年龄来看，民营企业家腐败犯罪行为人的犯罪年龄主要集中在40岁左右，而在公职人员腐败犯罪中，“59岁”现象一般较为突出，而且犯罪年龄普遍较大。就行为人的受教育程度来看，在民营企业家群体中，以本科及以上学历为表征的高素质人才是极其稀缺的，但是在民营企业家腐败犯罪中，又是以本科及以上学历的人数居多，透视民营企业家的规范意识、风险防控意识普遍不高。就行为人的职务来看，在民营企业家腐败犯罪中，“一把手”犯罪现象较为突出，透视当前我国民营企业内部相关管理制度极不完善，导致“一把手”监督失控的现象较为突出。同时，民营企业家腐败犯罪中不乏一些拥有较高社会身份的行为人，说明在当前的大环境下，参与政治能够为民营企业带来资源和增强企业的竞争实力等实惠，因此这种政治身份更多是被民营企业家作为利益交换筹码而并非个人荣誉来看待的，进一步折射出当前民营企业家在公平获取相关市场资源上确实存在一定的障碍，因而不得不“曲线救国”，即通过政治联姻来实现市场资源配置的话语权。就行为人所处的诉讼阶段状况来看，绝大部分民营企业家腐败犯罪案例当年都能够进入刑事审判阶段，并且大部分案例被判决，反映出进入刑事司法程序的民营企业家腐败案件一般能够较为迅速完成整个刑事诉讼过程，与一般公职人员腐败犯罪相比，总体上这一时间显然要短一些，进一步说明国家对公职人员腐败犯罪的处理较民营企业家腐败犯罪的处理更为慎重，体现出制度上的差异化对待。统计也显示，行为人一旦涉嫌腐败犯罪在审判前被采取限制人身自由强制措施是常态，而取保候审、监视居住等刑事强制措施对于民营企业家腐败犯罪而言，呈“备而不用”的状况。在民营企业家腐败犯罪中，共同犯罪现象也较为突出，尤其是以 2~5 人共同作案最为突出，部分案件涉案人数众多，具有集体腐败的显性特征。统计结果显示，在民营企业家腐败犯罪共犯间的人际关系中，以上下级、商业伙伴、同级同事这三类关系为纽带建立起来的共犯关系更为突出，并且尤其以上下级和同级同事关系最为典型，凸显出当前我国民营企业内部管理制度较为混乱，很容易导致下级成为上级的附属品，不良的制度环境很容易滋生出犯罪亚文化，为企业内部成员集体腐败创造了条件。而“家庭成员”的共犯关系占有一定比例则不仅说明当前我国民营企业家族裙带关系较为突出，而且也反映出我国民营企业在企业管理方面距离现代企业还存在一定的距离。正是因为这些因素导致民营企业家腐败犯罪共同犯罪现象较为突出。

在解读民营企业家腐败犯罪刑法适用特征时，主要通过 14 项统计指标，即涉案罪名、罪名数量、罪名结构、罪名触犯频率、涉案数额、犯罪所得、刑种适用、刑期分布、罚金刑适用、没收财产适用、剥夺政治权利适用、缓刑适用、免于刑事处分、量刑情节来进行分析。统计结果显示，在企业家腐败犯罪中，民营企业家腐败犯罪罪名总数与国有企业家腐败犯罪罪名总数“不分伯仲”，并且基本上都呈现出贿赂型腐败犯罪数量最多，贪利型腐败犯罪数量次之，挪用型腐败犯罪数量最少的状况。同时，民营企业家因为共同犯罪而触犯公职人员腐败犯罪罪名数量要少于国有企业家因为共同犯罪而触犯非公职人员腐败犯罪罪名数量。进一步反映出由于我国刑法对不同腐败犯罪构罪进行了行为人身份限制的设置，所以“国有企业家被非公职人员拖下水”的情形远多于“民营企业家被公职人员拖下水”的情形，这种腐败行为方向上的差异也直接反映出当前国有企业与民营企业在资源配置、市场地位等方面的非平等性。就民营企业家腐败犯罪主刑适用情况来看，主要为有期徒刑，同时，就已决犯被判处有期徒刑的情况来看，民营企业家腐败犯罪行为人还是以轻刑犯（本文中指判处 7 年以下有期徒刑的）为主，重刑犯（本文中指判处 10 年以上有期徒刑的）相对较少。另外，统计显示，在民营企业家腐败犯罪刑罚适用中，对于符合缓刑适用条件的，司法机关往往还是倾向于对其适用缓刑。就民营企业家腐败犯罪附加刑的适用情况来看，统计显示，附加刑的适用总体上占已决犯的 40% 左右，财产刑适用所占比例介于 30%~40% 之间，相对于民营企业家腐败犯罪作为一种与经济利益密切相关的犯罪而言，这一比例显然并不是很高。就民营企业家腐败犯罪刑罚适用中不同量刑情节的分布情况来看，具备“积极退赃”和“认罪”这两个量刑情节的犯罪人所占比例较大，其次为“自首”情节，其他几种量刑情节，有些年份有，有些年份没有，其所占比例相对较少。最后，就民营企业家腐败犯罪的犯罪数额与刑期关系，按照各单一罪名进行统计分析，统计结果显示，行贿罪的刑期与行贿金额间存在较为密切关系，相关度较高，该罪适用附加刑时，没收财产的具体数额与行贿金额没有呈现出明显的倍比关系，随意性较大。单位行贿罪的行贿数额与刑期关系不是很明显，而该罪的罚金刑适用概率相对较高，但判处的罚金数额与行贿金额并没有呈现出明显的倍比关系，存在一定的随意性。就对非国家工作人员行贿罪而言，司法实践中往往对其量刑较轻，属于轻刑犯。同样地，非国家工作人员受贿罪的行贿数额与刑期关系也不是很明显，并且司法实践中，此罪的财产刑适用率较低。对于职务侵占罪而言，犯罪数额与刑期相关性较为明显，但是对该罪附加适用财产刑的情形并不多见，即便是对于已经适用没收财产刑的，具体的没收数额也是并无章法可循，看不出该数额与行为人所侵占金额的关系，不能体现出刑法的罪责刑相适应原则。就挪用资金罪来看，犯罪数额与刑期关系的相关性一般，同时由于我国刑法并没有对该罪配置附加刑，所以该罪不存在适用财产刑的情形。

三、民营企业家腐败犯罪形成机理

在反思传统犯罪原因论始终以官方筛选的犯罪人为中心来对抽象的一般犯罪现象进行解释，而未能有力解释具体犯罪行为形成原理的基础上，笔者主张应该运用注重犯罪行为微观剖析的“犯罪形成机理”来对具体犯罪行为的形成原理进行研究。在肯定犯罪行为兼具事实属性和社会评价属性的基础上，笔者认为，犯罪形成机理就是指犯罪行为人基于自我需求形成犯罪动机，并在有利犯罪情境刺激下，将犯罪动机外化为事实性侵害行为，继而经由社会评价取得犯罪标示的一个过程。

基于犯罪形成机理一般理论，结合对民营企业家腐败犯罪事实特征的归纳提炼，笔者将民营企业家腐败犯罪的形成机理提炼为如下的典型过程：在市场经济活动中，具有将追求不法利益思想合理化或者“中和化”人格倾向的民营企业家，在有利于形成腐败犯罪的企业情境刺激下，形成具有具体指向性的腐败犯罪动机并将其外化为事实性侵害行为，最终该事实性侵害行为经由消极的官方反应得以反向强化，并形成日趋突出的社会现象。由此，民营企业家腐败犯罪形成机理包括三个相互联系的基本要素：诱发腐败犯罪动机的合理化辩解人格倾向、有利于腐败犯罪动机外化的企业情境与反向强化腐败犯罪行为的消极官方反应。

首先，诱发腐败犯罪动机的合理化辩解人格倾向，旨在解释具有合理化辩解人格倾向民营企业家在给定的企业情境刺激下，是如何利用作为手段或者工具的合理化辩解技术（中和技术）形成腐败犯罪动机的，即行为人实施腐败犯罪的内在动力来自何处。主要借助于犯罪学的“中和技术理论”（techniques of neutralization theory），[①] 从民营企业家自我优越感和褊狭的公私财产观两个方面考察了民营企业家腐败犯罪合理化之动力来源，具体而言，在民营企业家腐败犯罪的合理化意识流中贯穿着这样一种逻辑：民营企业家这

---

① 也有人将其译为“中立化技术理论”、“中立化理论”、“抵消论”等。该理论最早见于1957年美国犯罪学家格雷沙姆·赛克斯（Gresham Sykes）和戴维·马茨阿（David Matza）合写的《中和技术：一种少年犯罪理论》（Techniques of Neutralization：A Theory of Delinquency）一文，See Gresham Sykes & David Matza，Techniques of Neutralization：A Theory of Delinquency，American Sociology Review，1957（22）：667-670. 但是，随后历经发展，学者们发现，中和技术理论不仅对青少年犯罪具有相当的解释力，对于白领犯罪等犯罪也具有很强的解释力，如英国学者J.C.Spencer在对英国雷希尔（Leyhill）监狱服刑的30名白领犯罪者进行研究后指出，这些人在接受采访时候都会声称：我们只是不小心而失手被抓，其他人也常常这样，我们只是比较倒霉而已。See J.C.Spencer，“White Collar Crime”，in Criminology in Transition，ed.by Grygien，Jones，Spencer，1965，pp.233-266. 同样地，美国学者Marshall B. Clinard也有类似的结论，他指出白领犯罪与普通犯罪的主要不同之处，在于普通犯罪大多扮演一致性的角色，但是白领犯罪则还扮演一个社会所尊重的角色，他们虽会承认自己是“法律的破坏者”（law breaker），但是不承认自己是罪犯（criminal），See Marshall B. Clinard，Sociology of Deviant Behavior，3rd.Edition.，1968，pp.272-279. 由此可见，尽管中和技术理论最早是用来解释青少年犯罪心理的理论，但实践证明，该理论也适用于白领犯罪。简言之，该理论实际上就是解释那些奉行传统价值观的犯罪人如何通过“中和技术”抵消内心罪恶感以顺利实施犯罪的一种理论。

种身份标示，本身就暗含了一种自我优越感，即自己是受他人认可的，是受人尊敬之人，而受人尊敬之人是不可能成为腐败犯罪等反社会行为之主体的。同时，一些民营企业家往往只是看到企业财产形式上的私有性质，漠视其已经具备的公共属性，[①] 通过这种模糊公私界限的自欺欺人行径，来培育合理化的根基。在充分借鉴 Sykes、Matza、Klockar、Lanier、Stuart Henry 等人关于中和技术具体内容概括的基础上，以及结合民营企业家腐败犯罪行为特性，其合理化技术分别指向行为本身、行为后果、因果关系、被害人这四个方面，就针对行为本身的中和技术而言，行为人合理化的着力点在于极力肯定行为的正当性、合法性，极力否认行为的非正当性；就针对行为后果的中和技术而言，行为人合理化的逻辑思维是，尽管自己的行为存在不妥，但是该行为并没有造成危害结果或者即便是造成了一些后果但是影响不大，因此，也就无须大惊小怪，更不应该对其进行谴责。就针对因果关系的中和技术而言，行为人合理化的着力点在于阻断行为与结果之间的因果关系，通过将自己在行为过程中的角色进行合理化，进而使自己免除道德谴责。就针对被害人的中和技术而言，行为人合理化的着力点在于谴责转嫁，即通过将应该感受到谴责的矛头引向其腐败犯罪行为指向对象——被害人，来弱化自己的罪责感。言外之意，行为人认为，自己之所以实施腐败犯罪以及造成危害，都是因为受害人而造成的，尽管行为出自己手，但是在这一过程中，自己实际上充当工具、手段角色。

其次，有利于腐败犯罪动机外化的企业情境因素，主要基于民营企业家与企业组织二者间的互动关系事实，旨在阐明从腐败犯罪动机的产生到腐败犯罪行为的实施，并非行为人单方面作恶的结果，其间还存在着企业情境的作用，即企业情境是如何促成民营企业家形成具有具体指向性的腐败犯罪动

---

① 对于民营经济而言，尽管其在形式上确实具有私人性质，但是一旦其运行于社会之中，实际上，其已经开始具备公共属性了。诚如有组合指出，“人类社会创造的财富，不论以何种形式被占有，财富的社会属性——为人类社会服务的本质是不会改变的。只是其效率——为人类社会服务的效果、范围会有很大的不同。但是，即使是个人占有，也只能是形式上的、法律意义上的、支配权利上的，财富之所以作为财富的社会属性，为不待定的多数人服务、为人类社会服务的作用的本质是客观存在的，是不变的。”参见张军著：《非公有制经济刑法规制与保护论纲》，中国人民公安大学出版社 2007 年版，第 104 页。

机并将其转化为外在的事实性侵害行为。具体来说，企业组织为民营企业家腐败犯罪的形成所创设的这种犯罪情境，其不仅包含着各种具体的外部客观存在事实，也包含着行为人对这些客观内容的主观体验，即正是由于行为人在心理上认识到了这些具体的情境因素的存在，才能对犯罪人形成犯罪动机以及使其外化为事实性侵害行为具有实质意义。因此，基于这种考虑，笔者认为，在考察民营企业家腐败犯罪形成中的企业情境因素时，也应当从企业情境的客观内容和行为人的主观体验两个方面来进行分析。

最后，反向强化腐败犯罪行为的消极官方反应因素，借助于社会反应犯罪学理论，① 立足于社会反应在犯罪行为形成中具有赋予行为社会意义的基本功能，旨在强调处于事实层面的腐败犯罪行为，只有获得现行规则体系的否定性社会评价，才能具有社会意义。申言之，消极的官方反应因素在民营企业家腐败犯罪形成中的意义在于：不仅赋予了民营企业家腐败犯罪行为以社会意义，还在于其不能有效堵截这种行为的发生，进而起到反向促进民营企业家腐败犯罪行为泛滥的作用，并形成日趋突出的社会性现象。具体而言，在官方的反腐意识中，民营企业家腐败犯罪往往处于从属于官员腐败犯罪的状况，官方多将其定位为“拉拢、腐蚀”的角色扮演者，正是官方所释放的这种只强调反公职人员腐败犯罪而不重视反私营部门腐败犯罪的信号，进一步“刺激”行为人将犯意外化，促进腐败犯罪行为形成；在立法反应方面，对民营企业家腐败犯罪与公职人员腐败犯罪根据主体身份差异化设置罪刑的基本模式，则折射出官方对于二者的差异化处置；此外，官方对民营企业家腐败犯罪的刑事司法处置不力，以及对民营经济处于非充分竞争市场环境下的制度性安排，也都在反向促进民营企业家腐败犯罪行为形成。

---

① 所谓社会反应理论，并不是一个单一的犯罪学派，而是强调犯罪行为与犯罪组织、社会规则之间的相互关系，并以标签理论、权力冲突理论和批判犯罪学理论为核心的社会学和社会心理学理论的统称。需要指出的是，尽管标签理论、权力冲突理论和批判犯罪学理论存在一些差异，但是这并不是本文论述的重点，而且有关这些理论介绍的文献已经十分丰富，在此笔者不再就这些理论一一进行介绍，具体参见吴宗宪著：《西方犯罪学》（第 2 版），法律出版社 2006 年版，第 391–448 页；张远煌著：《犯罪学原理》（第 2 版），法律出版社 2008 年版，第 135–142 页；[美] 斯蒂芬 · E. 巴坎著：《犯罪学：社会学的理解》（第 4 版），秦晨等译，上海人民出版社 2011 年版，第 264–288 页。

四、民营企业家腐败犯罪刑事治理对策

在对民营企业家腐败犯罪事实特征和形成机理有清晰认识的基础上，结合刑事手段在犯罪治理体系中居于重要位置的现实考虑，着重从刑事观念现代化、刑事立法科学化、刑事司法公正化三个方面就民营企业家腐败犯罪治理略陈管见。

就刑事观念现代化而言，通过对当前人们对民营企业家腐败犯罪存在的认识误区进行梳理，发现当前反民营企业家腐败犯罪刑事观念上，存在对民营企业家腐败犯罪认知不足而被边缘化、将民营企业家腐败犯罪定位为从属于公职人员腐败犯罪、对民营企业家腐败犯罪认识仍然停留在表面而没有触及根本等问题，极不利于新形势下反腐败的协调推进。因此，笔者主张应该紧扣新时代脉搏，拨乱反正，提出科学的民营企业家腐败犯罪治理刑事观念，具体包括：坚持将民营企业家腐败犯罪纳入反腐败体系整体规划的全面反腐刑事观念，坚持公私财产平等保护的刑事观念，坚持刑法应该主动适应市场化改革进程的刑事观念，坚持民营企业家腐败犯罪刑事治理有限性的刑事观念，等等。

就刑事立法科学化而言，在全面梳理域外关于私营部门腐败犯罪刑事立法模式、罪名设置、刑罚配置等相关情况的基础上，发现域外对私营部门腐败犯罪普遍越来越重视，而且对此类犯罪的刑罚配置并不严厉，但在法网上较严密，同时，通过设置企业具有预防腐败犯罪的义务来强化企业内部治理。而对照域外先进立法经验，当前我国刑法在规制私营部门腐败犯罪时，在立法模式、罪名设置、刑罚配置等方面均存在不足，需要对此进行反思，以“科学立法”为指针，尽快制定包括民营企业家腐败犯罪在内的《反腐败法》，修正私营领域贿赂犯罪相关构成要件，建议废除行贿犯罪的“特别自首制度”，[①]

① 需要指出的是，尽管2015年出台的《刑法修正案（九）》对《刑法》第390条行贿罪的“特别自首制度”，已经修改为：“行贿人在被追诉前主动交代行贿行为的，可以从轻或者减轻处罚。其中，犯罪较轻的，对侦破重大案件起关键作用的，或者有重大立功表现的，可以减轻或者免除处罚。”体现了对行贿犯罪的重点打击。但是对《刑法》中的第164条规定的“对非国家工作人员行贿罪”的“特别自首制度”并没有做修改。

完善民营企业家腐败犯罪罚金刑，增加资格刑，等等。

就刑事司法公正化而言，立足于刑事司法在法治反腐中担负公平正义伸张的重要使命，全面梳理与归纳当前我国民营企业家腐败犯罪刑事司法存在的不足，具体包括选择性司法问题、多头执法问题、“两法衔接”问题、量刑失衡衍生的“低成本高回报”问题、案件发现机制不完善等问题。因此，针对这些问题，一是可以通过建立信息共享平台，完善民营企业家腐败犯罪发现机制；二是贯彻落实宽严相济刑事政策要求，在法律和政策的框架内予以考量，根据我国刑法设置的法定量刑情节以及相关司法解释，坚决杜绝“以功折罪”，用好刑事司法裁量权，均衡个案裁量之间的协调关系；三是由于当前民营企业家腐败犯罪具有深层的制度原因，这就决定不能对所有民营企业家腐败犯罪采取“一刀切”的治理方式，而应划分类型，区分情形，恪守刑法谦抑精神，将刑事司法集中用于真正属于破坏市场经济运行秩序、侵犯职务廉洁性的腐败犯罪上，确保民营企业家腐败犯罪刑事司法不越位；四是由于民营企业家腐败犯罪深层的制度性原因，这就决定了仅仅依靠刑罚刚性制裁是不够的，刑罚只是处置腐败犯罪的一种手段，还应大力开发刑罚替代措施，一并发力；五是鉴于当前我国还不具备增设“企业预防腐败失职罪”现实条件的情况下，完全可以通过司法解释，增设“企业预防腐败犯罪”的酌定情节。具体而言，对于企业积极实施了一些较为有效预防腐败措施方案，且民营企业家仍然实施腐败犯罪的，则可以将这一情节作为量刑中的酌定加重情节来考虑。反之，对于企业没有实施预防腐败措施方案，且民营企业家实施了腐败犯罪的，则可以由检察机关对该企业出具相应的检察建议，或者由法院出具相应的司法建议，敦促其完善内部治理结构，建立预防腐败机制。

作者简介：操宏均（1984—　），湖北孝感人，国家检察官学院讲师、《国家检察官学院学报》编辑。2004—2011 年在中南财经政法大学刑事司法学院学习，先后获法学学士、硕士学位，2015 年 6 月毕业于北京师范大学，获刑法学博士学位。曾在重庆市渝北区人民检察院工作。主要研究方向为犯罪学、刑事法学等。在《法学》、《山东大学学报》、《刑法论丛》、《人民检察》等刊物发表论文 20 余篇，参编著作 5 部，参与省部级课题 2 项。近年来致力于刑事检察教育培训工作。

以犯罪被害性为导向的被害预防 *

林思婷

目　次

犯罪预防，就其路径选择和着眼点而言，有以犯罪人为中心的传统犯罪预防和以被害人为中心的现代被害预防之别。只有二者紧密配合、协调运行，才能获得预防犯罪之最大功效。犯罪被害性研究的重要实践意义之一，在于推动犯罪被害预防活动的开展和促进被害预防体系的建立、完善与成熟。我国学界开展对被害预防相关问题的研究已有 20 多年，现阶段对于被害预防的研究成果丰硕，已经取得了一定的成绩，尤其是某些基础问题的研究已较为成熟，为今后的进一步发展奠定了良好的基础。与此同时，我们不能忽视在该领域研究进程中，除了理论深度的明显不足外，对体系化的被害预防策略和被害预防活动的开展也缺乏深入研究。这也是本文力图有所突破的一个方面。

* 本博士论文作者林思婷，2012—2015 年在北京师范大学攻读刑法学博士学位。2015 年博士研究生毕业并通过了博士学位论文答辩，导师张远煌教授。

一、以犯罪被害性为导向的被害预防原则

（一）明确预防的维度

长期以来，我国学者对于被害预防的认识和理解一直难以达成一致，争议的焦点主要集中于被害预防的依据、范畴以及具体措施来源，以此为标准，可以将不同观点归纳为以下五个方面。

其一，主张被害预防是潜在被害人防止犯罪侵害的自我防范举措，是预防犯罪的组成部分。其二，认为被害预防的依据是被害人的个性特征，因此被害预防是根据易被害个人和群体方面存在的个性特征，采取防止他们实际遭受犯罪侵害的各种有效措施。其三，坚持从现实的犯罪被害人角度出发，研究导致被害的各种因素的基础上采取的以被害人为核心的防范犯罪被害的各种措施，是犯罪预防的必要组成部分。其四，认为被害预防是在犯罪情境中采取的防范行为。其五，主张被害预防是各种预防对策的总和。

笔者认为，作为减少犯罪的两条根本路径之一，在被害预防中，由被害预防的本质属性所决定的，首先，应当强调被害人的视角及其中心地位，以此有别于以犯罪人为视角的传统犯罪预防。在西方国家，被害预防最初是由于传统的以犯罪和犯罪人为重点的犯罪预防在减少现实社会中的犯罪方面无力，作为有别于传统犯罪预防的一种创新性预防理念而提出的。因此，被害预防的研究首先必须立足于被害人视角。

其次，被害预防必须体现犯罪被害性这一核心内容。正是因为被害预防理应坚持从被害人角度出发，故而被害预防措施的展开应当紧扣被害人这一主题。前文已述，犯罪被害性概念是对犯罪被害人自身存在的遭受被害的因素的概括，是被害人在犯罪—被害过程中表现出来的自身的内外相关因素的总和，是抽象化了的被害人视角的具体体现。因此，被害人视角的被害预防必须体现犯罪被害性这一核心内容。

最后，被害预防的实施应基于有效性与经济性双重考量。犯罪是社会中的一种基本现象，就如同病痛对于人体是一种基本的生理现象一样，是难以避免的客观存在。作为与犯罪相对应的被害，同样是社会中的一种基本现象。犯罪被害作为一种个人生活经历中客观存在的风险，谁都无法保证个人在漫

长的人生中不会经历犯罪被害。然而，我们也无须因此惶惶不可终日。只要正视被害风险与实施被害预防，懂得权衡被害性中各具体因素重要性程度以及发生可能性的比重，并对于其中可能引起较大损失或伤害以及最可能发生的因素予以优先处理或实施相应对策，就完全可以化解所面临的被害风险。在实际实施过程中，被害预防措施无法避免的一个问题是，如何运用有限的资源投资实现预防效果的最大化，即前期资源投入与预防效果的匹配，更甚至于达到最优的效果，即花费最少的资源去尽可能化解最大的危机与风险。对被害预防的有效性与经济性的双重考量，契合当代社会风险管理的理念。所谓风险管理，意指存在风险的环境中，把风险减至最低的管理过程。对于社会与个人而言，被害预防的过程正是典型的风险管理的过程。故而，在采取被害预防的具体措施时，应当时刻注意从风险管理的角度对其加以把握。

在理论上，可依据被害干预措施介入的时间点，将被害预防分为事前预防、事中预防以及事后预防。事前预防，是指国家有关机构在对公民的犯罪侵害发生之前和潜在被害人在针对自己的犯罪发生之前所进行的预防；事中预防，是指国家有关机构和犯罪被害人在犯罪人对被害人实施侵害行为时所进行的预防。事后预防，即在被害之后预防再次被害。对于这一通说性分类方法，笔者并不十分认同。笔者认为，严谨的被害预防应当仅仅指被害的事前以及事中预防，事后预防的概念本身并不严谨。理由有以下三点：

一是从词源意义上看，预防是“事先防备”、“防患于未然”之意，在被害事实发生之前以及被害事实正在发生之际予以阻断，防止被害后果的发生，才更符合预防的本意。如果事件已经发生，再做出相应的反应，这种反应已经属于亡羊补牢的事后救济措施，脱离了预防的最初意义。此外，从事物联系和发展的角度看，事后的经验总结、损失补救和救济措施都是针对前一次的犯罪被害事实而言的，但对于未发生的下一次犯罪被害可能来说，这些措施都可以被认为是下一次犯罪被害之前的预防措施。

二是区分事前预防与事中阻断或减损行为以及事后干预措施，有利于推动被害预防研究的深入。现阶段我国对于被害预防的研究主要集中在学术探讨阶段。对被害预防时间节点的界定不清晰，会导致研究过程中研究焦点的分散，学者之间各自为战，造成大量的重复研究或导致研究成果之间无法融通。这无疑阻碍了学术研究成果向实践应用的转化，同时也不符合研究经济性的目标。

三是被害预防本身更应该体现早期干预，避免事后弥补的原则。绝大部分犯罪，尤其是针对人身伤害的犯罪，对于犯罪被害人造成的生理和心理影响是十分巨大且不可逆的。在笔者参与的中国犯罪被害人抽样调查中，有近五分之一的受访被害人明确表示所遭遇的犯罪被害事件对自己造成了非常严重的影响，过半数的受访者表示所遭遇的被害对自己或家庭造成了一定程度上的影响。只有把预防犯罪被害的立足点放在消除或减少犯罪被害性方面，通过早期的事前预防和事中的积极干预，努力将潜在的犯罪被害消灭在萌芽状态，这才是被害预防活动中以被害人利益为终极目标的最好体现。

综上，笔者认为，被害预防的维度应当是以被害人为视角、以被害性为核心的被害风险管理。

（二）突出预防的重点

目前，理论上对于预防个人被害的探讨，基本上囊括了从宏观制度到微观环境所有可能对个人的被害风险造成影响的个人、社区、社会因素的预防对策。例如，我国学者普遍认同，被害预防应当从宏观、中观、微观三个层面共同展开。具体来说，宏观层面的被害预防措施主要有以下五个方面的内容：一是成立全国性或地域性的被害预防组织体系；二是建立完善的具有指导意义的被害预防措施体系；三是以法律的形式保证被害预防措施的强制性、有效性、连续性。四是建立被害人援助和被害补偿制度，降低再次被害的概率；五是通过大众宣传媒介及各种教育渠道加强被害预防的宣传力度，促进全民参与被害预防工作。中观层面的被害预防，主要有以下两个方面的内容：一是加强社区环境建设，抑制犯罪诱因；二是建立邻里守望制度，遏制犯罪的发生。[①] 微观层面的被害预防，是指个人、家庭、团体机构、商业场所等所采取的预防自身被害的各种措施。绝大多数的犯罪行为都直接侵害了个人、家庭或单位的合法权益，他们是犯罪后果的直接承受者。被害人往往是犯罪发生过程中不可或缺的要素。可见，个人、家庭、单位分别做好自身的防范，犯罪将会在很大程度上得到控制。微观层面的被害预防落实于每个公民、家庭

① 莫洪宪主编:《刑事被害救济理论与实务》，武汉大学出版社 2004 年版，第 145 页。

或单位，是通过他们采取的各种具体措施加以实现的。

综观现有主张，尽管其中也不乏个人被害预防的真知灼见，但这些看似滴水不漏的措施，到底有多少是针对真正影响着个人被害风险的犯罪被害性因素有的放矢的？又有多少在现实社会条件下具备开展的必要性和可能性？对此，笔者表示怀疑。

在笔者看来，目前理论上关于个人被害预防措施方面的面面俱到，显然是对犯罪被害性因素研究中简单列举的各种相关因素的逐一照应，实质上是一种缺乏建设性的无奈之举。正是因为现有相关研究没有应用定量分析等实证研究方法，对可能影响个人犯罪被害性的各种因素进行检验，因而难以确定真正对个人被害风险产生影响的潜在犯罪被害人主客观方面的各种具体因素，所以最终落脚到预防对策上，也只能是为了避免“挂一漏万”而在逻辑上进行无的放矢的通盘罗列。但是，被害预防作为一项最终要落实到实践的活动，不可能在同一时间针对所有社会问题进行同等强度的整治。在资源有限的社会环境中，开展包括被害预防在内的各项活动，要想取得实质性的进展或成效，都必须综合考虑其可行性、可操作性和经济性。甚至在笔者看来，正如“人人负责”等于“无人负责”一样，“事事预防”到头来恐怕是“一事不防”。因为，强调在被害预防工作中不顾轻重地面面俱到和不分缓急地齐头并进，很可能使具体的执行者在面对千头万绪的问题时感到无从下手，最终不了了之，这种“胡子眉毛一把抓”的所谓预防对策，对实践工作发挥不了什么积极的指导作用。更何况，根据前述研究，真正影响个人被害风险的犯罪被害性因素，集中于个体主客观的若干变量，也完全没有必要对于存在任何易被害可能的个人、社区和社会环境进行“地毯式”的全面干预。因此，个人被害预防的组织和实施，必须聚焦于特定社会条件下的突出问题或矛盾的主要方面，这样实际工作中才能在明确重点的基础上，集中有限资源解决最关键和最紧要的问题。

首先，在预防环节上要突出重点。就个人生活的社会环境而言，方方面面还存在着很多容易滋生或导致犯罪被害的环节。这些环节或许本身是合理、合法甚至是进步的，但存在易被利用的可能。我们无法保证个人社会中的每个环节都是安全的，而这些环节可能造成的不良影响在短期内无法完全根除。尽管很多人满怀热情地希望对个人的生活环境与生活轨迹进行全面和全程的干预，以最大程度保证避免犯罪被害，但这只能是停留在理想层面的一种追求和期盼。不仅在特定时代背景下衍生出的宏观社会问题无法阻挡，即便是相对容易介入的微观环境我们也常常感到束手无策，力不从心。笔者前文的研究已经证实，在诈骗被害中，受访者购物方式的选择，尤其是网络购物、电视购物等远程购物方式的多样化选择，会导致其遭遇诈骗被害的风险加大。但从被害预防的角度来看，为了减少诈骗被害的可能，难道我们就应该强行阻止个人对于购物方式的选择，抑或以此为由阻碍电子商务的发展？这显然是难以实现的。由此看来，不顾具体情况所谓的全盘预防思路在实践中根本行不通，无论是制定被害预防对策还是实施具体的被害预防活动，都应当着眼于现实社会环境下有必要、有条件和有能力进行干预的生活领域或社会活动环节。

其次，在预防对象上要突出重点。正因为在很多社会活动环节上，目前或今后都会存在有心无力的情形，因此在预防对象上必须突出重点。犯罪被害，是在特定场合针对特定对象发生的事件，具有犯罪被害性特征的人口更易受到犯罪的侵害。因此，被害预防的重点应该放在易被害群体上。

易被害群体，是指那些由于自身具有某些人口统计学特征、性格特征以及与之相关的行为特征而更容易受到犯罪侵害的由个人构成的群体。一定的性别、年龄、文化程度、职业、社会地位以及与这些人口统计学特征相应的生活方式，均有可能表现为犯罪被害性。在现实生活中，具有犯罪被害性因素的个人世界各国都是大量存在的，尽管易被害群体在不同的国家可能指向的群体有所不同。在西方国家，相关统计结果表明，易被害群体主要集中于男性、未婚、少数民族、社会阶层较低的青少年。① 被害现象大多在这些人中间发生。而且，犯罪与被害可能成为他们中间一些人的生活方式，他们在犯罪与被害的交替过程中度过其日常生活。域外这种易被害群体的分布，与笔者参与的中国犯罪被害人调查的结果具有相当的吻合性，但在婚姻状况和种族这两个变量上有所差异，易被害群体在其他人口统计学方面的特征基本吻合。对此，在本文第二章关于犯罪被害人的人口统计学变量特征描述中，已

① Gottfredson, Michael R. "The empirical status of control theory in criminology." Taking stock: The status of criminological theory, 15(2006): 77-100.

有具体阐述。撇开实证研究结论，人们即使凭常理也能列举出易被害群体的某些外在的显著特征，如性情暴躁、容易与旁人发生争斗者，容易成为杀人和伤害等人身犯罪的被害人；具有贪利和好色性格特征者，更容易成为诈骗和敲诈勒索的被害人；喜欢接近男性并在与男性的交往过程中过分亲昵和态度暧昧的女性，则往往容易成为性侵犯的被害人；随身携带大量现金或家中存有钱财且防备意识差者，容易成为盗窃的被害人；等等。

大量的研究结论已经证实，多数被害都发生在易被害群体中间，因此在易被害群体中间加强被害预防，对于减少犯罪具有非常重要且现实的意义。在我国预防实践中，有强调“重点人员”犯罪预防的良好传统，但这里的“重点人员”，是相对“易犯罪群体”而言的，将其进行归类管理的目的是防止他们再次实施犯罪，而没有将易被害群体也纳入“重点人员”范畴加强管理，防止他们遭受被害。这无疑是我国现行犯罪预防战略和实施策略上的明显欠缺。

最后，在预防主体上要突出重点。既然被害预防要集中于某些特定环节和易被害群体，那么在执行预防的主体上也应当突出重点。理由在于，不同社会主体所处的社会活动环节与面对的群体是不同的。例如，社区预防针对的是社区内的居民，高校预防针对的是高校学生，单位被害预防针对的是具有特定职业的人群等。国家机构、社会团体、企事业单位等要充分发挥各自的能动性，针对各自所面对的易被害群体，根据被害预防的一般原则并注意总结实践中利于实现被害预防的措施，重点发挥各自在该环节与该群体中的被害预防作用。

（三）正确选择预防的路径

当前，我国尚未形成独立完备的被害预防工作体系，被害预防的部分相关理念和内容主要体现在我国关于加强社会治安综合管理方针政策方面。1991 年 2 月 19 日中共中央、国务院发布的《关于加强社会治安综合治理的决定》中指出：“仅靠打击不可能有效地减少产生犯罪和社会治安问题的复杂因素，必须全面加强综合治理才能奏效。……大力加强防范工作，是减少各种违法犯罪活动和维护社会治安秩序的积极措施。……要加强机关、学校、企事业单位内部的安全保卫工作和技术防范措施；加强城镇居民楼院的安全防范设施建设，并纳入城市建设规划。”2001年9月5日中共中央、国务院发布的《关于进一步加强社会治安综合治理的意见》中指出：“要进一步加强群防群治工作，建立和完善全社会的防控体系，下大力气做好预防和减少违法犯罪工作。……重点抓好严重影响群众安全感的盗窃、抢劫等多发性案件的预防工作。”

从上述文件中不难归纳出我国被害预防的基本工作思路，是以社会预防为中心的被害预防思路。所谓社会预防，是指社会各界共同参与的消除和削弱引起犯罪的因素，从而防止、控制和减少犯罪的社会活动。[①]

1. 以社会预防为主的单轨路径存在不足

必须承认，社会预防路径对于被害预防来说具有根本性的意义，在实际工作中必须予以高度重视和长期坚持。但是，社会预防的开展也存在着一些难以克服的困难和障碍。

一方面，很多社会预防对策过于理想化，因而难以落到实处。我们应该看到，正因为社会预防注重“治本”，所以其预防措施不可避免地带有理想化的色彩，在特定时段面对复杂的社会结构和社会条件往往难以在短期内实现。比如，有学者强调应在全社会范围内重视推广被害预防教育。所谓被害预防教育，就是“通过对被害人和潜在被害人采取一定的教育手段和措施，使他们对自身存在的‘被害性’有一个清醒的认识，从而最大限度地减少与消除‘使人能成为被害的那种特性’，从而有效地预防被害”。[②] 提高个体的被害预防意识固然是被害预防的可行路径之一，但是被害预防教育如何在全社会范围内推广并实施面临的是客观条件不成熟，无法在短期内在全社会范围内全面铺开的客观现实问题。我国学者提出的很多社会预防措施，虽然不乏深邃的洞察，但由于受到社会发展和具体条件的限制，只能停留在理想层面而无法在短时间内落到实处，对于当前的被害预防工作而言，颇有些“正确的废话”的意味。

另一方面，社会预防注重“治本”的特征也决定了，其预防效果的发挥具有长期性和间接性的特点，而且容易受到社会条件的影响而具有不确定性。

---

① 王牧：《犯罪学》，吉林大学出版社1992年版，第391页。

② 董世昙：“被害教育初探”，载《山东省经济管理干部学院学报》2006年第5期。

比如，社会治安综合治理中的流动人口登记制度，其设立初衷在于强化对流动人口这类易犯罪同样也是易被害群体的行政监控，属于对易被害群体的被害预防措施。但随着我国经济的发展，人口流动的现象更为频繁和普遍。流动人口登记制度作为非强制性的行政管理制度，其覆盖的范围、落实的情况以及对被害预防的有效性是值得推敲的。正如《关于进一步加强社会治安综合治理的意见》中所提到“一些地方基层组织软弱涣散，群防群治工作受到削弱，社会治安综合治理措施没有落到实处”。

由此看来，社会预防的开展和效果的发挥受到一系列困难和障碍的制约。在这种情况下，“与其坐等‘治本’的药，不如寻求可得‘治标’的药更为现实”[①]。所以我们必须在继续加强社会预防的同时努力寻求其他被害预防的有效途径，以弥补社会预防的不足和缺陷。

2. 构建社会预防与个人预防并重的工作体系

社会预防单轨模式的不足和缺陷促使我们必须另寻他法，将个人预防作为被害预防的另一重点，构建社会预防与个人预防并重的工作体系无疑是现阶段开展被害预防工作较为经济的路径。

将个人预防作为被害预防的另一重点，主要是基于如下三个方面的考量。

一是个人是组成社会最基本同时也是最活跃因素。正如人体对待病痛的侵袭时，个体的免疫系统会开始工作，杀死体内病毒，提升自身免疫力。而人体免疫力系统的有效发挥，依赖的是人体中千千万万个白细胞的工作。社会预防系统作为抵抗犯罪被害这一“病毒”轻视的社会免疫力系统，只有充分调动其中的个人（即社会白细胞）的工作，才能达到社会预防的最终目的。

二是社会中的个人不仅是社会预防措施的具体实施者，同时也是个人预防的主体。被害预防的核心在于个人的犯罪被害性，社会预防的最终落脚点必须是减少个人的被害性因素。个人在被害预防过程中所承担的双重角色决定了其在被害预防体系中无法被忽略和取代的重要地位。忽视个人预防，阻碍个人预防作用在被害预防体系中的发挥，不仅无法建立其科学完善有效的被害预防工作体系，社会预防中的个人参与者对个人被害预防的忽视或错误认知也会进一步影响社会预防的科学开展。

---

① 肖剑鸣、皮艺军主编:《犯罪学引论》，警官教育出版社 1992 年版，第 78 页。

三是将个人预防纳入被害预防工作体系中，是目前社会条件下较为经济的选择。日常社会工作千头万绪，社会被害预防只是众多社会工作中的一项而已。国家和社会目前的工作重心并没有也没有必要落到社会被害预防上。作为一项日常的持续性的社会工作，我们必须力求在有限的资源投入范围内实现社会被害预防效果的最大化和最优化。作为与个人生活密切相关的个人被害预防，对于个人能动性的调动无疑是最直接和最充分的。我国素来有依靠人民群众，走群众路线的传统，积累了大量调动人民群众参与社会工作的经验和举措。在治安实践中，警民联系、互为依托的做法能够显著改善社区的治安状况，取得良好的实践效果。治安实践中的成果表明，社会预防和个人预防相结合能够取得更好的被害预防效果。

值得一提的是，笔者并不赞同将中观预防（社区预防）作为独立的被害预防的分类形式。笔者认为，所谓的社区预防，无非强调了预防措施实施的地点——社区，这一地域上相对狭小独立，社会关系上更为具体的社会形态的表现，是在社区范围内依托社区内资源展开的社会被害预防。它应当属于社会大系统，是社会预防中将预防重点环节、重点对象和实施主体限定在社区范围内的具象表现，是社会预防的具体展开。因此，不应将其中社会预防中剥离出来，作为与社会预防并列的被害预防分类形式。

综上，构建社会预防与个人预防并重的工作体系是现阶段开展我国犯罪被害预防工作最优的路径。

二、以犯罪被害性为导向的社会预防

以被害性为导向的社会预防，是指针对个体存在的主客观被害性因素，通过社会参与的方法加以减少或阻断，从而达到预防被害、减少犯罪的最终目的。

（一）社会预防的实施原则

根据我国当前的社会现实情况，实施以犯罪被害性为导向的社会预防应当遵循以下原则：

一是因地制宜，因时制宜，分地区分阶段开展社会预防工作。我国幅员辽阔，地大物博，不同地区之间人们的生活习惯、行为方式等存在很大的不同，这些因素都会对处于该地该时的个人被害性因素的外在表现产生相应的影响。

比如，由于长三角、珠三角地区的经济较为发达，小微企业数量众多，人们所保有的闲散资金也相对充裕，上述地区的人们的日常经济行为类型与对经济投资行为的态度表现与中西部地区人们的经济活动存在很大的不同。典型如以个人信用为依托，以“互助会”形式存在的民间投资借贷行为，在长三角、珠三角等地极其普遍。对出借方而言，“互助会”成员之间的借贷周期较短，利率较银行同期利率更高，是一种理想的短期投资理财方式；对借贷方而言，摆脱银行贷款的繁冗程序，在更短的时间内募集到更多的社会闲散资金，这对于小微企业在发展过程中由于短期资金不足造成的发展障碍来说无疑是一种短平快的解决现实问题的有效途径。上述地区的一般民众普遍将“互助会”作为日常经济投资的选择之一。故而，在日常经济投资活动中，相对于经济较为不发达地区人们对于经济投资的审慎态度，经济较为发达地区的人们对日常经济投资活动相对不够谨慎。这就为以“互助会”为幌子的潜在诈骗人提供了可乘之机，增加了该地区民众遭遇诈骗被害的风险。而这一导致诈骗风险增大的个人被害性因素在经济欠发达地区却几乎无存在的可能，在这些地区也就无须为此展开相应的被害预防工作。再以我国的春运为例，作为世界性的人口迁移活动，春运期间是各类扒窃、抢劫被害的高发时段。个人对于自身财物的警惕性和勤勉程度要高于日常生活的其他时段数倍，这无疑提高了个人减少或阻断被害性因素的要求。作为被害预防的重点之一的社会预防此时应发挥更大程度的作用。

二是由点及面，逐步铺开，相互融通。社会预防因时因地制宜的原则并不是指具体社会预防主体之间各自为战，预防措施之间互不干涉。社会预防是一个整体化、系统化工程。我国的客观现实情况决定了我们无法从全国的高度统一部署社会被害预防的具体工作内容、流程与步骤，由上及下的工作模式并不利于社会预防工作的展开。从预防效果的经济性角度出发，各地区各社会预防主体之间加强对于社会预防方法、措施、效果的沟通、交流和经验总结，相互借鉴、吸收特定区域内特定时间段内行之有效的社会预防措施，通过改进完善，推广到微观社会条件和客观情况相类似的地区所用，自下而上地推动、促进社会被害预防系统的完善，是一种经济的推行社会预防措施的选择。

（二）社会预防的具体措施

从现实紧迫性和可行性出发，可以从以下几个方面着手开展社会预防工作：

1. 鼓励并推进地区性被害人调查工作

实施地区性被害人调查，为被害预防工作的科学开展提供客观和事实的依据，是我们开展具有针对性的社会预防措施所必需的前期准备工作。作为被害预防的前提性工作，全国范围内的犯罪人调查无疑是我们获取有关我国犯罪被害人客观情况的“理想化”选择，但这一“理想化”方案是否能够顺利实施，则受到多方条件的制约。以我国第六次人口普查为例，此次人口普查前后历时 3 年，需要 600 多万名普查指导员和普查员，中央财政为此投入近 7 亿元。在地方，以北京为例，市级财政投入 2.9 亿元，各区县政府投入 3 亿元，总计投入将近 6 亿元。[①] 由美国政府人口局和美国司法部统计局组织实施的全美犯罪被害人调查，每次的总样本数包括 6 万户家庭、12.6 万名个人。每个调查样本共访谈 7 次，历时三年半，[②] 每次调查的成本都在百万以上。[③]

从我国人口普查以及美国的犯罪被害人调查的投入成本可知，要开展全国范围内的中国犯罪被害人情况调查需要长期投入大量的人力、财力等资源，这在短期内是无法实现的。但从紧迫性和必要性来看，要开展行之有效的社会预防措施，必须至少通过地区性被害人调查对当地的犯罪被害与被害人情况有整体的客观方面的把握。广泛开展地区性被害人调查研究是弥补我国全国性被害人调查短期内无法实现的替代方式。

从调查主体方面看，依托社区群众组织、科研工作人员与当地公安机关协同合作，共同开展地区性被害人调查工作是一种可行的选择。科研工作者

① http://www.ce.cn/macro/more/201007/25/t20100725_21651966.shtml，最后访问 2015 年 2 月 15 日。

② 杨学锋：“犯罪被害人调查的原理与实践——美国 NCVS 项目探析”，载《统计研究》2008 年第 9 期。

③ Edwards，W. Sherman，J. Michael Brick，and S. L. Lohr. “Designing a low (er)-cost companion to the National Crime Victimization Survey.” Federal Committee on Statistical Methodology conference，www. fcsm. gov/events/papers2012. html. 2012.

的参与，能够从专业的角度对调查的实施过程加以科学掌握，对调查结果加以理论化分析，最大限度保证调查的科学性与客观性。公安机关作为传统的社会预防的主体之一，对科研人员在调查过程中的合作，能够有效推进调查的进程。社区群众组织的配合，有助于调查人员在短时间内取得受访者的信任，有效减少受访群众的抵触情绪，提高受访者的配合程度，从而减少一般社会调查中普遍存在的高拒答率和无效问卷的情况。以笔者参与的中国犯罪被害人抽样调查为例，专业科研人员对问卷的科学设计以及对调查人员的严格培训，保证了调查数据的客观性；当地公安机关提供有关当地人口结构的最新数据，使得研究人员能够实现根据当地人口结构精确抽样；联系受访社区的管理组织和群众自治组织，有利于研究人员迅速高效地展开实地调研工作，减少受访者的抵触情绪，提升调查的真实性。正是由于依托当地社区群众组织，并同当地公安机关密切合作，虽然采用了单次受访耗时较长（平均每位受访者的调查时间在 15 分钟左右）的计算机自主调查兼面对面访谈模式，该调查依然在短短一周时间内取得超过 1000 份有效样本。笔者参与的东部某城市诈骗被害电话调查同样也遵循了以上思路。作为当地公安机关对当地诈骗犯罪情况调查课题中的一部分，笔者作为研究人员从专业性和技术性角度对调查的问卷进行了一些修改与补充，对抽样调查的方法进行了指导，并参与了对当地社区工作人员作为电话调查员的培训工作，三方共同配合之下，该调查在 3 周时间内取得了将近 1000 份的有效样本。而笔者个人展开的有关大学生犯罪被害性调查中，即便采取了耗时相对较短的问卷设计方案，并且借助了校园网络中的受访者系统①，花费了 7 周时间才收集到约 900 份有效样本。

需要指出的是，三方共同参与到地区性犯罪被害人调查工作中，对三方参与者都是共赢的局面。对科研工作者而言，全程参与实施地区性被害人调查，能够为今后的研究工作获取珍贵的第一手资料；对当地公安机关而言，地区性被害情况调查的结果，是了解辖区内治安现状，评估治安工作成果的重要指标之一；对社区群众组织而言，不仅加强了与当地公安机关的沟通，调查

① 受访者系统，是本校为了方便学生各项调查、实验研究活动设立的系统。该系统记录了全校范围内事先表示愿意接受各类调查或实验的学生联系方式。一旦有研究需要调查样本或招募被试，登录该系统并发出通知，愿意接受相应调查或实验的学生会及时反馈。

过程也可以视为对于社区居民被害预防教育宣传的过程，能够有效推进社区被害预防工作的展开。

2. 有针对性地开展被害预防的宣传教育

开展被害预防的宣传教育工作是社会预防工作的核心内容之一，大部分学者在论及社会被害预防工作的内容时都有所涉及，可惜的是并没有学者对这一问题具体展开。前文提及的提倡推广全社会范围内被害预防教育的建议在操作性上有待商榷。笔者认为，被害预防的宣传教育工作应当从两个方面予以重点展开。

在宣传内容方面，对被害预防观念的宣传，必须立足和依靠对现实生活中被害事实和现状的说明。仅通过空洞的无实质内容的标语或口号是无法实现宣传被害预防观念、提高民众预防意识的目的的。这一点已经得到了科学研究的支持。以南京江宁地区公安机关的官方微博“江宁公安在线”为例，江宁公安机关依托微博这一公众平台，不定期地通过各种专题，用生动贴切的幽默语言图文并茂地向微博受众描述说明常见的各类犯罪被害实例，归纳总结常见的犯罪手法，纠正对犯罪被害情况以讹传讹的错误认知等具体方法来提高受众的被害预防意识。

所谓“授人以鱼不如授人以渔”，除了预防观念的宣传外，传授正确的预防方法同样是被害预防宣传的重点内容之一。虽然笔者一再强调要以被害性为核心来制定被害预防策略，但对于普通民众而言，对被害性这一学术抽象词汇的理解是有一定难度的。作为社会预防措施实施的主体，应当将学术上的被害性因素内容转化为通俗的生活化的方式来表达，即将减少或阻断个人被害性因素的方法表述为现实生活中可操作的预防被害的方法。以前段时间重庆少女误乘陌生人车辆导致被害的案件为例，在这一事件中，被害少女缺乏必要的被害预防意识以及警惕性。在发现乘错车辆后，没有及时采取有效的干预或弥补措施，放任自己置身于风险较高的陌生的相对封闭的环境中。具体到被害预防措施方法的宣传上，我们不能抽象地表述为提高警惕性，注意个人的勤勉义务等，而应该具体表述为要在乘坐陌生人的车辆时，要注意确认核实车辆、司机以及乘车人的信息，尽可能避免不小心搭乘陌生人车辆的情况。一旦发现自己置身于陌生的相对危险的环境当中，要通过就近求助等方式尽快脱离高风险状态。又如北京海淀公安设立的“预防诈骗专题网”中，罗列了来自群众举报的涉嫌诈骗的手机号、网址、账号，通过案例剖析常见的诈骗手段，普及防诈骗安全知识。一般民众只需要将日常存疑的手机号、网址、账号输入到网站当中，就可以初步判断自己是否遭遇了诈骗。

在宣传渠道方面，要充分发挥当今社会多元媒体的优势，做到传统宣传手段与新兴宣传渠道相结合，全面普及与针对性宣传相结合，尽可能实现全方位宣传被害预防的目标。

被害预防意识的全民普及，需要依靠的是大众传媒以及传统的宣传手段。作为与每个人的日常生活密切相关的被害预防，人人都应当具备相应的被害预防意识。大众传媒的普遍性决定了这一方式能够在最大范围内实现对被害预防的全面普及。常规的做法如通过电视公益广告的形式宣传被害预防的观念，在一定区域内分发被害预防知识手册，以社区等基层组织为依托开展专项被害预防宣传活动等。

此外，针对不同群体的被害预防宣传，需要选择特定类型的媒体与宣传渠道。不同的宣传渠道面对的受众是不同的，反过来说，不同类型的受众所选择的日常沟通媒介和宣传渠道是不同的。前文提到，个人的性格特征会影响其对外部世界的看法和态度，并通过具体行为的方式表现出来。个人的性别、年龄、受教育程度、所从事的职业以及性格特征等主客观因素对日常沟通媒介和宣传渠道的选择也会产生相应的影响。比如，学龄儿童由于自身年龄与经历的限制，对于日常媒介的了解甚少，因此多数情况下会选择最普遍最方便的大众传媒——电视。又如，性格较为急躁的人，为了在更短时间内获取更多自己需要的有效信息，会倾向于选择通过网络实现快速搜索、浏览并获取相关信息的目的。正所谓“物以类聚，人以群分”，具备不同被害性特征的群体所选择的日常沟通方式和所接受的宣传渠道也会因为这类群体在犯罪被害性的主客观各方面所表现出的相似性而呈现出类别化的特征。这为我们针对易被害群体进行针对性的被害预防宣传提供了可能。通过特定的宣传渠道和媒介，有针对性地向这类人群宣传被害预防知识，提升其被害预防意识，契合了被害预防策略中突出被害预防环节和被害预防对象的要求。根据我们的研究，从被害人的人口统计学因素来看，20~40 岁的男性群体的整体被害风险最高，该年龄段的男性应当被视为一类典型的易被害群体，而这类群体恰巧是频繁使用网络作为日常沟通交流手段群体中的重要组成部分。对于这类易被害群体的被害预防宣传工作，我们可以更多地依托网络媒体的优势，在门户网站、微博、微信，甚至是青年男性热衷的网络游戏中以该群体易于接受和认同的方式宣传被害预防的相关知识。

3. 扩大实施社会预防的主体范围

现阶段我国社会被害预防的客观需求，要求我们扩大实施社会预防的主体范围。前文已述，不同社会主体所处的环节和面对的群体是不同的，扩大实施社会预防的主体范围，就相应地扩大了所能加以预防的环节和能够进入预防环节的特定群体。

部分学者强调的社区预防，其实质正是社会预防措施的实施主体向社区管理组织和社区群众自治组织的扩张，通过上述两类实施主体的积极作用，弱化、减少或阻断社区内居民（即社区内面对的预防群体）所表现出来的被害性因素，达到减少社区范围内犯罪被害的目的，实现社区被害预防的既定目标。

例如，作为与个人经济活动密切相关的银行，当银行部门作为一类社会被害预防实施主体时，能够在为客户提供日常金融服务的环节中，针对银行客户这类特定的易遭受财产犯罪的被害群体加以被害预防。现阶段，银行作为社会预防实施的主体，主要在以下几个方面发挥其作用：适时宣传各种财产被害预防的观念，加强客户在进行存取款行为时的安全保护，对与客户往来的可疑账户加以提醒和再次确认，对客户疑似成为诈骗目标时予以劝阻等措施。这些措施有效地减少了由于客户的疏忽大意不谨慎而造成的犯罪被害情况的发生。

4. 加强重点时空的监控、重点环节的干预和对易被害群体的保护

重点时空，是指不同犯罪被害事件所表现出来的时空特征。易被害群体，是指那些由于自身具有某些人口统计学特征、性格特征以及与之相关的行为特征而容易受到犯罪侵害的个人构成的群体。一定的性别、年龄、文化程度、职业、社会地位以及这些人口统计学特征相应的生活方式均有可能表现为犯罪被害性。在现实生活中，具有犯罪被害性因素的个人、群体是大量存在的。实证研究的结论表明，从整体被害率方面看，20~40 岁的男性遭遇各类犯罪被害的风险较高。这一结论虽然一针见血地划定了遭遇犯罪被害风险最高的特定群体范围，但从社会预防实践操作的角度看，这一结论太过空泛。我国

20~40 岁成年男性群体基数非常庞大，涵盖全部易被害群体的预防措施将耗费巨大的社会资源，实现起来非常困难。从操作性和经济性角度考虑，根据不同被害情况，分别选择对易被害群体的保护、对重点时空的监控、对重点环节的干预三种方式中的一种或几种方法是较为合理的选择。

在盗窃、扒窃类犯罪被害事件中，被盗的地点特征明显，主要集中在人多拥挤的公共场合。女性被害的比例要显著高于男性，被害人的年龄主要集中在 20~49 岁，针对这些客观情况，对盗窃、扒窃被害的社会预防主要应集中在以下两个方面：一是加强对人多拥挤的公共场合监管防范。容易出现人群大量集中的地点相对有限，主要集中在城市的商业街、广场、机场、火车站、汽车站以及大中型公共交通工具上。在这些相对特定的区域在特定时间段内增加安保人员，不但可以对潜在的犯罪行为人产生威慑，同时也有利于维持人员密集区域的公共秩序。二是加强对出现在上述地区的公众的被害预防宣传。这些区域是盗窃、扒窃高发区域，同时这也说明在这些地区出现的人群是潜在的被害群体。在这些区域内针对性地开展盗窃、扒窃被害预防的宣传教育，尤其注重对易被害的女性和特定年龄段群体的提醒，对于提高潜在被害群体当时的警惕性和财物敏感性，减少在特定时间段内特定地点内发生的盗窃、扒窃被害应当是有所助益的。

在抢劫类事件中，时间性特征相对突出，主要集中在下午 6 点至午夜这段时间内。地点并没有如盗窃类被害事件一样表现出明显的地点特征，女性被害的比例同样高于男性，年龄主要集中在 20~39 岁，针对这一特征，对抢劫类被害的社会预防可以首先通过对重点时间段加强监控予以展开，再根据不同地区的情况确认相对重点的区域，做到定时定点重点监控。在银行、金融机构等容易发生抢劫类被害事件的特殊地点，还可以通过强化技术防范等措施来进行预防。

在性侵犯类事件中，年轻女性是主要的被害群体。由于缺乏基本的被害预防意识，很多女性对于轻微的性侵犯行为并没有引起足够的重视或者羞于启齿而隐忍不发，这些隐忍退让的行为反而容易导致侵害方得寸进尺，进而招致更大的伤害。在这类被害群体中，社会环境的监控无法实现被害预防的目标，更有效的方法是通过不同社会主体的介入，强化女性的被害意识，加强对女性的保护。

在伤害类被害事件中，时空性特征较为明显：晚上 8 点到午夜 12 点是暴力伤害类犯罪被害发生的高峰时段，早 8 点至中午 12 点以及下午 2 点到 6 点是暴力伤害类被害事件发生的次高时段；大街、广场、机场、车站、码头等人员密集的公众场所是伤害类被害事件发生的主要场所。针对上述特征，对伤害类事件的社会预防，可以参照盗窃类事件被害预防的具体做法，加强对重点地区、重点时段的监控就能够取得较好的预防效果。

在诈骗被害事件中，时空性特征并不明显，潜在的易被害群体也没有表现出明显可辨认的外在特征。但诈骗被害尤其是日渐成为主要诈骗形式的网络诈骗、电信诈骗等远程诈骗，其中所涉及的环节却能够成为我们预防的重点。依靠网络、电话、短信等展开的诈骗行为，只要切断其网络等电子信号，就从根本上阻止了此类远程诈骗实施的可能；在银行等金融机构中冻结其银行账户，阻止被害人向诈骗账户汇款，就阻断了被害人经济损失的产生，从而实现被害预防的目的。

三、以犯罪被害性为导向的个人预防

个人预防是指个体为了防止自身或家庭免受犯罪侵害而采取的预防措施的总称。个人预防在被害预防体系中具有无可替代的重要作用。一方面，个体是犯罪被害的直接指向，犯罪对个人的侵害是通过对个人的人身或财产等具体法益的侵害实现的。作为人身或财产法益的直接所有者，个人对于自身利益有着原生的主动的保护义务。个人对自身利益的保护是最为主动和直接的。因此，个人预防应当是被害预防体系中最活跃同时预防效果最显著的环节。另一方面，部分社会预防间接性的措施需要通过个人具体落实并实施才能发挥其应有的预防作用。

为确保个人被害预防措施的有效实施，可以秉持如下两个原则：

1. 科学认识、常防不懈

对于犯罪被害，作为普通民众，需要有两方面的基本认识。一方面，犯罪被害是一种常态性的正常的社会现象。作为一种正常的社会现象，犯罪被害有可能发生在我们每一个人身上，有可能发生在日常生活中的任何环节，因此对于犯罪被害我们必须时刻保持警惕。另一方面，犯罪被害是一类小概率事件。我们大可不必由于担忧自身被害，惶惶不可终日而偏废了日常生活的其他方面。作为日常生活中有可能出现的犯罪被害事件，只要保持警惕和平常心，常防不懈，将个人预防措施落到实处即可。

2. 科学预防，预防与减损并重

作为一种客观的社会现象，犯罪—被害现象也有其自身的规律可循。作为犯罪行为人与被害人在互动过程中相互作用的结果，犯罪—被害过程涉及犯罪行为人与被害人双方行为。作为潜在的被害群体中的一员，我们无法控制或改变犯罪—被害过程中犯罪行为人一方的心理与行为，我们所能做的只有改变我们自身。科学地认识被害现象，尤其是了解与我们每个人自身相关的个体被害性因素，在此基础上制定科学的有针对性的个人预防措施，是我们每个人能够为自身被害预防所能做出的最大努力。

此外，我们把必须清醒地认识到，无论个人采取了多么完备多么有效的被害预防措施都无法完全确保个人不会遭遇犯罪被害。一旦遭遇犯罪被害，我们不能因为前期预防措施的无效而自暴自弃，应当即时调整心态，采取适当的手段与方法来减少被害损失或降低损害程度。对犯罪—被害发生过程的科学认识，有助于我们对被害过程中的双方行为进行准确评估、有效预测，尽可能地影响或干预被害的过程和结果。

作者简介：林思婷，就职于建信人寿保险有限公司。2009 年在北京林业大学获得法学学士学位，2012 年和 2015 年在北京师范大学获得法学硕士学位和法学博士学位。主要研究领域为犯罪学、被害人学。在《刑法论丛》等期刊中发表《中国本土性犯罪被害人调查报告——以某省会城市的抽样调查为基础》、《抢劫过程中犯罪人与被害人之间的互动——基于行为主义环形模型的视角》、《盗窃罪量刑实证研究——以浙江省宁波市 2014 年 539 例判决为例》等近 10 篇文章。

中国有组织犯罪事实形态实证研究*

林德核

目　次

中国有组织犯罪情势严峻，但遏制乏力。黑社会性质组织打掉一批，涌现一批，层出不穷；恶势力和团伙基数也非常庞大。造成这样的情况，有很多方面的原因。从立法角度看，现行立法不够科学完善，打击不力，也是一个方面。从犯罪学的角度看，对这一社会犯罪现象的本质认识不够，又是导致立法不够科学的直接原因。此论文试图通过对 1464 个案例样本的实证分析来揭示中国有组织犯罪的事实形态，即中国有组织犯罪组织体的外在现象和内在机理。

在整个实证研究过程中，大致有以下推陈出新的研究成果：第一，提出了犯罪组织体（即有组织犯罪组织体）这一新的概念。第二，把中国有组织犯罪组织体分为三种类型，并区分出三个犯罪能量级别，并对犯罪组织体构成要素进行分解，分离出十二大项要素。每个大项要素又分出五种以上的子要素，并建立一个犯罪组织体犯罪能量的评估模型，来对犯罪组织体进行犯

* 本博士论文作者林德核，2009—2015 年在北京师范大学法学院攻读刑法专业博士学位，2015 年博士研究生毕业并通过了博士学位论文答辩，导师张远煌教授。

罪能量的评估，以期确定一个犯罪组织体犯罪能量的大小。第三，提出应该根据犯罪组织体不同样态和不同犯罪能量级别，对中国有组织犯罪组织体的领导者、积极参加者、其他参加者进行科学的刑罚配置。第四，根据研究得出，目前中国司法实践中，对于组织、领导、参加黑社会性质组织罪的定罪量刑，不同黑社会性质组织之间以及一个黑社会性质组织里各成员之间，是很不均衡的。应该严格区分犯罪组织体成员的创建、组织、领导、参加等组织行为和具体实施的犯罪行为。第五，犯罪组织体也是社会组织的一种。系统性是犯罪组织体的重要特性，系统分析法是研究中国有组织犯罪组织体的科学方法。犯罪组织体内外系统各要素的相互结合和作用，所产生的系统性的整体综合的犯罪能量，是犯罪组织体系统性犯罪能量的一个重要表现。

一、犯罪组织体的概念

有组织犯罪概念是研究有组织犯罪的起点和核心。什么是有组织犯罪或者有组织犯罪集团？国内外学者一直各抒己见，迄今尚未有比较精确的、科学的、统一的定义。有时候还出现把“有组织犯罪”和“有组织犯罪集团”混淆的情况。比较科学的应该是《联合国打击跨国有组织犯罪公约》的定义：“有组织犯罪集团”系指由三人或多人所组成的、在一定时期内存在的、为了实施一项或多项严重犯罪或根据本公约确立的犯罪以直接或间接获得金钱或其他物质利益而一致行动的有组织结构的集团。

国内学者有将有组织犯罪概念做二元划分的，认为应从犯罪学和刑法学两个不同角度来分析有组织犯罪的概念。从犯罪学角度，有组织犯罪应界定为三人以上故意实施的一切有组织的共同犯罪活动。从刑法学角度看，有组织犯罪是一种规范、静态、局部、具体、相对不可统一的概念，以我国现行刑法规定看，包括有组织行为的共同犯罪、共同犯罪中的聚众犯罪、集团犯罪、黑社会性质组织犯罪和黑社会犯罪、其他法定的犯罪组织实施的犯罪、有组织犯罪的下游犯罪——洗钱罪。[①] 确实，就“犯罪”这一概念本身，就存在从犯罪学和刑法学两个不同角度理解的问题，而且两者的概

① 卢建平主编:《有组织犯罪比较研究》，法律出版社 2004 年版，第 21–25 页。

念应保持一定距离。[①]有组织犯罪的概念，自然也存在同样的问题，所以，将有组织犯罪的概念做刑法学和犯罪学的区分，是非常科学的，也是非常必要的。

还有对有组织犯罪概念做广义和狭义划分的。广义上讲，给有组织犯罪下定义，应该把握住两个方面的特征：一是有组织；二是犯罪行为。即有组织犯罪是指二人或三人以上，为追求经济利益而结成长期同盟，共同实施犯罪的一种犯罪形态。[②]狭义上讲，有组织犯罪集团专指黑社会组织，是指由三人或多人所组成的、在一定时期内存在的、为了实施一项或多项犯罪并（或）介入合法经济或政治以获得金钱、物质利益和权力而一致行动的、有一定经济实力和势力范围的、有组织结构的暴力性集团。[③]

有学者认为，有组织犯罪应作广义、狭义和最狭义理解：广义的有组织犯罪，指三人以上故意实施的一切有组织的集团犯罪活动，包括黑社会组织、黑社会性质组织和有一定组织机构和组织形态的犯罪集团所实施的犯罪活动；狭义的有组织犯罪，指三人以上有一定组织形式、主要犯罪成员基本固定、社会危害性大、反侦查能力强的集团性犯罪组织所实施的犯罪活动。最狭义的有组织犯罪是指三人以上有一定组织机构和组织关系、内部结构紧密、等级森严、犯罪能量大、抗衡社会和自我防护能力强的最具典型意义的黑社会组织所实施的犯罪活动。[④]

有组织犯罪、有组织犯罪集团尽管概念五花八门，但是都无法脱离概念来抽象理解这一犯罪现象本身。在对案例进行深入分析后，渐渐认识到，每一个犯罪组织，犹如一个个自然人一样，是一个整体，在实施犯罪的时候，有一个指令系统，在其指令下进行协调、统一的行动。由此，想到用犯罪组织体来更加准确地来分析有组织犯罪这一犯罪现象。犯罪组织体特指为了共同实施犯罪而组成的具有一定结构形式的系统性多人结合体，是一个多人联

---

① 张远煌："犯罪理念之确立——犯罪概念的刑法学与犯罪学比较分析"，载《中国法学》1999年第3期。

② 赵秉志、郝兴旺："跨国跨地区有组织犯罪及其惩治与防范"，载《政法论坛》（中国政法大学学报）1997年第4期。

③ 何秉松："黑社会组织（有组织犯罪集团）的概念与特征"，载《中国社会科学》2001年第4期。

④ 莫洪宪著：《有组织犯罪研究》，湖北人民出版社1998年5月版，第13–14页。

合的犯罪实体。犯罪组织体与犯罪个体是相互对应的两个概念，犯罪组织体体现的是群体属性，与犯罪个体体现的个体属性相互区别。

二、犯罪组织体类型及能量级别

通过对案例的分析归纳，把中国当前的犯罪组织体分为三大类型：一是以暴力和非法获利为基本特征的犯罪组织；二是在暴力和非法获利基础上开始以拥有合法经济体作为掩盖的犯罪组织；三是首要人员或者组织成员拥有政治身份的犯罪组织

第一种类型——全黑型，即以暴力和非法获利为基本特征的犯罪组织。这类犯罪组织，以通常所说的狭义的犯罪团伙和犯罪集团为主，包括专门性的犯罪团伙，如盗窃团伙、抢劫团伙、诈骗团伙、走私团伙等，也包括恶势力团伙、宗族势力、帮会组织等，这些犯罪组织的共同特性就是犯罪手段比较原始，以暴力和非法获利为主，尚未成立合法的经济体对自己的违法犯罪行为加以掩盖，犯罪组织还处于较低级阶段。这样的犯罪组织，由于没有合法的经济体作为掩护，犯罪行为容易被司法机关发现并侦破，同时经济实力比较弱。

第二种类型——黑白型，即在暴力和非法获利基础上开始以拥有合法经济体作为掩盖的犯罪组织。以合法经济体作为区分标志。在分析案例样本的时候发现，一些犯罪组织，经过原始的暴力和非法获利的积累后，会迅速成立合法的经济体，如登记合法的公司、企业等，来掩盖犯罪所得的违法财产。当一个犯罪组织出现这样的行为时，这个犯罪组织就会出现质性的突变。首先，这个时候其经济实力会大大增强，有暴力行为为犯罪组织的合法经济体保驾护航，可以在更短的时间内攫取巨大暴利，即一般所说的以黑护商。同时，由于经济实力的增强，反过来可以更好地维护暴力手段的实施，增强暴力能量，即以黑养商。这对于一个犯罪组织而言，具有阶段性的质变意义。其次，如果一个犯罪组织有一个表面合法的经济体，能够很好地掩护其犯罪行为，逃避司法机关的打击，就极大地增强了犯罪组织逃避打击的能力。有了合法的经济体作为掩护的犯罪组织，已经与以暴力和非法获利为基础的犯罪组织有了质的区别。

第三种类型——红黑型，即组织者、领导者或者其成员拥有政治身份的犯罪组织。犯罪组织第二次质性突变就是涉足政治领域。案例样本中，有部分犯罪组织的组织者、领导者或其成员拥有政治身份，从村长、村支书到镇长，从人大代表到政协委员，从警察到其他政府公务员，从村、乡镇级别到区县、省市级别，等等。从案例样本看，一个犯罪组织，如果组织者、领导者或者成员具有政治身份，那么这个犯罪组织延续时间更长，经济实力更雄厚，而且基本都有合法的公司或者企业作为掩盖。

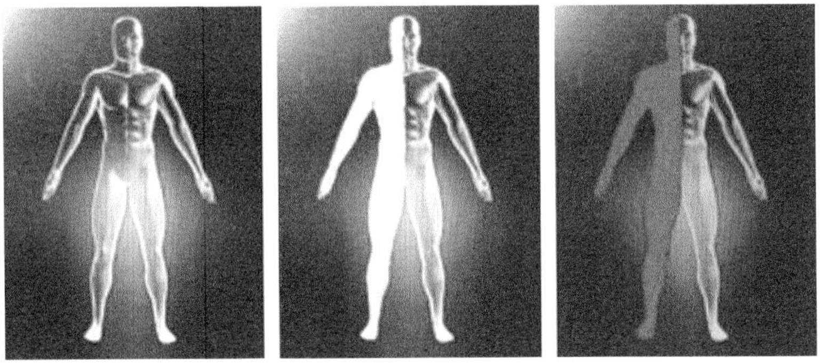

全黑型　　黑白型　　红黑型

犯罪组织体的三种类型图示

系统能量是系统通过各要素的相互作用形成一个稳定整体之后所具有的整体性能和力量，系统能量是系统各要素性能的整合又远超各要素原来的性能，是各要素结合后形成的一种新的能量。犯罪组织体系统能量就是犯罪组织体中各要素相互作用后形成的一种整体的犯罪性能和犯罪力量，其整体犯罪能量要远超犯罪组织中成员个人的犯罪能量。

犯罪组织体系统整体犯罪能量的变化有量变和质变两种情况。犯罪组织体系统的一些要素可以引起质变，如上述的经济要素和政治要素；一些要素不能引起犯罪组织体系统的质变，但要素本身的量变能够引起犯罪组织体系统犯罪总能量的量变。

犯罪组织体系统质变，就是犯罪组织体系统加入某一要素后明显区别于原先犯罪组织体系统样态并在性能上发生重大的变化。根据有关中国有组织犯罪概念的通说，当前中国犯罪组织从形成到发展较成熟，大致区分为如下几个阶段：犯罪团伙→犯罪集团恶势力→黑社会性质组织→黑社会组织。但是根据既有的概念解释，难以找出这些概念之间具有明显质性突变的标志，看到的基本是构成概念各要素在量上的变化，造成概念之间只是程度上和数量上存在差异，找不到在质上的明显区别。这种只是在数量和程度上对犯罪组织用不同的概念区分为不同的阶段性类型，但又没有给出明确的量化上的标准，显然是不科学的。[①] 对于同一事物，如果要从量化上给出不同的区分并加以定义，就必须给出不同的区分标准，否则就无法区分。那么上述关于在广义犯罪组织概念下的五个阶段性概念，其区分标准在哪里呢？从大量案例样本，可以看到这种争议和概念界定的不清晰，尤其是恶势力和黑社会性质组织之间的界限。可以试图将上述五个概念做如下一个图表式的比较，来说明犯罪组织体系统中各要素量的变化以及各不同系统犯罪能量的变化趋势，见下表。

---

① 参见何秉松："犯罪团伙、犯罪集团、黑社会性质组织、黑社会组织、有组织犯罪集团辨析"，载《浙江师范大学学报》（社会科学版）2002 年第 2 期。"狭义的犯罪团伙是指三人以上为了多次实行犯罪而结合起来的、组织形式灵活多样、结构松散、成员不完全固定，只有一个或几个核心成员的、组织化程度很低的犯罪结伙。它只是结伙，而没有形成一定形式的组织。它的进一步组织化就是犯罪集团；""三人以上为共同实施犯罪而组成的较为固定的犯罪组织，是犯罪集团；犯罪集团不同于狭义犯罪团伙，它们的主要区别是组织程度和稳固性不同，犯罪集团是结构比较严密、较为固定的犯罪组织，一般犯罪团伙是结构松散、稳固性很低的犯罪组合。""我们使用黑社会（性质）组织这个名称，是用来指称黑社会性质组织和黑社会组织。因为这两种组织，虽然成熟程度不同，但在性质上是一样的，并无本质的区别。在国外和我国港澳台地区，一般是不加以区别的。"参见莫洪宪著：《有组织犯罪研究》，湖北人民出版社 1998 年版，第 15 页。"集团犯罪是有组织犯罪的一种形式，其组织程度、组织规模等略低于黑社会性质组织犯罪。"更多关于犯罪组织概念的争议，请参考导论 1.3.2 部分。参见何秉松著：《中国有组织犯罪研究：中国大陆黑社会（性质）犯罪研究》（第一卷），2009 年版，第 256–257 页。"恶势力（团伙）进一步发展，就是黑社会（性质）组织，这是不容争辩的事实，我们已经多次看到这种转化。在这里恶势力是团伙，黑社会（性质）组织是犯罪集团。""它们三者的关系是：一般团伙→恶势力（团伙）→黑社会（性质）组织。恶势力（团伙）是介于一般团伙与黑社会（性质）组织之间并与两者都有区别的事物。""与黑社会（性质）组织相比，恶势力（团伙）（1）在组织化程度上，只是团伙，而不是犯罪组织；（2）拥有暴力，但尚未形成有组织的暴力；（3）已成为一股势力，但尚未确立排他性的势力范围。""与一般团伙相比，恶势力（团伙）（1）已经形成一种势力，一种'恶'的势力；（2）它把犯罪结伙与暴力相结合，成为暴力性的团伙。""恶势力的定义是：指由三人或者多人以获得金钱或其他物质利益为目的结合起来、多次实施犯罪、已经形成一定势力的暴力性团伙。"

犯罪组织体系统要素及犯罪能量变化图示

<table>
<tr><th colspan="7">犯罪组织体犯罪能量递增趋势</th></tr>
<tr><td>三人以上</td><td>三人或多人</td><td>三人以上</td><td>人数较多</td><td>三人或多人</td><td>组织人数</td><td rowspan="7">犯罪组织体系统要素</td></tr>
<tr><td>不固定</td><td>较固定</td><td>较固定</td><td>骨干固定</td><td>固定</td><td>人员固定</td></tr>
<tr><td>松散结伙</td><td>已经结伙</td><td>结构严密固定</td><td>稳定的结构</td><td>一定的结构</td><td>组织结构</td></tr>
<tr><td>暴力或其他</td><td>暴力</td><td>暴力或其他</td><td>暴力威胁或其他</td><td>有组织的暴力</td><td>犯罪手段</td></tr>
<tr><td>无</td><td>无</td><td>无</td><td>一定经济实力</td><td>一定经济实力</td><td>经济实力</td></tr>
<tr><td>无</td><td>形成势力</td><td>一定的势力范围</td><td>称霸一方</td><td>排他的势力范围</td><td>势力范围</td></tr>
<tr><td>经济或其他</td><td>金钱或其他利益</td><td>经济利益</td><td>经济利益</td><td>金钱、物质、权力</td><td>犯罪目的</td></tr>
<tr><td rowspan="2">犯罪团伙（狭义）</td><td rowspan="2">恶势力</td><td rowspan="2">一般犯罪集团</td><td>黑社会性质组织</td><td>黑社会组织</td><td colspan="2" rowspan="3">法定、理论、实务不同角度的概念</td></tr>
<tr><td colspan="2">特殊犯罪集团</td></tr>
<tr><td colspan="3">一般犯罪团伙</td><td colspan="2">涉黑团伙</td></tr>
</table>

根据上表可以看出，犯罪组织的概念系统不够规范，概念之间的交叉较多，概念体系比较混乱，不同的概念之间难以找到显著的标志性区分要素，彼此间更多的是程度上和数量上的差异。即使在黑社会性质组织与一般犯罪集团、恶势力、犯罪团伙之间也有较明显的要素区分，即前者具有一定经济实力，有一定的势力范围，称霸一方，而后者系统要素里没有这两个方面，但是，这两个要素又是一个主观性的判断，不是客观性判断，难以把握。如“一定的经济实力”是主观评价行动表述，怎么确定？又如“一定的势力范围”、“称霸一方”如何确定？从部分案例样本看，也发现判决书里有这样的表述，但难以找到客观的具有说服力的证据予以证实。显然，上图所列的关于中国当下犯罪组织体的概念体系有诸多不科学的地方，概念之间缺乏客观的区分度。对于犯罪组织而言，其系统内部构成要素复杂，且大多数要素是数量上的渐变式样态，如组织结构，一般是从较松散到较严密再到结构稳固严密；如经济实力，一般也是随着犯罪组织的生长逐步增强；如组织成员，一般也是从少到多，从少数组织成员固定到大多数组织成员都比较固定；如犯罪活

动领域，一般也是慢慢拓展；犯罪手段如暴力、使用犯罪工具等也是一步步升级。上图所列的几个主要概念，不能就这些方面做出较好的区分，只能表明一个较为模糊的概念，即犯罪组织是一步一步发展壮大，从犯罪团伙直到黑社会组织，却无法厘清发展过程中的阶段性突变以及不同犯罪组织间犯罪能量大小。

如何重建犯罪组织概念体系并寻找犯罪组织体系统科学的构成要素？哪些是具有质性区分度的要素？如何更好地区分犯罪组织体系统不同发展阶段？并以此更加科学地评估不同阶段犯罪组织体犯罪能量的变化？在对案例样本 1464 个犯罪组织进行分析后，重建如下犯罪组织体系统要素及量化图示。见下表。

犯罪组织体系统要素及量化图示

<table>
<tr><td rowspan="10">各要素量度从小到大的变化</td><td>20</td><td>200</td><td>5 亿</td><td>13</td><td>13</td><td rowspan="2">国家级</td><td rowspan="2">武装暴力</td><td rowspan="2">跨国</td><td rowspan="2">扁平结构</td><td rowspan="2">垄断经营</td><td rowspan="2">企业模式</td><td rowspan="4">严酷的组织规则</td></tr>
<tr><td>17</td><td>100</td><td>1 亿</td><td>11</td><td>11</td></tr>
<tr><td>15</td><td>70</td><td>5000</td><td>9</td><td>9</td><td rowspan="2">省级</td><td rowspan="2">软暴力</td><td rowspan="2">国内</td><td rowspan="2">联合体</td><td rowspan="2">违法经营</td><td rowspan="2">设立部门</td></tr>
<tr><td>13</td><td>50</td><td>2000</td><td>7</td><td>7</td></tr>
<tr><td>11</td><td>40</td><td>1000</td><td>6</td><td>6</td><td rowspan="2">市级</td><td rowspan="2">热兵器</td><td rowspan="2">省内</td><td rowspan="2">4 层</td><td rowspan="2">非法买卖</td><td rowspan="2">固定职能</td><td rowspan="2">明文规定</td></tr>
<tr><td>9</td><td>30</td><td>800</td><td>5</td><td>5</td></tr>
<tr><td>7</td><td>20</td><td>500</td><td>4</td><td>4</td><td rowspan="2">区县级</td><td rowspan="2">冷兵器</td><td rowspan="2">县市内</td><td rowspan="2">3 层</td><td rowspan="2">暴力取得</td><td rowspan="2">明确分工</td><td rowspan="2">口头约定</td></tr>
<tr><td>5</td><td>10</td><td>300</td><td>3</td><td>3</td></tr>
<tr><td>3</td><td>6</td><td>100</td><td>2</td><td>2</td><td rowspan="2">乡镇级</td><td rowspan="2">肢体暴力</td><td rowspan="2">乡镇内</td><td rowspan="2">2 层</td><td rowspan="2">窃取骗取</td><td rowspan="2">分配任务</td><td rowspan="2">无约定</td></tr>
<tr><td>1</td><td>3</td><td>10 万</td><td>1</td><td>1</td></tr>
<tr><td>组成要素</td><td>存续期间</td><td>组织人数</td><td>经济能力</td><td>罪名数量</td><td>保护伞数</td><td>保护伞级</td><td>暴力手段</td><td>犯罪地域</td><td>组织层级</td><td>获利方式</td><td>组织分工</td><td>组织规则</td></tr>
<tr><td rowspan="3">级别类型</td><td colspan="12">政治型</td></tr>
<tr><td colspan="12">经济型</td></tr>
<tr><td colspan="12">暴力型</td></tr>
</table>

上表中，采取统一的“犯罪组织”概念体系，并将此概念体系分为具有明显客观标准的三种类型，并分离出十二大构成要素，对每个构成要素设定一系列客观的量化标准，以不同的类型和要素量化标准，来综合评估犯罪组织体总体的犯罪能量，并以此来衡量组织犯罪行为的刑事责任轻重。

将犯罪组织分为三种类型，前面已经论述过，这里不再赘述，其质变如示意图。犯罪组织体系统内外十二大构成要素，根据每个要素的不同情况，可分为不同的量化标准。

存续期间是犯罪组织体自形成至消亡（即被公安机关破获）的存在时间。一般形成的时间点不容易确定，从案例样本看，大多以犯罪组织体系统核心形成作为犯罪组织体形成的时间点。从案例样本的 1464 个犯罪组织来看，一般情况，存续期间越长，组织成员也较多，实施犯罪种类也多，经济实力也较雄厚，犯罪组织的犯罪能量越大，存续期间是比较突出的能够表明犯罪组织体犯罪能量的一个要素，在十二大要素中总权重值为 10。中国当前犯罪组织体的存续期间大致分为 10 个阶段并设定以 100 为系数总和的 10 个不同能量系数。

组织人数是犯罪组织体系统的一个重要指标，一般预示着犯罪组织体系统规模的大小，在犯罪组织体系统中具有重要的权重意义，设定权重值为 15。根据案例样本的具体情况，将组织人数设为 10 个级别并设定以 100 为系数总和的 10 个不同能量系数。

经济能力是犯罪组织体系统的生命线，没有经济基础，犯罪组织将很难生存，而且经济利益是犯罪组织体追求的重要目标，因此将其总权重设置为 10。根据案例样本的实际情况，将经济能力设定为 10 个等级并设定以 100 为系数总和的 10 个不同能量系数。

罪名数量是犯罪组织体系统反映其犯罪种类多少的一个要素，一般情况下，一个犯罪组织体涉及的具体犯罪种类越多，犯罪组织规模越庞大，犯罪能力越强。因此将其总权重设定为 10。根据案例样本对 1464 个犯罪组织所涉罪名的统计，将罪名数量设定为 10 个级别并设定以 100 为系数总和的 10 个不同能量系数。

保护伞数量的多少对于一个犯罪组织体有一定的影响，犯罪组织体越成熟，一般保护伞数量会越多，而且保护伞涉及的功能面也越广。但是保护伞是犯罪组织体系统外的一个环境要素，其数量多少在总体上与其他要素相比对于犯罪组织体的犯罪能量的权重稍低一些，故设定其总权重为5。同时对保护伞数量也分为10个级别并并设定以100为系数总和的10个不同能量系数。

暴力在犯罪组织体中有着重要地位，暴力手段是犯罪组织体系统中比较重要的一个要素，不同暴力手段显示其犯罪能量的不同。犯罪组织体越成熟，暴力能量越大，因此将其总权重设定为10。根据案例样本大体的归纳，将暴力手段分为5种类型，并设定以100为系数总和的5个不同的能量系数。

犯罪地域是犯罪组织体系统对一定空间领域的控制，一般情况下，犯罪地域越广，犯罪组织体系统的控制力越强，但是根据对案例样本1464个犯罪组织的分析，中国当前犯罪组织一般大多在县市领域范围活动较多，而且并不是完全控制或者称霸一方，因此，总体看，其在犯罪组织体系统中的权重不是很高，故设定权重值为5。同时，将犯罪地域根据行政管辖区域划分为标准，大致分为5个级别，并设定以100为系数总和的5个不同的能量系数。

保护伞级别对于犯罪组织体系统外环境要素，对犯罪组织体系统提供庇护并实现权力寻租作用，保护伞级别高低预示着政治权力的大小，级别越高权力越大，庇护能力越强，从案例样本看，规模庞大的犯罪组织一般有级别较高的保护伞。这个级别较高的保护伞能够长期庇护犯罪组织使得其免受公安机关的追究，并且为犯罪组织提供经济利益更加丰厚的犯罪机会。相比保护伞数量，在中国当前的政治环境下，保护伞级别的能量权重更高，因此，设定其总权重为10。保护伞级别根据中国当前的行政区划分为5个级别，并设定以100为系数总和的5个不同的能量系数。

组织层级是犯罪组织体系统中重要的结构要素，组织层级越多，组织规模就越庞大，犯罪能量也就越大。组织层级有时候直接体现犯罪组织的成熟度，因此将总权重值设定为10。根据案例样本看，分为2层、3层、4层、联合体和扁平结构5个能量级别，并设定以100为系数总和的5个不同的能量系数。

获利方式和暴力手段一样都是犯罪组织体系统犯罪方式要素的一个方面，不同的犯罪组织体，其获利的方式也不一样，但是和暴力手段相比，获利方式对于犯罪组织体系统整体影响较小，因此总权重值设定为5。并根据案例样本的具体情况，归纳为5种获利方式，并设定以100为系数总和的5个不同的能量系数。

组织分工是犯罪组织体系统发展过程中一个自然形成的要素，犯罪组织体系统形成时，一般是简单分配犯罪任务，随着犯罪组织体的生长，分工会越来越明确，并且会逐步形成固定的职能部门。一般的犯罪组织体都会进行分工，但是分工对于犯罪组织体系统整体影响不是很大，故总权重设定为5。从案例样本大致归纳出五类分工模式，并设定以100为系数总和的5个不同的能量系数。

组织规则是犯罪组织体系统维持运行的一个行为准则，犯罪组织体系统每一个成员都要依据组织规则进行活动。组织规则是管理、控制组织成员的重要手段，它能够确保犯罪组织体系统顺畅地运转。只要犯罪组织体形成，就会伴随产生一定的组织规则，不同类型的犯罪组织，组织规则的存在形式和组织规则的具体内容也不一样。根据案例样本看，犯罪组织的组织规则一般比较专制、残酷，权威性强。从案例样本看，组织规则的表现方式大致有4类。犯罪组织体越成熟，一般组织规则越完善。以100为系数总和设定4个不同的能量系数。

上述分别分析了犯罪组织体系统的构成要素以及各要素的量化方式，不同量度的构成要素，在犯罪组织体系统中所体现的犯罪能量存在较大差异。但是单个要素的量度所体现的犯罪能量和在整个犯罪组织体系统中所体现的总体犯罪能量，也会有所不同。犯罪组织体系统是一个非常复杂的社会组织系统，要以系统的整体理论综合评价犯罪组织体系统的性能。

刑法学与犯罪学对自然人的犯罪样态及其刑事责任有着较深的研究和探索，但是对犯罪组织体的犯罪样态和具体刑事责任的研究还不多。事实上，犯罪组织是一个比自然人复杂得多的犯罪体。犯罪组织是由多个自然人构成的复杂的犯罪系统，是社会组织系统的一种形式，其整体形态及实施具体犯罪行为的方式都相当复杂，但是人们对其内部要素的组成及性能都较少研究。由此，整合出下面的犯罪组织体系统犯罪能量的评估模型。

犯罪组织体系统犯罪能量评估模型

第三级别 获政治权力型（红黑型）											
第二级别 有合法经济体型（黑白型）											
第一级别 非法暴力型（全黑型）											
犯罪组织体各要素	组织体各要素量度及能量系数										整体权重
组织人数	>3	>6	>10	>20	>30	>40	>50	>70	>100	>200	15
能量系数	1	2	3	4	5	7	8	10	20	40	
存续期间	>1	>3	>5	>7	>9	>11	>13	>15	>17	>20	10
能量系数	1	2	3	4	5	7	8	10	20	40	
经济能力（万）	>10	>100	>300	>500	>800	>1000	>2000	>5000	>1 亿	>5 亿	10
能量系数	1	2	3	4	5	7	8	10	20	40	
罪名数量	1	2	3	4	5	6	>7	>9	>11	>13	10
能量系数	1	2	3	4	5	7	8	10	20	40	
保护伞数	1	2	3	4	5	6	>7	>9	>11	>13	5
能量系数	1	2	3	4	5	7	8	10	20	40	
暴力手段	肢体暴力		冷兵器		热兵器		软暴力		武装暴力		10
能量系数	5		10		20		20		45		
犯罪地域	乡镇内		县市内		省内		国内		跨国		5
能量系数	5		10		15		30		40		
保护伞级	乡镇级		区县级		市级		省级		国家级		10
能量系数	5		10		15		30		40		
组织层级	2 层		3 层		4 层		联合体		扁平结构		10
能量系数	5		10		15		30		40		
获利方式	窃取骗取		暴力取得		非法买卖		违法经营		垄断经营		5
能量系数	5		10		20		25		40		
组织分工	简单分配任务		有明确分工		固定职能		设立部门		企业模式		5
能量系数	5		10		15		30		40		
组织规则	无约定		口头约定		明文规定		明文规定严酷的组织规则				5
能量系数	5		15		30		50				

这个评估模型首先对犯罪组织体进行分级，第一级别为非法暴力型犯罪组织，第二级别为有合法经济体型犯罪组织，第三级别为获政治权利型犯罪组织。这三者都有明显的区分标志。在对犯罪组织体进行分级后，再对犯罪组织体构成的十二大要素的量度进行能量系数的确定，并将确定的能量系数乘以此要素在总体构成要素中的权重比例，得出此要素的大致犯罪能量数值，将此十二大构成要素的犯罪能量数值累加，就得出这个犯罪组织体大致的总体犯罪能量。此犯罪组织体系统犯罪能量评估模型，基本适用各种类型的犯罪组织，对各种类型的犯罪组织都有一定的评价意义。附录是运用评估模型对案例样本的测试，通过评估模型的测试，大致能够评估出一个犯罪组织的整体犯罪能量，通过数值测算，可以区分出不同犯罪组织体的犯罪能量，同时反过来较好地检测了评估模型的合理性。

三、中国有组织犯罪组织体的系统分析

犯罪组织体是由多人组成的有一定的组织结构和内部任务分工的以实施犯罪为主要目的的稳定的整体，这个整体是一个由各要素相互联系、相互作用而形成的一个统一且完整的系统。因此，犯罪组织体就是一个由各要素相互联系、相互作用形成的系统整体，是一个犯罪组织系统。

犯罪组织体是多个要素相互联系、相互作用而组成的一个有序整体，本身就是一个系统，它是抽象系统的一个具象表现，和系统概念是特殊和一般的关系，犯罪组织体概念是系统概念的具体演化。

中国有组织犯罪组织体是由诸多要素相互联系、相互作用而形成的一个犯罪组织系统，这个犯罪组织系统通过犯罪组织体外部和内部的整体事实形态表现出来。这整体事实形态包括犯罪组织体人员形态，犯罪组织体外部、内部结构关系形态，犯罪组织体行为形态。这些事实形态又包括十二大核心构成要素，即：组织人数；存续时间；经济能力；获利方式；暴力手段；犯罪地域；罪名数量；保护伞级别；保护伞人数；组织层级；组织分工；组织规则。

那么一个新的犯罪组织，是如何催生的？

系统理论中，系统从无到有，其发生的形式有：生核形式，合并形式，因

果形式，自繁形式，外部组织形式。[①]

中国犯罪组织体的形成基本属于生核形式。生核形式指系统生成时，以一个核心为基础，开始与外界进行物质、能量和信息的交换，然后不断发展壮大，形成一个完整的犯罪组织体系统。

犯罪组织体最初生成时的核心要素有三个：首先，最重要的核心是人，是犯罪组织的发起者，即组织者、领导者；其次是组织权力，即组织核心控制权；再次是组织目标，即犯罪组织体核心追求的目标。

不同生成模式的犯罪组织体，其系统核心要素各性能等会有所差异。

首先是核心人物的形成。核心人物是犯罪组织体的组织者、领导者，是系统的核心，由这个组织者、领导者形成系统的内核，是系统萌芽的关键，这个组织者、领导者的样态，会对整个犯罪组织体系统产生很大的影响。

其次是核心权力的形成。权力的来源大概有三种形式：对传统世袭权位的继承形成的权力，如世袭的王位等；对个人魅力的崇拜形成的权力，如宗教迷信等；由制度和法律的规定产生的权力，如民主选举产生的总统等。[②]犯罪组织体系统的核心权力的形成，一般是基于对个人魅力的崇拜。具有核心权力的人物才能成为犯罪组织体系统的核心，即只有形成个人魅力崇拜，才能成为犯罪组织体系统的核心。根据案例样本看，犯罪组织体形成模式不同，核心权力的形成也不一样。原发型犯罪组织，其组织者、领导者一般具有较强的犯罪能力，因此，其他成员对其个人魅力的崇拜主要来自其犯罪能力，如手段凶残，行为果断、勇敢、机智，社会关系网络广泛，有丰富的犯罪经验等。由于其在犯罪经验、个人能力等方面超过犯罪组织里的其他成员，由此形成核心权力。由白入黑式犯罪组织，其组织者、领导者一般具有较为雄厚的经济实力，故在经济能力方面能形成个人崇拜，从而有这种个人崇拜形成犯罪组织体系统的核心权力。由红入黑式犯罪组织，其组织者、领导者一般具有政治身份，拥有政治权力，这个政治权力本身就可以形成个人魅力和个人崇拜，从而形成犯罪组织体系统的核心权力，这可以说是政治权力的变异。

不管哪种形式，一旦核心权力形成，组织者、领导者就可以对犯罪组织

① 参见霍绍周编著：《系统论》，科学技术文献出版社 1988 年版，第 47 页。

② 参见侯光明等著：《组织系统科学概论》，科学出版社 2006 年版，第 45 页。

体形成控制权。控制权是确保犯罪组织体系统保持完整性的关键要素，是犯罪组织持续进行犯罪行为的保证，如果核心人物对犯罪组织失去控制权，犯罪组织就会涣散，因此，形成核心权力和控制权，是犯罪组织生成的重要阶段。控制权一般包括支配权，命令发布和执行权，对犯罪组织部门结构权，人员调配权，对经济利益的分配权等。为了形成更好的控制权，犯罪组织体的核心人物一般采取一定的措施，强化控制权，如普遍的会使用严酷的惩戒权，对违反命令的组织成员，使用酷刑，形成威慑，以形成牢固的控制权。酷刑在世界各国规模庞大的黑社会组织中被普遍使用。酷刑对在犯罪组织内部形成权力和控制有非常重要的作用，酷刑能够确保组织成员绝对听从命令，很好地完成犯罪任务。

最后，犯罪组织体系统形成的第三个要素是犯罪目标，或者说是系统目标，即系统整体追求的共同利益。从中国当前犯罪组织的总体形态看，同时结合 1464 个案例样本，中国犯罪组织体系统的核心追求目标基本上是通过犯罪获取经济利益，这个是总体的核心目标。当然这是不包括恐怖组织和邪教组织在内的，这两个类型的犯罪组织不在此研究的范围，他们的组织目标更为复杂。犯罪组织的核心目标首先是由核心人物决定，并由犯罪组织全体成员共同追求而形成，核心目标是犯罪组织成员行为的共同方向。犯罪组织成员因为具有共同的追求目标而围绕核心人物聚合在一起，核心目标也是犯罪组织聚合力的一个重要因素。核心目标也可以分化为各个不同的小目标，如为实施某一次具体的犯罪而形成的目标。核心目标的基础是犯罪行为，获取经济利益是通过犯罪行为而达到，这是犯罪组织体系统目标区别于其他系统目标的关键。

有核心人物，形成核心权力，确立核心目标，这样，犯罪组织体系统的内核就形成了，围绕这个坚固的内核，形成强大的吸引力，吸引社会上其他成员加入这个组织系统，进而犯罪组织体系统就由生成阶段进入发展阶段。

从大量案例样本看，中国有组织犯罪组织体在形成之后，一般经过一定时期，通过一系列违法犯罪活动，慢慢发展成熟，壮大成型。犯罪组织体系统的形成完善是系统的自组织行为，在这个过程中，系统核心不断和外界进行物质和能量交换，聚合成更大的犯罪组织体系统。

从犯罪组织体系统内核的形成，到犯罪组织体系统的发展壮大，一般有两方面的增量，一个是犯罪组织体系统要素的增加，另一个是要素本身量的增加。

首先是组织成员的增加。犯罪组织体刚刚形成时，核心人员一般是一个或少数几个，随着犯罪需求的增量，需要更多的犯罪人员参与，于是犯罪组织体开始吸收组织成员。从案例样本分析，犯罪组织成员以社会上闲散人员尤其是刑满释放人员为主，近几年随着失地农民增加，城市流动人口快速增长，尤其是城市农民工大量出现，为犯罪组织体提供源源不断的人力资源，犯罪组织的后备力量雄厚。从一些案例样本看，一些城镇化速度快的地方，犯罪组织增长快速，犯罪组织数量也较多。这些刑满释放人员和社会上的闲散人员，没有工作，没有很好的收入来源，经济压力大，生存困难。这些人在走投无路的时候，大多会采取违法犯罪的手段以维持生存。这样，自然就聚合在以犯罪为手段获取巨额非法经济利益的犯罪组织体系统的核心周围。所以，一方面是犯罪组织体系统内核有犯罪增量的要求，一方面是这些闲散人员需要以犯罪为手段维持生存，两相结合，相互吸引，犯罪组织体系统就会快速扩张。

其次是犯罪领域和地域的扩张。随着犯罪组织成员的增加，犯罪组织体系统内部对于供给生存的物质需求就增加，物质需求增加，就需要通过更多的犯罪来获取财富，于是犯罪在量上就不断上升。总量上升的同时，一些犯罪组织也会让犯罪领域不断扩大，以获取更多的非法财富。

最后是犯罪组织层级结构的建立。犯罪组织体系统在犯罪组织成员不断增多，犯罪领域不断扩展，势力范围不断扩张的情况下，需要对犯罪组织体内部进行调整以更好地管理和控制整个犯罪组织体系统，于是，犯罪组织体系统内部结构开始调整，由简单的层级结构向复杂的层级结构进化。最初的两个层级根本不能很好地支持犯罪组织的运作，因此，根据犯罪组织内部成员的实际能力情况，组织成员开始分不同的层次级别。层级增多，组织机构就需要增加，于是更多的犯罪组织体内部机构开始出现。不同机构负责不同领域的职能，每个不同职能部门，也会在不断扩张。这个时候，是犯罪组织体系统爆发式发展阶段。根据犯罪组织体急剧膨胀的需要，犯罪组织体内部就需要制定详细的组织制度，以更好地保证组织的运作和核心人员对犯罪组织体系统的控制。于是更加严酷和精细的制度和纪律就会出现。随着犯罪组织体内部层级的增加，顶层核心人员和底层普通成员的距离拉大，为了能够更好地进行控制，犯罪组织体内部的命令线就会伸长。一个犯罪组织的组织者、领导者的顶层命令，能够快速传达到底层，并被很好地执行。于是，科层制的金字塔式的犯罪组织体系统就出现了。

封闭的系统会很快衰竭，因此，系统离不开其存在的外部环境。其实，系统外部的环境是一个由更多个复杂系统组成的更大的系统。犯罪组织体系统也一样，离不开其存在的外部社会环境大系统。如果离开外部这个社会环境大系统，犯罪组织体系统能量很快会枯竭，直到犯罪组织体系统消失。从理论上讲，可能会消失，可从现实经验看，消失的可能性很小。如同我们讨论犯罪会消灭一样。

那么犯罪组织体系统的外部社会环境系统包括哪些方面呢?

首先是社会管理系统。社会管理系统的缺陷，让犯罪组织体系统有了存在的空间。社会管理系统包括很多方面，有对社会财富的管理，对社会成员的管理，司法制度的建立等许许多多的方面。这些管理系统，不可能尽善尽美。同时，由于社会总体管理资源有限，肯定有无法顾及的地方。犯罪组织体就在这样的空间地带肆意生长。比如，由于警力有限，很多犯罪组织选择在夜间作案；政府对权力制约制度的缺陷，使得犯罪组织和政治权力之间的权力寻租大量存在，有时甚至形成黑金政治。社会管理系统缺陷的一个极端反面例子就是中国在建国初期的十多年时间里，建立起计划经济公有制制度，这种极端在经济和政治领域的控制制度，造成犯罪组织没有生存空间的境地。因此，在中国建国初期，彻底消灭 1949 年前的黑社会组织后，中国的犯罪组织，在较长时间内，几乎不存在。因为当时实行的计划经济公有制，使得物质利益被全面控制。因此，以经济利益为核心目标的犯罪组织，就失去存在的根本前提。但是，新中国成立初期及后来，腐败犯罪较为厉害，出现过腐败犯罪集团。这也是权力漏洞造成特殊的犯罪组织存在的空间。

其次是需求系统。如果犯罪不被需求，就无法存在。犯罪的需求来自两个方面，一个是犯罪行为人本身的需求，另一个是社会对犯罪的需求。犯罪组织实施犯罪也来自两个方面的需求，一个来自犯罪组织体内部，即犯罪组织成员对犯罪的需求，另一个是社会对犯罪组织体提供的犯罪的需求。犯罪组织体内部对犯罪的需求，属于犯罪组织体系统内部目标要素的范畴，已经讨论过。社会对犯罪组织体犯罪的需求，属于外部环境系统。许多犯罪的存在，除了犯罪行为人自身需求外，还被社会群体广泛需求。比如，毒品、赌博、组织卖淫、偷渡、非法器官买卖、盗版产品、各类走私、地下钱庄等，这些犯罪组织提供的各类非法物质和非法服务，都有着广泛的社会需求，这些需求的存在，滋养着犯罪组织，使其旺盛地生长。

最后是权力寻租环境系统。犯罪组织需要权力的庇护，权力需要犯罪组织支付利益对价。犯罪组织体系统的长期持续存在，有相当一部分原因是由权力庇护造成，这两者是相互需求的共生模式关系。从案例样本看，一些犯罪组织存在保护伞甚至已经编织出严密的保护伞网络，这个保护伞或者保护伞网络给犯罪组织提供良好的生长环境。同时，犯罪组织也同样给予保护伞丰厚的物质等方面的利益对价。

防御系统的建立，是犯罪组织体生存和发展的一种自然需要。防御系统来自两个方面。一个是内部防御机制系统，包括犯罪组织制定的一系列防止组织成员相互出卖等的保密规则，也包括实施具体犯罪行为是采取的防范策略，还包括前述提到的切割原则。内部防御系统的形成主要来自犯罪组织体核心层的决策。

另一个是外部防御系统，外部防御系统的建立主要是编制保护伞。保护伞系统的形成有一个从低级到高级，从个别保护伞到保护伞网络形成这样一个过程。从案例样本看，较低级别的犯罪组织，其保护伞一般也与其相适应，级别比较低，数量较少，有时候，一般的犯罪集团实施犯罪，只要一两个警察做保护伞就够了。级别较高的犯罪组织，其保护伞级别也较高，保护伞数量也较多。

犯罪组织体系统突变指犯罪组织体系统加入了一个直接引起犯罪组织体质变的要素，以使得犯罪组织体系统发生质的变化，以明显区别于原来的犯罪组织体系统。犯罪组织体系统突变是犯罪组织体系统能量发生巨变的基础，当犯罪组织体系统加入新的要素，发生质的变化的时候，犯罪组织体系统犯罪能量会突然剧增。通过对案例样本所涉的 1464 个犯罪组织体进行分析，发现引起中国有组织犯罪组织体发生突变有两个要素，一个是经济要素，即犯罪组织体渗入合法经济领域，拥有合法经济体；另一个是政治要素，即犯罪组织体的组织者、领导者渗入政治领域，具有政治身份，拥有政治权力。

首先是由经济因素引起的犯罪组织体系统的突变。犯罪组织体以追求经济利益为主要目标，一般情况下，都是通过直接非法暴力的犯罪手段获取非法暴利。这样的犯罪手段，比较原始，也非常容易暴露并被公安机关查获，犯罪能量有限。如果一个犯罪组织体开始渗入合法经济利益，以合法名义设立经济体，如创办公司、企业，打着公司、企业的名义实施违法犯罪的行为，那么，这样的犯罪组织体就已经发生了质变，和一般的以非法暴力手段实施犯罪获取利益的犯罪组织有了明显的质的不同。第一，以合法经济体名义使用违法手段实施犯罪，能够获取更大的经济利益。和原始的非法暴力手段相比，其犯罪成本更低，犯罪风险更小，而获取的经济利益更大。第二，以合法经济体名义实施犯罪，能够更好地掩饰犯罪组织体的犯罪行为，使得其违法犯罪行为更加难以被发现，极大地增加了其犯罪能力。第三，犯罪组织体渗入合法经济领域，和合法经济体粘连一起，难以区分和分割，严重危害了正常经济秩序。这和直接使用非法暴力手段危害正常经济秩序有着本质的不同。第四，拥有合法经济体，犯罪组织体系统内部的结构也会发生突变，一般这样的犯罪组织，会引入企业管理的结构模式，使得犯罪组织体更加稳定、持续地发展。从现有案例样本看，一些犯罪组织，渗入合法经济领域之后，拥有强大的经济实体，甚至形成财团，控制一方经济命脉，垄断一方经济活动，给社会经济带来极大危害。拥有合法经济体的犯罪组织一般有两种情况，一种是原发式犯罪组织，在具有一定经济实力之后，开始慢慢渗入合法经济领域；另一种是由白入黑式犯罪组织，这种犯罪组织原本是一个合法的经济体，为了获取非法利益，采取违法犯罪的手段，组建犯罪组织，利用犯罪组织，控制一定的经济利益，获取巨额的非法暴利。不管是哪种方式，其结构都形成“暴利 + 经济”的系统模式。因此，犯罪组织体系统拥有合法经济体，是犯罪组织体系统发生质变的一个重要因素，使得犯罪组织的犯罪能量也发生质变。

其次是政治要素。政治原本和犯罪组织没有关联，俗话说，一个是黑道，一个是白道。但是，犯罪组织体系统一旦介入政治权力这个要素，就会使犯罪组织体系统发展质变。政治权力介入犯罪组织体系统有两种情况：一种是保护伞，即保护伞运用政治权力，为犯罪组织体提供庇护；另一种是犯罪组织体的组织者、领导者拥有身份，具有政治权力。

犯罪组织体的组织者、领导者具有政治身份、拥有政治权力。这种情况有两种模式：一种模式是犯罪组织的组织者、领导者原本没有政治身份，也不具有政治权力，是先通过组建犯罪组织，拥有雄厚的经济实力之后，跻身政治领域，获取政治身份，拥有政治权力。从案例样本可以看出，中国这类犯罪组织的组织者、领导者拥有的政治身份一般是人大代表、政协委员等，政治权力相对比较间接，即所谓的没有实权。另一种模式是犯罪组织的组织者、领导者先具有政治身份、拥有政治权力，而后才组建犯罪组织，实施违法犯罪行为。从案例样本可以看出，这类犯罪组织的组织者、领导者一般是村支书、村长，或者警察、派出所长，或者镇长等，他们一般拥有实权。

总之，从大量案例样本看，犯罪组织体系统介入经济要素和政治要素，其犯罪能量远超一般的犯罪组织，其危害除了直接的经济利益损失外，更是直接危害了社会正常的经济秩序和政治组织的机体。这是其质变的根本依据。

作者简介：林德核（1970— ），浙江平阳人，中国防卫科技学院教师。2001 年至 2003 年在中国政法大学获得法学硕士学位，2015 年在北京师范大学获得法学博士学位。主要研究领域为刑法和犯罪学。在《刑法论丛》等发表论文多篇，近年来致力于中国有组织犯罪和域外有组织犯罪的研究。

境外追赃刑事法律问题研究 *

解　彬

目　次

第一章　境外追赃刑事法律问题概要

境外追赃是过程与结果的统一，其过程具有刑事侦查措施属性，其结果具有权利救济属性，这一法律本质使得境外追赃成为各国求同存异的出发点和归宿。至于境外追赃的方式，根据《联合国反腐败公约》的规定，有民事诉讼、简易返还、刑事追缴、非经定罪的没收和承认与执行外国没收裁决等方式。民事诉讼追缴成本高昂，耗费时间较长，资产流出国地位较为被动，这使得对境外追赃刑事法律的研究更具现实性和迫切性。本章还从全球性和

* 本博士论文作者解彬。2012—2015 年在北京师范大学法学院攻读刑法学博士学位，2015 年博士研究生毕业并通过了博士学位论文答辩，导师邢爱芬教授。本博士论文将以《境外追赃刑事法律问题研究》为书名，由中国政法大学出版社于 2016 年 4 月出版。

区域性国际组织制订的相关国际公约角度阐述了境外追赃的国际法渊源。

第二章 境外追赃之基础：主要资产流入国的追赃法律制度

一、主要资产流入国追赃的国内法依据

境外追赃应在资产流入国“法律允许的范围内”进行，这是国际社会的一致共识。本节内容是主要资产流入国的国内法依据，是追赃的法律基础，也是国际刑事司法合作的基本法依据。本节的研究意义在于通过对主要资产流入国有关追赃的国内法研究，熟悉、梳理境外追赃的国内法依据，对主要资产流入国的追赃依据有一个总体的认识，以在追赃时及时找寻法律依据。

二、主要资产流入国的冻结、扣押制度

在境外追赃过程中，在最终予以没收之前，为了防止赃被非法转移、变卖或藏匿，需要进行财产保全。这里的财产保全，作用是限制财物相关权利人的权利并禁止任何人处置被冻结、扣押的财物，直至没收裁决的作出和执行。从这个意义上讲，为没收所采取的“冻结和扣押”是广义的，包含一切为限制行使财产权而采取的强制措施，而不问这种措施在该国法律中的具体称谓。《联合国反腐败公约》第31条“冻结、扣押和没收”，也要求各缔约国根据本国法律采取必要的立法措施，规范冻结、扣押犯罪所得的管理，以便最终予以没收。考虑到英美法系国家与大陆法系国家法律传统的迥异，本节分别就英美法系代表性国家与大陆法系代表性国家的冻结、扣押制度进行展开分析，以为我国进行境外追赃提供参考。

三、主要资产流入国的没收制度

鉴于冻结、扣押的性质属于财产保全措施，最终目的是为了没收，本节就前述英美法系国家与大陆法系国家的没收制度进行展开分析，即美国、英国、澳大利亚等英美法系代表性国家的没收制度以及德国、日本、法国等大

陆法系代表性国家的没收制度。根据《联合国禁止非法贩运麻醉药品和精神药物公约》、《联合国反腐败公约》等相关国际公约的要求，各缔约国有义务在本国法律制度的范围内采取必要措施，以便没收犯罪所得或者与犯罪有关的财产、设备、工具等，鉴于此，有必要对英美法系国家与大陆法系国家的没收制度进行研究，这也是境外追赃得以实现的关键。

四、境外追赃善意第三人的权利保障

由于各国普遍注重对公民财产权的保护，在对犯罪资产的追缴中，对善意第三人的权利保障是一项不能避免的议题。善意第三人对相关财产系善意取得，所谓善意取得，也称即时取得，学者对其定义有不同的表述，但都大同小异，笔者认为，善意取得是指无权处分动产的占有人，将该动产转让给第三人，如受让人在取得财产时出于善意，即以为该财产是转让人的合法财产并且向转让人支付了合理对价，则在一定条件下就可依法取得对该动产的所有权。善意取得源于日耳曼法“以手护手”的原则，其经典表述为“汝授予汝之信赖，汝仅得对受信赖者为要求也”[①]，宗旨在于维护交易安全，其构成要件有四：一是标的物为动产且是法律允许自由流通的财产，枪支、毒品不在此限；二是出让人对让与标的有现实的管领力但无实际的处分权；三是受让人基于合法的交易行为有偿取得并实际占有该动产；四是受让人须在受让标的时为善意，应从交易时的客观情况予以衡量，如受让物的性质、取得方式、价格高低等。对于赃能否适用善意取得的问题，各国有三种立法模式。

（一）善意取得基本肯定式

以美国、澳大利亚为代表的国家认可完全适用善意取得。如《美国统一商法典》第 2403 条规定，在通过买卖交易将货物转让时，购买人按价购货且主观善意，即使交付的是盗窃取得的货物，也不影响其对货物的所有权。澳大利亚《2002 年犯罪收益追缴法》第 330 条规定，第三人支付了“足够的对

① 肖厚国：“动产善意取得制度研究”，载《民商法论丛》，梁慧星主编，法律出版社 2000 年版，第 37 页。

价”，当时主观上不知道所取得的财产是犯罪收益或犯罪工具，则该财产“停止作为”犯罪收益或工具予以追缴。此立法模式旨在强调财产的动态交易安全，侧重维护第三人的合法权益。

（二）善意取得基本否定式

以俄罗斯、新西兰为代表的国家不支持适用善意取得。《俄罗斯联邦民法典》第 302 条规定，占有人无权处分动产，如该动产系从所有人处盗窃取得，即使受让人出于善意，所有人仍有权要求予以返还，但金钱、无记名的有价证券除外。《新西兰刑事法典》第 404 条规定，收买人不知晓购买的系非法所得的财产，并支付了相应的对价，权利人可向法庭主张要求返还该财产，法庭支持返还时应裁定被告人向收买人支付一定的价款，该价款可低于购买时的金额。此立法模式有助于追及物之所在，维护财产的静态安全，保护财产所有人。

（三）善意取得折中式

以法国、日本、瑞士为代表的国家主张有限适用善意取得。如《法国民法典》第 2279 条、第 2280 条规定，受让物品为盗窃取得，受害人应在被盗之日起 3 年内向受让人主张返还，如是从市场、公卖或贩卖的商贩处取得，受让人有权要求原所有人支付价金作为返还抗辩事由。《日本民法典》第 193 条规定，被盗物品的受害人，自被盗之日起 2 年内可要求占有人返还，如物品系拍卖或从公营市场或销售同类物的商人处购买，则在请求返还时应向占有人支付相应的对价。

（四）善意取得分析与结论

笔者认为，在追缴违法所得时，同样需要加强对善意第三人的甄别和保护，承认善意取得制度的合理适用。为甄别和判定“善意第三人”，须把握两条基本标准：①接受财产转让的第三人对于有关财产的非法来源并不知情，并且在特定的转让环境中也不能要求其知情或者推断其知情；②接受财产转让的第三人为受让的财物支付了符合其市场价格的合理对价；在所付对价明显低于合理市场价格的情况下，对于不合理的“差价”部分不宜认定为“善意取得”，并可对其实行追缴。在依据上述标准进行审查时，作为第三人的财产受让人也应当承担一定的举证责任。

第三章　境外追赃国际刑事合作形态一

第3章有关资产流入国国内的冻结、扣押、没收制度，是该国追赃的法律基础。要实现境外追赃，单纯依靠一国的力量无法完成，必须寻求国际刑事合作，为国与国之间搭建追赃平台。本论文中的国际刑事合作，是指广义上的国际刑事司法合作，包括引渡、狭义刑事司法协助、刑事诉讼移管以及相互承认与执行刑事裁决。其中，狭义刑事司法协助和相互承认与执行刑事裁决是与境外追赃密切相关的两种国际刑事合作形态，二者的区别在于，狭义刑事司法协助针对的是资产流出国尚未作出没收令，而在没收过程中请求资产流入国给予国际刑事合作，这里的没收过程指侦查、起诉及审判的过程；相互承认与执行刑事裁决则是针对资产流出国已经作出没收令，请求资产流入国确认该没收令的效力并得以实现没收。

就本章狭义刑事司法协助而言，虽挂狭义之名，但其所包含的内容涉及“赃”的追查、监控、冻结、扣押和没收的全过程。其法律基础不仅包括国际公约、双边条约，还包括资产流入国国内的刑事司法协助规定。就国际公约而言，有《联合国禁止非法贩运麻醉药品和精神药物公约》、《联合国打击跨国有组织犯罪公约》以及《联合国反腐败公约》等，其中《联合国反腐败公约》尤其代表了国际刑事司法协助的发展方向[①]；就资产流入国国内的刑事司法协助规定而言，英国有《1990年刑事司法（国际合作）法》与《2003年国际刑事合作法》，德国有《国际刑事司法协助法》，美国规定在《美国法典》中，

---

① 参见《联合国反腐败公约》第46条第3款：“可以为下列任何目的而请求依照本条给予司法协助：（一）向个人获取证据或者陈述；（二）送达司法文书；（三）执行搜查和扣押并实行冻结；（四）检查物品和场所；（五）提供资料、物证以及鉴定结论；（六）提供有关文件和记录的原件或者经核证的副本，其中包括政府、银行、财务、公司或者商业记录；（七）为取证目的而辨认或者追查犯罪所得、财产、工具或者其他物品；（八）为有关人员自愿在请求缔约国出庭提供方便；（九）不违反被请求缔约国本国法律的任何其他形式的协助；（十）根据本公约第五章的规定辨认、冻结和追查犯罪所得；（十一）根据本公约第五章的规定追回资产。”

法国则在《法国刑事诉讼法典》中进行了规定。

第四章　境外追赃国际刑事合作形态二：承认与执行外国没收裁决

一、承认与执行外国没收裁决概述

（一）外国没收裁决的概念界定

在承认与执行外国没收裁决这一国际刑事司法协助形态中，承认与执行的对象是外国没收裁决。外国没收裁决，是指外国行使刑事司法权的机关为追缴犯罪所得、犯罪收益或者供犯罪使用的资产，签发的具有永久剥夺性质的命令，包括刑事没收、民事没收以及没收金钱的裁决。从其定义看，外国没收裁决具有两个特征：①没收命令的签发主体是外国具有刑事司法权的机关；②没收的对象是犯罪所得、收益及供犯罪使用的资产。外国没收裁决是外国主管机关行使司法管辖权的结果，在其国内自然可以获得法律效力并得以执行。但是，如果该没收裁决针对的财产在另一国家，则必须通过资产所在国对该外国没收裁决予以承认与执行。

这里有必要界定一下外国的含义，对于"外国"的理解，有学者认为，仅以地图上的简单标示区分外国，有失偏颇，要从广泛意义上去理解；[①] 也有学者认为，要从政治意义上与法律意义上去界定外国，特别是在联邦制国家内部，并且外国一词因使用目的不同含义也有所不同。这里的政治意义上的外国，依据 1933 年《关于国家权利和义务的蒙得维的亚公约》第 1 条"永久人口；确定领土；政府；与其他国家发生关系的能力"的规定，是指具有上述构成条件的具有主体资格的国家在另一国的称谓。笔者认为，外国一词应从法律意义上进行界定，即这里的外国指法域，是指具有独立的法制体系的区域，而不应以政治意义上的国家进行界定。

（二）外国没收裁决的表现形式

各国的没收裁决，一般都规定在刑法典或犯罪收益追缴法中，有着不同

① 参见马进保：《国际犯罪与国际刑事司法协助》，法律出版社 1999 年版，第 226–229 页。

的表现形式。有的将没收规定为刑罚；有的将没收规定为独立的刑事制裁措施，其性质不是刑罚，而是非刑罚的制裁措施没收和作为保安性处分的没收；还有的规定没收既不是刑罚，也不是独立的刑事制裁措施，而是专门针对犯罪所得、收益和工具的追缴方式，可以独立于刑事诉讼程序，例如通过相对独立的犯罪追缴程序和民事没收程序进行没收。在承认与执行外国没收裁决时，没收裁决因形式不同也有着不同的要求，如果被请求国没有设置相应的没收形式，那么，请求国的没收裁决则可能无法得到承认与执行。现将目前存在的主要没收裁决形式介绍如下：

1. 以财产刑的形式没收
2. 以非刑罚的刑事制裁措施没收
3. 以财产性保安处分科处没收
4. 以相对独立的犯罪追缴程序没收
5. 民事没收追缴犯罪所得、收益或工具

（三）承认与执行外国没收裁决的方式

《联合国打击跨国有组织犯罪公约》及《联合国反腐败公约》在“没收适宜的国际合作”中，均规定了被请求国将请求国法院发出的没收令提交主管当局，以便按请求的范围执行。具体到各国承认与执行外国没收裁决，则包括判决和登记两种方式。

1. 以判决方式承认与执行外国没收裁决。
2. 以登记方式承认与执行外国没收裁决。

（四）承认与执行外国没收裁决的效力

承认与执行外国没收裁决的效力问题，是指对同一刑事案件均享有管辖权的主权国家，当其中一国已经对该案件作出没收裁决后，其他享有管辖权的国家是否对该没收裁决的效力予以承认与执行，或者是否影响其他国家对相关案件的审理和裁判。

按照目前各国的规定来看，承认与执行外国没收裁决的效力分消极和积极两个方面。所谓消极效力，即一事不再理原则，是指即使是在被请求国拥有主要管辖权的情况下，当请求国向其提出承认与执行没收裁决的请求时，被请求国可以根据本国的法律或缔结、参加的有关条约，承认外国没收裁决的既判力，确认该裁决在本国的效力，尽可能地禁止对同一罪行再次提起刑事诉讼。这里的消极效力只有在一国向他国提出执行没收裁决时产生，如未提起，他国应当预见并有所考虑，但有涉及可能压倒一切的公正理由时，例如在对刑事犯罪否定性评价存在广泛分歧时可重新提起诉讼。所谓积极效力，是指一国作出的刑事没收裁决，他国依据本国法律规定的类似财产刑来替代外国刑事没收裁决，当然这一替代措施不应重于犯罪者已被判的财产刑。

二、承认与执行外国没收裁决的原则

承认与执行外国没收裁决是境外追赃的一项重要制度。这项制度是国家主权之间的国家行为，关乎国家主权和公民财产权的保护，因此，应当遵循一定的原则。目前，学者普遍公认的承认与执行外国没收裁决的原则有双重犯罪原则、公共秩序保留原则和一事不再理原则。

（一）双重犯罪原则

双重犯罪（double criminality）原则是承认与执行外国没收裁决的基本原则，该原则是从引渡问题中产生的，至于其含义，国际刑法理论中存在广义和狭义两种观点。广义的双重犯罪原则，是指根据请求国和被请求国的法律或共同参与的国际刑事条约，均构成犯罪的原则；狭义的双重犯罪原则，是指根据请求国和被请求国的法律，行为人的犯罪行为均具有可罚性，但在其程度上，学者有两种不同的见解：一是抽象的双重可罚性，即行为人的犯罪行为在请求国与被请求国均触犯抽象的同一或类似的刑罚法规；二是具体的抽象可罚性，即只有触犯的刑罚法规有具体可罚性时，才成立双重犯罪。[①] 笔者并不赞成双重犯罪原则须完全遵循请求国与被请求国罪名与构成要件的一致性的观点，这将为承认与执行外国没收裁决设置较多的障碍。只要“实质类似”即可适用双重犯罪原则，即要求行为人的行为依请求国和被请求国的法律均构成犯罪且需加以处罚即符合双重犯罪原则，而不论请求国和被请求国是否

① 参见赵秉志主编：《国际区际刑法问题探索》，法律出版社 2003 年版，第 303–340 页。

将犯罪列入相同的犯罪类别或是否使用相同的术语规定这种犯罪的名称。[①]

只有符合双重犯罪原则，被请求国才会承认与执行请求国作出的没收裁决，如果被请求国认为请求国的没收裁决针对的行为不构成犯罪或不应受到刑事处罚，则其有权拒绝承认与执行。如《联合国打击跨国有组织犯罪公约》第 18 条第 9 款规定，被请求国有权以行为不符合双重犯罪为由拒绝提供司法协助，但在认为适当时可斟酌决定给予协助，而不论该行为是否依本国法律构成犯罪。在《联合国反腐败公约》谈判中，曾就双重犯罪的适用问题出现过三种主张：①保留双重犯罪原则作为拒绝协助的事由，但不涉及强制行动的协助请求除外；②在第一种主张的基础上，对涉及强制行动的协助请求酌情变通；③不明确体现双重犯罪作为拒绝协助的事由，但明确即使不具备条件，也应向请求国提供协助。最终《联合国反腐败公约》采纳了第一种主张，第 46 条第 9 款第（2）项规定“缔约国可以以并非双重犯罪为理由拒绝提供本条所规定的协助。然而，被请求缔约国应当在符合其法律制度基本概念的情况下提供不涉及强制性行动的协助”。

（二）公共秩序保留原则

公共秩序保留原则是指一国在承认与执行外国裁决，或依法提供司法协助时，因承认与执行或提供司法协助与本国的重大利益、基本政策、法律的基本原则或道德的基本观念相抵触而排除和拒绝适用的原则。也就是说，承认与执行外国没收裁决不得损害被请求国的主权、安全、社会公共利益或者国家的其他重大利益，并且不得违反被请求国法律的基本原则。

（三）一事不再理原则

一事不再理原则，也即双重危险规则[②]（Double Jeopardy），该原则起源于罗马法的“诉权消耗”理论，根据该理论，所有诉权从提起诉讼到诉讼终结

---

① 参见《联合国反腐败公约》第 43 条第 2 款。

② 大陆法系中的一事不再理原则与英美法系中的禁止双重危险规则仅具有形式意义上的区别，不具有实质内涵上的差异。参见黄伯青：《国际刑事司法合作中的一事不再理原则研究》，上海人民出版社 2011 年版，第 1 页。

就已消耗，因此对已正式判决的案件不允许再次诉讼。后查士丁尼在《学说汇纂》中作了经典表述：不允许同一个人因同一犯罪再次受到刑事指控。[①] 大陆法系在刑事诉讼中承继了这一原则，并以既判力为基础，旨在维护法院裁判的权威；英美法系则从人权的角度来阐述该原则，即禁止被告人在刑事诉讼中因同一罪行造成两次以上的危险。在两大法系国际化的融合中，一事不再理原则已成为国际司法协助所遵循的最低限度的刑事司法原则。在承认与执行外国没收裁决中适用"一事不再理"原则，是指被请求国主管机关对于请求国没收裁决所针对的同一行为和同一人员，没有启动刑事诉讼程序，也没有作出刑事处罚、免除处罚或者其他终止有关诉讼程序的裁决。同时，请求国的没收裁决也不得与任何已获得被请求国承认的第三国的没收裁决相冲突。

三、承认与执行外国没收裁决的条件

由于承认与执行外国没收裁决会影响被请求国的司法管辖权、经济利益、人权保护等，因此，当请求国将作出的没收裁决提交给被请求国，希望得到被请求国的承认与执行时，不仅需要遵循上述基本原则，还需要具备一些具体的条件，这些条件大多规定在各国关于刑事司法合作的法规中。

（一）请求国法院必须对案件具有管辖权

管辖权是一个主权国家行使独立司法权的集中体现。一般国家都将具有合格的管辖权作为承认与执行外国刑事判决的重要条件，即作出没收裁决的请求国法院必须对有关案件享有管辖权，否则便得不到被请求国的承认与执行。例如，南非《1996 年国际刑事合作法》第 20 条第 1 款（b）项规定为执行外国没收令需满足"没收令签发法院享有管辖权"；《美国法典》第 2467 条（b）款规定，当外国法院存在"缺乏对被告人的属人司法管辖权"或者"缺乏对有关事项的司法管辖权"等情形时，联邦法院有权拒绝执行该外国法院作出的没收裁决。审查请求国是否具有管辖权旨在保护被请求国的管辖权以及其他重大利益不受侵害。被请求国在审查这一条件时，一般只审查请求国

---

① See Jay A.Sigler, *Double Jeopardy*, New York: Cornell Uniwersity Press, 1969, p.2.

对该案是否具有管辖权，多数情况下，犯罪行为地国家作出的没收裁决往往能得到普遍的承认与执行。被请求国并不审查作出该没收裁决的特定法院是否具有管辖权，即不会审查该没收裁决的作出是否符合请求国国内关于地域管辖、级别管辖、专属管辖等的规定。

（二）没收裁决程序充分保障了当事人的各项诉权

尊重和保障被告人的人权是国际社会普遍达成的共识，各国立法均将请求国的有关司法程序须充分尊重并保障当事人的各项权利作为承认与执行外国裁决的条件之一。该条件不仅要求法院的审判必须以符合正当程序的国际标准公平对待被告人，而且明确赋予了被告人各项诉讼权利，即在刑事案件中，请求国法院应在合理的时间告知涉案当事人开庭时间、地点，在庭审过程中保障当事人陈述和被倾听的权利，并告知其权利救济途径，因为“令状意味着诉讼形式，诉讼形式则意味着救济方法，救济方法又意味着权利的实现”①。如《德国刑事司法协助法》第 49 条“执行的其他必备条件”规定，在外国判决书所依据的诉讼中，为被判罪人提供法定听证、适当辩护及处罚是由一独立的法院作出，或涉及罚金时，罚金是由一部门作出，针对该决定可请求独立的司法复核。《美国法典》第 2467 条要求请求国官员应当出具宣誓书保证：没收程序是“依照‘正当程序’原则进行的”，“向所有与该财产有利害关系的人员发出了诉讼通知，使这些人员有足够的时间针对指控提出辩护”。但是，如果当事人的合法权利未能得到保障是由于当事人自身的原因造成的，则不会影响没收裁决的承认与执行。汤加《2000 年刑事司法协助法》第 13 条第 3 款（b）项和毛里求斯《2003 年刑事司法协助和相关事项法》第 12 条第 3 款（b）项规定，即使有关人员潜逃或者死亡而没有参加关于没收资产的庭审活动，外国主管机关在合法发出庭审通知后作出的没收裁决同样可以执行。

（三）请求国作出的没收裁决已经生效

这是承认与执行外国没收裁决的重要条件之一，外国没收裁决已经生效意味着该裁决具有终局性，产生了既判力。丹宁法官曾言：“我认为，终局性

---

① 何勤华主编:《外国法制史》，法律出版社 1997 年版，第 197 页。

判断标准是：有合格管辖权的法院作出的判决在作出地法院是否具有终局性和不可推翻性。”[①] 但何为生效判决，大多数国家坚持以不存在继续上诉的可能性予以认定，如汤加《2000 年刑事司法协助法》第 13 条规定，汤加最高法院裁定登记外国没收令的条件之一是：“在登记时，该没收令在外国已经发生效力并且不接受上诉”。

在这里有必要对“生效的没收裁决”和“生效的有罪判决”进行区分。前者是指请求国的有关没收裁决已经发生法律效力，在请求国已完成所有的司法程序，不得再对其提起上诉。后者是指请求国已经完成对被告人的刑事定罪程序。有些国家要求提供生效的有罪判决，如《澳大利亚刑事司法协助法》第 2 节“外国提出的协助请求”第 34 条规定，司法部部长认为“有罪判决和令状经过终审程序判决不会再受到上诉”的，可授权检察官向规定的法院申请登记该令状。因此，请求国必须在提出请求前详细了解被请求国承认与执行外国没收裁决的国内法律制度，以确定没收裁决能否得到承认与执行。

（四）没收裁决不损害被请求国境内善意第三人的利益

没收将强制且彻底剥夺个人的财产权，但不得损害其他因不知情或无过错而持有没收对象的人的合法利益。[②]《联合国反腐败公约》第 55 条“没收事宜的国际合作”第 9 款规定：“不得对本条规定作损害善意第三人权利的解释。”一些国家也为加强对善意第三人权利的保护作了专门规定，例如津巴布韦《1990 年刑事司法协助法》第 32 条第 3 款规定，法院在审查外国没收令时须向利害关系人发出通知，使其获得“适当机会”就登记外国相关令状问题发表意见；澳大利亚《1987 年刑事司法协助法》第 34C 条规定，如果善意第三人可以证明自己对被外国没收令没收的财产享有合法权利，被请求国负责执行外国没收令的法院可以撤销或变更对该外国没收令的登记。

（五）请求国没收裁决的依据和数额应符合被请求国的规定

为保证被告人应受惩罚程度不因所处管辖领域不同而呈现较大差异，部

① Colt Industries Inc.v.Sarlie (No.2) [1966] 1 WLR.

② 参见《联合国反腐败公约实施立法指南》第 423 段。

分国际公约对这一条件进行了规定。有的公约对犯罪类型进行了规定，如1990 年欧盟《关于洗钱、收查、扣押和没收犯罪收益的公约》第 18 条第 4 款规定："如果根据被请求国的请求，未规定对请求所涉及的犯罪类型适用没收的"，可拒绝执行有关的没收裁决。

有的公约对于没收数额设定了最高限额，如 1970 年欧洲理事会《关于刑事判决的国际效力的欧洲公约》第 45 条第 1 款和第 2 款规定，没收数额不得超过被请求国法律为同样犯罪规定的没收的最高限额，如果被请求国没有关于最高限额的规定，则不得超过被请求国通常对于同样犯罪科处的罚金或没收财产的最高数额，除非根据被请求国的法律，对同样的犯罪可以判处更为严厉的刑罚。

有的公约对没收数额设定了最低限额，目的是为了避免为追缴价值较低的财物而耗费较多的合作资源。如《联合国反腐败公约》第 55 条第 7 款规定："如果财产的价值极其轻微，可以拒绝没收事宜的国际合作。"再如，欧盟2001 年《关于反洗钱、识别、追踪、冻结、扣押和没收犯罪财产与收益的框架决议》第 2 条规定："成员国可以拒绝对价值低于 4000 欧元的犯罪收益的没收。"

四、承认与执行外国没收裁决的程序

承认外国没收裁决，意味着认可外国没收裁决的效力；执行外国没收裁决，意味着被请求国的主管机关根据国际条约或者互惠原则以及国内法的相关规定执行外国的没收裁决。承认是指同意和认可，执行是指实施和实行。承认是执行的前提，如果被请求国不承认外国作出的没收裁决，那么，也就不会涉及执行的问题，而对于没收裁决来说，最终得到执行才是请求司法协助的目的。根据相关国际公约和各国国内立法，承认与执行外国没收裁决一般应当分为联系程序、审查程序和执行程序。

1. 联系程序

请求承认与执行没收裁决的联系程序主要涉及两个问题：一是请求国提出请求需要提交的材料；二是请求国通过何种途径向被请求国提出请求。请求国向被请求国提出承认与执行没收裁决的请求时，须提交正式的书面请求。该书面请求须包括如下内容：作出没收裁决和提出请求的机关名称；执行裁决请求所依据的犯罪事实概述和必要的证据；已经发生法律效力的没收裁决的副本以及该国法院判决时所适用的法律条文文本。上述材料可通过四种方式送达被请求国：①通过请求国和被请求国之间的司法途径送达；②通过请求国和被请求国之间的外交途径送达；③如果被请求国同意，可直接送达给被请求国的主管机关；④在紧急情况下，也可由国际刑警组织送达。四种方式如何选择，一般依照两国之间签订的双边条约或加入的国际公约进行确定。如果两国之间没有双边条约或没有共同加入的国际公约，或者双边条约或国际公约没有相关规定，则两国可对送达途径进行协商。请求承认与执行没收裁决的相关材料已经送达被请求国后，被请求国便取得了承认与执行该没收裁决的权利，且是否承认该没收裁决以及具体如何执行该没收裁决均由被请求国自行决定，请求国无权干涉。

2. 审查程序

当被请求国接到外国承认与执行没收裁决的请求后，应当依据其本国的法律和参加的国际公约、多边或双边条约等对请求书及相关材料进行审查。由于如何确认犯罪事实及证据属于请求国的司法权，按照国际惯例，这里的审查程序一般不涉及实质性审查，而只作形式上的审查。多数国家在进行形式上的审查时往往采用“双重审查模式”，即司法审查和行政审查并用。司法审查是由被请求国司法机关从法律原则、条件等方面对请求进行审查，是否符合本国相关规定，是否存在拒绝协助的理由。由于只作形式上的审查，因此不审查外国没收裁决是否具有充分的事实根据，仅对没收裁决的形式合法性进行审查。被请求国法院可审查外国提交的生效判决、审判卷宗等材料以及所附的正式译本，并允许与没收裁决有关联的任何人提出陈述意见，必要时可扣押财产。经审查后认为符合承认与执行条件的，宣告执行，否则不予宣告。同时为了使外国裁决具有本国国内法效力，必要时被请求国可以裁定进行财产刑转换。行政审查是在司法审查的基础上，对请求国提交的有关证明文件以及被请求国提出的司法审查意见进行审查，目的在于审查请求内容是否违反国家主权、公共秩序和国家重大利益，是否符合有关法律制度等，审查之后作出最终是否对该外国没收裁决予以承认与执行的决定。

3. 执行程序

被请求国主管机关宣告执行外国没收裁决后，该国司法机关即可启动执行程序。对外国没收裁决的执行非常复杂，涉及对相关资产的冻结、扣押、没收及财产权转移等问题。当具体执行外国没收裁决时，应当严格按照被请求国国内法律规定的相关程序进行。被请求国还应在执行过程中及时向请求国通报执行情况。

五、承认与执行外国没收裁决的立法模式

综观各国国内立法，有许多国家规定了承认与执行外国没收裁决的制度，就其立法模式而言，有专门在刑事诉讼法典中加以调整的“一般立法模式”，也有在刑事司法协助法中专门调整的“专门立法模式”，还有综合运用的“结合立法模式”。

第五章　境外追赃之资产分享问题

无论是狭义刑事司法协助，还是承认与执行外国没收裁决，国际刑事合作的最终目的是为了实现赃的返还，考虑到资产流入国对赃的实际控制权，赃被没收后并不必然导致返还资产流出国，这就涉及“赃”的处置问题，即资产分享。长期以来，国家间相互无偿提供司法协助，符合国际法的基本原则和国际合作的基本理念与精神，但随着跨国犯罪日趋严重，涉案赃款日益巨大，拒绝资产分享往往不利于推动国家间资产追回的司法协助，甚至会影响资产流出国与资产流入国建立在互惠和互信基础上的司法合作关系。[①] 为鼓励国家间司法协助，资产分享逐步被提上了国际司法执法合作的议程，逐渐成为国际社会较为成熟的关于犯罪资产处置的方案。

本章就资产分享问题进行研究，内容涉及资产分享的概念、特征、原则、价值、国际法依据、主要资产流入国资产分享的立法与实践以及资产分享案例研究等。本章“主要资产流入国”的范围与第 3 章“主要资产流入国”的

① 参见黄风:《资产追回问题比较研究》，北京师范大学出版社 2010 年版，第 7 页。

范围并不一致，本章选取的主要资产流入国包括美国、加拿大、澳大利亚、英国等，是以资产分享“协议前置”还是“非协议前置”为标准进行的分类，而非以英美法系国家与大陆法系国家进行的分类，在此特作说明。

第六章 我国境外追赃刑事法律机制的建构与完善

一、我国没收制度的完善

（一）没收对象的相关法律的完善

第一，目前国际上对没收对象通行的称谓是犯罪所得及收益、犯罪工具，我国则是违法所得、违禁品、用于犯罪的工具通行，两法[①]规定的没收对象并不一致，另外，两法之间也存在称谓及范围界定的不一致，《刑事诉讼法》因“其他涉案财物”的规定，其没收对象的范围显然大于《刑法》的规定。笔者建议，为了便于开展境外追赃的刑事司法合作，同时也是为了履行相关国际公约所规定的立法义务，我国应将没收对象的称谓改为“犯罪所得及收益、犯罪工具”，以与国际上通行的称谓相统一。

第二，我国没收的对象仅仅是指直接来源于犯罪的收益或者与犯罪直接相关的作案工具、违禁品等，范围规定的过窄，没有将通过犯罪间接获得的财产纳入没收的范围。而相关国际公约和各国对于没收对象的范围的界定不仅包括直接来源于犯罪的收益及工具，还包括通过犯罪间接获得的财产。笔者建议，在法律上对没收对象的称谓与国际通行称谓统一的基础上，对其内涵和外延也予以统一。

第三，我国的没收仅是以财产为基础的没收，当相关财产因第三人善意取得或者因损毁、灭失等不存在时，便无法实现没收。笔者建议，应当将以价值为基础的没收引入我国法律，当相关财产无法没收时，可以没收与其价值相当的合法财产。

第四，犯罪分子往往将犯罪所得转换成其他形态，而我国并无对犯罪所

① 特指《中华人民共和国刑法》和《中华人民共和国刑事诉讼法》。

得转换后的形态予以追缴的规定。《联合国反腐败公约》中规定的没收对象的三种转换形态为：替代性形态，是指当犯罪所得已经部分或者全部转变或者转化为其他财产，则应当以这类财产代替原犯罪所得而对之没收；混合性形态，是指当犯罪所得已经与从合法来源获得的财产相混合，则应当在不影响冻结权或扣押权的情况下对这类财产予以没收；利益性形态，是指对于来自犯罪所得、来自犯罪所得转变或转化而成的财产、来自已经与犯罪所得相混合的财产的收入或其他利益，应当予以没收。笔者建议，为了更有效地打击犯罪，我国法律应当将没收对象的范围扩大化，将犯罪所得的转化形态纳入没收对象的范围。

第五，我国对于没收对象范围的界定可借鉴英国《犯罪收益追缴法》中的规定，以是否具备“犯罪生活方式”来推定被告人犯罪所得的范围，即如果对被告人犯罪行为性质和特点进行分析后，认定被告人的日常生活对犯罪经济效益具有依赖性，且被告人不具有其他合法收入来源，则可将没收范围扩大至其所有的一切犯罪所得及收益，而不论该财产是否与现行刑事定罪有关。这种推定方式与我国《刑法》第 395 条第 1 款规定的“巨额财产来源不明罪”的构罪原理有些类似，都是针对与具体犯罪无关的财产。具体条文是，“国家工作人员的财产、支出明显超过合法收入，差额巨大的，可以责令该国家工作人员说明来源，不能说明来源的，差额部分以非法所得论，处五年以下有期徒刑或者拘役；差额特别巨大的，处五年以上十年以下有期徒刑。财产的差额部分予以追缴。”由于该罪是针对人的，且以定罪为前提，另外还须数额特别巨大，才会处五年以上十年以下刑期，量刑标准较高，刑罚较低，无法有效吓阻犯罪。如果我国法律能够借鉴英国的“犯罪生活方式”推定，则恰恰能够弥补这个缺陷，只要被告人被推定为具有犯罪生活方式，就可以对其所有的一切财产予以没收，对犯罪分子能够起到震慑作用，也利于有效预防和打击犯罪。

第六，就没收的对象而言，我国法律规定一般仅限于被告人所有的财产，尤其是犯罪工具，仅以犯罪所用的本人财物为限，不能及于第三人，但外国可以及于第三人所有的物品，如《德国刑法典》第 73 条规定，第三人允许其所有的物品用于犯罪或明知行为人有实施犯罪的目的而允许行为人使用时，应对该第三人所有的物品予以追缴。笔者建议可考虑将第三人所有的与犯罪有关的财物纳入没收对象的范围。

（二）我国刑事冻结、扣押制度的完善

刑事没收前的保全措施，即冻结、扣押措施，是指依照法院或者其他主管机关的命令暂时禁止财产转移、转换、处分、移动或者对财产实行暂时性扣留或者控制。从内容来看，扣押、冻结有两类：一是以调查取证为目的，二是以取得没收令为目的。本节研究的是后者，原因在于前者不涉及财产所有权的移转，用完应立即返还被请求国，后者则涉及财产权的剥夺或变更，具有严厉的制裁性。

我国的刑事冻结、扣押，体现在《刑事诉讼法》第 2 编第 2 章第 6 节“查封、扣押物证、书证”，是指因侦查犯罪的需要，公安机关、人民检察院对犯罪嫌疑人的各种财物采取的强制性措施，具体包括查询、冻结犯罪嫌疑人的存款、汇款、债券、股票、基金份额等财产；查阅企事业单位、机关、团体有关的会计凭证、账簿等资料[①]；查封涉案的土地、房屋等不动产，涉案的车辆、船舶、航空器和大型机器、设备等特定动产。与国际条约以及其他国家相比，我国的刑事冻结、扣押程序启动的决定主体、适用条件和证据标准等方面都需要完善。

（三）我国刑事没收制度的完善

我国刑法和刑事诉讼法都对没收有所规定。《刑法》第 59 条关于没收财产的规定以及第 64 条关于违禁品和供犯罪所用的本人财物的没收规定，这是实体法上的没收，即刑罚没收和刑事司法没收。刑事诉讼法典专设“犯罪嫌疑人、被告人逃匿、死亡案件违法所得的没收程序”一章，该没收属于特别没收程序。

---

① 参见《中国人民银行、最高人民法院、最高人民检察院、公安部关于查询、冻结、扣划企业事业单位、机关、团体银行存款的通知》第 1 条之规定，颁布并实施于 1993 年 12 月 11 日，现行有效。

二、我国境外追赃刑事司法协助制度的完善

（一）向外国提供冻结、扣押、没收的刑事司法协助

如前文所述，我国刑事没收的决定主体混乱，笔者建议将没收包括冻结、扣押的决定权统一于法院，因此，对外国冻结、扣押、没收请求的审查权也应由法院行使。关于审查条件，首先应当以我国冻结、扣押、没收的条件为基础，其次，外国还需证明拟请求冻结、扣押、没收的财产位于我国境内。按照国际惯例，我国也应仅进行形式性审查，不作实质性审查。关于请求途径，应当以双边条约规定的途径提出，如没有签订双边条约，则应当通过外交途径提出。

（二）向外国请求冻结、扣押、没收的刑事司法协助

我国在刑事司法协助方面，亟须建立稳定的、分工负责的和制度化的工作机制，尽快改变目前主要依赖公、检、法首脑机关、司法部和外交部职能部门的运作方式，特别是在境外追逃追赃案件不断增加的情况下，应当更多地调动地方办案机关的积极性，由办案机关负责相关司法协助请求的拟定以及支持请求的证据材料的准备，而公、检、法首脑机关、司法部和外交部职能部门则主要发挥指导、把关、协调和对外联系的作用。

三、我国承认与执行外国没收裁决制度的建构设想

（一）我国承认与执行外国没收裁决制度的立法缺失

承认与执行外国没收裁决，在我国刑事立法与司法实践中尚处于空白，但我国《民事诉讼法》第 281 条和第 283 条明确规定了承认与执行外国法院作出的裁决、国外仲裁机构作出的裁决的方式：一是当事方直接向我国有管辖权的中级人民法院提出申请；二是由外国法院依据该外国与我国缔结或参加的国际条约，或按照互惠原则提出请求，此处所指的国际条约及互惠原则便是外国民商事及仲裁裁决在我国法院得到承认与执行的法律依据。但在刑事司法协助中，由于立法的缺失，外国法院作出的没收裁决很难在我国得到承认

与执行，同时我国“没收个人全部财产”的刑事罚没裁决与绝大多数国家“追缴的财产必须与犯罪有关”的立法理念存有差异，致使我国没收裁决在外国也得不到承认与执行。

（二）我国承认与执行外国没收裁决制度的路径考量

《联合国打击跨国有组织犯罪公约》、《联合国反腐败公约》等国际公约在没收事宜的国际合作中，均要求缔约国在本国法律允许的范围内，最大限度地承认与执行请求国作出的没收令。而我国刑事立法至今尚无承认与执行外国没收裁决的制度①，导致我国在境外追赃刑事司法合作中的话语权受到极大的限制，同时基于互惠原则外国也会拒绝我国作出的没收裁决，因此，构建承认与执行外国没收裁决制度已迫在眉睫。

1. 立法模式

如前文所述，各国关于承认与执行外国没收裁决的立法模式有三种，一是一般立法模式，二是专门立法模式，三是结合立法模式。我国刑法已引入了刑事司法协助的概念，可参考结合立法模式，另行制定刑事司法协助法，在刑事司法协助法中设定对外国没收裁决的承认与执行制度，或者修订刑事诉讼法，在刑事诉讼法中单设一章，规定对外国没收裁决的承认与执行制度。

2. 审查主体和承认与执行的方式

构建我国承认与执行外国没收裁决制度，首先需要解决由哪个机关负责审查的问题。综观外国关于承认与执行的审查主体的立法，一般将审查权授予较高层次的法院行使，以确保审查的权威性和统一性。如《新加坡刑事司法协助法》第 30 条第 1 款规定，对外国主管机关提出的没收令请求，新加坡总检察长或总检察长授权的人员可以向高等法院提出申请，由高等法院审查确认登记后执行。为此，有学者建议由最高人民法院负责，必要时可授权省、自治区、直辖市的高级人民法院行使。②也有学者认为，司法审查权应赋予财

---

① 有学者认为，2001 年中国与乌克兰缔结的《中华人民共和国与乌克兰关于移管被判刑人的条约》，开创了中国承认与执行外国生效刑事裁判的先例，本文研究的外国法院作出的罚没裁决的承认与执行，在追赃方面尚无立法上的依据。参见毛兴勤：“违法所得没收裁定的域外执行：机遇、挑战与进路”，载《法治研究》2014 年第 3 期。

② 毛兴勤：“违法所得没收裁定的域外执行：机遇、挑战与进路”，载《法治研究》2014 年第 3 期。

产所在地的高级人民法院行使，并援引《中华人民共和国引渡法》第 24 条第 2 款，指出引渡裁定由高级人民法院作出，同时还可根据请求国的请求，对移交与案件有关的财物一并作出裁定，为保持司法职权配置的统一性，建议统一授权高级人民法院行使。① 笔者赞同前一种观点，承认与执行外国没收裁决事关国家公共利益，较民事司法协助更具政策指导性，为统一尺度，应慎重对待，将审查权授予最高人民法院行使较为妥当，由最高人民法院通过裁定的方式对外国没收裁决予以承认与执行。

3. 我国承认与执行外国没收裁决的条件

对于我国承认与执行外国没收裁决的条件，笔者认为，可参照我国缔结的有关条约来把握我国承认与执行外国没收裁决的适用条件。针对相关条件，我国仅进行形式性审查，不作实质性审查。

第一，不得损害国家主权、安全或者违反社会公共利益，也不得与我国法律的基本原则相违背。我国缔结的双边刑事条约均对此条件作出了规定，同时这也是《中华人民共和国民事诉讼法》对民商事司法协助合作提出的原则性要求。

第二，请求国作出的没收裁决是在对当事方各项诉讼权利充分尊重并保障的基础上作出的。需要注意的是，在被告人、犯罪嫌疑人潜逃、死亡的情形下，依据请求国的法定程序作出的没收裁决，我国也可承认与执行，这也符合《联合国反腐败公约》的相关规定。

第三，请求国已就涉案犯罪所得作出没收裁决，该裁决已过上诉期并发生法律效力，不能再通过上诉途径予以推翻，具有终局性。

第四，不得违反一事不再理原则，即外国不得对同一案件同一被告人再次作出裁决，或者作出的裁决不得与我国司法机关作出的罚没裁决、与获得我国承认的外国罚没裁决存有冲突，否则应拒绝承认与执行。

第五，不得损害善意第三人的利益，只要该第三人在我国境内对没收裁决针对的财物享有合法的正当权利，且没收裁决请求所针对的人员在我国领域内与他人不具有民事上的债务关系。

---

① 黄风:《中华人民共和国国际刑事司法协助法立法建议稿及论证》，北京大学出版社 2012 年版，第 182 页。

第六，符合双重犯罪标准，即外国没收裁决所针对的犯罪事实，如发生在我国境内也应构成犯罪。虽然该标准目前也存在一些突破，如《中华人民共和国政府和美利坚合众国政府关于刑事事项司法协助的协定》明确规定，双方可以就某一特定犯罪或特定领域内的犯罪行为，在司法协助方面进行商定，而不论依据双方的国内法是否均成立犯罪，但是，在承认与执行外国罚没裁决问题上，由于此类裁决构成对当事人财产权的剥夺，具有明显的强制性，一般应当严格遵循双重犯罪原则。

第七，外国没收裁决所请求的财产位于我国境内，该财产具有可执行性。如果外国没收裁决所针对的财产价值极其轻微，也可予以拒绝。

四、我国境外追赃资产分享制度的完善

（一）我国境外追赃资产分享立法与实践现状

在国际司法合作日渐频繁的今天，在境外追赃分享逐渐成为一项通行惯例的情况下，中国就追赃资产分享已经开始作出一些尝试。2007 年我国颁布的《禁毒法》明确肯定了分享制度，并将其规定于第 5 章“禁毒国际合作”之中。中国外交部、司法部、最高人民检察院等部门已就资产分享在个案中进行了初步尝试。国内诸多学者，如黄风教授、张士金教授等对资产追回机制也有较为成熟的研究，对资产分享机制也有所涉及，以上均为中国资产分享的构建与完善提供了理论与实践经验。

（二）我国境外追赃资产分享制度的完善

1. 构建我国资产分享的原则

我国追赃之路任重道远，进行资产分享在某种意义上是必然选择：一是要从我国国情出发，尽快完善相关的国内法，积极推进与主要资产流入国的资产分享协定的制定；二是要对外国（尤其是资产分享发展较为成熟的美国、加拿大等国）资产分享制度加以研究，以便能更合理地确定资产分享比例，以更积极的态度和更公平的理念参与国际司法合作。

（1）立足国情。我国在国际司法合作中与相关国家就犯罪所得进行分享尚缺乏明确规定，仅就个案问题进行过探索。长期以来，学术界和实务界皆

对资产分享不以为然，而将其对主权的侵害性绝对化。近年来的境外追赃实践，使我国逐步认识到“除非分享否则不合作”这一西方国家所持的态度，追回被非法转移的犯罪所得资产成功与否，在很大程度上取决于是否建立了稳定的资产分享渠道，因此，依然需要制定完善的分享机制。

（2）接轨国际。基于国际司法协助形势的发展，探索资产分享机制势在必行。我国目前加入的一些国际条约，如《联合国反腐败公约》、《打击跨国有组织犯罪公约》已对资产分享作出了指导原则和具体规定，一些发达国家如美国、英国、加拿大等较为成熟的资产分享机制也为中国的立法实践提供了很好的借鉴。与国际接轨，共同打击犯罪进行资产追缴，积极与他国进行洽谈，争取在进行资产追回司法协助之前就能制定较为完善的追回机制，当然包括对追回资产的分享机制。

（3）对等互惠。鉴于我国目前资产外流的严重情况，我国政府应逐渐转变态度，树立资产分享意识。事实上成功的境外追缴合作本身就是对有关犯罪和向国外转移犯罪所得的沉重打击和威慑。在坚持主权原则的基础上，我国应正视资产分享问题，不论我国处于请求国抑或被请求国的立场，都应该秉持对等互惠、公平公正的原则探索资产处置的适宜方式，以期实现国际间刑事司法协助的全面发展和完善。

2. 构建我国的“资产分享法”

为了实现犯罪资产“最大化追回”的目的，我国不仅要推进资产分享协议的进程，而且要完善国内的相关法律规定，在构建我国的“资产分享法”的基础上，对具体案件进行具体分析。

（1）中国“资产分享法”的形式。资产追回和资产分享具有时间上的承继关系，构建专门的资产分享法会割裂关联行为的内在联系，造成立法上的冗乱和执法上的繁复。正是因为境外追赃资产分享是资产追回的后续行为，可将其规定于同一法律的前后章节之中，具体探讨分享的主体、分享的客体、分享的比例及其他相关事项。由于刑事司法协助的双向性，在制定资产分享法律规则时应全面考察中国作为资产流出国和资产流入国的双重角色时的不同情形。

（2）建立“费用补偿”和“赃款分割”制度。在与外国缔结包含刑事司法协助内容的条约时增加“费用补偿”和“赃款分割”条款。“费用补偿”不同于赃款追回后由资产所在国扣除的合理必要费用，但此费用的主要用途依然是为资产所在国进行司法协助提供便利，其来源有可能是国内专门基金或者国家专项拨款，也有可能来自国家向世界银行等国际金融机构的预先贷款；提供时间不只是在资产已经追回并处于资产所在国司法管辖之下，也有可能是在资产所在国提供司法协助之前预先支出。“赃款分割”主要是明确中国关于赃款分割的具体原则，有利于资产所在国了解中国对资产分享的态度，有助于其主动积极地进行资产追回的配合工作。

（3）确定资产分享方式。目前，实行资产分享的国家一般采取三种方式，即协议前置、个案协商、协议前置与个案协商相结合。加拿大是“协议前置”的典型代表，坚持“无协议不分享”。美国在处理资产分享的问题上比较灵活，既接受“协议前置”，也可以“个案协商”。鉴于目前中国在资产分享问题的处理上还不是很成熟，缺乏丰富的实践经验和明确的法律依据，因此，可以先采取“个案协商”的方式来处理资产分享问题，在进行国际间司法合作时，要有双向考虑，不仅要追求中国利益最大化，还要考虑双方合作的持续性和对方的司法态度以及实际的执法合作需要，如追缴的资产额度、涉及的资产范围、追缴的难度等。

（4）确定负责资产分享的机构。负责与外国洽谈分享事宜的协商主体应为国家的中央机关。美国资产分享的主要负责机关是司法部和财政部，并且设立了专门的没收财产基金，用以接收和支付分享的资产。加拿大更是在立法中明确规定，与其进行分享的国家必须要明确指定一个官方机构负责处理资产分享的相关问题，加拿大由总检察长负责决定是否进行资产分享以及资产分享的比例。鉴于目前国际上多数国家的做法，中国应指定一个官方机构（例如可以由司法部和财政部联合）来负责和协调资产分享的相关事宜，在其统筹之下，由相关部门组成境外追赃联合小组进行具体的实践操作。为保障资产追回和分享的切实可行性，应设置专门的基金或账户，以便于专款专用。

（5）明确规定“合理费用”的范围。无论是资产的直接追回，还是间接追回都会产生合理费用。就资产直接追回而言，资产流出国的请求依据是民事诉讼及刑事没收的途径。通常来说，民事诉讼方式更易实现，该种方式可能产生如下费用：一是获取证据的费用。通常，资产流失国在民事程序中为了获取相关证据，会请求资产所在国进行司法协助，如请求法院发布披露令、不得通知令、搜查扣押令等对财产追踪、财产保全采取措施[①]，还包括资产所在国的金融机构以及资产监管机构进行运作产生的必要费用。二是审判的费用。因审判而致的诉讼费用理应由资产流出国承担。三是执行的费用。资产流出国应全部或部分承担资产流入国的执行机关的司法费用

（6）确立与有关国家具体的分享比例标准。目前，国际上通行的做法是考虑被请求国在司法合作中做出的贡献大小来确定分享的比例。美国根据贡献多寡将分享比例大致设置为3个区间，即50%~80%，40%~50%及40%以下。加拿大也是依司法协助中所做贡献的大小来确定分享比例，但其规定在任何案件中，加拿大最低分享比例为10%，贡献最大的司法管辖区分享的比例可高达90%。因此，中国在确定资产分享比例时，应遵循公平互惠原则，依据双方在资产追回中的贡献大小采取适当的分享比例，为此，建议先从个案出发与资产所在国以协商的方式商定分享比例，同时还应充分考虑涉案额度，资产形式如存款、房产、股票以及提供信息的重要性等。考虑到我国和美国的客观差异，可在借鉴区间分配的基础上，适当调整适应于我国的分享比例。

3. 相关法律制度的配套改革和完善措施

（1）实体法方面——扩大追赃范围。从各国刑事司法协助来看，无论行为是否对资产流失国的财产造成了损害或者侵害，只要是“不正当所得”且脱离了本国的司法管辖，不管是物质性的、非物质性的，在不考虑资产所在国对资产追回的限制，特别是双重犯罪的情形下，都可以纳入境外追赃的范围。我国应在实体法方面，切实拓宽境外追赃的范围。

（2）程序法方面——规范补偿程序。为了保证刑事司法协助行为的切实有效，对于资产流入国诉讼前的保全措施，资产流出国应予以资金支持和补偿，就我国而言，资金来源可由财政部联合相关部门建立专项基金。资产流入国的有关金融机构的专业报告对于案件的作用不容小觑，在程序方面还应完善对相关金融机构提供包括资金支持在内的一切便利条件，以便及时获取追赃资产的有力证据并得到当地政府及执法机关的有力帮助。

（3）证据法方面——完善证据收集。无论是依据国内有效判决申请执行

① 参见张士金：《资产追回国际法律合作问题研究》，中国人民公安大学出版社2010年版，第140页。

境外赃款赃物还是直接在国外提起民事追偿程序，都需要有力证据做支撑。对于前者，国外审查所作判决的依据是合法、有效、正当；对于后者，证据链条的完整有效性，是资产所在国法院签发扣押、冻结以及没收令的依据。我国应着重完善证据收集制度，证据收集不限于案发后有关部门的联合调查，案发前如在犯罪的预防与监测阶段，对相关账户资金流转链条的跟踪也极为重要，司法部门要联合银行等金融机构，对相关当事人的账户等信息及时进行追踪调查，做到防患于未然。

五、我国洗钱罪刑事法律完善

（一）我国关于自洗钱行为是否构罪的规定

自洗钱行为是指上游犯罪行为人自行实施掩饰、隐瞒上游犯罪所得及其收益的来源和性质的行为。至于自洗钱行为是否独立构成洗钱罪，依据罪刑法定原则，需要对我国洗钱罪的构成进行分析。依据《中华人民共和国刑法》第 191 条的规定，具有如下行为的人或单位才能构成洗钱罪：提供资金账户的；协助将财产转换为现金、金融票据、有价证券的；通过转账或者其他结算方式协助资金转移的；协助将资金汇往境外的；以其他方法掩饰、隐瞒犯罪的违法所得及其收益的来源和性质的。该法条中，前四项行为均是“协助行为”，犯罪主体为提供“协助行为”的非上游犯罪的他犯。关于第 5 项行为的主体，根据《最高人民法院关于审理洗钱等刑事案件具体应用法律若干问题的解释》第 2 条的规定，也均属提供“协助”的行为，即该项行为的主体也仅指上游犯罪行为人以外的其他人。

（二）对于自洗钱行为能否入罪问题的分析

笔者认为，自洗钱行为应当入罪，其对于打击洗钱犯罪以及上游犯罪，推进境外追赃工作的开展具有重大意义。自洗钱行为应当入罪的理由如下：

第一，自洗钱行为具备犯罪的严重社会危害性。自洗钱行为的社会危害性与目前刑法规定的洗钱罪的社会危害性在本质上是一样的，二者均会破坏国家的金融管理秩序，妨碍司法机关查处犯罪。根据刑法面前人人平等的基本原则，既然上游犯罪行为人以外的他人实施洗钱行为可以构成洗钱罪，则自洗钱行为人也应当构成洗钱罪。

第二，自洗钱行为具备独立构罪的基本构成要件。根据自洗钱行为的法律特征，该行为根本不需要依附于上游犯罪行为的定罪，其本身就可以作为一个独立的定罪情节进行评价。理由如下：一是自洗钱行为有着不同于上游犯罪的主观故意：明知系上游犯罪的犯罪所得及收益，而故意掩饰、隐瞒其性质和来源，积极追求将犯罪所得及犯罪收益合法化；二是自洗钱行为有着不同于上游犯罪的行为方式，自洗钱行为人通过转账、转移、转换等方式对犯罪所得及收益进行合法化；三是自洗钱行为所侵害的法益不同于上游犯罪：侵害了司法机关正常的公务活动和国家的金融管理秩序。自洗钱行为侵害的是新的法益，且该行为并不包含在上游犯罪的行为中，因此不是不可罚的事后行为①。由此可见，自洗钱行为已经具备洗钱罪的犯罪构成要件，可以独立构罪。

第三，自洗钱行为入罪有助于中国开展境外追赃工作。在境外追赃的司法实践中，往往存在这样的情况，对于证明上游犯罪行为人实施了上游犯罪行为缺乏足够的证据，但有确实充分的证据证明该人实施了自洗钱行为。这种情况下，由于自洗钱行为不入罪，而导致无法对自洗钱行为启动刑事调查程序，也就无法获取上游犯罪违法所得与境外非法资金之间具有实质联系的证据材料，最终导致既无法通过违法所得没收程序作出刑事没收裁决，也无法提供有效证据以请求有关国家提供刑事司法协助。因此，为了有效开展境外追赃工作，有必要将自洗钱行为独立定罪。

（三）立法建议

从世界各国的立法经验来看，大陆法系的瑞士、西班牙、葡萄牙、日本、韩国等国家和我国的台湾、香港、澳门地区，以及英美法系的美国、英国、澳大利亚、加拿大、新加坡等国已将自洗钱行为作独立定罪处理。在目前理论允许与实践需要的情况下，我国立法者应当及时对相关法律予以改进。

如果对自洗钱行为独立定罪，则涉及如何对自洗钱行为人进行处罚的问

---

① 不可罚的事后行为须具备两个要件：一是在事前的状态犯中通常被包含的行为，二是不存在新的法益侵害的情况。参见马克昌：《比较刑法原理——外国刑法学总论》，武汉大学出版社 2002 年版，第 784 页。

题。由于在上游犯罪行为与自洗钱行为之间存在原因行为与结果行为的牵连关系，自洗钱犯罪行为人属于牵连犯。[①]那么，对于牵连犯，是按照“从一重罪处断”原则处罚，还是数罪并罚呢？如前文所述，自洗钱行为具备犯罪的严重社会危害性，具备独立构罪的基本构成要件，侵害了新的法益：司法机关正常的公务活动和国家的金融管理秩序，只有对自洗钱行为与上游犯罪数罪并罚才能进行充分评价，更能有利于打击上游犯罪和洗钱行为。并且我国刑法对于某些牵连犯的处罚也明确规定了数罪并罚，例如我国《刑法》第157条第2款规定，对于以暴力、威胁方法抗拒缉私构成牵连犯的，以走私罪和阻碍国家机关工作人员依法执行职务罪数罪并罚。另外，其他国家如英国、美国、日本等国和我国台湾、香港、澳门地区也都规定对自洗钱行为人以上游犯罪和自洗钱犯罪进行数罪并罚。

为此，笔者建议，在《刑法》第191条第1款后增加一款：“毒品犯罪、黑社会性质的组织犯罪、恐怖活动犯罪、走私犯罪、贪污贿赂犯罪、破坏金融管理秩序犯罪、金融诈骗犯罪的行为人为掩饰、隐瞒其犯罪所得及所产生收益的来源和性质，对获取的犯罪所得及产生的收益实施前款规定的洗钱行为的，依照数罪并罚的规定。”

作者简介：解彬（1971—　），男，汉族，山东诸城人，法学博士，山东诚公律师事务所主任，兼任潍坊市第九届、第十届、第十一届、第十二届政协委员，潍坊市奎文区第十七届人大代表等，曾挂职担任西藏自治区日喀则市人民检察院副检察长。主要研究领域为刑法学。截至目前，出版个人专著《境外追赃刑事法律问题研究》一部，在《刑法论丛》、《人民论坛》和《前沿》等学术期刊上发表论文近10篇，并荣获2013年、2014年山东律师优秀论文刑事类一等奖。

① 参见赵金成：《洗钱犯罪研究》，中国人民公安大学出版社2006年版，第212页。

第五编
民商事法学

中美商标侵权行为认定之比较研究*

田　琳

目　次

随着全球经济一体化进程的加快，国家对商标这类知识产权的保护越来越凸显其重要性。我国的商标法，几番易稿修改，已经基本上适应了 TRIPS 协议的要求，但是与世界上其他发达国家如美国商标法尚存在一定的差距。美国作为世界上最大的资本主义国家，贸易发展非常快，商标制度出现的较早也较为完善。当前，中美之间的贸易往来越来越频繁，但是由于两国的立法情况与保护知识产权的意识和力度的差异，中美之间大量的商品或服务贸易中不可避免地发生商标冲突与侵权事件，进而增加贸易壁垒的可能性，给当事国的经贸利益造成损失。因此，我们的企业在对美贸易之前必须做好行之有效的对策，既要保护自己的知识产权，也要尊重对方的知识产权，这就需要对两国的商标制度尤其是侵权行为认定制度有比较全面和深刻的理解。本文旨在通过对中美两国商标侵权制度中的侵权认定标准做全面的分析和比

* 本博士论文作者田琳，2007—2010 年在北京师范大学法学院攻读民商法专业博士学位，导师韩赤风教授，2010 年博士研究生毕业并通过学位论文答辩。

较研究，找出两国商标侵权认定制度中的共性和差异，以寻求完善我国商标侵权认定制度的途径以适应当今迅速发展的国际贸易趋势，尤其是中美两国贸易的和谐发展。

本文对中美两国侵权行为认定的比较研究内容主要有以下几方面：

一、混淆可能性原则上在中美商标法中的体现及应用

美国商标法明确提出以混淆可能性（Likelihood of Confusion）作为判定商标侵权的标准。依照混淆理论，判定是否侵害商标权，核心问题在于被指控者使用的商标是否可能导致消费者混淆，即所谓混淆可能性。但是对两个商标标示的产品是否会产生混淆，本身就可能因个案的不同有所差别，而侵害商标权要求的又是并不确定发生的可能性，这种双重的不确定性，就使得混淆可能性的判断更加复杂。这部分内容对美国商标法中的混淆可能性理论，尤其是判断混淆可能性的考虑因素做了比较详细和透彻的剖析。

在美国判例法中判定混淆可能性的比较重要的要素包括：1. 商标整体在音、形、义及商业印象方面的（非）相似性；2. 与在先使用商标的商品或服务的（非）相似性；3. 与已经建立起来的可能持续的商业渠道的（非）相似性；4. 冲动购买者与谨慎、富有经验的购买者的（非）相似性；5. 在先商标的知名度（包括销售情况、广告投入、使用时间的长短）；6. 在相似商品上使用相似商标的数量与实质；7. 事实混淆的实质和程度；8. 在没有证据证明购买者存在事实混淆情况下商标同时使用持续的时间和情况；9. 商标是否在多个品种上使用了总商标；10. 商标申请者与在先商标所有人之间的商业联系；11. 商标申请者排除他人在其他商品上使用该商标的权利程度；12. 潜在混淆的程度；13. 其他既成事实提供证据证明使用的影响范围。这是单个要素，是美国联邦上诉法院在 1973 年的杜邦案中确立的判定存在混淆可能性的十三个要素，也称杜邦要素或是十三要素测试法。[①] 文章对上述相关要素做了详细介绍和分析。

我国立法虽然没有明确提出混淆可能性这一概念，但是法律规定中还是隐含了这层含义的。但是，从我国商标法的目的、立法精神和适用来看，我

---

① See E.I. *DuPont De Nemours & Co.*, 476 F.2d 1357, 1361（C.C.P.A.1973）.

国商标法中有关混淆可能性的规定往往是以商标相似或者相同为前提的，虽然其也隐含了“混淆可能性”的认定标准，但是这与美国商标法中以混淆可能性作为商标相似或是相同的前提及唯一侵权认定标准是不同的，根据我国商标法的有关规定，在我国商标立法中没有直接将混淆可能性作为侵权认定的标准。这样的立法模式有其优点，即法院可以直接通过判断商标或者商品等的相似与否来认定侵权，表面上具有很强的可操作性。但是这种规定，如前所述，忽略了商标相似与发生混淆可能性之间真正的关系，而在实际中，大量的案例表明，商标相似仅仅是认定混淆可能性的参考要素之一，而且商标相似并不必然导致混淆可能性，商标不相似却仍有可能导致混淆。这说明，商标相似与混淆可能性之间并不是相应的因果关系，无论是将混淆可能性作为商标相似的前提条件还是将混淆可能性作为商标相似的应然结果都是不正确的。笔者认为，认定商标侵权最为关键的问题就是混淆可能性的存在，商标相似不过是认定过程中所需要考虑的要素之一，如果混淆可能性已经认定，那么其他要素也无须再考虑。因而提出我国商标法的修改方向，即应以混淆可能性为基本标准，同时在商标诉讼中引入商标问卷调查，准确理解和把握服务商标的类别，重视商业外观的侵权认定并根据形势发展的需要适当扩大认定混淆可能性的范围，充分借鉴美国已有的成熟理论，完善我国的商标侵权认定制度。

二、驰名商标的特殊保护在中美商标法中的适用

驰名商标的特殊保护这一问题在美国主要属于商标的反淡化范畴，商标淡化在美国从理论上升到立法层次经历了很多磨难和否认，但最终联邦一级的反淡化法案的出台至少证明了这一理论的存在有一定的正当性。然而，许多问题在立法前后都一直存在，并且阻碍着淡化理论在实践中的施行，这里尤其以淡化诉讼中的证明标准为甚。同时，尽管关于反淡化的立法在不断完善，法官对这一理论优势的怀疑却时常存在，尤其是认为反淡化立法赋予了商标所有权人的绝对控制权，损害了商标法对消费者提供保护的功能。因此，即便在那些接受了淡化理论的法院，经常的做法也是一边提供反淡化保护，一边仍然要求当事人证明混淆的可能性，或是干脆将反淡化理论作为混淆理

论的延伸。然而，从美国在商标淡化方面的立法与司法实践中，我们可以了解到，淡化理论与传统的混淆理论存在很大的差别。商标混淆，是指在后商标与在先商标相同或近似，并使用在相同或类似商品或服务上，以至于消费者发生混淆，以为在后商标所使用的商品或服务是在先商标权人提供的。混淆理论强调的是，从消费者的角度来看，是否会将不同经营者提供的商品或服务误认为来源于同一个经营者。而淡化则是通过对相同或近似商标标识的使用，使得该商标标识不再仅仅与特定经营者相联系，而是与不同的经营者相联系，从而降低商标的独特性，降低商标标识与特定来源出处的联系。也就是说，淡化理论强调的是，从商标权人的角度来看，是否将商标标识与特定经营者之间的联系，逐渐演化为与诸多经营者的联系。因此，有学者认为，如果商标混淆是对商标标识与特定经营者之间联系的利用，那么，商标淡化则是对这种联系的破坏或非侵入式的滋扰。[①]

中国商标法没有明确规定淡化这个问题，但是，商标淡化问题在实践中是现实存在的，一般表现为将他人注册商标作为自己的企业名称（字号）来使用，即以企业名称权对抗商标专用权；或是将注册商标的文字或图形作为产品外观设计使用，即以外观设计专利权对抗商标专用权（弱化）；还表现在将注册商标的文字作为产品的通用名称使用（退化）；或是用广告等形式贬损注册商标特有的文字或图形等（丑化）。而如果注册商标为驰名商标时，在其他类别上注册与该商标相同的文字或图形且使用的行为既是一种侵权行为，也是对驰名商标的淡化行为。

总之，商标反淡化制度在我国是一项全新的制度，我国仅在2001年新修订的《商标法》第13条第3款中规定：就不相同或者不相类似商品申请注册的商标是复制、摹仿或者翻译他人已经在中国注册的驰名商标，误导公众，致使该驰名商标注册人的利益可能受到损害的，不予注册并禁止使用。但是对于该条款的具体适用却没有规定，因而，给法律的适用带来一些困难。而且该条规定依然是建立在混淆可能性的侵权认定标准之上的，并非是商标反淡化保护的表现。因为，前者的着眼点在于避免他人的商标与驰名商标相混淆和误导公众，而商标淡化理论却要求不论他人的商标是否与驰名商标造成混淆或者误

① 邓宏光："美国联邦商标反淡化法的制定与修正"，载《电子知识产权》2007年第2期。

导，只要对驰名商标造成了“淡化”，就被认为是侵权。因此，我们有必要在立法中明确商标淡化问题。对于这一点，美国的相关立法经验就很值得我们借鉴。

随着驰名商标的影响不断加深，可以预测，在今后的中国，此类案件会越来越多，如果法律上的漏洞不加填补，法院又持保守立场，则无异于对淡化行为的纵容；但若是法院依法理或是情理判案，采取“曲线救国”的方法，找出牵强的法律依据以支持判决，则又是对法律体制的偏离和破坏。所以，以明确的法律规定规范此类行为，指导法院的具体办案过程是当务之急。根据前面所述，对驰名商标的反淡化保护既有其合理性，也存在着不利的因素。因而，对其规制的方法就是在立法中明确商标淡化的范围，对驰名商标进行限制性保护，这样既能保护驰名商标权人的合法利益，鼓励其建立品牌的信心，又可以防止商标权的滥用，营造良好的市场环境。通过对我国立法以及司法状况的了解，以及对美国商标反淡化保护立法的借鉴，笔者建议我国在今后修改商标法时，针对这一问题作以下规定：

第一，在立法中明确商标淡化的概念、行为形式、构成要件，并提供必要的法律救济。这可以借鉴美国反淡化立法中的一些有益规定，做出适合我国国情的立法安排。

第二，在立法中明确商标淡化的对象，即为驰名商标，且该范围也应当包括未注册的驰名商标。

第三，在立法中允许驰名商标权利人注册防御商标，防止第三人进行商标淡化。

第四，在立法中确认非恶意注册驰名商标权人的先用权。

第五，将驰名商标的认定管理通过立法逐渐转变为对驰名商标提供有条件的特殊保护，在判断商标是否驰名时充分考虑地域与人群因素、商标使用情况等方面的因素以及商标本身的显著性和独特性，摈除行政管理中可能出现的地方保护等干扰因素。

三、商标平行进口的中美立法比较

商标的平行进口问题在中国尚无明确规定，因此，笔者着重分析了美国对这一问题的立法态度及其转变和发展，并通过该理论在美国的发展及对平行进口是否属于商标侵权问题并由商标法来进行规范提出质疑和分析，认为平行进口应当主要由反不正当竞争法来规范，同时在商标法中予以原则性规定以作衔接。

文章分析了平行进口的特点，从中我们可以明确地得出这样的结论，即平行进口行为确实损害了商标权人的权益。因为进口商所追求的高额利润是建立在利用商标权人及其依法授权或者许可使用商标的企业或个人通过大量投入创造出来的市场优势的基础之上的，这也是一种“搭便车”的行为。其在投入较少的情况下，利用别人已经开发成熟的市场，与进口国商标权人争夺有限的市场份额，这种行为显然是有悖于市场的公平竞争，是法律所不能允许的行为，应当对该行为加以规范。但是，这种行为是否应当由商标法来进行规范尚值得商榷。

首先，从商标侵权的定义来看。商标侵权指的是商标权利人以外的第三人未经权利人的同意而擅自使用注册商标的行为。这一行为所侵害的客体是商标法律关系，即商标权所有人对注册商标享有的支配权，行为侵害的对象是商标权人拥有的注册商标。商标侵权行为最典型的表现形态是，将他人的注册商标擅自使用在相同或类似商品上。如果某一行为并不是对他人的注册商标进行非法使用，没有侵犯商标法律关系，那么，即使该行为给当事人带来了不利影响，造成了经济损失，也不可能构成商标侵权行为。因此，该行为的违法性只能依据其他法律加以矫正，违法行为造成的损害后果也只能依据其他法律获得补偿。平行进口即属于此类行为。[①]

其次，从商标侵权的构成要件来看。平行进口商进口的商品是合法货物，并非假货或是冒牌货。平行进口商使用商标大致有两种途径：一是经授权许可在制造、加工、拣选的产品上使用商标权人的商标；二是作为独家经销商或代理商，销售带有商标权人商标的产品。从商标所有人方面来看，相应地，也是通过两种方式对注册商标权进行支配的：一是与他人签订商标使用许可合同，许可他人使用其注册商标。通过使用许可合同的方式，商标所有人出让了商标使用权，索取了许可使用费，从而获得了商标的财产价值；二是在商品

① 张今：“平行进口法律问题研究”，载《政法论坛》1999 年第 3 期。

销售或代理关系中，商标所有人以商品制造商或商品供应商的身份将带有商标的商品卖给经销商进行销售。而在此之前，商标所有人已经将注册商标直接使用于特定的产品，行使了对注册商标的支配权。这就是说，商标依附于商品而流通于市，不仅实现了商标自身价值功能，商标所有人所享有的商标权益也因而得以满足。在这里，并不存在假冒商标和非法使用的问题，如果按照商标侵权行为的构成要件来考察，平行进口不应当被认定为商标侵权行为。

最后，从权利用尽原则的角度来看。一旦某种商标商品由商标所有人自己或经其同意合法投入市场，商标权人在该产品上的权利即不复存在，他不得再利用商标权阻止产品的进一步销售（包括进口）。在平行进口中，平行进口商所销售的产品和使用的商标是商标权人同意的，并且商标权人也已经从经销商那里得到了应有的利益回报。这一特点完全符合权利用尽原则的要义，因此，平行进口不应当被认定为商标侵权。此外，权利用尽原则和地域原则并非完全割裂的，从目前主要采用权利用尽原则的欧共体来说，其也只是针对其欧共体成员内部采用权利用尽原则，而在这个区域范围之外仍然采取的是地域原则。

综上所述，平行进口虽然不被认定为商标侵权，但其确实在事实上给商标权人或是独家经销商带来了一定的损害后果，如果不加以规范将会妨碍公平竞争，也将损害消费者的利益。因此，根据我国的具体国情，可以在不正当竞争法中安排限制平行进口的法律规范。而美国商标法以及司法实践中针对平行进口的做法尤其是其中的“实质性差异”原则很值得我们借鉴学习。美国的兰哈姆法虽然经常被称为美国商标法，但其内容其实包含了商标法及反不正当竞争法的内容，而有关平行进口的问题，其也是在反不正当竞争的背景下进行规范的。在我国，这两部法律是分别规定的，因此，考虑到我国的国情，平行进口的内容应当主要在反不正当竞争法中予以安排，同时考虑到其与商标保护的关系，在商标法中作一原则性的规定以与反不正当竞争法相衔接，这其实也是两法立法过程中经常性的做法。

此外，在研究平行进口问题时，我们还要明确，平行进口并不是一个简单的商标法或是反不正当竞争法的问题，甚至不是单纯的知识产权问题，其更多的涉及国际贸易领域，如果没有国际贸易也就不会产生平行进口的问题。

只有放在更宽泛的视野中考虑这个问题，才能真正地认识清楚这个问题并完善有关立法。

正如有学者所述，在商标领域，处理好保护商标专用权和反垄断的关系，促进自由竞争，保护广大消费者的利益，应当成为我们立法的宗旨。因为如前所述，商标是将一个企业与另一个企业的产品区别开的标志，无论哪一个国家，这一功能均不应改变，否则会使消费者对同一来源的商品产生不同来源的误解，不利于市场安定，也不利于商标权人自身利益的维护，而且这与商标权的地域性原则并不冲突。因此，笔者认为，中国的法律安排应当是在允许平行进口的同时，附加必要的限制条件。允许平行进口可以防止商标权人滥用权利，造成市场垄断，进而保护消费者的利益。对其进行必要的限制，如要求平行进口商诚实信用地披露其销售商品与真正授权经销的商品之间在质量、服务、维修、保证上的差别；不得诋毁、影射有关的商标；不得利用授权经销商已经建立的商标信誉等。① 这样可以维护稳定健康的市场秩序，最终维护了商标权人和消费者的合法权益。

四、中美商标间接侵权认定问题的比较研究

文章通过对商标直接侵权和间接侵权之间的关系分析研究，提出商标间接侵权这一值得重视的问题。尤其是在我国商标法中，一直存在着间接侵权和共同侵权相混淆的认识，有必要通过比较研究，厘清这一问题，做出适合我国的立法选择。

商标间接侵权的认定标准可以从以下几方面予以考虑：

1. 侵权人在客观上为他人直接侵权行为的发生提供了必要的条件，存在商标间接侵权行为。行为人实施的行为并不构成直接侵犯他人商标权，但却故意诱导、怂恿、教唆他人实施侵犯商标权人合法权利的侵权行为。商标间接侵权的认定以“间接侵权行为”的存在为前提，如果没有所谓“诱导、怂恿、教唆别人侵犯他人商标”的间接侵权行为的存在，而是直接实施了“制造、使用、许诺销售、销售、进口”等行为，则只可以认定为“直接侵权”。

① 孙颖：“平行进口与知识产权保护之冲突及其法律调控”，载《政法论坛》1999年第3期。

2. 侵权人在主观上有诱导或唆使别人侵犯他人商标权的故意。知识产权侵权的行为判定标准一般是以“无过错责任”为前提条件的，并不要求行为人存在主观上的过错。[①] 然而协助侵权人（间接侵权人）与主侵权人（直接侵权人）相比，仅仅负过错责任，而主侵权人则往往承担无过错责任。[②]

美国 1979 年《侵权法重述》（2）第 876 条（b）款对此也有规定：“如果一个人明知他人的行为违反了法定义务却对该行为给予鼓励或实质性帮助，则他应为他人侵权所造成的损害承担法律责任。”当“知道”是帮助教唆侵权责任的前提时，主观上“知道”的事实可以通过环境推导出来。在此，实际侵权行为人是否有恶意不在法院考虑的范围之列，即使实际侵权行为人有知道行为，构成了侵权，间接侵权人也可能承担责任。在确定被告是否因其帮助、鼓励行为而承担责任时，以下因素应给予考虑：被鼓励行为的属性；被告提供帮助的具体内容；在直接侵权行为发生时被告是否在场；被告和直接侵权行为人的关系；被告的主观心理态度等。[③]

3. 间接侵权行为与直接侵权行为之间有因果关系。也就是说，间接侵权一般应以直接侵权的发生为前提条件，没有直接侵权行为发生的情况下，不存在间接侵权。如果行为人仅仅是在主观上有诱导或唆使别人侵犯他人商标权的故意，并且也存在“故意诱导、怂恿、教唆别人侵犯他人商标”的行为，但是他人并没有实际“制造、使用”该商标，仅仅是用于“消费”，那么便不能认定为商标间接侵权。在此，不能简单的认定“直接侵权行为”的发生为“实际发生”，笔者认为也包括直接侵权行为发生“之虞”，否则将加重商标权人的举证责任负担。

美国 1995 年《不公平竞争法重述》（3）第 26 条更是明确规定了印刷商、出版商和其他服务提供者的商标帮助侵权责任。如果行为人接受第三方委托，复制、摹仿他人在商品、标签、包装纸、广告中或其他材料上使用的商标、

① 知识产权侵权构成的确认，在通常情况下则未必以过错为前提，它的通例是无过错责任（即严格责任）。郑成思：《知识产权——应用法学与基本理论》，人民出版社 2005 年出版，第 203 页。

② 知识产权侵权构成的确认，在通常情况下则未必以过错为前提，它的通例是无过错责任（即严格责任）。郑成思：《知识产权——应用法学与基本理论》，人民出版社 2005 年出版，第 203 页。

③ 转引自李国庆：“美国商标间接侵权的法律渊源”，载《中华商标》2007 年第 5 期，第 81 页。

商号、集体商标或证明商标的人在第三方用一种依第20条应承担法律责任的方式使用了商标、商号、集体商标或证明商标的情况下，应当承担帮助侵权责任。但应承担帮助侵权责任的行为人，不知道第三方有意应用复制或摹仿商标、商号从事混淆或欺诈行为，则他仅承担停止侵权责任。所以，印刷商、出版商以“知道”作为承担责任的前提，在法院颁布禁令时，被告知道了侵权事实。除非被告知道侵权行为正发生，他不承担赔偿责任。此外，《不公平竞争法重述》(3)第27条确定了生产厂商和分销商承担商标帮助侵权的标准：“行为人将商品或服务销售给第三方，如果第三方用一种依第20条之规定侵犯他人权利的方式转销商品或服务，则行为人在以下情况下应承担帮助侵权责任：(a)行为人有意识地引诱第三方从事侵权行为；(b)在能合理预料侵权行为的前提下，行为人没有采取合理措施防止第三方实施侵权行为。”①

商标间接侵权在美国商标法中也处在摸索的前进阶段，其实体法并未对此明确规定，但是在判例法以及侵权法等重述中对此都有所涉及，并对法官审理案件起到很强的指导和参考作用。值得一提的是，在美国，对商标的调整不止体现在商标法中，反而有很多内容是体现在不公平竞争之中。而知识产权中尤其是专利和版权方面有关间接侵权的规则未必能直接适用于商标，要视案件具体情况而定，这也符合美国以判例法作为主要法律渊源的传统，但是，对我们清楚了解和认识美国商标间接侵权的问题带来了一些困难，还有待继续深入探究。

我国由于没有在商标法中对间接侵权作出明确规定，对于类似案件均是以共同侵权处理的，且目前案件的类型也主要表现为市场提供侵权工具，尤其是为市场内的侵权者提供销售场地、公用设施及物业管理等便利条件。法院在审理具体案件时，必须将这类行为人与一般的出租者相区别，只有明知租用者从事相关侵权行为仍提供便利条件的，才应当要求其承担相应的责任。但是，该责任属于共同侵权责任还是间接侵权责任尚值得商榷。

按照当前我国的法律规定及司法解释，市场提供者的行为承担共同侵权责任是有明确法律依据的。《关于办理侵犯知识产权刑事案件具体应用法律若干问题的解释》第15条中也规定：明知他人实施侵犯知识产权罪，而为其提

① 转引自李国庆：“美国商标间接侵权的法律渊源”，载《中华商标》2007年第5期，第82页。

供各种便利条件或者代理进出口的，以共犯论处。但是按照笔者对共同侵权与间接侵权之间的关系分析，这类行为未必都属于共同侵权，关键看其行为构成要件是否符合相应的规定。我国当前法律和司法解释中的一概而论，其实是模糊了二者之间的界限，加重了诸如市场提供者的侵权责任。因为按照间接侵权责任理论，间接侵权一般承担停止侵权行为的责任，而不承担赔偿责任。我国法律这样规定，虽然加大了商标保护的力度，但是却进一步扩张了商标权人的权利范围，可能会构成商标权的滥用或是其他不良影响。立法者对待这个问题应当再慎重考虑作出更加合理的规定。

总之，我国现行的商标法未对间接侵权作出明确规定，是由我国以往的现实国情和知识产权保护水平所决定的。在知识产权制度建立初期，立法和执法的重点当然是制止那些直接侵犯专有权利的行为。同时，在过去的技术条件下，只有那些具备一定财力的经济实体才有可能实施严重损害权利人利益的直接侵权行为，权利人通过追究直接侵权者的法律责任往往就足以获得充分的救济。例如，要查实制作假冒名牌商品的企业，在过去都是相对容易的。在这种情况下，立法者自然无须过多地考虑间接侵权的问题。但随着社会的发展，仅仅规定直接侵权已经很难充分保护知识产权人的合法利益了，追究间接侵权人的责任也应当提到立法议程，但是，不能将其和共同侵权相混淆，造成商标权范围的无限制扩大。建议立法者在分析二者法律关系之后，将部分帮助侵权从共同侵权行为中区别出来，充分借鉴美国商标间接侵权司法实践中总结出来的有益经验，建立起我国商标间接侵权行为的一系列法律规范，如定义、表现形式、构成要件及责任承担等。

作者简介：田琳（1979—　），河北人，北京语言大学讲师。2002年和2006年在中国政法大学分别获得法学学士学位和法学硕士学位，2010年在北京师范大学获得法学博士学位。硕士研究生期间主要从事环境与资源保护法方面的研究，发表相关文章数篇。博士研究生期间主要从事知识产权法方面研究，发表《中国著作权集体管理制度中的法律关系探析》、《美国专利法中非显而易见标准的适用》等论文，合作出版《中外专利法经典案例》、《中外著作权法经典案例》、《中外商标法经典案例》等知识产权案例系列丛书。

民间文学艺术的权利主体及相关主体问题研究 *

张　洋

目　次

著名作家冯骥才说："民间文化是一种母亲文化，它是我们的根，它融入了我们的血肉，给了我们情感。而现在，它正在迅速消失、瓦解，我们必须把它保护起来。民间艺术都需要拯救。"随着物质生活水平的不断提升，现今人类越来越关注精神层面的满足。并且由于社会发展的进程愈加迅猛，浮躁的气息甚嚣尘上，使得人们日益渴望人性的回归与心灵的救赎。在此种大环境下，人们的注意力开始转向民间文学艺术，随之而来的是对民间文学艺术的开发、利用，规模日益扩大。在这个过程中，相关的法律问题不断涌现。国内的《乌苏里船歌》的著作权纠纷几经波折，最终尘埃落定，而不论哪一

* 本博士论文作者张洋，2009—2012 年在北京师范大学法学院攻读知识产权法博士学位，2012 年博士研究生毕业并通过博士学位论文答辩，师从韩赤风教授。

方胜诉，皆免不了成为“双输”的结局。美国好莱坞频频将中国传统元素纳入其摄制的商业大片并且搬上荧幕，从《花木兰》、《功夫熊猫》到《功夫之王》，或者是以我国民间广为流传的神话故事为背景，或者其中充满了中国元素。这些影片采用中西合璧的运作模式，具有浓厚的中国色彩，成功地吸引了广大中国受众群体以及对中国文化感兴趣的群体，从而使其收获颇丰。反观中国，作为这些优秀民间文学的发源地，无论是在精神层面还是在物质层面，不仅没有任何获益，反而需要为引进这些影片支付高额的版权费，陷入十分被动的境地。这些情形的出现绝非偶然，其折射了有关民间文学艺术保护层面立法的缺失。

发端于西方国家的知识产权制度，在知识传播、文明进步、鼓励创新方面做出了卓有成效的贡献。但是，民间文学艺术却被长期排除在现代知识产权保护范围之外。虽然近年来已经有相关的国际组织以及国家通过立法等途径对民间文学艺术提供保护，但是，由于民间文学艺术自身所具有的特点以及西方发达国家对此问题的抵制等障碍的存在，对民间文学艺术保护力度远远不够，侵害民间文学艺术的行为时有发生。而民间文学艺术的权利主体以及相关主体只能是事后被动地去维权，并且由于跨越国界、信息不畅通、费用高昂、立法缺失等原因，致使维权之路往往步履维艰。

我国拥有辉煌的历史与灿烂的文明，文化源远流长，在九百六十万平方公里的广袤土地上生活着五十六个民族。每个民族在其长期的生活劳作过程中，形成了自己独具特色的文化，这些绚丽夺目的文化成为其不可分离的组成部分，具有极强的凝聚力与感召力。但是，由于其自身的因素与外部的影响，使得民间文学艺术面临极为严峻的考验。一方面，全球一体化进程的加快，使得文化之间的交流碰撞时有发生，西方发达国家凭借其在经济上的优势，不仅在世界范围内设立企业、树立自己的品牌，并且将其文化传播至所到之处，越来越多的年轻人被外来文化同化，却对自己的传统文化知之甚少，导致民间文学艺术后继无人的情形出现。而另一方面，国外的群体却对我国的民间文学艺术产生浓厚的兴趣，采风的队伍纷至沓来。他们深入我国少数民族的居住地，将那里的文化采集、记录下来，之后再以这些文化为蓝本加工制造出一系列的产品，本来是源于我国的民间文学艺术，摇身一变成为他国谋取利益、扩大影响力的工具。并且这种采风行为往往具有掠夺性与侵占性，加速了我国民间文学艺术的消亡。

鉴于此，“从20世纪50年代起，对民间文学艺术的保护问题就成了国际上最充满争议的知识产权问题之一，稍后随着对传统医药和遗传资源保护等认识的加深，人们开始抽象这几类被保护对象的共性，比对它们与知识产权保护的内在关系。近几年以来，这方面的研究几乎成了知识产权领域的一个重要的热点问题，我国的相关政府职能部门和科研机构也曾就传统知识，尤其是民间文化艺术的法律保护问题数次召开专题研讨会，已经取得了相当有益的成果。”①

但是，毋庸置疑，与民间文学艺术保护这一议题相关的一系列子问题尚未得到很好的解决。民间文学艺术的权利主体的设立是一个至今尚无令人满意的解决方案，但又是任何一部保护民间文学艺术的法律不能回避的重大难题。②民间文学艺术的权利主体以及相关主体问题是民间文学艺术保护中的一个子问题。迄今为止，尚未出台专门的法律法规对此问题进行规定，也未见专著对此问题进行专门研究。法律法规、专著皆是从民间文学艺术保护这个宏观的角度进行论述的，对民间文学艺术的权利主体以及相关主体的问题涉及甚少。在1994年和2001年，我国曾两次启动对《民间文学艺术保护条例》的起草工作，但具体保护办法至今仍未出台，仅有出台的一些地方性法规，例如，《云南省民族民间文化保护条例》、《贵州省民族民间文化保护条例》、《福建省民族民间文化保护条例》等。

我国学者有感于民间文学艺术保护的重要性以及民间文学艺术保护立法的欠缺性，展开了对民间文学艺术保护这一课题的研究。对于民间文学艺术保护的问题，已有学者从不同的角度进行论证。对民间文学艺术这一术语进行界定，分析其与其他术语的区别，指出其特征之所在。介绍世界上典型国家有关民间文学艺术保护的规定以及不同的保护模式。在界定民间文学艺术内涵的基础上，分析了民间文学艺术知识产权保护的正当性，并且提出对民

---

① 蒋万来：《从利益归属关系看我国民间文学艺术的法律保护》，中国民商法律网，http://www.civillaw.com.cn/article/default.asp?id=16643，最后访问时间2011年1月3日。

② 蒋万来：《从利益归属关系看我国民间文学艺术的法律保护》，中国民商法律网，http://www.civillaw.com.cn/article/default.asp?id=16643，最后访问时间2011年1月3日。

间文学艺术保护的不同构建。有学者主张对民间文学艺术予以多方位的保护，例如特殊版权保护、地理标志保护以及反不正当竞争保护。有学者提出民间文学艺术专有权制度的构建。虽然在论述民间文学艺术保护的过程中涉及了民间文学艺术的权利主体以及相关主体，但是，没有进行深入的探讨。

世界知识产权组织、联合国教科文组织、非洲知识产权组织等国际组织对民间文学艺术的保护态度十分积极，做出了诸多努力，制定了一些保护民间文学艺术的条约、示范法、建议案或宣言，并召开了一系列国际性和地区性的会议。但令人遗憾的是，皆未对民间文学艺术的权利主体进行清晰界定，对相关主体也没有进行过多的涉及。国外的一些学者同样对民间文学艺术的权利主体以及相关主体的问题进行研究探讨，但是，同样是从整体上对民间文学艺术的保护予以论证，尚缺乏对民间文学艺术的权利主体以及相关主体进行专门的研究探讨。这些资料可以使我们更为全面地了解对民间文学艺术保护的发展脉络。同时，国外学者提出的一些建议，对于我们这个课题的研究具有一定的借鉴意义。

由此可见，无论是国内还是国际上，民间文学艺术的保护受到了学界的关注。但是由于东西方的价值取向不同、所坚守的理念有别以及其中所存在的巨大的利益之争，就民间文学艺术的保护问题尚未达成较为一致的意见。而对于其中的子问题——民间文学艺术的权利主体以及相关主体的问题，尚未形成较为成熟的理论支撑，对于现实生活中发生的相关案件尚无成熟的可供执行的方案。

本文比较独到和深入的研究内容如下：

一、民间文学艺术权利主体的特征——个体性与群体性并存

单纯地将民间文学艺术的权利主体的特征界定为个体性或者群体性，均具有一定的片面性。在不同的具体情况下，权利主体分别呈现出其个体性与群体性的特征，不论是民间文学艺术的产生，抑或是流传，权利主体都会以个体性或者集体性的面目出现。因此，民间文学艺术的权利主体是个体性与群体性并存的主体。

民间文学艺术的权利主体分为原始主体与继受主体两类。不论是原始主

体，抑或是继受主体，皆能反映出个体性的特征。就原始主体而言。有些民间文学艺术的产生，最初是由单个自然人的行为产生的。对于此种情形，原始主体即为个人，体现了权利主体的个体性。对继受主体而言，如果是“一对一”式的继受，则继受主体同样是个人，体现了个体性。民间文学艺术的权利主体在某些情形下，同样体现了群体性特征。对原始主体而言，如果民间文学艺术是某一地区、民族的民众在长期的生产劳作、生活闲暇中逐渐形成的，则民间文学艺术是集体智慧的结晶，其原始主体则为集体而非个人，此体现了原始主体的群体性。对于继受主体而言，如果民间文学艺术不是由某个人所继受，而是在一定区域内流传开来，当地居民在日复一日的生产、生活中将民间文学艺术予以继承发扬，则继受主体不再是某一个或者某几个特定的自然人，而是这一地区所有的民众，因此，继受主体的群体性体现得淋漓尽致。

二、民间文学艺术权利主体的构建模式

基于上述对民间文学艺术权利主体的特性的分析可知，民间文学艺术的权利主体具有多层次性，主要体现为权利主体可以划分为原始主体与继受主体，并且兼具个体性与集体性的特征。基于此，民间文学艺术的权利主体，同样不应当仅仅限定为个人、集体或者国家，应当构建个人、集体和国家三位一体的权利主体模式。并且在确定民间文学艺术的权利主体时应当遵循一定的顺序，即依照个人→集体→国家的次序进行。只有在前一种主体类型不存在或者无法确定的情形下，方得考虑以下一顺序的主体类型作为权利主体。换言之，如果前一顺序的权利主体类型存在并且能够确定，则无须也不能够考虑下一顺位的权利主体类型。一言以蔽之，如果能够确定民间文学艺术的权利主体为自然人，则该自然人为权利主体。只有在不能够确定为自然人的情况下，再考虑将集体，甚至国家认定为权利主体。

三、传承人

民间文学艺术在保存、挖掘、研究、发展与流传的过程中，会涉及相关

的处于不同地位、发挥不同作用的主体。并且在有些情况下，还会出现不同的主体之间身份发生重合的问题。这样就使得原本已经十分复杂的法律关系，更加令人难以分辨。因此，需要厘清不同主体的身份、作用以及相关的权利义务问题。概括而言，除了权利主体之外，尚包括传承人、采风者、使用者与再创作者。

在某些情形下，民间文学艺术的权利主体与传承人是同一个主体，尤其是在权利人与传承人皆为自然人的情形下，一般而言，权利人即为传承人，权利人与传承人的身份发生重合，此时的权利义务关系则相对简单。例如，对于某些“独门绝技”，在一个家庭内部流传，以“父传子、子传孙”的形式存在。毋庸置疑，这些主体皆为传承人。从另一个角度去剖析，不难发现，这些人同样具备权利主体的特质。因此，权利人既是作为传承人存在，又是作为权利主体存在。但是，在许多情况下，权利主体与传承人并非同一主体。传承人背负着延续民间文学艺术的重大使命，但是，不同类型的传承人所起的作用是不可同日而语的。按照传承人在民间文学艺术的传承过程中所起的作用不同，可以将传承人划分为两个类别——代表性传承人与一般性传承人。代表性传承人与一般性传承人所享有的权利与承担的义务亦不尽相同。

四、采风者

对于采风者居于怎样的地位、采风者享有何种权利承担怎样的义务，于理论上尚未形成定论。立法上，同样没有明确的规定。现行立法中与采风者最具有关联性的规定有一个条款:《中华人民共和国著作权法》(以下简称《著作权法》)第12条的规定，改编、翻译、注释、整理已有作品而产生的作品，其著作权由改编、翻译、注释、整理人享有，但行使著作权时不得侵犯原作品的著作权。《著作权法》第12条规定的是演绎作品的著作权的归属。主张采风者对其采集到的文学艺术享有著作权的人不外乎都指向著作权法关于“演绎作品”的规定:著作权法赋予演绎者著作权的原因是演绎者在原有作品的基础上成就了另外一个新的作品，即创作出了具有独创性的新作品。[①]演绎的方

---

① 管育鹰:《知识产权视野中的民间文艺保护》，法律出版社2006年版，第109页。

式包括改编、翻译、注释、整理。这四种演绎方式中，采风与整理这种方式是最为相近的。整理属于演绎的一种方式，演绎作品的著作权归属于演绎者，整理已有作品而产生的作品的著作权归属于整理者。如果依照此种著作权归属原则进行类推，则经过采风所形成的作品应当由采风者享有著作权。这样规定的结果是，民间文学艺术原本属于国家、集体或者个人所享有。但是，经过采风之后，采风者便能将属于整个民族、某个地区或者整个国家的民间文学艺术据为已有。这样的规则无疑是鼓励掠夺式采风，鼓励尽快通过采风的方式将民间文学艺术据为已有，最大限度地瓜分民间文学艺术。一方面，有悖于公平原则；另一方面，不利于民间文学艺术的保护、传承。对于经过采风所形成的作品应当如何确定权利归属，是一个比较复杂的问题，不能够一概而论。

采风这一行为对民间文学艺术的影响可以从正反两个方面进行考察。只有对采风行为的作用进行细致分析，方得妥善地设置采风者的权利义务，处理好采风者与相关主体，尤其是与民间文学艺术权利人之间的关系，从而更好地指引采风者的行为，使得采风者对民间文学艺术的积极作用能够最大化。我国有着悠久的采风传统，在不同的历史时期，从封建社会的“问俗知政”的采风到“五四”时期“民族自强”的采风，从 20 世纪五六十年代“推陈出新”的采风到 20 世纪九十年代的“为创意产业”的采风，采风者对于民族民间艺术的立场、态度与方法是有所不同的，而采风者的立场、态度与方法，又对民族民间艺术的发展和演变产生深刻的影响。中国民族民间艺术的发展演变，与中国悠久的“采风”传统密切相关。无论是出于何种目的的采风，因为采风者的到来，使得蛰伏于民间的传统艺术，其自然的存在状态遭到极大的改变。

五、再创作者

以民间文学艺术为蓝本进行再创作，将现代元素融入民间文学艺术，是时下非常流行的一种创作方式，并且以此种方式创作的作品，十分容易获得民众的认同与喜爱。无论是传承人，抑或是采风者、使用者，甚至是权利主体自身以及这些主体之外的任何主体，皆有可能在民间文学艺术的基础上进行再创作。以民间文学艺术为题材进行再创作，无形中是对民间文学艺术的一种认同与肯定，如果对民间文学艺术没有最起码的认同，或者对民间文学艺术不闻不问，或者是持排斥的态度，则不可能进一步以其为素材进行再创作。再创作的作品受到民众的广泛欢迎，一方面，就再创作作品本身而言，说明再创作行为成功；另一方面，从民间文学艺术角度而言，再创作作品受到普遍的认同，有利于充分发挥民间文学艺术的价值，有助于民间文学艺术的繁荣发展。但是，在再创作的过程中同样容易出现各种形态的纠纷。如果对发生的纠纷不能够妥善的处理，则一方面会对民间文学艺术本身产生负面影响；另一方面，会极大地打击再创作者的创作热情，消磨其进行创作的心智。曾经一度讨论地沸沸扬扬的《乌苏里船歌》案、白秀娥剪纸案、赵梦林“京剧脸谱”系列案，皆是由再创作行为所引起的。其根本原因在于，迄今为止，对何谓“再创作”尚无清晰、完整的认识。且不论再创作这一术语，创作本身即为一个主观性很强的概念。因此，在认定是否构成再创作的时候，必须是依据具体的情形，进行具体的分析。由于缺乏客观的认定标准，因此，认定的过程难免出现偏差。并且由于再创作过程中会涉及多方主体，因此，使得再创作中的权利义务关系更为复杂。

从严格的意义上讲，再创作行为，是使用行为中的一种，因此，再创作者同样也是使用者。但是，鉴于再创作行为的特殊性，故将其单独作为一个部分进行分析。

六、使用者

随着民众对民间文学艺术的兴趣日益浓厚，人们对民间文学艺术所具有的经济价值不断了解，对民间文学艺术的商业化使用越来越频繁。在使用民间文学艺术的过程中，使用者往往不经过民间文学艺术权利人、传承人的许可则擅自加以利用，并且未向这些主体支付相应的报酬。即使在有些情形下，使用者与民间文学艺术的权利人、传承人进行协商，但是在利益分配上仍旧十分不合理，民间文学艺术的权利人、传承人的权利不能得到很好的维护。使用者在利用民间文学艺术的过程中，获得巨大的商业收益，而权利人、传承人、采风者却仅仅能得到极少的报酬，甚至不仅物质上不能得到任何报酬，就连表明自己身份的权利都得不到最基本的尊重。

导致使用者与民间文学艺术权利人、传承人之间利益分配严重失衡的原因主要集中在以下三点：第一，从民间文学艺术的权利人、传承人、采风者自身的原因而言，法律意识的淡薄是导致利益分配失衡的内部因素。民间文学艺术权利人、传承人、采风者，尤其是权利人、传承人居住的地方一般地处偏远，各种消息相对闭塞，没有树立比较强的法律意识，欠缺对权利义务的清楚认识。因此，对于他人的使用行为没有相应的警惕戒备心理。并且出于淳善的本性，对他人的使用行为往往未加以制止，甚至提供一定的便利。第二，从外部原因来看，无法可依，立法上的缺失是导致利益分配失衡的外部因素。对于民间文学艺术的使用者应当承担怎样的义务，如果未经许可，擅自使用民间文学艺术需要承担着怎样的法律责任，迄今为止，尚未有明确的立法规定。即使民间文学艺术权利人、传承人、采风者等主体已经具有强烈的维权意识，但是，由于没有维权的依据，同样无济于事。第三，民间文学艺术权利人、传承人、采风者与使用者之间所处地位的严重失衡。只有处于平等地位的双方，才能够进一步平等地进行商谈，否则双方很难进行平等地交流。民间文学艺术的使用者一般是公司、财团等商业性机构，无论是从经济实力，还是从技术水平上皆远远超出权利人、传承人、采风者的实力，因此权利人、传承人、采风者已经基本丧失了平等对话的权利。正是由于上述原因的存在，才使使用者敢于肆无忌惮地去利用民间文学艺术为自己牟利。

我们不否认，有些主体使用民间文学艺术的目的，是出于对民间文学艺术的热爱，甚至是崇拜；但是，毋庸置疑，使用民间文学艺术的主体绝大多数是基于功利的考虑，利用民间文学艺术所具有的独特内涵、气场来吸引世人。使用的方式是多种多样的。例如，直接将民间歌舞表演过程予以录制，制作成光盘出租、出售；将民间文学艺术的代表性词汇注册为商标使用；原本与民间文学艺术无关，却宣称是民间文学艺术的发源地，借此吸引大批游客来观光旅游，从而带动当地的经济发展。无论是以何种方式使用民间文学艺术，使用者均需要承担相应的义务，否则即可能侵犯到权利人，甚至是传承人、采风者的权利。（这里所讲的使用，排除合理使用的情形）

对民间文学艺术进行保护的目的并非是将民间文学艺术束之高阁，供人顶礼膜拜，保护仅仅是一种手段而非目的。保护民间文学艺术的终极目的在于弘扬其精髓，彰显其魅力，能够使其发扬光大、永久流传，能够为我所用、荡涤心灵、泽被后世，用以推动文化事业的繁荣发展。作为一种活的文化，民间文学艺术只有在不断地使用过程中，方得最大化地发挥其应有的作用。由此可知，使用行为对民间文学艺术会产生一定的影响。

民间文学艺术在不断被使用的过程中，可以充分彰显其魅力，发挥其作用。不言而喻，使用行为对民间文学艺术的发展、传承是大有裨益的。使用的时间越长、地域越广、规模越大、人员越多，则民间文学艺术所传播的范围越广泛、形成的影响也越大。但是，此种使用有一个最基本的前提，即使用的方式是恰当的。换言之，如果对民间文学艺术没有进行妥当地使用，不仅不能够对民间文学艺术的传承发挥正面的作用，反而会对民间文学艺术造成损害。

但是，现今对民间文学艺术的使用方式绝大部分恰恰是不适当的使用，因此给民间文学艺术的发展带来极大的冲击，甚至是毁灭性的打击。概括而言，此种不恰当的使用方式，主要来自两个层面，即经济层面与政治层面。经济层面的不恰当使用主要体现为，以对民间文学艺术的使用作为手段，来攫取经济效益，完全将民间文学艺术当做敛财的工具。至于民间文学艺术的原本形态为什么样、其蕴含着怎样的寓意、如何能够向世人展现出其原貌，则全然不顾。鉴于民间文学艺术对世人的巨大吸引力，许多人便以民间文学艺术为噱头进行大肆宣传、招揽民众，引得人们的纷纷驻足。于是乎，大量号称民间文学艺术的产品充斥于市场，而产品皆为粗制滥造，令人对民间文学艺术大失所望。政治上的不恰当使用主要体现为地方政府、官员将民间文学艺术作为谋取政治资本的手段。民间文学艺术所蕴含的价值以及民间文学艺术遭受巨大破坏的状况日益受到国际上社会的关注，对此，各国政府亦逐步开始重视对民间文学艺术的保护。以此为契机，各地方政府纷纷掀起对民间文学艺术保护的热潮。但是，许多地方的做法却是以保护民间文学艺术为名，来行谋取政绩之实。以保护、弘扬民间文学艺术为名，进行面子工程、形象工程的建设，从表面上显示对民间文学艺术如何重视、如何关心。而实际上，民间文学艺术仅仅是作为政府、官员获取政绩的资本。没有深入去了解民间文学艺术的内涵，只是空泛地进行口号式的所谓抢救与保护。

在以上极具功利性的思想指引之下，很难对民间文学艺术进行行之有效的保护，反而在此过程中，对民间文学艺术进行不恰当的使用。例如，“各地纷纷出现或恰当或别扭的‘民俗村’、‘民俗园’，多有民间文学艺术的展示。而这些民间文学艺术，多是从异地‘嫁接’而来。换言之，旅游者在旅游景点看到的民间文学艺术，多是从民间文学艺术的发源地采集而来，并根据旅游者的心理需求加以精心设计的。这些被移植而来的民间文学艺术，由于抽离开了它原先生存的精神土壤，在精神特质和美学风貌上已发生根本的变异，从而也丧失了它的民间性。”① 无论是出于经济利益的需要，抑或是政治资本的需求，民间文学艺术的歪曲性使用对民间文学艺术的发展而言，都是致命的摧残与打击。但是，民间文学艺术的恰当使用对民间文学艺术的发展是大有裨益的。因此，我们不反对使用民间文学艺术，但是，在使用的过程中应当注意使用恰当的方式。而恰当的方式，有赖于对使用者权利义务的合理配置。

由于在使用民间文学艺术的过程中，会涉及多方的利益分配问题，因此需要明确相关主体之间的权利义务关系。如果民间文学艺术的使用者具有不同的身份，即使用者同时又是权利人、传承人、采风者、再创作者等，则其所承担的权利义务有所不同。在探讨使用者的权利义务时，需要区分不同身份的使用者，分别确定其权利义务关系。

作者简介：张洋（1982— ），女，河北唐山人，河南财经政法大学民商经济法学院办公室主任。2012 年在北京师范大学获得知识产权法博士学位，主要从事专利法、商标法、著作权法等领域的研究，在《知识产权》、《兰州大学学报》、《科技与出版》等刊物发表数篇论文，主持省部级课题 3 项，厅级课题 5 项。

① 钟福民：“采风对民族民间艺术的影响”，载《民族艺术研究》2009 年第 5 期。

共同危险侵权责任制度研究 *

郭　辉

目　次

现代世界上的大多数国家，或者以立法的形式对共同危险侵权直接予以明确规定，或者通过司法判决的形式间接承认共同危险侵权制度。

尽管《中华人民共和国侵权责任法》(以下简称《侵权责任法》)第2条对共同危险侵权责任作了明确的规定，但理论研究方面并没有因为共同危险侵权立法的确立而弱化，相反，《侵权责任法》对共同危险侵权制度的规定更加激发了学者对此问题探讨的热情。从20世纪80年代开始，我国学者们就

* 本博士论文作者郭辉，2010—2013年在北京师范大学法学院攻读博士学位，2013年毕业于北京师范大学，获得民商法学博士学位，导师夏利民教授。

共同危险侵权制度的具体内容发表了众多的学术论文，文章大都围绕共同危险侵权与共同加害侵权、高空抛物侵权区别、共同危险侵权构成要件、共同危险侵权人承担连带责任的基础、共同危险侵权特殊免责事由等方面展开讨论。但目前，我国学者对共同危险侵权的研究缺乏系统性的研究，尚有很多问题需要深入探讨，很多问题理论分歧较大。对共同危险侵权责任承担制度进行深入系统的研究，提出完善我国现行立法规定不足的合理化建议，对于保护受害人的合法权益，维护司法的统一和权威，维护社会秩序，实现公平正义，具有十分重要的意义。

共同危险侵权制度是数人侵权的一种特殊形态。与共同加害侵权行为相比，共同危险侵权人对损害结果发生不存在主观上的意思联络；与无意思联络数人侵权相比，共同危险侵权中行为与损害结果之间的因果关系无法确定。共同危险侵权的这些特质使得共同危险行为人的责任承担更具复杂性。在价值层面，共同危险侵权人是否承担责任以及在行为人承担责任情况下对连带责任抑或按份责任的选择涉及对行为人自由维护和受害人利益保护的不同取舍。在制度层面，共同危险行为人的责任承担与共同过错、因果关系、受害人过错、共同诉讼等理论交错，存在一些难以解决和调整的实质性问题。在司法实践层面，不同法系、不同国家有关共同危险侵权人责任承担的多样判决为寻求制度构建的一致性和法律的统一适用性带来了困境。共同危险侵权制度本身的复杂性并没有得到立法实践和学理研究的足够重视，共同危险侵权制度一直淹没在共同侵权制度之中，各国多以“准”共同侵权称谓共同危险侵权，责任制度往往以“准用”共同加害侵权得以带过。立法的简约化、理论研究的薄弱化与共同危险侵权本身的复杂化矛盾使得我们不得不重新审视并拷问该制度的合理性与妥当性，并探寻更为合理的制度设置。

一、共同危险侵权概念界定

尽管我国《侵权责任法》和相关司法解释对共同危险侵权责任承担作了规定，但由于缺乏对共同危险侵权概念的明确界定，致使学界对共同危险侵权的概念表述还存在较多争议，对共同危险侵权与其他相似侵权的界限划分还不甚明确，影响了司法实践对共同危险侵权的准确适用。

（一）共同危险侵权和相似侵权的区别

共同危险侵权和共同加害侵权主要存在如下区别。在立法宗旨方面，共同危险侵权制度的立法宗旨是法律为了避免受害人在无法举证具体加害人的情况下无法获得赔偿采取的有可能加害人承担责任的特殊政策。在构成要件上，共同危险侵权主体之间不具有共同过错，加害人具有不明确性，因果关系具有法律推定性等特征。在法律效果方面，基于两者构成要件和制度宗旨的差异性，共同危险侵权的法律效果应该有别于共同加害侵权：一方面，行为人应该对受害人的损害承担责任；另一方面，行为人不应承担具有惩罚性质的连带责任。共同危险侵权与共同加害侵权存在诸多差异，因而，在界定共同危险侵权概念时必须注意以下三点：第一，共同危险侵权定义中应该突出行为主体无意思联络特征。第二，共同危险侵权定义中不宜使用“共同性”词汇。《侵权责任法》用“共同实施”表述共同侵权人具有主观上的意思联络，则行为人没有意思联络的共同危险侵权定义中不宜使用“共同实施”，否则将会使人们对共同危险产生错误的理解和解释。第三，共同危险侵权定义中不应包含法律效果要素，即共同危险行为或共同危险侵权定义中不宜出现行为人承担连带责任的表述。

共同危险侵权与无意思联络数人的区别是：无意思联络数人侵权中具体加害人是明确的，而共同危险侵权中加害人的范围是明确的，但具体加害人是不明确的；无意思联络数人侵权中的每个加害人的行为对损害结果发生都具有原因力，而共同危险侵权中的因果关系是推定的。

共同危险侵权与高空抛物侵权的区别是：高空抛物侵权中仅仅是具体加害人的行为具有危险性，其他人的行为不存在危害他人利益的可能性，共同危险侵权中所有人都实施了危险行为，故而，高空抛物侵权责任人承担补偿责任，而共同危险侵权人承担赔偿责任。

（二）共同危险侵权概念界定

因此，界定共同危险侵权概念应该突出其行为的特殊性：行为主体复数性、行为人范围确定性、实际致害主体不确定性、行为人主观上没有意思联络、行为具有危险性和行为造成损害结果的单一性。本文将共同危险侵权概念界定为共同危险侵权，又称为准共同侵权，是指无意思联络的两个以上行为人实施的危险行为造成了损害结果发生，每个危险行为都可能造成他人人身或财产权益同一损害结果发生，但无法确定具体致害人的侵权行为。

二、共同危险侵权责任归责理论解析

归责、归责基础和归责原则是三个有相互联系并相互区别的概念。归责在内容上包括归责基础和归责原则。归责基础是责任人承担责任的理论基础，解释了法律上对行为人课处责任的深层原因，旨在揭示行为人承担民事责任的必然性和合理性，研究归责基础的目的是解决行为人承担民事责任的理论依据。[①]归责原则是依据何种事实确定责任的归属，是行为人承担责任的法律根据，研究归责原则的目的是，依据何种法律确定行为人承担责任，即在确定行为人责任时是否需要考虑行为人的主观过错。

（一）共同危险侵权责任的归责基础

依据传统的侵权法原理，在受害人无法举证具体加害人的情况下应该由受害人自己承受损害后果，行为人不承担责任。在共同危险侵权中，尽管受害人无法举证具体加害人，但每个行为人都实施了危险行为，并且确定的是，损害肯定是共同危险行为中的某个或某部分造成，如果没有行为人对受害人的损害承担责任，则对受害人明显不公平。规定共同危险侵权人对受害人损害承担责任有着深厚的理论基础：第一，规定危险行为人承担责任符合当代法治理念下重点保护弱势群体利益思想，体现了法律对受害人利益优先保护的理念；第二，规定实施危险行为的加害人承担责任能够彰显法律对行为人实施危险行为的否定性评价，能够杜绝或减少行为人和社会其他人再次实施类似的行为，以此谋求社会安全；第三，规定共同危险行为人对受害人损害承担责任，尽管对行为可能没有造成损害结果的危险行为人有些不公平，但所有行为人毕竟实施了危险行为，与完全无辜的受害人相比更应该受到法律的谴责和惩罚，危险行为实施人应该对自己意思自治下的行为承担责任，这种规定

① 杨峰："民事责任归责理论若干问题研究"，载《广西大学学报》（哲学社会科学版）2004第2期。

符合责任自负理论；第四，危险行为人承担责任还符合经济学上的危险控制理论和获偿报偿理论，行为人对是否实施危险行为具有控制力，如果没有控制行为的发生理应承担责任。

共同危险行为侵权责任承担制度是法律政策的体现，其制度设置更多的是体现法律的道德伦理性而非对逻辑规则的追求。

（二）共同危险侵权归责原则

1. 共同危险侵权人存在过错，但不存在共同过错。共同危险行为人承担责任一方面在于其与他人共同实施了造成损害后果发生的危险行为，另一方面还在于行为人无法证明对损害的发生没有过错，故法律上推定共同危险侵权人存在过错。共同危险行为人主观上存在过错与共同危险行为人之间具有共同过错是两个不同的概念。如果共同危险行为人之间具有共同过错，则共同危险行为与共同加害行为无法区分，但共同危险行为人之间不具有共同过错并不等同于共同危险行为人没有过错。

就共同危险情势发生而言，危险行为人可以都是过失的过错形态，也可以是一人故意、其他人为过失，还可以是行为人存在共同的故意（如数人相约到高楼上向下扔酒瓶玩耍）。就损害结果来讲，各共同危险侵权人都具有法律推定的过错，这种过错法律不要求受害人就加害人有无过错进行举证，而是依据行为人实施危险行为的事实推定每个共同危险侵权人对损害结果发生具有过错，由危险行为人就自己的无过错进行举证，如果举证不了自己无过错，便要承担过错责任。因而，就损害结果发生而言，每个共同危险侵权人都是有过错的，这种过错是推定的过错。

2. 共同危险侵权归责原则。共同危险侵权归责原则是个有争议的话题。由于共同危险侵权中存在实际加害人和非具体加害人的划分，很多学者提出应该针对不同主体适用不同的归责原则，实际加害人适用过错责任，非实际加害人适用无过错责任。[①] 共同危险侵权诉讼中，一般不要求受害人对共同危险侵权人的主观过错进行举证，使得有学者认为共同危险侵权适用无过错归

① 孔祥俊：《民商法新问题与判解研究》，人民法院出版社 1996 年版，第 250 页；刘最跃："对共同危险行为的再思考"，载《湖南经济管理干部学院学报》2003 年第 4 期。

责原则。[①] 还有学者认为共同危险侵权适用过错责任，共同危险侵权人实施危险侵权行为本身就表明其存在过错，只要受害人证明共同危险侵权人实施了危险行为就完成了对加害人过错的举证。[②] 有学者认为共同危险侵权适用过错推定原则，由共同危险侵权人就自己无过错进行举证，如不能证明自己无过错，就要承担责任。[③]

笔者认为，共同危险侵权适用过错推定归责原则。共同危险侵权中，受害人无法举证具体加害人的根本原因是无法确定行为与损害结果之间的因果关系，为此，从保护受害人利益角度出发，法律推定共同危险侵权中的每个行为与损害结果之间都具有推定的因果关系，因果关系得到推定以后，每个危险行为都是实际致害行为，每个行为人对损害结果的发生都存在过错。为了进一步保护受害人利益，法律采取举证责任倒置的方式，规定由危险行为人举证自己没有过错来获得免责，如果不能证明自己对损害结果发生没有过错，就要对损害承担责任，因而，共同危险侵权适用过错推定归责原则。共同危险侵权适用过错推定归责原则情况下，受害人在诉讼中只需证明危险行为存在即可，无须就危险行为人的过错进行举证。

因为共同危险侵权中受害人无须举证具体加害人的过错，致使有些学者误认为共同危险侵权适用无过错归责原则。危险行为人可以通过证明自己的无过错而免除责任承担说明共同危险侵权不是无过错归责原则。无过错归责原则适用于高度危险作业侵权领域，当危险行为人实施的危险行为属于高度危险侵权的时候才适用无过错归责原则。共同危险侵权人实施一般侵权行为的适用过错推定归责，共同危险侵权人实施高度危险侵权的适用无过错归责原则，但不能将之称为混合归责原则。共同危险侵权中具体加害人无法确定，因而，不能说实际加害人适用过错归责原则、非实际加害人适用无过错归责原则。

三、共同危险侵权责任构成要件解读

---

① 王利明:《侵权行为法研究》(上卷)，中国人民大学出版社 2004 年版，第 264 页。

② 王利明、周友军、高胜平:《中国侵权责任法教程》，人民法院出版社 2010 年版，第 384 页。

③ 原永红:“论共同危险行为”，载《法学论坛》2000 年第 4 期。

对共同危险侵权责任承担要件的探讨应该以传统一般侵权四个构成要件为基础，并对其特殊性予以重点分析。此外，作为与一般侵权相比具有的行为主体复数性也要专门论述。因而，共同危险侵权责任构成要件包括五个部分，即主体、损害结果、危险行为、因果关系和过错。

共同危险侵权的主体必须为两个或两个以上的人，可以是自然人也可以是法人；危险行为人既可以是完全民事行为能力人也可以是限制或无民事行为能力人；受害人参与实施共同危险行为的，行为仍成立共同危险侵权，仅发生减轻其他共同危险侵权人责任承担的后果；共同危险侵权具体加害人是不明确的，但实施共同危险侵权行为人的范围必须是确定的。

共同危险侵权的客体以有体物危险，无体物不能成为共同危险侵权的客体；共同危险人承担责任以行为确定造成损害结果发生为前提，即损害具有客观性、可补救性、严重性等特征；共同危险侵权客体是一个统一不可分割的整体，这里的不可分割是指法律上的不可分割而非物理上的不可分割，即法律上将数个损害结果作为一个整体对待。

共同危险行为必须具有“共同性”。数人实施的危险行为必须具有一定的牵连性，从而形成造成损害结果发生的危险情势，即每个行为都足以造成损害结果的发生，共同危险侵权中的“共同”就是指数行为造成危险情势的共同，而非行为人具有“共同”的过错；行为人实施的危险行为共同造成危险情势的发生，是数行为人对损害结果都要承担责任的根据。

共同危险侵权的因果关系是推定的因果关系。由于共同危险侵权中无法确定具体加害人，法律出于对受害人利益保护的考虑，推定每个行为人的行为与损害结果之间具有推定的因果关系，受害人只需证明行为人实施了危险行为和损害结果发生即可，无须证明因果关系的存在。

笔者认为，共同危险侵权人的主观过错是推定的过错，但不是推定的共同过错或推定的共同过失。共同危险侵权人之间既不具有共同故意也不具有共同过失，即不存在共同过错，如果行为人之间存在共同过错应该依据共同加害侵权追究行为人的责任。共同危险行为人主观上没有任何联系，即使行为人违反了共同的注意义务，行为人的过错也只是过失的竞合。

四、共同危险侵权责任形态变迁

勒内·达维德说，比较法的研究“有助于法制史或法哲学的研究，有助于更好的认识和改进我们的本国法。”[①] 通过历史的、比较的方法，考察不同历史时期、不同国家或地区有关共同危险侵权制度的规定，并探寻制度背后的价值理念及制度存在的社会背景和经济土壤，能够为完善本国规定的不足提供有益的借鉴。

对共同危险侵权责任承担的历史变迁考察可知，不同时期共同危险侵权责任形态并不一样，存在如下历史演进过程。

第一阶段，共同危险侵权人承担公法性质的惩罚责任。罗马法通过规定共同危险侵权人承担严格的连带责任甚至刑事罚金等责任形式惩罚共同危险侵权人，实现对公共利益的维护。罗马法规定共同危险侵权责任首要宗旨是惩罚共同危险侵权人，保护公共利益，其次才是保护受害人利益。

第二阶段，共同危险侵权人不承担私法上的民事责任。《德国民法典》颁布之前各国均没有共同危险侵权制度，一方面原因是，民法是私法，是保护个人权利的法，公共利益维护不是民法的宗旨，如果共同危险侵权人造成了公共利益或社会秩序的破坏，应该由刑法或行政法予以规范，危险行为人对受害人不承担民事责任；另一方面，在受害人无法举证具体侵权人的情况下，规定共同危险侵权人对受害人承担责任与过错责任、自己责任不相符合。

第三阶段，共同危险侵权人承担连带责任。20 世纪末期，民事主体地位的差异越来越大，近代民法确立的平等、主体互换性理念受到挑战。为了更好地保护受害人等弱势群体利益，在制度构建上开始向受害人倾斜保护，于是，体现受害人利益优先保护思想的共同危险侵权连带责任制度随之在各国得以确立。大陆法系国家通过扩张共同侵权“共同性”要件的形式将共同过失侵权、无意思联络但行为具有共同性的侵权，纳入共同侵权体系之中，于是共同危险侵权被认为是广义共同侵权的一种。共同侵权共同性标准采纳客观说以后，不管行为人有无主观上的联系，只要行为具有一定的牵连性就属

---

① ［德］勒内·达维德:《当代主要法律体系》，漆竹生译，上海译文出版社 1984 年版，第 9 页。

于共同加害侵权，从而行为人对受害人损害承担连带责任。英美法系国家通过协同行为理论规制所有数人侵权，凡是行为人对从事危险行为具有意思联络的，不管行为人对损害后果有无意思联络，都属于共同加害侵权，从而行为人对损害承担连带责任。

第四阶段，共同危险侵权人承担按份责任。共同危险侵权连带责任有利于受害人，但由于该制度过度偏重受害人利益而丧失了对行为人自由的维护，导致法律对两者利益保护的失衡，违背公平理念。基于对连带责任严苛性和对该制度理论基础薄弱的反思，各国开始出现规定或判决共同危险侵权人承担按份责任的新趋势。

共同危险侵权人是否承担责任以及承担什么样的责任是法律追寻建立公平、合理制度的目标。共同危险侵权责任制度历史变迁轨迹告诉我们，共同危险侵权责任形态的选择必须兼顾危险行为人和受害人双方的利益保护，共同危险侵权人承担连带责任尽管有利于对受害人利益保护，但不利于共同危险行为人利益维护，规定共同危险侵权人承担按份责任或许是未来立法的选择方向。

五、共同危险侵权按份责任之立法选择

共同危险侵权责任承担的基础有两个层次，一是受害人无法举证具体加害人情况下行为人为何对受害人的损害承担责任，二是行为人承担具体责任的基础，即行为人对受害人损害承担责任的前提下应该承担怎样的责任。

共同危险侵权人对受害人损害承担赔偿责任具有深厚的理论基础，符合受害人优先保护、社会安全维护、责任自负、危险控制和利益获偿理论。

（一）共同危险侵权连带责任理论基础并不成立

1. 共同危险侵权连带责任观点混淆了共同危险行为人承担责任的基础与承担连带责任基础的区别。共同危险侵权承担连带责任的观点往往将行为人承担责任的基础作为行为人承担连带责任的基础，如利益取舍说、对加害人惩罚说等，这些学说仅说明行为人应该承担责任，但不能成为行为人承担连带责任的理由。

2. 共同危险行为人不具有共同过错。在民法领域，不存在行为人的共同过失，因为，没有意思上的联系无法称之为过错中的“共同”。退一步讲，即使存在受害人的共同过失，行为人也应该承担共同加害侵权责任。

3. 数行为客观上的联系并不是行为人承担连带责任的基础。共同危险侵权中各行为人的行为在客观上具有一定的联系性，该种联系性是划定责任人范围的依据，对于行为没有联系的行为人，不应认定构成共同危险侵权，行为人应该免除责任的承担。

4. 行为人实施危险行为不是行为人承担连带责任的基础。规定实施危险行为的人对受害人损害承担赔偿责任本身就表明了法律对危险行为人的惩罚，无须进一步苛以更为严重的连带责任，否则，共同危险侵权与共同加害侵权的制度差异性无从体现。

（二）共同危险行为人承担按份责任的合理性

1. 符合自己责任理论。行为人承担按份责任合理性在于，具体加害人不明情况下，一方面没有强制性的理由让责任人对他可能并未造成的全部损害负责，另一方面也不能让受害人不能得到赔偿。

2. 有利于对受害人和加害人利益保护平衡。按照侵权法原理，受害人无法举证具体加害人的，理应自己承担责任。共同危险侵权中，出于保护受害人利益考虑，法律规定受害人不需举证具体加害人即可获得赔偿，法律已经对受害人利益保护进行了偏重，不应再将“受偿不能风险”加给危险行为人。

3. 符合受害人承担“受偿不能风险”规则。依据侵权法原理，受害人应当承担“受偿不能风险”。假设共同危险侵权加害人被确定，受害人只能要求该加害人承担责任，则受害人要承担“不能受偿的风险”。如果规定共同行为人承担连带责任，则受害人完全避免了承担这种“受偿不能风险”的可能性。

4. 避免连带责任情况下受害人不选择过错或原因力较大致害人，而选择有赔偿能力但未必是过错较大或致害原因较大加害人要求赔偿的现象。

5. 体现侵权责任配置的合理性。共同危险侵权属于无意思联络数人侵权，在责任配置上，规定仅具有造成损害结果可能性的共同危险侵权人与确定造成损害结果的聚合因果关系侵权人承担同样的连带责任不符合法律逻辑。共同加害侵权人承担连带责任是因为行为人主观上具有共同故意，而共同危险侵权中行为人主观上没有共同故意，因而，规定共同加害侵权人与共同危险侵权人承担一样的连带责任也不具有合理性。共同危险侵权责任应该轻于共同加害侵权和无意思联络聚合因果侵权责任，同时重于高空抛物侵权责任，因而，行为人承担按份责任是较为适当的。

（三）共同危险侵权按份责任的确定

对于共同危险侵权人份额的确定，应该采取综合方法：依据共同危险侵权人的过错程度和致害概率大小的不同等因素确定不同的责任，在上述因素对损害结果发生的作用力相当或大小无法确定的情况下，规定行为人平均承担责任。

六、共同危险侵权免责事由

免责事由是法律规定加害人不承担责任或减轻责任承担的事由。共同危险侵权除了具有一般侵权的民事事由外，还具有特殊的免责事由。

（一）共同危险侵权人举证证明自己行为与损害结果之间不存在因果关系的可以免除责任承担

共同危险侵权的因果关系是推定的，既然是法律的推定，就存在着推定的事实，可能是真实的和可能是虚假的两种情况，由于共同危险侵权损害事实是共同危险行为中的一个或部分行为造成的，必然存在着一个以上的行为没有造成损害结果的发生，因而，对法律推定的事实为虚假的证明就有以下两种情况：造成损害的行为被确定或没有造成的损害行为被确定，任何一种情况被确定都证明了法律推定的错误性，不应该发生推定的法律效果。当加害人证明自己的行为与损害结果之间没有因果关系的时候，就证明了法律对该当事人因果关系的推定是错误的，该行为人就不应该对损害结果承担责任。肯定这种免责事由的存在，符合自己责任原则的法理和推定因果关系的特征，同时，规定因果关系不存在情况下加害人免除责任承担更能体现法律的公平。正是由于上述理由，世界各国立法多采取了因果关系肯定说，即行为人能够证明自己行为没有造成损害结果的不承担责任。我国《侵权责任法》规定行为人只有举证证明具体加害人才能免责的做法不符合世界立法通例，也违背推定的本质。

（二）受害人对损害发生或扩大存在过错情况下应该减轻或免除加害人的责任，这是责任自负和过错责任原则的体现

共同危险侵权中受害人过错存在特殊情形，共同危险侵权中受害人过错的特殊情形主要有以下几个方面：受害人为无民事行为能力人和受害人的监护人存在过错的不应该适用过失相抵，否则对受害人利益保护不利；受害人参与危险行为实施情况下，应该承认共同危险行为的性质，并减轻加害人的责任承担。受害人过错减轻或免除加害人责任承担的方法有两种：整体比较方法和分别比较方法，加害人承担连带责任的一般采取整体比较方法，加害人承担按份责任的适用分别比较方法。

（三）受害人减免共同危险侵权人部分责任与减免部分共同危险侵权人责任的，危险行为人可以减轻或免除责任的承担

受害人减免共同危险行为人部分责任的，是受害人行使债权的体现，应该得到允许；受害人减免部分共同危险行为人责任的，发生相对效力，即受害人不得要求其他共同危险行为人承担减免部分的责任。

七、我国共同危险侵权诉讼程序补正

共同危险侵权责任不仅需要进行公平、合理的实体法规定，还需设置效率、公正的程序制度，以保障当事人权益得到真正实现。

我国现行法律没有依据共同危险侵权与共同加害侵权的区别而分别规定不同的诉讼程序，而是统一规定共同侵权适用必要共同诉讼程序。法律这种规定的不足性表现在：其一，不符合诉讼标的识别理论。我国通说认为，侵权法律事实数量是识别给付之诉诉讼标的的依据，加害事实为一个的，适用必要共同诉讼，加害事实为多个的，适用普通共同诉讼。共同加害侵权的事实只有一个，因而应该适用必要共同诉讼，共同危险侵权中存在数个相类似的法律事实，因而不应该适用必要共同诉讼。其二，我国必要共同诉讼规定受

害人必须同时起诉侵权行为人，否则法院将依据职权追加其他侵权人为共同被告，这种规定与共同侵权连带责任实体规定不相符合。依照连带责任实体法律规定，债权人可以向其中的一个债务人主张债权，也可以向所有债务人主张债权，这是债权人享有的权利，法律不能强制债权人向所有债务人主张债权。

为完善我国现有法律规定之不足，应该针对共同加害侵权与共同危险侵权的区别，建立与两者相适应的诉讼程序：其一，对于共同加害侵权诉讼程序，应该借鉴德国、日本共同诉讼制度的规定，规定共同加害侵权适用类似必要共同诉讼，受害人既可以单独对侵权人提起诉讼，也可以对全体受害人提起诉讼，但诉讼判决必须受到合一确定的限制，即不管受害人单独提起诉讼还是一起提起诉讼，诉讼判决不得相互矛盾。其二，对于共同危险侵权诉讼程序，由于侵权法律事实有多个，因而不应该适用必要共同诉讼程序，而应该适用普通共同诉讼程序。在不加限制的适用普通共同诉讼程序情况下，当受害人仅仅起诉个别危险侵权人而不对全部危险行为人提起诉讼时，不利于法院查明事实。我国应该借鉴美国法上的诉讼标的牵连共同诉讼制度，建立共同危险侵权牵连普通共同诉讼制度：由于共同危险侵权人之间具有较为密切的牵连关系，为了查清事实，受害人一般应该一并对所有共同危险侵权人提起诉讼，但针对不同人的诉讼判决可以根据具体情况的不同而有差异。

八、结论

“任何法律责任的追究只有公平合理，才可能为当事人心悦诚服地接受，也才能发挥责任制度所特有的行为指导、危害预防、利益平衡、道德评价等作用。”[①] 共同危险侵权责任制度设置理当如此。当我们将更多的同情元素注入共同危险侵权制度中的时候，就会出现过度偏重对受害人利益保护而忽视对加害人自由的维护，从而使立基于公平理念之上的利益保护与自由维护失去平衡，其制度的公正性愈加受到质疑。正是基于这样的理论检视和追问，本文以共同侵权人责任承担为研究对象，以利益衡量和逻辑自恰为分析工具，

① 王卫国：《过错责任的第三次勃兴》，中国法制出版社 2000 年版，第 158 页。

全面、系统地分析论证了当前我国立法关于共同危险侵权责任连带责任规定的不合理性、共同危险侵权人免责事由的严苛性和共同危险侵权诉讼模式的缺陷性，针对这些不足，作者以翔实的资料、充足的论据和严密的逻辑提出了相关问题的完善建议。

作者简介：郭辉（1979— ），男，河北玉田县人，中央司法警官学院副教授，主要从事民商法学教学与科研工作。2004 年在河北大学获得法学学士学位，2007 年在西北政法大学获得民商法学硕士学位，2013 年在北京师范大学获得法学博士学位。先后在《法律科学》、《河北法学》、《河北学刊》、《宁夏社会科学》、《河北大学学报》（社科版）等学术刊物上发表学术论文 20 多篇，参编教材两部，参著《刑事和解制度的多维探究》。

商业秘密保护中的竞业禁止法律制度研究*

李树建

目　次

商业秘密是具有秘密性、价值性、保密性的技术信息和经营信息。在现代市场竞争与知识产权法律制度中，商业秘密是竞业禁止的可保利益之一，竞业禁止是商业秘密保护的重要措施之一。本文所研究的“商业秘密保护中的竞业禁止”，是指为保护商业秘密而限制劳动者从事与现任职单位或原任职单位相竞争的活动。知识经济时代，商业秘密是企业的重要无形资产，商业秘密保护的重要性日益凸显。商业秘密的法律保护是自然法中财产理论的要求，有助于鼓励科技创新、维护商业道德、促进公平竞争。然而现代社会的高人才流动率严重威胁商业秘密的保护，在这种时代背景下，竞业禁止应运而生并显现出事前保护商业秘密的优势。商业秘密保护中，竞业禁止的正当性基础在于法哲学中的诚实信用原则、忠实义务、契约自由及限制原理、合理限制竞争理论，以及法经济学中的代理成本理论、信息不对称理论和卡尔

* 博士论文作者李树建，2010—2013 年在北京师范大学法学院攻读知识产权法专业博士学位，2013 年博士研究生毕业并通过了博士学位论文答辩，导师韩赤风教授。

多—希克斯补偿原则。竞业禁止以限制劳动自由为代价，在保护商业秘密的同时，与劳动权、生存权、自由竞争等公共利益之间存在着激烈的权益冲突，但是这种冲突不具有根本性，是可协调的。处理商业秘密保护中竞业禁止的权益冲突需要遵循科斯定律、保障生存利益原则、比例原则、利益平衡原则和合理限制劳动权原则。

一、商业秘密保护中的竞业禁止概述

（一）商业秘密与竞业禁止的界定

第一，关于商业秘密的认定问题。商业秘密是适用竞业禁止的前提条件，商业秘密的认定是竞业禁止法律制度中的首要问题。关于商业秘密的构成要件，理论界常见的有新颖性、秘密性、实用性、价值性和保密性等。本文通过分析后提出，新颖性固然是商业秘密的必备特征，但已经蕴含在秘密性的要件之中，无独立要求的必要；根据商业秘密财产保护理论，商业秘密仅具有价值性即可，并非必须具有实用性；因此商业秘密的构成要件应为秘密性、价值性和保密性。商业秘密包括技术秘密和经营秘密，在竞业禁止制度中需从相关信息是否具有秘密性和雇员获取相关信息的方式来区分雇主的商业秘密和雇员的一般知识、经验和技能。

第二，关于竞业禁止的含义问题。学理上对竞业禁止的含义有广义狭义说、从公司法角度的定义和从权利义务内容角度的定义，本文赞同第三种观点，认为竞业禁止是关于不竞业的法定或约定的权利义务关系，商业秘密保护中的竞业禁止仅仅是竞业禁止法律制度中的一种类型。竞业禁止的定义应为，根据法律的规定或者合同的约定，与特定营业人具有一定法律关系的特定人不得在一定的时间和地域内为他人或自营与该特定营业人具有竞争关系的营业。就商业秘密保护中的竞业禁止而言，竞业禁止是指根据法律的规定或者合同的约定，知悉雇主商业秘密的雇员在职期间或离职后的特定时间内，不得在相关地域内为他人或自营与该雇主具有竞争关系的营业，以保护雇主的商业秘密。竞业禁止不同于兼业禁止，也不同于用人单位与劳动者关于最低服务期的约定。竞业禁止的特征有：以合法的可保利益为前提，义务主体和义务内容具有特定性，在适用上受到诸多限制。竞业禁止与商业秘密保护的关系为：竞业禁止是商业秘密法律保护的手段之一，商业秘密是竞业禁止保护的主要正当利益之一，这种观点纠正了将竞业禁止与商业秘密完全捆绑在一起的错误认识。

（二）商业秘密保护中的竞业禁止的法律保护

商业秘密的法律保护可追溯到公元前7世纪罗马法中的“奴隶诱惑之诉”。[①] 现代意义上的商业秘密法律保护源于19世纪英、美国家的判例法。[②]19世纪，工业革命蓬勃发展，英、美国家的技术革新日新月异，经济快速发展。这就产生了对技术革新进行保护的强烈要求。通过判例法，英国逐步确立了披露或使用他人商业秘密不仅要承担赔偿责任而且法院可以发布禁令禁止继续使用他人商业秘密的法律规则。[③] 随着工业革命的中心由欧洲向北美转移，到19世纪中后期，美国开始出现大量有关商业秘密的诉讼，这客观上促进了美国商业秘密法的发展。[④] 在英国、美国商业秘密法律保护的带动下和全球经济一体化的促进下，世界各国纷纷为商业秘密保护立法。到20世纪末，商业秘密保护法已经成为一项普遍的法律制度。由于各国商业秘密保护立法有所不同，影响了技术的全球流动，不少国际组织努力为商业秘密的国际保护立法，其中最出名的为TRIPS协议[⑤]。

随着经济社会的发展，竞业禁止的范围和种类不断扩大，出现了专门保护商业秘密的竞业禁止新类型。这种竞业禁止以保护商业秘密为正当性基础，将竞业禁止的主体从董事等高级管理人员扩大到知悉商业秘密的所有雇员，将竞业禁止的期限从在职期间延伸到离职后的一定期间。保护商业秘密的竞业禁止制度的出现，或者说竞业禁止为商业秘密保护而发生的新变化，有以

---

① 罗马法规定，如果同一行业的竞争者恶意引诱或强迫对方的奴隶泄露对方商业方面的秘密信息，该奴隶的主人就可以提起“奴隶诱惑之诉”，请求对方支付其损失额双倍的赔偿金。

② 周作斌：“商业秘密法律保护的历史考察”，载《西南财经学院学报》2009年第2期。

③ 在英国1820年的Yoveh V Winyard案中，原告的雇员（被告）为了自己进行生产而秘密窃取了原告的技术配方被诉至法院，法院判决被告违反了其与原告之间的雇佣合同，应赔偿原告的损失且不得使用或泄露原告的商业秘密。

④ 美国1837年的Vick2ey V Welch案开创了技术秘密转让合法性的先河，使商业秘密成为一种具有市场流通价值的宝贵资源；1868年的Peabody V Norfolk案标志着美国正式确立了对商业秘密的法律保护。

⑤ TRIPS协议是《与贸易有关的知识产权协议》的简称。

下四个方面的原因：一是在知识经济时代，商业秘密保护的重要性凸显；二是人才流动频繁，威胁商业秘密保护；三是由于商业秘密自身属性的影响，使商业秘密相对于其他知识产权更难保护和救济；四是商业秘密的人格属性。根据英美法系国家的立法和实践，竞业禁止所保护的利益主要有三大类：商业秘密、商誉和客户关系。

商业秘密保护中的竞业禁止，是指那些主要为保护商业秘密而设立的竞业禁止。商业秘密保护中的竞业禁止包括在职雇员（特别是高级管理人员）的竞业禁止。在职雇员的竞业行为不仅违反了忠实义务，影响了企业正常的生产经营，而且极有可能损害企业的商业秘密。商业秘密保护中竞业禁止的主要内容是离职职工的竞业禁止，这是理论研究的特点也是司法实践最常涉及的领域。保护商业秘密在世界很多国家是竞业禁止的正当化理由之一，而根据我国的法律规定则是竞业禁止正当化的唯一理由。这是因为离职职工侵害原企业商业秘密的行为大多与从事竞业工作相关，很多企业“高薪挖角”也是出于窃取商业秘密的目的。

二、商业秘密保护中竞业禁止的理论基础

（一）商业秘密保护中竞业禁止的法哲学分析

商业秘密保护中的竞业禁止在哲学上的合理性主要是符合民商、经济法中的基本原则或原理：诚实信用、忠实义务、契约自由与限制以及合理限制竞争。

第一，诚实信用原则是商业秘密保护中竞业禁止的根本性理论基础。诚实信用原则起源于罗马法的诚信契约与诚信诉讼，后发展为债法的基本原则，到现代社会诚实信用原则已经成为统领民法、商法和反不正当竞争法的基本原则，号称“帝王规则”。民商法领域的许多具体法律规则都导源于诚实信用原则或深受诚实信用原则的影响。诚实信用原则是道德准则的法律化，它要求民事主体进行活动时必须具备诚实、善意的内心状态，在民事活动中维持双方的利益平衡、当事人利益与社会利益平衡的立法者意志，从而促进社会的稳定与和谐发展。[①]

---

① 徐国栋：《民法基本原则解释》，法律出版社 1992 年版，第 79 页。

通常情况下，雇主与雇员会签订商业秘密保密协议，但是即便没有保密协议，雇员也应当负担保密义务，这样的义务不因雇佣关系的终止而终止，这是诚实信用原则的要求。究其二者关系，一方面商业秘密保护中的竞业禁止是对雇员诚实信用的全面要求，另一方面商业秘密保护中的竞业禁止又是诚实信用原则的具体体现，商业秘密保护中竞业禁止的目标也是实现诚信原则要求的利益平衡。

第二，忠实义务是商业秘密保护中在职竞业禁止的直接理论来源。忠实义务的终极要求是不得为了自己或他人利益而损害雇主利益，核心要求是不得使自己利益或者与自己相关的第三方利益与现雇主的利益相冲突。因为使自己或第三方利益与雇主利益相冲突本身就体现出了雇员主观上的一种过错，在这种情况下，已经很难期待雇员能够坚守企业利益的底线。在市场竞争中，经济利益冲突主要来源于直接或间接的竞争，避免利益冲突要求雇员不得与雇主竞争或同时供职于与现任雇主竞争的企业。这就是说，竞业禁止是忠实义务的必然要求。各国的司法实践与理论研究也都已经明确指出竞业禁止是忠实义务的重要内容。英国司法实践中法官基于忠实义务禁止雇员使用应属雇主的信息、禁止雇员引诱属于原雇主的客户、禁止雇员侵占公司的成功机会，可以用一句话概括，那就是不得与雇主竞争。

第三，合理限制竞争是商业秘密保护中竞业禁止在市场竞争领域的正当性基础。竞业禁止是一项通过合理限制竞争来禁止不正当竞争，维护正当竞争秩序的制度。[①] 市场经济自由竞争最大的弊端是过分自由可能导致竞争的无序性，因此市场经济同时也必须是法治经济，需要依靠法律对自由竞争进行合理的限制，以保障竞争能够自由和有序地进行，也就是说竞争必须受到合理限制。合理限制竞争的形式可以是法定的，表现为反不正当竞争法等经济立法对自由竞争的强制性约束；也可以是约定的，表现为在法律允许的范围内由当事人自行约定有关限制竞争的合理性事由，竞业禁止协议即为以约定的形式对自由竞争的限制；还可以表现为默示义务和商业惯例。合理限制竞争原则适用于市场竞争的各个领域，竞业禁止并非着眼于雇员与雇主之间的雇佣

① 纪晓昕：“论竞业禁止的理论基础及合理性判定”，载刘爱卿：《知识产权审判前沿》（2006年第一辑），人民法院出版社2006年版，第129页。

关系，而是着眼于雇员在职或离职期间直接或间接地从事与雇主竞争的行为，在这种行为中雇主与雇员属于平等意义上的竞争关系，这种竞争关系应受到合理限制竞争原则的约束和反不正当竞争法的规制。

（二）商业秘密保护中竞业禁止的法经济学分析

第一，商业秘密保护中的竞业禁止是降低企业代理成本的有效机制。代理成本是经济学上考量公司运营效率的重要因素之一，代理成本越低，公司的运营效率越高。经济学意义上的代理成本是指企业代理人利用委托代理这种“关系型契约”，从事满足自身利益最大化，而有悖于委托人目标和利益的非协作、非效率的活动，致使委托人的风险成本增加或造成了委托人利益损失。[①] 代理成本通常由三部分构成：一是支付代理人报酬的费用；二是监督代理人行为的费用；三是代理人的不当行为给委托人造成的损失。前两部分是委托人应当支付的合理化成本，而第三部分则是不应当由委托人承担的非合理化损失，也是法律、经济规则设计中应避免委托人支付的成本。[②] 在公司法理论中，董事、经理等高级管理人是股东会或股东大会基于对其能力和品行的信任而选出的代表股东管理公司的主体，公司管理人员和股东之间实质上是代理关系。公司的董事、经理等高级管理者在任职期间使用现任公司的商业秘密从事竞业行为给现任公司造成的损失就是一种代理成本。竞业禁止消除了高管与企业利益冲突的环境，减少了高管使用商业秘密损害企业利益的可能性，属于减少高管不利隐蔽行为的约束机制。

第二，商业秘密保护中的竞业禁止是劳资信息不对称的有效调整机制。劳资之间，即雇主与雇员之间，也存在着信息不对称的现象。对于在职雇员而言，雇员在应聘时已经了解了雇主公司的运营状况、市场规模、薪资待遇、休息休假等与工作相关的必要信息；而雇主通过一张简历所得知的仅仅是雇员的文化程度、毕业院校、所学专业等基本信息，对于雇员是否能胜任工作要求，德行是否端正则无从考证。对于此种信息不对称，虽然法律设定了试用期这一制度，在试用期内企业可以辞退品行不端的雇员，但还是可能出现以下两

① 张银杰：《公司治理：现代企业制度新论》，上海财经大学出版社 2010 年版，第 166 页。

② 本文所称的“代理成本”主要指代理人的不当行为给委托人造成的损失。

种问题：一是在试用期内该雇员已经在工作中以合法或者不合法途径知悉了雇主的商业秘密；二是在试用期内该雇员表现良好，但是该雇员在适当的条件下还是会实施侵害雇主利益的行为。根据经济学信息不对称的理论，消除雇主与雇员之间信息不对称的方法也有两种，即约定竞业禁止和法定竞业禁止。

第三，商业秘密保护中的竞业禁止符合卡尔多—希克斯补偿原则。根据卡尔多—希克斯补偿原则，一项有效率的制度设计可以存在受益者和受损者，但是受益者的收益要大于受损者的损失，即"倘若在补充受损者损失之后，受益者的状况比过去好，那么对社会来说情况就是比过去好"。就商业秘密保护中的竞业禁止而言，对雇员竞业行为的禁止使雇主的商业秘密处于更加安全的状态，从而使雇主花费在保护商业秘密上的其他成本减少；雇主投资进行科技创新的积极性增加，导致社会科技总量增加和社会进步速度加快；雇主可以放心地将商业秘密交予雇员投入实际使用，提高了科技成果转化的效益；正当竞争秩序得以维护，利用商业秘密进行的不正当竞争行为给社会带来的成本降低。不得不承认，对知悉企业商业秘密的雇员施以竞业禁止的限制，确实在一定程度上损害了雇员和社会利益，这种利益主要是雇员不能从事自己最擅长的工作所造成的本人工资报酬的减损，人不能尽其才对人力资源的浪费，自由竞争受限所导致的社会整体效率下降。从总体上而言，竞业禁止所带来的利益大于损失。

三、商业秘密保护竞业禁止中的权益冲突与协调

法律是社会利益关系的调节器，具有"定分止争"的特殊功能，任何法律制度皆是对直接或间接冲突的利益关系的协调。以保护商业秘密为主要目的的竞业禁止制度涉及以下三种权利或利益：（1）商业秘密权；（2）劳动权；（3）人才流动、自由竞争、科技创新等公共利益。竞业禁止制度在保护商业秘密过程中不可避免地会与其他的权利或利益发生一定程度的冲突，合理解决权益冲突、协调保护商业秘密与其他正当利益成为竞业禁止制度的关键。

（一）商业秘密保护竞业禁止中的权益冲突

第一，商业秘密保护中竞业禁止与劳动权的冲突。竞业禁止涉及劳动权最核心的就业和自由就业的权利。竞业禁止首先与劳动者自由就业的权利要

求相冲突，竞业禁止通过法定或约定的方式限制雇员不得在一定的期限内从事特定的工作，限制了劳动者的择业自由。竞业禁止对择业自由的限制又在一定程度上侵害了劳动者的就业权，因为对某些能力有限的劳动者而言，对从事特定工作的限制会导致劳动者失业。由于竞业禁止的目的在于保护商业秘密，所以竞业禁止与劳动权的冲突实际上是商业秘密的法律保护与劳动权的冲突，竞业禁止是协调这种冲突的利益衡量机制。

第二，商业秘密保护中竞业禁止与公共利益的冲突。竞业禁止规范了商业秘密的使用和保护，促进了正当竞争秩序的建立和实施。市场经济的本质特征是竞争，竞争虽然在原则上是自由的，但这种自由是有秩序的自由，即在法律规则或市场惯例下实施的正当竞争。正当合理的竞争秩序是市场竞争的尺度，是有效发挥市场资源配置功能的前提条件。竞业禁止是促进商业秘密保护的法律制度，商业秘密的保护是基于公平竞争和激励科技创新的需要，商业秘密的保护要求更加规范的竞争秩序和人才的有序流动，而秩序和自由本就是矛盾共同体，商业秘密的保护在一定程度上是对知识的垄断，而人才的流动代表的则是知识和科技的传播和流通。因此，竞业禁止与自由竞争的冲突，与人才自由流动的冲突以及与知识、经验、技能流通之间的冲突，归根结底是商业秘密保护与劳动自由权的冲突，解决了商业秘密与劳动自由权冲突的问题就解决了竞业禁止与上述公共利益冲突的问题。

（二）商业秘密保护竞业禁止中的权益协调

博登海默言："每个社会秩序都面临着分配权利、限定权利范围、使一些权利与其他可能相抵触的权利相协调的任务"。[①] 法律制度设计应以合理协调相冲突的权益为目标。竞业禁止制度是权益冲突的集合体，有效协调这些利益是竞业禁止制度的难题，也是竞业禁止制度设计首先需要解决的问题。实现商业秘密保护竞业禁止中的权益协调需要遵循以下原则：

一是科斯定律——社会效益最大化原则。根据科斯定律，解决权利、利益之间的冲突应该综合社会成本和社会收益，限制一种权利或利益只为了能

---

① ［美］E·博登海默：《法理学—法哲学及其方法》，邓正来、姬敬武译，华夏出版社1987年，第298页。

促进对其他权利或利益的保障，且后者比前者能够为社会带来更多的效益。员工的劳动权和择业权虽是受到宪法等保护的权利，但是不适当行使时会造成对雇主竞争利益以及商业秘密等的侵害，实为破坏社会效益最优化的行为。[①] 当为保护商业秘密所采取的竞业禁止所带来的社会效益大于限制劳动自由所损失的社会效益的情况下，根据科斯定律社会效益最大化的原则，限制劳动权而保护商业秘密的竞业禁止是处理权利冲突的适宜协调机制。

二是保障生存利益原则。劳动权逻辑上的优先性并不代表劳动权在任何情况下都必须优先实现，在一定情况下劳动权可以受到限制，比如当劳动权与生命健康权或人格尊严相冲突时，就必须优先保障后者，因为后者比前者更关乎劳动者的生存。生存权优位原则表明在任何情况下对劳动权的限制都不得损害劳动者的生存。换句话说，如果对劳动权的限制不影响劳动者的生存则这种限制就是可行的，这正是竞业禁止正当性的基础。竞业禁止可以合理地限制劳动权，但对劳动权的限制不得导致公民处于失业状态，不得达到实质性地侵害公民生存权的程度。另外，为防止竞业禁止损害公民的收益和生存质量以及影响公民个人的发展，法律一般要求竞业禁止权利人对义务人给予适当的补偿，没有补偿，竞业禁止一般无效。

三是比例原则。即对于竞业禁止，均衡性原则要求所保护的商业秘密的利益应该大于所牺牲的劳动者利益，在商业秘密保护的价值一定的情况下，要达成此目标就应该将对劳动权的牺牲限制在最低程度，不得因为保护商业秘密而造成劳动者生活的困难或阻碍劳动者个人的发展。

四是利益平衡原则。根据利益平衡原则，天平的两端都必须存在正当的法律利益，在理论上竞业禁止所平衡的是商业秘密权和劳动权，因此，在司法实践中应特别注意审查雇主商业秘密权益的存在以及与被限制竞业的雇员的相关性，防止雇主将普通的知识、经验、技能等其他信息伪装成商业秘密，防止利益平衡变成伪装下一方不当利益侵害另一方正当利益的假命题。如果不存在商业秘密或者被限制竞业的雇员根本不知悉该商业秘密，则竞业禁止协议应无效。利益平衡原则要求在牺牲次要利益的同时必须对次要利益进行救济。既然是法律规定的合法权利，必然有其存在的正当性基础和保护的必

---

① 戴蕊:《利益平衡视角下的商业秘密保护法》，中国政法大学2006年版，第42页。

要性，无论该权利在权重上多么卑微，也是不能被完全忽略。

五是合理限制劳动权原则。竞业禁止虽然在理论上具有一定的正当性，但其是否有效关键取决于对劳动权的限制是否合理适当，若不合理地限制了劳动者的权利，则竞业禁止协议无效。协调竞业禁止中劳动权与商业秘密权的冲突以及这两种权利背后公共利益之间的冲突需要衡量该两种权利的权重，以最有利于社会发展和财富增加为标准优先实现商业秘密的保护，对劳动权给予一定程度的限制，但基于劳动权具有生存权的属性，商业秘密权对劳动权的限制必须保持在合理的范围内，不得侵害劳动者的生存，不得对劳动者的利益造成不合理的伤害，并对被限制的劳动者给予一定的经济补偿。总之，解决竞业禁止中商业秘密权与劳动权的方式是在保障劳动者生存权利的前提下适当限制劳动权并给予劳动权充分的救济。

四、我国商业秘密保护中竞业禁止法律制度的立法与完善

从对美国、英国、德国、法国、日本和我国台湾地区竞业禁止法律制度的系统深入考查，本文总结出上述国家和地区的竞业禁止制度存在以下值得借鉴的共同点：竞业禁止的目的具有正当性，商业秘密被认为是竞业禁止的可保利益；竞业禁止具体制度设计具有合理性，对竞业禁止协议需施以严格的限制性条件；竞业禁止的总体制度具有完整性，包含从合同生效到违约救济的系统规定；竞业禁止朝着商业秘密保护与劳动权保障并重的方向发展。

（一）我国商业秘密保护中竞业禁止的立法与评价

随着我国商业秘密的发展和商业秘密法律保护的需要，我国已经出现了相关商业秘密保护竞业禁止的立法，以竞业禁止的手段保护商业秘密的法律实践也大量出现，这是研究我国商业秘密保护竞业禁止制度的现实基础和起点。我国已经初步建立了以保护商业秘密为目的的竞业禁止法律制度，首先，我国《公司法》比较系统地规定了董事、高级管理人员（简称“高管”）[①] 的在

① 根据我国《公司法》第216条，高级管理人员，是指公司的经理、副经理、财务负责人，上市公司董事会秘书和公司章程规定的其他人员。

职竞业禁止义务，这也是我国法定竞业禁止的主要内容[①]。其次，我国与商业秘密保护相关的竞业禁止制度主要规定在劳动法和劳动合同法中。我国《劳动法》赋予雇主与雇员约定保护商业秘密事项的权利[②]。再次，我国科技部《关于加强科技人员流动中技术秘密管理的若干意见》是我国现存法律法规中对竞业禁止规定最全面的法律文件，通过对竞业禁止协议的详细规定有效平衡了科技人员流动与技术秘密保护的利益矛盾。最后，2012 年 12 月 31 日最高人民法院审判委员会第 1566 次会议通过了《最高人民法院关于审理劳动争议案件适用法律若干问题的解释（四）》，该解释于 2013 年 2 月 1 日起施行。这是我国第一个有关劳动者竞业禁止的司法解释，针对近年来我国司法实践中经常出现的劳动关系中的竞业禁止纠纷，该解释第 6 条至第 10 条进行了详细的解释。另外，各省的地方性法规中也有规定保护商业秘密的竞业禁止的内容。

与国外和我国台湾地区商业秘密及竞业禁止的立法与司法实践相比，我国商业秘密保护及竞业禁止的立法与司法实践的历史短、经验浅，发展却十分迅速，已经在近三十年来初步建立了商业秘密保护的竞业禁止法律制度。然而，从以上对我国立法的介绍可见，与国外和我国台湾地区的立法相比，我国立法还存在以下不足：首先，从法益目标上看，竞业禁止的法益目标过窄。其次，从立法技术上看，商业秘密保护中竞业禁止的立法原则性强、法律位阶较低。再次，从立法原则上看，我国对商业秘密保护中的竞业禁止的法律规定忽视对劳动权和公共利益的保障，没有强调利益平衡原则，最后，从立法内容上看，我国的竞业禁止法律制度重技术秘密而轻经营秘密，重经济补偿而轻禁令救济。

（二）我国商业秘密保护中竞业禁止法律制度的完善

商业秘密保护中的竞业禁止法律制度，是以竞业禁止法律规则为手段，

---

① 我国《公司法》第 148 条规定："董事、高级管理人员不得有下列行为：……未经股东会或者股东大会同意，利用职务便利为自己或者他人谋取属于公司的商业机会，自营或者为他人经营与所任职公司同类的业务；……董事、高级管理人员违反前款规定所得的收入应当归公司所有。"

② 我国《劳动法》第 22 条规定："劳动合同当事人可以在劳动合同中约定保守用人单位商业秘密的有关事项。"第 102 条规定："劳动者违反本法规定的条件解除劳动合同或者违反劳动合同中约定的保密事项，对用人单位造成经济损失的，应当依法承担赔偿责任。"

以保护商业秘密为目标的法律制度。该制度的设计以商业秘密的保护为核心，以竞业禁止的设计与运用为主体。下文主要从总体构架和具体规则两个方面展开谈我国商业秘密保护中竞业禁止法律制度的完善。

在总体法律构架方面。竞业禁止是一项综合性的法律制度，除为保护商业秘密而设立的竞业禁止外，国内外还存在为保护商誉、业务关系、培训费等设立的竞业禁止。我国法律必须全面看待竞业禁止的可保利益，并区别对待为保护商业秘密而设立的竞业禁止和其他竞业禁止。商业秘密保护竞业禁止的法益目标是合理保护商业秘密，有效维持商业秘密权和相关权益的平衡，实现市场竞争的自由与公平。我国应通过宪法、商业秘密保护法、反不正当竞争法、劳动法、公司法等多部法律对在职、离职、法定、约定竞业禁止进行全面、系统、多层次的规定。

在具体法律规则设计方面。确保竞业禁止保护商业秘密的目的正义，严格按照秘密性、价值性、保密性三要素来认定商业秘密，注意区分商业秘密和一般知识、经验和技能。确保竞业禁止协议的形式正义，要求竞业禁止协议一律采用书面形式，赋予劳动者拒绝签署竞业禁止协议的权利，禁止企业变相胁迫劳动者签署竞业禁止协议，并严格规制格式合同的适用。确保竞业禁止协议的实质正义，对竞业禁止的领域、时间、地域和补偿金进行合理性限制。完善竞业禁止协议的效力规则，竞业禁止协议目的和对象不合理的无效，时间和补偿金不合理的依法律规定作出调整，领域和地域不合理的由当事人协商或者法官调整，企业违法与劳动者解除劳动合同的竞业禁止协议失效，商业秘密保护的需求消失或者协议期满等情况发生时竞业禁止协议终止。完善竞业禁止下的法律责任，劳动者违反竞业禁止义务的，承担支付违约金、赔偿损失、继续履行等违约责任，同时侵害商业秘密权的，承担停止侵害、赔偿损失等侵权责任，此时发生违约责任与侵权责任的竞合；企业违反支付竞业禁止补偿金义务的，劳动者有权催告后单方解除竞业禁止协议或者履行竞业禁止义务并要求企业承担违约责任；第三人明知或应知其招募的劳动者负担相应的竞业禁止义务仍然雇佣的，应当承担连带损害赔偿等法律责任。

作者简介：李树建（1971—　），男，河南省开封人，现任职于河南能源化工集团安阳鑫龙煤业公司党委副书记、纪委书记。2011 年 9 月法律出版社出版，《中外民商经济法经典案例评标丛书》一套五册，韩赤风教授任主编，李树建等任副主编，并在丛书中发表论文数十篇。另外，2013 年 7 月法律出版社出版，在《文化创意产业法律经典案例评析丛书》编辑委员会中担任编委。在《文化创意产业法律评论》一书发表论文（2013 年 7 月法律出版社出版）。

实现担保物权案件的程序构造*

刘　璐

目　次

一、引言

担保物权是权利人就标的物的变价款优先受偿的物权，在性质上又称变价权。由其直接就物本身主张权利的属性所决定，担保物权人在权利可得实现时均以快速变价为目标，只不过，各国基于本国的具体情形采取了不同的设计制度。在我国担保法制发展史上，担保物权之实现一直属于《中华人民共和国民事诉讼法》(以下简称《民事诉讼法》)调整的范畴，原属于担保合同纠纷。《中华人民共和国物权法》(以下简称《物权法》)施行后，依其性质

* 博士论文作者刘璐，2008—2014 年在北京师范大学法学院攻读诉讼法学专业博士学位，2014 年博士研究生毕业并通过了博士学位论文答辩；导师刘荣军教授。以本博士论文为主体的“实现担保物权论”已获国家社科基金后期资助。

本文成稿后，最高人民法院发布了民事诉讼法的新司法解释，部分采纳了本文作者的观点。为反映博士论文的观点，本文未涉及最高人民法院司法解释的内容。本文作者拟就此专文评述。特此说明！

定为“担保物权纠纷”。既属“纠纷”，即强调其对立争讼性质，适用民事诉讼程序当无疑问，但这一程序的运行结果并不理想。仅就专业银行所发放贷款的担保而言，在严格的审贷管控程序之下，借款合同（主合同）和担保合同（从合同）的签署均相当规范，当事人之间的财务往来证据也具有较高的证明力，就主债务的数额以及到期未清偿的事实均无争议，但在当事人之间无法就担保财产的变价达成协议，在协商任意拍卖、变卖或以物抵债的情况下，银行作为担保物权人仅得向人民法院提起诉讼，冗长的诉讼程序为担保人、债务人似乎提供了“赖账”的机会。面对这一不符合诉讼效率的程序设计，《中华人民共和国合同法》（以下简称《合同法》）首开其端，直接规定了承包人可以“申请人民法院将该工程依法拍卖”;《物权法》紧追其后，就担保物权实现的一般规则作了概括规定，“抵押人可以请求人民法院拍卖、变卖抵押财产”。这些规则旨在使担保物权人无须经过诉讼程序，而直接可以申请人民法院拍卖、变卖担保财产，以降低担保物权的实现成本，提高程序效率。

但是，这一实体法的规则在长达5年多的时间内（如从《合同法》算起，则有12年多），担保物权人并不能直接向人民法院申请拍卖、变卖担保财产，因为《民事诉讼法》并未就此提供相应的程序供给，正如学者所指出，“只要向人民法院请求就必定是诉讼，因为法院要作出究竟是采取拍卖还是变卖的裁定。”[①] 至2012年8月，经全国人大常委会三次审议，最终才在《民事诉讼法》第十五章“特别程序”一章中增加了一节——第七节“实现担保物权案件”。但在《民事诉讼法》修订过程中，就本章的讨论并未充分展开。在全国人大常委会法制工作委员会民法室编辑出版的《民事诉讼法立法背景与观点全集》中，就“实现担保物权案件”特别程序的讨论非常少，而且就讨论过程中的建议并未有相应回应。如有专家指出，本节程序内容规定不够：“如何受理，受理后是否需要通知双方当事人到庭，是否需要当事人提供登记簿等书证，如有异议，法院应如何处理。建议参考大陆法系相关规定，将当事人提供证据、书面审查、审查期限等作原则规定。”[②] 由此可能导致《民事诉讼法》

---

① 江平主编:《物权法教程》，中国政法大学出版社2007年版，第238页。

② 全国人大常委会法制工作委员会民法室编:《民事诉讼法立法背景与观点全集》，法律出版社2012年版，第136页。

修正通过后，各级人民法院就实现担保物权案件这一特别程序如何运用形成无所适从的局面。

为在审判实践中贯彻执行2012年《民事诉讼法》新增加的“实现担保物权案件”这一特别程序，各高级人民法院纷纷出台地方性司法文件，就实现担保物权案件的申请、受理、审理以及执行问题作出具有可操作性的规定，但这些司法文件就这一程序的性质以及相应的程序建构还存在一些偏差，其中就相关争议问题并未作出具体规定，也给基层人民法院适用该程序处理实现担保物权案件带来了一定的困难。

最高人民法院已经启动担保物权司法解释和民事诉讼法实现担保物权案件司法解释的起草工作，两者均涉及《民事诉讼法》第十五章第七节“实现担保物权案件”的程序构造问题。本文作者选取《实现担保物权案件的程序构造》为题展开研究，就该两部司法解释起草过程中的争议问题进行充分探讨，结合实体法和程序法法理，在把握诉讼法理与非讼法理交错适用论这一基本程序法理的基础上，就该司法解释中的疑难问题提出自己的观点。

二、实现担保物权程序的非讼化及其正当性

从德国法、日本法和我国台湾地区相关法制的发展可以看出，哪些案件应采诉讼程序或非讼程序，并无明确、截然二分的标准，大多随着国家、社会的发展、需求而具有流动性。例如，在1898年《德国非讼事件法》制定时，考虑到1879年实施的《德国民事诉讼法》存在着纠纷解决缓慢、诉讼成本高、注重纠纷解决而忽视纠纷预防等固有缺陷，即将部分诉讼事件非讼化，更有利于保护权利人的利益、实现实体法目的。[①]

在诉讼事件和非讼事件分离之初，仅有监护事件、遗产事件、登记事件与证书事件等被列入非讼事件，这些事件通称为“古典的非讼事件”，其共同特征在于，“为维持民事私法秩序，由法院介入为国家之行政行为，而提供关

① 参见郝振江：“德国非讼事件程序法的新发展”，载《河南省政法管理干部学院学报》2011年第2期。

系人在法律生活上一定之保护照顾”。[①] 此时，国家的介入系在当事人之间建立或形成私法关系之际即提供协助，主要表现为：（1）从一开始就采取避免纷争产生的方式（如登记、证书事件）；（2）协助当事人基于权利主体地位能为法律上的交易（如为未成年子女或禁治产人选定或改定监护人）；（3）监督私人间所存在的权力关系（如避免或禁止滥用亲权）。

随着社会矛盾的复杂化、民事案件的多样化，即使是涉及权利义务关系的诉讼案件，为了能迅速处理，或需要法院及时介入，以免发生或扩大纠纷，而基于程序之合目的性考量或裁判之裁量性考量，将之规定为非讼事件，适用非讼程序。实现担保物权案件的非讼化即为适例。

实现担保物权纠纷事涉担保物权实现条件是否成就、担保物权所担保的债权范围的判断，极具两造当事人的对立纷争特点，应由法院基于诉讼法理在诉讼程序中予以解决。实现担保物权案件并非古典的非讼事件，而是基于简速裁判的需要而纳入非讼程序的诉讼事件。就属于简速裁判强烈追求型的诉讼事件而言，非讼化审理系借重以简易主义为主要程序内容的审理方式，发现真实、确定私权或做成妥当性裁判。此种审理方式较循诉讼程序之审理，更有利于满足该类事件对简速裁判的需求，更能兼顾真实之发现与程序之促进等二项基本要求。此时，容许将此类事件为非讼化审理，实即赋予利害关系人有使用简速裁判的机会，借以防止蒙受程序上的不利益，而兼顾实体利益与程序利益的调和。[②]

在我国，面对担保物权实现的诉讼程序的困境，商业银行等金融机构普遍要求完备现行担保法制以快速实现权利，从而降低信贷交易成本。为契合这一实践需求，2012年《民事诉讼法》将实现担保物权这一对立的诉讼纷争类型改由以节省司法资料、时间费用、强调职权性、快速性为特征的特别程序处理，以期借由国家公权力即时、适当的介入，达到简易、快捷地保护当事人权利的目的。担保物权人可以借这一程序以简易方式取得执行名义，以

---

① 沈冠伶：“家事非讼事件之程序保障——基于纷争类型审理论及程序法理交错适用论之观点”，载《台湾大学法学论丛》2006年第7期。

② 许士宦：“非讼事件法修正后程序保障之新课题——以担保物拍卖及本票执行事件之非讼化审理与诉讼化审理为中心”，载《月旦法学杂志》2005年第125期。

迅速实现被担保债权，借以强化担保物权制度，合乎《民事诉讼法》将实现担保物权非讼化的立法旨趣。

三、实现担保物权案件的适用范围

实现担保物权案件的适用范围，即可申请实现的担保物权的种类。就此，学界观点并不一致。第一种观点认为，适用实现担保物权案件的范围限于《物权法》上明文规定的抵押权、质权和留置权三种类型的担保物权；[①] 第二种观点认为，适用实现担保物权案件的范围除了抵押权、质权和留置权之外，还包括《合同法》第 286 条所规定的建设工程价款优先受偿权（法定抵押权）。[②]

以上争议体现了对实现担保物权案件特别程序中“担保物权”的解释。在我国实定法上，担保物权是指除法律另有规定之外，“担保物权人在债务人不履行到期债务或者发生约定的实现担保物权的情形，依法享有就担保财产优先受偿的权利”（《物权法》第 170 条参照）。在学说上，虽然就担保物权的物权性尚存争议，但通说以为，担保物权是债权人以确保债务之清偿为目的，在债务人或第三人所有的财产（包括物和权利）上所成立的，以取得担保作用的定限物权。

本文作者认为，虽然 2012 年《民事诉讼法》增设“实现担保物权案件”这一特别程序，是为了配合《物权法》、《合同法》上关于担保物权实现规则的新变化，[③] 但适用实现担保物权案件特别程序的范围并不仅限于《物权法》和《合同法》所规定的担保物权种类。在物权法定主义之下，“物权的种类和内容，由法律规定”，但这里的“法律”，并不限于《物权法》，还应包括其他法律。《物权法》第 8 条明文规定：“其他相关法律对物权只有特别规定的，依照其规定。”由此，其他法律所规定的担保物权种类，亦属《物权法》的所称

---

① 参见全国人大常委会法制工作委员会民法室编：《民事诉讼法修改决定条文释解》，中国法制出版社 2012 年版，第 247 页。

② 参见王东敏，“实现担保物权的特别程序制度”，载《民事诉讼法新制度讲义》，江必新主编，法律出版社 2013 年版，第 286–291 页。

③ 参见全国人大常委会法制工作委员会民法室编：《中华人民共和国民事诉讼法条文说明、立法理由及相关规定》，北京大学出版社 2012 年版，第 318–319 页。

之“担保物权”，自应适用《民事诉讼法》实现担保物权案件特别程序。前述学界第二种观点中，《合同法》第 286 条所规定的担保物权亦是依此解释路径而适用实现担保物权案件特别程序，除《合同法》之外的其他法律中关于担保物权种类的特别规定亦应适用实现担保物权案件特别程序。

早期学说上认为，程序法并无本身的正义价值，受实体法所支配，仅具服务于实体法的功能，并应为有利于实体法的解释。[①] 但随着晚近的发展，程序法的独立性日益明显。在确定实现担保物权案件的适用范围时，不能仅以民事实体法上明文规定可得请求人民法院拍卖、变卖担保财产者为限，只要是民事实体法上规定的担保物权，自得适用实现担保物权案件特别程序。我国《物权法》奉行物权法定主义，并明确将担保物权作为一种物权加以规定，担保物权的种类自应由法律作出规定。在我国现行法之下，《物权法》上所规定的抵押权、质权、留置权，《合同法》上所规定的建设工程价款优先受偿权，《中华人民共和国海商法》(以下简称《海商法》) 上规定的船舶抵押权、船舶优先权以及船舶留置权，《中华人民共和国民用航空法》(以下简称《民用航空法》) 上规定的民用航空抵押权、民用航空优先权等均可适用实现担保物权条件特别程序。在将来《典当管理条例》将典当权作为一种新类型担保物权加以规定的话，典当权亦可适用实现担保物权条件特别程序。目前，典当权上不属于不同于《物权法》上的担保物权的新种类物权，自应依《物权法》的相关规则，直接适用实现担保物权条件特别程序。尤应注意的是，在典型担保物权类型之外，学说上尚有所谓非典型担保(让与担保、所有权保留、融资租赁等)。就目前我国司法实践对非典型担保的司法态度而言，我国司法尚不承认非典型担保的物权效力，亦即非典型担保不属于担保物权，自无实现担保物权案件特别程序之适用。

四、实现担保物权案件特别程序的启动

实现担保物权案件在性质上属于非讼事件。依前文所述，非讼事件在学

① 参见沈冠伶：“新世纪民事程序法制之程序正义：以民事诉讼及家事程序为中心”，载《台湾大学法学论丛》2012 年第 41 期。

说上有所谓职权事件和申请事件的区分，实现担保物权案件属于其中申请事件，我国《民事诉讼法》第196条之文义甚明，“申请实现担保物权，由担保物权人……向……人民法院提出。”由此，法院不得依职权启动实现担保物权案件特别程序。但就实现担保物权案件特别程序的启动而言，申请人的范围有多大、是否应列明被申请人、管辖法院如何确定，在《民事诉讼法》第196条的解释适用上均存重大分歧，不仅多地司法实践做法不一，而且在民事诉讼法实现担保物权案件司法解释的起草过程中也是见解纷呈。

（一）实现担保物权案件特别程序的申请人

实现担保物权案件既属申请事件，必有申请人，适格的申请人既是启动担保物权案件特别程序的前提，也是人民法院立案受理的关键。[①] 我国《民事诉讼法》第196条将申请人界定为“担保物权人”和“其他有权请求实现担保物权的人”，这一看似明晰的表达，却遇到了解释上的困境。

“担保物权人”指称明确，意即享有担保物权的人。但基于对民事实体法和民事程序法关系的不同理解，就《民事诉讼法》第196条所称的“担保物权人”的范围产生了不同的理解。就《民事诉讼法》第196条所称“担保物权人”的范围，应以民事实体法上明定的“担保物权人”为依据，但无须民事实体法上作出适用实现担保物权案件特别程序的援引性规定。民事实体法上关于担保物权人的规定在前，作为程序法的《民事诉讼法》直至2012年8月31日修订时才增加“实现担保物权案件”这一特别程序。民事实体法与民事程序法上关于担保物权的规定，均是为了保证担保物权的快速、经济地实现，但民事实体法与民事程序法各有其调整范围和规整，民事实体法无须就民事权利的实现程序作出具体规定或援引性规定，相关程序规则应当留由民事程序法规定。

就《民事诉讼法》第196条“其他有权请求实现担保物权的人”，解释上亦存在分歧。第一种观点认为，这里的“其他有权请求实现担保物权的人”，主要包括《物权法》第220条规定的“出质人”和第237条规定的“财产被

① 参见李相波：“实现担保物权程序适用中的相关法律问题——以新《民事诉讼法》第196条、第197条为中心”，载《法律适用》2014年第2期。

留置的债务人”。[①] 有些地方的司法文件支持了这一规定，如《江苏省高级人民法院关于做好修改后的〈中华人民共和国民事诉讼法〉施行后立案审判工作的讨论纪要》即明文规定“质押关系中的出质人”和“留置关系中的债务人”有权申请实现担保物权。第二种观点将《合同法》第286条所规定的建设工程承包人亦纳入本类申请主体之列。[②] 如本文前述，建设工程价款优先受偿权在性质上属于（法定）担保物权，《合同法》第286条所规定的建设工程承包人应属担保物权人，即属实现担保物权案件特别程序的申请主体的另一类型——“担保物权人”。第三种观点认为，《民事诉讼法》第196条所称的“其他有权实现担保物权的人”是指“继受取得担保物权的民事主体”。例如，通过受让、赠与、继承、遗赠、公司合并及分立、破产清算、抵债协议、投资、善意取得等事件或行为获得担保物权的人。[③]

本文作者以为，上述观点均有一定合理性，但均未全面概括《民事诉讼法》第196条所称之“其他有权实现担保物权的人”的范围，也未完全区分《民事诉讼法》第196条规定的两类申请主体。第二种观点将《合同法》第286条规定的建设工程承包人亦作为“其他有权实现担保物权的人”，很明显未将建设工程优先受偿权作为担保物权看待，值得商榷。第三种观点将“其他有权实现担保物权的人”界定为“继受取得担保物权的民事主体”，一是没有和另一类申请主体——“担保物权人”区分开来，只要是享有担保物权的人，在解释上均属“担保物权人”，而不属于“其他有权实现担保物权的人”；二是将《物权法》明定的出质人、财产被留置的债务人等非担保物权人排除于外，至为可议。

（二）实现担保物权案件的级别管辖

我国《民事诉讼法》依循非讼程序管辖的一般规律，没有依申请的标的额及案件的影响确立不同的级别管辖，统一定为基层人民法院管辖。这一做

① 参见全国人大常委会法制工作委员会民法室编：《中华人民共和国民事诉讼法条文说明、立法理由及相关规定》，北京大学出版社2012年版，第317页。

② 参见李相波：“实现担保物权程序适用中的相关法律问题——以新《民事诉讼法》第196条、第197条为中心”，载《法律适用》2014年第2期。

③ 参见王明华：“担保物权实现程序适用中的若干问题”，载《人民司法》2013年第15期。

法符合国际上的一般做法，同时“考虑到申请实现担保物权案件普遍且数量众多，结合各级人民法院的工作职责划分，这一规定也是符合我国国情的。”[①]

但这一规则可能面临与执行管辖衔接上的困境。因实现担保物权案件由基层人民法院管辖，许可拍卖、变卖担保财产的民事裁定书亦是由基层人民法院作出，依《民事诉讼法》第224条第1款之规定，该许可裁定即应由基层人民法院管辖执行。正如本文前述，取得拍卖、变卖担保财产的执行名义有四种不同的路径，一是如上依实现担保物权案件特别程序取得许可拍卖、变卖担保财产的民事裁定书；二是基于普通民事诉讼程序取得就当事人担保合同关系的生效民事判决书、裁定书；三是依仲裁程序取得的仲裁裁决书；四是就担保合同取得依法赋予强制执行效力的公证债权文书。

就基于普通民事诉讼程序取得的民事裁判而言，可能由基层人民法院、中级人民法院、高级人民法院甚至最高人民法院执行。《民事诉讼法》第224条第1款就执行级别管辖的确定依据之一，就是这些民事裁判的第一审人民法院的级别。中级人民法院作为第一审人民法院的生效法律文书的执行的案件，由中级人民法院执行，依此类推。

就仲裁裁决而言，应由中级人民法院执行。《最高人民法院关于适用〈中华人民共和国仲裁法〉若干问题的解释》第29条对此有明文规定。

就依法赋予强制执行效力的公证债权文书而言，可能由基层人民法院、中级人民法院执行。《最高人民法院关于人民法院执行工作若干问题的规定（试行）》第10条第2款对此有明文规定。依法赋予强制执行效力的公证债权文书，根据当地法院受理诉讼案件的级别管辖的规定，涉及的标的额达到中级人民法院受理诉讼案件的标准的，由中级人民法院执行。

如此看来，同一个案件，执行名义不同，执行级别管辖可能就不同。这从一个方面也反映了非讼案件和诉讼案件、执行案件级别管辖确立标准上的矛盾。诉讼案件与执行案件均以案件的性质、影响的大小以及标的额的多少为标准来确定级别管辖。[②] 对于这一矛盾，有观点认为，应依《民事诉讼法》

---

① 奚晓明主编:《〈中华人民共和国民事诉讼法〉修改条文理解与适用》，人民法院出版社2012年版，第420页。

② 参见肖建国主编:《民事执行法》，中国人民大学出版社2014年版，第60页。

第 177 条的规定，适用该法关于诉讼案件移送管辖和指定管辖的规定予以处理。对于担保财产标的额较大、担保物权确定程序复杂、担保财产情况复杂、当事人地位特殊等情形的案件，基层人民法院认为审理比较困难的，可以移送管辖和指定管辖。此外，对于特别复杂、疑难的案件，除了报请上级人民法院改变级别管辖之外，还可以驳回申请。

五、实现担保物权案件的审查

（一）实现担保物权案件特别程序的审查范围

我国《民事诉讼法》第 197 条就实现担保物权案件特别程序的审查范围仅作了原则性规定："经审查，符合法律规定的，裁定拍卖、变卖担保财产"，"不符合法律规定的，裁定驳回申请"。法院究竟如何把握，各地的司法文件并未明确。学说上就法院审查范围在解释上存在着较大争议。

1. 审查担保物权的实现条件是否成就

《民事诉讼法》第十五章第七节"实现担保物权案件"特别程序，实际上只是（公力）实现担保物权的前半段，即取得执行名义（法院签发的许可拍卖、变卖担保财产的裁定），并不履行实现担保物权的后段——强制执行程序。仅就取得执行名义的实现担保物权案件特别程序而言，是否具备担保物权的实现条件，即属法院的审查对象。

对此，《民事诉讼法》第 197 条"经审查，符合法律规定的，裁定拍卖、变卖担保财产"、"不符合法律规定的，裁定驳回申请"中，"法律规定"应仅指法律关于担保物权实现条件的规定，法院在实现担保物权案件特别程序中，仅须就担保物权实现条件是否成就进行审查，并据此作出许可拍卖、变卖担保财产的裁定。我国台湾地区"非讼事件法"上就拍卖担保物事件规定的解释，与此如出一脉。我国台湾地区"最高法院"向来认为，申请拍卖担保物原属非讼事件，准许与否的裁定，既无确定实体法上法律关系存否的性质，对于债权及担保物权之存否，也无既判力，因此，只要担保物权已经依法登记，且债权已届清偿期而未受清偿，法院即应为准许拍卖的裁定。就担保物权或其所担保的债权是否确实存在，登记之债权清偿期是否有变更等实体事项，均超出法院审查范围。至于对此项法律关系有争执的人，可以提起诉讼以保护自己的权利，不得于非讼程序中争执，或依抗告程序声明其争执，并据以为废弃拍卖裁定的理由。[1] 在实现担保物权案件特别程序中，法院应当审查“担保物权是否存在”、“是否存在债务人不履行到期债务或是否发生当事人约定的实现担保物权的情形”这两个实现担保物权的条件。

2. 法院是否应当审查主债权债务关系

在立案（受理）—审查—执行的程序架构之下，各阶段均有其程序范围，彼此衔接。审查部门（多属审判业务部门）收到立案部门移送的申请材料之后，应审查是否达到实现担保物权的实现条件，如达到，即作出许可拍卖、变卖担保财产的裁定，由执行部门执行。至于担保财产拍卖、变卖后的变价款的分配，即留由执行部门的审查部门去解决，如债务人或担保人对担保范围和金额有异议，关系人对本案担保物权的优先受偿顺序有异议等。果若如此，执行程序将不堪重负，就当事人之间的实体权利义务争议，执行审查部门同样没有裁决的权力，仍应由当事人另行提起确认之诉或异议之诉，公力实现担保物权的后半段亦受阻碍，实现担保物权案件的程序价值和目标仍无法达致。对此，目前学说和实践中较为一致的观点均认为，法院除了审查担保物权的条件是否成就（仅涉及担保合同、担保物权登记及法定担保物权成立的相关文件）之外，尚需同时审查主债权债务关系。

本文作者认为，实现担保物权案件本属诉讼非讼化的产物，但诉讼非讼化应有边界，已如前述。就实现担保物权案件特别程序的通常审查事项——担保物权实现条件是否成就而言，涉及主债权债务关系的乃在于对主债务履行期的判断，但主债权债务关系文件之真伪，是否有延期履行的约定等，本已脱逸出实现担保物权案件特别程序的审查范围，现将审查事项扩及本属诉讼事件审查范围的主债权债务关系效力和履行情况，是否妥适，还需结合实现担保物权案件的审查标准进行分析，如强调非讼案件的程序法理，仅就实现担保物权案件进行形式审查，则主债权债务关系在大多数情形下均不属于审查范围；但如采诉讼法理和非讼法理的交错适用观念，则在实现担保物权案件特别程序中可以就主债权债务关系的具体情形进行审查，但应赋予关系人以相当的程序保障。

---

① 参见谢在全：《民法物权论》，中国政法大学出版社 2011 年版，第 741–742 页。

3. 法院是否应当审查担保物权人与担保人之间的实现协议

学说上有一种观点认为，法院还应审查担保物权人与担保人之间是否就担保物权的实现方式达成协议，[①] 此论将担保物权人与担保人未就担保物权的实现方式达成协议作为担保物权人申请实现担保物权的条件之一。在担保物权实现条件成就后，若担保合同中就担保物权的实现方式预先达成一致意见，当事人则有义务先就担保物权的实现方式进行协商，协商不成的，担保物权人才能向法院请求拍卖、变卖担保财产，担保物权人不与担保人协商即向法院请求实现担保物权的，人民法院不予受理。[②]

本文作者对此不敢苟同。

第一，虽然《物权法》第 195 条第 2 款规定："抵押权人与抵押人未就抵押权实现方式达成协议的"，抵押权人可以请求法院拍卖、变卖抵押财产，但就《物权法》第 195 条第 1 款的文义来看，在出现抵押权可得实现时，抵押权人"可以"就抵押权的实现方式与抵押人协议，这里使用的是"可以"，而非"应当"，足资说明在抵押权可得实现时，与抵押人达成抵押权实现方式的协议，是抵押权人的权利，而非义务。抵押权人可以选择与抵押人协议抵押权的实现方式，也可以选择向法院请求拍卖、变卖抵押财产。同时就质权的实现，《物权法》第 219 条第 2 款规定，在质权可得实现时，"质权人可以与出质人协议以质押财产折价，也可以就拍卖、变卖质押财产所得的价款优先受偿"。这里，是否与出质人协议，很明显是质权人的权利，在质权可得实现时，质权人有选择权。依体系解释方法，《物权法》第 195 条第 1 款亦应作同样解释，赋予抵押权人在抵押权可得实现时有选择权。

第二，虽然《物权法》第 195 条第 2 款规定在抵押人申请法院实现抵押权之前，加了一个限制："抵押权人与抵押人未就抵押权实现方式达成协议"，但在解释上，抵押权人根本不与抵押人协商，即向法院申请拍卖、变卖抵押财产，本身就表明，抵押权人未与抵押人就抵押权的实现方式达成协议，即达到该款所定条件，并无须就抵押权人已与抵押人协商但未达成协议再予举证。此际，再将"担保物权人与担保人未就担保物权的实现方式达成协议"

---

① 参见张卫平主编:《新民事诉讼法专题讲座》，中国法制出版社 2012 年版，第 238 页。

② 参见曹士兵:"我国《物权法》关于抵押权实现的规定"，载《法律适用》2008 年第 Z1 期。

作为实现担保物权的条件，并进而纳入法院审查的范围，纯属多此一举。

第三，即使担保物权人与担保人已就担保物权实现方式达成协议，也不排除申请法院拍卖、变卖担保财产。有观点认为，在担保物权人与担保人已就担保物权的实现方式达成协议的情况下，担保物权人不得抛弃协议而向法院申请实现担保物权，除非该协议存在法定无效或可撤销事由。[①] 这一观点过于绝对化地解读了《物权法》第 195 条第 1 款、第 2 款。担保物权人与担保人已就担保物权实现方式达成协议的，该协议自属当事人之间的合意安排，完全仰赖于当事人的自觉履行，并无强制执行效力，亦即当事人不得依据该协议向人民法院申请强制执行。此种情形下，如果仅以“担保物权人与担保人已就担保物权实现方式达成协议”为由，而否定实现担保物权案件特别程序的适用，无异于剥夺了担保物权人依公力实现其担保物权的机会，与现行法制理念不合。同时，在担保物权人已与担保人达成担保物权实现方式的协议的情况下，如果协议得不到履行，实际上等同于担保物权人与担保人未就实现担保物权的方式达成协议，自应允许担保物权人申请法院拍卖、变卖担保财产。如此，无论担保物权人与担保人已就担保物权实现方式达成协议与否，均不能妨碍担保物权人申请法院启动实现担保物权案件特别程序，由此可见，将“担保物权人与担保人未就担保物权实现方式成达协议”，作为担保物权的实现条件，并无实益。

第四，将“担保物权人与担保人未就担保物权的实现方式达成协议”作为申请启动实现担保物权案件的特别程序的前提条件，有违这一非讼程序的价值定位。以实现担保物权案件特别程序的效率为价值取向，强调程序进行的快捷、低成本。该程序的目的在于为拍卖、变卖担保财产取得一个执行名义，并不是为了解决当事人之间就担保物权实现方式的争议。[②] 司法实践中，担保人下落不明或不予配合的情形不在少数，此时，要求担保物权人与担保人协商，并就其未达成担保物权实现方式的协议负举证责任，不利于实现担保物权案件程序功能的发挥。

综上，将“担保物权人与担保人未就担保物权实现方式达成协议”作为

---

① 参见曹士兵：“我国《物权法》关于抵押权实现的规定”，载《法律适用》2008 年第 Z1 期。

② 参见王明华：“实现担保物权案件中的当事人范围与实现条件”，载《山东审判》2013 年第 1 期。

担保物权的实现条件，并进而作为法院在实现担保物权案件程序中的审查事项，误读了《物权法》相关规定的立法原意，徒增了实践中当事人和法院的负担，实无必要。

（二）实现担保物权案件的审查标准

实现担保物权案件系属特别程序（非讼程序），应无争议，已如前述。但在实现担保物权案件这种诉讼事件非讼化的背景下，法院如何把握实现担保物权案件的审查标准，是目前该程序运行中的焦点问题。

学界上有观点认为，实现担保物权案件应属非讼案件，而非讼案件是当事人（关系人）在没有民事权益争议的情况下，请求法院确认某种事实和权利是否存在，从而引起法定的民事法律关系发生、变更、消灭的案件，其所适用的程序法理（“非讼原理”）与传统的诉讼案件颇有不同。实现担保物权案件既属非讼事件，并被置于特别程序之中，而非讼事件并不应涉及实质问题（实体权利之存否及其范围），因此，实现担保物权案件特别程序中，法院仅能从程序上审查申请材料的齐全性和形式上的合法性（形式上达到了法律规定的条件），而无须就申请材料的真实性和合法性进行审查。如此才能达到实现担保物权案件这一非讼程序的目的：简易、迅速地进行担保物权实现程序，确保实现担保物权作为债权优先受偿制度的机能。①

形式审查和实质审查交错论认为，审查实现担保物权案件亦属法院的司法活动，“司法的权威性决定了法院对实现担保物权的案件不可能只对申请条件进行形式审查”，②“在形式审查的基础上，法院在必要时可以依据职权就相关担保物权的事实询问申请人、被申请人和证人，核实有关证据”，③尤其是对未登记的担保物权更应进行严格审查。④

本文作者反对绝对化的形式审查论，但就形式审查与实质审查交错论

① 参见金殿军：“请求法院拍卖、变卖担保财产的法律问题”，载《法学》2010年第1期。

② 王娣、傅郁林、乔欣、张晋红、蔡虹：《民事诉讼法》，高等教育出版社2013年版，第530页。（本部分为张晋红教授所撰。）

③ 江伟主编：《民事诉讼法》，高等教育出版社2013年版，第424页。（本部分为刘荣军教授所撰。）

④ 参见秦炳辉：“论实现担保物权案件的申请、受理与审查”，载《山东审判》2013年第5期。

将涉及实现担保物权案件的所有实体争议均在非讼程序中解决，也持不同观点。

第一，在展开问题的讨论之前，尚需厘清形式审查与实质审查的真切含义。学说上认为，所谓形式审查，系指法院仅需就当事人（关系人）的申请审查“抵押权有无依法登记及债权是否已届清偿期而未受清偿”，并无确定实体上法律关系存否的性质，亦无须公开法庭进行言词辩论。[①]这是误将形式审查当作程序审查，而有“实体事项非形式审查所得审究”、“实体事项不在形式审查之列”的误解。[②]形式审查和实质审查的区分并不是说形式审查的对象是程序要件，实质审查的对象是实体关系，两者均是就实体法上法律关系的审查，只不过，形式审查是用形式上的法定标准，并依客观的形式证据对实体权利的存在或法律要件的确定进行审查，不对该实体法律关系作进一步实质上的审究；实质审查是对该实体法律关系实际上的具体实质内容的探究。简言之，前者强调“形式上是否正确”，后者则强调“实质上是否充足”。

例如，就一般不动产抵押权而言，在形式审查之下，就抵押权之存否，纯粹从外观的证据加以判断，有登记即可认为存在抵押权，至于“债务人到期不履行债务或者发生当事人约定的实现抵押权的情形”之要件，其形式证据是登记簿上就债务履行期的记载或者担保合同中关于债务履行期的记载或实现抵押权的其他情形的记载。接下来“抵押设定是否有效”，“抵押合同有无无效、可撤销的事由”、“抵押权、抵押债权是不是仍然存在，是否已经清偿”等实质上的审究，则属实质审查的范畴。

因此，前述形式审查论关于只要关系人就实体问题提出异议即超出实现担保物权案件的审查范围，应裁定驳回的观点，即是实现担保物权案件特别程序只审查程序事项，不审查实体事项的错误观点的表达。正如前述，实现担保物权案件特别程序虽属非讼程序，仍应就形式之实体法上权利要件是否具备进行审查。关系人就实质事项的异议亦可作为形式证据，由法院斟酌处理。如果异议事由和证据是以对债权或担保物权的真实性产生怀疑，法院即

---

① 参见林洲富：《实用非讼事件法》，五南图书出版股份有限公司 2012 年版，第 115 页。

② 参见李木贵：《民事诉讼法》（上），作者自版 2007 年版，第 1-62 页。

可驳回申请，由当事人另循普通民事诉讼程序解决；如果提出异议但未提供证据支撑，或提供的证据不足以否定担保物权的真实性，法院仍应作出许可拍卖、变卖担保财产的裁定。

第二，在程序效率与程序保障之间，形式审查论存在偏颇之处。形式审查论基于二元程序法理，[①]以追求程序效率为目标，对当事人的实体争议不予处理。形式审查论忽略在非讼程序中亦可能赋予当事人程序保障，且此项保障也可能提高到合乎实质化程序保障的程度。问题的关键在于是否给予债务人程序保障以及这一保障是否达到相当于诉讼程序上的程序保障的程度，而不是审理程序在形式外观上名为诉讼程序或非讼程序。但形式审查论者同时认为，由于实现担保物权案件特别程序中，未就担保物权是否有效成立、实现担保物权的条件是否成就以及担保财产的具体范围以及担保债权的数额作出实体判断，当事人在许可裁定的执行程序应有充分的程序救济，其可向执行法院提起异议之诉来确定相互之间的权利义务，“异议之诉以对许可拍卖裁定有异议的担保物权当事人、利害关系人为原告，以请求法院拍卖、变卖担保财产的当事人为被告，异议之诉的诉讼请求为请求停止对全部或部分担保财产进行拍卖、变卖”。这里，又将当事人的实体争议留由执行程序这一同样具有非讼事件性质的程序中去处理。就占有司法资源和时间成本的角度，将部分实体争议的处理放在实现担保物权案件特别程序中或执行程序中处理，并无区别。而且，就我国实定法而言，债务人在执行程序中无法提起异议之诉，学界通说认为，我国《民事诉讼法》上的执行异议之诉仅有第三人才能直接启动，执行当事人无法直接就执行名义提起异议之诉，[②]至少在解释论上，上述论断中就当事人的程序救济不具有可行性。

实现担保物权案件是典型的简速裁判强烈追求型非讼事件，其本不属于古典的非讼事件（无实质争讼），而是立法者基于合目的性考量将其纳入特别程序，以求借此程序的简便、快速特征实现权利人的权利。对于非讼裁定的

---

① 程序法理二元论认为，诉讼事件应依诉讼法理，非讼事件则适用非讼法理，在非讼程序中不处理争议之实质事项，关于私权利义务关系的争执，应另行依诉讼程序解决。参见姜世明:《非讼事件法新论》，新学林出版股份有限公司2013年版，第39页。

② 参见肖建国主编:《民事执行法》，中国人民大学出版社2014年版，第201-211页。

内容涉及关系人法律地位、利益的重大事项或有复杂案情时，仅采形式审查标准、书面审查方式，无法满足程序保障的基本要求。有必要兼采言词审理、直接审理的方式（诉讼法理），进行较为慎重的审理程序，借由言词审理方式，便利法院尽早予以阐明，从而促进诉讼的进行，有助于迅速作成裁判，在运用职权探知主义之下，亦应注意保障关系人的听审请求权，使关系人在裁判前，有表示意见或辩论的机会，才能满足程序保障的要求。

第三，形式审查与实质审查交错论过于强调程序进行的简速，但将所有与已展开的实现担保物权案件相关的实体权利义务争议均纳入这一非讼程序解决，实际上混淆了非讼程序与诉讼程序的区分，也违背了诉讼事件非讼化的初衷和边界。诉讼与非讼的区分一向是大陆法系诸国的一大难题。我国国内文献中多以是否存在民事权益争议作为区分诉讼案件和非讼案件的标准，但随着诉讼法理与非讼法理的交错适用渐成通说的态势，德国等国家和地区早已摒弃了这一区分标准，而形成了目的说（又分为私法秩序形成说、预防说、法律上监护法）、对象说（客观说）、手段说（方法说）、实体法说（现行法规说）、民事行政说等多种学说。[①] 但这些学说主要是通过非讼特征、目的等静态的“点”来分析诉讼与非讼的区别，有学者尝试通过两种程序的审理以及裁判进程，以程序的动态运行来作为区分标准，提出：诉讼以“对抗”与“判定”为其基本模式，而非讼则以“协同”与“裁定”为其基本模式。本文作者认为，仅从相对人的程序保障而言，在诉讼程序和非讼程序之间即存在重大差异。就诉讼程序而言，不仅采取言词辩论主义，而且就裁判的形成，当事人有上诉权等充分的程序保障；就特别程序而言，原则上采取职权探知主义，虽交错适用诉讼法理，部分非讼程序中当事人有陈述意见的机会，但在我国采取一审终审的机制之下，就非讼裁定，当事人并无上诉机会，程序保障并非像诉讼程序那样充分。

---

① 参见赵蕾：“诉讼与非讼的再区分——以诉讼与非讼基本模式的差异为研究进路”，载《比较法研究》2012 年第 4 期。

作者简介：刘璐，北京师范大学法学院副教授。1993 年毕业于河南大学法学院，获法学学士学位；1996 年毕业于中国政法大学研究生院，获法学硕士学位；2014 年毕业于北京师范大学法学院，获法学博士学位。2010—2011 年美国明尼苏达大学访问学者。主要研究领域为民事诉讼法。主要著作有《民事执行重大疑难问题研究》，在《法学》、《政治与法律》等发表论文二十余篇。

目的考量下的专利权保护研究
——以特定环境为背景*

刘　磊

目　次

专利制度是开发和利用科技信息资源的基本制度。它通过合理确定人们对于发明创造技术信息的权利，调整人们在创造、运用科技信息过程中产生的利益关系，激励创新、鼓励技术信息公开，并通过推动发明创造的应用，最终实现经济社会发展的目的。另外，由于法律是由国家制定和认可，法律的实施由国家强制力保证，任何国家的任何法律的制定，都是以国家本位为出发点，都是从国家自身的利益出发。因此，作为法律的《专利法》，在某种程度上来讲，所要实现的是本国利益的最大化。

在《专利法》的实际实施当中，由于来自制度设计以外的各个方面因素，

* 博士论文作者刘磊，2010—2014年在北京师范大学法学院攻读诉讼法学专业博士学位，2014年博士研究生毕业并通过了博士学位论文答辩；导师薛虹教授。

比如特定的历史、经济或国际环境下以及特定的领域等，往往会造成对于专利权人给予保护，却难以实现其设计初衷的情况，也即“法律失灵”。比如，国际竞争环境下专利保护对发展中国家经济发展的阻碍、“专利蟑螂”的产生及其对经济发展的影响、侵犯专利权归责原则对于技术实施的负面影响以及药品专利保护对于大众获取药品所形成的壁垒等。

关于专利法“法律失灵”问题解决途径的思考，常常被学者所采用的两种理论分别是“特殊国情理论”和“利益平衡理论”。前者的理论认为发展中国家在制定最优的专利保护政策时，应当重点思考是通过高标准、严执法的专利保护从长远意义上激励创新，还是应当放低要求把重点放在短期内国内民众所获得的利益。然而“特殊国情理论”过于片面强调在当前阶段降低专利保护的程度。事实上，如果不能为专利权提供切实的法律保护，其结果将严重影响发展中国家正常的社会、经济秩序，干扰其吸收外资和引进先进技术的法律环境。另外，在专利制度偏向于社会共享的背景下，如果再不有效地保护专利权不受侵犯，势必严重伤害发展中国家自身的技术改良和引进能力。

就专利制度而言，仅仅平衡专利权人的利益和社会公众的利益是不够的，因为这一思路只是将专利权的保护与公众利益相对立。事实上，专利权的设置或者说保护在一定程度上也是为了扩充公众的利益，只是在一定时间内（专利权保护期内），二者似乎相互矛盾。也就是说，专利权的保护和公众利益的扩大是一种辩证统一的关系，而不仅仅是对立的关系。为了解决上述两种理论的潜在弊端，提出解决专利法的“法律失灵”的又一思路，本文拟以目的考量为视角对专利权的保护进行研究。

一、专利权保护的理论基础

专利制度是当前在国际上被普遍采用的将产权制度引入科学技术领域，通过法律与科技的结合，进而推动技术创新的法律制度。专利法所规定的制度框架大致为技术持有人针对其技术上的发明创造向国家要求产权保护，国家按照法律规定对申请专利的发明创造进行审查，对符合规定的技术赋予产权，即授予专利权，同时将该创新型技术予以公开，促进技术和信息的交流与传播。在专利制度里面涉及两个核心问题，即垄断和公开。通过专利权的获取，专利权人对于专利技术在一定时期内享有拒绝他人使用的权利，即排他权，基于对技术的这种垄断，专利权人可以通过自己实施技术或是许可他人实施技术而获取相应的经济利益。在当今世界，虽然绝大多数国家普遍认同在市场中禁止私人垄断，然而专利法却是一个特例。将设置在某一新技术上的垄断作为一种权利加以保护，将使得专利权人在竞争激烈的产业界保持绝对的优势。另外，专利制度对于技术公开的要求，极大地扩充了社会公众能够获取技术信息的总量。因此，在科学技术的发展主导社会经济进步的今天，此法律具有极为重要的意义。

（一）专利权保护的基本原理

第一，劳动财产权理论与专利权。按照洛克的观点，人们通过自己的劳动获得了对于财产权所拥有的权利，从形式上来看，劳动是对物添加的行为，它直接涉及的是人与物的关系或者联系，然而其本质所要解决的却是人与人之间的社会关系。1791 年的法国专利法前言中采用了劳动财产权理论。该前言提到，所有新颖的构思，从根本上来说，是应当归它的创造者所有。另外，创新性智力劳动成果的“创新性”，充分表明它是在原有的公共资源上增加了某种新价值的，而且这种新价值在当代已越来越被人们所依赖。因此，智力创造者对其创造出的创新性智力成果拥有不容辩驳的财产权，或者说，没有理由不在创新性智力成果上为其创造者设定财产权。可见，从洛克的劳动财产权理论中可以轻而易举地推演出专利权的必然性和正当性。[①]

第二，激励理论。在美国专利商标局那扇厚重的大门上印刻着一句名言，“专利制度就是天才之火上添加利益之油”。这是两百多年前美国总统林肯就专利制度所做的表述，而这一表述背后所反映的，就是为专利权提供正当性的重要理论之一，“激励理论”。激励理论不是从劳动方面论证专利权的正当性，而是从激励发明创造的角度看待专利权的正当性。基于激励理论，专利权从两个方面来说具有激励作用，一方面，也是基础方面，经济利益上的回报激励，无论是对于作为整体的社会公众还是对于作为个体的发明人都是一种激励；另一方面，专利权的设置也从经济上激励着发明者尽早向社会公开其

① 郑成思:《知识产权—应用法学与基本理论》，人民出版社 2005 年版，第 2 页。

技术内容，从而占据某一范围之内的财产之源。

第三，专利权保护的经济分析法学。林肯总统那句经典名言“天才之火添加利益之油”生动地描绘出了专利制度的激励机制。专利法通过在人们之间对基于发明创造而产生经济利益进行重新配置，来实现这一效果，而这一配置手段，便是专利权的保护。因此，对于专利法激励机制的研究，较为直接的可以通过动态经济分析法考量专利权的保护。从经济学角度来说，成本和收益是衡量经济的两个最基本因素。对专利权保护的考量，可以通过确定专利权人基于专利权获取的收益（包括自己实施专利的收益、许可他人实施专利的收益以及专利转让的收益等）和为获得该收益而支出的成本（比如研发成本、保护成本、实施成本等）来比较专利权人在经济上发生的动态变化，以及专利法中的某些因素（比如专利保护期）对于这种变化的影响。

（二）专利权的保护范围

专利法第 11 条是专利法中最为重要的条款之一，其规定了专利权的主要权能。本条规定，专利权被授予后，任何单位或者个人未经专利权人许可，都不得实施其专利，这就从专利制度上保障了专利权人的那个有实施其发明创造的“独占权”或者说“排他权”。被授予专利权后能够获得何种程度的法律保护，这是建立专利制度所要明确的最为基本的问题之一。专利权的权能固然重要，然而仅仅规定权能，而没有权能所针对的对象的话，那么权能的规定就会成为一纸空文，所以专利权的保护既要强调权能，又要强调客体的范围，即专利权的保护范围，从而形成立体的专利权保护，具体而言包括以下方面：

第一，以权利要求为准的保护范围。权利要求是对要求保护的技术方案的定义，是确定专利权保护范围的依据，然而，无论是较为复杂的技术方案还是相对简单的技术方案，现实中几乎没有人仅仅通过阅读权利要求书就能够确定所要保护的技术方案的准确含义。那么，对权利要求内容的解释十分必要，应当理解为在确定任何权利要求的保护范围时需要对权利要求的含义进行解释。

第二，对权利要求的解释。首先《专利法》第 59 条允许利用说明书和附图对权利要求表达的保护范围作一定程度的修正，已达到更加合理的结果，这样就排除了过于死板地拘泥于权利要求的内容不得越雷池一步的偏激做法。

第三，侵犯专利权的行为。专利权的保护是整个专利制度的核心。无论在申请和授予专利权的环节投入多大力量，精心撰写申请文件、认真进行检索审查、产生尽善尽美的专利文件，还远不是事情的全部。获得专利权保护的目的不是将专利证书贴在墙上做荣誉证书，而是寻求获得实实在在的法律保护。如前文所述,《专利法》第 11 条条款给出了关于专利侵权成立的构成要件，具体包括：时间要件、排除许可要件、目的要件、行为要件以及对象要件。不满足其中任何一项条件都不足以构成侵犯专利权的行为。

第四，滥用专利权行为及对其的控制。专利权是国家授予专利权人的一种独占权。这种独占权所排除的是所有其他个人和那位实施其专利技术的权利，就每一项专利权而言都是“一人对万众”的关系。假如专利保护超出了合理的范围，就会损害整个公众的利益。因此，法律必须确保专利权人的权利行使方式，不至于损害公众合法利益。为此，许多国家采用了对滥用专利权的行为，特别是损害竞争机制的行为进行严格控制的做法。

二、专利权保护的目的考量研究进路

（一）目的法学的主要思想及本文目的考量的概念

耶林在《法律作为实现目的的手段》一书的前言部分提出了其“目的法学”的核心思想，那就是“目的是整个法律的创造者，没有任何法律规则不是以目的，即实际的动机，为其初衷的。”① 对于历史法学派，耶林持批判继承的态度，首先耶林承认，法律规则在某些方面的确如历史法学派所说的那样，即它是部分地源于历史。然而耶林也坚持法律是人们有意识创造出来的，并且这种创造的活动和成果具有历史发展逻辑的必然性。他认为“如过去一样，在将来法律将会权衡限制个人的自由，不是因为抽象的理论公式，而是根据实际需要。”根据耶林的看法，法律规则是国家为了达到一定的社会目的而有意识制定的。关于法律的定义，目的法学所持的观点是，法律控制的目的或意图，“从最广义的角度来看，法律乃是国家通过外部强制手段而加以保护的社会生活条件的总和。”从上述概念里，不难看出，目的法学是把对于社会生

① Rudlof Von Ihering, TRANSL. I. HUSIK. LAW AS A MEANS TO AN END, New York: 1924. 409.

活条件的保护作为法律的实质目的。”

本文所谓目的考量是沿袭耶林目的法学的研究思想，将立法目的的实现作为考量在特定环境下权利保护是否合适的主要标准，并在权利保护所产生的效果与立法目的不一致的情况下，以有利于实现立法目的为考量标准，确定如何对权利保护进行调整的一种研究思路。

（二）目的考量对于专利权保护的意义——解决专利法“法律失灵”

从前面所述，专利权是依据立法者的立法目的而产生，立法者根据其所期望的达到的效果来制定了专利法。在这一逻辑下，专利权应当是完备的，因为其设定过程完全是为了服务于立法者的目的的。然而，令人遗憾的是，立法过程无法考虑过多的设定情况，只能建立在一般情况下的模型中，创建权利。与此相反，社会生活具有复杂性，同样的群体会随着时间在个体之间的相互关系以及力量对比等各个方面发生变化，而不同的群体在同一时间由于成员个体的差别也会存在着多方面的不同。那么对于社会来讲，其复杂性和多变性更是无法通过一个模型来完全包括其中。本文无意将研究涉及每一个方面，当然这也是不可能实现的，本文的意图仅仅在于提出一种针对不同社会环境中从目的视角考量专利权保护的思路和方法，在后面也会举出典型的特定环境的例子，对于本文的研究加以说明，比如国际竞争环境下、侵犯专利权民事责任归责存在的环境下以及药品专利领域。

（三）目的考量下专利权保护的调整

专利法的目的首先在于保护发明人等专利权人对发明创造的专有权利，以激励发明者从事发明创造。这种知识资源对社会进步是极端重要的，具有实实在在的价值。然而发明创造存在之后，如果得不到有效的传播和利用，则专利法将失去它存在的意义。事实上，专利法的效果来自于向公众的传播。在制度设计上，这主要体现为专利权人应当公开足够的信息，以使其他人能够接近该技术信息和知识。专利的公开对实现专利法的社会公共利益目标具有十分重要的作用。由上可见，包括专利制度在内的知识产权制度都离不开以国家为本位的立法目的，我们知道，法律是由国家制定和认可，法律的实施由国家强制力保证，一国制定的法律通常效力范围也限于一国范围之内。

从某种意义上来看，法律是国家的一种生命形式，国家则是法律的一种物质载体。可以说，任何国家的任何法律的制定，都是以国家本位为出发点，都是从国家自身的利益出发，为了使本国的社会利益达到最大化，当然任何国家专利制度的建立也是如此。基于此，专利法的目的之一可归纳为促进本国的经济发展。相应地，专利法所保护的目的之一就是以国家为主体，以经济利益作为客体，而以提高国家的经济利益作为内容。简言之，该目的可以概括为促进本国的经济发展。

三、实证研究之一：应对国际竞争的专利权保护

随着经济全球化进程加快和科学技术的迅猛发展，专利制度在经济和社会发展中的地位得到历史性提升，专利保护正日益受到国际社会的广泛关注，专利权正在成为各国增强国家经济、科技实力和国际竞争力、维护本国利益的战略资源。

（一）全球视野下中国专利竞争力分析

2012 年 12 月 11 日，世界知识产权组织（WIPO）发布《2012 年世界知识产权指标》报告。其中指出：中国已经成为专利申请第一大国。报告显示，2011 年，中国国家知识产权局受理来自国内外发明专利申请 52.6412 万件，超过美国的 50.3582 万件，成为世界第一。发明专利是三种专利中最能体现发明创造优势与价值的专利。同时，其受理的发明、实用新型、外观设计三种专利数量达到 163.3347 万件，成为世界最大的专利受理国，这一位置在此前 100 年里一直为德、日、美三国占据。数据还显示，在 2011 年通过《专利合作条约》（PCT）途径提交的国际专利申请中，来自中国的国际专利申请量为 1.6406 万件，较 2010 年同比增长 33.4%，是全球增长最快的国家。中国的中兴通讯股份有限公司以 2826 件位居世界第一；华为技术有限公司以 1831 件排名第三位。[①] 随着国家知识产权战略的深入实施，中国国内、对外发明专利申

① “世界知识产权组织：中国成专利申请第一大国”，载国知网 http://www.sipo.gov.cn/yw/2012/201212/t20121213_780213.html，最后访问时间 2012 年 12 月 23 日。

请量持续快速增长，表明我国自主创新能力有明显提升。然而，我们也应当看到由中国居民持有的有效专利数量、每万人发明专利拥有量，特别是对外专利申请数量、海外有效专利数量等重要指标，与美欧日韩存在着很大差距。

第一，中国国民持有的有效专利[①]数量少[②]，中国、德国和韩国居民的有效专利也占据较大比例。然而，一些专利局却没有或没有完全按照来源国分配有效专利。例如，德国和英国数据只涉及国外的有效专利，其国内专利局的有效专利未纳入总量中。中国、爱尔兰和俄罗斯居民所持有的专利中只有约5% 在居住国以外有效。从发明专利的角度来看，截至 2010 年年底，中国国内（不含港澳台）有效发明专利量为 229,855 件。而同期日本、美国和韩国国内有效发明专利数量分别为 1,255,359、1,015,879 和 461,602 件。截至 2010 年年底，中国国内（不含港澳台）每万人发明专利拥有量为 1.7 件，而同期日本为 98.3 件，美国为 32.9 件，韩国高达 191.9 件。[③]

第二，中国国民持有的海外专利数量严重不足，[④] 从某种程度上而言，国外专利申请量可反映出知识产权保护全球化策略。将业务扩展至国外的企业，应当有在业务开设国家加强其知识产权保护的商业需求。因此，国外专利申请或多或少能够透露出企业是如何将其商业延伸至国外市场。从发明专利的角度来说，2010 年中国向 EPO、JPO、KIPO 和 USPTO 提交发明专利申请共计 10,605 件，仅占四局发明专利申请总量的 1.02%。截至 2010 年年底，中国在美国有效发明专利为 5,747 件，占美国有效发明专利总量 0.3%；在日本有效发明专利为 695 件，占 0.05%；在韩国有效发明专利为 779 件，占 0.12%。而在中国的有效发明专利中，美国、日本和韩国分别占 10.3%、24.0% 和 4.7%。

---

① 专利权的保护期有限（一般为 20 年）。有效的专利指数提供现行有效的专利数量以及“专利生命周期”的信息。

② 若无特别说明，该项中的数据来自：国家知识产权局专利局专利文献部．世界知识产权指标报告（2011 年版）[R] .2012. 和 WIPO. World Intellectual Property Indicators（2012 edition）[R] . 2013.

③ 国家知识产权局：“统计显示：我国发明专利申请受理量跃居世界第二 但拥有的海外有效发明专利数量严重不足”，[N] .2011（49）.

④ 若无特别说明，该项中的数据来自：国家知识产权局专利局专利文献部．世界知识产权指标报告（2011 年版）[R] . 2012. 和 WIPO. World Intellectual Property Indicators（2012 edition）[R] . 2013.

第三，外国国民持有的中国有效发明专利多①。按世界知识产权组织（WIPO）最新修订的技术领域分类标准（2011年8月更新），在35个技术领域的中国有效发明专利中，中国公民持有的专利数量在食品化学、药品、材料冶金等18个领域占据优势，但在如光学、半导体、计算机技术等高新技术领域，国外公民持有的专利数量所占比例仍超过国内。从部分高技术领域来看，占据有效发明专利拥有量前十位的专利权人中只有华为、中兴等为数不多的国内企业。

第四，外国国民持有的中国专利维持时间长②，根据相关统计由图可见，国内有效实用新型专利维持年限多集中在1年至4年，而国外则平均分布在2年至7年。在当前有效的110.9958万件国内实用新型专利中，已维持超过5年的实用新型专利仅有14.1972万件，占国内有效实用新型专利总量的12.8%，而国外这一比例是28.3%。

（二）中国面临的压力以及专利国际保护最大化的分析

通过前面的分析，我们知道，中国目前的专利水平与美日等发达国家相比，依然存在相当大的差距。在这种情况下，以美国为首的发达国家极力主张加强专利国际保护最大化，主张应重新调整专利制度以对技术的生产给予更多激励，而保护地理范围的扩张只不过是其政策工具而已。

从中国企业发展角度来看，过去三十年以美国为首的发达国家积极倡导国际分工，在这一环境下，基于中国科技发展相对落后，中国重点强调制造环节，渐渐成为了制造业的一个巨头。这三十年间，虽然中国国内专利数量也大量增长，然而发达国家早已在中国全方面、多领域布下了高于国内水平的专利阵地。目前，其对于中国企业的利益损害已初见端倪。从中国消费者的利益角度来看，发达国家专利权人在中国享有和行使了专利权，实现了专利权的经济利益，而承担更多义务的却是中国的消费者，而不是发达国家的

---

① “2011中国有效专利年度报告（节选）”，载国家知识产权局http://www.sipo.gov.cn/mtjj/2012/201207/t20120705_720265.html，最后访问时间2012年12月25日。

② “2011中国有效专利年度报告（节选）”，载国家知识产权局http://www.sipo.gov.cn/mtjj/2012/201207/t20120705_720265.html，最后访问时间2012年12月25日。

消费者。虽然中国为了吸引外资，往往有一些对外商的优惠政策，然而同样的专利产品在发达国家和中国，却往往在价格上存在着较大的差异，尽管中国消费者购买力相对于发达国家更弱，可购买同样的专利产品却需要付出更多的金钱。

就目前来讲，专利的增长在发达国家和中国之间并不是平等地得到分享。事实上，专利权国际保护最大化，对于中国来讲，要求和发达国家一样在专利权保护水平上遵循一个标准，即不低于专利国际保护的最低标准，然而由于发达国家在经济、技术和人才上占有绝对优势，以专利国际公约作为支撑的专利权国际保护明显地对发达国家有利。发达国家从专利国际保护中获得了比中国更多的利益，而中国为了获得国家的先进技术，不仅要指出大量资金购买发达国家的专利权或者取得发达国家专利许可，更要支付较高的价格来获取其专利产品。当代国际专利保护最大化的趋势在很大程度上背离了专利制度的美好初衷，而被异化为发达国家对中国技术和市场掠夺的商业工具与模式，严重的侵害了设立专利制度所期望的以国家的经济和社会利益为表现形式的目的。

四、实证研究之二：目的考量下的侵犯专利权民事责任归责原则

（一）侵犯专利权民事责任归责原则适用的分析

第一，过错责任原则对于专利权保护的削弱。专利法第 11 条规定，专利权被授予后，任何单位或者个人未经专利权人许可，都不得实施其专利，这就从制度上保障了专利权人享有实施其发明创造的“独占权”或者说“排他权”，能够通过自己实施其发明创造或者许可他人实施其发明创造获得预期的经济利益，不仅能够回收作出该发明创造付出的投入，而且有望为研究开发其他发明创造提供经济支持，使创新活动得以继续和拓展，实现“创新—受益—再创新—再受益”的良性循环，使创新成果犹如“雨后春笋”般层出不穷。过错归责原则提高了侵权责任构成的标准，在举证责任上按照民事诉讼的基本规则，专利权人负有证明行为人在主观上具有侵权过错的责任，举证不足或者举证不能的，专利权人将无法使得行为人承担相应的民事责任。因

此，过错责任原则的适用在一定程度上会削弱对专利权人权利的保护，损害专利权人的利益。

第二，无过错归责原则对专利权保护及目的实现的影响。“在侵犯专利权诉讼中适用无过错归责原则对于无意中侵犯了他人专利权的侵权人来说，无法免除其承担侵权责任。如果他侵犯了一项有效的专利权，无论曾经采取过什么样的行动来避免侵权，侵权人都须要对由于侵权给专利权人造成的所有经济损害负有赔偿责任。原则上，专利权人将会获取全部的损害赔偿。”从权利保护的角度来看，无过错归责原则的适用降低了侵权责任构成的标准，相应地在一定程度上会增强对专利权权利的保护。

综合来看，为避免侵权而进行的现有专利检索与为评价新颖性和创造性而进行的现有技术检索相比，前者需要一个从具体产品到文字概括的过程，这一过程容易造成概括的偏差；另外，单从专利数据库来看，针对同样的技术方案，前者的文献量往往大于后者的文献量。目前，世界上没有一个国家的专利局能够保证在新颖性、创造性审查时，能够做到百分之百的避免专利数据库中现有技术的漏检。由此可见，当技术实施者实施的技术落入某项专利权的保护范围内时，无论其是否尽到注意义务均苛以侵权责任，对其来说，未免过于严格。在这样的一种情况下，作为市场主体的企业，尤其是制造企业，往往不得不谨小慎微，导致举步维艰，在很大程度上抑制了社会的正常生产秩序，显然不利于经济的良性发展，这也相应地使专利法目的实现大打折扣。

（二）过错归责原则的应对建议——构建侵犯专利权责任保险体系

对专利制度带来的新变化，传统的过错责任原则所表现出来的无奈，因为专利权保护客体的无体性往往使得侵权行为人出乎其意料之外，在毫无准备甚至毫无意识的情况下被诉侵权，而且索要赔偿的数额也远远超出其所能承受的范围。在这样一种情况下，仅仅依靠生产制造者本身很难应付。因此，有必要设置相应的规则来弥补这一缺陷，通过从社会互助的角度，将社会作为整体来应对难以预料的侵权赔偿，从而确保在侵犯专利权案件中使用无过错归责原则不会对专利法的目的的实现构成障碍。

专利侵权责任保险又称防御型保险，被保险人为潜在的专利侵权人，保险人负责填补潜在侵权人因其侵权行为所生之诉讼费用和损害赔偿费用。事实上，侵犯专利权责任保险就是为无过错的侵权人而设立的，就被保险人为对抗专利侵权诉讼而需要的支出及可能遭受专利权人追偿合理赔偿金的风险给予保障，其保险标的是被保险人对第三人所负的赔偿责任。保险利益分为现有利益和期待利益，利益分为积极的期待利益和消极的期待利益。在专利侵权责任保险中，他人主张权利和被保险人的侵权行为造成的损害赔偿时，保险人将支付其诉讼费用和损害赔偿费用。其保险利益为“被保险人与其法律上责任的利害关系”，属“期待利益”中的“消极期待利益”，这种消极的财产的减少只有在他人主张权利且法律有赔偿责任时发生，若法律责任未产生，总财产将不会发生变动。

五、实证研究之三：药品专利保护的目的考量

我国并非是从专利制度建立之日起，就对覆盖到药品领域的，对于是否将药品纳入专利保护也是立法者一直审慎的问题。到专利法颁布的八年之后，中国内地才将药品纳入了专利权的保护客体之列，并在其后相应延长了其保护期。由于专利制度赋予了专利权人对专利药品短期之内的垄断权，因此专利制度势必会影响专利药品的价格，进而影响专利药品的可及性。

从人的逻辑常理来考虑，只要人们所必需的药品人们就会花费高价去购买，这对于制药企业来说也是最能获取利润的地方。由此决定，对于药品的开发，制药企业多是将资金投向于重大疾病的治疗药品，并由此申请专利保护，从而一方面人们对于这类药品必须获取，另外制药企业又可以通过垄断形成高额利润。据统计，在中国，每年国家和个人用于购买治疗乙肝、艾滋病和白血病的三种药物——拉米夫定（贺普丁）、聚乙二醇干扰素（派罗欣）和伊马替尼（格列卫）的支出就达约 24 亿元。然而每年中国有超过五百万的癌症、乙肝、心血管病、艾滋病病人因昂贵的药费而致贫，甚至丧失生存希望。老百姓由于买不起急需的药品而被拒之门外，“有病无药”已成为一个不争的事实。

专利制度通过经济上的激励提升了人们对新药研发的积极性，为人类战胜疾病提供了强大的武器，即通过实现专利权人经济上的利益，从而实现人类健康利益的目的。因此，将专利保护覆盖药品这是应当坚持的原则，然而

作为药品领域科技尚不发达的发展中国家来讲，对药品专利的保护往往实现的是跨国公司专利权人的利益，而带给本国民众的却是药品可及性带来了阻碍，也就是说对于目的实现产生的阻碍。那么我们要解决的问题就是如何破除这一阻碍，协调药品专利权人的利益和药品专利保护目的之间的关系，让患者能够在药品存在的情况下获得更多的救治。下面将从专利保护框架下降低专利药品价格或是缩短专利药品高价的持续时间等思路提出一些促进专利药品可及性的途径并加以分析。具体而言，可以提高药品可及性分为三大类：

第一类是通过调整专利审查策略避免特殊药品被不当垄断，其中包括药物制剂的严格审查以及对特殊药品相似专利的审查。这类方法将专利审查策略提高到了直接影响药品可及性的高度，通过这类方法既不会破坏专利制度的正常运行，还能够及时有效地从基础上解决药品可及性的问题。

第二类是削减专利权人对药品专利的垄断利益，其中包括强制许可和价格管制，它们的共同特点是在药品专利形成垄断后，通过政府干预强制性地削弱专利权人的垄断利益。其所产生的有益效果是效率高、收效快，能够及时地、直接地降低专利药品的价格，提高专利药品可及性；然而，事物通常是两面的，这一类方法从长远来看对于药品可及性的损害也是最大的，它们由于对专利权人利益的削减，将直接影响制药企业开发新药的积极性，最终对更加具有疗效的新药可及性或者尚无有效药物的疾病的治疗造成了深远的负面影响。

第三类是引入第三方类支付专利在药品上的附加值，其中包括政府购买专利和完善社会保险，这类方法的共同点是保证专利权人的垄断利益，让专利在药品上所产生的附加值由社会负担，从而提高患者对药品的可及性。这一类方法是建立在不损害专利权人利益的前提下，因此，既不存在影响制药企业开发新药积极性的问题，同时也能从根本上解决药品可及性问题。

由此可见，首先完善社会保险制度将是我们解决专利药品的可及性的标本兼治的根本途径，也是我们今后迫切需要去做的一项工作；其次，对于提高药品可及性的研究中，专利审查策略的研究不可忽视，其将是今后相当长一段时间内解决专利药品可及性的重要途径；另外，强制许可和价格管制虽然对于提高药品可及性效果更加直接、明显，然而其有悖于经济和市场规律，其也影响着专利制度正常发挥作用，对制药行业的发展更是有着深远的负面影响，因此，对此应当采取慎重态度。

作者简介：刘磊（1979—　），男，河北唐山人。2002 年毕业于四川大学高分子科学与工程专业，获得工学学士学位；2009 年毕业于中国人民大学法学院，获得法律硕士学位；2013 年毕业于北京师范大学法学院，获得法学博士学位；期间曾于 2009 年在欧洲专利局（德国慕尼黑）研修。2015 年 9 进入中国人民大学博士后流动站从事知识产权法相关的法律研究与教学工作。在此之前，从 2002 年 8 月至 2013 年 5 月刘磊博士就职于国家知识产权局。已在国内重要期刊上发表学术论文 10 余篇。

公司董事会决议效力研究*

韩　龙

目　次

本文着力运用实证分析方法，将搜集整理的118个董事会决议效力纠纷司法案例与学理研究相结合，以董事会决议效力为核心，以效力根源与内容、效力瑕疵、瑕疵救济、法律后果为主线，结合决议形成过程和决议内容，对董事会决议效力制度进行了较为系统的研究，重点探讨了效力根源、效力瑕疵和瑕疵救济三个问题，初步构建了公司董事会决议效力理论体系和制度框架，并提出了完善我国董事会决议效力制度的若干具体建议。

本文比较深入和独到的研究内容主要有以下几方面：

* 本博士论文作者韩龙，2012年9月至2015年6月在北京师范大学法学院攻读诉讼法学专业博士学位，2015年6月通过博士学位论文答辩并获得法学博士学位；导师林艳琴教授。

一、董事会决议法律性质的双重性：特殊法律行为与公司内部的自治性法规

虽然股东会与董事会都有会议形式、都被称为机关，但股东会实质上是一种表决机制，而董事会实质上是委员会制的机关，二者具有质的不同。这种质的不同将直接影响股东会与董事会的权限划分并将董事会决议与股东会决议区别开来。

董事的权力同公权力类似，如果不进行限制和制衡就会出现权力滥用和专断，而公司作为各方利益汇聚的平台，其性质是民主的，为保障公司民主和防止董事个人滥权，公司法以董事权力集中在会议上行使、董事会实行合议共管的方式来解决这一问题，并使董事会能够集中智慧、有效防止决策失误。董事会依合议共管原则集体行使权力必然要形成集体合议的结论或结果：董事会决议。由此可见，公司在分权制衡的公司治理机制下将日常经营管理权赋予董事会，董事会在一系列会议规则下形成决议，并付诸行动，形成了董事会权力法定化、权力行使决议化以及决议过程程序化。

决议制度是私法和公法制度的交汇点之一，是对多数人就团体共同事务同时行使同一种权利（表决权），但个人意思相互冲突的一种化解冲突以形成公意的规则。关于公司决议性质的争论可以归纳为 4 种学说：法律行为说、商行为说、团体法上内部行为说、意思形成说。其中，法律行为说为目前学界通说。

本文认为决议的法律性质不是单一的，而是具有双重性质：从它属于董事会成员个人意思表示合成的团体意思来看，决议是一种特殊法律行为；从它构筑了公司内部的权力领域，在公司内部具有普遍约束力来讲，它又是公司内部的一种自治性法规。

决议作为一种特殊法律行为，从意思表示结构、法律行为与意思表示的关系、法律行为效力范围、基础意思表示的发出方向、法律行为参与人的关系等方面都不同于单方、双方和共同法律行为。其特殊性体现为：一是决议是一种意思形成。如果我们从公司外部交易角度看，在公司与第三人交易的法律行为中，公司一方的意思表示是以公司决议为其内在意思，通过法定代表人的对外表示行为构成的。从这个意义上讲，决议是公司的内在意思。传统

意思表示瑕疵理论中除了意思形成阶段的瑕疵，如受胁迫、受欺诈等可以适用于决议外，其他属于意思与表示不一致的如心意保留、虚伪表示等不能适用于决议。二是团体性。作为团体意思表示的决议与董事个人的基础意思表示相分离。决议在公司内部具有效力，一般不对公司以外的第三人产生效力。在意思自治原则下公司内部构成一个权力领域。在此领域中运行的决议，具有公法中的民主机制和程序控权特征。决议的团体性特征导致决议呈现出公法上的行为特性，也导致决议具有特殊的效力规则和责任规则，如程序瑕疵等。三是代理性。董事作为股东的代理人，存在经济学中的代理成本和内部人控制问题。董事会决议作为董事行使权力的集中体现，自然具有这种代理特征。代理特征决定了董事会决议在行为效力、意思表示瑕疵和责任承担等方面具有不同于股东会决议之处。

决议也是公司内部的自治性法规。作为公司自治领域的公司内部，实行组织层级制和官僚制，需要类似于法律的自治性法规来维护公司秩序。董事会决议是公司实现内部管理和控制的重要方式，在公司内部发挥着自治法规的作用。从董事会职权来看，我国《公司法》第 46 条、第 108 条规定了董事会具有制定公司基本管理制度、决定公司内部管理机构的设置等权限，董事会决议中的这些职权实际上就是在发挥公司内部的自治性法规功能。董事会决议是效力处于公司章程位阶之下的公司自治性法规。它是公司根据公司法自行制定的，依靠公司内部制衡机制来执行，不以国家强制力为保证，在公司内部具有普遍约束力。不仅约束公司及其内部相关人员，而且对新加入公司的或者未参加决议的公司内部人员都具有约束力。

二、董事会决议的效力根源及原则

（一）效力根源

董事会决议效力的根源是指决议行为产生效力的基础和来源。董事会决议的效力主要来源于三个基本原理：1. 私法自治。尽管我国公司法中增加了国家强制干预性的规范，出现了“私法公法化”现象，但由于公司法主要调整民事主体内部和平等民事主体之间的法律关系，私法性仍是公司法的本质和天然属性。公司自由是私法自治在公司法中的重要体现之一。作为私法主体的公司正是通过董事会决议制定公司内部规章制度、选任公司经理等管理层人员的方式实现了公司自治和自主。从董事会决议作为实现公司自由的工具和决议作为一种法律行为来看，决议的效力根源于法律行为效力理论。私法自治对决议效力的影响主要表现为：一是决议的内容自由，法律对决议内容的效力审查为有限审查；二是决议是否作出以及何时作出，属于公司自治范围，司法不能随意干涉；三是董事在个人表决时出现的欺诈、胁迫等表决权意思表示瑕疵虽然必须通过多数决标准影响董事会决议的效力，但并不是全然无意义。2. 程序正义。董事会决议也存在法律程序问题。从合同中程序的萌芽到决议中程序的凸显是一个过程，在这个过程中程序的价值逐步显现并具有了单独提炼出来的必要。实际上它也是私法公法化或者私法主体之间在意思不一致时民主介入的一种法律上的体现。程序一方面体现为法律对决议和董事会权力的控制，另一方面也是为了维护决议合成过程中个人意思表示的自由，为了维护公司意思自治和体现在决议上的公正、民主、效率等价值。董事会决议正确与否，没有一种独立的判断标准，只能根据其纯粹的程序正义获得决议的正当性。3. 协商民主。董事会决议中的召集、讨论、辩论以及形成共识的过程也是在董事平等协商的基础上将董事的个体意志融合转换为团体意志，使团体意志更具有代表性和科学性，从而也利于决议的执行。董事会决议的过程不仅仅是简单的投票表决程序，更主要的是一种协商讨论过程。因此，董事会决议程序体现了协商民主的本质。从这种意义上说，协商民主赋予了董事会召集、议事和表决程序的法律效力。

（二）决议效力制度遵循的原则

1. 利益平衡原则。该原则是指通过对多种利益进行衡量，确定需要优先保护的利益，同时最大限度保护其他利益，使彼此冲突的利益相互和谐共处。与董事会决议相关的利益冲突主要有两个：一是董事利益与股东利益、公司利益之间的冲突；二是董事之间的利益冲突。为化解这两对利益冲突，公司法首先通过股东会与董事会的权限划分，实现董事与股东之间的相互制衡。其次，设立董事会决议效力瑕疵制度，允许股东、董事通过诉讼撤销或宣告瑕疵决议无效，来实现股东对董事权限的制约和股东之间、董事之间权力的相互制约。为了防止股东滥用诉权任意干涉董事会行使权力，公司法又在瑕疵诉讼中设立了诉讼担保、裁量驳回等制度，实现股东与董事之间的相互制约和利益平衡。最后，设立董事问责制度，当董事违背注意、忠实等义务导致董事会决议存在瑕疵时，要承担决议瑕疵责任，从而维持股东、董事与公司三者间的利益平衡。

2. 维护交易秩序原则。其内涵为：基于董事会决议是公司外部法律行为的基础，要最大限度维持董事会决议的效力以维护社会交易秩序的稳定。对于存在瑕疵的决议，要首先通过对决议效力的自我补正来消除瑕疵；对于轻微瑕疵，法院可以通过裁量驳回制度驳回当事人的诉讼请求，维持决议效力。该原则是基于商法追求盈利、注重商事效率、维护商事关系稳定的目标而提出的。维护交易秩序原则在决议效力制度中主要体现为：一是合理划分瑕疵事由，尽量扩大可撤销决议而缩小决议无效的范围，从而将大量瑕疵决议交由权利人基于自身利益去判断是否需要否定其效力。二是原则上法院仅对决议进行形式审查和有限审查，仅在特殊情况下才审查决议的实体内容。三是设立决议效力瑕疵的补正制度，尽量通过当事人的自我补救解决瑕疵问题。四是设立裁量驳回制度，司法机关对存在轻微瑕疵的决议可驳回起诉，维持决议效力，引导当事人通过其他途径或者通过其他制裁方式解决瑕疵问题。五是设立防止当事人滥用诉权制度，如诉讼担保、和解限制等，防止当事人借瑕疵决议诉讼谋取不正当利益，影响公司正常运营。

三、董事会决议效力瑕疵的案例实证数据分析

本文以北大法宝、北大法意和最高人民法院的中国裁判文书网为基础，以公司法案例相关书籍为补充，并将同一案件的一审、二审、再审合并处理，截至 2015 年 1 月 1 日，共找到 118 件案例，形成了一个案例样本群。鉴于所搜索的数据库收录案例的不完备和检索的局限性，案例群的代表性和参考价值尚有待考证。但通过对案例群的纠纷类型和裁判要旨进行分析，期望为董事会决议效力研究提供新型视角和司法数据支持。通过统计分析，总结出以下几个初步发现：

1. 从案例发生地区分布来看（见图 1），案例分布于 24 个省区市，经济发达地区董事会决议效力纠纷较多，排在前四位的是上海、北京、江苏和浙江，

这四个省市的董事会决议效力纠纷案件占全国案件总量的 66.9%。这既与发达地区经济发展水平高、公司较多相关，也与发达地区司法公开程度较高、审判透明度高、更容易搜集到案例有关。

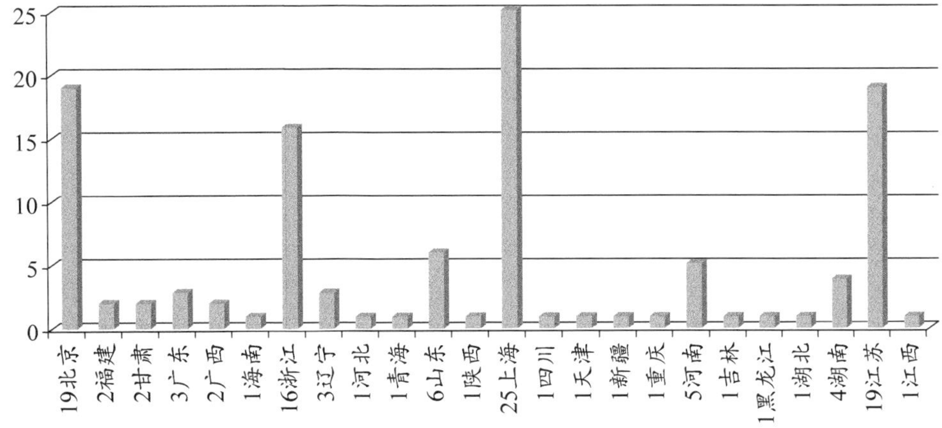

图 1　样本案例地区分布图

2. 从董事会决议效力纠纷案件上诉情况看（见图 2），案件上诉率较高，上诉和再审案件合计达到 65.2%，甚至出现 3 起经过二审终审后又提起再审的案件。上诉率高客观上会导致决议纠纷的诉讼时间较长，影响公司效率和营利目的。这就需要注重预防董事会决议纠纷并健全决议瑕疵补正制度等自力救济方式，为公司提供更快捷、有效的解决方式。上诉率高也与我国裁判文书辩法说理性弱、法官心证不公开，致使当事人对判决不服有关。

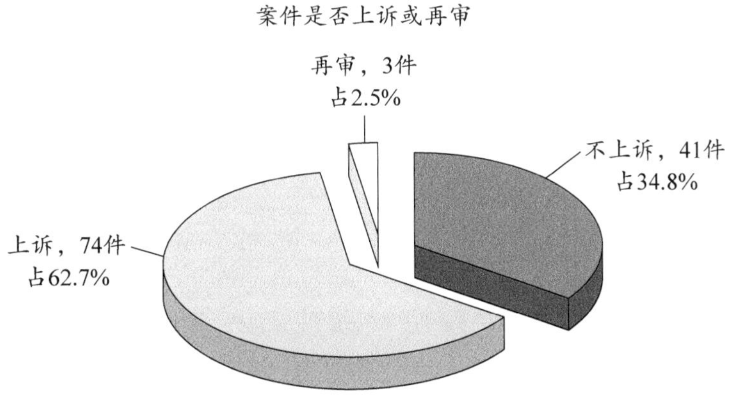

图 2　样本库中一审、二审及再审比例（图中上诉数据中未包含再审数量）

3. 从案例群中涉案公司类型来看（见图 3），有限公司案例 102 件，占 86.4%（其中，中外合资有限公司和外商独资有限公司 33 件，占 28%），董事会决议纠纷的绝大多数发生在有限公司；而股份公司中发生的决议纠纷较少，仅占 10.2%。原因可能有四个方面：（1）反映了有限公司股东对公司经营和个人利益更加关注，由于公司的封闭性和人合性更强，有限公司股东在用手投票和用脚投票中更倾向于选择前者。（2）由于有限公司股东往往兼任董事，对董事会决议知情充分，在法律仅赋予股东诉权和股东对股份公司董事会决议知情权保障不足的情况下，显然有限公司股东更具备诉讼条件。（3）我国证券法等对上市公司董事会运行要求更加严格，股份公司特别是上市公司中引入了独立董事制度，这些制度发挥了效力瑕疵防范功能，在一定程度上避免了股份公司决议纠纷。（4）实践中法院对于介入公司自治和决议纠纷态度谨慎。对于涉及人数众多、甚至可能会影响社会秩序的股份公司决议纠纷，法院的态度更加慎重。

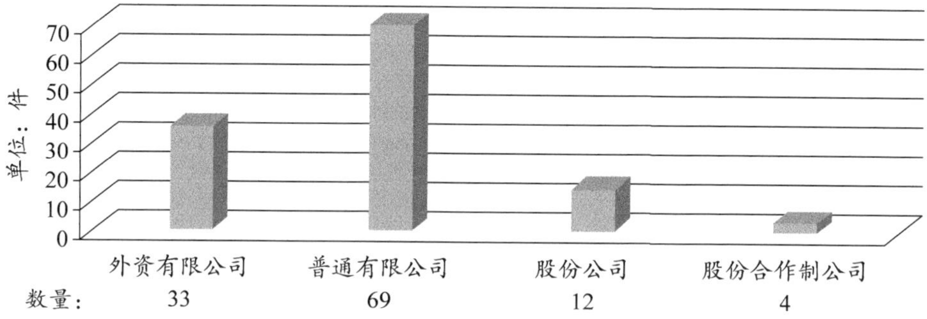

图 3　样本库中公司类型分布

4. 在董事会决议效力诉讼类型及诉讼事由中，诉请撤销决议的占 54.6%，诉请决议无效的占 34.2%，诉请确认决议有效或者执行决议的占 6.3%，其他诉请（如诉请撤销并无效、不成立或无效等）类型的占 4.9%。对于当事人起诉要求“决议撤销并无效”等诉请不明的，有的法院通过运用释明权要求原告更改并明确诉讼请求，如果当事人坚持不改的，裁定驳回起诉；而有的法院则径行审查决议效力，并根据审理结果通过判决确定决议的效力。在诉讼事由中，当事人通常同时提出决议瑕疵的多种原因，程序违法与内容违法纠缠在一起。比例较高的前三位瑕疵事由分别为：召集通知瑕疵（占 21.7%）、内容违反公司章程或者合资企业合同（占 14.7%）和内容违反法律、行政法规（占

13%）。数据分析显示：董事会决议在公司更换董事长或者董事和董事长怠于履行职责时更容易产生纠纷，引起诉讼。

5. 法院对董事会决议效力纠纷的判决类型为：驳回起诉（占 48.9%）；撤销决议（占 33.3%）；决议无效（占 10.2%）；确认决议有效（占 3.2%）；其他如裁定允许撤诉、调解结案、决议不成立等（占 4.4%）。

裁定驳回起诉的裁判要旨（见图 4）主要是：证据难以证明决议存在瑕疵、可撤销决议超过法定撤销时限、原告不是具有议事表决权的股东或不具有股东资格等。值得关注的是，有两份裁判文书在认定决议瑕疵的基础上认为瑕疵程度尚不足以影响决议效力，实质上适用了裁量驳回制度。

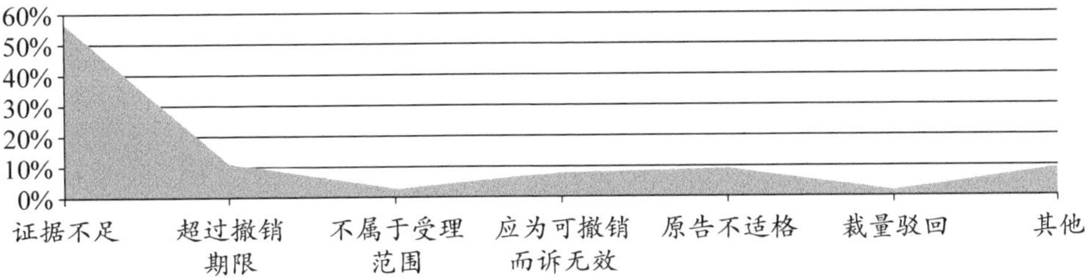

图 4　判决驳回起诉理由

撤销决议判决的裁判要旨（见图 5）主要是：决议通知存在瑕疵、表决方式瑕疵或未达到多数决、内容违反公司章程等。法院在审查决议撤销之诉时，一般先判断是否符合撤销期限，再对撤销理由进行审查。值得关注的是，有三个案例涉及决议内容是否公平问题。总体上，法院不承认董事会决议存在显失公平问题。由于董事会决议的内部性强、受商业判断规则保护，法院对董事会决议内容进行实质性审查进而判断是否显失公平，的确存在法理和实践上的障碍，因此，司法机关的态度是稳妥的。

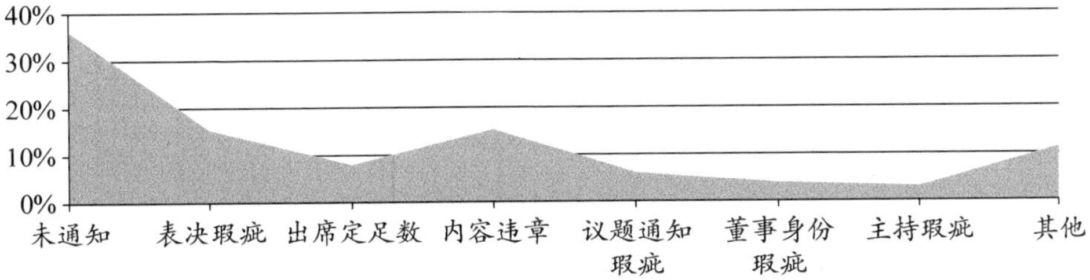

图 5　判决决议撤销理由

决议无效判决的裁判要旨主要是（见图6）：内容违法、冒用伪造董事签名或者未通知董事参会、参会表决人不具有董事身份等。实际上包括两种类型：一是我国公司法规定的内容违反法律、行政法规；二是未召开会议、未达法定多数决等决议严重程序瑕疵，由于我国未确立决议不存在制度，法院将其归入决议无效制度中予以规制，以弥补立法漏洞。

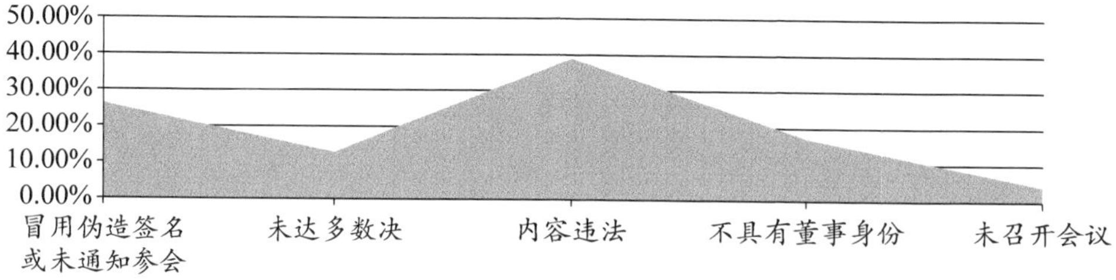

图6　判决决议无效理由

四、董事会决议的效力要件及效力瑕疵的类型体系

董事会决议的效力要件具有特殊性。首先，决议的主体是董事会，董事会作为会议主体，主体适格体现为会议的程序适法，即董事会会议程序无瑕疵，包括召集程序无瑕疵和议事程序无瑕疵。其次，董事会决议的意思表示真实体现为决议在意思合成过程中不存在瑕疵，即表决程序无瑕疵。最后，董事会决议在生效的内容要件上要求决议的内容合法、妥当、确定。内容合法是指决议内容不违反法律、行政法规中的效力性强制性规定，不违反公司章程；内容妥当是指决议内容不违反董事作为受托人的本质、不违反公序良俗和诚实信用原则；内容确定是指决议内容作为团体行动指南需要具体明确，以便于操作执行。

因此，董事会决议的效力要件可以归纳为程序适法和内容合法妥当，从而与其他法律行为有别。所谓程序适法是指决议形成过程中的召集程序、议事程序和表决程序等会议程序符合法律、公司章程和议事规则，没有瑕疵。所谓内容合法妥当是指董事会决议的内容不违反法律法规和公司章程，并且决议内容不违反委托代理本质和公序良俗以及诚实信用原则。

结合传统法律行为效力划分原理和商法上的外观、效率等原理，本文认为，可按照瑕疵的严重程度，将瑕疵分为严重瑕疵、一般瑕疵、轻微瑕疵三类（见图7）。严重瑕疵包括无程序或者欠缺关键程序达到法律上可以视其为不存在的严重程序瑕疵和内容违反法律、行政法规的严重内容瑕疵。严重程序瑕疵构成决议不存在，承担不存在的法律后果；严重内容瑕疵构成决议无效，承担无效的法律后果。一般瑕疵包括程序上有欠缺和内容违反公司章程、股东会决议等瑕疵。一般瑕疵构成决议可撤销，承担可撤销的法律后果。轻微瑕疵是指决议的程序或内容上存在微小的违规之处，对于轻微瑕疵，不宜据此直接否定决议的效力，需要综合考虑公司决议背景等情形。例如，个别董事未收到召集通知但出席了会议、表决统计错误但不影响构成法定多数决等。轻微瑕疵可以适用司法裁量驳回制度，但是不否定决议效力并不意味着造成瑕疵的责任人不承担任何责任，只是法律通过其他途径进行责任追究而已。

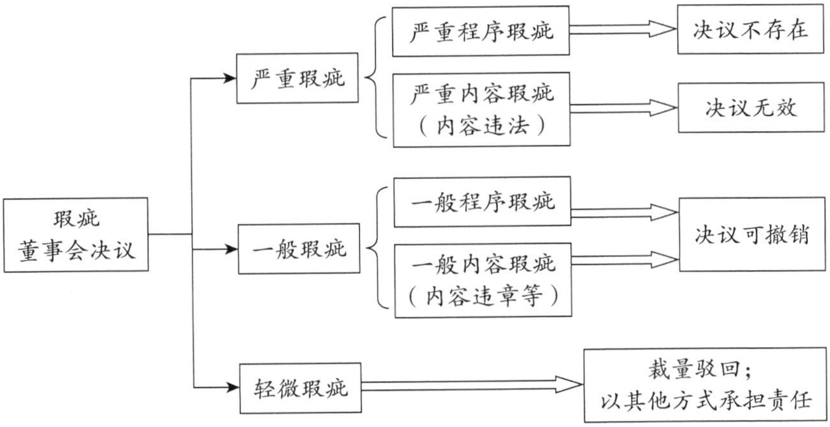

图7　瑕疵董事会决议

五、董事会与股东会决议效力瑕疵的关联性问题

在分析司法案例的基础上，本文从董事会与股东会的联系出发，运用整体思维、普遍联系观点和类型化分析方法，探讨了董事会决议瑕疵与股东会决议瑕疵的关联性问题。

董事会与股东会作为公司内部机关具有各自的职责权限，各自依法运行。一般来讲，董事会决议和股东会决议是否存在瑕疵需要依法对各自的决议程序和内容进行审查，各自独立判断，不存在关联性。董事会与股东会在决议瑕疵方面以无关联为原则。但是，原则存在例外。在特殊情况下，董事会与股东会在决议效力瑕疵方面又存在一定的关联性，即董事会决议瑕疵与股东会决议瑕疵互相影响。主要有以下三种关联类型。

（一）基于内容的关联。表现为两个方面：1. 由于现代公司治理结构中股东会与董事会的权限划分，对于需要由股东会决议的公司重大事项，往往是由董事会事前提出具体方案，然后在股东会上进行审议表决。而董事会作为合议制机关是通过董事会决议的方式提出具体方案的。这样，如果董事会决议通过的具体方案存在内容违反公司章程或法律法规的情况，而股东会在表决时未消除这种违法或违反章程的内容就以多数决通过了，那么，由于内容违法或者违反章程，不但董事会决议存在瑕疵，股东会决议也存在瑕疵。这就是瑕疵决议内容上的关联性。当然，如果董事会决议通过的瑕疵方案在股东会表决时通过修正消除了瑕疵，那就只是董事会决议存在瑕疵，而股东会决议不存在瑕疵。这时即使董事会决议无效或者被撤销，董事会对股东会的召集还是有效的，由于股东会在程序和内容上符合效力要件，股东会效力不会受到影响，二者就无关联性了。2. 由于董事会作为股东会的执行机关和公司日常经营管理决策机关，董事会决议需要执行并细化股东会决议的内容。如果股东会决议存在内容违反章程或违法问题，董事会又以决议形式执行或细化了股东会决议，那么股东会决议的可撤销或无效就导致了董事会决议可撤销或者无效，二者具有关联性。这个问题在我国公司法中较为突出。由于我国公司法仅赋予了股东对瑕疵决议的撤销权，那么当股东会决议由于内容违反章程存在瑕疵但股东不诉请撤销时，董事又不享有撤销权，董事会则面临着或者执行股东会决议而违反公司章程，或者不执行股东会决议同样违反公司章程的两难选择。而且即使在股东会决议过了法定期限未被撤销时，董事会决议执行了股东会决议也有被撤销的风险，从而使董事面临因决议瑕疵被追责的险境。依此逻辑分析，赋予董事对股东会决议的撤销权是有必要的。

（二）基于原因的关联。也体现为两个方面：1. 如果董事会决议是据以召集股东会的基础和前提，董事会决议无效或被撤销，会导致股东会成为无召集权人召集的会议，无召集权人召集的会议存在严重程序瑕疵，应为决议不存在。法律不仅要保护不知情股东的信赖利益，还要尊重董事会召集权制度的立法本意，即无召集则无会议。因此，建议在做出召集股东会的董事会决议效力被否定后，法律应规定允许董事会在一定期限内通过新的决议对原来董事会决议内容予以追认。追认后则股东会决议不具有可撤销性。如果董事会在法定期限内未追认，则据此召集的股东会决议不存在。这样，就在外观法理、不知情股东的信赖利益与召集权制度、股东会决议的稳定性之间寻求了一种制度性的利益平衡。2. 通常情况下，先由股东会通过决议选举产生董事，再由董事组成董事会在其权限范围做出董事会决议。选举董事的股东会效力被否定后，该股东会选举产生的董事会所作决议的效力是不存在、可撤销还是无效，要根据瑕疵的具体情况来认定。如果仅是对股东会免职的个别董事未发召集通知，则可撤销。如果被免职的董事未参会导致董事会决议未达到法定多数决等严重程序瑕疵，则决议不存在。如果出现了将股东会新选任的董事选举为董事长的情况，则由于违反了公司法中董事长从董事中选举产生的强制性规定，而应当认定该董事会决议因内容违法而无效。值得注意的是，在可撤销股东会决议被撤销前，该决议具有法律效力。因此，如果当事人以股东会决议瑕疵为理由诉请法院否定董事会决议效力，由于法院遵循“不告不理”原则，需要当事人在起诉时一并诉请法院否定股东会决议效力，否则在股东会决议有效的前提下，董事会决议瑕疵的诉求难以成立。

（三）基于人员的关联。瑕疵决议在人员上的关联性，以有限责任公司较为典型。有限公司由于两权分离程度低，许多公司的股东往往也是董事，股东会成员与董事会成员相同。但是这种关联不是法律上的关联，而往往是事实上的关联，即这种关联对股东会和董事会决议瑕疵没有法律上的影响，还是根据各自决议的情形来分别判断。但在事实上，通常是董事会决议瑕疵与股东会决议瑕疵类型上相似，如对同一个人既未通知其参加股东会，也未通知其参加董事会等。由于董事会的人数多数决与股东会的资本多数决表决方式不同但参会人员具有双重身份，实践中要注意区分召开的是股东会还是董事会。

六、董事会决议效力瑕疵的法律后果

本文从瑕疵决议对公司内部、外部行为和对公司内部人员的影响等方面探讨了决议效力瑕疵的法律后果。

（一）效力瑕疵对内的法律后果。当董事会决议仅涉及公司内部、对内发生效力，则该决议确定无效后，建立在决议基础上的公司内部法律关系也同时无效。因为此时只涉及公司内部利益，不涉及交易秩序问题，而且公司内部对决议的瑕疵一般不存在信息不对称问题，较为容易知悉瑕疵的存在。对于建立在瑕疵决议基础上的公司内部利益，法律没有进行特殊保护的需要。决议的无效会导致依据决议进行的股东会召集、设置公司内部管理机构、制定的公司内部管理制度等无效。但也有例外情况，如果公司依据董事会决议聘任经理、副经理、财务负责人等，则需依据具体情况分别处理。如果被聘任的经理原属于公司内部人员如股东或董事等，则聘任合同因决议无效而无效，被聘任的经理可以要求公司承担合同（聘任协议）无效责任。如果被聘任的经理等来自公司外部，决议无效时则要依据经理是否属于善意第三人来决定聘任合同的效力问题。需要注意的是，无论何种情况下，如果最终确定聘任合同无效，依外观法理和表见代理原理，被聘任为经理的人员在聘任合同效力被否定前代表公司所为的一切行为均为有效行为，由公司对内、对外承担其行为的法律后果。

（二）对于需要以董事会决议为基础的公司外部行为，公司法定代表人的对外行为应当以内部决议为基础。此种情况下，没有内部决议或者超越内部决议的授权而对外表示的，如果公司法没有做出特殊规定，则外部交易法律行为的效力遵循商事外观法理和适用作为交易法的合同法，根据善意第三人制度对公司和第三人利益进行平衡保护。对于以董事会决议为基础的公司外部行为，还有一种特殊情况，即公司法明确规定了需要以决议为基础才能进行公司外部行为的，如关于公司向其他企业投资或者为他人提供担保的，依据我国《公司法》第 16 条，要依照公司章程由董事会或股东会作出决议。由于法律的普遍效力，公司法该条文实际上赋予了公司章程中相关部分和向其他企业投资或为他人担保的公司决议的公示效力。如果第三人未尽到对决议的形式审查义务，规定公司与第三人之间的行为为可撤销行为，赋予公司一定期限内的撤销权较为适宜，将外部行为的效力交由公司根据其利益自行选择。当然，可以同时赋予第三人对公司是否行使撤销权的催告权，以尽早确定外部行为效力，维护交易秩序。

（三）决议效力瑕疵的赔偿责任及社团罚。决议作为董事会行使公司日常经营管理权的主要方式，出现效力瑕疵后，无论是否影响公司外部行为的效力，都会影响公司团体法律关系的稳定和公司效率，从而给公司造成损失。因此，在一定条件下需要追究公司内部主体的民事责任。这种责任就是公司内部人员承担的董事会决议效力瑕疵责任，包括董事、监事等对公司的赔偿责任和对公司外部第三人的赔偿责任。

正如我国民法通则中规定了恢复原状、赔礼道歉等多种责任形式一样，公司法中也需要多种责任形式以满足现实需要。董事会决议虽有瑕疵但效力未受影响的，一般不会对公司造成损害，但对于董事长对召集程序瑕疵具有过错或者其他董事无故不参加董事会等情况，如果不追究过错董事的责任，难免影响公司治理机制的运行，损害公司内部秩序和长远发展。这就需要社团罚制度来发挥作用。由于激励和惩罚对于不同董事的作用不同，即使对于已经承担了损害赔偿责任的董事，也可以通过社团罚使其承担个人名誉等方面的损失，促使一些更加重视名誉的董事严格遵守义务。公司中的社团罚形式可以包括警告、记过等公司内部纪律处分、一定数额限度内的罚款、解聘等。基于社团罚涉及公司权力与国家权力的边界问题和公司内部成员的基本人权，法律需要对社团罚进行适当规制。我国公司法可以对社团罚规定一个一般条款，并授权公司在其章程中对社团罚的种类、条件等作出明确规定。当公司适用社团罚时应当遵循比例原则、罚当其过，并在程序上遵守正当程序原则。允许当事人通过民事诉讼引入法院对社团罚的实质性审查。

七、完善我国公司法中董事会决议效力制度的几点建议

我国《公司法》第22条确立了与股东会决议效力并列的董事会决议效力制度，并对决议效力采取二分法，将效力瑕疵分为可撤销和无效两种类型，建立了决议瑕疵诉讼框架，与世界多数国家仅规定股东会决议效力，将董事会决议效力问题交由判例学说解决的立法例相比，应当属于较为先进的立法。但是我国董事会决议效力制度尚需在以下方面做进一步完善。

1. 建议在公司权力配置模式上，改采董事会中心主义。立法对股东会的固有权力进行列举规定，除此之外的权力可以概括规定为归董事会享有，属

于董事会决议事项范围。董事会要遵守股东会的决议，但是股东会不能干涉和改变董事会权力范围内的董事会决议事项。由此，为董事会和董事会决议效力制度在公司治理机制中充分发挥功能作用提供更大空间，以适应商事实践发展和公司形态多样化的需求。

2. 建议在董事会决议对内效力方面进行细化规定：一是当董事会决议指定数名执行人共同执行决议时，该数名执行人不执行决议损害公司利益的，应当承担连带责任，全体董事对此也要承担连带责任；二是当董事会决议没有明确指定执行人时，全体董事对不执行决议损害公司利益承担连带责任，对于董事内部之间的责任划分，执行董事的责任要重于独立董事。

3. 建议在瑕疵事由中增加议事程序瑕疵为决议可撤销事由。议事程序是决议程序中的重要环节，我国现行立法仅规定了召集程序和表决方式两类程序瑕疵。大陆法系国家立法一般将决议程序瑕疵覆盖到决议的各个环节。我国有必要借鉴大陆法系国家立法例，从而使决议瑕疵制度成为全面保障董事会各环节依法进行的救济手段。

4. 建议在公司法中根据决议瑕疵的程度和性质增加决议不存在制度。将理论和实践中认识较为一致的虚构、伪造决议和无召集权人召集、出席数未达定足数、表决数未达多数决的决议四种类型归入决议不存在，从而解决我国将这些类型归为决议无效所造成的逻辑混乱和法律适用难题。

5. 建议在公司法中规定董事会决议效力瑕疵补正制度和决议停止请求权制度，能够通过公司内部治理机构的相互制衡、公司的自我修复以及股东等当事人的自力救济最大限度维持决议效力，提高商事效率，维护交易和社会秩序。

6. 建议进一步细化完善董事会决议效力瑕疵诉讼制度，在明确司法介入谦抑性原则的基础上，增加决议不存在之诉；以决议停止请求权为基础，结合民诉法，构建防范型诉讼，即决议停止的行为保全和决议停止之诉；扩大诉权主体范围、完善撤销之诉的撤销期限、明确判决效力，从而使决议效力诉讼更能发挥其作用，精准实现立法目的和制度宗旨。

7. 为防止权利人滥用诉讼，妨碍公司运营并谋取不当利益，建议在公司法中增加司法裁量驳回制度、当事人和解限制制度，并完善诉讼担保制度。裁量驳回制度中驳回的条件可以规定为，撤销之诉中决议瑕疵显著轻微，在对决议内容、公司现状及其他情况进行衡量后，认为撤销决议不当的，可以裁量驳回原告诉求。在和解限制制度中建立决议瑕疵纠纷和解协议强制司法确认制度以及和解协议内容公开制度。规定这类和解协议必须要经过司法确认，原告股东只能对涉及自己权利的事项进行和解，和解赔偿金的数额不能超过其自身权利受损范围。法院对于以达成和解协议为由申请撤诉的，要对和解协议进行审查。完善现行诉讼担保制度的适用范围、适用条件以及担保的数额标准等。

8. 在董事会决议效力瑕疵责任方面，建议增加两方面内容：一是规定董事会决议效力瑕疵的法律后果。一般情况下，瑕疵决议对公司外部行为效力的影响适用善意第三人制度，以无影响为原则，有影响为例外；特殊情况下，如公司法明确规定外部行为须以决议为基础，则决议具有对外效力，以第三人是否履行对决议的形式审查义务为标准判断公司外部行为的效力。二是在决议出现瑕疵后，根据法律规定要追究董事、监事等公司内部责任人员的损害赔偿责任，除了赔偿责任外，也可以适用社团罚对责任人进行责任追究。

作者简介：韩龙（1977—　），河北唐山人，中央纪委监察部机关干部。2000 年 6 月和 2003 年 6 月在河北经贸大学分别获得经济法学学士学位和经济法学硕士学位，2015 年 6 月在北京师范大学获得诉讼法学博士学位。主要研究领域为经济法、反腐败法律制度。在《经济社会体制比较》、《中国监察》、《学术论坛》、《判解研究》等期刊发表论文多篇。电子邮箱：handragon77@163.com。

论气候有益技术转让法律协调制度之构建 *

蒋佳妮

目 次

当前，新型的环境问题主要表现为一种环境风险，气候变化就是当前全球最大的环境风险。一方面，不同于传统的环境问题，气候变化风险的影响周期是隐性的，并不那么激烈，因而除了科学证据外，人对这种危害的感受不是那么剧烈。另一方面，气候变化风险不是孤立的，而是一个系统性的，人为因素的干扰对气候变化的影响很大。要解决这一风险问题需要调动的不仅是环境科学领域的资源，更需要政策和法律的作用，需要超越以往的合作精神，需要解决法律之间的冲突或断裂，建立协调联系的生态一体的应对圈。技术，被公认是从科学上改变人类生存方式而战胜和应对气候变化的关键因素。长期以来，技术面临着法律难以有效控制的问题。气候有益技术更是因其兼具环境利益和经济利益，而在其跨国转让中面临着环境风险与制度风险

* 本博士论文作者蒋佳妮，2012—2015 年在北京师范大学法学院攻读国际贸易法专业博士学位，2015 年博士研究生毕业并通过了博士学位论文答辩；导师张桂红教授。本博士论文经修改后由法律出版社 2016 年 1 月出版，书名《论气候有益技术转让法律协调制度之构建》，全书 22.6 万字。

的双重考验。气候有益技术转让的环境风险根源于其面临的制度风险，具体表现是现有的法律制度无法有效对其实施控制。那么，如何应对气候有益技术转让面临的制度风险才能有效促进气候有益技术的转让呢？本文认为，有必要首先反思现有的相关法律制度能否促进气候有益技术转让？本文认为不能。因为现有的相关法律制度处于市场范式之下，难以摆脱市场范式追求个体利益偏好的局限。基于这样的判断，本文通过研究，认为有必要构建一种能促使气候有益技术转让的法律协调制度框架。本文的基本观点是，现有的相关国际法律制度难以促进气候有益技术在世界范围的广泛扩散和应用，尤其是在向发展中国家的转让中。其主要原因是市场范式下的国际立法无法为促进气候有益技术转让提供立法目标上的优先性和立法内容上的可预测性，也缺乏内在价值上的道德基础。因而有必要摆脱局限于市场机制下的传统制度设计，重新确立法律选择所依靠的价值基础，进而重构真正能够生态化的法律制度。“康德生态范式”被理论和实践证明是能够弥补市场范式立法的上述不足的理想选择。依循这一范式，提出了气候有益技术转让法律协调制度之构建所需的基本假设和基本原则，并设计了绿化和强化现有法律制度的近期方案和气候有益技术转让法律协调制度整体框架的远期方案，进而结合中国在此问题上的利益，探讨中国的应对策略。

一、本文的主要论证和观点

（一）以气候有益技术转让作为研究对象而进行的制度性建构的论证具有特殊意义

其一，气候有益技术本身具有特殊性。气候有益技术大部分掌握在企业手中，具有天然的通过投入和产出追求私益的属性，但同时具备环境效益，其对环境“零破坏”甚至是“有益”的，但是这些效益无法内化为技术产品的成本价格，因而其形式上具有非竞争性，收益上具有非排他性，属于典型的公共产品，并由于这种环境效益上的溢出性使得大众受益，因而具备了公共产品的正向外部性特征。其二，气候有益技术转让具有特殊性。气候有益技术转让的主要客体是知识产权，知识产权的私权本质使得在气候有益技术这类具有公共产品属性的特别技术之上形成的知识产权之交易行为兼具经济利益与环境利益。气候有益技术转让的主体表现为普遍的私行为下的企业个体的技术交易，且这种交易由于气候有益技术拥有情况和研发能力的悬殊造成的比较优势而大多具有单向性，即由发达国家转向发展中国家。气候有益技术转让的主体也可能会是国家。国家作为气候有益技术转让的主体主要是作为技术合同的管理者，也有可能是气候有益技术交易的一方，甚至国家会以贸易保护主义的形式干预技术的流转。气候有益技术转让不只包括技术设备的跨国转让，而且更重要的包括了技术 Know-how 的转让以及技术受让方通过引进的技术实现了应用和后续的再创新。其三，气候有益技术转让是环境风险与制度风险的集合。气候有益技术转让普遍存在囚徒困境，且最终的结果不仅影响到交易主体双方的利益，而且还影响到第三方公众的利益，是全盘皆输的结果。其四，技术转让制度的历史回顾预示着市场范式并无法为促进气候有益技术转让提供足够的政策和法律空间。

（二）构建气候有益技术转让法律协调制度的必要性

基于现有相关国际立法在市场范式分析框架下的横向的单独分析和对比分析，论证了构建气候有益技术转让法律协调制度之必要。其一，现有知识产权制度在促进气候有益技术转让方面存在局限。知识产权的私权属性决定了知识产权制度无法优先实现技术传播的目标；知识产权制度确立的利益平衡和禁止权利滥用原则施用所遵循的标准仍是在知识产权私权主导下倾向于知识产权持有人利益；国际知识产权统一制度的“最低保护标准”被长期视为“只有底线而无上线”，这侵蚀了灵活和例外条款的政策空间；国际知识产权制度的国内化体现出“重保护、轻传播”的特征，尤其在气候有益技术 Know-how 的转让上表现出困难。其二，现有的相关国际贸易规则表现出适用于气候有益技术转让行为上的不确定。WTO 之可持续发展的目标实际上并不是 WTO 的基础性或战略性的目标，而仅是一种针对可持续的全球经济而提出来的策略性目标。非歧视原则下的最惠国待遇原则的兴盛使得 WTO 追求贸易公平的方向发生了偏离，然而为矫正这一原则的随意性和不公平性而设定的“特殊差别待遇（S&DT）”原则式微，无法作为贸易立法下促进气候有益技术转让的可依靠原则。GATT 第 20 条的“一般环境例外”条款的适用受到特定程度和检验标准的严格限制，并需要个案考虑。这使得这种对“环境利益”可能的公平待遇在促进气候有益技术转让方面仍充满了不确定性和难以预测性。TRIPS 协定之例外条款能否适用，在司法实践中并无法依据目标和原则中技术传播和公共利益实现之必要而得以完成，相反，目标和原则条款在支持例外条款实现方面被架空。其三，国际气候政策的法制化进程仍很有限，尚难以有效促进气候有益技术的转让。气候公约的申明暗示着气候公约控温目标之实现要以无害于经济利益为前提。气候公约的技术谈判忽视了“共同但有区别责任”原则所确立的发达国家对技术转让的承诺。气候有益技术转让在气候立法下未能以风险预防为原则进行具体制度设计，风险预防原则也仍受制于市场范式下气候立法之效率原则的追求。气候公约下的可持续发展原则并没有为应对气候变化提供优先价值实现的绝对依据。气候政策的设计与评估标准体系的存在也仍然伴随着标准与标准之间的潜在冲突性。气候公约的技术转让相关规定尚未在特定部门和计划的具体、实际、注重成果的行动中体现出来。气候公约的法制化进程也未能就资金和技术转让问题达成可操作的具体协议。技术机制谈判在知识产权问题上进展甚微。其四，由于缺乏促进气候有益技术转让问题上的统一法，国际制度在解决气候有益技术转让障碍问题上表现出诸多冲突性：应对气候变化目标与贸易自由化目标的冲突反映了贸易立法无法优先实现应对气候变化的本质特征。共同但有区别责任原则与非歧视原则的冲突反映了市场范式下应对气候变化与贸易自由之间存在到底是追求实质公平还是形式公平的选择问题。事后救济式立法与风险预防式立法的冲突由贸易立法和环境立法的性质不同而产生，因而贸易立法的滞后性和难以预见性的立法模式正是使得气候有益技术转让这一风险问题难以避免的根源。争端解决及举证责任分配方面的冲突起源于国际法律规则之立法动力是否考虑了道德伦理问题。这些冲突体现了国际法律规则以什么样的“底线标准”为限，进而反映出贸易与应对变化两种利益在市场范式下难以协调。

（三）构建气候有益技术转让法律协调制度的可能性

通过理论、实践和机构层面的探索和讨论，论证了构建气候有益技术转让法律协调制度之可能。构建气候有益技术转让法律协调制度需要一个更好的且根本区别于市场范式的理论基础。“康德生态范式”被证明具备这样的能力。“康德生态范式”能够解决市场范式立法存在的局限、不确定、无效和冲突等问题。基于这样一个哲学系统的论证范式而建立的法律和政策工具将具有强有力的依托，具有法的合理性和正当性哲学基础；超越了市场范式下的种种弊端；不仅为新的法律和制度设计提供了理论起点，还为政策和法律选择提供动态的伦理基础。“康德生态范式”下的立法有望通过如下三方面实现法的正当性：一是基于理想而不是外界环境的原则；二是基准线方法学，该方法学允许这些原则依据人作为本身目的要求而调整；三是预见性的法律设计。存在的一些领域的成功实践被分解为“个体”、“政府”、“集体行动”这三个要素进行了分析。这些实践的成功是有限的，且仅能独立解读为上述三个要素之一可能实现的转变。但无论如何，这些成功的经验证明了范式可能发生转变而且相关的立法建构也可能在新范式下得以实现。作为知识产权制度、国际贸易制度和国际气候政策的依托机构，WIPO、WTO 和 UNFCCC 已经在促进气候有益技术转让问题上开展了一定的协调行动，这表明了三个机构在未来建构的气候有益技术转让法律协调制度框架下能够更加紧密协调的可能领域和事项。

（四）构建气候有益技术转让法律协调制度的方案

基于“康德生态范式”，提出了构建气候有益技术转让法律协调制度的方案。基于“康德生态范式”的基本假设和基本要素，本文提出了以绿化和强化现有的知识产权制度的近期方案：绿化 TRIPS 协定的原则、保护标准和例外条款；绿化 WIPO 相关制度的改进空间；绿化技术 / 商业秘密立法的价值取向。绿化国际贸易立法的近期方案：绿化“一般环境例外”的原则性规定；推动争端解决机制绿色程序的建立。强化气候公约技术机制的政策指导作用：强化技术机制的内部治理；强化技术机制的外部联系；通过技术机制妥善处理知识产权问题。本文还进一步提出了构建气候有益技术转让法律协调制度的远期方案：（1）以联合国下达的“气候有益技术转让国际协调行动守则”为中心。借鉴国际私法中的冲突规范的模式以及国际条约冲突的处理方式，基于康德生态系统范式的基本思路，构建一套以促进气候有益技术转让为目标的冲突处理规则——“气候有益技术转让协调行动守则”。这一守则应当明确气候变化作为这一协调制度的首要目标；在处理气候有益技术措施所导致的冲突时，对措施是否与 GATT 第 20 条“应对气候变化”项符合的审查应当制定特别程序。对必要性的检验，不以是否存在可替代性措施为标准，而是以存在的可替代措施与采取的措施相比对应对气候变化的贡献程度、对采取措施方而言采取该措施的及时程度；对贸易是否造成限制的检验，应当置于整个审查的最后一步，并且对贸易限制的权重不应当占压倒性地位，要在贸易限制与威胁气候变化之间做出权衡；改变气候有益技术转让相关的单方面措施被诉诸WTO争端解决时的举证责任，将这一单方面措施与WTO下的条款存在不一致且损害了其利益的举证责任均分配给申诉方。（2）以气候公约体系下巴黎气候协议技术转让要素方案和WTO体系下的“促进气候有益技术转让的宣言”为两翼：气候公约体系2015新协议中对技术转让问题非但不应当取消而且应当规定得更加全面。新协议下，法律须同时兼顾各方利益，以确保各方的参与性和实施的有效性。新协议下重申《联合国气候变化框架公约》中发达国家做出的技术转让承诺，并且需要进一步厘清发达国家在此承诺下需要履行的具体义务。在遵循“共同但有区别责任原则”的基础上，对技术转让承诺做出独立的设置，即发达国家所应当承担的承诺和具体的义务以及发展中国家所应当承担的承诺和具体的义务。并规定各自的承诺和义务的履行不因另一方的不履行而停止。《联合国气候框架公约》下的技术机制仍应当继续在本协议下开展工作并发挥作用。考虑到新协议本身内容的丰富性和文字的限制，对于“加强技术机制实施的指南”是否应当包括到新协议下，可以做出灵活处理。可以考虑将其作为新协议的附件内容予以列出。在WTO下促成一个“促进气候有益技术转让的宣言”，强调需要将WTO协议下与气候有益技术转让相关的协议和条款协议作为国际社会和国家层面广泛应对气候变化举措中的一部分来解决这些问题。

（五）中国的利益和应对

中国对构建气候有益技术法律协调制度具有现实利益：中国气候有益技术的发展需要与发达国家在核心技术领域开展更深入的合作；中国气候有益技术的发展需要借助良好的外部法制环境；中国的气候有益技术发展还需要适时完善内部立法。中国应当以促进气候有益技术转让为契机，建立积极的外交战略方案：中国应当倡导，在联合国大会下重启“国际技术转让协议”的谈判，并同时配以“气候有益技术转让国际协调行动守则”的谈判；倡导2015巴黎气候协议下达成具有法律约束力的技术转让文本内容；倡导气候公约技术机制妥善处理知识产权问题；倡导建立南南技术合作与转让机制；倡导 WTO 贸易法律体系下达成“促进气候有益技术转让的宣言”；建议与气候有益相关的国际立法强调需求型技术转让模式的法律调整，从而使得法律的优先目标能够基于发展中国家的气候有益技术需求和提高发展中国家当地技术接受能力而确立；倡导 TRIPS 协定为主的国际知识产权制度破除“知识产权保护标准无上限”的假设，寻求 TRIPS 协定之诸多灵活和例外条款在促进气候有益技术转让方面发挥积极作用；倡导各国，不仅发展中国家，还包括发达国家的国内法为促进气候有益技术的转让而做出适当地调整和完善；倡导通过 UNFCCC、WTO、WIPO 三机构的联合行动促进知识产权在气候有益技术的转让中发挥积极作用。中国也需要相应地改善国内相关立法，解决问题的根本办法是在国内立法的逻辑层面树立两点认识：一是气候有益技术跨国转让，需要国内相关法律法规的调整和配合，以促进有益于本国急需的技术得以尽快、优先转让。二是气候有益技术跨国转让与知识产权关系虽然密切，但技术进出口法律法规与知识产权立法的衔接和互动需要国内层面在意识到立法的本质目的基础上，结合出现的新情况和新问题，进一步统筹两法的目标，并作出协调的安排。需要协调中国气候有益技术的相关立法；协调气候变化与中国知识产权立法。具体的建议是：改善技术进出口环节的立法及实施。协调技术进出口立法与知识产权立法。与反垄断法的衔接仍需要深入。促进气候变化与知识产权立法的衔接：建立有利于气候有益技术转让的适度的知识产权保护标准；完善公开信息披露制度；完善专利宽限期制度；完善实验性使用例外制度；完善商业秘密立法。

二、本文的论证方式和方法

本文的论证方式和论证方法有如下特点：从法经济学范式到超越法经济学范式研究框架是本研究贯彻始终的内在研究机制。在这一分析框架之下，本研究的论证过程还同时结合了法学研究的基本方法，包括文献研究、案例分析、比较法分析、实证研究等。一个突破传统思维范式下的理论创新，在理论上从传统的市场范式跨越到环境与贸易并进的生态发展范式，并基于此寻求气候有益技术转让在环境和国际贸易一体化下的法律协调制度建构。其一，对已有的法律或政策，依其原先的基本理论假设和分析方法，检讨其存在的合法性与正当性；其二，对不足但又有必要进行完善的法律和政策，通过理论设计，对给定的具有公共属性的但在现实中又存在争议的问题寻求可能的机制安排（市场机制、法律政策等）；其三，综合全面的政策论证，包括事实、价值观、手段等，以便形成一种可以解决紧要问题的范式。其中涉及的假设前提有：主体是谁？在国际组织、国家和区域层面，集体行动相关的和可能的角色、议题和价值是什么？

本研究的论证建立在对法律制度产生、存在和发展所依赖的社会基本构成范式的认知基础上。所谓的“范式”，过去被用来描述科学上截然不同的概念。在1960年之后，“范式”的概念主要指在科学领域和知识论行文中的思维的方式。科学哲学家托马斯·库恩给出这个词语的现代用法，他指出范式是在某一个指定时间内一系列限定某一个科学学科的活动。“范式”代表了某个时期人们各类行为潜移默化中所遵循着的某种共同的秩序或准则，它高于法律、政治、经济、军事、社会决策本身，是影响这些决策的哲学基础。当谈论法律制度的现状时，不能不观察这些法律制度产生、存在和发展的社会背景。正是不同阶段人们内心深处所遵循的某些共同的价值、秩序或准则直接影响着法律制度的存在与变化。那么，依据什么样的方法来解释法律规则的现状并预测法律规则的未来的呢？ 20世纪70年代，法律的经济学分析又称法和经济学、法的经济学兴起，并在美国发展壮大。法律经济学普遍被认为是法律与经济学的交叉学科。美国法律经济学家查德·A.波斯纳（Richard Allen Posner，1939—　）所著《法律的经济学分析》（Economic Analysis of Law）堪称用经济学方法分析法律规则与制度（Legal rules and institution）的第一本专著和经典教科书。法律经济学的核心是运用经济学的方法（主要是用微观经济理论的工具）对法律做出经济学的解释并且对法律规范的后果做出预测。发展起来的法律经济学没有局限于研究方法上的经济学化。相反，法律经济学在发展中出现了许多理论流派，从研究视角来看，包括了哲学、政治、社会影响、性别等多元视角的新兴法律经济学流派[①]。这些流派虽然相互争鸣，

① 冯玉军：“略论当代美国法经济学理论流派——以研究视角为依据”，载《甘肃政法学院学报》2014年第3期，第52–57页。

但却实质上推动了人们对法律与其所处的社会互动关系的深刻认识。也正是因为法律经济学家秉持着对学术科学性、严谨性的追求，才使得法律经济学的研究在证明与否定、再证明与再否定中不断的进步。法律经济学家们既能够置身其中——通过经济学方法解释法律规则本身并预测法律规则所带来的影响，又能置身事外——通过哲学、政治学等研究视角批判和反思法律规则的现状并预判法律规则的未来。这种辩证的研究使得法律——这一具有主观性的研究对象得以科学化。可以说，法律经济学的研究均建立在这样的思想基础上，即研究法律不能仅限于法律本身，而且应当揭示被法律制度所依赖的现实生活，揭示社会经济关系所赋予法律的意义。

本研究在论证“为什么要建构气候有益技术转让的法律协调制度”时，主要应用了法经济学范式的分析框架。法经济学范式的分析框架，是一种全新的法学理解系统和理论框架[①]。法经济学范式分析框架由一整套基本假设、基本标准、运行原则和基本方法构成。这样的分析框架关注作为社会资源配置系统的法律制度，也关注法律背后的经济逻辑。在回答“为什么”的问题中，本研究从气候正义的视角运用法经济学范式的分析框架，目的是通过分析法律规则的形成和现状以及法律人在既定法律规则下的行为反应以重新评估现有的法律法制在促进气候有益技术转让问题上的正当性。[②]

本研究在论证“如何建构气候有益技术转让的法律协调制度”时，试图超越现有的法经济学范式的基本构成要素，探寻能够优先实现气候有益技术转让的法制建构。对于法经济学范式分析框架的超越，是建立在“促进气候有益技术转让的法律规制应当追求气候正义的哲学价值”的认识基础上，[③]试图将哲学范式的分析引入国际法学研究中。因为，目前的国际法研究方法在

① 冯玉军：“法经济学范式的知识基础研究”，载《中国人民大学学报》2005年第4期，第130–136页。

② 当法律凭借国家强制力取得社会的支配地位时，其自身的正当性常常被预设为不证自明的前提。尽管法律已成为判断我们和他人行为正当与否的标准，但是其规制的能力与社会的接受度却并没有人们想象的那么高。法律的正当性反映了人们对法律应然状态的一种预期，是高于法律合法性要求的，符合正义价值的合理性状态。

③ 马忠法：“气候正义与无害环境技术国际转让法律制度的困境及其完善”，载《学海》2014年第2期，第151–159页。

解释类似气候有益技术转让所面临的环境与经济两难问题时的作用仍是有限的。现实是，当前对国际法的研究和应用实际上是接受了一种潜在的相对预设的实践。将依靠经验实践得来的狭窄的基本概念作为一种规范和积极的法律论证来源，这种相对预设与历史局限性有关，如主权、干预、正义和全球化被视为论证的前提。这种相对预设没有给予研究者动态辩证的形式范围，也无法作为一个逻辑概念整体系统的形而上学去提升国际立法，尤其是在面对新的或更复杂的全球挑战的时候。以往，争论式的实证主义方法仅提供给我们一种回顾式的法律分析方法，这种方法侧重于科学发现的目的而不是以一套哲学思想细化和正当化法律本身。代替一种以探索实践为目的的“科学”的法律，将哲学方法应用于已经为我们所知的具有一定复杂性的法律的初始概念上，并通过辩证的分析力求探寻对这些内在复杂性概念的全面的理解，有助于寻求具体的法律概念的“普遍本质”，而不是仅关注表面。里海大学国际法教授 Gillroy John Martin 的“哲学在国际法律和政策设计中的应用”课程首先提出了应当将法律作为哲学问题来处理，并在此基础上开发了崭新的国际法学研究方法——综合的法律政策设计。[①]

这种方法的核心是通过将哲学方法引入国际法的“过程”研究中，以便使学者的研究能够克服当前法律分析方法中的实证主义倾向，这些倾向代表了过于简单的实践定义的偏见。这种方法首先区分“原则”和“过程”作为两种类型的规范的不同之处，以便使我们能理解这些规范是如何相互影响的。高瑞尔（Gillroy）教授认为，只有运用更高层面的规范形式才能使我们有效地解释和形成对主权、干预和自决之关系的全面理解。总的来说，我们需要以一种新的方法构建我们的认识论以便合理地判断在国际法中道德原则究竟应该服从于实践还是超越实践本身来指导实践。面对市场范式下国际法制的局限性，笔者运用了高瑞尔（Gillroy）教授所倡导的哲学范式分析方法，并通过

---

① Gillroy，J.M.，JUSTICE AND NATURE：KANTIAN PHILOSOPHY，ENVIRONMENTAL POLICY AND THE LAW，Georgetown University Press，2002. 这本书理论部分的介绍是 Gillroy Jhon Martin 教授将哲学方法引入国际法研究的主要方法学和理论的主要文献之一。这本书详细介绍了哲学方法应用于法律实践的方法和理论，本书的应用部分聚焦于这一方法学在国际环境法问题上的应用。该方法学专注于解决国际法领域正在或将要面临的诸多紧张关系，如全球气候变化与经济发展，国际安全与国家主权等。该方法重点关注规范和实证的辩证关系，以及理论和实践在形而上学层面的相互依存。

文献研究选择了“康德生态范式”作为构建气候有益技术转让法律协调制度的基础理论和分析方法，并进一步将所研究的对象——与气候有益技术转让相关的国际法律规范与形成这些规范所处的范式相结合，进一步深入理解这些规范形成的前提预设和规范本身的目标、原则、标准和规范内容之间的互动关系。

三、本文具有创新性的见解

（一）市场范式下的法律制度在促进气候有益技术转让问题上的不足

其一，促进气候有益技术转让的目标无法在市场范式之国际立法中得到优先的解决：市场范式下，国际知识产权制度建立在私权的基础上，并通过制度加固和维护了知识产权的私权属性；市场范式下的国际贸易立法以贸易自由为最优先之目标，相应地，所谓环境保护的例外之规定也依据这一优先目标的实现为前提而设定；市场范式下的国际气候立法虽然是直接解决气候变化问题的法律规范，但也由于“身处”市场范式而无法摆脱体系内对效率最大化的追求，应对气候变化仍旧以不影响贸易和经济利益作为隐性的前提。其二，市场范式之国际立法缺乏预见性。市场范式下的法通过立法预见和司法控制完成了对整个市场经济中法律行为的管制。这种看似完美的立法模式实际上由于没有确立应对气候变化目标的优先价值，因而在处理气候变化问题上体现出缺乏预见性和滞后性的特征，而气候变化的问题却是不可逆转的。市场范式之国际立法缺乏道德基础。其三，立法之道德基础决定了立法在实现特定目标上是否具有实质正义，也决定了立法的可容忍程度的底线程度。如果缺乏道德基础，纯粹以工具主义的价值立法，实则是迎合了市场范式立法对个体利益最大化的偏好，因而无法满足集体的公共利益之需求。传统的市场范式反映了人类短视的功利主义追求。市场范式下的国际立法无法优先实现应对气候变化的目标，由于仅追求短见的市场效率最大化，导致规则本身缺乏风险问题上的事前预见性。即使市场范式经过自我改善从利益最大化的普遍追求模式过渡到了利益优化的模式，这种过渡所腾出来的政策空间仍旧无法摆脱市场范式的效率追逐，相反，用更加隐蔽的方式维护和巩固了市场范式下经济利益至上的赤裸裸追求。

（二）构建气候有益技术转让法律协调制度的理论基础——“康德生态范式”

康德思想为超越市场范式提供了理论上的可能性和道德基础——提倡人们从功利主义转向非结果主义。“康德生态范式”为解决当前气候有益技术转让所面临的“制度风险”提供了两点可供直接参考的内容：一是环境保护目标在康德生态范式下能够得到优先实现；二是立法在康德生态范式下具备了实现环境保护优先目标的可预见性。提出了在康德生态范式下，构建气候有益技术转让法律协调制度基于一套新的基本假设和基本要素。这一套新的基本假设概括为“利他”、“独立”与“确信”，并把基本要素概括为道德完整性、风险预防原则和正义基准线方法。

（三）构建气候有益技术转让法律协调制度框架的具体方案

基于“康德生态范式”下气候有益技术转让法律协调制度构建的核心是建立应对气候变化作为优先价值的法律制度框架，在这一框架下，无论是国际知识产权制度、国际贸易制度，还是国际气候制度，均会在处理与气候变化相关的气候有益技术转让的事项上自动地形成协调。这样的法律框架既符合发展中国家的利益也符合发达国家的利益。在构建气候有益技术转让法律协调制度的过程中，需要首先认识到仅通过气候公约下第4.5条的发达国家的技术转让承诺来消极地处理技术转让问题已经过时，只有通过法律撬动发达国家和发展中国家的利益需求，进而重新合理分配权利义务，尤其是只有使发达国家在促进气候有益技术转让领域的单向义务转让转变为权利义务的双向机制，才有可能实现法律对气候有益技术转让的有效调节。从长远来看，发达国家也有必要通过这样的协议明确自己能够接受的和能够完成的义务，来向世人展现其应对气候变化技术承诺的落实，同时也获得了在这样的转让过程中，吸取到发展中国家某些优秀能力及拓展在发展中国家的技术市场的机会。这种重新分配权利义务的具体方案，体现在本文所构建的“一体两翼”的气候有益技术转让法律协调制度框架的具体内容中。本文认为在以气候有益技术转让为优先目标的法律框架下，需要重新分配发达国家和发展中国家在气候公约下的权利义务划分，以使得法律能够有效调节气候有益技术转让。

（四）中国在构建气候有益技术转让法律协调制度上的利益和应对策略

重点强调了中国在构建气候有益技术转让法律协调制度背景下，如何通过外交和法律配合中国气候有益技术的发展。其中除了提倡相关的建构方案外，还重点突出了中国对发展中国家之间开展气候有益技术南南合作和转让的愿景。可以考虑在气候公约下支持发展中国家之间的技术合作与转让的机制，这样做既符合将气候有益技术转让的目标作为气候公约优先实现的目标的制度设计初衷，也符合中国具体国情和利益需要，即中国的技术既需要引进来也需要走出去。

四、总结

本文提出根据“康德生态范式”构建气候有益技术转让法律协调制度的建设性方案，在当前一部分人的眼里略显理想化或不够现实。这是因为长期以来市场范式占据着人们思考以及政策制定和选择的主导地位。人们普遍习惯了以功利主义解释事物的变化，也习惯于以工具主义作为制定规范的理论基础。在这样的背景下，以传统的市场范式的眼光和思维逻辑去看待本文所依赖的理论基础和所倡导的建设性方案就会出现难以理解或者不能信服的问题。但任何论证均具有一定的前提假设，只不过惯常的论证过程以人们熟悉并接受的前提假设为出发点，因而较为容易被人们接受和判断。但是，这并不能代表任何论证均应当以普遍为人们所接受的假设为论证的前提假设。辩证性的争论之价值在于通过多元化的论证明辨更具有正当价值的理论前提，而不是先入为主地种下一棵暂时为大多数人接受的“种子”。实际上，本文的论证并未将传统的市场范式束之高阁，而是首先以我们熟悉的方式开始了论证。本文的前半部分通过将相关制度带入市场范式及其实践模式反思是否有必要为了促进气候有益技术转让而改变现有的制度。在这种情况下，对制度反思的结论更具有说服力且具有较强的可信度。不仅如此，当证明现有的制度由于市场范式的束缚难以促进气候有益技术转让后，本文的理论选择也并非空穴来风，而是经过了对市场范式之不足的总结，以及对现有的构建气候有益技术转让理论研究的回顾。因此，这种选择更具有逻辑性和必然性。本文也严谨地意识到“康德生态范式”未必是构建气候有益技术转让法律协调制度的唯一选择，相反，它仅仅是基于现有的经验性认知之上的总结的产物。仅就现状和需要解决的问题而言，“康德生态范式”足以解决问题。但是，能否相信“康德生态范式”下气候有益技术转让的解决得益于建构的法律协调制度，需要将认知的假设调整为“康德生态范式”下所确立的假设情景。基于此，将能够理解和信服这一建构性的论证，并对其建设性的方案抱有信心。

没有技术我们无法解决气候危机。2015年年底，各缔约方将在巴黎达成全球气候协议，技术将会是解决问题的核心要素。为了让国际社会应对气候变化的行动更加安全可靠，协同合作的过程中最关键的要素是什么？笔者认为是确立环境可持续发展目标在任何相关国际法中的优先价值。在“康德生态范式”下，基于预见性规则建立的需要，立法追求的目标发生了改变——气候有益技术的转让优先于普通技术转让；在制度影响的评估中，对环境的危害或潜在的危害优先于是否有利于自由贸易的保持和增长，当二者发生冲突时，他们不再是需要两者兼顾的问题，而变为避免前者优先于避免后者，也即避免对本质价值的减损优先于避免提升一个工具主义价值的利益。本文仅在前人研究的基础上，对此问题进行了初步的建构性探讨，如何在新范式下构建气候有益技术国际转让的法律协调制度，仍需要更加具体的论证，包括具体的制度安排有哪些，以什么样的形式出现，由哪个国际组织负责等。随着环境风险的日益加剧，这种协调的意义将会凸显。但首先需要打破的是唯市场论的假设。新制度构建的可行性仍需要进一步论证。其间，摆脱工具主义的固有思维模式和政治利益的影响均是极大的挑战。构建气候有益技术转让国际法律协调制度的具体的内容也仍需要进一步的事实和研究的推进。无论如何，这个时代面临的诸多问题已经不可避免地需要顶层的协调设计发挥作用。为实现公平正义价值观下的全球环境权益和效率价值观下的持续发展，找到环境治理和经济持续发展之间衡量均衡点，将改变纯粹的经济增长模式并同时获得环境的改善，这恰恰为国际气候领域达成国际协议提供了契机，也为WTO的改革提供了方向。构建气候有益技术转让法律协调制度对中国而言同样是一个契机，它有利于推动中国气候有益技术转让相关立法的完善，也能为中国发展气候有益技术赢得良好的外部环境。两千多年前，孔子在竹简上写下“君子和而不同”，这不仅成为中华文化的内在品格，也代表着中国对世界秩序的想象。实际上孔子的“和”和“仁”的思想代表了当今求新求变和寻求思想根源的方向，也代表了中国社会主义核心价值体系的思想基础。中国气候有益技术转让方面的制度风险，仅靠中国自身的改造是难以克服的，作为负责任的大国，中国有必要将这种思考和实际问题相结合，向世界发出声音，为世界秩序的重新构建贡献积极的力量。正如解振华先生在华沙气候大会接受《瞭望》杂志采访时所言，“气候变化关乎全人类的生存和发展，中国要站在这个高度考虑问题。中国需要的不是‘零和’的结果，追求的结果是既不损害人类生存和发展的整体长远利益，又符合各国的发展权益，是合作共赢的结果。”

作者简介：蒋佳妮（1986—　），甘肃武威人，工业和信息化部国际经济技术合作中心涉外法律所助理研究员，所长助理。2007 年和 2010 年在中央民族大学分别获得法学学士学位和法学硕士学位，2015 年在北京师范大学获得法学博士学位。2010—2012 年于清华大学环境学院从事科研助理工作。2013—2014 年美国里海大学联合培养博士生。主要研究领域为国际贸易法、气候变化政策和技术转让问题。

商标权质权制度研究 *

赵秀辉

目　次

商标权质权制度是旨在充分利用商标权担保价值的一项制度。近年来，随着商标功能的扩张，商标的财产价值渐渐凸显。商标的无形资产属性使得商标价值的利用成为可能，商标权质权制度在这种情况下应运而生。但是，商标权有其自身的独特性，不仅与一般权利质权存在很大不同，与其他的知识产权质权也有很大区别，这就决定了应对商标权质权的特殊性作出有针对性的回应。然而，《中华人民共和国担保法》（以下简称《担保法》）、《中华人民共和国物权法》（以下简称《物权法》）仅对知识产权质权制度作出了一般

* 本博士论文作者赵秀辉，2010—2015 年在北京师范大学法学院攻读知识产权法专业博士学位，2015 年博士研究生毕业并通过了博士学位论文答辩，导师韩赤风教授。

性的规定，并未考虑到商标权质权的特殊性，因此，在实践操作中存在很多问题，需要对之加以完善。本文运用比较分析、实证分析、规范分析和历史分析的研究方法，从商标权质权的一般性考察入手，通过对国内外商标权质权相关制度的考察，探究商标权质权的设立、效力和实现，并提出了我国商标权质权制度的立法构想，以期构建一套符合我国国情的商标权质权制度法律体系。

在此仅对本文中的重要观点、结论作一归纳。

一、商标权质权与其他知识产权质权的比较

知识产权质权是指债务人或者第三人依法将其可以转让的商标专用权、专利权、著作权等知识产权中的财产权作为履行债务的担保，于债务人届期不履行债务时，债权人得依法折价或拍卖、变卖该知识产权，并以其价款优先受偿的权利。

商标权质权与专利权质权、著作权质权同为知识产权质权，具有很多的共同特征，但由于三者在主体、客体、社会功能等方面的差别，其某些方面的效力，在表现上又有所不同。同其他两项知识产权质权相比较，商标权质权具有设质主体范围更广、门槛更低；在正确使用的前提下价值不断增加；可以无限期续展，更具有权利存续的稳定性；更具有可行性和可操作性；权利的独占性和排他性较强等特征，使得商标权与其他知识产权相比成为更适合设质的知识产权。与此同时，正是由于存在上述区别，我国立法在遵循商标权质权与其他知识产权质权的共性的同时，应对其个性化的部分作出回应，以更好地发挥商标权质权的独特价值和功能。

二、我国商标权质权制度的立法考察

商标权质权具有特殊性，其在设立、效力及实现等方面与其他的权利质权存在很大差异，与其他知识产权质权也存在较大不同，因此对于商标权质权的独特个性，应作出有针对性的制度设计。但是，我国《担保法》和《物权法》中并没有关于商标权质权的直接规定，对于知识产权质权的相关规定

也仅有5个条款，[①]其他方面则适用动产质权的规定。[②]这种简单而过于原则化的规定，使商标权质权缺乏完善的制度，实际运作存在法律风险，进而影响商标权质权的现实操作。本文认为，商标权具有价值权的性质，与动产质权以对担保物的实际支配为生效要件相比，商标权质权旨在通过担保的方式来实现担保物的交换价值，而不是对担保物的实际的支配和收益。适用动产质权的规定固然可以对商标权质权予以间接规定，但简单的参照适用会影响商标权质权的实现，况且，商标权质权与动产质权在很多方面存在差别，立法过于原则化给商标权质权的适用带来诸多不便，质权人在实际操作中往往无所适从。

因此，商标权质权法律制度应充分考虑现实社会资源的稀缺性，考虑如何利用担保物的价值，使商标权所具有的交换价值实现最大化，从而在担保债权实现的前提下，最大限度的利用担保物的交换价值。比如，《担保法》第80条以质权人是否同意作为出质人以转让、使用许可等方式实现商标权价值的前提条件，使出质人对出质商标权的利用完全处于质权人的控制下，这种方式实际上限制、剥夺了出质人的权利。此外，上述法律法规对商标权质权的重复设质和部分设质并未涉及，这无疑有违“物尽其用”的原则，不利于效率价值的实现。

三、我国商标权质权制度的现实考察

2010年3月至4月、2012年4月，笔者曾两次参与商标专用权质押融资的调研，前往福建省、四川省、江苏省和安徽省、天津市等地实地考察，调研中发现：商标专用权质押融资拓宽了企业的融资渠道，有力地支持了企业发展，具有其自身的独特优势；但同时也存在很多问题，商标权质押融资工作仍缺乏配套的法律法规和制度支撑。

---

① 具体为：《中华人民共和国担保法》第75条、第79条、第80条；《中华人民共和国物权法》第223条、第227条。

② 《中华人民共和国物权法》第229条规定：权利质权除适用本节规定外，适用本章第一节动产质权的规定。

商标权质权制度涉及关系复杂，需要政府部门、金融机构、担保机构、商标代理机构等多家主体协调配合，完善相关配套服务，从而保障商标权质权制度的顺畅运行。但是，我国的商标权质权制度在现实操作中仍然存在很多问题，在一定程度上阻碍了该制度的发展，亟待在现实中加以完善。

据商标权质权的不同发展阶段，本文将我国商标权质权制度在现实操作中存在的问题分为以下几类：

（一）商标权质权的设立阶段

1. 商标权质权登记手续繁杂。商标权质权登记程序目前仍较为严格，不但花费时间成本，而且与之相关的费用较高，对于一些贷款额度本就不大、资金需求急迫的中小企业而言负担过重，不利于商标权质押贷款业务的推广开展。

2. 商标权质押融资成本普遍偏高。在商标专用权质押融资中，较高的评估费用、担保费用和利率是导致融资成本偏高的主要因素。较高的质押贷款融资成本导致部分中小企业放弃了这一融资渠道。

（二）商标权质权的存续阶段

1. 商标专用权相对而言比较不稳定，在有关程序中对在先质权人利益缺乏制度性保护，客观上增加了质权人的风险。根据《中华人民共和国商标法》（以下简称《商标法》）第 44 条、第 49 条的规定，注册商标专用权可能因争议、连续三年停止使用等原因被宣告无效或被撤销。对于质权人而言，这意味着权利的相对不稳定，从而增加了融资风险。而且在相关案件的审理程序中，商标局或商标评审委员会也并未明文规定应当考虑到质权人的利益，将有关结果通知质权人，客观上的确增大了质权人的风险。另外，在商标注册程序中，即使在先的注册商标已经办理质权登记，商标局对于同一注册人在后申请的相同或类似商品上的相同或近似商标仍会予以初步审定，客观上淡化了在先的出质商标权；而且，质权人在实现质权时需要将在后注册商标一并转让，导致出质商标可能无法顺利变现，增加了金融机构的风险。

2. 商标权质权等有关商标信息查询不方便、信息更新不及时。当前，商标局将质权登记信息予以公示的做法，对于当事人和利害关系第三人了解商标权质权登记情况帮助很大，但也有质权人希望商标权质权信息公示能够做到更细致更及时，如在登记后能够即时在网上查询到质权登记信息、通过中国商标网的商标查询也能查询到商标权质权登记信息，这样对于质权人而言能够减少和控制相关的风险。

（三）商标权质权的实现阶段

1. 商标权质权制度缺乏配套的制度支撑。一个突出表现是，我国的商标权质权制度缺乏配套的金融制度支撑。尽管有些地方出台了与商标权质押融资相关的金融政策，也有个别银行制定了适应商标权质押贷款业务特点的信贷业务操作流程，但迄今为止，尚未有全国统一的配套金融制度的出现，致使基层金融机构在办理商标权质押贷款的过程中缺乏明确的操作依据。

2. 商标权处置困难、缺乏有效变现渠道。当前，债权人更青睐不动产抵押这一担保方式，这是因为不动产能够通过拍卖、变卖等方式迅速变现，从而及时实现债权。而与不动产相比，商标权的变现能力相对较差，处置起来相对困难，使得债权人往往望而却步。目前，国内以商标权为标的的交易场所很少，全国范围内的统一、高效的商标权流转市场并未真正建立，商标权的流转缺乏配套的制度保障，买方市场也非常有限；同时，商标权的特殊性又决定了它的使用需要与一定的广告营销、市场渠道及其他相关因素相配合，这使得商标权并不像有形资产那样具有普遍应用性。此外，商标权评估和转让的程序复杂严格，需要耗费较多的人力、物力和财力成本，导致处置成本过高。综合上述因素，质权人在实现质权时能否以理想的价格进行处置存在较大的不确定性。这使得一旦贷款企业无力归还贷款，质权人拥有的商标权质权往往难以在短时间内变现。处置难和变现难的问题严重地影响和制约了商标权质押贷款业务的推广。

3. 缺乏科学的商标权价值评估体系。控制商标权价值评估的风险是商标权质押融资中的关键环节。在商标权质押融资实践中，商标权价值评估不规范、评估方法不准确、评估结果缺乏公信力等问题比较突出。更需注意的是，商标权的评估价值与其实现质权时的价值是两个完全不同的概念，评估价值的参考性有限。以银行信贷为基础的价值评估方式与现行的常规评估方式，在参数、方法的选择上均存在较大差异。如何寻找到与银行达成风险共识、评估经验丰富的评估机构是困扰金融机构的一个重要问题。

四、商标权价值的特殊性

商标权具有价值，这一点毋庸置疑。但是，商标权的价值具有其特殊性。一方面，商标价值与商誉密不可分；另一方面，商标又有区别于商誉的独立价值，这也确立了商标权转让、商标权设质的可能性。本文认为，商标价值通常由三部分构成：商标价值 = 成本价值 + 区分价值 + 商誉价值。

1. 商标的成本价值，包括注册成本和维护成本，是指一件商标从构思、设计到投入使用所耗费的活劳动和物化劳动。这是构成商标价值的物质基础，是可以加以统计和用货币计算的。

2. 商标的区分价值，即商标的显著性价值，是指商标传递产品信息，为公众识别产品来源、选购商品提供指导、帮助的价值。一个商标的显著性越强，其产品吸引公众眼球的能力就越强，商家的竞争力自然更强。因此，当今时代，拥有一个显著性强的商标，意味着拥有较强的市场竞争力，这无疑会迅速抢占商机。商标的显著性价值的意义就在于此。

3. 商标的商誉价值，是指附着在商标上的，能够体现企业的经营管理水平和市场竞争能力的信誉价值。商标的商誉价值取决于商品质量的高低、商标使用时间的长短和使用地域的大小、广告宣传的力度以及消费者喜好程度等一系列因素。它体现了企业为提高商品质量、抢占产品市场、更好地吸引消费者所做的一切努力。根据企业经营状况的不同，商誉价值有正负之分，当企业因产品服务质量的瑕疵抑或经营者经营不善等造成商誉急剧下滑时，商标的商誉价值可能为负数。

在现实经济生活中，企业提升商标区分价值和提升商标商誉价值的行为往往是重合的，也就是说，往往在提升商标区分价值的同时，商誉价值也得到了提升。比如，商标权人为提高商标的知名度，支付各种广告宣传费提高该商标在公众中的知晓程度。这一行为被视为保有商标显著性的重要手段，应归为商标的区分价值，但同时，商标的商誉价值也在这一过程中得到了增加。

商标价值的各部分构成随着商标价值发展的不同时期发生结构性的变化。本文认为，商标价值的形成一般分为几个阶段：创立时期、发展时期、成熟时期，此外，还可能存在衰退时期。

商标在创立时期，其功能仅在于区分本企业的商品或者服务与其他企业的不同，因此，此阶段商标的价值包括创立和持有商标的物化成本和活劳动成本，表现为商标的成本价值。发展时期是商标价值形成的关键时期，其价值取决于企业的生产经营情况，企业通过多种方式提高商品的市场占有率、扩大商标的知名度，从而提升商标的价值。在这一时期，商标的区分价值得到迅速提升，商誉价值也在逐渐积累。到了成熟时期，企业所创立的商标得到了消费者和市场的认同，人们开始根据商标来选购商品，企业与消费者之间达到了高度的信任与和谐，商标的价值达到最大化。此时，商标的区分价值和商誉价值都达到了顶峰。当企业经营不善时，消费者对企业的信赖程度降低，商标的商誉价值可能为零或者负数，从而对商标价值造成负面的影响。这就是所谓的衰退时期。由此可见，衰退时期不是一个必然出现的阶段，它通常是由企业的经营状况决定的。

由此可见，在商标价值的构成中，成本价值源自设计和注册等行为，区分价值和商誉价值则主要源自对商标的使用。设计与注册是商标价值成立的基础，经营、宣传等商标使用行为则是商标价值迅速增值的源泉。

五、商标权质权的效力与商标注册申请的冲突

《注册商标专用权质权登记程序规定》（以下简称《质权登记程序规定》）第 3 条规定："办理注册商标专用权质权登记，出质人应当将在相同或者类似商品 / 服务上注册的相同或者近似商标一并办理质权登记。"此条规定实现了与《商标法》中对商标转让的要求相一致，可以有效地保护质权人的利益。但在现实操作中可能存在这样一种情况：如果出质人与质权人之间约定的质押时间较长，如长达三年、五年，出质人在此期间内可能会继续提交商标注册申请，这些商标注册申请可能会与出质的注册商标构成相同或近似，并且按照现在的审查周期，[①] 这些商标注册申请极有可能在质押期间内获准注册。如

① 《中华人民共和国商标法》第 28 条规定："对申请注册的商标，商标局应当自收到商标注册申请文件之日起九个月内审查完毕，符合本法有关规定的，予以初步审定公告。"

此一来，当债务人不履行债务，质权人拟实现质权时，将会遇到一个棘手的问题：由于《商标法》规定在相同或者类似商品 / 服务上注册的相同或者近似商标应当一并转让，因此，出质商标必须与新注册的相同或者近似商标一并处分，但是质权人对于新注册的相同或者近似商标没有优先受偿权，也没有处分的权利，质权的实现遇到了瓶颈，现有法律也没有对这种冲突作出调整，质权人的利益受到了影响，商标权质权的担保作用则无法发挥。

对于这个问题，本文有如下建议：（1）防患于未然。质权人与出质人以书面协议的形式明确约定，在新的商标注册申请获准注册后，应及时补办质权登记，以保证出质商标的可流转性，保障质权的实现。（2）积极协商。如果质权人与出质人没有事先约定，则应在商标权质权实现时积极协商，由出质人同意将出质商标与新注册的相同或者近似商标一并处分，质权人就处分出质商标所取得的部分价款享有优先受偿的权利。（3）时机成熟时，由法律调整。建议在未来的商标法立法中规定："为保证出质商标的有效流转，商标权出质期间，出质人提交新的商标注册申请，与出质商标构成相同或者近似的，还应提交同意该注册申请获准注册后与出质商标一并处分的书面声明，否则，在原质权登记期限届满前，商标局对该商标注册申请不予审理。"

六、商标权质权的实现

质权设定之基本目的首先在于保障债权的安全，其次是追求效率的实现。但是，对于商标权质权这一特殊的质权类型来说，传统的质权实现方式存在局限性，难以保证安全价值的实现，更毋提效率价值的发挥。因此，我们应该针对商标权质权的特点作出个性化的制度设计，寻求更切合实际的质权实现方式，实现对安全与效率的价值追求。

如前所述，折价与拍卖、变卖实现方式的不足，要求我们积极探讨符合商标权质权特征的实现方式，在不违反法律、法规规定和损害第三人利益的情况下，允许当事人之间通过协商来约定质权的实现方式。鉴于商标权价值的特殊性，商标权质权的实现方式除了允许当事人双方协议约定质权的实现方式以外，还应该侧重于商标权使用价值的发挥，其方式有两种：一是由出质人将该商标权转让；二是由出质人将该商标许可给第三人使用，以所得的转让费或使用费来偿还债务。

对于商标权质权实现的方式，本文认为，应允许出质人自由转让或者许可他人使用出质的商标权，而不必征得质权人同意。从优势上来讲，商标转让能充分实现商标的交换价值，并能使企业尽快获得商标，从而实现期限利益。商标使用许可则满足了商标需连续、合理使用的要求，不易造成商标价值的减损；同时，又可以通过收取许可使用费的方式为债务人偿还债务提供保障。

七、对我国的商标权质权制度进行新的体系化设计

由于《担保法》和《物权法》对包括商标权质权在内的知识产权质权的相关内容规定粗略，法律盲点较多，致使商标权质权制度承受较大的法律风险，严重制约了商标权质权制度的发展。与有形财产相比，商标权具有较大的多变性：一是因为商标权的形成和发展的时间比较短，其理论和相关规则尚未成熟；二是因为商标权与企业经营的关系比较密切，价值变化较大。因此，将商标权质权的具体制度规定在民法典或担保法及物权法中，其多变性与这些法律的稳定性格格不入。本文认为，对于商标权质权，我们可以借鉴其他国家和地区的规定，采取总、分的方式规范商标权质权制度。商标权质权制度一方面要与上位法律制度相一致，另一方面则因其权利标的的特殊性而有自身个性化的制度设计。因此，应借鉴其他国家和地区的规定，对照《担保法》、《物权法》中的上位概念，在《商标法》中直接规定商标权质权制度，并在《中华人民共和国商标法实施条例》（以下简称《商标法实施条例》）中对该制度加以细化，对商标权质权的设立、效力、实现等方面加以明确规定，最后，由《质权登记程序规定》加以补充。具体思路如下：

（一）在《商标法》中设原则性规定

2014 年 5 月 1 日，第三次修正的《商标法》实施，但是其中并未涉及商标权质权的规定。2014 年 4 月 29 日修订的《商标法实施条例》在其第 7 章“商标使用的管理”第 70 条中规定：“以注册商标专用权出质的，出质人与质权人应当签订书面质权合同，并共同向商标局提出质权登记申请，由商标局公告。”

除此之外则无更具体的规定。本文认为，商标权质权制度作为商标权价值利用的一种重要方式，应在《商标法》中设置原则性规定，如此才能彰显商标权质权制度的价值。因此，应效仿《中华人民共和国著作权法》①，在《商标法》中直接规定商标权质权。

2014年修正的《商标法》包括八章内容，共73条，内容分别为总则，商标注册的申请，商标注册的审查和核准，注册商标的续展、变更、转让和使用许可，注册商标的无效宣告，商标使用的管理，注册商标专用权的保护，附则等。对于在《商标法》中对商标权质权制度设原则性规定，本文建议，从内容设置上看，鉴于商标权质权为商标权价值利用的方式之一，应将其规定在第四章“注册商标的续展、变更、转让和使用许可”中并将第四章更名为“注册商标的续展、变更、转让和使用许可和设定质权”。

具体的立法建议是：在《商标法》第四章增设一条规定：“以注册商标专用权出质的，出质人与质权人应当签订书面质权合同，并共同向商标局提出质权登记申请，由商标局公告。质权登记自商标局登记之日起生效。”

（二）在《商标法实施条例》中设具体规定

现行的《商标法实施条例》中，关于商标权质权仅有一条原则性的规定，并规定在第七章“商标使用的管理”中。本文认为，《商标法实施条例》第70条的规定存在一定的局限性：首先，从内容设置上看，商标权质权属于商标权价值利用的方式之一，应与商标转让、商标许可使用共同规定在第四章中。其次，从具体内容上看，《商标法实施条例》第70条的规定过于原则，对商标权质权的标的、放弃、实现方式等均未涉及。鉴于新的立法体系设计拟在《商标法》中对商标权质权制度设原则性规定，本文建议，应由《商标法实施条例》对商标权质权制度加以具体规定，具体包括以下几点：

1.明确商标权质权标的的范围。具体的立法建议是：在《商标法实施条例》第四章中增加一条规定：“可以转让的注册商标专用权、未注册驰名商标的专用权、被许可人的商标使用权可以出质。被许可人的商标使用权出质的，应

① 2010年2月修订的《中华人民共和国著作权法》增加了一条规定，即第26条，该条规定：“以著作权出质的，由出质人和质权人向国务院著作权行政管理部门办理出质登记。”

经商标许可人同意。集体商标专用权、证明商标专用权出质的，应不损害消费者利益及违反公平竞争。”

2. 增加商标权质权责任转质的规定。具体的立法建议是：在《商标法实施条例》第四章中增加一条规定：“质权人在商标权质权存续期间，为担保自己的债务，经出质人同意，可以以其所占有的质物为第三人设定质权，转质权的效力优于原质权。质权人对因转质而发生的损害承担赔偿责任。质权人在商标权质权存续期间，可以以自己的责任转质质权，在这种情况下，对因不可抗力造成的不转质就不会产生的损失亦应负责。”

3. 增加商标权质权的实现方式。具体的立法建议是：在《商标法实施条例》第四章中增加一条规定：“商标权出质后，出质人可以转让或者许可他人使用，但应及时通知质权人。出质人转让或者许可他人使用出质的商标权所得的价款，应当向质权人提前清偿债务或者提存。”

4. 增加限制出质人放弃出质商标权的规定。具体的立法建议是：在《商标法实施条例》第四章中增加一条规定：“出质人放弃出质商标权的，应经质权人同意。”

5. 增加重复设质和部分设质的规定。具体的立法建议是：在《商标法实施条例》第四章中增加一条规定：“商标权人可以就商标权重复设质和部分设质。”

（三）在《质权登记程序规定》中增加程序性规定

1997 年 5 月 6 日，国家工商总局颁布了《商标专用权质押登记程序》，是为实施 1995 年 10 月 18 日发布的《企业动产抵押物登记管理办法》中第 18 条关于商标专用权质押登记的规定而制定的。《物权法》颁布实施后，国家工商总局于 2007 年 10 月 17 日发布实施了《动产抵押登记办法》，在该办法的第 14 条中明确规定原《企业动产抵押物登记管理办法》（国家工商行政管理局第 35 号令）废止。虽然国家总局尚未明确废止《商标专用权质押登记程序》，但由于其制定所依据的文件已经废止，而新的《动产抵押登记办法》中又未涵盖商标专用权质押登记的内容，使《商标专用权质押登记程序》的效力存在重大瑕疵，并在一定程度上造成社会公众认识上的混乱。同时，原《商标专用权质押登记程序》中对质权登记的变更、延期和注销等内容也未作相关规定。

2009年，国家工商总局颁布了现行《注册商标专用权质权登记程序规定》，对注册商标专用权质权的登记程序作出了明确具体的规定。不足之处在于，首先，《质权登记程序规定》仅对注册商标专用权的登记程序作出了规定，而对未注册的驰名商标专用权、被许可人的商标使用权等均未涉及，这使得上述商标使用权的质权登记无法可依，[①] 即使在双方当事人意思达成一致的情况下，也由于法定条件和程序的阙如而不能办理质权登记。其次，《质权登记程序规定》对商标权质权的责任转质程序没有规定，应为责任转质提供相应的程序。再次，《质权登记程序规定》没有设置登记异议程序，不利于保护当事人利益。商标权质权的设立采取登记生效模式，其质权登记簿原则上具有公信力，登记簿上记载的权利人被推定为真实的权利人，一旦记载内容与实际权利状况不符，就会危及真正权利人的利益。因此，应该参照不动产登记制度增设异议登记，以暂时中断公信力，保护真正权利人的利益。最后，对于实践操作中已经存在的商标权重复设质问题，《质权登记程序规定》中也没有规定，不利于保护登记在后的质权人利益。

因此，本文建议，与上述立法建议相适应，《注册商标专用权质权登记程序规定》也应作相应修改，具体包括：1. 改《注册商标专用权质权登记程序规定》为《商标权质权登记程序规定》；2. 为未注册的驰名商标专用权设置登记的条件和程序；3. 为被许可人的商标使用权设置登记的条件和程序；4. 为商标权责任转质设置登记的条件和程序；5. 设置异议登记的程序；6. 设置重复设质的程序。

作者简介：赵秀辉（1980— ），女，辽宁铁岭人，国家工商行政管理总局商标局干部。2002年和2005年在沈阳师范大学分别获得法学学士学位和民商法学硕士学位，2015年在北京师范大学获得法学博士学位。主要研究领域为知识产权法，在《知识产权》、《中华商标》期刊等发表论文多篇。

---

① 《注册商标专用权质权登记程序规定》第4条就将上述申请拒之门外，第4条规定："申请注册商标专用权质权登记的，应提交下列文件：……（五）出质注册商标的注册证复印件……"

著作权法上的出租权研究 *

张德双

目　次

一、绪言

在中西方发展史上，我国显然是一个法制落后国家。知识产权制度对于我国而言，更是一项全新的制度。

从当前研究资料来看，学术界似乎在出租权之概念界定上并不存在太大的分歧。然而，如果深入观察各种理论观点，则不难发现，学者们在诠释这一概念时，还是存在一些不同意见的。

主流观点倾向于从注释法学的角度解释这一概念。这种观点认为：第一，解释出租权概念应当结合国际知识产权法律制度来进行。翻阅各种有关我国

---

* 本博士论文作者张德双。2011—2015 年在北京师范大学法学院攻读知识产权法学博士学位，2015 年博士研究生毕业并通过了博士学位论文答辩，导师韩赤风教授。

出租权问题的国内资料，学者们普遍从国际知识产权制度的角度指出，出租权独立于发行权，是 20 世纪末国际知识产权法条约新增设的一项权利，意在扩大和加强对著作权人权利的保护。第二，在出租权之客体上，“电影作品和以类似摄制电影的方法创作的作品、计算机软件”是指音像作品和计算机软件。其中“电影作品和以类似摄制电影的方法创作的作品”就是指音像作品。对此，郑成思先生的表述对国内形成了极大的影响。他的以下论述受到国内学者的广泛认可：“2001 年我国修正著作权法时，纠正了原实施条例无所不包的‘出租权’定义，改为仅仅适用于计算机软件与音相（‘相’字应当系‘像’一字的误写——笔者注）制品的出租权。这就与 TRIPS 中对版权保护的要求更加一致了。”[①] 实际上，很多学者认为，知识产权协议仅仅要求保护当时商业利益较高的电影作品和计算机软件的出租权。而这就是我国立法为什么采用“电影作品和以类似摄制电影的方法创作的作品”这一表述方式的最主要缘由。第三，在出租权的范围上，主流观点认为出租权下的出租对象既包括作品原件，也包括作品的复制件。在 2001 年修改著作权法之前，我国发行权下的作品出租仅指复制件的出租，而不包括原件。对此，郑成思先生曾反诘道：“因为许多作品的原件显然是可以出租的。难道作者对自己作品的复制件都享有出租权，而对其原件反倒不享有这项权利了吗？”[②] 言下之意是，既然立法赋予著作权人以作品复制件的出租权，那么著作权人自然而然也享有其作品原件的出租权。显然，2001 年修改著作权法时吸收了郑成思先生的此种观点。

然而，郑成思教授对于外国著作权法中出租权性质的理解，即出租权是完全独立发行权的另一种权利的观点，很容易引发学术界的误解，甚至这种界定本身就是一种并不准确的表述。从笔者所掌握的学术资料来观察，外国著作权法中的出租权虽然整体上有别于发行权，但两者并不是毫不相干。相反，绝大多数国家著国内外出租权立法、实施现状与发展趋势。

众所周知，相对于老牌法治国家而言，我国的法治建设才刚刚起步，距

---

① 郑成思：《知识产权法：新世纪初的若干研究重点》，法律出版社 2004 年版，第 293–294 页。

② 郑成思：《关贸总协定与世界贸易组织中的知识产权——关贸总协定乌拉圭回合最后文件〈与贸易有关的知识产权协议〉详解》，北京出版社 1994 年版，第 75 页。

离法治国家尚有较大的距离。从立法文本来看，我国著作权法制度已经有了较长的历史。在那时从其实践来看，囿于近代以来国家政治、经济之不稳定状态，却依然处于刚刚起步的状态。无论从法律制度之合理性的角度来看，还是从我国现行知识产权贸易之实际现状与国际地位来看，积极参详、学习和吸取世界法治发达国家的相关经验可谓是一条无法回避的道路。另外，在法学方法论的意义上，比较法研究也是国际上通行的一种法学基础研究方法。尤其是在国际贸易日益频繁，各国法制不断吸收融合的宏观背景下，参考域外相关经验则更显重要。从某种意义上来说，发达国家在这一方面的步伐甚至比我国迈得更大、更快。日本学者大木雅夫曾有言道："以罗马法和自然法为基础的共同法的观念已经归于消亡，取而代之，出现了以比较为基础的共同法。这种观念确认建立在经验基础上的、为各个闻名国家的所共有的法的一般原则，力图打破在各国法制之间存在的反理性的壁垒。"[①] 米健教授更是直言不讳地指出："差不多整个 20 世纪期间，世界各国立法无不以法律比较为其立法改进的重要途径，而在此进程中比较法学几乎无处不在，其作用与影响如此重要与深远，以至于已经成为当代世界法律发展与进步不可或缺的重要手段。"[②] 在本部分，文章简要介绍国内外出租权立法、实施现状及其发展趋势，以期从中获得某些改进我国相关制度的启迪。

（一）立法之发展趋势

在立法层面，国际上对著作权法上的出租权问题已经引起了高度重视。总的来看，笔者认为目前的趋势主要出现以下几点动向：

第一，出租权与发行权越行越远。理论上来说，发行权是指著作权人将作品投向流通领域实现作品价值的权利。然而，传统上的"权利穷竭"原则或"权利一次用尽"原则认为，著作权人一旦将作品投放流通市场，其控制作品的权利就此用尽；获得作品原件或复制件的消费者可以基于物权法意义上的作品载体所有权而行使各种对该受让物的权利。然而，与此相悖的是，技术革命和信息革命完全打破了此前网下作品复制和传播的限制，在很大程度

① ［日］大木雅夫：《比较法》，范愉译，法律出版社 1998 年版，第 54 页。

② 米健："比较法学与近现代中国法制之命运"，载《现代法学》2005 年第 2 期，第 12 页。

上带给了传统的“权利穷竭”原则挑战。也许是法学理论上的黏性，也许是贸易与司法实务的惯性，著作权法上的“权利穷竭”原则并未因此而倒下。越来越多的国家开始在发行权之外寻找出租权的法律空间。也正是基于此种考虑，国际上很多国家曾经一度将出租权作为发行权的一个子项，与出售权、赠与权等转移作品所有权的方式同等对待。若如此对待著作权法上的出租权，则必然导致著作权法领域的出租与民法领域的出租含义上的截然不同，这容易导致混乱。因为前者是转移标的物所有权的行为方式；而后者并不而且禁止转移标的物的所有权。如果进一步加以梳理，知识产权法内的著作权法从部门法的属性上来分类，大致可以归入民事商法行列。而民法是基本法，著作权法必然要尽可能保持其与基本法的一致性。由此，著作权法上的出租权要回归民商法也就在情理之中。换言之，将出租权从发行权之下解放出来是法律体系与法律理论的必然出路。

第二，出租权的内涵逐渐拓展开来。如果从著作权法上的各种权利设计的基本框架来观察，我们可以比较容易地发现，在多数国家或地区的立法文本中出租权制度越来越受重视，适用范围越来越宽。比如，英国、德国、日本、我国台湾地区都赋予绝大多数作品或邻接权客体以出租权。之所以如此，除了保护权利人的利益以刺激其创新欲望外，更为重要的原因在于两点：一是因为随着信息网络技术的发展使得传统意义上的发行权制度被突破，而且著作权人和邻接权人自身实施出租权的条件也越来越拥有技术上的便利；二是因为其他权利的赋予往往不容易达到保护权利人利益的目的。比如信息网络传播权（网络传播权）、广播权（播放权）等新型的著作权权利或邻接权权利也越来越难以适应日益发展的技术变化。以 P2P 技术为例，此种技术存在多种类型：（1）纯 P2P，即节点同时作为客户端和服务器端，既没有中心服务器，也没有中心路由器；（2）杂 P2P，即由一个中心服务器来保存节点信息并对来自终端用户的信息要求做出回应；（3）结构 P2P，即由中心服务器实现终端服务器之间的点对点联结（形成特定规则的拓扑结构），用户的请求可以依照该拓扑结构规则寻找，只要查找的信息存在，则一定能找到。此外，还存在无结构 P2P、松散结构 P2P 等类型。严格来说，P2P 技术提供者，如 BitComet（比特彗星）、eDonkey（电驴）等本身并没有直接地从事违法行为。只不过由于此种技术采用群对群（很多人误以为是点对点）方案，从而为广大的用户提供了一个自由交流网络信息的平台（每个终端既可能是终端用户又可能是服务器提供者）。如果一个用户上传了某个版权保护的音乐作品或电影作品，或是提供了某个著作权保护作品的链接、下载、浏览、播放方式，那么其他用户就有可能很便捷地获得该作品，并进行消费，从而导致侵权行为结果的产生。理论上来说，不同类型的P2P技术导致的侵权方式在法律意义上是有细微差别的，以至于侵权行为的责任承担划分也存在很大的难度；再加上P2P技术导致的社会负面效果并不仅仅限于著作权侵权，而且深入牵涉到言论自由、著作权合理使用、公共舆论等多个方面，从而很难予以“一刀切”式的法律评价。尤其是信息网络传播权（网络传播权）和广播权之类的制度在应对P2P技术时往往存在很多的法律难题，从而导致学术界和实务界均存在诸多不同的声音。比如，美国的“Betamax判决”的判例确认了复制技术的非本质非法性，除非它的应用实质性的用于侵权。① 也正是因为诸如信息网络传播权、广播权等权利难以实现著作权法的初衷，出租权的扩展也就成为无法回避的立法上的技术性要求。

（二）实施之发展趋势

对于国内外出租权实务，由于笔者不懂日语、德语，收集到的资料非常有限，从而前文的介绍异常简陋。不过，从英美法系国家或地区的情况来看，出租权的实施主要采取较为保守的模式，即有形作品原件或复制件出租的方式。比如，美国、英国和我国台湾地区均是如此。最近，环球网的消息称美国在线影片租赁巨头Netflix将进驻法国市场，并将以法国、德国为圆心拓展欧洲业务，以及拓展至比利时、瑞士、爱尔兰、挪威、瑞典等众多欧盟成员国。从新闻报道的内容来看，Netflix在法国拓展的业务主要为视频在线播放。②

---

① Betamax是由索尼公司推出的第一款独立式盒式视频录像机，其功能特性在于它可以将电视节目录制成录像。该录像机上市不久，索尼就被movie studios告上了法庭。美国联邦最高法院最终判决索尼胜诉。理由是这一项技术并非为了侵权而生产。事后来看，Betamax导致的结果却是出人意料，形式外观上的侵权但催生了录像带出租产业的兴起，不仅打击了盗版录像，而且也间接地增加了邻接权人的收益。

② 姜蕊：“美国在线影片租赁业巨头Netflix将入驻法国市场”，载http://world. huanqiu. com/exclusive/2014-05/5001834. html，最后访问日期2014年6月18日。

实际上，视频在线播放与我国国内现在实行的互联网电视（IPTV）是一致的。换言之，此种在我国著作权法上被视为信息网络传播的实务在美国、欧盟等地区被视为视听作品出租。这充分说明，在世界上各主要发达国家和地区，著作权法上的出租权已经逐渐覆盖了原来信息网络传播权的部分领域，实现了适用范围的扩大。

而从我国之相关实务来看，则出现了与前述情形相反的现象。目前国内流行互联网电视（IPTV）、互联网音乐、互联网电影（网上影院），此种实务受信息网络传播权的控制。由于2001年《著作权法》和现行著作权法对信息网络传播权的控制均采取禁止性规范和交互式传播的属性定位，加上责任规范并不健全，尤其是执法部门执法不力，从而导致大量以网络传播方式实施的著作权与邻接权侵权行为没有得到处理。而在司法实务中，由于各地法院判决标准和法律适用上的非一致性，导致以信息网络传播方式实施的侵权行为无法得到有效规制。比如，在央视国际网络有限公司诉世纪龙信息网络公司信息网络传播权纠纷案中，后者未经前者许可就在网络上实时转播了前者的"圣火耀珠峰"节目，并且提供回放服务。[①] 法院经过审理后认为后者侵犯了前者的信息网络传播权。然而，这一判决受到了批判。理由在于："被告的实时转播行为属于非交互式的网络传播行为，而许可用户在网络上随时回放节目的行为才属于侵犯信息网络传播权的行为。"[②] 也就是说，法院以侵犯信息网络传播权为依据来笼统地判定被告行为违法是不合适的，因为法院没有区分网络转播之非交互性和回放节目的交互性。按照现行著作权法，被告只有回放行为才侵犯了原告的信息网络传播权。与这一案件并不一致的是，在宁波成功多媒体通信有限公司诉北京时越网络技术有限公司信息网络传播权纠纷案中，法院提供的判决理由又有了变化。在该案中，后者拥有著作权的电视连续剧《奋斗》由被告在网络上按照预告时间表逐集播出（类似于电视台节目播放，且无法回看或回放）。虽然法院判决被告侵权，但是理由却为"虽然网络用户在其选定的时间不能够获得《奋斗》的全部或任意一集的内容，

① 广州市中级人民法院（2008）穗中法民三初字第352号民事判决。

② 顾威豪："非交互式网络传播行为的规制——浅谈《著作权法修改草案》中扩张'信息网络传播权'的必要性"，载《电子知识产权》2013年第12期，第58页。

但却能够获得网站正在播放的那一集的内容。”[①] 显然，这一法院判决理由也是较为牵强的。按照 2001 年《著作权法》对信息网络传播权的界定，显然被告只是提供了作品的播放服务，但并没有满足信息网络传播权之用户可以在选定的时间和选定的地位获得该作品的构成要件，从而本质上不属于此类侵权行为。

二、完善我国出租权法律构造的思考

（一）提供使用——出租权之本质

诚如前文所述，我国现行立法在出租权性质的界定上采取“‘有偿’+‘临时使用’”的组合模式。由于作品出租中有偿范围过窄，导致很多利益交换可能性并没有被包含进去。与此同时，“使用”一词也很容易导致作品出租的唯一目的就是“使用”，并有“使用到位”和将原物返还的隐含意味。这显然与当前极为发达的网络出租存在格格不入的嫌疑。因为在“软件即服务”的运营模式中，作品出租并未形成某种有形的实物。甚至在很多时候传输完毕就视为出租服务已经结束（比如视频点播，在线观看，在线阅读等）。在此种模式中，消费者虽然与作品出租人之间形成了利益交换关系，但是此种服务在每个节点上都不是绝对有偿的（比如电影预告片、视频片段等就很显然是一种招揽生意的商业服务行为，但并不是有偿行为），而且“使用”一词的含义也过于宽泛。比如使用是否到位？使用是否顺利进行完毕？实务中，作品租赁者“使用”租赁物的形态可能无法计量（随个人的喜好与习惯而千差万别），而立法绝对不可能将此种情形“全包含”。因此，在界定作品出租的性质时就必须谨小慎微。

本文以为，欧盟 1992 年《出租权指令》中将作品出租界定为“为了直接或间接的经济利益而在有限期间内提供使用”是十分值得我国立法予以借鉴的。前者之表述比较适当地概括了商业经营的目的，而“提供使用”则把作品出租之出租人的义务，界定得恰到好处。换言之，作品出租人只要确保自己所提供的出租标的物完好就行，至于租赁者如何使用这一作品则由其个人

---

① 北京市海淀区人民法院民事判决书（2008）海民初字第 4015 号民事判决。

决定（当然这种使用行为不能违法，更不能损害出租权人的合理利益）。正是在此种意义上，本文认为，我国应当把出租权的本质界定为“出于经济利益提供使用”。

（二）间接界定——出租权主体范围由客体确定

从前文我们得出，目前我国出租权主体范围主要存在两个方面的缺陷：一是主体范围与客体范围不一致；二是主体范围较窄。其中，主体范围与客体范围不一致突出地体现在录音制品之出租权问题上。《著作权法（修改草案第三稿）》赋予表演者、表演录制者对其表演录制品（包括录音制品）以出租权，但没有赋予广播电台、民间艺人对其表演录制品和录音制品以出租权，导致草案内部在录音制品上存在部分主体有出租权，部分主体没有出租权的非公平对待。与此同时，由于我国现行立法和《著作权法（修改草案第三稿）》在出租权问题上采取主体界定和客体界定并行的模式，导致主体范围被人为地缩小。这不仅体现在录音制品之出租权问题上，同样还体现在民间艺人、邻接权人、广播电台的著作权权利非平等保护上。如果还对间接著作权人与邻接权人的情况加以考虑，问题将更为突出。比如，某些没有独创性的录音制品、录像制品被包含在视听作品、电影作品之内，如何界定这些录音制品、录像制品的权利人是否享有出租权就成为一个令人头疼的问题。严格来说，按照《著作权法（修改草案第三稿）》对作品的定义，这些录音制品、录像制品不能单独构成一个作品，就不应当享有著作权人及邻接权人应有的权利。不过，这些作品一旦被置于某个作品之内，就可能和该作品本身发生关联，并在特定情形下增强其独创性，反而容易被界定为特殊场合下的作品。此外，作品独创性问题本来就是一个模棱两可的问题，极难具体把握。

（三）类型化——特定出租权客体

在著作财产权领域，权利人、投资者与消费者之间始终处于一种互动式的竞赛之中。消费者总是倾向于选择交易成本最低的途径来消费作品，而著作权人及投资者则始终处于控制著作权利的欲望膨胀过程之中。“对于新技术引发的权利成本与收益的变化，最先做出反应的是权利人一方。根据激励机制的权利配置原则，创作者与投资者是权利初始分配的对象，权利的有效性决定了新生产与传播的效率，但新技术的普及使原有的权利体系失去作用。”①为了获得自身利益的最大化，著作权人总是希望通过增设各种权利来维护其利益，并促使其最大化。然而，各国立法与司法的经验表明，著作权人会滥用立法条款来限制许多与著作权保护基本无关的行为。②而作为国家立法的著作权财产权制度，只能通过平衡这两方主体利益的同时尽可能激励作者创作出更多更优的知识产品。随着现代科学技术的不断更新与发展，著作权立法为了维持这种微弱的平衡不得不与时俱进。事实上，从印刷术出现以来，复制与利用作品的成本不断降低，而作品类型也随着现代科技的发展日益丰富。著作权立法不得不经常应对此种情况挑战。然而，令立法者苦恼不堪的是，传统立法技术却囿于立法体系的限制，不得不保持法律体系的基本稳定。在著作财产权立法体系上，长期以来世界上形成了一种相对确定的类型化思维模式，即通过控制复制权与公开表演权来搭建整个著作财产权的基本构架。在此种构架中，立法者回应科学技术带来的挑战的基本方法体现为两类方式：一是扩张著作权的客体——作品类型，如电影作品、录音制品等；二是发展新型的著作财产权权利，如增设出租权。

然而，出租权作为新增设的一类著作财产权，在目前看来并没有很好地适应现代科学技术带来的挑战。从我国著作权立法来看，由于出租权客体存在太多的变异形式，使其很难适应日新月异的作品利用方式。正如前文所述，我国出租权客体存在非特定化的现象，这使得保护著作权人的出租权变得非常艰难。本文认为，当前我国出租权客体最为主要的障碍，并不在于是否有可资利用的立法技术，而是其类型化方式未能得到有效的应用。从当前我国立法上出租权的三类客体——电影作品、以类似摄制电影的方法创作的作品以及计算机软件来看，前两类作品在标的物上存在交叉重叠的嫌疑，导致其具体范围不清晰，而计算机软件则存在过于扩大其范围的嫌疑。我国著作权法之所以在出租权客体类型的设定上出现如此尴尬的难题，一个重要的原因就是立法者相信这样一种理论：在知识产权领域，权利的交叉和法律多重保护

① 熊琦:《著作权激励机制的法律构造》，中国人民大学出版社 2011 年版，第 73-74 页。

② 熊琦:“论‘接触权’——著作财产权类型化的不足与克服”，载《法律科学》2008 年第 5 期，第 93 页。

问题，是“比较容易解决的问题”；依据就在于权利人会理性地选择最有利的保护措施。[①]“实际上，众多保护恰好是问题的不幸之所在。因为法律保护方式众多，看似法网恢恢，但实际表明两点：第一，传统财产权制度出现了问题；第二，我们还不能把握住新型的财产权权利形态。”[②]换言之，要解决我国出租权客体所面临的非特定化问题就必须从出租权属于的财产权类型化入手。

从国际上来看，结合 TRIPS 协议、WCT 和 WPPT 等国际条约的有关规定来看，成员国至少要在三类作品上提供出租权保护，即电影作品、计算机程序和唱片（事实上，由于各国对电影作品的理解上往往采取扩大解释的方式，从而导致发达国家的出租权实质上已经扩展至视听作品。对此本文后面详细叙述）。对照这一客体类型，我国现行立法一则是在出租权范围上远远扩大了保护范围；二则是在现行立法保护的出租权客体上存在边界模糊不清的问题。尤其是“以类似摄制电影的方法创作的作品”和“计算机软件”存在内涵上的极大不确定性问题。换言之，我国一方面依据国家知识产品创新力较低的国情，意图尽可能缩小出租权的保护范围；另一方面又由于出租权客体类型化的失败，极大地扩大了这一保护范围，从而出现了词不达意的立法表述缺陷。

（四）并行模式——出租权的实施方式

从前文的讨论中可以看出，目前作品出租的行为方式主要集中在有形物出租和电子出租方面，究其根源就在于如何理解信息网络传播权中的“提供作品”。从我国著作权法增设信息网络传播权的初衷来看，其旨在解决作品的非法网上传播问题。[③]而在立法技术上，我国采取将信息网络传播权内置于作品发行权之下，与出租权形成一种例内与例外的关系。然而，从目前的实践来看，我国电子出租并没有被单独提炼出来，而是被信息网络传播所覆盖。于是，这两种权利在网络传播与电子出租领域发生了重叠现象。因此，当下最为关键的问题是如何协调这两种行为方式的关系。

---

① 郑成思：《知识产权论》，法律出版社 2003 年版，第 368 页。

② 易继明：“知识产权的观念：类型化及法律适用”，载《法学研究》2005 年第 3 期，第 114 页。

③ 胡康生：《中华人民共和国著作权法释义》，法律出版社 2002 年版，第 56 页。

本文以为，我国在改造出租权行为方式时，应当在充分考虑著作财产权利立法体系稳定性的基础上，适度照顾我国未来发展需要。考察我国发行权立法，《刑法》第 217 条所规定的“复制发行”和国家新闻出版总署于 2002 年颁布的《互联网出版管理暂行规定》，最高人民法院、最高人民检察院分别于 2004 年和 2005 年联合发布的《关于办理侵犯知识产权刑事案件具体应用法律若干问题的解释》第 11 条以及《关于办理侵犯著作权刑事案件中涉及录音录像制品有关问题的批复》均维持了现行著作权法中有关发行权的规定。如果通过修改发行权来协调信息网络传播权与出租权制度之间的关系就必然牵涉到刑法典、两高司法解释和相关行政立法的大变动。因此，为了降低立法成本和避免实务界的误解，本文建议保持我国现有发行权定义不变，将信息网络传播权的内涵予以扩充，即《著作权法（修改草案）》第三稿中的“网络传播权”应当理解为包括作品或邻接权客体的网上发行、出租、出借等。此外，此种方案便于协调其与出租权关系。事实上，从我国信息网络传播权的实践应用来看，“用默示的方式鼓励网络传播已经成为新的商业营销模式”。[①] 信息时代的现实表明，幻想通过著作权人事先许可的方式来防止网络信息传播中的侵权行为已经很不实际。实务中大量作品被免费网络传播的现实，已经表明网络传播权在一定程度上被滥用。如果将作品和邻接权客体区分为网上和网下两种，则相对而言较为容易把握。如此一来，无论是网下的发行还是出租、出借，抑或是网上的网络传播，都必须事先征得著作权权利人和邻接权人的许可。如此一来，既维护了发行权体系的完整性和稳定性，而且同时又消除了信息网络传播权与出租权之间的冲突，进而加强了对著作权人权益的维护。

实际上，从《著作权法（修改草案）》第三稿来看，网络传播权依然赫然在目。从这一点来看，当前国内的主流意见应该是倾向于否认作品的电子出租（实际上依然容忍网络传播权对电子出租行为方式的覆盖），而主张作品出租选用传统的实物出租方式。显然，这迎合了我国目前各类著作权集体管理组织以“打包”方式维权的需要。不过，这种方案的缺陷也很明显：掩盖了网络传播中作品以电子信息出租的本质，进而可能迫使出租行为人必须改变出

① 梅术文：“信息网络传播权默示许可制度的不足与完善”，载《法学》2009 年第 6 期，第 55 页。

租行为模式，即转变为有形作品和邻接权客体原件或复制件的出租。如此一来，牺牲著作权人和邻接权人的部分利益就变得十分明朗，有形作品和邻接权客体的出租实务将可能继续维持较为弱势的局面。当然，反过来说，如果修改后的《著作权法》执行得当，那么这一部分利益的牺牲，也可以通过网络传播权的规制而得到一定程度上的弥补。

三、完善我国邻接权制度中的出租权

（一）合理界定表演录制品的出租权

表演录制品出租权问题是一个牵涉面非常广的问题，既有著作权法理论体系方面的限制，也存在实务方面的复杂问题。从理论上来讲，我国现行著作权法虽然在很大程度上有了从大陆法系向英美法系靠拢的点滴冲动，但是整体上依然属于大陆法系。而大陆法系在表演者权利的保护问题上一直持给予表演者以邻接权保护的立场。这就决定了表演录制品出租权保护制度已经"泰山压顶"，无法逾越邻接权之基本框架。从实务领域来观察，目前我国信息网络传播权制度依然"健在"，并且在很大程度上已经覆盖了作品出租，也导致业界之内没有太多寻求扩张表演录制品出租权的底层力量。再加上扩大表演录制品出租权势必冲击广播组织、网络服务商、影视业界等诸多既得利益群体，而遭到强烈的反对。换言之，在立法上扩大和提升表演录制品出租权保护水平就只剩下了一个"立法需要"这么一个支撑点。而这一点也正是本文所着重要考虑的地方。结合文中表演录制品出租权制度缺陷的分析，本文认为，我国《著作权法（修改草案）》第三稿中有关表演录制品出租权制度的完善方面主要有两个方面的改进需要：

一是将表演录制品出租权主体适度扩大，即扩大到"作出创造性贡献的法人和其他组织"，而不应局限于自然人。当前，《著作权法（修改草案）》第三稿仅仅把表演者表述为："以朗诵、歌唱、演奏以及其他方式表演文学艺术作品或者民间文学艺术表达的自然人"。表演实务表明，绝大多数成功的演出活动均存在巨额的投资和运作成本。而且，表演活动的不同运作模式在相当大程度上决定了表演的成功与否。由此，完全把法人对于表演的创造性成果排除在出租权之外并不具有合理性。直言之，我国著作权法修改草案应当把表演者表述为："以朗诵、歌唱、演奏以及其他方式表演文学艺术作品或者民间文学艺术表达的自然人和对表演作出创造性贡献的法人或其他组织"。

二是当商业性出租严重损害表演者利益时，应当赋予表演者请求主管机关禁止该商业性出租的救济请求权。在这里，有一点值得特别说明，那就是表演录制品出租权主体间的关系问题。《著作权法（修改草案）》第三稿第 36 条第 2 款规定："视听作品中的表演者根据第三十三条第（五）项和第（六）项规定的权利由制片者享有，但主要表演者享有署名权。"第三十三条第（五）项和第（六）项分别规定为："许可他人复制、发行、出租其表演的录制品或者该录制品的复制件"；"许可他人以无线或者有线方式向公众提供其表演，使公众可以在其个人选定的时间和地点获得该表演，以及通过技术设备向公众传播以前述方式提供的表演。"因此，表演者许可制片者将其表演固定在某种载体上，就意味着其出租权归属于制片者。因此，没有必要担心表演者与投资表演演出的组织和组织之间的权利义务关系。诚如王迁教授所言："'《著作权法》修改草案'增加对表演者出租权的规定，是我国主动选择较高保护水平的结果，与《北京条约》规定的义务无关。"[①] 在表演录制品出租权之救济请求权方面，虽然《著作权法（修改草案）》第三稿在第 75 条、第 76 条规定了著作权主管机关的处罚权和追究侵权行为刑事责任的权力，但是这种权力毕竟只是一种行政管理权和司法制裁权，完全由主管机关自由掌控，存在恣意和懈怠的可能。因此，我国还应当增加表演者的救济请求权加以制约。

（二）细化录音制品制作者的出租权

在前述论述中，本文指出了我国录音制作者出租权制度的三个不足之处：（1）国内立法和实务容易混淆录音制品、录像制品和视听作品；（2）录音制品制作者定位不准确；（3）录音制品出租权客体不明确。本文以为，此三处缺陷并非重大缺陷，也不会与我国著作权法的基本理论与立法体系构成重大冲突，因为这些问题都是立法技术的问题，只要细化录音制作者出租权制度就可以得到合理解决。

---

① 王迁："《视听表演北京条约》视野下著作权法的修订"，载《法商研究》2012 年第 6 期，第 27–28 页。

（三）明确广播组织的出租权

本文认为，广播组织在其创作的作品上是拥有出租权的，受到著作权制度的保护。因此问题的关键是如何区别广播组织的作品。众所周知，普通作者并不会以广播技术的方式来创作作品。广播组织在广播作品时必须将其转化为视听信号才能予以播放和传送。这里存在两种可能：一是广播组织创作了作品，并在广播电视节目中予以播放；二是广播组织在传播的广播电视节目中没有创作作品，而是传送和播放了他人的作品。本文以为，前者受到著作权法上出租权的保护和广播组织权的保护；而后者只能受到广播组织权的保护。换言之，不能因为《著作权法（修改草案）》第三稿规定了广播组织权而简单地否定了其出租权。由此，问题进入下一个环节，即广播组织创作了作品，并在广播电视节目中予以播放，此时，其出租权如何实现？这里又涉及两个方面的问题：一是广播组织播放了自己的作品后，没有将其用固定的载体形成一个一个的“作品”，播放完毕，作品的创作完毕，同时作品也发行完毕。二是广播组织播放了自己的作品，并将用某种具有固定意义的载体录制下来，形成一个一个的可视作品。对于前者，是以“广播电视节目”面目呈现在观众面前，而没有形成有载体依附的“作品”，不应当给予出租权保护。此时如果任何人未经广播组织的授权而录制并进行商业性出租，那么广播组织可以同时依据播放权追究相应行为人的侵权责任。而后者如果构成著作权法意义上的视听作品，应当给予视听作品出租权保护。

众所周知，社会的发展在当前带来了分工链条的无限延伸，导致专业分工越来越细密，个人和团体在处理个别事项的能力方面发生了极大的差异化。这种现象对现代著作权管理制度产生了空前的影响，即著作权之“自我实现者”模式受到很大的束缚，而集体管理组织模式则受到追捧。学术界在论证著作权集体管理组织①之正当性大都出于两个方面的考虑：一是知识产品空前丰富，著作权人数量的激增导致作品内容的叠合概率大为增加，著作权人和

---

① 在国内，著作权集体管理组织是一种统称，其业务实质上往往包括著作权的集体管理和邻接权的集体管理。出于概念使用上的方便，本文也沿用此种称谓，在本文中并不特指著作权集体管理组织或邻接权集体管理组织。

邻接权人行使自身知识产权权利的难度大大增加；二是知识产品消费群体和商业使用群体的迅速扩容导致著作权人和邻接权人也无法有效管理自身的知识财富。[①]然而，尽管著作权集体管理组织之发展势头正茂，但是国际上也开始进行反向思考。“世界知识产权组织认为，各国应该维护权利人有是否接受著作权集体管理的自由，尽可能避免强制集体管理。”“对《伯尔尼公约》和《罗马公约》规定不得限制为一种单纯的获酬权的专有权，不应该强制实行著作权集体管理。即使对于单纯的获酬权，规定强制性著作权集体管理也只有在不得已的情况下才被认为是合理的。”[②]由此，我国在构建各类著作权集体管理制度时更应当倾向于理性与稳妥的方案。就出租权制度方面的集体管理问题而言，目前我国采取与世界通行的“内卷化”方案，即不单设出租权集体管理组织，而是将其内含于各类集体管理事项之中。事实上，由于我国信息网络传播权畸形发展，导致纯粹的有形作品出租现象很少。这从实际需要层面大大限制了作品出租行业和管理组织的发展。不过，随着此次立法修改，如果对发行权、出租权和网络传播权加以妥善的协调——划分为网上和网下两大模块，那么，有形作品和邻接权客体的出租实务凋零的状况则有可能得到很大程度上的改观。从这一角度而言，反思我国出租权集体管理制度，并做好制度上的准备工作也就显得尤为重要。

四、完善出租权集体管理制度

面对著作权集体管理组织的不足，国内学者仁者见仁智者见智，提出诸多颇有建设性的建议。从现存的资料来看，这些论述主要集中在著作权集体管理的模式选择，竞争性因素的引入，建立延伸性著作权集体管理制度，以及如何确定著作权收费标准和收费方式方面。就出租权之集体管理制度而言，

---

① 周林：“版权集体管理及其立法研究”，中国社会科学院2002年博士学位论文，第25–39页；崔伟雄：“著作权延伸性集体管理制度研究”，华南理工大学2011年硕士学位论文，第6–28页；陈凤兰：“数字环境下著作权集体管理组织角色重构”，载《中国出版》2013年第1期；庄智博：“著作权集体管理制度比较研究”，载《中山大学研究生学刊》（社会科学版）2013年第1期。

② 韦之：“论著作权集体管理机构管理的权利——关于著作权法修订稿的思考”，载《法商研究》1999年第3期，第63页。

目前极少有学者论及。就此，本文在下文中将试为努力。

（一）明确出租权集体管理组织

由上，当下立法要解决的问题主要是两个方面：一是应当明确各类出租权的权利人的集体管理组织；二是应当明确集体管理组织在管理出租权业务时所担负的责任。就前者而言，其实是现行立法已经试图规范的一个问题。① 之所以本文在此特别提出来，原因就在于这一立法没有考虑到出租权与信息网络传播权、发行权之间的关系。而这一问题的最终根源还在于我国相关理论认识问题。一方面，我国将出租权作为发行权的一个例外加以规定，使得实务中发行权很容易掩盖出租权；另一方面，我国现行立法又将信息网络传播权解读为“以有线或者无线方式向公众提供作品，使公众可以在其个人选定的时间和地点获得作品的权利”，使得网络领域中的作品出租也被覆盖。这一点，即便按照《著作权法（修改草案）》第三稿也无法得到明确的解决。而要解决这一问题，显然必须解决两个问题：一是将出租权独立出来，作为一项与发行权平行的权利；二是要么废除信息网络传播权，要么改造信息网络传播权的内涵。实际上，我国设立信息网络传播权的初衷是为了解决作品的非法网上传播问题。② 本文建议，鉴于当前著作权法修改草案之第一、二、三稿均维持网络传播权的存在，那么就可以考虑将三者并列保留。实际上就是将发行权、出租权和网络传播权分解为网上的无形发行与出租和网下的有形发行与出租。从国际上来看，美国、英国都采取这种方案。据此，本文以为，如此一来，出租权的集体管理组织就不言自明，也不会导致实务操作中的困惑。当然，仅仅如此还是不够的。从当前各类集体管理组织的实际态度来观察，即便解决了出租权之集体管理组织归属问题，还不能将其切实实现。因此，为促使集体管理组织落实这一立法规范，还必须明确其义务。结合著作权集体管理的信托理论依据，本文倾向于在《著作权集体管理条例》和各类集体管理组

---

① 比如，我国《著作权集体管理条例》第 4 条规定：“著作权法规定的表演权、放映权、广播权、出租权、信息网络传播权、复制权等权利人自己难以有效行使的权利，可以由著作权集体管理组织进行集体管理。”从现存各类著作权集体管理组织的协会章程来看，但凡涉及作品有出租权的，其章程都规定其接受著作权人的授权管理出租权。

② 胡康生：《中华人民共和国著作权法释义》，法律出版社 2002 年版，第 56 页。

织协会章程中增加具体的权利义务规范，其中应当包含著作权人和邻接权人在授予著作权集体管理组织对其出租权进行管理时拥有建议权、控告权和监督权，乃至诉讼救济请求权。

（二）细化出租权收费依据与标准

如本文前文阐述的，从我国现行著作权立法来看，出租权制度主要停留在著作权法律法规等领域。而现行立法只是确立了出租权，以迎合国际立法的需要。换言之，现行立法仅仅在三类作品上赋予了著作权人以出租权。至于如何具体落实出租权，则在各类著作权和邻接权集体管理制度中显得异常空洞。由此，我国出租权法律制度只是刚刚开了个头。诚如霍尔姆斯所言："法律的生命不在于逻辑，而在于实践。"[①] 我国要在著作权领域中落实出租权，进而实现激励作者的最终目的，就必须充实现有的各类著作权和邻接权集体管理制度。笔者窃以为，当下我国应当做以下几个方面的工作：

第一，修改《著作权集体管理条例》，在行政法规层面明确出租权使用费收取依据。

第二，各类著作权与邻接权集体管理组织应当在现行立法体系下以协会章程的方式明确建立出租权收费标准。

第三，国家立法应当进一步明确出租权集体管理组织的法律义务。

由此，按照何种方式来平衡各著作权人在作品出租上的利益也是必须谨慎考虑的问题。针对前述问题，本文以为，我国可以考虑以下方案：

第一，国家应当在《著作权集体管理条例》中授权国家版权局制定视听出租权收费标准，同时放开计算机程序出租的费用收取标准。

第二，在视听作品出租费用收取标准问题上，国家应当主要考虑各出租点、出租作品的具体差异。

第三，在作品出租费用的分配问题上，可以采取会员会议议决的方式来作出分配方案，并逐渐将此种方案固定下来。

---

① ［美］霍尔姆斯·罗尔斯顿：《哲学走向荒野》，刘耳、叶平译，长春：吉林人民出版社 2001 年版，第 211 页。

（三）在出租权集体管理中引入竞争机制

“产权与竞争是市场经济的灵魂。”[①] 目前，在著作权集体管理中引入竞争机制已经成为学术界的主流意见。本文并不反对此种观点，不过，竞争也有好坏之分，盲目地引入竞争机制未必带来理想的结果。事实上，竞争有着多种类型。“无论就竞争内容，还是就竞争方式方法而言，竞争都是一个多维度概念。”[②] 比如，从竞争是否充分的角度来观察，竞争存在着完全竞争和不完全竞争两种类型。其中，不完全竞争又包括完全垄断、垄断竞争和寡头竞争三种类型。在著作权集团管理领域，世界各国对竞争机制的引入存在较大的差异。比如，法国由于将民事契约制度引入著作权集体管理，从而导致了近乎完全的竞争。而绝大多数国家则在这一领域偏向于有限竞争。美国虽然没有制定有关著作权集体管理的法律，表面上对著作权集体管理的放松导致其采用完全竞争模式，但是从其集体管理组织的实务来观察，也是偏向于不完全竞争——寡头竞争。事实上，国际知识产权组织也并不主张在这一领域引入完全竞争。当然，我国当前的著作权集体管理制度采用的是典型的完全垄断。这也正是招致学术界诟病的基本原因所在。本文以为，在著作权集体管理领域具体采用何种竞争类型，主要取决于以下三个因素：一是著作权人对集体管理组织管理的需要与异议；二是著作权集体管理组织工作的效能与角色承担；三是国家法律体系对著作权集体管理竞争的容忍可受性。

综观各方面的情形，本文以为，我国著作权集体管理组织未来最为可行的模式选择为——垄断竞争模式。理由如下：

其一，我国现行社会管理体制为中央集权体制下的行政管理，著作权集体管理组织的垄断竞争与其对口。中央集权体制不仅受到宪法和法律的肯定，也受到传统因素和现实因素的支持。撇开宪法和法律的规定性不谈，传统上我国是一个中央集权国家，而且长期的计划经济管理体制带来的影响也难以在短时间内消除。而从现实需要来看，一方面，我国知识产权创新能力在国

---

① 温观音：“产权与竞争：关于行政垄断的研究”，载《现代法学》2006年第4期，第174页。

② 吴练达、王革、王燕晓：“论完全竞争理论的三大缺陷”，载《四川大学学报》（哲学社会科学版）2004年第5期，第134页。

际上整体偏弱，过于强调知识产权维护和提高保护力度将会给我国知识产权贸易和知识创新带来沉重的压力；另一方面，著作权集体管理领域中的充分竞争不仅不利于贯彻政府的知识产权战略，而且也未必给著作权人带来理想的收益。而在完全竞争、完全垄断被排除的模式下，寡头竞争模式也不具有适用于我国的可能性。因为在此种模式下，著作权集体管理组织各占一个山头，不仅利益交叉、重叠的面很窄，而且在行政机关的统一管制之下也不太可能产生理想的竞争效果。

其二，垄断竞争比较符合我国的各方面需要。一是因为著作权集体管理组织的垄断地位符合了现行国家管理体制要求建立强力下属机构的对口要求；二是可以实现有序竞争——著作权人与集体管理组织的内部竞争；三是这种模式最可能为社会各界所接受。从著作权人来看，垄断竞争可以保障其在集体管理组织中的权利，实现对集体管理组织的制约与监督；从立法成本来看，垄断竞争是立法最有可能接受的方案：其不仅符合当前的现实体制，而且无须做太多的手术便可以完成——这种手术主要体现为集体管理组织内部机制的变革，不涉及行政管理体制，从而能够为各级政府所能接受；从学理来看，研究成果表明，当前学术界在这一方面已经达成了比较一致的意见：集体管理制度中竞争性因素的引入不应以破坏集体管理组织的垄断性地位为前提。[①] 具体说来，竞争性因素的引入主要体现为在著作权人之对于集体管理组织的选择权和授权范围上。[②]

本文以为，在我国著作权集体管理组织模式选择——垄断竞争的目标模式下，考虑到出租权的特性，在具体方案方面还可以做某些针对性设计。本文建议的初步方案为：一是赋予出租权人较大的自由选择权。换言之，不管著作权人是否授权集体管理组织行使其出租权，均不得剥夺著作权人自己行使出租权的权利。二是赋予著作权人在出租权集体管理组织的选择权。目前，虽然国内著作权集体管理组织相对较少，但是可以预期的是，这种管理组织

---

① 曾成：“论我国著作权集体管理制度——以‘丁香花’等三案例为例”，兰州大学2009年硕士学位论文，第24–28页。

② 陈凤兰：“数字环境下著作权集体管理组织角色重构”，载《中国出版》2013年第1期（上），第36页。

在未来必然慢慢增多。考虑到出租权集体管理难度较大，立法可以考虑著作权人自由选择出租权集体管理组织。三是最为关键的是，应当赋予具有出租权的著作权人对集体管理组织主要领导的控告权、监督权。

此外，国内当前不少学者提出将著作权集体管理延伸到非授权管理作品和“孤儿作品”。从目前来看这只是表明了未来的发展方向，但是要在当前实务中予以落实则存在相当大的难度。本文认为，即使此次著作权法修改不引入此种制度，不久的未来，这一制度也将被建立起来。而就出租权之延伸性集体管理而言，当表演者被扩大到“民间文学艺术表达”后，非专业的表演者将越来越多，从而具有更为现实的需求迫切性。

五、完善出租权侵权与救济制度

按照分析法学派的观点，法律制度是一个封闭的逻辑体系，正确的判断可以用逻辑方法从预先规定的法律规则中推断出来。[①] 据此，法律制度有效运行的一个先决条件就是法律制度本身应当尽可能完善，或者在出现缺陷时应当尽快完善。

严格来说，著作权法作为一部单行的民事法不应该大篇幅地规定侵权救济程序。因为归根结底，提供救济机制应当是诸如民事诉讼法、行政诉讼法、刑事诉讼法等程序法的任务与专长。之所以得出如此判断，一个理由是著作权法无法穷尽救济程序机制的设计问题；另一个理由是在单行的部门实体法中规定类似的救济程序极容易造成实体法与程序法的冲突。更为深刻的原因还在于实体法与程序法之间的关系问题。“客观地说，实体公正的实现是艰难的：一方面，实体公正所表征的案件‘真实’和‘真相’，往往与复杂、多样的社会现象相连，本身具有不确定性；另一方面，在现代诉讼主义的背景下，实体公正只能通过程序来予以致成，程序本身的形式性和节制性决定了实体公正的实现必然面临诸多技术上的难题。”[②] 正是基于此种观念，同时也在照顾到著

---

① 吴丙新：“法律漏洞补充理论的三个基本问题”，载《法制与社会发展》2011年第2期，第19页。

② 万毅：“程序法与实体法关系考辨——兼论程序优先理论”，载《政法论坛》2003年第6期，第101页。

作权法稳定性的需要的因素下，本文才主张将著作权法中的行政制裁和刑事制裁等内容尽可能多地往其他部门或程序法迁移。而具体到我国出租权侵权救济程序机制的完善问题上，本文以为可以采取以下措施：

第一，将出租权侵权救济类型化。

第二，赋予著作财产权人对著作权集体管理组织的诉权。

第三，废除著作权纠纷调解委员会之制度设置。

六、结语

当前，全球化、市场化、现代化进程不断延伸和加剧。在此种经济全球化不断深入发展的同时，我国与国际贸易市场之间的联系也日益密切。经济的全球化必然推动法律的全球化。毋庸讳言，改革开放所取得的巨大成就不仅改变了中国人的生活质量和生活方式，也极大地改变了国人价值观念和行为方式。国家走向法治，不仅继续为党的十八大报告所充分肯定，而且将其上升为国家治理现代化最为重要的战略目标。当下的中国正处于激烈的法律变革之中。“这场伟大的法律革命不是一个早上醒来的突发奇想，而是一系列复杂因素促成的产物。外来法律文化的影响是这一变革的重要催化剂。”[①] 著作权法律制度对于改革开放以来的中国而言，依然是一个新生的法律制度，既有陌生的一面，也有熟悉的一面。但不管怎样，当前国际知识产权贸易之车轮隆隆，国际知识产权组织又代表着发达国家的利益不断向世界输出各种规则。我国作为一个发展中国家唯一的应对方式就是理性且刻忍地识别各种世界性知识产权规范，找准自身的定位。在著作权法领域，在平衡公众、著作权人利益的基础上，尽可能照顾国家利益也必将是我国未来的大势所趋。

具体到出租权问题上，我们更应当做的不是要设计与世界整齐划一的高水平保护机制，而是要在发达国家知识产权保护举措“大石压顶”的背景下，为激励国内著作权人、邻接权人的创造力提供尽可能大的空间。换言之，在著作权法之刚性日益强化的背景下，引入“软法”的观念是非常必要的。拉德布鲁赫在研究德国民法的成功因素后曾不无感慨，“《德国民法典》尤其要

① 公丕祥：“全球化与中国法制现代化”，载《法学研究》2000年第6期，第32页。

感谢那些或此或彼的伸缩性概念，它们使得《德国民法典》在一个通常僵硬的概念体系中，终究能证明自己相对地反映了时代的无止境要求”。[①] 由此，此次著作权法修改不仅要照顾落实国际义务的需要，更要考虑我国的实际情况，并关注各法律部门之间的关系。诚如哈贝马斯所言：“科学为之奋斗的目标就是社会解放，是在人与人之间建立一种没有统治的交往关系和取得一种普遍的、没有压制的共识。”[②]

本文以为，完善我国著作权法上的出租权制度不应当采取因时制宜的权宜之计，而是应当顺应国家主动迎接知识产权贸易挑战而修改《著作权法》的契机，在理论层面探寻其背后的法理基础，在制度设计层面寻求更为合适的方案。实际上，纵观国际国内出租权理论的发展，我们越来越清晰地发现，现代信息科学技术的长足发展已经完全突破了传统意义上的著作权与邻接权保护模式。著作权法上的出租在传统理论上属于发行权的行为方式之一，即网下出售、出租、出借等行为方式都被视为发行权实现的行为。然而，现代信息科学技术的发展已经使得网下发行遇到越来越大的成本压力和传播途径限制。相反，网上发行，由于复制成本和传播成本接近于零，则受到了普遍的欢迎。由此，固守发行必须转移客体所有权，出租不能转移客体所有权的观念逐渐受到漠视。也正是在此种行为方式的激烈转变过程中，向公众传播权这一新概念被创制出来。本文以为，在我国此次著作权法修改中一方面必须顺应国际著作权法理论与实务发展的需要，将作品和邻接权客体的网上和网下发行、出租等行为方式区别开来；另一方面是要充分照顾我国著作权立法基础和实务需要，采取相对更为有利于著作权人、邻接权人的立法方案，以权利保护来促进著作权法领域的知识创新。具体而言，我国应当调整现行著作权法上的发行权、出租权和信息网络传播权等“权利束”内各权利之间的关系。

目前，《著作权法（修改草案）》三个草案都或多或少地对“权利束”进行了调整。调整的主导思想是在保持各种具体权利的针对性的基础上扩展其可包容性，并合理安排各种财产权的先后顺序。然而，由于此次调整在理论

---

① ［德］拉德布鲁赫:《法学导论》，中国大百科全书出版社 1997 年版，第 213 页。

② ［德］哈贝马斯:《认识与兴趣》，郭官义等译，学林出版社 1999 年版，第 201 页。

研讨上不够充分，广义上的发行权框架并不清晰，导致网络传播权与出租权之间的冲突和“遮蔽”问题未能得到较好的处理。实际上，无论是狭义上的发行权、出租权，还是网络传播权都是广义发行权的组成部分。问题的关键是如何调整网下发行权、出租权、网上的网络传播权（主要包含发行和出租）之间的关系。按照《著作权法（修改草案）》第三稿的设计，复制权、发行权、出租权、网络传播权并列。此种方案尽管可能继续维持目前出租权较为羸弱的态势，但是相对地可以通过规范网络传播权而间接地增加著作权人、邻接权人在行使发行权和出租权上的利益。

作者简介：张德双（1973—　），男，黑龙江省肇东市人，先后就读于中国政法大学、北京大学及北京师范大学，获法学博士学位。自毕业以来，一直从事法律及管理等相关工作，并于 2008 年 8 月创办北京市昭德律师事务所，担任主任律师。已在国内重要法学期刊上发表法学学术论文数篇。

第六编
国际法学

美国关税法“337条款”及其合法性研究*

孙　宁

目　次

“337条款”原指美国《1930年关税法》第337条，后来经过修正编入《美国法典》第19卷第1337节。“337条款”设立之初是对进口美国的产品存在不公平贸易行为或者不公平竞争行为的规制，经过几次重要的修改之后，现在已经发展成为主要是针对进口美国的产品存在知识产权不公平行为进行规制的法律规范。

从20世纪70年代开始，随着美国对外贸易优势的下降，贸易保护主义开始盛行。“337条款”作为一项带有贸易保护色彩的制度也越来越受到美国人的青睐，337调查数量随之增加。伴随而来的是美国的贸易伙伴国对“337条款”合法性的质疑。论文在对“337条款”的内容阐释的基础上，分析了该

* 本博士论文作者孙宁，2007—2010年在北京师范大学法学院攻读诉讼法学专业博士学位，2010年博士研究生毕业并通过了博士学位论文答辩；导师韩赤风教授。

条款的性质，围绕它是否符合相关的国际公约展开论述，以期站在一个相对客观的角度全面认识“337 条款”，一方面能够更好地应对我国遭受的 337 调查，另一方面也为完善我国的知识产权边境保护制度提供有益的借鉴。

一、“337 条款”的产生与发展

法律作为上层建筑的重要组成部分，必须服从于经济基础的需求，“337 条款”的出现也是与美国各个时期的经济贸易发展水平紧密相连，并与对外贸易政策互相配合的。随着美国对外贸易在国际市场上的崛起、称雄，到多方抗衡的转变，美国的贸易政策也发生了指导性的变化，“337 条款”作为美国重要的贸易措施之一，也伴随着美国各个时期贸易政策的变化走出了一条相辅相成的轨迹。从本质上来说，“337 条款”就是在美国贸易保护理论指导下所形成的一个特殊的准司法程序。

（一）“337 条款”的产生

“337 条款”产生于美国的贸易保护时期在世界各国遭受经济危机的沉重打击下，提高关税“给世界上其他国家树立了一个恶例”。[①] 面对经济上的困难，和少数国家开始提高关税的贸易保护措施，各国以牙还牙，也都纷纷在关税上大做文章，因而加剧了世界经济的危机。“337 条款”就是在这样的经济背景之下出现的，它体现了国家对经济的干预和保护的思想，因而在“337 条款”产生之初，它并非是知识产权保护的条款，而是一个笼统对“不公平行为”予以规制的规定，实际上是美国政府采取的一种贸易保护手段，有利于为本土的工业发展创造相对宽松的竞争环境，免受外来竞争的冲击，“337 条款”的设立也客观地反映了当时美国的贸易特点。

“337 条款”的前身来自 1914 年美国的《联邦贸易委员会法》（Federal Trade Commission Act of 1914），在该法中第 5 条对贸易中的“不公平行为”进行了规制，但是限于美国洲际之间的贸易活动。随后颁布的 1916 年《财政法》

① 杜明才：“论美国政府二十世纪三十年代的反经济危机措施”，载《襄樊学院学报》2002 年第 6 期。

（Revenue Act of 1916）将这些法律规定的理念扩展到了国际贸易中。1922 年美国《关税法》出台，在第 316 节中涵盖了包括《联邦贸易委员会法》以及《财政法》在内的所有法律中对“不公平竞争行为”的规定，被称为“316 条款”，它成为了一个统一而全面的条款。[①] 因而，“316 条款”被看作“包罗万象的总括性规定”（a catch all，toothless section）。1930 年美国《关税法》的第 337 条实际上就是对“316 条款”的继承和发展，“337 条款”也因此而得名，沿用至今。[②] 它仍保持了“316 条款”总括性规定的性质，当时负责对“337 条款”实施的机构是关税委员会（Tariff commission）[③]，它也是今天负责 337 调查的美国国际贸易委员会（U.S. International Trade Commission，ITC）的前身。当时的“337 条款”中没有正式的调查程序，原告如果想依靠“337 条款”得到救济，应该首先向关税委员会提出证明，然后向总统提出禁止产品进口或者是对该产品征收关税的建议。因此很少有专利权人利用“337 条款”进行专利诉讼。[④] 而今天“337 条款”发生了重大的变化，ITC 可以直接颁布相应的制裁措施，总统享有的是审查权。

（二）“337 条款”的衰落与复兴

第二次世界大战之后，自由贸易理论开始兴起，它的主导思想在于主张各个国家之间能够开放国内市场，并且积极参加到世界性的国际分工中来，充分发挥自己的产业优势，通过降低关税减少对外贸易的限制，促进跨国贸易发展，从而实现各国福利普遍增加。[⑤] 美国在“二战”期间利用战争大发横财，加之本土远离战场，没有受到战争直接的破坏，战后的美国经济处于绝对的优势地位。

---

① Tariff Act of 1922.

② 参见周然：“论美国‘337 调查’程序及其应对措施”，中国政法大学 2006 年硕士学位论文，第 5 页。

③ 关税委员会于 1974 年改名为国际贸易委员会。

④ Richard G. Allison, *Section 337 proceedings before the international trade commission: antiquated legislative compromise of model forum for patent dispute resolution?*, NYU Journal of Law & Business, Summer 2009.

⑤ 参见刘运顶：“论 20 世纪 90 年代美国贸易政策中的单边主义”，载《财经问题研究》2001 年第 5 期。

然而，20 世纪 70 年代，世界经济格局发生了变化。以美元为中心的资本主义世界货币体系（布雷顿森林体系）崩溃，美国的资本主义世界经济霸主地位严重动摇。从国内来看，美国国内经历了严重经济衰退，面对进口产品的冲击，客观上要求美国政府能够从政策上给予保护。[①] 美国产业界和政府有关部门中的贸易保护主义加剧，试图通过加筑贸易壁垒保护本国企业的国内市场。在这样的背景下，从 20 世纪 70 年代开始，美国对外贸易中开始出现保护主义的倾向，进入 80 年代以后，贸易保护主义越发明显，美国通过对贸易立法的频繁修改，完善贸易保护措施的法律规定，为贸易保护主义提供了法律支撑。这期间《1974 年贸易法》和《1979 年贸易协定法》相继被通过，它们为美国实行贸易保护奠定了法律基础。应该说，20 世纪 70 年代是美国贸易政策的一个转折点，1988 年实施的《综合贸易与竞争法》标志着美国对外贸易政策最终完成了向贸易保护主义政策的转变，自此，自由贸易的主导地位已经不复存在。

（三）美国的知识产权竞争优势和知识产权全球化对“337 条款”的影响

在今天的国际竞争中，竞争优势已经由传统的资源、资本、劳动力等要素转化为拥有和掌握的知识、技术、信息。而凝结在知识、信息和技术中最重要的就是知识产权[②]。如果想获得更大的竞争优势，就必须重视知识产权的发展。[③] 美国雄霸世界第一大经济强国的地位，在知识产权方面也毫不逊色。它所拥有的知识产权数量和质量都是一般国家无法比拟的，知识产权这一生产要素得到了很好的创造和改善，因而存在明显的知识产权竞争优势。这也是它推行知识产权保护的内在原因。时至今日，“337 条款”成为美国除“特 301 条款”之外，在知识产权保护领域中又一个重要的条款，同时是继反倾销反补贴调查美国又一个极具威慑力的贸易保护措施。基于此原因，“337 条款”能够得到广泛的应用也就不足为奇。特别是近年来 337 调查越来越引起人们的关

---

① 参见刘运顶：“论 20 世纪 90 年代美国贸易政策中的单边主义”，载《财经问题研究》2001 年第 5 期。

② 参见［美］迈克尔·波特:《竞争战略》，陈小悦译，华夏出版社 2005 年版。

③ 冯晓青:“法律全球化与知识产权保护之思考”，载《全球化与知识产权保护》，中国政法大学出版社 2008 年版，第 18 页。

注，因为它对贸易伙伴的打击力是巨大的，而且有明显的不断扩大的趋势。

“337 条款”今天已经从规范一般的“不公平贸易行为”的条款发展成为美国对外贸易中知识产权保护的重要手段，这种转变也是以美国在知识产权方面的优势为背景的。正是在经济一体化、知识产权保护全球化的发展中，高标准所带来的知识产权保护力度不平衡的背景之下，催生了“337 条款”的不断繁荣。美国在国家利益的驱使下，迫切需要世界各国能够提供与美国本土一样完善的知识产权保护，而对于国外进口的产品更不能在本土侵犯已有的知识产权。为了达到这样的目的，美国首先充分利用国际公约来实现自己的目的，TRIPS 协议的出现就是一个明证。当美国发现单纯地依靠国际公约，很多时候是不能满足自己的要求时，就会凭借自己强势的国际地位，利用国内法的域外效力来迫使其他国家遵守美国的知识产权制度。美国贸易法中的“特 301 条款”就充分体现了这一思想。“337 条款”在近年来的广泛应用也同样是在这种社会背景和国家意志之下的产物。这也是“337 条款”在今天的国际贸易中频繁出现的重要原因。

二、“337 条款”的内容解析

（一）调查的主管机构

首先，美国 337 调查的主管机构是美国国际贸易委员会（U.S. International Trade Commission，ITC）。它是一个独立的没有党派之分的准司法性质的联邦机构，由美国国会于 1916 年设立，当时名为美国关税委员会（U.S. Tariff Commission），1974 年美国《贸易法》将它改名为美国国际贸易委员会，并且沿用此名至今。[①] 委员会由 6 名委员组成，委员任期为 9 年，由参议院确认后，总统任命，每一个党派的委员不得超过 3 人。[②] 该机构在与贸易相关的事项上享有广泛的调查权，包括反倾销、反补贴调查、337 调查等。美国贸易委员会还是全国收集分析贸易数据的信息中心。这些数据提供给总统和国会，作为制定美国贸易政策的依据之一。需要指出的是，美国国际贸易委员会并不是

① 参见薄守省、陈兰兰：“美国 337 调查的特点及应对策略”，载《科技与法律》2009 年第 1 期。

② 19 U.S.C. § 1330（a）.

政策的制定机构，也不属于司法系统，也不参与贸易协定的谈判。

其次，337 调查程序的主持人是行政法官（Administrative Law Judge，ALJ），每个案件由一名行政法官负责审理。一般来说，行政法官按照顺序轮流审理案件，他负责从调查启动直到初裁做出的所有过程，并且可以根据情况发布临时救济措施。所以行政法官的产生要经过严格而详细的考试和选拔任命，从具有丰富的实践经验和职业训练的法律资深人士中选出。事实上，美国公众对于 ITC 作为一个客观、公正、专业和有效的调查机构的广泛认同，很大程度上是因为行政法官在 337 调查程序中所发挥的重要作用以及他们卓越的专业成就。

另外，在整个 337 调查中还有一个重要的内部机构，是 ITC 的不公平进口调查办公室（Commission's Office of Unfair Import Investigations，OUII）。当启动 337 调查的申请书提交到 ITC 以后，首先由不公平进口调查办公室审核该申请是否符合受理条件，并对委员会是否启动调查提出建议。调查开始以后，该办公室指定一位政府律师担任代表公共利益的调查律师，该调查律师在每一个 337 调查案件中以独立的身份进行工作，并对调查涉及的事项从客观的角度提供意见。也就是说，在 337 调查中有独立的四方当事人：原告、被告、行政法官和调查律师[①]。

（二）"337 条款"的实质要件

对"337 条款"的理解，应该首先从它所规定的 337 调查的实质性要件入手，这也是能够启动 337 调查的必要条件。对实体条件进行规定的条文是《美国法典》1337 条（a）部分[②]，即能够被认定为存在"不公平做法"，而所指称的"不公平做法"包含了两方面的内容：一个是不公平竞争方法和不公平竞争行为要件，即一般不公平做法需要达到什么样的程度，产生了什么样的后果才可以认定为违法，也就是说需要具备不公平做法所至损害产生的要件。另一个是有关知识产权的不公平做法，有关知识产权的不公平做法，并不要求

① Vivek Koppikar, *Evaluating the international trade commission's section* 337 *investigation*, Journal of the patent and trademark office Society, June, 2004.

② 337.Unfair practices in import trade.

达到具体的损害程度，需要证明的事项如一是存在有效的知识产权，二是国内产业要件。该项权利被侵犯是存在与该知识产权有关的美国的产业，即对“与该知识产权有关的美国的产业”的界定。从“337 条款”的内容可以看出，它将知识产权的案件独立于一般的不公平做法，足以见得该条款对知识产权案件的青睐。实际中，依照该条款进行的 337 调查也大都是围绕知识产权案件展开的。

（三）“337 条款”的调查程序

“337 条款”中对 337 调查的程序问题做出了非常明确的规定[①]。337 调查的最大优势在于其目的性强，讲求效率，只有这样才能充分体现贸易保护的功能。正是“337 条款”中所规定的程序的便捷和高效体现了 337 调查的这项功能，所以解析“337 条款”中有关程序的要件是掌握和理解 337 调查必不可少的内容。

第一，337 调查的启动从法律规定上来看有两种，一种是 ITC 主动发起调查（ITC Self-Initiation of Section 337 Case）。ITC 能够主动提起调查的权力更加有利于其履行保护美国产业的职能，虽然在实践中这种情形比较罕见，但是却构成了 ITC 行使贸易管理功能的必要组成部分。另一种是申请发动（Section 337 Complaints），由认为自己的产品受到了不公平做法侵害的美国产业的主体向 ITC 提出调查的申请而启动调查程序。大部分的 337 调查都是以这种方式启动的[②]。

第二，通常情况下，337 调查的被申诉人如果是美国厂商，应该在收到调查通知之日起 20 日内向 ITC 提交书面的答辩状，如果是外国厂商，那么应该在 30 日内答辩。另外，行政法官可以以命令的形式改变答辩期限。

第三，337 调查启动后，ITC 将指定行政法官中的一名负责主持调查程序的进行。行政法官审理案件时，也要遵守美国程序法律的规定，主要依据的法律有《联邦民事诉讼规则》和《联邦证据法》。因为 337 调查从本质上说是

---

① 参见韩立余:《美国外贸法》，法律出版社 1999 年版，第 31 页。

② 参见薄守省、杨麟、周勇:《美国 337 调查程序实务》，对外经济贸易大学出版社 2006 年版，第 25 页。

行政机关负责的准司法程序，所以在有自身特色的问题上则遵守《行政诉讼法》以及ITC《诉讼程序规则》。但是ITC的行政法官审理案件时做出裁定的依据不是陪审团的意见，实际上在ITC调查中是不使用陪审团的，它的庭审过程以听证会的方式实现。行政法官负责主持下列调查程序，如证据开示、举行预审会议和听证会、作出初步裁定等。另外，调查也可以因法定理由终止，具体包括撤诉、和解、达成仲裁协议等。

第四，初步裁决颁布以后，在规定的期限内，当事人可以对初步裁决中的全部或者部分内容提出进行审查的要求，如果ITC没有同意审查，那么初步裁决就成为了本案的最终裁决。如果ITC同意复审，将在复审通知中明确指出对哪些争议进行复审，在45天之内做出决定。如果ITC接到复审请求书后，在法定的45日期间内做出复审决定并且发出复审通知，视为拒绝复审请求，初步裁定即成为最后裁定。委员会在某些情况之下，也可以主动撤销初步裁决。另外，法律还具体规定了总统审查和法院上诉的程序。

第五，在“337条款”的法律体系中，救济程序制度占有重要的地位[①]。《关税法》第337条14个小节中，规定各种救济措施的就有6个小节。而ITC规则也设专门的分节以明确ITC命令的执行程序。除此之外，337调查制度的健全还体现在其可能采取的各种堪称“严厉”的贸易措施上，如排除令、停止令和其他辅助性措施等。

三、“337条款”的法律性质分析

（一）“337条款”的法律性质界定

关于“337条款”的法律性质一直是一个存在争议的问题。比如，有观点认为“337条款”属于贸易制裁措施，与人们相对熟知的“特301条款”存在类似的功能和机制。随着人们对“337条款”研究的深入，对337调查的熟悉，这种说法已经被越来越多的人所摒弃，大家已经认识到337调查并非贸易制裁措施。究其原因，首先“337条款”所规定的内容本身是不具有惩罚性质

① 参见游硕：“美国关税法337条款的程序与救济制度研究”，复旦大学2007年硕士学位论文，第21–22页。

的；其次“337 条款”是依据权利人的申请而启动的程序并不具有主动性；最后“337 条款”的规定并不涉及政府层面，也并非针对某一个国家的贸易关系而进行，而是美国自然人或者法人主体针对进口的侵权商品提出调查的申请，解决的是自然人与法人之间的问题并不解决国家间贸易问题。

另外，关于“337 条款”的性质问题，很多人认同它应该是一种贸易救济措施。首先必须承认 337 调查在一定程度上起到了贸易救济的作用，但是它又不是以实现贸易救济为唯一目的的措施，它的案件所涉及的内容更宽泛，从本质上来说，它相当于一个准司法程序。所以笔者在这里更加认同“337 条款”是准司法程序条款的观点。它为不公平贸易行为，特别是有关知识产权的不公平竞争行为提供了一个快速而有效地解决纠纷的平台。所以“337 条款”是一个对知识产权侵权产生一定救济功能，有着自身优越性的准司法程序。

（二）“337 条款”的程序优势

如上所述，“337 条款”从性质上来说更加符合准司法程序的特征，它为知识产权人提供了一个有效而快速地解决知识产权侵权的平台，它以独特的优势证明了自己强大的生命力和卓著的贡献，也成为越来越多的知识产权人维护自己权益的选择。在美国，当知识产权人的权利遭受进口产品侵害的时候，权利人除了可以向 ITC 提出申请启动 337 调查，还可以选择以法院诉讼的方式寻求救济，甚至可以两者都选用。在过去的 30 年里，美国拥有专利、注册商标的知识产权人使用 337 调查进行知识产权保护的比重越来越大，但是 337 调查也不能完全取代法院诉讼，法院诉讼和 337 调查各有其优势，权利人可以根据自己的需要而决定通过什么样的方式主张自己的权利。

法院救济最明显的优势就是可以得到金钱上的赔偿，这一点是 337 调查不能为权利人提供的，337 调查的救济措施中不包括损害的赔偿。但是 337 调查作为一种准司法程序，在诸多方面有着自己的特色，这也是近年来 337 调查备受青睐的原因之一。与法院诉讼相比，它在一些问题上呈现出自己的优势，如审理周期短、快速解决问题、专业法官处理案件、没有管辖权的限制、证据要求低、可以得到有效的、快速的救济和救济措施便于执行等。另外，337 调查的结果没有既判力、考虑公共利益以及保护秘密信息等方面与诉讼相比也更具特色。

综上所述，依据“337 条款”的规定能够有效地阻隔不公平贸易的产品进入美国市场，特别是对于知识产权侵权产品能够快速而彻底地排除。“337 条款”所提供的准司法程序客观上具有贸易保护的功能，但是不同于贸易制裁措施，它只是在国内市场的保护手段，不具备攻击性；它的实施一定程度上实现了贸易救济的作用，但是和贸易救济措施相比具有中立的特点，它对国内产业的要求是宽泛的，没有国籍的限制，包容性更强。它为进口商品与美国知识产权产品的纠纷提供了一个准司法程序，又因为专业性、效率性而优越于普通的法院诉讼程序。所以“337 条款”是一个对知识产权侵权产生一定救济功能，有着自身优越性的准司法程序。

四、对“337 条款”合法性的质疑

作为 GATT 的原始缔约国，美国需要遵守 GATT 的规则。对于在总协定下的贸易争端各成员国可以提请 GATT 成立专家小组进行调查解决。GATT 中最基本的原则之一就是国民待遇原则，它要求缔约国给予外国产品的待遇要不低于本国的产品。国民待遇原则的目的就是防止以规则的形式所掩饰着的非关税壁垒，致力于建立自由的国际贸易体系。①

“337 条款”自从产生以来，一直广受争议，有人批评“337 条款”是不公平的，违反了国际贸易法律的规定，对进口产品的待遇从根本上不同于国内产品②。美国的贸易伙伴在遭受过 337 调查之后纷纷对“337 条款”的合法性提出质疑。1981 年，加拿大向关税及贸易总协定提出了申述，认为美国的“337 条款”违反了 GATT 的国民待遇原则。1987 年欧共体也认为美国的“337 条款”与关贸总协定的国民待遇原则不相符合，所以通知 GATT 全体缔约方，请求就“337 条款”的适用与美国进行协商，目的是要推动美国废弃“337 条

---

① Lisa Barons, *Amending Section 337 to Obtain GATT Consistency and Retain Border Protection*, 22 LAW & POL’Y INT’L BUS. 1991, pp. 289, 297.

② Joel W. Rogers, Joseph P. Whitlock. Section 337 proceedings are not available against infringing goods produced in the U.S.. 17 American University International Law Review, 2002, pp. 459, 503–505.

款”。与此同时，加拿大、中国香港、日本、韩国和瑞士也在 GATT 有关机构声称保留它们在 GATT 挑战美国“337 条款”的权利。[①] 美国在 1994 年对“337 条款”进行修订以后，并没有做出实质性的改变。2000 年欧盟通过 WTO 争端解决机制又一次针对美国“337 条款”提出申诉，认为“337 条款”不仅违反了 WTO 的国民待遇原则，而且还违反了 TRIPS 协议的相关规定，在欧盟提出磋商不久，加拿大和日本政府也提出了与美国进行磋商。

（一）“337 条款”是否违反了 GATT 的规定

关于“337 条款”是否违反国际规则这个问题，从以往的案例来看，不论是加拿大还是欧共体对于“337 条款”的质疑都将目标锁定在了该条款对 GATT 第 3 条（4）和第 20 条的适用上。美国在欧共体向 GATT 提出“337 条款”违反 GATT 条款的申请后，在 1994 年《乌拉圭回合协议》法中参照专家小组的意见，在最小的范围内做出了一定的让步，对“337 条款”进行了修订。现在需要讨论的问题，是“337 条款”在这次修订以后是否已经符合了 GATT 的相关规定。GATT 中第 3 条是关于国民待遇原则的规定，第 20 条则是对 GATT 规则的一般例外情况。“337 条款”是否违反了 GATT 的规定，实质上就是要确定“337 条款”是否违反了 GATT 中有关国民待遇原则的内容。

通过对于规则的仔细分析，美国“337 条款”在经过修改以后，依然存在着违反 GATT 第 3 条（4）的内容，但是依据 GATT 第 20 条例外规定，这些违反了国民待遇原则的部分可以依据“例外规定”而符合 GATT 的要求。需要指出的是，笔者的分析完全从制度本身的规则出发，站在一个相对客观的角度，并没有结合该制度背后所体现的集团利益以及在实际操作中存在的利益倾斜。因为毕竟我们现在所研究的是“337 条款”的合法性问题，是以该条款所规定的内容为基础的，抛开中美贸易之间的感情色彩，也抛开“337 条款”背后所体现的利益纠葛，仅对该条款的内容理解，笔者认为，从形式上看，从内容的规定来看，今天的“337 条款”还是符合 GATT 的相关规则的。

---

① Mark Modak-Truran, *Section* 337 *and GATT in the Akzo Contro-versy*: *A Pre-and Post-Omnibus Trade and Competitiveness Act Analysis*, 9 NW. J. INT'L L. & BUS, 1988, pp. 382, 395.

（二）“337 条款”是否违反了 TRIPS 协议的规定

1991 年 12 月 TRIPS 协议（Agreement on Trade-related Intellectual Property Rights）在日内瓦达成了草案，1994 年 4 月在摩洛哥举行的乌拉圭回合谈判中，在成员国部长会上草签，并作为乌拉圭回合谈判的成果之一被正式纳入了 GATT 的框架之下，该协议于 1995 年 7 月 1 日正式生效，TRIPS 协议的内容包括序言和七个部分，一共有 73 条。[①] 它是 WTO 体制下调整知识产权的基本协议，同时也代表着当今国际知识产权保护的最高水平，对知识产权保护的发展产生重要的影响，有着深远的意义。

进入 21 世纪后，由于美国在激烈的国际市场竞争中频频使用 337 调查，遭受 337 调查的国家不断增加，涉及的内容也不断扩大，所以对“337 条款”是否符合国际规则的争论不但没有停止过，反而反对的声音越来越高。TRIPS 协议作为世界贸易组织知识产权保护的协议，需要所有世界贸易组织成员国的认可和遵从。因此，“337 条款”是否符合 TRIPS 协议的规定也成了“337 条款”所受争议的核心内容。[②]

通过详细分析了 TRIPS 协议中与“337 条款”出现过争议的内容，可以得出结论，“337 条款”从内容上来看并没有违反 TRIPS 协议的规定。TRIPS 协议的产生本身就是多方冲突利益之间经过了努力调和而高度妥协的产物。所以可以想见 TRIPS 协议中的条款必定存在着一定的自由度，会为利益冲突的各方都提供一个适当的缓冲。更何况 TRIPS 协议作为 WTO 成员必须无保留接受的知识产权保护协议，必须给成员国的国内立法留有一定的空间，所以从立法技术上来说 TRIPS 协议为成员国能够结合本国的特点和经济技术发展水平而构建知识产权保护体系提供了可能。不难理解 TRIPS 协议的条款规定具有足够的弹性。正是 TRIPS 协议的包容性使“337 条款”的存在具备了合法性，仅仅从内容上来看“337 条款”并无明显违反协议之处。

---

① 参见郑成思译：《与贸易（包括假冒商品贸易在内）有关的知识产权协议（TRIPS 中译文）》，学习出版社 1994 年版。

② 参见郑智武：“论美国 337 条款与 WTO 规则的主要冲突”，载《长春理工大学学报》（高教版）2009 年第 4 期。

“337 条款”与 TRIPS 协议相协调的另一原因是，TRIPS 协议作为乌拉圭回合谈判的结果，为国际知识产权保护设定了一个最低的标准，在 TRIPS 协议订立的过程中，发达国家和发展中国家曾经有过激烈的争论，而美国作为世界第一大经济强国，它在国际规则订立中的作用总是举足轻重的，所以美国自然会让 TRIPS 协议的内容最大限度地代表自身的利益，包容自己的法律规定。“337 条款”作为美国知识产权保护的重要法律制度，发挥着重要的作用，为保护美国企业在竞争中的优势以及能够充分利用技术上的领先立下了汗马功劳。美国不会不考虑到 TRIPS 协议与本国国内法律的协调问题，实际上 TRIPS 协议本身就留有很多为主要西方发达国家的利益而服务的色彩。所以从这个角度来看美国也不会让“337 条款”与 TRIPS 协议产生明显的冲突。

五、“337 条款”对我国知识产权边境保护立法的借鉴意义

“337 条款”在美国对外贸易中发挥了重要的作用，有力地打击了外国侵权产品，为保护美国知识产权做出了重大贡献。中国也处于经济发展的强劲时期，我国对外贸易额也逐年上升，而知识产权在对外贸易中所占有的比重也在逐步加大。相对美国知识产权保护的历史，我国比西方发达国家足足晚了 300 年。知识产权保护已经成为了国际贸易体制的基本规则，中国用近 20 年时间走完了发达国家几百年的道路，这就决定了中国在制度运作方面存在着许多需要改善的地方，我们缺少了知识产权保护从低水平到高水平的进步过程，所以我们更多的还依赖学习其他国家成熟的制度，然后结合我国自身的特点，将其融入自己的法律体系之中。

法律全球化是不同法律体系向一体化迈进的过程。它的出现不仅对世界法律体系走向具有深远意义，而且对一个国家的法律意识形态、法律价值观念也产生深远的影响，甚至对国家主权问题也构成挑战。认识到这一点，对于作为发展中国家的中国正确面对经济和法律的全球化趋势，积极主动地开展国际交流与合作，具有重要的意义。[①] 对于西方发达国家卓有效果的法律制

① 参见冯晓青：“法律全球化与知识产权保护之思考”，载《全球化与知识产权保护》，中国政法大学出版社 2008 年版，第 11 页。

度，我们可以学习并加以利用。在今天这样一个开放的世界里，在经济贸易一体化、法律全球化的背景下，这种有益的学习成为了可能也成为了必要。

知识产权所有权和使用权的转移，是国际贸易的重要组成部分，一国国民如果拥有较高水平的知识产权，不仅有利于提高本国的技术水平、促进本国的经济发展，还能增加本国出口收入，改善其在国际贸易中的地位。因此对任何国家而言，加强知识产权保护的好处是毋庸置疑的。

TRIPS 协议为知识产权保护设定了较高的标准，它对发展中国家的影响是一把双刃剑，但更多的人认为，知识产权保护与经济发展、国际贸易密切相关，加强保护是大势所趋，发展中国家在克服了短期的困难后，将最终从知识产权的保护中获益。中国加强知识产权保护是知识经济化、经济全球化发展的必然趋势。利用法律全球化的契机，加入世界法律资源的分享中，是我们打开国门在世界经济发展与合作中占有一席之地的客观要求。

作者简介：孙宁（1976— ）女，辽宁沈阳人，2010 年毕业于北京师范大学法学院，攻读知识产权法学博士学位。现任职于沈阳航空航天大学经济与管理学院副教授。在国内重要法学期刊中发表学术论文 10 余篇，同时先后主持并参与省级社科基金课题 5 项。

GATS“必要性”检验研究*

彭光明

目 次

本文以世界贸易组织法律体制及其《服务贸易总协定》（GATS）为法律依据，研究了 WTO 争端解决机制下有关“必要性”检验适用的司法案例，分析了“必要”这一术语的内涵，比较分析了欧盟法的比例原则理论对“必要性”司法检验的影响，讨论了 GATS 两种语境下的“必要性”检验规定，一个是第 14 条一般例外条款中的“必要性”检验，另一个是第 6 条国内规制条款的“必要性”检验问题，前者侧重司法实践中形成的“必要性”检验标准问题，后者侧重研究以立法形式明确“必要性”检验内容的立法前景问题。通过研究，

* 本博士论文作者彭光明，2010—2013 年在北京师范大学法学院攻读国际法专业博士学位，2013 年博士研究生毕业并通过了博士学位论文答辩；导师张桂红教授。本博士论文经修改由河北科学技术出版社 2015 年 6 月出版，书名《GATS“必要性”检验研究》，全书 23 万字。

本课题指出了在晚近司法适用中，成员国内规制目标的重要性得到更多关注，WTO 裁决机构的司法能动性在逐渐地放大，促使 GATS“必要性”检验标准与欧盟法比例原则存在一定的契合性。同时，指出将“必要性”检验标准以明确立法方式引入第 6 条国内规制纪律中，可以限制争端解决机构的自由裁量权，减少国内规制的不确定性以及由此而产生的贸易摩擦。最后，在基本理论研究的基础上，本课题以我国网络视听服务业为切入点，在“必要性”检验模式下反思我国法律规制的不足，并提出我国网络视听法律规制的新思路。

本文比较深入探讨以下几个方面的内容：

一、GATS“必要性”检验的内涵

GATS“必要性”检验的文本规定可以被归结为两个法律语境：其一，“反向肯定式”语境，主要以一般例外条款的方式明确“必要性”检验的审查要求，如 GATS 第 14 条“必要性”检验；其二，“正向肯定式”的法律语境，主要以法律义务的方式进行规定，如 GATS 第 6 条第 4 款。GATS 的《会计服务业国内规制准则》虽然还未生效，但其“必要性”检验是以义务的方式进行了规定，本文称其为第二种语境。然而，这些“必要性”检验的法律依据本身其实十分宽泛，有的只使用“必要的”一词，并没有就具体的“必要性”检验的构成要素和标准进行详细规定。

“必要性”检验中“必要”或“必须”一词界抽象而又宽泛，本身很难被界定。若对其阐释得过于狭窄，可能不利于 WTO 成员追求一些很重要的政策目标，如生命健康、公共秩序等。同时，也正是由于服务的特殊性和复杂性，GATS 所追求的服务贸易自由化是渐进的、逐步的，过于狭窄的“必要性”检验的概念也会束缚成员国内规制的灵活性和自由度，显然与 GATS 的整体法律环境不一致。但是对其阐释得过于宽泛，后果可能会加大含有“必要性”检验规定的 GATS 一般例外条款和国内规制条款被滥用的风险，成为掩护贸易保护者的“合法”工具，破坏了 GATS 基本义务，与世界贸易体制下的贸易自由化目标背道而驰。因此，WTO 争端解决机构在个案争议解决中，会格外地重视对“必要性”检验标准的阐释。

目前来看，“必要”之内涵更多依赖于 WTO 争端裁决机构在个案中的解释。WTO 裁决机构在个案中更倾向于将“必要”解读为一种客观标准和程度范围。具体而言，“必要”之标准的满足需要成员用具体事实和证据来证明其国内争议措施是实现其政策目标的“必要”，不一定是“必不可少的”，但也不能是“有所贡献”的。如果存在其他与 WTO 协定相符并且同样可以达到相同目标的替代措施时，争议措施可能不会被认定为符合“必要”之要求。

二、“必要性”检验在 GATS 法律制度中的重要价值

作为贸易自由与成员规制自由的平衡工具，“必要性”检验在 GATS 法律制度中的重要性可以归因于两个方面：一方面可以归因于非贸易价值在整个 WTO 法律体系的地位日益提高。作为国际经济组织的 WTO，尽管在协调非贸易价值问题上会存在一些先天不足，但是非贸易问题仍然是 WTO 无法回避而且必须正视的一个问题。然而问题关键在于将非贸易价值置于何种地位。本文认为，世界贸易体制的作用在于实现和维护经济发展，对于其他价值目标，WTO 最多负有消极的不妨碍义务。而“必要性”检验机制的设计可以使 WTO 借助争端解决机制，把控非贸易问题介入的尺度，也可在处理发达国家成员与发展中国家成员有关非贸易问题矛盾方面起到安全阀作用。另一方面可以归因于服务的特殊性，成员对服务业的管理更多依赖国内规制措施，从而对规制自由的关注程度相比较货物贸易更为突出。因而在多边贸易体制下不能将国内规制等同于贸易限制，虽然 GATS 追求的是逐步实现服务贸易自由化，但其无意“解除规制”。相反，GATS 在序言中更是明确尊重其成员为实现国家政策目标对其境内服务提供实施规制的自主权。但是，如何协调服务贸易自由的放松管制与成员的实施管制之间的冲突，GATS 除了以非歧视原则进行约束之外，也应将“必要性”检验纳入。

三、GATS“必要性”检验的构成要素分析

依据含有“必要性”检验要求的 GATS 规则，“必要性”检验由三方面要素构成：一是检验客体，即接受检验的对象；二是政策目标的合法性，即检验客体所追求的政策目标必须符合 GATS 的相关规定；三是手段的合法性，即检

验客体本身须是其追求政策目标的“必要”，超过“必要”范畴即为不合法。然而何为“必要”，涉及检验标准问题，或由争端裁决小组个案把握，或由法律直接规定，取决于规则本身的规定。

GATS两种语境的“必要性”检验在价值功能方面存在共同性，但是两者的适用对象、政策目标的差异还是明显的。GATS第14条“必要性”检验客体是不符合GATS其他条款的国内措施，而GATS第6条第4款所言的“必要”之要求只针对成员方采取的“与资格要求和程序、技术标准和许可要求和程序有关的”措施。在政策目标方面，虽然GATS第14条穷尽式的列举方式似乎使成员合法追求政策目标的范围大大缩小，但司法实践中存在灵活解释GATS第14条所列政策目标的倾向性，如环境保护、消费者保护（“防止欺诈”除外）、文化价值等其他政策目标有可能由于裁决机构对清单中合法目标的宽泛解释而被涵盖。GATS第6条第4款并未对公共政策目标列举清单或下定义，只是规定“在确保服务质量方面不会造成不必要的负担”。WTO裁决机构如何解读该语境中“必要性”检验的政策目标——“服务质量”，是宽泛还是严格解释，很难预料。学界就此也存在争议，因此成员在后续谈判中有必要尽快澄清“质量”的概念。

四、GATS第14条“必要性”检验：以检验标准为视角

在“必要性”检验的标准方面，GATS第14条的检验标准有可能成为GATS第6条语境中未来谈判的备选标准。而GATS第14条语境在结构、大部分的措辞以及功能方面与GATT第20条一般例外条款具有极大的相似性，其“必要”之标准会成为GATT第20条“必要性”检验标准司法适用的基础。这一点已由“美国赌博案”的上诉机构所确认。

本文在分析“必要性”检验标准的晚近司法演进过程后，认为“必要”之标准经历严格解释到灵活解释的过程，从最低贸易限制标准到加入权衡理念的过程。最低贸易限制标准是判断“必要”标准的起点。最低贸易限制性和合理可用性，是考量替代措施是否具有可替代性的两个要件，从而判断争议措施之“必要性”。如果没有符合WTO规定而且合理可得的替代措施，方可选择较少违反WTO规定的替代措施。此时，确定存在较少违反WTO规定的可替代性时，

判断的标准在于将其贸易限制后果与争议措施的比较，取其少者。

但是，“最低贸易限制”标准自身缺陷性决定它不应是“必要性”标准的全部。WTO 裁决机构在随后的案例实践中将权衡理念纳入“必要”标准，将争端案件进行整体性考量，体现“必要性”检验之发展方向。也就是说，在判断“必要”之时，应考察争议措施所追求的利益和价值的重要程度，对追求目标的实现程度以及贸易限制程度等因素。随后，将争议措施和可能的替代措施之间进行比较，权衡相关因素并考虑争议措施所保护利益的重要性，从而确定一项措施是不是“必要”的，或者是否存在“合理可用”且与 WTO 相符的替代措施。“欧共体石棉案”裁决机构更是将 WTO 成员的政策目标进行细分，基于其不同性质和分量进行评审。因此，两个案件使“必要性”标准的司法解释发生了根本性的变化，将国内规制的目标纳入考量，综合平衡国内法规与贸易义务。这种判断标准的形成意味着在解释方法上也发生从文义解释方法向目的解释的转移，在“必要”之判断中适度导入了狭义的比例原则，以决定措施与替代措施之间的取舍。

在晚近司法适用中，成员国内规制目标的重要性得到更多关注，WTO 裁决机构的司法能动性在逐渐地放大，促使 GATS“必要性”检验标准与大陆法的比例原则存在一定的契合性。这主要表现在 GATS“必要性”检验标准与比例原则一样，同样面临并需要解决相竞利益和权利间的权衡现实，于是 GATS 第 14 条“必要性”检验中的权衡过程深受比例原则的“三阶论”影响，使“必要”之标准成为争端解决机构手中的灵活工具，而不是一味地关注问题的一个侧面——被诉措施的贸易限制问题。在比例原则的影响下，“必要性”检验更多从其整体功能性出发，允许权衡各要素，以此来认定争议措施是否真正地构成实现非贸易目标的“必要”。但需要明确的是，比例原则在 WTO 体系中并非是基本原则，也不能作为独立的法律渊源在 WTO 争端解决机制中适用。它对 WTO 体系的“必要性”检验仅仅发挥着重要的指导性作用。

欧盟法的比例原则对 GATS“必要性”检验发展具有借鉴作用。一方面，欧盟法的比例原则的主要特点在于各子原则之间有其各自维度以及不同的要求，没有主从地位之分，从而使欧盟法下的贸易目标与非贸易目标之间法律关系更加清晰化。在此影响下，当 GATS 的贸易价值与非贸易价值目标被视为相冲突时，可以认为任一方都不具有优先地位，而是存在相对的法律关系，依赖于个案为基本的特殊条件而决定。另一方面，欧盟法的必要性和狭义比例检验的重要之处在于它们可以使成员决策和司法过程更透明和更理性，这也是 WTO 层面上未来立法和司法实践中应特别注意的。

五、GATS 第 6 条“必要性”检验：以谈判前景为视角

在 GATS 第二种法律语境（国内规制纪律）中规范“必要性”检验纪律不仅仅是为了满足完善第 6 条第 4 款立法的需要，而且对有效实施第 6 条第 4 款的规定也是不可或缺的内容。WTO 大多数的协定都涵盖了“必要性”检验的要求，原因很简单，就是在于它可以在合法规制干预与贸易保护的滥用之间划定一个清晰的界限。在具有高度无形性、规制的高强度性和隐蔽性的服务领域，GATS 第 6 条第 4 款“必要性”检验可以发挥的作用更是如此。虽然仍有些 WTO 成员反对在 GATS 国内规制条款中统一制定“必要性”检验，或存有一些顾虑，但是合理的制度设计、与其他制度准则的协调发展以及各成员间相互的政治妥协都可以使第 6 条“必要性”检验制度更趋合理与公平。

更为重要的是，GATS 第 6 条“必要性”检验可以最大限度地减少未来争端案件的可预见性。可以想象，如果“必要性”检验的谈判没有达成各成员的一致，那么未来国内规制的争端案件中 WTO 裁决机构的自由裁量空间会更大，有关第 6 条第 4 款模糊术语的解释只得留给上诉机构的个案解释，适用法律的结果会出现极大的不确定。这也意味着 WTO 各成员丧失了明确“必要性”检验的概念、具体构成要素等问题的机会。

在第 6 条引入“必要性”检验法律规定可行性方面，本文认为存在法律基础和现实作用。“必要性”检验要求在 GATS 第 6 条中可表现为 GATS 第 6 条第 4 款（b）项，它确保在服务质量方面不造成不必要的负担，而（c）项对许可程序的贸易限制隐含着“必要”的要求。在现实作用方面，“必要性”检验可以用来规范国内规制措施，在合理规制与滥用规制自主权之间划定界限，规制自由与自由贸易都同时得到保障。原则上，“必要性”检验可以鼓励成员在纠正市场失灵和追求非贸易目标时做出合理有效的政策选择或措施，对国民待遇发挥补充作用。

如何在第 6 条中规定“必要性”检验的问题，未来可能会更多考虑《会

计准则》第 2 段以及 SPS 协定的相关规定。这里涉及三方面内容：首先，在水平适用与分部门适用“必要性”检验争议问题上，各成员已基本形成一个默契的共识：水平适用的工作与分部门适用的工作同时进行，彼此之间并非相互排斥。其次，争端实践中已形成有关“必要”的司法解释，“必要性”检验的次级概念，如较少贸易限制或最低贸易限制，权衡标准或手段 / 目的检验等，很可能是 GATS 第 6 条“必要性”检验的未来发展方向。同样，WTO 其他协定如 SPS 协定、TBT 协定的相关规定也可能构成发展 GATS 第 6 条“必要性”检验的关键要素。另外，比例原则的司法适用和解释对于 GATS“必要性”检验标准的立法发展和司法实践也将发挥着重要作用。

六、GATS“必要性”检验下国内规制空间：以我国网络视听法律规制为视角

在数字文化产品迅猛发展的背景下，各国政府规制机构都加大了对网络视听服务的规制，但是在浓郁自由贸易氛围下，WTO 同样面临着贸易自由与国内规制自由之间相竞性利益冲突。那么，在多边贸易框架下各成员如何并在何种程度上对网络视听服务行使规制自主权，是考验各成员政府智慧的难题。在 WTO 争端解决实践中，除“中国出版物和视听产品案”之外，“加拿大进口期刊案”和“日本进口皮革制品案”皆因“文化因素”之共性，不同程度地体现网络视听服务的规制行为与贸易自由化之间的碰撞，然而 WTO 争端解决机制都否定或回避了网络视听服务中“文化因素”特殊性的考量。这就意味着网络视听服务目前不管在 WTO 文本与司法解释中，不具备“文化例外”等特殊待遇。

GATS“必要性”检验作为平衡规制与贸易限制的工具，它的构成要素、司法演进和未来发展会以指导或评价的方式对各成员网络视听国内规制发挥重要影响作用。以 GATS“必要性”检验模式审视我国网络视听服务的法律规制会发现，我国网络视听服务规制存在对网络视听的特殊性适应性不足、规制目标不清晰和不具体、规制手段对目标的实现“必要性”不足的困境。其深层原因在于在这一领域意识形态的干预明显、公共利益的维护掺杂部门利益、法律规制体系不健全造成规制的随意性强、市场准入规制过于严格而过程规制匮乏等。

在 GATS 法律框架下，本文提出我国网络视听法律规制的新思路：

第一，我国需要善用GATS“必要性”检验保护我国文化利益。为此，我国网络视听服务的社会规制应针对网络视听服务的内容领域，就其有可能涉及的色情、暴力、侵犯性和诽谤性，危害国家安全、民族利益的负面内容进行规制，因为即使这些规制性措施造成贸易限制，被诉至WTO争端解决机构，也有机会寻求GATS第14条下“公共道德和公共秩序”例外的保护。而且，我国应结合网络视听服务产品的特点，尽可能将内容规制的目标具体化为令人信服的规制理由，如抑制色情、暴力、宣传性别、种族、民族和宗教歧视和仇恨，教唆犯罪等不适宜内容，保护个人隐私的目标。

第二，在视听谈判中把握主动权等方式，积极开拓网络视听服务规制的外部空间。同时，在国内规制理念方面，提出把握网络视听规制的“放”与“管”的平衡，这样不仅在国内层面有利于发展国内网络视听服务产业，也可在国际层面减少因“管得过严”产生的贸易限制摩擦。我国已对大部分的涉案法规或规章做出相应修改，对外资市场准入的规制限制正在放宽或取消，这有利于促成多元性文化市场主体，建立竞争性市场体系。但是，我国还应转变思路，在对外国服务提供者给予宽松的市场准入规制的同时，强调通过规制“行为”的方式来规制服务内容（强化内容规制），使其符合我国特殊国情的要求。因此，今后我国更应注意将一些经济性规制措施过渡为社会性规制，更好地把握“放”与“管”的平衡。

第三，利用GATS目前对文化服务留有法律空间，如我国网络视听服务提供适度补贴，以扶助和加速这一产业的发展，这也是西方发达国家的惯常做法。具体而言，中国应积极利用规则，借鉴法国、加拿大等国的视听补贴政策，适度对视听产品给予补贴、贷款、公共基金或对文化作品的制作或共同制作给予较优惠的待遇。但是本文强调“适度”补贴，意指若补贴过度，对其他成员造成负面影响，很容易引发非违法之诉。另外，若对特定的服务部门做出国民待遇承诺，也需要注意对该服务部门的补贴是否会对外国服务或服务提供者造成不利影响，是否违反国民待遇承诺。

在此基础上，本文详细阐释了完善我国网络视听法律规制中的几个重点问题。其一，从立法模式、立法思路和体系框架方面设想了我国网络视听规制的法律体系。在立法模式方面，我国应考虑立法技术、社会历史和公民法律意识等多方面因素，可以在单行立法和分布于其他立法两种模式间进行选择。从目前大多发达国家的模式选择方面来看，大多采用了单行立法的模式，如美国的《网络免税法》、《电信法》等。对我国而言，针对目前部门职能不清，部门利益干预严重，立法随意等情况，应单独制定一部调整网络视听服务的高位阶法律，如《电信法》，引导网络视听服务的发展方向。同时，应调整现行立法基础上，急需对零散重叠的政策、规定、命令进行梳理，清除重叠部分和授权不清或无法律依据的内容，协调各规制主体的职权范围。

在立法思路方面，应结合我国网络视听服务的现状，本着国家信息安全、文化安全至上的原则，改变我国传统的政府规制模式，从政府直接对其管理和控制，转变到通过法律法规授权专门的、独立的规制机构执行的以市场机制为导向的规制方式。同时，规制主体，特别是行政机关应特别注意依法行使具体规制权力。规制目标应合法、合理，并且具体化和清晰化，规制手段应多样化和灵活化，手段对目标的实现要适当、必要或成比例，改变以往只强调行政手段而忽视应用其他手段，以及片面重视管制而忽略对网络自由、表达自由等基本权利的保护。

在体系框架方面，设想中的网络视听服务法律规制体系应该是自上而下，法律与配套法规相结合的有机整体，具体如下图所示：

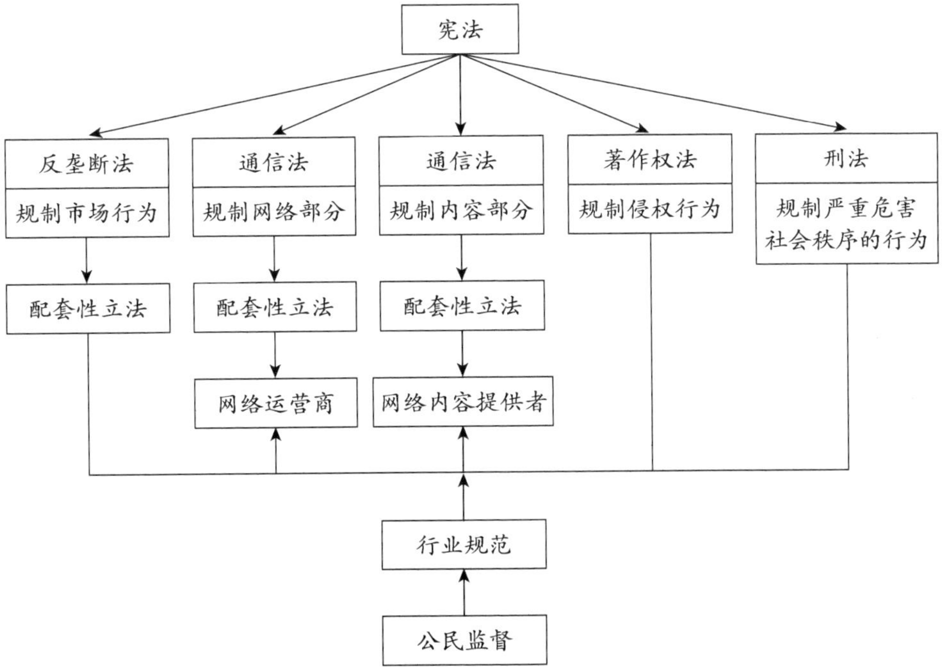

其二，提出需要设置分工明确的规制机构，目前“国家广播电影电视总局”与“国家新闻出版总署”两大部门的合并说明我国决策层已经迈出了重要一步。在新形势下，我国更应加快立法，以法律的形式明确网络视听服务的主管部门，根据互联网的开放性特点明确政府立法部门和行政管制部门的主要职责范围，如健全相关法律体系，使其积极运用法律手段，而不是随意地发布行政命令进行管理。

其三，指出我国网络视听的内容规制应以基本权利的保障为主，以限制为辅的“轻规制”思路。也就是说，对网络视听服务的内容规制应“必要”或符合比例原则的要求，只有为了实现紧迫或重大的社会利益（如保护未成年人利益、保护个人隐私等）时才可采用限制性或禁止性规制，同时在规制程度和规制方式上也要考虑网络视听服务的特殊性，尽量采用对表达自由限制较少的措施来实现规制目标，以减少规制负面影响。在内容规制模式上应建立政府控制和自律约束的规制模式；在内容规制手段方面，应注意技术因素和自律机制的作用。

其四，完善规制责任和救济体系建立。主张政府的规制行为，无论是具体行政行为还是抽象行政行为都应受到公众、司法机关和其他政府机构的监督与制衡。具体而言，建立多种渠道公开政府规制政策和规制举措，使公众充分了解相关信息，保障政府规制政策的透明化；制定和完善公众参与的程序和明确公众参与的法律效力，使公众对网络视听规制的目标确定、草案拟定和修改等政策制定过程都享有充分、有效的发言权利和机会；不断完善《行政复议法》、《行政诉讼法》以及《国家赔偿法》的相关规定，建立司法监督制度，赋予法院对政府规制行为的监督权力，真正发挥司法机关对网络视听政府规制的监督作用以及完善公民权利救济体系；强化规制机构的内部制衡和内部监督的自我约束机制，科学设计规制机构的职能范围，适当分解，明确各自权责，制定相应程序“自动”促使彼此间的相互牵制；设置内部的专门监督部门和专门人员，依法依规章监督其机构内的部门和人员工作，认真处理投诉意见，以提高服务质量和规制效率。

GATS“必要性”检验，与德国法下的比例原则一样，是解决手段与目的关系的黄金规则，也是判断成员国内措施是实现非贸易目标的“必要”还是隐蔽性贸易保护措施的重要工具。但是，目前“必要性”检验更多的是作为司法审查的标准而实施。本文强调在网络视听领域更需要突出手段与目的关联程度或在成比例性，实质上是将比例原则引入行政法政策学领域。那么将其作为政府机构选择规制措施的自我约束标准是否具有可行性？政府规制机构的行政观念与司法审查标准能否分享同一思维路径？《行政复议法》下的行政机关自我纠错机制能否包容这一检验要求等。这些都是我国日后参与GATS谈判决定谈判筹码时必然要考虑的自身问题，也会是本文论题的延伸，留待日后继续研究。

作者简介：彭光明（1976—　），女，河北石家庄人，河北科技大学文法学院教师，副教授，硕士生导师，2013年毕业于北京师范大学法学院国际法专业，法学博士；主研方向为国际经济法、世界贸易组织法和国际环境法，发表论文20余篇，其中北大核心期刊论文13篇，人大复印资料全文转载1篇；研究课题10余项，其中主持研究省级课题2项，厅级课题4项。

WTO体制下国际电影贸易管制研究 *

郑寰宇

目 次

国际文化贸易中一直并存着贸易管制与贸易自由两种力量，文化议题虽经贸易各方长期努力，但至今在 WTO 规则中仍不存在任何“文化保障”的特殊条款。相反，国际文化贸易已经逐步踏向了贸易自由化的征程。本文以“国际电影贸易”为研究对象，以贸易管制的合规性问题为研究视角，力求解决：在美国电影席卷全球、雄霸一隅的贸易格局下，包括中国在内的 WTO 成员，以合规性或争诉的低风险性为前提，在借鉴欧盟等电影贸易发达国家的先进管制经验的基础上，应当采取哪些必要的管制措施发展本国电影产业，降低民族文化的削弱和消减及保障国民的文化权。

本文比较深入和独到的研究内容主要有以下几方面：

* 本博士论文作者郑寰宇，2011—2014 年在北京师范大学法学院攻读国际法专业博士学位，2014 年博士研究生毕业并通过了博士学位论文答辩，导师张桂红教授。

一、国际电影贸易的界定

（一）不宜适用管制的贸易领域——电影出口贸易与国际电影技术贸易

鉴于国际电影贸易的特殊格局及特点，贸易方的本国文化受到外国电影（尤其是美国）的强势冲击，在逐步取代本国电影的同时，相伴的是国家认同的逐渐消失。在这样的贸易背景下，采取电影出口贸易管制非但无法实现“文化保障”的目的，反而加快了民族文化消减的步伐。因此，电影出口贸易领域不宜采取贸易管制。

国际电影技术贸易中，电影进出口、跨国发行和放映环节中应用的技术属于“基础应用类”，贸易国完全有能力自主研发，并无技术管制的必要；电影跨国制作环节中应用的技术虽属于“高端应用类”，但缺少杰出的应用人才并不能真正为影片创造价值，开放技术贸易也不会丧失高端技术持有国的核心技术优势，同时，就技术自由同技术管制相比较而言，前者更利于电影产业的发展，即电影的跨国制作环节，也并不适宜采取技术管制。实践中，国际技术贸易市场上也没有哪一个电影技术发达国家通过技术管制发展本国电影产业。

（二）可适用管制的贸易领域——电影进口贸易与国际电影服务贸易

电影进口贸易管制的着眼点和最后立足点是电影“商业价值”的本身，进口影片要么进入市场，实现成本回收、盈利，要么一定程度上排除市场，无法有效实现其商业价值，管制的结果是进口影片在本国市场上的贸易份额减少，缓冲了国产影片的竞争压力，进而保障了本国相对脆弱的电影产业的经济利益，伴随着进口影片数量的减少，本国弱势文化的边缘化趋势亦得到缓解。因此，电影进口贸易为可适用管制的贸易领域。

在国际电影服务贸易各环节，贸易方或可将外国服务提供者全部或部分地排除出本国服务市场，或以禁止市场准入的方式，或提高准入市场的门槛（如要求外国服务提供者在以“商业存在”模式提供服务的情况下，外资股权不得超过一定的比例），或对其进入市场后实施差别待遇（如美国和日本两大电影发达国家规定相关资金补贴仅给予特定的个人或法人，两国在国民待遇项下通过差别待遇的给予，直接扶持了本国的电影产业）。因此，国际电影服务贸易为可适用管制的贸易领域。

二、WTO 规则涉及国际电影贸易管制之规定

（一）GATT 涉及国际电影贸易管制之规定

放映限额是 WTO 法律体系中唯一一项针对国际电影贸易管制的授权条款。该规定由 GATT 第 4 条和 GATT 第 3 条第 10 项组成，前者为放映限额的实体性规定，包括管制的对象、计算的基础、管制的方法以及条款变化；后者为技术性条款，为防止 GATT 条文的前后矛盾，该项进一步重申了各成员的国内法对电影“放映限额”的建立和维持属于国民待遇的例外，两者共同构成了对进口影片的贸易管制规定。

一般例外见诸于 GATT 第 20 条，是适用于整个 GATT 原则和规则的例外，属于公共安全秩序的保留。其中，与国际电影贸易管制相关的条款主要有（a）款“为保护公共道德所必需的措施”和（f）款“为保护具有艺术、历史或考古价值的国宝所采取的措施”，前者的应用是基于电影贸易的文化传播性，即电影所展现的“文化内容”可能同贸易进口国的文化信仰相斥，成员可以“公共道德保护”为据对电影货物贸易加以管制；后者的应用主要是基于电影产品自身的艺术价值。

总体而言，放映限额条款为“正向”的具象授权，其条款的构成要件及适用范围明确，成员仅需依“法”即可直接适用；而一般例外条款则为“反向”的抽象限制，其条款的适用则更加依赖争端解决机构在个案中的解释。

（二）GATS 涉及国际电影贸易管制之规定

GATS 规则将成员的义务分为一般性义务和特定性义务。GATS“一般义务”中的最惠国待遇豁免和一般例外的规定，“特定义务”中的具体减让承诺，为成员在具体服务领域中实施贸易管制提供了空间。当然，成员还应满足 GATS 第 6 条所要求的相关国内监管措施不构成对国际贸易的不必要障碍。

最惠国待遇豁免中，本文分析了加拿大和欧盟，其在《最惠国豁免清单》中的电影服务贸易领域的豁免措施体现了其“文化保护”的鲜明立场，优惠的对象为合作伙伴或盟国内部成员，两国以最惠国义务的豁免为法律基础，

以影视发展计划为政策依托，在抵制外国电影（尤其是美国），发展成员本土电影产业方面获得了较大成功。

具体承诺中，本文分析了全球28个成员[①]在电影服务贸易中的具体承诺[②]，并认为其承诺呈现以下特点：第一，成员在国民待遇项下对四种服务提供方式有着不同程度的限制；第二，成员对“商业存在”的服务提供方式普遍施加限制；第三，服务贸易补贴普遍存在差别给予。

综上所述，就国内监管、市场准入及国民待遇规定三者的关系来讲，市场准入的规定约束了成员对数量限制手段的使用，国民待遇的规定禁止对外国服务和服务提供者给予歧视性待遇，以上两者专注于消除歧视性管制；国内监管的规定则从“一般义务”的角度规制了成员内法规中的贸易保护形式，国内监管的规定专注于消除服务业的非歧视性管制。

三、电影进口贸易管制及与WTO规则的冲突分析

（一）电影进口贸易的管制措施

WTO成员在电影进口贸易中采取的管制措施主要包括：电影进口商的排他许可、进口电影的内容审查及影票娱乐税的差别征收。就管制的严苛程度而言，三者呈现由低到高的趋势，进口商许可制度并未限制进口影片入境的数量，但却在制度设计上一定程度地保障了本国电影产业的发展，内容审查制度意在以“守门人”的角色保障国家文化意识安全，但却间接限制了外国影片在本国的市场占有率或降低了其销售份额，而娱乐税差别征收的规定则通过“有形之手”直接降低了外国影片在本国的市场竞争力，拓宽了国产影片的生存空间，该管制手段最为直接地实现了“电影产业发展”和“文化保障”的管制目的。就管制针对的贸易环节而言，虽然三者均归为货物贸易的范畴之中，但显然进口商许可与内容审查制度针对的是外国影片的市场准入，而

---

① 截至2015年9月，共有30个WTO成员在“视听部门”中做出了具体承诺。但“多米尼加共和国”和“萨尔瓦多”2个成员在“电影服务贸易”中没有做出任何承诺。

② 各WTO成员在视听部门具体承诺的相关数据来源于WTO官方网站“服务贸易数据库”（service database）http://tsdb.wto.org/matrixlist.aspx，综述内容为笔者在该数据库中逐一查找、翻译并分类总结而成。

税收制度关注的是产品进入市场后的国民待遇问题。

（二）电影进口贸易管制措施与 WTO 规则的冲突分析

1. 电影进口商的排他许可

电影进口商排他许可管制措施为中国所特有，意在通过控制进口影片的引进时间及片源达到保护本国电影产业的目的。判定其是否与 WTO 规则相冲突的逻辑前提是“影片”（尤其是数字影片）的进口到底是服务贸易还是货物贸易。“中美视听产品案”的专家组和上诉机构认为，影片的核心价值虽然在“服务”并依靠服务实现其商业价值，但并不能因此便将其归类为“服务贸易”，正如临床药品真正商业价值的实现亦在于医院以“服务”的形式作用于患者之上，但不能因此而将“药品”的进出口也归类为服务贸易，因此认为电影（包括数字电影）的跨境交易应受 GATT 规制，由此判定中国的“电影进口商排他许可”管制措施相悖于其贸易权承诺，与 WTO 规则的“实体义务”相冲突。

就公共道德例外的适用而言，理论层面上，中国已经有专门的进口电影审查机构用来审查电影的内容，保护本国的公共道德。电影进口商相比于专门的电影内容审查机构，对公共道德保护的贡献程度明显逊色很多，显然达不到“明显接近于必不可少”的考量标准。换言之，中国的“进口商排他许可”管制措施对保护公共道德并无独立贡献，亦并非保护公共道德所“必需”。实践层面上，在“中美视听产品案”中，由于电影进口商同公共道德并无必然联系，中国并没有援引该例外条款，而是从“货物”和“服务”的分类归属角度予以抗辩。就保护艺术品例外的适用而言，无论理论还是实践层面，将电影界定为具有艺术价值的“国宝”都是非常牵强的。因此，笔者认为“电影进口商的排他许可”管制措施同 WTO 规则相冲突。

2. 进口电影的内容审查

鉴于成员对“外国电影”在进口环节的审查要求各不相同，遂无法一概而论。就“低管制”（主要为美国、英国、韩国、澳大利亚、中国香港等成员采用）和“中管制”（主要为加拿大和印度所采用）审查规则而言，两者均对外国影片的市场准入无任何限制，虽然要求内容违规的影片需经适当删减或限制未成年人观看，但这种限制并没有产地的针对性，也没有对两者在分销和放映层面上实施任何歧视性待遇。因此，进口电影的低管制和中管制审查措施并不与 WTO 规则的实体义务相冲突。就高管制审查而言（主要为中国所采用），审查措施要求所有违规影片一律禁止进口。由于 GATT 第 11 条第 2 款并没有对电影产品实行豁免，因此成员不能限制外国影片的入境数量，更不能禁止其进口。因此，以中国为代表的“高管制”内容审查规则明显违背了 GATT 的一般禁止数量限制原则，与 WTO 规则的“实体义务”相冲突。

就公共道德例外的适用而言，理论层面上，审查措施本身为保护一国文化意识的安全及免受异化的威胁，自然应当归为保护“公共道德”的范畴；同时，该措施并不存在其他实际可替代的措施；最后，“高管制”审查所规制的对象是所有内含“违规内容”的外国影片，审查针对的是内容而非来源地。因此，笔者认为，公共道德例外条款应为适用高管制内容审查措施的合理抗辩。实践层面上，在“中美视听产品案”中，专家组认为由政府部门承担审查职能不但可以实现保护目标，而且其对进口商市场准入的限制更小，甚至几乎没有，而中国的审查机构正是政府部门（广电总局的电影审查 / 复审委员会），该做法在案件审理中也得到了专家组和上诉机构的认可和赞赏。因此，笔者认为，中国的“高管制”审查措施可依据 GATT 第 20 条（a）款的授权，作为违反 GATT 协定纪律的例外。

3. 娱乐税的差别征收

娱乐税的征税对象既包括影院提供的“服务”也包括电影产品本身，税收总额是由服务税和货物税共同产生。鉴于绝大多数成员对电影服务贸易没有做出开放承诺，在 GATS 下探讨该措施的正当与否具有极大的不确定性，而 GATT 则普遍适用于所有影响货物贸易的措施，因此，笔者仅就该措施是否同 GATT 实体义务相冲突做一探讨，亦或者说唯有满足了 GATT 规则的检验，才有探讨其是否符合 GATS 规范的必要。

依据 GATT 第 3 条第 2 款“国内税的国民待遇”要求，对于国产电影和进口电影，两类产品是否构成“同类产品”或“直接竞争或可替代产品”是适用该条款的前提。电影属享受性而非生活必需消费，消费者更在乎观影的感受，而不是消费本身，同时不同影片间的“内容”差异巨大，因此，笔者认为，当外国电影和本国电影面对同一消费市场时，两者应被视为“直接竞争或可替代产品”。同时，鉴于对进口影片和国产影片的差别征税存在“较大量差”，客观上造成了贸易扭曲的效果，达到了保护国内生产的目的，同时量差本身亦构成对“未近似征税”要件的违反，因此，笔者认为，娱乐税差别征收管制措施违反了 GATT 第 3 条第 2 款的规定，与 WTO 规则的“实体义务”相冲突。

就公共道德例外的适用而言，同理于“进口商排他许可”管制措施，娱乐税差别征收管制措施亦因同内容没有关联而无法有效援引该例外。就保护艺术品例外的适用而言，电影的大众属性难以纳入“国宝”的范畴之内，且因争端解决机构对相关例外一贯的“严格解释”，成员亦无法有效利用该例外证明相关电影货物贸易管制措施的正当性。因此，笔者认为，“娱乐税差别征收”管制措施同 WTO 规则相冲突。

总体而言，除进口影片的内容审查之外，其他管制措施一律构成对 WTO 规则的违反。电影作为一般商品并无特殊性，成员仅能依据 GATT 的规定，在电影进口贸易中遵守“市场准入”和“国民待遇”等一般义务。由此，笔者认为，电影进口贸易领域的管制未来将呈现管制的程度越来越低，相关管制的手段越来越少的发展趋势。

四、国际电影服务贸易管制及与 WTO 规则的冲突分析

（一）国际电影服务贸易的管制措施

本文选取欧盟国家（英国、德国、法国、奥地利、西班牙、丹麦等）在电影服务贸易管制中的实际做法作为主要分析对象，一方面因其主张“文化保护”，另一方面是其为电影贸易发达国家，且具有抵御外国电影（尤其是美国）文化侵袭的“丰富经验”。管制措施主要包括最惠国待遇豁免及国民待遇的限制。具体表现为各服务环节中的贸易补贴，包括制作补贴（资金补助、低息或无息贷款等）；发行补贴（资金补贴、协助推广等）；放映补贴 / 限额（包括资金补贴、票房补贴等）以及“网络中立”的网络付费播放服务管制。

总体而言，最惠国待遇的豁免主要针对“伙伴成员”或盟国内部成员给予电影服务贸易的国民待遇或相关优惠待遇；国民待遇的限制则主要针对本国影片和本国服务提供者给予资金补贴。就管制的严苛程度而言，服务贸易的管制明显弱于货物贸易，欧盟国家虽未在 GATS 视听部门中做出任何减让承诺，但在实际操作中，并不限制外国服务和服务提供者的市场准入。就管制的目的性而言，最惠国待遇豁免侧重于文化保障，而国民待遇的限制则倾向

于本国电影产业的经济发展。

（二）国际电影服务贸易管制措施与WTO规则的冲突分析

1. 电影产品补贴与电影服务补贴

依据WTO规则，最惠国待遇豁免具有不证自明的正当性。就国民待遇的限制而言，其表现为产品补贴（针对影片）和服务补贴（针对服务提供者）的差别给予。

就产品补贴而言，从产品的国民待遇制度（GATT第3条、第6条、第16条）考量，笔者认为，除以“税收减免”为形式的补贴之外，包括电影制作、发行、放映各环节中的资金补贴、无息或低息贷款、协助推广及票房补贴等措施均不与国民待遇原则相冲突。从《SCM协定》的角度考量，成员方若试图在《SCM协定》的可诉性补贴项下证明电影的产品补贴的违法性困难重重。一方面，基于规则自身，可诉性补贴规则是重贸易效果轻贸易行为，造成了“不利影响”本身的举证难度极大，带来的后果是WTO争端案件中涉及可诉性补贴的指控也相对较少；另一方面，是电影产业自身的特点，电影区别于一般大众商品的产业特性，客观上也增加了受害方的举证难度。综上所述，笔者认为，电影服务贸易中以“税收减免”为形式的产品补贴与WTO规则的实体义务相冲突。对于其他补贴，虽不与国民待遇原则相冲突，但存在构成“可诉性补贴”的风险，即便这种风险非常小。

就服务补贴而言，对于未承诺开放的成员，对外国服务及其提供者给予何种待遇，享有充分的自主权；对于承诺开放的成员，唯有以“商业存在”和“自然人存在”两种方式提供服务的外国同类服务提供者，方可享受同本国服务提供者一样的服务补贴，而“跨境提供”和“境外消费”（不涉及外国服务提供者）两种方式，依照GATS国民待遇“内置式”的领土适用规则，服务补贴即便存在亦无法享受。因此实际上，涉及给予外国服务提供者同等服务补贴问题的“承诺开放成员”并不多，“商业存在”模式下仅有21个[①]成员，

① 这些成员包括：亚美尼亚、冈比亚、格鲁吉亚、吉尔吉斯斯坦共和国、巴拿马、新加坡、中国台北、中非、约旦、莱索托（在电影放映环节对服务补贴予以限制）、尼加拉瓜、越南、中国香港、以色列（在电影制作环节对服务补贴予以限制）、肯尼亚（在电影制作环节对服务补贴予以限制）、韩国、墨西哥、阿曼、泰国、中国、马来西亚。

“自然人存在”模式下仅有 1 个成员（美国）。同时，鉴于 GATS 第 15 条缺失司法适用性，其实际应用亦被各成员所普遍忽略。因此，在服务补贴的同等给予完全取决于各 WTO 成员在“电影服务贸易”领域具体承诺的情况下，笔者认为，欧盟各国仅给予本国电影服务提供者的补贴行为，并不与 GATS 规则的实体义务相冲突。

2. 例外条款的适用

就产品补贴而言，从 WTO 既决案件来看，在国际电影贸易中，当一项产品补贴行为构成对《SCM 协定》的违反时，仅从一般例外条款的适用性而言，可能性极大。当然，这仅限于适用性的探讨，不解决“有效”适用的问题。就一般例外的适用而言，限于补贴同电影的内容毫无关联以及电影本身无法认定为“国宝”，因此，笔者认为，公共道德例外无法适用。就服务补贴而言，唯有制作环节勉强同公共道德相关，但鉴于制作环节的人力物力参与有限，无法构成公共，因此，笔者认为，公共道德例外也无法适用。实践中，成员也大可不必以“公共道德”为由，挑战争端解决机构对该例外的“严格解释”。GATS 框架本身已经给予了成员实施管制措施的自选空间，成员只需在具体承诺减让中放弃或限制某服务部门或分部门的开放承诺，而不必颇费周折地“曲线救国”。

综上所述，笔者认为，在国际电影贸易中，无论是产品补贴还是服务补贴，“一般例外”条款均无法有效适用，不能为成员采取相关管制措施提供合理抗辩。总体而言，欧盟国家在电影服务贸易中的管制方式既有效地利用了 GATS 规则的特点，也很好地适应了电影产业自身的特性，值得包括中国在内的电影工业欠发达国家学习和借鉴。同时，就贸易管制的发展趋势而言，GATS 相比于 GATT 具有更大的灵活性，管制的侧重点也必将由货物层面向服务层面偏转，以更好地适应规则并减小贸易摩擦，且由于服务补贴问题现仍处在 GATS 的真空状态，因此成员在电影服务环节中管制的重心必将围绕着“服务补贴”而设置。

五、中国国际电影贸易管制法律制度的完善

中国在国际电影贸易中实行的是“排他性”与“兼容性”相结合的管制

方法。就现今电影贸易发达国家的管制手段普遍由货物层面向服务层面偏转，管制程度由强变弱的大趋势而言，中国的电影贸易管制是相对“落后”和“粗放”的。归其原因，一方面，是中国经济体制改革的一些偏差和失误折射到电影产业中所致，突出表现为市场化不够彻底，法律体系不够健全等；另一方面，宏观制度建构的“计划性”和“国有化”问题体现在微观措施上，即为国有企业对贸易权的垄断，严苛的审查标准同市场需要的矛盾以及审查执行的歧视等，同时，某些具体措施亦构成了对 WTO 规则的违反，面临着必须修改的命运。实际上，仅就管制的效果而言，垄断和计划管理对电影贸易的影响是最为立竿见影的，但从长远的角度而言，发展一国电影产业必须遵守全球贸易方共同拟定的游戏规则。因此，中国国际电影贸易管制法律制度的完善亦应从宏观和微观两个方面入手，借鉴他国的先进经验，进一步充实、完善合规管制措施的执行细则，从国际电影贸易的不同环节实现“文化与贸易”双重保障的管制目的。

（一）宏观层面

1. 深化国有企业改革

中国作为社会主义国家，不同的行业国企股份制改革各有不同。对于凡涉及资源垄断、国家安全、军工及具有公用性质的行业而言，鉴于其关乎国家的命脉，即便股份化，亦应由国家控股，改革的益处为既促进了市场竞争，优化了企业机构，活跃了市场要素，也为政府干预经济提供了保障。而对于竞争性行业的国有企业而言，应准许民营资本更大的市场准入，不再局限于必须由国企控股，进而更大地刺激市场竞争，实现产业深层次的结构调整。电影产业显然属于“竞争性”的经济领域。应当说，深化国有电影企业改革是发展本国电影产业，在国际电影贸易中实现有效管制的前提。

2. 健全电影市场体系

建立健全现代电影市场体系的根本目的是解放生产力，最大限度地调动市场主体的积极性和主动性，完成电影生产和流通方式向市场经济模式的转型。可以说，宏观制度构建所必须解决的两大核心问题是“建立现代产权制度”和“现代市场体系”。前者，是建立在深化国有电影企业的改革，打破垄断的基础之上；后者，则是依靠市场自身的规律，引入竞争，实现市场化选择的自由。因此，健全的现代电影市场体系，是中国在国际电影贸易中实现有效管制的另一前提。

3. 完善网络视听播放服务的监管模式

随着网络技术的迅猛发展，消费者必然要求网络为电影的播放提供更加多元化的服务，三网融合是适应这一要求的必然方向。中国应当完善电影网络付费播放服务中现有的以条块结合为特征的分权监管模式，在技术创新、消费拉动之外，形成有力的政策杠杆，为电影网络付费播放服务的发展聚合更多资源。就完善的思路而言，鉴于中国的三网融合尚未完成，电影网络付费播放服务的交叉形式在当前市场状况下还不充分，尤其各主管部门的专业特点和分工各不相同，笔者认为不宜采取整合监管机构的统一监管模式，而应在各部门独立监管的基础上，加强部门间的合作和协调，明确划分相互之间的职责和权利，在政策层面为电影网络付费播放产业的发展提供有力保障。

4. 建立健全电影法律体系

法治经济的背景下，构建一套相对完整、独立、具有明确调整对象和范围的电影法律体系对实现电影贸易发展和产业促进至关重要。在法律体系建设上，就综合考虑社会历史、公民法律意识及立法技术等因素而言，立法的模式可以在单行立法和分散立法两种模式中进行选择；就健全法律体系的内部而言，急需对零散重叠的政策、法规、命令进行梳理，清除彼此重叠的部分以及授权不清或无法律依据的内容。

（二）微观层面

1. 深化国有进口垄断商的市场化改革

中国应当打破进口影片的垄断管理，加大改革力度，扩大民营资本的市场准入，使其更加适应电影产业发展的客观需要。具体而言：第一，在改革思路上，主管机构应当认真组织制定和实施针对民营资本准入进口影片引进市场的发展规划。第二，在监管模式上，改变过去在进口影片引进环节严格由政府主导的监管模式，转而实行由政府主导与行业自律相结合。第三，在具体操作层面上，应当是“渐进式”的，过渡期内可借鉴其在“外商提供影院服务”中的市场准入规定，以电影贸易和文化较发达的城市为试点，适当扩大此类城市中民营资本的准入程度，根据具体的贸易状况，设置民营资本的股权上限，由此既推进了改革的进程，亦在一定程度上保障了中方的贸易利益。

2. 电影审查制度的完善

中国审查制度完善的基本思路应当是对于那些涉及政治、宗教等敏感性内容且该内容同本国文化信仰根本相斥的影片，必须删除或修改，否则一律不予分级且禁止发行、放映，而对于那些虽然不宜未成年人观看，但成年人尚可接受的涉黄涉暴内容的影片，国家通过电影审查机构予以分级处理，从观影群体的层面予以管制。实际上，这样分级审查的好处是可以事先掌控可能具有威胁性或破坏性的电影，又不会过度侵犯观影人群的言论自由权。

3. 服务补贴规定的完善

就补贴对象而言，可借鉴欧盟国家的“双国籍”给惠标准，将补贴给予的对象从“国产电影”扩展至“本国电影服务商”，即在立法中对补贴给予的对象从“产品补贴”延伸至“服务补贴”，以更好地扶持本国电影服务业的发展。就补贴形式而言，笔者建议《电影产业促进法（征求意见稿）》中以“税收减免”为形式的补贴构成对 GATT“国民待遇的国内税”条款的违反，应当删除，除此以外的其他补贴形式应当予以保留，以更好地助力本国电影服务业的发展。

4. 进口电影发行模式的完善

中国应当改变一直以来对进口电影寡头垄断的发行模式，进一步深化电影发行体制改革，转变主管部门的监管模式，引入民营资本的准入和退出机制以增强中国电影发行产业的国际竞争力。具体而言，中国的进口影片发行市场尚不具备完全开放的市场条件，不宜移植欧盟国家在该环节的“多渠道”发行模式，尤其对于一些尚不具备国际竞争力的私人主体不应允许其进入市场。在平衡开放市场冲击国内产业与保障主阵地激发市场活力的问题上，建议主管部门建立相关民营资本的市场准入与退出机制，实现优胜劣汰，并适时组织成立电影发行企业联盟，加强彼此之间及与国外同行的交流和联系，促使中国的进口影片发行业在国际交流和互动中进入一个新的制高点。

5. 网络付费播放服务市场准入机制的完善

中国现阶段在电影网络付费播放服务中的管制重点应当更多的放在促进行业发展上，适当放开市场主体的准入程度，采取疏堵结合，引导和管理双管齐下的管制策略。整体思路上，策略的核心是在市场主体与加强监管之间寻求平衡，既鼓励产业发展和培育商业模式，也不放松对国内产业的扶持和保护。具体操作中，在放开市场准入的同时，应加大对民营资本的扶持力度。鉴于电影网络付费播放行业的特殊性，建议引入技术扶持政策，鼓励技术革新和技术研发，使中国在电影网络付费播放服务中的市场准入机制既立足实际国情又与时俱进，既能够有效地避免和消除开放市场对产业带来的消极影响又能够激发产业活力，在全球服务市场中夺得先机。

作者简介：郑寰宇（1984— ），吉林辽源人，长春理工大学马克思学院教师，讲师，执业律师，北京市昭德律师事务所专家顾问，北京师范大学法学博士，主要研究领域为经济法和国际贸易法。主要著作为《艺术品交易产业法律风险理论与实务研究》，在《上海财经大学学报》等发表论文 10 余篇，主持或参与国家教育部、国家广电总局、吉林省教育厅等教育科研课题 7 项。

图书在版编目（CIP）数据

法学新思：京师法学博士学位论文荟萃 / 卢建平主编. —北京：中国法制出版社，2016.3

（北师大法学院10周年院庆系列丛书）

ISBN 978-7-5093-7377-4

Ⅰ. ①法…　Ⅱ. ①卢…　Ⅲ. ①法学—文集　Ⅳ. ①D90-53

中国版本图书馆CIP数据核字（2016）第056477号

策划编辑：潘孝莉（editorwendy@126.com）

责任编辑：薛　强（editor_xue@163.com）　　封面设计：蒋　怡

法学新思：京师法学博士学位论文荟萃

FAXUE XINSI: JINGSHI FAXUE BOSHI XUEWEI LUNWEN HUICUI

主编 / 卢建平

经销 / 新华书店

印刷 / 北京九州迅驰传媒文化有限公司

开本 / 710毫米 × 1000毫米　16　　印张 / 38.25　字数 / 605千

版次 / 2016年4月第1版　　2016年4月第1次印刷

中国法制出版社出版

书号ISBN 978-7-5093-7377-4　　定价：116.00元

北京西单横二条2号　邮政编码100031

值班电话：010-66026508

传真：010-66031119

网址：http://www.zgfzs.com

编辑部电话：010-66038139

市场营销部电话：010-66033393

邮购部电话：010-66033288

（如有印装质量问题，请与本社编务印务管理部联系调换。电话：010-66032926）